U0567117

RESEARCH REPORT
ON YOUTH WORK OF
GUANGZHOU

广州青年工作

研究报告

（下 册）

共青团广州市委员会　主编

社会科学文献出版社
SOCIAL SCIENCES ACADEMIC PRESS (CHINA)

目　录

Ⅲ　组织青年参与社会治理

Ⅳ　加强团的自身建设

绪　论

徐　柳*

党的十九届五中全会胜利召开，审议通过了《中共中央关于制定国民经济和社会发展第十四个五年规划和二〇三五年远景目标的建议》（以下简称《建议》）。这份习近平总书记亲自领导制定的《建议》，是开启全面建设社会主义现代化国家新征程、向第二个百年奋斗目标进军的纲领性文件。在广东省委、广州市委领导下，广州共青团将抓住"十四五"规划编制重要机遇，在新发展格局中找准新坐标定位，在新发展理念中谋划新发展思路，在新发展阶段展现新担当作为，力争在实践中形成青年工作的广州模式、广州经验、广州样板，努力推动共青团工作高质量发展。

一　在新发展格局中找准新坐标定位

习近平总书记始终高度关心、关注、关切广东发展，着眼"两个大局"，亲自为广东走好新时代的长征路、谋划好新发展阶段工作定位导航，明确了广东要"在全面建设社会主义现代化国家新征程中走在全国前列、创造新的辉煌"。这是我们在全国大局中的总定位、改革发展的总目标，是统领新发展阶段广东、广州各项工作的总要求。广州作为广东省会城市、"团一大"的召开地，一定要有走在全国全省前列的历史自觉和时代担当，进一步发扬广州青年和共青团敢为人先、勇立潮头的光荣传统。

对标对表习近平总书记对广东总定位总目标和对广州"加快实现老城市新活力""四个出新出彩"等要求，我们必须在新发展格局中找准共青团

---

* 作者系共青团广州市委员会书记。

工作新坐标定位，特别是要深刻领会新发展阶段的时代特征，系统把握新发展理念的本质要求，准确理解新发展格局的丰富内涵，深入思考全面建设社会主义现代化国家新征程中青年一代的历史责任和共青团组织的职责使命，找准工作的有效结合点和关键着力点。

改革开放以来，广州在全国率先开展青工"五小""智慧杯"竞赛活动，开通全国第一条志愿者服务热线电话"中学生心声热线"。近年来，在全国率先探索建立未成年人保护指标监测体系、出台全省第一个中长期青年发展规划、广州"青年之家"总部被团中央命名为首批全国示范性"青年之家"综合服务平台，成功承办团中央和联合国官方合作项目"亚太青年领导力与创新创业论坛"等。接下来，一方面，对存在的短板、弱项，我们要加紧补齐、迎头赶上；另一方面，对已经走在前列的工作，我们要继续巩固和强化优势，以大格局、大胸怀、大风范、大担当带领广大青年在主动服务、积极融入新发展格局中打出新天地、展现新气象、创造新辉煌，努力推动广州青年和共青团工作继续走在全国、全省前列。

二 在新发展理念中谋划新发展思路

习近平总书记指出，落实新发展理念、推动高质量发展是根本出路。我们迫切需要将新发展理念贯彻到广州共青团改革发展全过程各方面，破解老难题、注入新动能。

截至 2019 年底，广州 14～35 岁青年共 790.72 万人，约占全市常住人口的 1/3，是城市发展的生力军。广州共青团工作有着点多、线长、面广的特点，项目多但精耕细作不够深，需求多但资源保障不够足，仍存在发展不平衡不充分的问题。如对青年分层分类的服务不够精准，运用大数据、信息化等新手段不够充分，高质量的青年研究成果不够丰富等。要解决这些问题，我们必须聚焦主责主业，牢牢把握习近平总书记对共青团工作提出的三个根本性问题，在新发展理念下谋划新发展思路，坚持问题导向、目标导向、结果导向，查摆差距、明确定位、厚植优势、补齐短板，聚焦主责主业，精准发力、久久为功，切实提高青年和共青团工作的显示度和贡献度。

三 在新发展阶段展现新担当作为

习近平总书记强调，新形势需要新担当、呼唤新作为。习近平总书记这次赋予广东广州的总定位总目标和党的十九届五中全会发出的全面建设社会主义现代化国家新征程号角，对我们提出了新的使命、新的任务、新的担当、新的期待。我们要不断增强广州共青团组织的引领力、服务力、向心力、影响力，团结带领广大青年在新发展阶段展现新担当作为。

聚焦引领力，深入实施"广州青年大学习"。《建议》提出要推动理想信念教育常态化制度化。我们将着重加强青年思想政治引领工作，拧紧思想"总开关"，避免"出现虚化、泛化、淡化等现象"。"十四五"期间，广州共青团将从三个方面深化"广州青年大学习"品牌系列。一是在分层分类上，将重点推进五大项目品牌。面向全市团干部继续开展微党团课大赛；面向在校大中学生团员青年开展"青马工程"项目，加快建立全国首个"青马工程实训中心"；面向在职团员青年开展"广州青年学堂"等宣讲活动；面向少先队员开展"从小学先锋，长大做先锋"等主题活动；面向快递小哥、网络作家等新兴青年群体开展"筑梦计划"。二是在平台建设上，将着力打造线上线下学习平台。线上打造"广州青年"融媒体矩阵，推出一系列"云培训""云课堂""云直播"产品；线下拓展"广州青年学习社""青年之家""广州青年公益直播间"等"青"字号学习阵地。三是在内容组织上，将精耕细作优化师资和课程建设，推出系列精品"公开课"，进一步深化青年大数据分析和研究，运用信息化手段提升引领青年的能力和水平。

提升服务力，深化"花城有爱"品牌。《建议》围绕就业、教育、健康、住房、赡养老人等青年关切的民生重点和现实诉求，制定提出一系列有针对性的政策导向，为当代青年健康成长和高质量发展释放了大量政策红利。"十四五"期间，广州共青团将进一步立足青年需求，以深化"花城有爱"品牌建设为切入点，重点解决青年在毕业求职、创新创业、婚恋交友、社会融入、住房保障等方面的烦心事操心事揪心事。一是推动《广州市中长期青年发展规划（2019~2025年)》与"十四五"规划衔接，优化12355青少年综合服务平台建设，发挥广州市少年宫、广州市青年文化宫、广州市团校等阵地服务引领青年示范带动作用。二是梳理青年服务品牌项目体系，对"青春助学""职得你来""冬日暖阳""春运直通车"等服务品牌整合升级，形成"花城有爱"品牌矩阵，多做实打实、暖人心的服务，让青年更有获得感。三是加强新时代"青年学"研究，分析青年问题，探索青年成长规律，为党的青年工作提供重要决策参考。

增强向心力，深入实施穗港澳青年交流计划。《建议》提出支持香港、澳门更好融入国家发展大局，高质量建设粤港澳大湾区；增强港澳同胞国家意识和爱国精神。近年来，团市委以粤港澳大湾区建设为契机，开展粤港澳大湾区青年职业发展5A行动、"百企千人"港澳大学生实习计划等，助力粤港澳青年融入大湾区发展。"十四五"期间，广州共青团将继续深入开展穗港澳青年交流"1234N"计划，按照"固平台、强阵地、优体系、建联盟、抓项目"的思路，深化"粤港澳大湾区青年周系列活动"这1个合作交流平台建设，强化粤港澳青少年交流活动基地、青年就业创业孵化基地这2类阵地建设，建设好"一网一号一站"（穗港澳青年就业创业服务线上平台、12355港澳青年专线、穗港澳青创中心）这3个维度服务体系；成立青年文化、研究、创新创业、志愿服务这"4个联盟"，配套开展青年文创集市、推动港澳青年实习、创业、交流等重点项目，努力增强港澳青年对祖国的向心力。

扩大影响力，擦亮"青创广州"和"青春志愿"品牌。《建议》提出加快建设科技强国、实施乡村振兴战略、建设社会治理共同体等一系列与青年关系密切的重大战略、重点项目，为青年一代成长发展、建功立业提供了广阔空间和充足机会。近年来，团市委在全国率先开展"青创杯"青年创新创业大赛，累计征集项目17679个，促成融资金额逾3.2亿元。在志愿服务领域，截至 2020 年 11 月，全市实名注册志愿者人数达到 359.9 万人，居广东省首位；疫情防控期间，青年志愿者上岗近 67.8 万人次，服务时长超 132 万小时。"十四五"期间，团市委将聚焦工作主线，持续擦亮"青创广州"和"青春志愿"品牌。一是着力打造"青创广州 2.0 版"，持续优化青年创新创业生态体系，推动《广州市青年创新创业促进和保障条例》立法工作，高标准打造青年创业孵化基地，建立"一站式"服务平台。二是积极探索完善志愿服务星级评定、分级培训、时数登记、持续激励的可持续发展"全周期管理"模式，探索构建"管理科学化 + 项目多元化 + 阵地规范化 + 经验体系化 + 水平国际化"的志愿服务工作体系。

立足第十四个五年规划，瞄准 2035 年远景目标，广州共青团将认真学习贯彻落实党的十九届五中全会精神，深刻领会习近平总书记关于青年工作的重要思想，牢牢把握团的根本任务、政治责任和工作主线，找准新坐标、谋划新思路、展现新作为，闯出新路、创出实效、干出作风，为新时代青年续写"春天的故事"打造舞台，推动广州青年和共青团工作走在全国前列，为提升共青团工作显示度、贡献度挥洒青春。

广州青年对新冠肺炎疫情的认知调查[*]

市团校

摘　要： 新冠肺炎疫情背景下，青年群体的认知、行为对社会的稳定、发展至关重要。通过对 6 万名广州青年的随机问卷调查，发现广州青年对新冠肺炎疫情的整体认知比较充分，在行动上也表现出比较科学的应对措施。但不同区域、不同年龄、不同行业的民众对新冠肺炎疫情的认识及行为仍然存在较大的差别，同时由于新冠肺炎疫情波及面广，影响度深远，资源分配、人员分工、志愿参与途径等方面难免存在一些物资短缺、参与失序等方面的困境和问题。建议进一步优化广州青年对新冠肺炎疫情的科学认知，加强青年心理素质建设，提升防疫物资供给能力，并充分发挥党员、团员模范作用。

关键词： 广州青年　新冠肺炎疫情　防疫工作

* 本文系 2020 年团市委与市直机关团委联合开展课题成果。课题组成员：段希、涂敏霞、谢素军、孙慧、冯英子、邵振刚、谢碧霞、周理艺。

一 调研背景

当前，在党中央的坚强领导下，各级党政部门扎实推进防疫工作，广大社会力量积极参与，新冠肺炎疫情阶段性"战疫"已经取得许多振奋人心的成果。但由于我国国土较广，人员较密集，又恰逢春运高峰期，新型冠状病毒的传播势头仍然迅猛，防疫工作依旧任重道远。广州作为全国人口输入和输出的双高城市，市委市政府采取了积极有效的应对措施，但目前正面临返学、返工的高潮，能否打赢防疫攻坚战，需要全社会的共同参与，尤其是基数大、流动性强的广州青年更加需要坚守岗位、冲向防疫一线，为了充分发挥团员青年在防疫工作中的先锋模范作用，共青团广州市委员会、广州市团校于2020年2月1~7日开展了"广州青年对新冠肺炎疫情认知和应对现状调查"，希望调研成果能够为各级党政部门开展防疫工作提供有益的决策参考。

（一）研究方法

基于新冠肺炎疫情传播现状，根据党政部门防疫相关规定，本次调查采用问卷调查法，使用自制问卷《广州地区青年对新型冠状病毒感染肺炎疫情认知及应对情况调查》收集调查数据。

本次调查主要采用问卷星平台发放电子问卷。采用偶遇法向广州市内的在校学生、公务员、事业单位工作人员、餐饮酒店服务人员、企业工作人员（包括国企、个体和私营企业工作人员）、社会组织工作者、自由职业者、农村青年、待岗青年等群体发放纸质问卷。最后回收的问卷中，共收集有效问卷6万份，但基于数据分布的科学性，在具体分析中，调研组按照群体的比例筛选出有效问卷3800多份，并以此作为调查分析样本。

（二）样本情况

本次调查共筛选出有效问卷 3857 份。样本中男性 1425 人，占比 36.9%；女性 2432 人，占比 63.1%。年龄段主要集中在 14~35 周岁：14~18 周岁的占比 6.7%，19~23 周岁的占比 44.3%，24~28 周岁的占比 34.0%，29~35 周岁的占比 14.9%。调查样本中，在广州居住时间 1 年以下的占比 17.7%，1~3 年的占比 34.1%，4~6 年的占比 14.9%，20 年以上的占比 16.1%。调查对象中，在校学生占比三成，事业单位工作人员（650 人，占比 16.9%）、国有企业人员（533 人，占比 13.8%）、个体户/私营企业员工（765 人，占比 19.8%）等职业身份人员也有所分布，样本类型多样。调查对象学历以大专、大学本科为主，其中，大专占比 29.7%，大学本科占比 56.4%。调查对象政治面貌中共党员占比 13.1%，共青团员占比 68.9%，群众占比 17.7%。调查对象户籍分布较广，其中广州户籍占比 33.3%，广东省其他地市户籍占比 51.9%，湖北籍占比 1.1%，其他外省户籍占比 11.9%。样本详细情况见表 1。

表 1　样本信息情况

单位：人，%

样本信息	选项	小计	占比
性别	男	1425	36.9
	女	2432	63.1
年龄	14 周岁以下	1	0.0
	14~18 周岁	260	6.7
	19~23 周岁	1708	44.3
	24~28 周岁	1312	34.0
	29~35 周岁	576	14.9
在广州居住时间	1 年以下	681	17.7
	1~3 年	1316	34.1
	4~6 年	574	14.9
	7~10 年	337	8.7
	11~15 年	154	4.0
	16~20 年	174	4.5
	20 年以上	621	16.1

续表

样本信息	选项	小计	占比
学历	小学及以下	3	0.1
	初中	53	1.4
	高中(含中专、中技)	229	5.9
	大专	1146	29.7
	大学本科	2177	56.4
	硕士研究生	235	6.1
	博士研究生	9	0.2
	其他	5	0.1
职业身份	在校学生	1279	33.2
	公务员	88	2.3
	事业单位工作人员	650	16.9
	国有企业人员	533	13.8
	餐饮、酒店等服务业人员	112	2.9
	个体户/私营企业员工	765	19.8
	社会组织工作者	127	3.3
	农民	31	0.8
	自由职业者	153	4.0
	无业或失业人员	87	2.3
	其他	32	0.8
政治面貌	中共党员	506	13.1
	共青团员	2659	68.9
	民主党派	11	0.3
	群众	681	17.7
户籍	广州户籍	1285	33.3
	广东省其他地市户籍	2001	51.9
	湖北籍	41	1.1
	其他外省户籍	458	11.9
	港澳台地区居民	7	0.2
	其他	65	1.7

二 广州青年对新冠肺炎疫情认知现状

尽管官方媒体、各类网络客户端，以及线下工作人员对新冠肺炎疫情做了详细的解读和报道，但不同区域、不同年龄、不同行业的民众对新冠肺炎疫情的认知仍然存在较大的差别，广州青年对新冠肺炎疫情的认知同样值得深入分析。

（一）广州青年对新冠肺炎疫情的整体认知比较充分

根据调查数据，广州青年对新冠肺炎疫情的传播途径、潜伏期、感染症状以及防护措施均有比较充分的了解，对疫情整体的认知状况良好。其中，对潜伏期"非常了解"的比例最高，为47.4%；其次是防护措施（40.4%）和传播途径（40.3%）（见表2）。有意思的是，对潜伏期"不了解"的比例也最高，以4%的比例略高于其他信息类别。调研组认为，根据当前疫情发展趋势，病毒本身存在变异的可能性，人类对病毒的认知也在不断更新中，而由于举国之力进行病毒研究工作，新的讯息不断出现在人们的视野中，网上有青年朋友笑称"如果一天不上网，我都不知道病毒变成啥样了"。正是基于此，才会让广州青年并不敢完全确认自己对新冠肺炎疫情各项特点了如指掌，即便他们已能通过互联网充分接触相关内容。

表2 广州青年对新冠肺炎疫情的整体认知

单位：%

	非常了解	比较了解	一般了解	比较不了解	完全不了解
（1）新型冠状病毒肺炎的传播途径	40.3	43.6	13.0	2.0	1.1
（2）新型冠状病毒肺炎的潜伏期	47.4	38.1	10.6	2.7	1.3
（3）新型冠状病毒肺炎的感染症状	37.1	44.4	15.1	2.4	1.1
（4）新型冠状病毒肺炎的防护措施	40.4	44.1	12.3	2.2	1.0

进一步分析发现，年龄越大的广州青年对疫情的认知越充分。对新冠肺炎的传播途径、潜伏期、感染症状以及防护措施选择"非常了解"的广州青年中，29~35 岁的比例最高，分别为 49.7%、57.1%、46.9% 和 49.0%；14~18 岁的比例均最低，分别为 28.8%、35.4%、27.3% 和 30.4%（见表 3）。未来我们要重视在未成年人或者较低龄青年中的防疫宣传工作。

表3 不同年龄段广州青年对新冠肺炎疫情的整体认知

单位：%

非常了解	14~18 周岁	19~23 周岁	24~28 周岁	29~35 周岁
（1）新型冠状病毒肺炎的传播途径	28.8	34.3	46.2	49.7
（2）新型冠状病毒肺炎的潜伏期	35.4	41.6	53.2	57.1
（3）新型冠状病毒肺炎的感染症状	27.3	31.6	42.0	46.9
（4）新型冠状病毒肺炎的防护措施	30.4	35.2	45.4	49.0

（二）广州青年获取疫情信息的途径以互联网为主

调查显示，通过互联网获得疫情信息的广州青年比例最高（96.8%），其次是通过微信公众号、微博（73.4%），排在第三位的是通过电视（67.3%）。值得注意的是，广州青年较少通过报刊（17.0%）、宣传栏/广告屏（20.7%）来获得疫情信息（见图1）。基于数据分析可知，我们在青年群体中宣传新冠肺炎疫情相关内容，依然要把握好互联网这个舆论场，利用好各种官方的微信公众号和微博号，当前"@共青团中央""广州青年"微信号基本上每天都在发布最新的疫情新闻，还有很多科普知识、新鲜资讯第一时间分享并给出官方"认证"，这也给了青年人增强抵御病毒的信心和安全感。

（三）超七成广州青年每天关注疫情信息数量五条以上

广州青年对新冠肺炎疫情的充分认知来自他们较为频繁地阅览相关新闻，同时，互联网的迅捷、便利性也为他们创造了频繁阅览的条件。调查显示，每天平均阅读 5 条以上疫情信息的广州青年占比 74.0%，每天平均 4~

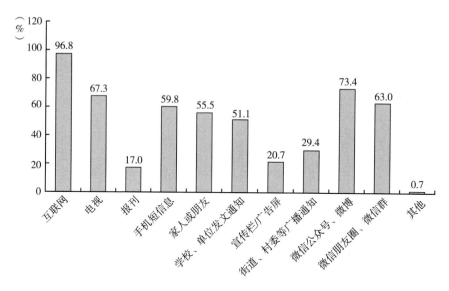

图1　广州青年获取疫情信息的途径

5 条的占比 18%，每天平均 1~3 条的占比 7.4%，少于 1 条的几乎没有
（见图 2）。这说明广州青年了解疫情的主动性较强，他们愿意花费自己的时
间去关注此类信息；同时，应当也是响应政府"不出门"的号召以及推迟

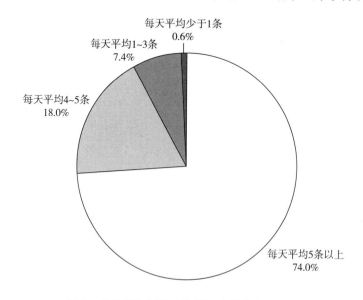

图2　广州青年浏览（接收）疫情信息的频次

开工开学的规定，让青年人有了较多的时间关注疫情。

调查发现，不同户籍的青年在关注疫情信息的频次上存在明显不同。广州户籍青年关注疫情信息日均 5 次以上的比例最高，为 80.9%，其次是湖北籍青年（75.6%）；广东省其他户籍青年关注疫情信息日均 4~5 条的比例最高，为 20.1%；湖北籍青年关注疫情信息日均 1~3 条的比例最高，为 14.6%（见表4）。

表4　不同户籍青年关注疫情信息的频次情况

单位：%

频次	广州户籍	广东省其他地市户籍	湖北籍	其他外省户籍
每天平均 5 条以上	80.9	70.2	75.6	74.2
每天平均 4~5 条	13.9	20.1	9.8	19.4
每天平均 1~3 条	5.0	9.1	14.6	5.7
每天平均少于 1 条	0.2	0.8	0	0.7

（四）广州青年最关注官方公布的疫情进展信息

当被问及"您主要关注哪一类疫情信息"时，调查显示，79.2% 的广州青年关注官方公布的疫情进展，此项比例最高；其次是疫情防御措施指引，有 17.2% 的广州青年选择了此项；广州青年较少关注的是"与疫情相关的趣味段子"，选择此项的仅有 0.5%（见图3）。以上数据表明绝大多数广州青年会主动"追随"官方的脚步，以官方公布的消息为准绳，具有一定的分辨虚假信息的能力；广州青年对此次主要暴发在湖北并波及全国的疫情持严肃态度，并不会关注"衍生"出来的趣味段子来故作幽默感。

（五）广州青年转发疫情信息只认"官宣"

调查显示，大部分广州青年只会转发经过官方核实过的疫情信息，这一比例为 57%，另有 37% 的广州青年表示基本不会转发疫情信息，仅有 6% 的广州青年会通过自己的判断来转发疫情信息（见图4）。目前全国处于抗

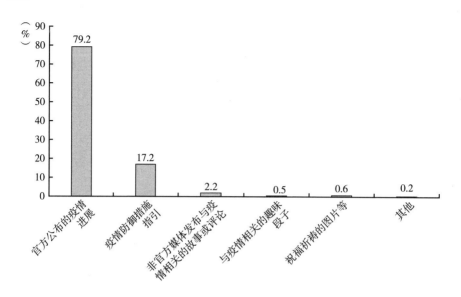

图3 广州青年最关注的疫情信息

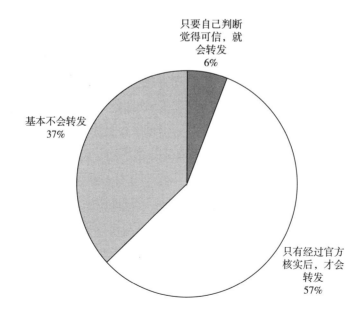

图4 广州青年对传播疫情情况的态度

击疫情的关键时期，各种消息甚嚣尘上，尤其是在互联网这个复杂舆论场内，任何个人都可以轻易发布讯息和评论，那么对于纷繁复杂的信息进行筛选、鉴别就变得尤其困难。在此种情况下，青年转发信息要擦亮眼睛、认准"官宣"，避免成为传谣的"工具"。

（六）八成以上青年认为微博、微信宣传途径最有效

目前，国家通过多种途径和方式进行防疫宣传。调查发现，83.4%的广州青年认为通过微博、微信等官方公众平台发布信息最为有效，其次为通过电视电台的广播不间断通知、宣讲（59.1%），再次为通过中国移动、联通和电信等通信运营商定向发送短信（57.1%）；认为通过社区宣传栏张贴防疫海报最有效的青年占比21.5%（见图5）。

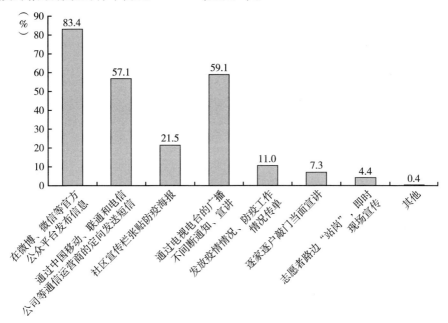

图5　广州青年认为最为有效的防疫宣传方式

（七）九成广州青年关注所在社区开展防疫工作

调查发现，目前有90.4%的广州青年表示他们所在的社区已经开展了

宣传防护工作。值得注意的是，有6.5%的青年不知道社区情况，这有可能是因为他们春节返乡探亲，还未回到所居住小区（见图6）。调查组认为，鉴于聚集性疫情多有发生，当前多地方小区已开展封闭式管理，禁止社区外部人员进入。前有河南村书记"硬核"劝返，后有重庆小区门口"喷雾"消毒，全国的社区力量均已响应起来保障居民的人身安全。

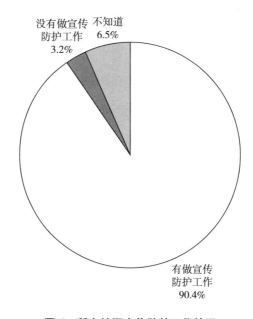

图6　所在社区宣传防护工作情况

调查发现，广州户籍青年知晓所在社区开展宣传防护工作的比例最高，为92.5%，其次是其他外省户籍青年（92.1%），湖北籍青年的比例最低（80.5%），同时，有12.5%的湖北籍青年表示所在社区并没有开展宣传防护工作。

（八）广州青年预防感染新冠病毒肺炎信心较足

调查发现，广州青年对于预防感染新型冠状病毒肺炎信心较大。44.3%的青年认为防护措施很科学，自己非常有信心通过这些手段保护自己；50.3%的青年认为通过科学的防护措施，大概率下能够保护自己，二者合计

94.6%。此外，4.6%的青年表示不清楚能不能通过采取措施保护自己；
0.8%的青年觉得完全隔离病毒很难，保护自己难度较大（见图7）。

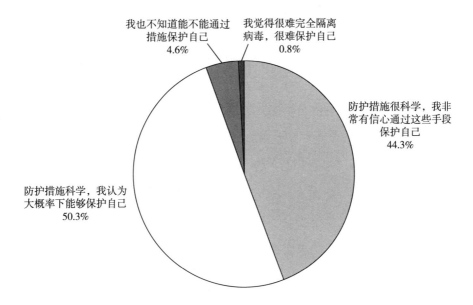

图7　广州青年预防新冠肺炎信心指数

进一步分析发现，年龄越大的青年对预防感染的信心越大，其中14～
18岁年龄组中认为防护措施很科学、非常有信心通过这些手段保护自己的
比例为39.2%，19～23岁年龄组中该比例为44.3%，24～28岁年龄组中该
比例为44.7%，29～35岁年龄组中该比例则为45.7%。

三　广州青年对新冠肺炎疫情的应对措施

广州青年在面对新冠肺炎疫情时认知理性，同样在行动上也表现出比较
科学的应对措施。

（一）广州青年防护措施主要有戴口罩、宅家和洗手

当前针对新冠病毒提倡的多种有效防护措施中，外出时戴口罩和宅家并

给房间通风是广州青年采取的比例最高的两项，均为92.6%；其次是外出后洗手，比例为87.3%；有53.1%的青年会避免去医院；50.6%的青年均衡饮食，尽量提升自己的免疫力，少生病；44.4%的广州青年会喷洒消毒液；43.9%的广州青年加强锻炼。以上这些都是科学的防疫手段，绝大多数广州青年可以很好地利用这些手段来保护自己不受病毒的侵袭。"熏醋熏香"、"服用保健品"以及"服用中药"这些目前没有数据表明是防疫的有效手段，在青年群体中首选比例也很低，均低于5%（见图8）。但是，数据的高低并不代表完全不存在错误使用防疫措施的情况存在，我们还需大力宣传科学防疫知识，以防部分青年由于一时疏忽而错误使用防疫方法。

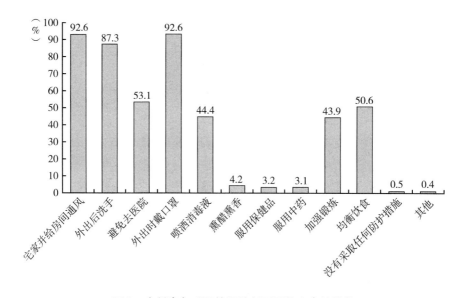

图8　广州青年采取的预防新型冠状病毒的措施

对比男性和女性青年的数据，我们发现女青年对于这些防护措施的实施力度要普遍高于男青年。除了"加强锻炼"此项男青年（46.0%）高于女青年（42.7%）之外，其他各项防护措施实施的比例女青年均更高（见图9）。

（二）六成以上广州青年能将各项防疫措施落到实处

当被问及"春节假期期间，你对政府呼吁的'宅、戴、洗'（宅在家、

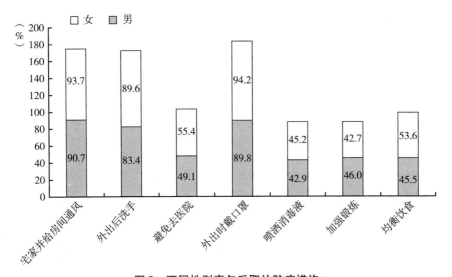

图9　不同性别青年采取的防疫措施

戴口罩、勤洗手）的措施是否做得到"时，有 62.0% 的广州青年表示自己各项防护措施都完全做得到。有 14.4% 的广州青年表示宅在家，不外出不聚会做得到；9.9% 的广州青年能够做到宅在家和外出戴口罩；6.5% 的广州青年能做到外出戴口罩、勤洗手；4.0% 的人能做到外出戴口罩（见图10）。

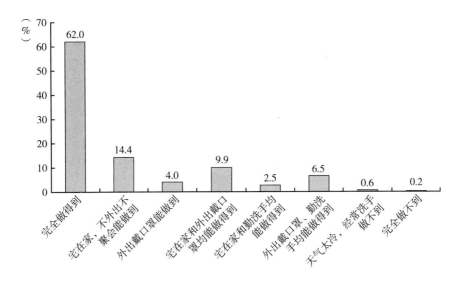

图10　广州青年的防疫措施执行情况

可见，广州青年在防疫措施的实施方面还是做得比较好的，未来将是抗击疫情的关键期，还需继续执行这些防疫措施来保护自己。

（三）广州青年自觉在公共场所佩戴口罩率较高

新型冠状病毒与流感等呼吸系统感染的传播途径相似，可通过感染者咳嗽和打喷嚏等方式传播，因此，佩戴口罩是防止感染的主要措施。本次调查发现，89.0%的广州青年凡出门必戴口罩，6.6%的人在人多的地方会佩戴，2.7%的人表示能够买到或者有人赠送就会佩戴，1.1%的人在政府规定的公共场所会佩戴，还有0.6%的人大多数时候都不戴（见图11）。可见，大部分广州青年对新型冠状病毒的传播方式有较为清晰的认知，能积极、科学地应对该病毒的传播。

相关分析结果显示，年龄越大口罩的佩戴率越高。14~18岁年龄组中凡出门必戴口罩的比例为84.2%，19~23岁年龄组中该比例为86.4%，24~28岁年龄组中该比例为91.8%，29~35岁年龄组中该比例则为92.7%。

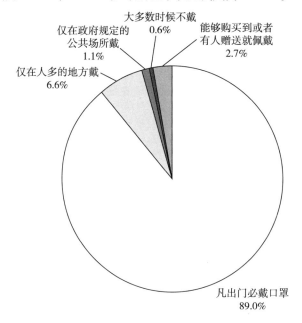

图11　广州青年出门佩戴口罩的情况

（四）广州青年参与疫情防控方式多元有效

分析发现，广州青年积极参与疫情防控工作，参与方式多元化。具体来看，最主要的参与方式为尽量待在家里，不给政府"添麻烦"（63.0%）；其次为给周围人讲解及普及相关知识（58.4%）；再次为转发微博、微信等公众平台发布的信息（48.0%）。此外，积极参与到疫情防护的讨论当中、监督周围人防护措施的落实程度、主动捐款捐物给合法募捐机构或医疗单位等也占据一定比例（见表5）。可见，广州青年面对疫情，能尽自己所能积极地参与到疫情防控中，争取在不给政府添乱的情况下最大限度地发挥自己的作用。

表5　广州青年参与疫情防控工作的主要方式

单位：%

主要方式	占比
转发微博、微信等公众平台发布的消息	48.0
给周围人讲解及普及相关知识	58.4
积极参与到疫情防护的讨论当中	23.9
主动捐款、捐物给合法募捐机构或医疗单位	14.8
撰写相关文章进行网络宣传	1.2
利用互联网技术制作防疫宣传的小视频发布	2.4
响应政府呼吁，主动举报周围疑似病例	6.5
监督周围人防护措施的落实程度	16.3
参加相关志愿服务活动	2.1
尽量待在家里，不给政府"添麻烦"	63.0
其他	0.3

群体差异方面，女性选择尽量待在家里，不给政府"添麻烦"以及给周围人讲解及普及相关情况的比例均比男性高11.2个百分点；男性选择积极参与到疫情防护讨论当中的比例则比女性高5.6个百分点。

（五）近四成青年"宅家"期间选择"充电"学习

调查发现，广州青年疫情期间宅在家里的最主要活动是看电视、电影，所占比例为 76.8%；其次为刷微信、微博、看抖音等，占比 41.6%；再次为做家务，所占比例为 37.6%，趁机"充电"学习，占比 36.9%。此外，整理、收纳物品，上网打电子游戏，打麻将、扑克牌、飞行棋等棋牌游戏等也占据一定的比例（见图 12）。可见，广州青年"宅家"主要是进行休闲娱乐活动，整理家务、学习所占比例也较大。

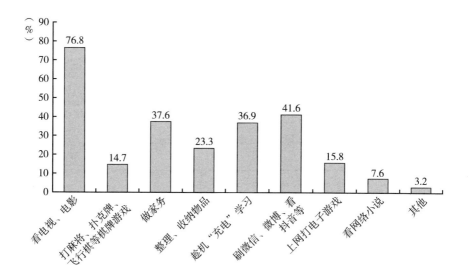

图 12　广州青年疫情期间"宅家"的主要活动

在群体差异方面，29~35 岁年龄组做家务、整理收纳物品以及"充电"学习的比例均高于其他年龄组，选择休闲娱乐的比例则均低于其他年龄组。性别方面，女性做家务，整理、收纳物品，刷微博、微信、看抖音的比例均比男性高；男性充电学习、上网打电子游戏的比例则高于女性。学历方面，受教育程度较高的青年选择趁机"充电"学习的比例高于受教育程度较低的青年，其中小学及以下学历的青年中无人选择"充电"学习，初中学历的青年选择此项的比例为 9.4%，高中学历的青年选择此项的比例为 15.3%，大专学历的青年选择此项的比例为 32.1%，本科学历选择此项的比例为 41.4%，硕士研究生选择此项的比例则达到了 46.4%。在政治面貌方面，中共党员选择趁机"充电"学习的比例最高，为 50.6%，民主党派选择此项的比例为 36.4%，共青团员选择此项的比例为 36.4%，群众中选择此项的比例为 29.6%。

（六）五成以上青年暂未返穗，超五成将选择公共交通

为加强新型冠状病毒肺炎疫情防控工作，有效减少人员聚集，阻断疫情传播，广东省人民政府发文通知各类企业复工时间不早于 2 月 9 日 24 时。本次调查发现，截至问卷发放时间 2 月 4 日，57.3% 的广州青年暂未返穗，其中 32.3% 的青年返穗时间还未确定，4.6% 的人计划于 2 月 17 日前返穗，5.6% 的人计划于 2 月 24 日前返穗（见图 13）。在返穗交通工具方面，28.8% 的人表示乘坐火车/高铁返穗，25.1% 的人选择自驾返穗，17.1% 的人选择乘坐汽车返穗，5.3% 的人选择乘坐飞机返穗，0.6% 的人选择乘坐轮船返穗，还有 23.2% 的人选择其他交通工具。可见，广州青年返穗的主要交通工具为火车、汽车等公共交通工具，人员较为密集，存在交叉感染的风险。

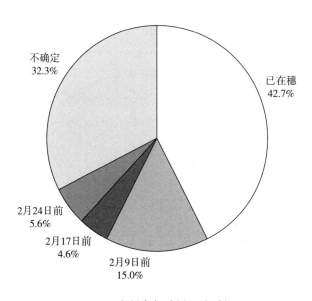

不确定 32.3%
已在穗 42.7%
2月24日前 5.6%
2月17日前 4.6%
2月9日前 15.0%

图 13　广州青年计划返穗时间

四　广州青年志愿参与防疫服务工作分析

2020 年 1 月 28 日，中央文明办、中国志愿服务联合会发出《关于号召广大志愿者、志愿服务组织积极有序参与疫情防控的倡议书》，1 月 26 日，中国青年志愿者协会发出《关于青年志愿者组织和志愿者开展疫情防控应急志愿服务的工作指引》，这充分表明了志愿服务作为青年参与防疫服务工作的有效方式以及现实依据。调查显示，广州青年志愿参与防疫服务积极乐观。

（一）广州青年防疫志愿积极正面，主张分领域参与

调查显示，有超过九成的广州青年认可开展防疫志愿服务，其中 29.3% 的认为"很有必要"，63.2% 的认为应该"分领域开展"（见图 14）。这表明大多数广州青年了解新冠肺炎疫情的紧迫性，并支持志愿服务参与协助疫情防控工作，同时认为根据实际需求情况，分开不同服务领域开展，避免"一窝蜂"的扎堆服务现象，这显示了广州市多年来实施志愿服务工作的社会成效和群众氛围，对广州青年群体产生了基础性的正向引导，促使志

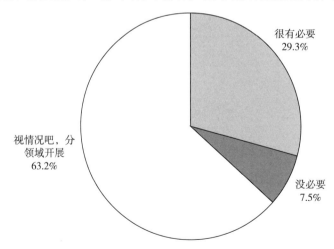

图 14　广州青年对开展防疫志愿服务的认知

愿服务不仅在日常生活中开展，更促进在疫情非常时期的应急志愿服务行动，得到大多数广州青年的支持。

（二）广州青年防疫志愿服务的参与程度可进一步深化

调研显示，68.7%的受访者"愿意参加防疫工作相关的志愿服务"，其中，24~28周岁和29~35周岁的青年，占比均超过七成；同时，还有31.3%的受访者不愿意参加（见图15），其中14~18周岁和19~23周岁的青年，占比均逾三成。可以看出，年龄略长的青年更愿意投身防疫志愿服务。另外，青年女性参与意愿有70.7%的比例，高于男性青年5个百分点，这也是当前防控志愿服务队伍中应该重点培育维系、组织管理的主要青年力量。而相对年龄较轻的青年受访者，出于个人的各种考虑，不太愿意参加防疫志愿服务，这固然与部分未成年人受访者自身条件所限有关，但对于其他年龄段的青年人，更需要激活其参与防控志愿服务，提升其抗击疫情志愿服务参与度。

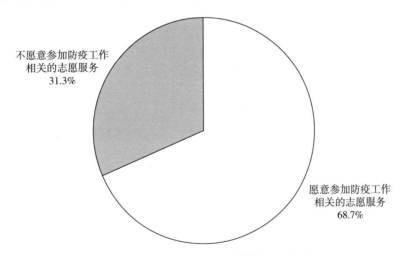

图15 广州青年参加防疫志愿服务的态度

（三）广州青年防疫志愿服务倾向信息化和多元化参与方式

调查显示，有27.4%的受访者愿意"依托微信、微博、抖音，撰写、制作与疫情相关的网络推文、视听产品，参与网络辟谣等志愿服务"，

23.9%的受访者倾向"参与12355广州青少年服务台热线服务，为来电的青少年、市民提供心理疏导等志愿服务"，这都显示了在抗击疫情的特定时期和互联网时代，广州青年更倾向于通过网络信息技术和通信手段，提供持续性的志愿服务支持，也凸显防疫志愿服务组织方和管理者需要进一步提供此类平台的参与途径。同时，分别还有13.8%、9.6%的受访者乐于"发挥自身专业优势，为开展志愿者群体或市民开展线上线下培训志愿服务"和"参与医疗物资的整理、搬运和运送等志愿服务"。有意思的是，学历越高，越愿意发挥自身专业优势参与服务，硕士研究生学历受访者倾向性最高。可以看出，广州青年志愿参与防疫工作存在多元化方式，既有不同类型专业志愿服务的优势实施，也有协助物资传递的基础性体力志愿服务，通过形式多样的"组合拳"志愿行动，参与到疫情防控的社会潮流中，助力政府职能部门和广州市民群众的防控工作。

（四）不愿意参与志愿服务的青年中近半因担心感染肺炎

调查显示，不愿意参加防疫志愿服务的广州青年，主要出于自身考虑影响，其中受访者中有44.9%的"担心感染疾病"，25.9%的"时间、精力不足"，6%的"觉得自己无法完成任务"（见图16）。这一方面是由于广州市乃至全国的新冠肺炎疫情在2020年1月下旬陆续暴发，短期内巨量放增的感染病例消息使广州青年对参与防控疫情志愿服务可能带来的风险产生担忧，同时出于对个人时间精力的考虑；另一方面，这也与常态志愿服务工作中对于应急救援（尤其是突发疫情时期）志愿者培训、保障机制、人员应急安排等设置缺乏有关。此外，值得注意的是，有14.4%的受访者"不知道通过什么途径参加"防疫志愿服务，显示了在新冠肺炎疫情下志愿服务供需信息存在不对称的问题。

（五）防疫志愿服务组织化程度有待进一步提升

调查显示，有超过六成的调查对象所在单位/行业已建立团组织，其中14.1%的还建有志愿者队伍，但明确有开展防疫志愿服务活动的只占

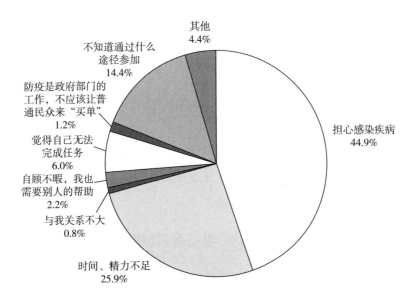

图 16　广州青年不愿意参加防疫工作志愿服务的最主要原因

42.8%（见图 17）。此外，鉴于新冠肺炎疫情的传播面广、传染性大等特点，党政部门、群团组织和公益志愿组织都不提倡志愿者前往疫区开展服

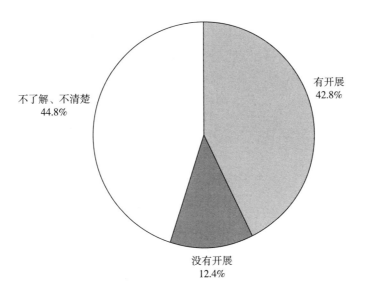

图 17　面对新冠肺炎疫情单位党（团）组织开展志愿服务活动的情况

务，这就需要青年群体依托组织平台，立足本地，在确保自身安全的基础上，通过组织化统筹管理，科学化参与行动，实效化进行防疫志愿服务。

五　广州青年应对新冠肺炎疫情的困境和需求

尽管广州青年对防疫工作的参与在认知和具体行动上积极乐观，但由于此次新冠肺炎疫情波及面广，影响度深远，资源分配、人员分工、志愿参与途径等方面难免存在一些困境和问题。

（一）防护产品严重短缺，心理层面关护需求呈低龄化趋势

新冠肺炎疫情发展态势迅猛，疫情防控产品在全国范围内优先调配至疫情严重地区，民众对防护口罩、酒精、消毒液等疫情防控产品需求激增，春节假期工人返乡过节、工厂产能未能充分释放等多重因素叠加，广州市内的防护口罩、酒精、消毒液等防控产品供应出现紧张，在"广州青年最需要获得的帮助"问题中，"买不到口罩、酒精等防护用品，求提供可靠购买渠道"成为最多人选择的选项，占总调查人数的64.5%。值得注意的是，广州市户籍人口以及广东省其他地市户籍人口选择这一选项的比例均超过90%，分别为95.0%、91.9%，高于湖北籍（75.6%）、其他外省户籍（89.5%）、港澳台地区居民（85.7%）。这一方面显示了这部分人群对做好科学防护、减少疾病传染有一定的认识，有利于做好疫情的防控；另一方面要警惕出现"恐慌式消费"，对合理分类使用医护产品，避免"非理性"消费进行有效的引导。

除了物质性需求之外，在"最需要获得帮助"的问题中，广州青年分别有13.5%的提出"身体出现感冒症状（但非新型冠状肺炎），求安全的治疗指引"，10.9%的反映"心理紧张、求安慰"，9.3%的认为"所在单位/社区防疫不到位，求协管"。其中，前两者选项呈现较为明显的低龄化增强趋势，即随着年龄的降低，对防护产品购买的需求有所减弱，但希望得到安全治疗指引和心理疏导的需求增强，尤其是14~18岁年龄层对这两者的需

求分别为29.2%、20.8%，明显高于其他年龄层群体，显示了这部分年龄层的青年群体由于还处于社会化的关键阶段，在涉及自身生理和心理健康时，亟须获得来自社会的关注和支持。

另外在访谈中也发现，湖北籍青年选择"心理紧张、求安慰"的比例（17.1%）要略高于广州户籍（15.2%）、广东省其他地市户籍（15.2%），显示了湖北作为疫情的首发地和主要集中地，湖北籍广州青年一方面看到家乡疫情发展情况存在担忧的情绪，另一方面也担心会在广州遇到歧视，面临着较大的心理压力，使湖北籍青年"求安慰"的比例略高。

针对怎样有效防护疫情，政府通过视频、宣传片等多种渠道进行了相当详尽的介绍，尤其是对于出现怀疑感染新冠病毒后应如何处理等有较为明确的指引，定点治疗医院信息也通过各种渠道得到了广泛的传播，但对于感冒等普通疾病应如何得到安全的治疗指引方面的信息还需要进一步加强。特别是需要针对不同年龄层和不同类别的青年群体的信息获取特点，需要提供更加通俗易懂的信息和权威、准确、及时的治疗指引信息，这是有效避免交叉感染、降低过度心理压力的重要手段。

对于青年群体中的心理辅导问题，目前广州已有12355广州青少年服务台热线以及部分的心理志愿服务组织等为青年提供心理辅导服务，但如何将心理辅导的相关信息精准地推送给低年龄层以及湖北户籍青年群体，并有效地开展相关的心理辅导工作，还需要进一步深入地研究。尤其是由于低年龄层青年群体处于初中、高中阶段，目前尚未返学就读，面对心理困境，需要社会帮助时如何实现及早发现、及早介入需要团市委、教育局、社会组织、家庭等重点关注、协同推进，形成工作的合力。

（二）广州团员青年参与防疫务实理性，但需有序引导

在疫情防控工作中，广州团员青年总体呈现务实、理性的特点。在"你认为当前团员青年还应该如何参与疫情防控工作"的问题中，占比超过50%的分别是"团员青年要带头做好防护，不传谣不信谣，为身边人做好示范"（57.4%）、"基层团支部主动向所在地防疫指挥部每日报告疫情"

（56.0%）、"团属媒体及时主动发布权威疫情消息、协助澄清事实"（52.6%），这显示出广州团员青年一方面能够按照政府的要求，积极做好自身防护，并发挥基层团组织的作用，主动做好每日疫情的报告；另一方面也发挥团员青年的先锋模范作用，在各类信息混杂的情况下，做到不传谣不信谣，积极支持团属媒体及时主动发布疫情信息，并且通过志愿服务等方式参与到防疫工作中。

因此，总体来看，广州团员青年是在党和政府的指引下首先从管好自己做起，在"不添乱"的基本原则基础上主要聚焦信息传播领域和志愿服务领域发挥作用。但值得注意的是，广州青年作为社会上最有生机活力的群体，分布在各行各业中，有从事医护工作的一线医护人员，也有直接面向民众的社区街道服务人员，更有在疫情中提供各类配套服务的工作人员，是抗疫工作中的生力军，如何引导青年更加积极主动、有效参与、发挥青年群体的独特作用问题需要重点关注。在"你认为当前团员青年还应该如何参与疫情防控工作"的问题中，"有序组织专业志愿者参与防疫实战工作"占比40.8%，"保护团员青年个人安全，防疫工作交给专业人士"占比20.9%，"团员青年要组织'攻坚队'冲向防疫一线"占比5.4%。可以看到，认为"团员青年要冲向防疫一线"的青年群体占比偏小，可能是因为广州青年对于"冲向防疫一线"存在一定的片面理解，对于如何立足岗位发挥自身作用还存在一定的误区，同时还有一些安全上的顾虑，在一定程度上影响了党、团员青年群体的担当精神。在疫情防控工作转入"攻坚战"的关键阶段，如何充分发挥党、团员青年的先锋模范作用，激发其主动肩负使命值得重点研究。

（三）期待完善物资供应、社区防控、信息公开措施

在调查中发现，大部分的广州青年对政府应对疫情的方式方法表示认可，并对有效抗击疫情抱有一定的信心，但也希望在防护用品及日常生活物资的供应、社区防控、信息公开、工作机制等方面得到进一步加强。在调查对象中，有超过60.8%的广州青年希望政府"加人对口罩、消毒液

等防护用品的供应，开通官方购买渠道"，13.4%的认为应"加大对日常生活物资的供应，确保价格稳定"，10.7%的提出"加强疫情信息的公开透明度，及时公布确诊案例的详细信息"，7.6%的希望"加强社区防控力量，更好地引导市民做好居家防控工作"，6.8%的呼吁政府"研究出台弹性工作机制，适当调整办公方式，以互联网办公为主，减少人员聚集"，可见，由于防护物资的短缺，对于口罩、消毒液等防护用品的供应是广州青年对政府最大的期待，也迫切地希望增加官方购买的渠道。除此之外，日常生活物资、信息公开、社区防控也是广州青年希望能够加强和解决的重要问题。

对调查对象中进行性别、学历、职业、政治面貌等分群体对比研究发现，不同群体间对政府的期待只有细微比例上的差别，并不构成显著性，对政府措施的期待排名前三的都集中在防护物资供应、日常生活物资供应、信息公开三项中，这三项工作能否有效地回应青年的需求直接影响广州青年对政府应对疫情的信心和评价。

（四）对返岗返学认知理性，期待灵活的办公、学习方式

根据国家防疫工作的统一部署安排，2月中下旬开始将陆续迎来青年返岗返学，在问卷调查中，当问及青年"您认为假期结束后，单位（学校）应该如何做好防护工作"，87.9%的青年提出"应少开会、少集中，多用网络进行"，79.9%的提出"在办公室/学习场所也要戴口罩"，77%的认为"办公场所、学习场所每天消毒"，72.1%的认为应"做好电梯消毒"，70%的则建议"不扎堆在饭堂用餐，分批用餐或打包带走"，显示了广州青年对返岗返学后的防护工作普遍有着比较科学、清晰的认知，对于减少人员集中、佩戴口罩、做好消毒等工作形成了共识，这为有效做好返岗返学后的防护工作提供了有利的基础，方便工作的开展。

同时，经过调查分析也可以发现，作为最广泛使用网络等新型社交媒介的青年群体尤其是国有企业人员、公务员、事业单位工作人员、个体户/私营企业员工、社会组织工作者更期待"少开会、少集中，多用网络进行"

的新兴办公、学习方式，其中国有企业人员、公务员、事业单位工作人员选择这一选项的比例更是超过90%。可见，鉴于当前疫情发展的态势，更多的广州青年倾向于"少集中""使用网络进行"的新兴办公方式，而且他们也期待政府可以牵头做好相关的倡议，在返工返学的安排上能充分考虑疫情发展的阶段性，对于非抗疫核心部门的单位，应提供充足的指引，积极引导企事业单位采取灵活的办公方式，减少人员的不必要聚集，有效阻隔疫情的传播，保障青年的健康安全。

六　对青年参与新冠肺炎疫情防疫工作的建议

根据当前新冠肺炎疫情的暴发现状，结合此次调研数据分析及新冠肺炎疫情的后续影响力，在青年工作的开展中提出以下建议。

（一）进一步优化广州青年对新冠肺炎疫情的科学认知

1. 注重疫情信息发布的及时性

根据上文分析，青年们对于疫情信息的来源、内容均能有一定的判断力，但随着疫情防控压力的不断攀升，越来越多"浑水摸鱼"的消息出现在微博言论、微信朋友圈或截图里。在此种情况下，政府部门尤其要注重及时发布权威的官方消息。一是要增派工作人员，改进排班机制，确保24小时监测网络舆情。二是要充分利用拥有众多"粉丝"的微博大V、微信公众号，确立宣传、发布、辟谣的联动机制，形成信息在全网的顺利、及时推送。三是要严谨地核准消息内容，谨防青年朋友们"找茬儿"，准确发布权威疫情消息，让青年们跟着官方"节奏"走。

2. 拓展疫情信息发布途径的多样性

近期在网络上涌现一批优秀的短视频作品，内容有关于武汉的，有关于医护人员的，有关于建筑工人的，这些都获取了大量的"点击率"和"转发率"。我们应当拓展并且学会这些多样的方式来发布疫情信息，只有这样才能更好地吸引青年人的目光来关注官方权威的讯息。可以通过直播的方式,将开展疫情工作的现场展示给青年看,例如,在党员志愿者开展社区防疫服务时,医院建设增加床位时,慈善组织接受捐赠或发放物资时均可开通直播,让青年网友们及时了解。还可以开通防疫专家与青年网络对话的栏目,利用虎牙、快手等直播间,给青年们提出问题的机会,防疫专家现场通过网络进行回应。

3. 充分动员社区力量加强防疫宣传力度

作为一个人口大国,广大社区是打赢这场防疫战的重要阵地。鉴于春节返乡潮、返工潮的庞大人口迁徙流动,社区应充分落实国家对于疫情控制的相关规定,充分宣传到每家每户让其知晓防疫知识至关重要。首先,社区必须发动其所有可能的力量,如社区内的党员志愿者、社区自组织、社会组织等,共同投入对疫情的宣传和防护工作,必要情况下,可以确立社区防疫工作联席会议机制,借助居民议事会平台,以网络会议的形式,群策群力共同商讨防疫工作的实施细节。其次,要利用好社区内的固有公共设施,如宣传栏、广告屏、社区广播,张贴防疫宣传海报,播送实时疫情信息或科学有效的防疫手段,在小区入口处摆放宣传单,供居民自取。最后,建议有条件的社区可以统筹采购米、油、蔬菜、肉食以及药品等各类生活物资,缓解社区工作人员的压力,减少居民外出频次。

(二)拓展志愿参与防疫服务的平台、路径和方法

1. 推动各级团组织开展防疫志愿服务工作

2020 年 2 月 1 日,团中央印发《关于在重点领域组建疫情防控青年突击队投身防控疫情阻击战的工作指引》提出,"疫情防控青年突击队以共青团员为政治骨干和主体,把发挥作用的绩效作为检验团员团组织先进性的主要标准,以爱国、奉献、争先、创优为追求"。广州共青团积极响应,2 月 5 日,新增发布 32 个志愿服务活动,全市新增志愿者 2080 人次,产生了较大的影响力。建议广州市共青团系统进一步发挥各级团组织的职能优势,联动市青联委员、各青年企业家、各青年志愿服务组织,发动广大青年团员和大中学生,一方面,要深化组建"青年突击队、疫情专业志愿

服务队"等青年志愿服务组织，按照"统筹兼顾、区分领域、组织协调、科学有序"的管理机制，有效开展防疫志愿服务工作；另一方面，可以参考北京的做法，依托"团员回社区报到"工作机制，在各级党委和政府疫情防控整体部署和统一指挥协调下，积极参与疫情防控志愿服务，重点参与社区排班值守、疫情防护宣传、政策措施解读等相关工作。只有强化团组织的组织优势和采取灵活创新的工作思路，进而总结出实践经验和理论成果，才能更好地引领青年，逐步打造公共卫生应急救援志愿服务的"广州样本"。

2. 做好青年志愿者参与防疫志愿服务的保障和培训

任何志愿服务都不能脱离志愿者的人身安全，否则，志愿服务是不成功的，也会为志愿服务带来负面影响。逾 200 万名广州志愿者乃至广东省1000 多万名注册志愿者，除了在 I 志愿系统注册提供的人身保险外，并无新冠肺炎疫情等应急志愿服务保险，这方面的空白亟须填补，以更好地引导青年参与到防疫志愿服务行动中。在本次调查中，有 69.3% 的调查对象希望在防疫志愿服务中"做好上岗志愿者的防护物资供应"，51.8% 的调查对象建议"为志愿者购买相关的医疗保险，解决后顾之忧"，这都反映了广州青年对参与防疫志愿服务的自身保障非常重视。2020 年 2 月 6 日，中国青年志愿者协会联合保险公司，发起实施"青年志愿者专项守护行动"，为全国各地的疫情防控青年志愿者赠送专项保险；广东志愿者联合会设立广东青年战"疫"志愿突击队爱心基金，国家和省级层面的举措为广州出台"地方政策"提供参考依据，同时建议在专项保险基础上，补充青年参与防疫志愿服务的系列保障措施和激励措施。

除此之外，青年参与防疫志愿服务的志愿者培训也是关注点，调查表明，有 79.9% 的人希望"做好上岗前培训，让志愿者熟悉岗位职责"，这显示了防疫志愿服务岗前培训的紧迫性和重要性。广州市团校（广州志愿者学院）联合广州市志愿者行动指导中心，根据团市委成立五支防疫志愿服务队的服务类别和岗位要求，制作了"广州防疫志愿者培训系列微课程"，供广大志愿者线上学习。此外，培训内容还需要持续深化，培训课程仍需不断扩展，同时可对接更多的医护教育机构（如广州医科大学、广州卫生职业技术学院等市属高校）和社会公共安全培训机构等，扩大防疫志愿者的师资队伍，加强其培训工作。

3. 切实梳理需求，制定青年参与防疫志愿服务清单

在当前新冠肺炎疫情下，青年参与防疫志愿服务应以安全保护为第一要务，同时针对疫情特点，要通过多样化、可操作、有实效的防控疫情志愿服务方式方法，科学行动，避免盲目参与。调查显示，有 72.2% 的人希望"加强与志愿者需求方的对接，明确志愿者岗位和工作要求，量力而行，不要添乱"，因此，根据防疫整体工作，建议梳理防疫志愿服务需求清单，组织青年参与以下几类志愿服务。一是协助公共场所体温检测的防控服务，定期在公园、车站、大型超市等人群密集或密闭的公共场所开展服务，助力解决公共管理需求问题。二是受到新冠肺炎疫情影响的弱势群体关爱帮扶服务，服务对象包括城乡独居长者、留守儿童或流动儿童、残障人士、困难家庭等。三是心理疏导志愿服务，除了 12355 热线服务外，还可面向医护人员或患者家属等特定人群提供心理专业志愿服务，面向社会群众的支持性心理志愿服务。四是防疫宣传以及网络文明志愿服务，在互联网时代，青年群体一方面可借力宣传防疫的正确知识和正面信息，为社会和服务对象提供智力支持，最大限度发挥志愿服务效能；另一方面也要辨识谣言、抵制谣言，保护舆论环境的积极力量，倡导网络文明。

（三）有效服务青年，提升青年抗逆心理素质

针对调查中发现的青年最需要的帮助，提供有效的服务，如有关防护物资的购买、日常生活的自我保护的知识，以及心理辅导，做到点面结合，对青年分层分类做好精准服务。

随着抗疫工作转入攻坚战的关键时期，一方面要按照党中央的工作部署，落实落细各项防控措施，调动包括青年群体在内的各条战线力量，做好全面防控工作，尽可能地减少新增感染；另一方面更要细化管理，真切关注民众的体验，有效提高工作的精准度。要精准提供疫情相关配套服务，要充

分发挥广州在发动社会力量参与社会治理上的显著优势，在识别、诊治等与疫情直接相关的服务之外，利用好12355服务热线以及广州青年心理辅导协会等专业社会力量积极关注14～18岁低龄青年群体、湖北籍在穗青年群体、新冠病毒感染的病人家属、确诊或疑似病人居住小区居民等群体的心理压力问题，及时提供心理介入和心理支持的手段。

要精准地提供疫情后续服务。新冠肺炎疫情涉及面广，影响群体庞大，对青年的生活、工作等带来较大的影响，许多青年面临着较大的生活压力，要重点关注可能发生的因"疫"致贫的青年群体，充分发挥青基会等社会资金的帮扶作用，提供相应的协助。

（四）发挥青年群体中党、团员的先锋模范作用

青年是整个社会力量中最积极最有生气的力量，青年群体中的党、团员更应该率先奋战在"抗疫"的第一线，发挥先锋模范作用。首先，应打造"党、团员'抗疫'行动"品牌。一方面有效依托党员进社区，志愿服务组织中的党、团员工作室等既有的、成熟的党、团员品牌活动，积极倡议党、团员在做好自身防护的情况下下沉基层、下沉一线，协助社区等在抗疫行动最艰巨的工作阵地中开展工作；另一方面应创新工作品牌，鼓励奋战在抗疫第一线的党、团员组建"党员（团员）抗疫先锋队""党员（团员）抗疫突击队"，在抗疫工作中主动亮出党、团员身份，充分展现党、团员不畏艰难险阻的良好作风。

其次，发挥党、团员的榜样引领作用。充分发动各类新闻媒体挖掘和发现身边党、团员青年在各条战线上参与抗疫行动的感人事迹，通过抖音、微信、B站等青年主要聚集地进行广泛传播，吸引更多的青年学先锋、做先锋，调动青年参与抗疫行动的积极性。

再次，鼓励党、团员青年积极发挥创新精神，丰富青年群体参加防疫工作的渠道，多组织开展"小而精"的参与方式，使青年随手可参与、随时可参与、随地可参与，提升对抗疫行动的参与度，提高对广州城市的归属感和认同感。例如，广州市志愿者学院推出防疫志愿者培训微课堂，通过1分

钟左右的微视频告诉防疫志愿者如何做好自我防护就是一个很好的尝试。除了微课堂，还应该推广微党课、微团课，告诉党员、青年应如何参与、怎样参与，厘清工作误区。

最后，必要时可以通过倡议党、团员自愿、主动缴纳"特殊党费（团费）"，为抗疫工作提供资金支持，充分体现党、团员的社会责任感。

新时代广州机关青年思想状况调查[*]

段 希

摘 要： 机关青年是党的重要后备力量，是未来党的中坚力量。机关
青年也是党的政策的执行者和宣传者，背负着重要的使命。
通过对 2548 位广州机关青年随机调查，发现机关青年对待时
事政治的认识理性客观，热爱祖国并愿意为国家挺身而出，
政治生活较为丰富，获取信息的渠道较多依赖互联网。但同
时存在少部分机关青年思想状况有所波动、工作动力不足等
问题，建议积极探索健全用党的创新理论武装机关青年的长
效机制，做好新时代的思想引领工作，尊重个体需求，关心
青年长远发展，多策略提高职业认同和工作满意度，创新文
化载体，塑造健康生活态度。

关键词： 机关青年 意识形态 职业发展 广州

一 机关青年思想状况调研背景

（一）调研的时代背景

机关青年的思想状态对于党的政策的推行和宣传具有重要作用，因

---

* 本文系2019 年团市委深调研课题成果。课题组成员：段希、涂敏霞、冯英子、谢素军、孙
慧、巫长林、周理艺。

此，充分调研机关青年群体思想发展的现状和问题，有针对性地提出提升青年干部群体思想建设的对策建议具有重要现实意义。广州市是广东省的政治文化中心，是粤港澳大湾区中的重要城市，同时也是国外众多资本的投资地，世界各国人员在此交流汇聚，各种思想交汇碰撞，无疑会影响青年的思想、价值观念。作为国家政策执行者和宣传者的机关青年，其思想观念也可能在此形势下受到冲击。因此，对广州机关青年思想动态的掌握就变得尤为重要。

（二）调研的基本目的

为全面了解广州市 35 岁以下机关青年思想、工作、学习和生活等方面的现状，研究青年干部成长规律，为组织部门选拔培养青年干部提供决策依据，广州市团校研究中心按照团市委要求，于 2019 年 2～7 月组织实施了"广州市机关青年发展状况"调查。本次调查对广州市机关青年干部的组成、分布和工作情况进行摸底，充分调研机关青年在对党的认知、思想政治信仰、个人工作及理想方面的情况，找出当前机关青年思想发展存在的问题，为有针对性地提升机关青年群体思想建设、增强机关青年工作热情提供对策和建议。

（三）调查方法及样本

课题采用抽样调查的方式进行，共回收调查问卷 2548 份，其中年龄在 35 岁及以下的有效问卷 2399 份（具体各变量的有效回答样本有差异，但总体差异不大），有效回收率达 94.15%。其中，男性样本占比 53.57%，女性样本占比 46.43%。在年龄分布方面，25 岁及以下的占比 21.30%，26～30 岁的占比 53.31%，31～35 岁的占比 25.39%，年龄均值为 28.2 岁，中位值为 28 岁。在政治面貌方面，中共党员占比 50.57%，共青团员占比 34.34%，民主党派人士占比 0.55%，未加入任何党派的群众占比 14.54%。从工作年限来看，工作年限在 2 年以内的占比 18.61%，工作年限在 2～5 年的占比 42.43%，工作年限在 6～10 年的占比 31.35%，工作年限在 10 年以上的占比 7.61%。从受教育程度看，大专及以下学历者占比仅为 8.22%，拥有本科学历的占比 74.65%，拥有硕士研究生学历的占比 16.58%，拥有博士研究生学历的占比 0.55%。从婚姻状况看，未婚青年比例超过一半，占比 52.56%，已婚青年占比 45.69%，离异或丧偶的青年占比 1.38%；未婚青年中，30 岁及以上未婚的占比 14.88%；女性未婚青年多于男性未婚青年，占比 51.89%。从样本所属单位来看，33.26% 的青年来自市直机关单位，66.14% 的青年来自区属机关单位，样本遍及 11 个区；来自其他单位的占比 0.5%（见表 1）。

表 1　样本的描述性分析

变量名	类型	有效样本（份）	占比（%）
性别	男	1267	53.57
	女	1098	46.43
年龄	25 岁及以下	511	21.30
	26 ~ 30 岁	1279	53.31
	31 ~ 35 岁	609	25.39
政治面貌	中共党员	1193	50.57
	共青团员	810	34.34
	群众	343	14.54
	民主党派	13	0.55
工作年限	不足 2 年	440	18.61
	2 ~ 5 年	1003	42.43
	6 ~ 10 年	741	31.35
	10 年以上	180	7.61
教育程度	大专及以下	196	8.22
	本科	1779	74.65
	硕士	395	16.58
	博士	13	0.55
婚姻状况	未婚	1256	52.56
	已婚	1096	45.86
	离异/丧偶	33	1.38
单位类型	市直机关	796	33.26
	区属机关	1582	66.14
	其他	12	0.50

总体来看，由于调查的样本量非常大，广州市直机关单位、区属机关单位中的青年都有兼顾，可以很好地反映广州市机关青年的思想动态，也适合比较不同类型机关青年的特征，样本具有较好的代表性和分析价值。

二 当前机关青年的思想现状

（一）对待时事政治的认识理性客观

1. 对时事政治关注度总体较高

广州市机关青年对时事政治的热情较高但保持冷静。经常在"工作之余浏览/阅读/观看主流媒体发布的时政新闻/国家大事"的机关青年占比58.39%，偶尔的占比39.14%，从不关注的占比2.47%。在对待微信朋友圈转载的主流媒体报道的时政新闻和国家大事上，机关青年的态度较为谨慎，从不点赞或评论的占比10.39%，偶尔点赞或评论的占比56.36%，经常点赞或评论的占比33.15%；只有25.2%的青年表示经常转载这些时政新闻和国家大事，56.19%的青年偶尔转载，18.6%的青年从不转载。总体而言，广州市机关青年对时事政治的关注度较高，在移动媒体端经常或偶尔点评、转载时事政治的比例也较高。

2. 期待以更深层次更高水平开放推动高质量发展

广州市机关青年是改革开放的受益者，更是未来改革开放的建设者，对改革开放有较为深刻的认识。对习近平总书记提出的将改革开放进行到底的认识，62.99%的机关青年"希望推进更高标准的改革"，27.03%的机关青年认为"各领域的开放要注意把握好程度"，3.68%的机关青年认为"部分领域一定要守住屏障"，6.31%的机关青年认为要"着重避免走改旗易帜的邪路"。

3. 对当前反腐斗争成效持肯定态度

广州市机关青年对当前反腐败斗争的形势总体看好。73.26%的机关青年认为"反腐力度较大，取得了很大的成绩"，10.44%的机关青年认为"还需大大加强反腐工作"，13.52%的机关青年认为"虽然腐败有所收敛，但根底较深，效果还是不明显"，只有极少数的机关青年认为"没有效果，腐败现象愈演愈烈"（约占0.3%），2.49%的机关青年表示"说不清"。从机关青年的反映来看，反腐败斗争虽然取得了压倒性胜利，但依然任重道远。

4. 最满意经济发展和脱贫攻坚工作

机关青年对近年来党政部门所做的各项工作满意度较高，其中最满意的前三项工作分别是发展经济、脱贫攻坚和扩大对外开放（与实施"一带一路"倡议并列）。具体来看，最满意党政部门在促进经济发展中的工作的机关青年占比41.68%，最满意党政部门推进的脱贫攻坚工作的机关青年占比32.73%，最满意"扩大对外开放"的机关青年占比21.83%，最满意"实施'一带一路'倡议"工作的机关青年占比21.83%，最满意"开展'扫黑除恶'专项行动"工作的机关青年占比20.31%，最满意"反腐倡廉"工作的机关青年占比19.47%，最满意"制定实施《粤港澳大湾区规划纲要》"工作的机关青年占比17.15%，最满意"推进高铁高速公路等基础设施建设"工作的机关青年占比15.08%；此外，少部分机关青年最满意党政部门在"推动机构改革""处理中美贸易摩擦""发展医疗、养老等社会保障事业""治理污染""改善营商环境""实施乡村振兴战略"等方面的工作（见图1）。

（二）机关青年的理想信念较为坚定

1. 对社会主义道路充满自信

道路自信是对发展方向和未来命运的自信。坚持道路自信就是要坚定走中国特色社会主义道路，这是实现社会主义现代化的必由之路，是为近代历史反复证明的客观真理，是党领导人民从胜利走向胜利的根本保证，也是中华民族走向繁荣富强、中国人民幸福生活的根本保证。84.99%的机关青年非常赞同"我国必须坚持走中国特色社会主义道路，既不走封闭僵化的老

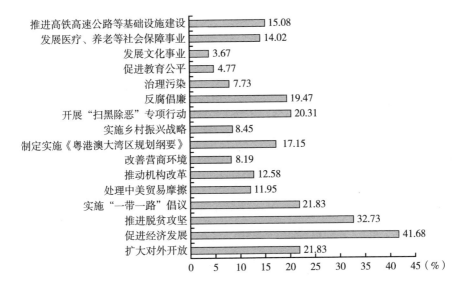

图1　广州市机关青年最满意的党政部门工作

路，也不走改易旗帜的邪路"。

2. 对中国特色社会主义理论充满自信

理论自信是对马克思主义理论特别是中国特色社会主义理论体系的科学性、真理性的自信。坚持理论自信就是要坚定对共产党执政规律、社会主义建设规律、人类社会发展规律认识的自信，就是要坚定实现中华民族伟大复兴、创造人民美好生活的自信。调查显示，98%的广州机关青年认为马克思主义在中国始终处于思想建设的指导地位。

3. 对中国特色社会主义制度充满自信

制度自信是对中国特色社会主义制度具有制度优势的自信。在中国特色社会主义制度体系中，坚持党的领导是根本。广州市机关青年对中国共产党的领导持高度认同态度。83.97%的机关青年非常赞同"中国共产党的领导是中国特色社会主义最本质特征"，持"比较赞同"的比例为14.11%，二者合计98.08%。这说明，广州市机关青年对中国共产党领导下的社会主义制度拥有较高的自信。

4. 对机关青年发挥作用的途径认识清晰

广州市机关青年认为可以从多途径发挥青年作用。调查结果显示，40.28%的青年认为最主要的途径之一就是"坚定马克思主义信仰，坚定对社会主义的信念"，33.51%的青年认为最主要的途径之一是"构建共产党人道德境界的高地，自觉抵制'四风'问题"，35.14%的青年认为最主要的途径之一是"践行社会主义核心价值观"，43.75%的青年认为最主要的途径之一是"做到廉政、勤政、优政，做到廉洁自律以形育人、以德带人、以勤感人"，43.33%的青年认为最主要的途径之一是"努力提升业务能力，担任业务骨干"，21.44%的青年认为最主要的途径之一是"勇于接受具有较高难度的工作，带领群众直面困难，解决问题"，29.46%的青年认为最主要的途径之一是"团结同事，主动关心群众，了解群众心声，帮助群众解决实际问题"（见表2）。

表 2　广州市机关青年发挥作用的途径

单位：%

机关青年如何发挥作用	权重占比	占比
坚定马克思主义信仰，坚定对社会主义的信念	16.29	40.28
构建共产党人道德境界的高地，自觉抵制"四风"问题	13.55	33.51
践行社会主义核心价值观	14.21	35.14
做到廉政、勤政、优政，做到廉洁自律以形育人、以德带人、以勤感人	17.69	43.75
努力提升业务能力，担任业务骨干	17.53	43.33
勇于接受具有较高难度的工作，带领群众直面困难，解决问题	8.67	21.44
团结同事，主动关心群众，了解群众心声，帮助群众解决实际问题	11.91	29.46
其他	0.14	0.33

（三）热爱祖国并愿意为国家挺身而出

1. 热爱祖国，拥护中国共产党的领导

祖国的命运和党的命运、社会主义的命运是密不可分的。只有坚持爱国

和爱党、爱社会主义相统一，爱国主义才是鲜活的、真实的，这是当代中国爱国主义精神最重要的体现。广州市机关青年持有正确的爱国观念，77.85%的青年非常赞同"爱中国是指爱中国共产党领导下的社会主义中国"，17.82%的青年则持"比较赞同"的态度。

2. 国家危难时愿意为祖国挺身而出

青年——国家的中坚，民族的希望。每当国家危难之际，总有千千万万爱国青年挺身而出，把血肉筑成新的长城。每当祖国需要，中国青年用青春、用生命书写着人性的光辉，弘扬着生命的尊严。广州市机关青年继承着先辈们为国献身的优良品质，对"愿意在国家危难时挺身而出"这一观点，67.38%的机关青年表示"非常赞同"，25.1%的机关青年表示"比较赞同"，二者合计达到92.48%；对"如果出现引发国家分裂的情况，我将挺身而出，维护国家统一"这一观点，78.97%的机关青年表示"非常赞同"，18.09%的机关青年表示"比较赞同"，赞同的比例合计超过97%。

3. 面对质疑和抨击能较为理性对待

网络已成为青年思想渗透与反渗透的无硝烟的战场。39.82%的机关青年认为社交平台是网络上思想引导最前沿的阵地（如新浪微博等），40.32%的青年认为新闻媒体是最前沿的阵地（如《人民日报》）。多数机关青年对网络上质疑和抨击国家政策的言论秉持理性判断。有35.36%的受访者认为"个体化、多元化背景下，这是在所难免的"，30.36%的机关青年认为这些言论"更多是基于个人主观推理后的妄下定论"，有22.66%的机关青年则表示"源于一些人的别有用心"，11.61%的机关青年则认为这些言论的出现主要是"源于一些人的良知缺失、哗众取宠"（见图2）。在行动上，机关青年愿意与此类言论做斗争。72.22%的机关青年表示愿意"及时制止，这是党员干部应该做的"，21.23%的机关青年则表示"由他去吧，我当没有看见"，5.07%的机关青年表示"点开看看，我没意识到有什么不当"，还有1.48%的机关青年则表示"我也转发过，刷刷存在感而已"（见图3）。

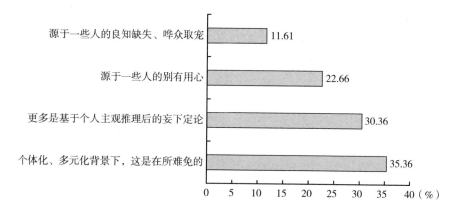

图2　广州市机关青年对网络上质疑或抨击党和国家政策、主张的声音的态度

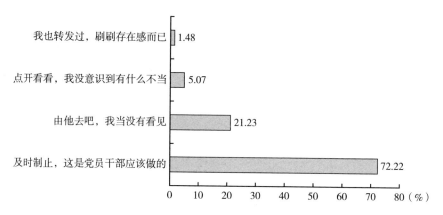

图3　广州市机关青年对网络上质疑或抨击党和国家政策、主张的声音的做法

（四）机关青年的政治生活较为丰富

1.针对机关青年的思想教育活动开展较好

党员教育工作是党的思想建设的重要内容，是党的建设的一项基础工作，也是我们党一贯的优良传统，在全面从严治党中具有基础性、先导性作用。根据调查数据，广州市机关青年所在单位开展党员干部思想教育情况总体良好。具体而言，87.36%的机关青年反映单位的"谈心谈话"活动开展得很好或较好，只有0.93%的青年反映所在单位完全没有开展；87.92%的

机关青年反映"党员定期进行思想汇报"活动开展得很好或较好，只有
0.59%的人反映单位没有开展此项活动；85.62%的机关青年反映"党支部
对党员定期进行思想状况分析"活动开展得很好或较好，只有0.51%的人
反映单位没有开展此项活动；76.96%的机关青年反映"心理疏导与调适相
关活动"开展得很好或较好，有4.84%的人反映单位没有开展此项活动；
92.11%的机关青年反映"定期开展主题教育活动"很好或较好，只有
0.80%的人反映单位没有开展此项活动（见表3）。

表3　单位党员干部思想教育情况

单位：%

内容	开展很好	开展较好	偶有开展	没有开展	不太清楚
开展谈心谈话	54.55	32.81	10.66	0.93	1.05
党员定期进行思想汇报	54.12	33.80	9.39	0.59	2.10
党支部对党员定期进行思想状况分析	54.79	30.83	11.60	0.51	2.28
单位有开展心理疏导与调适相关活动	48.67	28.29	15.62	4.84	2.57
定期开展主题教育活动	65.89	26.22	6.32	0.80	0.76

2. 参与党和共青团组织的活动比较积极

广州市机关青年积极参与党组织举办的活动和共青团组织的活动。
其中，66.82%的机关青年每月参加1~2次党组织的活动，16.39%的机
关青年每月参加3~4次党组织的活动，3.36%的青年每月参加5次及以
上党组织的活动，只有13.43%的机关青年从未参加过党组织的活动。
青年参加共青团组织的活动也较为频繁：70.54%的机关青年每月参加
1~2次，9.68%的机关青年每月参加3~4次，1.98%的青年每月参加5
次或以上，17.81%的机关青年从未参加过。进一步分析发现，广州市机
关青年中党员参与党组织的活动最多，只有2.12%的党员没有参加过党
组织的活动。共青团员和党员参加组织活动相比群众和民主党派人士也
更频繁（见表4）。

表4 广州市机关青年参与党组织和共青团组织活动的频率

单位：%

活动类型	频率	中共党员	共青团员	群众	民主党派	合计
党组织举办的活动	没有参加过	2.12	23.8	27.89	30.77	13.43
	1~2次/月	73.14	61.08	59.35	38.46	66.82
	3~4次/月	20.25	13.1	10.68	15.38	16.39
	5次及以上/月	4.49	2.02	2.08	15.38	3.36
共青团组织的活动	没有参加过	18.59	10.78	30.95	38.46	17.81
	1~2次/月	70.97	75.69	58.33	30.77	70.54
	3~4次/月	8.66	11.53	8.04	30.77	9.68
	5次及以上/月	1.78	2.01	2.68	0	1.98

3. 政治理论学习较多且方式多样

青年干部是国家发展建设的储备力量和中流砥柱，加强政治理论学习是锻造政治过硬、业务精干的青年干部的有效手段之一。广州市机关青年中12.13%的人平均每天学习政治理论2小时以上，45.4%的人平均每天学习政治理论1~2小时，33.49%的人"有时间就学，没时间就不学"，8.98%的人则很少学习政治理论。广州市机关青年学习政治理论的途径主要是看新闻联播（46.04%）、学习强国等App（33.08%）、参加组织生活会（32.96%）、看党报党刊（25.20%）、看主流网站（24.95%）、实践和参观活动（19.08%）、集中学习（15.05%）、自己阅读学习资料（14.72%）等。从权重百分比看，看新闻联播、学习强国等App和参加组织生活会依旧是最重要的学习方式（见表5）。

表5 广州市机关青年政治理论学习的方式

单位：人，%

学习方式	频数	权重占比	占比
看新闻联播	1098	19.66	46.04
看党报党刊	601	10.76	25.20
参加组织生活会	786	14.08	32.96
专家讲座	123	2.20	5.16

续表

学习方式	频数	权重占比	占比
看主流网站	595	10. 66	24. 95
收听广播	207	3. 71	8. 68
实践和参观活动	455	8. 15	19. 08
思想政治课	119	2. 13	4. 99
集中学习	359	6. 43	15. 05
阅读学习资料,自己学习	351	6. 29	14. 72
互动学习	46	0. 82	1. 93
学习强国等 App	789	14. 13	33. 08
没什么时间学习	40	0. 72	1. 68
不感兴趣	9	0. 16	0. 38
其他	6	0. 11	0. 25

（五）获取信息渠道较多依赖互联网

1. 获取时政讯息的主要方式是互联网

青年人越来越多地通过互联网获取各种信息。调查发现,广州市机关青年了解国内外新闻时事最主要的方式之一是互联网（82.03%）,其次是电视广播（37.54%）,再次是报纸和杂志（32.74%）。从了解新闻时事的具体渠道看,微信公众号成为当前机关青年的主要渠道（46.73%）,其次是今日头条（31.44%）。此外,新浪/网易/腾讯新闻（26%）、人民日报官微（25.83%）、学习强国客户端（25.58%）、新浪微博（20.1%）、广东共青团官微（10.83%）也是部分青年获取新闻时事的主要渠道。此外,"南方+"、微信群/QQ 群、共青团中央官微、抖音/快手、羊城派也是少数机关青年获取新闻时事的渠道。

2. 日常生活与工作深深嵌入互联网中

互联网的出现打破了青年信息获取的时空限制,使青年思想呈现众多与传统社会所不同的特征。除了解国内外新闻时事外,机关青年还使用互联网来发展个人的兴趣爱好等,如创办微博、微信公众号,创作动漫、短视频作品，撰写、制作网游攻略，设计表情包符号，成为美食博主、旅游博主撰写文章分享等（见图4）。可见，互联网已经深深地嵌入机关青年的日常生活之中。机关青年通过互联网，发展自己的兴趣爱好，丰富自己的生活。

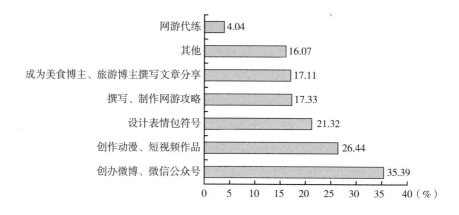

图4　广州市机关青年使用互联网的途径

3. 互联网有助于提高政治敏锐度和国家认同

网络社会的扁平化结构有助于强化青年的参与意识、民主意识、平等意识、自我意识。调查发现，互联网的使用对广州市机关青年的影响以积极正面为主，53.70%的青年认为有助于"了解国际、国家时事政治，增强政治敏感度"，32.02%的青年认为互联网使用"提升了国家、社会认同感和参与"，31.90%的青年认为"有助于我的学习、工作"，34.49%的青年认为"网购、外卖、网络订票方便生活"，33.36%的青年认为"丰富了我的生活，培养兴趣爱好"，23.57%的青年认为是"工作、学习之余的放松方式"。总体上使用互联网对机关青年的影响是正面的，但也有少数青年认为互联网使用对自己造成了一些负面影响，如导致视力下降或其他身体疾病（5.78%）、看直播/游戏/聊天/网络成瘾（3.01%）、浪费时间（2.93%）等（见图5）。

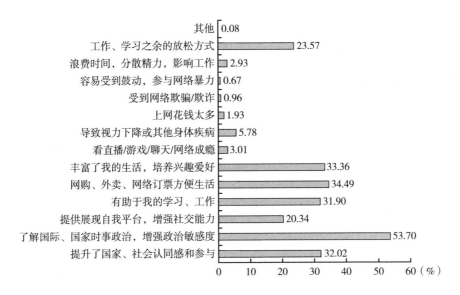

图5　互联网对广州市机关青年的影响

三　当前机关青年的工作与生活状况

（一）生活幸福是身体健康和婚姻美满

《广州青年发展报告（2016）》的调查发现，广州青年中43.7%的把"身体健康"排在了生活幸福标准的第一位。而在广州机关青年的生活幸福标准中，第一重要标准中排第一位的同样是"身体健康"（51.28%），其次是婚姻美满（16.91%），再次是事业成功（9.58%）。对生活幸福第二重要的标准中，排第一位的是婚姻美满（23.19%），其次是事业成功（15.26%），再次是身体健康（12.96%）。对生活幸福第三重要的标准中，排第一位的是婚姻美满（13.26%），其次是为社会作贡献（12.43%），再次是生活富有（12.22%）（见表6）。进一步分析发现，对生活幸福标准的认定上，广州市机关青年存在性别差异，如女性比男性更重视身体健康对幸福生活的影响（57.52%的女性认为身体健康第一重要，而男性只有

45.7%），男性更重视婚姻美满对幸福生活的重要性（男性认为婚姻美满第一重要的占比21.65%，女性则为11.37%）。为进一步了解机关青年总体上对生活幸福标准的认知，按"第一位重要赋值3，第二位重要赋值2，第三位重要赋值1"的加权原则，加权计算总比例后发现，身体健康、婚姻美满、事业成功三个标准最为重要（见表7）。

表6　广州市机关青年对生活幸福主要标准的认知

单位：%

生活幸福的标准	第一重要	第二重要	第三重要
婚姻美满	16.91	23.19	13.26
事业成功	9.58	15.26	10.00
生活富有	4.81	8.84	12.22
得到别人的尊重	1.95	4.16	5.52
子女孝顺	1.91	5.50	5.39
身体健康	51.28	12.96	8.35
为社会作贡献	4.55	7.15	12.43
平和的心境	3.38	8.28	8.96
有知心朋友	1.13	3.64	5.09
良好的人际关系	0.87	3.90	8.48
有一份自己喜欢的工作	2.51	6.11	8.91
有社会地位	0.48	0.48	0.70
其他	0.65	0.52	0.70
合计	100	100	100

表7　广州市机关青年对生活幸福标准的评价汇总

单位：%

生活幸福的标准	第一重要	第二重要	第三重要	总计
身体健康	153.84	25.92	8.35	188.11
婚姻美满	50.73	46.38	13.26	110.37
事业成功	28.74	30.52	10.00	69.26
生活富有	14.43	17.68	12.22	44.33
为社会作贡献	13.65	14.30	12.43	40.38
平和的心境	10.14	16.56	8.96	35.66
有一份自己喜欢的工作	7.53	12.22	8.91	28.66
子女孝顺	5.73	11.00	5.39	22.12

续表

生活幸福的标准	第一重要	第二重要	第三重要	总计
得到别人的尊重	5.85	8.32	5.52	19.69
良好的人际关系	2.61	7.80	8.48	18.89
有知心朋友	3.39	7.28	5.09	15.76
其他	1.95	1.04	0.70	3.69
有社会地位	1.44	0.96	0.70	3.10

（二）闲暇生活较健康，民生需求迫切

1. 闲暇时间主要用于学习和运动

广州市机关青年最热衷的闲暇活动是看书、学习（52.94%），这反映了当前广州机关青年对知识的追求、对精神生活的要求发生了可喜的变化。其次是玩手机（43.79%）。再次是体育运动成为机关青年的另外一项主要休闲活动（30.90%）。随着生活水平的提高，机关青年的保健意识日益增强，激烈的竞争环境也使广州机关青年意识到身体健康的重要性。此外，在家听音乐、看电视电影（17.51%），去电影院看电影（14.69%），玩电脑（14.61%），去图书馆、博物馆、文化馆（13.77%），睡觉（11.80%），参加志愿服务等公益活动（8.10%）也是机关青年的重要闲暇活动选择（见图6）。总体而言，机关青年的闲暇活动丰富多彩，总体持积极向上的生活方式。

2. 对住房、教育等社会问题最为关注

调查显示，广州市机关青年最为关注的社会问题是住房问题（50.76%）和教育问题（36.15%），原因可能在于这两项与青年的生活息息相关。广州近年来住房价格不断上涨，让广大青年感受到了房价带来的压力。青年正处于住房需求旺盛的阶段，无疑最为关注住房问题。此外，部分机关青年已经结婚生子，面临子女入读公办幼儿园、小学等问题，因此，对教育更为关注。机关青年接触的政治、经济等宏观政策多，因此，时事政治（31.44%）、经济发展（24.03%）也是他们关注的重要问题。此外，自然环境、婚恋问题、科学技术、文化艺术也是部分机关青年的关注对象（见表8）。

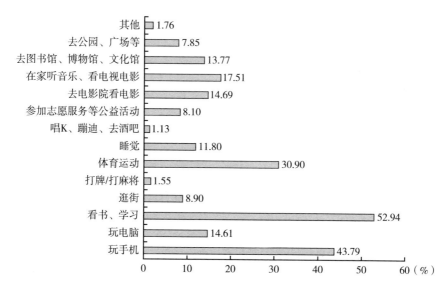

图6　广州市机关青年的闲暇生活

表8　广州市机关青年最为关注的问题

单位：人，%

关注的问题	频数	权重占比	占比
住房问题	1206	23.09	50.76
教育问题	859	16.44	36.15
婚恋问题	205	3.92	8.63
青少年权益维护	112	2.14	4.71
时事政治	747	14.30	31.44
自然环境	264	5.05	11.11
科学技术	190	3.64	8.00
名人轶事	41	0.78	1.73
经济发展	571	10.93	24.03
娱乐时尚	98	1.88	4.12
体育赛事	128	2.45	5.39
网络社会	108	2.07	4.55
文化艺术	175	3.35	7.37
其他	15	0.29	0.63

（三）参与志愿服务活动、共青团活动较多

1. 近八成参与过志愿服务活动

总体上，79.95%的广州市机关青年参加过志愿服务活动，20.05%的机关青年则从未参加过。具体来看，过去一年中，偶尔参加（1~2次）的占55.35%，有时参加（3~5次）的占14.20%，经常参加（6~12次）的占8.93%，常态化参加（固定每月1~2次）的占1.47%（见图7）。进一步分析发现，机关青年参加志愿服务活动的主要目的是发展自己的兴趣、爱好、追求，同时也想结识一些志趣相投的人（50.25%），其次是为了更好地服务社会、推动社会公益发展（44.45%），再次是通过志愿服务活动锻炼自己的能力，展示自己的才能并得到别人的认可（35.87%）。此外，寻找归属感（12.78%）、无明确目的只是觉得有意思就参与（11.35%）、对自己工作有所帮助（8.62%）、之前没有参加过（7.49%）、单位有硬性要求（3.95%）、纯粹交友（3.28%）等也成为部分机关青年参加志愿服务活动的原因。

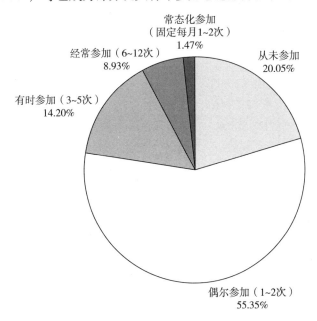

图7　广州市机关青年参加志愿服务活动的频率情况

2. 约六成参加共青团品牌项目

广州共青团在服务青年成长发展方面推出了诸多品牌项目。广州市机关公务员参加的共青团品牌项目众多，参加共青团品牌项目的样本 1437 个，其中最为机关青年熟知的为广州"青年之声"，约占参加共青团品牌项目人数的 57.13%，其次是"青年之家"（46.42%），第三是"12355 服务热线"（42.59%），"书和远方"阅读分享会以及青年骨干培训并列第四，约为 38.97%，第五是"青年学堂"（33.61%）。此外，其他共青团的品牌项目活动如"青创杯"广州青年创新创业大赛、青年参观见学等也为部分机关青年所熟知并参加（见表9）。广州机关青年没有参加共青团的一些品牌项目的原因，一是无法获知信息而没法参加（47.14%），二是觉得对自己用处不大而没有去参加（18.35%），三是没有时间去参加（18.09%），四是由于申请流程繁杂而没有去参加（13.76%）。

表9　广州市机关青年参加的共青团品牌项目

单位：人，%

品牌活动参与	频数	权重占比	占比
青年学堂	483	20.13	33.61
"青创杯"广州青年创新创业大赛	335	13.96	23.31
"青创班"广州青年创新创业人才计划	284	11.84	19.76
"青创榜"粤港澳大湾区青年创新创业人才榜样选拔	264	11.00	18.37
粤港澳大湾区青年交流"1234N"计划	292	12.17	20.32
广州"青年之声"	821	34.22	57.13
12355 服务热线	612	25.51	42.59
青年之家	667	27.80	46.42
新时代文明实践"十项青年志愿服务专项行动"	382	15.92	26.58
"书和远方"阅读分享会	560	23.34	38.97
"我抒我读"读书沙龙	392	16.34	27.28
青年参观见学	404	16.84	28.11
青年骨干培训	560	23.34	38.97

注：基于有参加的有效样本计算所得，有参与的样本合计 1437 个，未参加或使用品牌项目的样本 962 个。

（四）机关青年的工作满意度中等偏上

1. 总体工作满意度得分中等偏上

社会公众认知中，机关单位的工作是比较理想的，应该是令人满意的。按照"非常满意"得 5 分、"比较满意"得 4 分、"一般满意"得 3 分、"较不满意"得 2 分、"极不满意"只得 1 分的规则，计算 8 个维度加总的工作满意度得分，换算成百分制后，广州市机关青年的总体工作满意度得分为 69.9 分，标准差为 14.5 分。从满意度得分的分布看，得分的中位值为 70 分，在 60 分以下的占 16.98%，在 80 分以下的占 72.6%（见图 8）。总体而言，机关公务员的工作满意度属于中等偏上，部分机关青年的工作满意度不高。

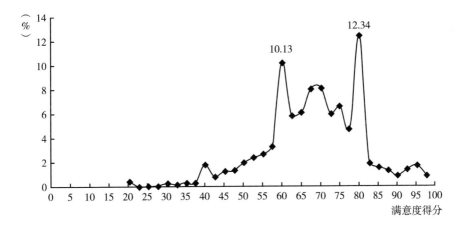

图 8　机关青年的总体工作满意度分布

2. 各维度工作满意度得分有差异

工作满意度涉及工作各个方面，以满分 5 分计算工作满意度，数据结果显示，广州市机关青年工作满意度各维度存在一定差异。机关青年对人际关系、工作环境和工作岗位的满意度相对较高，分别为 3.77 分、3.71 分和 3.60 分。机关青年对升迁机会、工作压力和经济收入最不满意，得分分别只有 3.23 分、3.27 分和 3.38 分（见表 10）。之所以对这三项最不满意，一方面可能是因为青年正处于职业生涯的发展初期，对未来发展有较高的期望，但与现实相比又有较大的差距，这种对比下的心理落差会影响其对工作的整体评价；另一方面可能是机关工作要求严格、标准高且任务重，但工资待遇变化小、个人晋升竞争大，二者之间的矛盾导致部分机关青年的工作满意度不高。

表10 广州市机关青年不同维度的工作满意度

单位：%，分

工作各方面	极不满意	较不满意	一般	比较满意	非常满意	得分（满分5分）
工作岗位	14.36	43.37	32.03	8.02	2.23	3.60
工作环境	17.13	47.61	26.15	7.18	1.93	3.71
福利保障	12.82	41.6	34.41	8.78	2.39	3.54
经济收入	10.7	36.26	37.43	11.96	3.65	3.38
升迁机会	9.75	26.48	45.57	13.49	4.71	3.23
人际关系	17.42	50.13	25.93	5.22	1.3	3.77
工作压力	9.81	28.69	44.19	13.52	3.79	3.27
职业社会地位	11.02	36.81	41.71	8.19	2.28	3.46

3. 不同群体之间的工作满意度存在差异

进一步分析发现不同群体之间的总体工作满意度存在差异。男性机关青年的工作满意度（70.77分）略高于女性（69.04分）。25岁及以下机关青年的工作满意度得分最高（72.20分），26～30岁和31～35岁的机关青年得分满意度相差无几，均为69.29分。从受教育程度看，不同受教育群体之间的工作满意度差异较小，其中博士的满意度最高；从工作年限来看，机关青年的满意度随着工作年限的变化成"U"形变化，刚工作的机关青年满意度最高，随后随着工作时间的增加工作满意度下降，待到工作十年之后，工作满意度又开始上升。从单位类型看，市直机关的工作满意度要高于区属机关，这可能是区属机关青年工作更多与基层工作有关，工作的任务和强大可能更大（见表11）。

表11 不同群体之间工作满意度的差异

单位：分

社会特征	分类	得分	标准差
性别	男	70.77	14.95
	女	69.04	13.91
政治面貌	中共党员	70.06	13.36
	共青团员	70.17	16.04
	群众	68.72	14.52
	民主党派	72.31	9.76
年龄段	25岁及以下	72.20	15.71
	26~30岁	69.29	14.23
	31~35岁	69.29	13.89
教育程度	大专及以下	70.17	15.45
	本科	69.85	14.61
	硕士	70.11	13.73
	博士	70.77	12.39
工作年限	2年以内	73.40	15.51
	2~5年	69.17	14.41
	6~10年	68.95	14.28
	10年以上	69.91	11.85
单位类型	市直机关	70.86	13.67
	区属机关	69.46	14.95
	其他	71.25	12.18

四 当前机关青年面临的问题分析

总体而言，广州机关青年理想信念坚定，对中国特色社会主义道路、理论、制度、文化充满自信。但与此同时，机关青年当中极少数存在思想波动的情况，工作生活中也面临着诸多的压力等困扰。

（一）极少数机关青年理想信念不够坚定

虽然调查显示广州市机关青年对经济社会发展、国内外时事政治普遍比较关注，对中国特色社会主义道路、理论、制度充满自信，拥有正确的爱国观念，但仍有极少数机关青年思想认识不够到位。例如，对"我国必须坚持走中国特色社会主义道路，既不走封闭僵化的老路，也不走改易旗帜的邪路"的认识，机关青年中"说不清"的占比 1.6%，"不太赞同"或"非常不赞同"的占 0.54%；对"马克思主义在中国意识形态领域处于指导地位"中"说不清楚"的占比为 1.68%，"不太赞同"或"非常不赞同"的占比 0.25%。虽然只是极少数，但有必要对其进行正确的思想教育和引导。

（二）超过八成的机关青年认为能力发挥受限

机关青年能否在单位一展才华、在合适的岗位发光发热，关系党和国家机关的运作效率和服务水平。调查发现，总体上，超过八成的广州市机关青年认为自己的能力没有得到充分发挥（82.88%）。从不同社会特征群体看，女性才能未能得到充分发挥的比例高于男性，年龄越小未能充分发挥的比例越高，共青团员未能充分发挥自身能力的比例最高，工作年限在 2 年以内的机关青年认为未能充分发挥的比例最高。不同学历群体、不同单位类型的群体在能力是否充分发挥上则无显著差异（见表 12）。高比例的机关青年能力未能充分得到发挥，最直接的后果是影响其工作满意度和职业认同，能力充分得到发挥的机关青年工作满意度得分为 73.1 分，未能充分得到发挥的机关青年工作满意度得分只有 69.2 分；能力得到充分发挥的机关青年的职业认同度（43.62%）比未能得到充分发挥的职业认同度（34.54%）高了 9.08 个百分点。

（三）机关青年的培养缺乏系统性和持续性

近年来，广州市各单位部门越来越重视年轻干部的培养选拔，越来越多的年轻干部相继走上领导岗位，给干部队伍注入了新鲜的血液，为党的事业增添了新的活力和有力保障。但目前对机关青年的培养上，存在偏重一方而忽略系统培养、侧重一时而缺乏长远培养规划等问题。调查显示，部

表12　不同群体自身能力发挥情况

单位：%

		未能充分发挥	得到充分发挥	卡方检验
性别	男	79.03	20.97	p < 0.001
	女	87.66	12.34	
年龄段	25 岁及以下	86.47	13.53	p = 0.053
	26～30 岁	82.20	17.80	
	31～35 岁	81.52	18.48	
政治面貌	中共党员	81.58	18.42	p = 0.005
	共青团员	85.43	14.57	
	群众	82.11	17.89	
	民主党派	53.85	46.15	
工作时间	2 年以内	89.32	10.68	p = 0.001
	2～5 年	80.82	19.18	
	6～10 年	83.06	16.94	
	10 年以上	79.33	20.67	
教育程度	大专及以下	88.78	11.22	P = 0.124
	本科	82.19	17.81	
	硕士	83.21	16.79	
	博士	76.92	23.08	
单位类型	市直机关单位	84.80	15.20	P = 0.212
	区属机关单位	81.92	18.08	
	其他	83.33	16.67	

分广州机关单位对青年的培养只侧重于思想和政治理论教育（27.87%）、业务能力培养（28.42%）、团队合作精神培养（8.29%），部分机关单位虽然思想、业务培养兼而有之，但缺乏系统性和持续性（21.90%），还有部分单位则存在培养不够充分，有时人浮于事的情况（13.52%）（见图9）。调研中也发现，部分机关单位缺乏对青年的长远培养规划，通常作为阶段性、突击性任务去抓，注重结果而缺少对青年成长过程的关注。此外，部分机关青年反映未建立培养帮带体系。古语有言，"师者，所以传道、授业、解惑也"，这句话体现了老师的重要性。但在实际调研中发现，很多单位部门在年轻干部培养过程中，未建立"一对一、

多对一"的帮带体系，没有根据青年的性格爱好、学历、专业特长、工作环境"因材施教"，对干部重使用轻培养，未建立差异化帮带体系，没有及时掌握干部的思想动态，致使一些干部被拒之门外，缺少组织关怀。系统化、制度化青年干部培养方案的缺失，也导致了青年培养缺乏持续性。

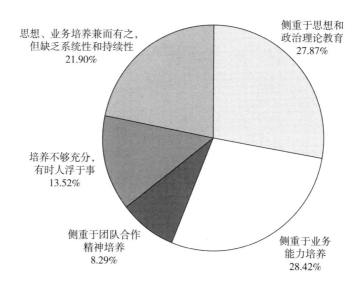

图9　广州市机关青年培养存在的主要问题

（四）少数青年职业认同低、工作动力不足

机关青年的职业认同感越强，干部队伍的稳定性就越强，工作动力就越足。但在调查中发现，当前广州市少数机关青年存在职业认同低、工作动力不足等问题。其中，有33.53%的人认为存在"职业认同感不强"的问题，27.52%的机关青年认为存在"工作动力不足"的问题，15.84%的机关青年认为主要存在"单位归属感不强"的问题。调查显示，如果让机关青年有机会重新选择职业的话，有36.11%的机关青年愿意选择成为公务员，27.00%的表示更愿意成为高校教师，13.54%的愿意选择"自己创业"，11.68%的愿意选择成为国企职工，8.94%的愿意成为外企职工（见图

10）。而在他们的职业规划中，选择"自己创业"的占比6.53%，"选调去其他单位"的占比13.11%，"学习深造，争取更高学历"的占比25.25%，"辞职改行"的占比6.93%，"成为自由职业者"的占比30.07%，"在目前的岗位上继续发展"的占比14.04%。由此可见，有少数机关青年对目前工作认同度不高，对自身职业认同低。由调查数据可见，职业认同低、工作动力不足、单位归属感不强是当前广州市机关青年存在的最突出的几个问题。

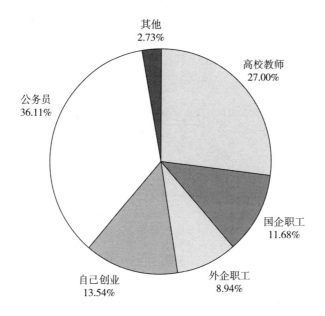

其他
2.73%

高校教师
27.00%

公务员
36.11%

国企职工
11.68%

自己创业
13.54%

外企职工
8.94%

图10　广州市机关青年的职业再选择偏好

（五）在自我提升和拥有住房方面的需求未得到满足

接受调研的广州机关青年超过五成尚处于未婚状态，面临成家问题。对广大青年而言，成家意味着要有自己的住房，广州机关青年也不例外，27.41%的人最想拥有自己的住房。从立业来看，青年正处于职业发展期，他们最为关注自身能力的提升。调查显示，明确表示最关注个人能力提升的青年占比39.29%，最关注个人发展前景的占比22.96%，想继续念书、进修提高自己能力的占比 26.53%。此外，收入增长缓慢也是机关青年最为关注的问题之一，约有 19.69% 的青年表示最为关注；15.24% 的机关青年最迫切需要解决工作压力大的问题；11.88% 的机关青年面临社交范围狭窄问题；11.34% 的机关青年期望解决子女教育问题（见图 11）。

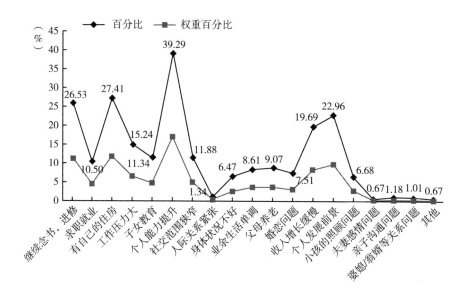

图 11　广州市机关青年最迫切需要解决的问题

（六）对机关青年健康教育和心理辅导服务的支持不够

"青年在哪里，团组织就建在哪里"，这是习近平总书记对共青团的要求。共青团组织在做好青年服务工作中起着重要的作用。调查显示，广州市机关青年最期望从共青团组织获得的服务是职业技能培训（38.34%），青年正处于职业发展初期，最需要职业规划、职业技能方面的指导；第二是健康教育（30.15%），机关青年把健康当成生活幸福的第一标准，重视自身健康；第三是心理辅导服务（24.59%），广州机关青年工作压力大，需要心理疏导；第四是法律服务（23.31%），第五是创业就业服务（20.51%）（见表13）。

表13　广州市机关青年最期望从共青团组织获得的服务支持

单位：人，%

服务项目	频数	权重占比	占比
心理辅导	579	13.1	24.59
法律服务	549	12.42	23.31
健康教育	710	16.06	30.15
应急救助	233	5.27	9.89
爱心帮教	153	3.46	6.5
创业就业	483	10.93	20.51
婚恋交友	342	7.74	14.52
困难帮扶	223	5.04	9.47
职业技能培训	903	20.43	38.34
团务工作	195	4.41	8.28
其他	51	1.15	2.17

五　当前机关青年所面临问题的原因分析

上文提到，少数机关青年思想存在波动等问题，在工作生活中也面临着诸多的压力等苦恼，有着迫切的需求，这些问题和需求的背后既有机关青年的个体性差异的原因，亦有结构性、系统性的原因。

（一）多元化思潮影响机关青年的思想动态

青年价值观念的形成或改变受国家、单位组织、学校教育、朋辈群体、家庭教育、网络媒体等多重因素的影响。调查显示，影响广州市机关青年价值观前五位的是政府政策、家庭教育、领袖言行、学校教育和新闻报道。网络舆论是影响青年价值观的重要媒介，机关青年的工作生活深深地嵌入网络社会中，无疑其价值观念的形成会深受其影响。当前，由于互联网、微信、微博等新媒体的广泛运用，机关青年可以即时了解和接触各种国内外的政治思潮和价值理念。但部分外来思潮往往打着"民主""人权""普世价值观"的旗号，歪曲我们党和国家的历史，否定党的优良传统，质疑党的执政地位的合法性，对机关青年的思想建设带来一定的影响。少数机关青年由于缺乏扎实的理论基础，往往不能很好地理解、阐释党的路线、方针、政策，在挑战面前容易出现动摇，在挫折面前会很容易懈怠，在沉下心来联系群众、服务群众、引领群众方面也就很难有所作为。

（二）工作压力大、标准高造成机关青年工作动力不足和满意度低

调查显示，影响工作动力最重要的两个因素是收入待遇和个人发展（皆为60.79%），其次是劳动保障和福利待遇（30.6%），再次是长期工作压力大（30.31%）。此外，上下级关系（16.84%）和同事之间的关系（10.93%）也是重要影响因素之一。机关青年工作压力和工作强度普遍较大，一定程度上影响了工作满意度和职业认同度。以工作压力得分满分5分、得分越高压力越大算，广州市机关青年的工作压力得分均值为3.56分，中位值为4分，超过一半的青年表示工作压力很大或较大，且男性的工作压力（3.60分）大于女性（3.50分），党员的工作压力大于非党员的工作压力（党员3.66分，共青团员3.42分，群众3.52分，民主党派3.54分）。从工作强度看，机关青年加班现象比较常见，下班后仍然处理公务的青年占比较大，其中，每周加班20小时以上的占比8.31%，每周加班11~20小时的占比21.16%，每周加班5~10小时的占比25.36%，每周加班5小时以内的占比24.55%，基本没有加班的占比13.61%，说不清楚的占比7.00%。机关青年的工作压力来源反映最多的是"工作要求严标准高任务重的压力"（50.40%）以及"个人能力素质的压力"（49.30%）。此外，不断创新的压力（20.49%）、处理复杂人际关系的压力（18.72%）、追究责任的压力（16.48%）、升迁调动的压力（15.46%）、领导评价的压力（13.10%）以及同事间的竞争压力（7.14%），也是机关青年工作压力的重要来源（见图12）。进一步分析可发现，不同工作压力和工作强度下的机关青年，对工作满意度和职业认同感存在显著差异，表现为压力越大，工作满意度得分就越低，职业认同感也越低；机关青年加班时间越多，工作满意度也越低（见表14）。

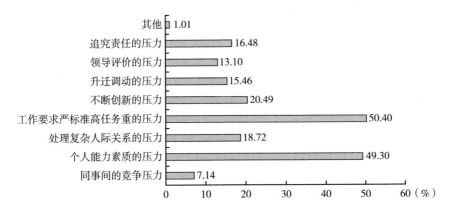

图12 广州市机关青年工作压力来源

表14 广州市机关青年工作压力、强度与工作满意度、职业认同感的关系

项目	压力程度	工作满意度（分）		职业认同（%）	
		均值（满分100分）	方差	不认同	认同
工作压力	完全没有压力	71.11	20.33	57.14	42.86
	压力较小	76.29	17.46	67.61	32.39
	压力较一般	72.09	13.90	59.20	40.80
	压力较大	69.00	13.15	65.51	34.49
	压力非常大	62.99	13.79	71.72	28.28
加班时间	每周20小时以上	67.00	15.86	61.46	38.54
	每周11~20小时	67.12	16.04	67.92	32.08
	每周5~10小时	70.91	12.95	63.81	36.19
	每周5小时以内	70.95	13.63	61.15	38.85
	基本没有	73.95	14.19	63.72	36.28
	说不清	67.45	13.34	62.82	37.18

（三）能力、人岗错位、工作量大阻碍机关青年能力发挥

广州机关青年认为影响后续职业发展最主要的因素是知识技能（30.82%），其次是个人能力（23.92%）、工作方法和态度（21.39%），再次是人脉关系（15.61%）、工作年限（5.27%）和家庭背景（2.28%）。前

三项本质上都是个体努力因素，后三项则是结构性因素。机关青年的个人能力能不能得到充分发挥受多重因素的影响。一是自身能力因素。青年干部只有具备坚定的理想和信念，不断地在学习进取中提高自身能力，才能在所从事的工作中更好地发挥作用，才能在创新中更好地创造好的成绩。数据显示，超过五成的机关青年由于能力还在培养之中，发挥还不充分（51.53%）。二是人—岗不匹配导致的能力发挥错位。广州机关青年中约有17.08%的认为能力发挥不充分是由于兴趣和专长与工作岗位不匹配。三是工作任务繁重导致机关青年只顾得上完成任务。12.13%的机关青年反映由于工作量大，只能应付着做，说不上自己的才能发挥了作用；21.53%的机关青年则反映只是完成工作，具体发挥作用如何并不清楚。四是组织内部治理不完善导致的青年才能得不到发挥。10.70%的机关青年反映所在单位的平台不够充分，想发挥自己的才能存在难度；9.48%的机关青年则反映单位内部存在机会不均等情况，自己的才华发挥不了（见图13）。

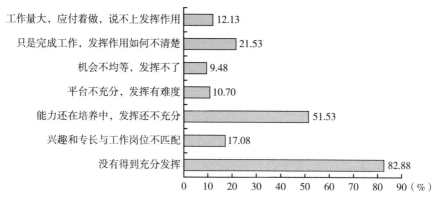

图13　广州市机关青年面临的能力发挥问题

（四）机关青年所处的人生阶段催生了其自我发展和住房的需求

绝大部分机关青年正处于"成人初显期"：初入职场、初婚、初育、初为人父人母。受家庭生命周期阶段性特征如年龄、婚姻等因素影响，机关青年的需求存在一定差异，其中，最迫切需要解决的问题是"立业成家"的问题。一是职业发展上，青年群体刚入职场不久，要想"立业"，首先面临工作适应和能力提升的问题。广州市机关青年群体也不例外，特别注重自我能力的提升。越是年轻的、工作经验少的机关青年越是急切期望提升个人的综合素质（包括个人能力的提升与继续念书、深造）。调查数据显示，25岁及以下的机关青年对继续学习（34.90%）和能力提升（43.14%）的需求最为迫切，随后随着年龄的增长、工作能力的提升，对这两项的需求也随之下降；工作经验越少的机关青年对继续学习和能力提升的需求也越大，如工作经验2年以内的青年最迫切继续学习的比例为29.59%，当工作10年以上后，这一比例下降至17.88%（见表15）。因此，个体能力提升、职业发展等自我实现是青年当前最迫切的需求之一。

表15 不同年龄和工作经验的机关青年对自我发展的需求差异

单位：%

特征变量	类别	继续学习		能力提升	
		非迫切需求	迫切需求	非迫切需求	迫切需求
年龄段	25岁及以下	65.10	34.90	56.86	43.14
	26~30岁	74.45	25.55	61.48	38.52
	31~35岁	78.68	21.32	62.64	37.36
工作年限	2年以内	70.41	29.59	51.61	48.39
	2~5年	71.26	28.74	63.17	36.83
	6~10年	76.66	23.34	62.01	37.99
	10年以上	82.12	17.88	65.92	34.08

二是"有房才有家"是大多数人的共识，但近年来随着住房价格的上涨，"青年住房难"现象已逐步转变为影响国计民生的重要青年社会问题。对于成家的渴望也就部分转化为对住房的需求。囿于不断上涨的房价和政策，不少广州机关青年也只能望"房"兴叹。刚刚工作的机关青年，面临着更大的住房压力和住房需求。进一步分析发现，越是刚入职场的未婚青年，对自有住房的需求越迫切，如年龄在25岁及以下的青年对住房需求最

迫切（35.88%），工作年限在2年以内的机关青年（40.83%）最希望有自己的住房，未婚群体中33.09%的期望有自己的住房（见表16）。

表16　不同特征群体对自有住房的迫切需求

单位：%

特征变量	类别	非迫切需求	迫切需求
年龄段	25岁及以下	64.12	35.88
	26~30岁	72.25	27.75
	31~35岁	80.66	19.34
工作年限	2年以内	59.17	40.83
	2~5年	71.16	28.84
	6~10年	79.51	20.49
	10年以上	84.92	15.08
婚姻状况	未婚	66.91	33.09
	已婚	78.94	21.06
	离异	84.85	15.15

（五）机关青年的健康意识、工作压力助推了健康教育需求

一是随着社会经济的发展，人民的生活水平不断提高，居民对健康生活的理念越来越认可，健康意识不断增强。作为"80后""90后"的机关青年，健康意识较高（49.31%的机关青年把健康作为生活幸福第一重要的标准），因此对健康教育的需求也较大。二是工作压力带来的身心健康问题也促使机关青年意识到身体健康的重要性，加大了对健康教育的需求。调查显示，工作压力越大的机关青年，对心理辅导和健康教育的需求就越多，如工作压力很大的机关青年，期望从共青团获得心理辅导帮助的比例为32.01%，希望能接受到健康教育的比例为34.28%（见图14）。三是存在身体健康问题的机关青年对健康教育的需求更强烈。当前有6.45%的机关青年表示身体状况不好，相比身体健康的机关青年，他们更迫切期望获得健康教育（40.52%）。

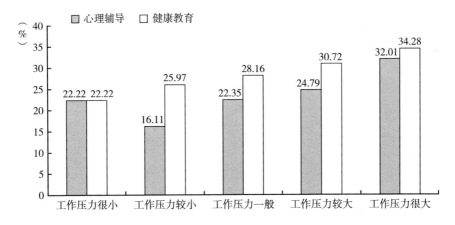

图 14 工作压力与健康教育需求

六 促进机关青年成长成才的建议

针对部分广州市机关青年存在的思想状况波动、工作动力不足以及职业发展、生活服务方面的迫切需求，为力求更好地促进机关青年的成长成才，本报告建议如下。

（一）积极探索健全用党的创新理论武装机关青年的长效机制，做好新时代的思想引领工作

一是建立抓学习促学习的领导责任机制。学习制度化是促进学习深入持久的有力保证。建立抓学习促学习的领导责任制。各级党组织要坚持党管青年的原则，高度重视青年工作，推行建立党的青年工作委员会，通过教育培养、大胆使用、严格要求、真心关怀等全方位培育机制，引导和启发青年干部勤奋学习、奋发有为的内生动力。部门党组（党委）要把青年干部理论学习作为"一把手"工程摆上重要议事日程，经常听取情况汇报，研究解决存在的问题，加强检查指导和督促落实。机关党委要研究制定加强和改进机关青年干部理论学习的实施意见和年度理论学习培训计划，抓好学习培训的组织实施。基层党组织要积极主动为理论学习培训创造条件、提供保障，

倡导青年干部学习，养成读书习惯，把读书变成工作和生活方式，成为新时代的风尚。共青团组织要发挥好引领推动作用，定期举办学习研讨会、读书会和主题联学，开展网络课堂、演讲比赛、知识竞赛、红色经典诵读等活动，使青年学习更加生动活泼，更接地气，更受青年欢迎。工会、妇联等群团组织要发挥各自优势，形成齐抓共促的整体合力。

二是设置合理的目标学习体系。建立理论学习目标体系，着力提高广大机关青年的政治理论素养。以新时代中国特色社会主义理论为先导，围绕党的建设任务和本单位的中心工作，确定本单位的学习目标体系和青年个人学习目标体系。把学懂弄通做实习近平新时代中国特色社会主义思想这一当代中国马克思主义、21世纪马克思主义作为必修课、常修课，坚持读原著、学原文、悟原理，原原本本学习《习近平谈治国理政》，学习习近平总书记最新重要讲话，学习习近平总书记关于本部门本领域工作以及与本职工作密切相关的重要论述等。着力解决理论学习不够系统的问题，有计划、有步骤、有针对性地开展机关青年理论学习培训，科学设计培训内容，充分发挥机关党校和地方高校作用，分批分层次对青年干部进行脱产培训，力争每3年内轮训一遍市直机关青年干部。建立业务学习目标体系，围绕工作职能，着力提高机关青年的业务水平。建立综合知识学习体系，着力提升机关青年的个人素质。适当组织读书研讨会，交流读书心得体会，相互促进。建立理论指导学习小组，倡导机关青年调查研究、考察学习，着力提高认识问题、分析问题的能力。

三是构建科学合理的学习模式。丰富教育学习载体，完善培训机制。充分发挥党校、行政学院、干部学院、团校和国民教育体系在建设马克思主义学习型政党中的重要作用。创新网络学习平台，促进机关青年专业化和学习信息化的发展。除了电视、电台、报纸和杂志等传统手段之外，把网上课堂和手机报等作为依托的强大阵地和重要手段。广泛吸收其他学科的理念和方法，大力开发课堂教育之外的教育形式和资源，主动探索示范教育、警示教育、岗位廉政教育等现代教育形式，确保思政教育手段的大众化、现代化。组织机关青年制订学习愿景及个人学习计划，提高机关青年学习自主性。着力打造青年理论宣讲队伍，坚持以青年为本，用青年自己的语言，运用新媒体技术手段，创新充满青年味的宣讲形式，把理论问题讲清讲实讲活，传递思想力量，回应青年关切，解答青年困惑，让理论宣讲焕发新的生机。推动建立青年理论学习小组，依托"学习强国"全国性平台和广州市直属机关"i学习平台"，把机关青年组织起来开展线上线下相结合的学习研讨、联动互动，共享学习成果，提升学习效果。定期举办辅导讲座、报告会、研讨会、读书会和主题联学，开展网络课堂、主题党（团）日、演讲比赛、知识竞赛、红色经典诵读等活动，使青年理论学习更加生动活泼，更接地气，更受青年欢迎。

四是完善考评奖励机制促学习。建立科学的考评机制，把机关青年学习情况纳入综合考评体系，形成科学、合理的学习绩效评价体系。对全市机关青年干部理论学习情况进行定期或不定期检查，并将检查考核结果上报，通过把考评成绩与工作实绩评定、评先评优、提拔使用挂钩，形成外有压力的激励机制，以激发青年干部的学习动力。建立科学的考评奖励机制，对理论学习表现优异的先进典型，给予必要的精神和物质奖励，激发机关青年崇尚科学、追求知识的热情，激励党员加强自身学习，促进学习型干部队伍建设。建立学习档案，记录青年干部理论学习结果，以作为将来考核领导班子和选拔任用领导干部的重要依据。按照"长效激励、常态管理"的要求，坚持激励与约束相统一，结合创建学习型机关，紧扣青年成长规律和机关特点，大力推进机关青年理论武装工作提升工程，建立和完善加强理论学习的各项机制，促使机关青年重视学、自觉学、善于学、持续学，进一步提升机关青年的学习力、政治力。

（二）尊重个体需求，关心青年长远发展

一是定期开展机关青年思想动态的调查分析。建议由市委宣传部、市委党校、市社科院牵头，工青妇等群团组织参与，每年将青年思想状态调研纳入全市社科类重点课题，组织专业力量围绕机关青年思想状态相关的思想表现、行为参与、影响路径、政治工作等方面进行深入调研。通过对机关青年

思想动态的追踪调查，了解其思想观念和利益需求的变化，深入了解青年在想什么、盼什么、要什么，抓住青年最关心、最直接、最现实的困难和问题，为他们办好事、做实事、解难事，并及时预警各种可能出现的意识形态安全问题，为青年成长成才搭建更好平台。同时，根据机关青年思想动态的变化而调整管理服务方式。

二是加强对机关青年的职业规划引导。注意引导机关青年了解自己的职业成长规律，制定整体的职业生涯规划，使其意识到未来是可以预期的，这样对机关青年的激励是内在和持久的。熟悉每个青年干部的学识个性、爱好特长、能力水平，善于挖掘他们的工作潜能，搭建平台，创造条件，最大限度地发挥每个青年干部的才能。采取"坐下来学、寻上门问、走出去访、请进来谈"的方式，及时广泛地组织开展学习培训和实践活动。建议广州市共青团组织定期开展机关青年职业生涯规划讲座，集中对机关青年进行指导、培训。

三是推进轮岗锻炼、交流任职、基层锻炼等工作。通过多种工作方式，增加机关青年工作的多样性、挑战性和趣味性，激发机关青年的工作动力和热情，使其对自己的职业角色有明确的意识，加强他们的职业信念教育，培养他们对本职工作的热爱。同时注意机关各部门轮岗工作应事先征求意见和加强沟通，职位要兼顾工作需要和个性适应，让机关青年尽快在职业中获得精神价值，使自身从事工作的价值与个人理想相契合。

（三）多策略提高职业认同和工作满意度

一是关注机关青年的迫切需求，拓宽机关青年职业晋升的渠道。既要注重对机关青年的使用和培训，更要关注他们的个人生活和家庭生活，加强对机关青年后顾之忧的前瞻性关怀，帮助其解决生活问题。要在子女上学、父母养老、住房等问题上进行力所能及的关心照顾。要探索在干部制度改革中加入人文关怀内容，制定各级各类组织的关怀制度，切实保障机关青年健康成长。在政策允许的前提下实施富有吸引力的福利政策，设计涵盖工作、生活、社交等多方面需要的福利项目。要在拓宽机关青年的晋升空间上下功夫。坚实确实落实好职务与职级并行制度，增加面向基层的公开遴选与选拔，不断拓宽基层公务员的晋升空间，从根本上增强初任公务员的职业认同感，保持机关青年队伍的稳定性。

二是把对职业认同感的培养纳入公务员初任培训课程，培育职业信仰，增强组织承诺。一方面，要适当增加介绍公务员发展历史、公务员的职责与使命、公务员的重要作用的课程。通过理论知识的学习，使初任的青年公务员不断深化对公务员职业的认识，不断增强自身的职业荣誉感和自豪感，不断强化全心全意为人民服务的意识，不断增强为推动社会进步和国家富强而努力工作的使命感。另一方面，邀请身边的优秀公务员代表走上讲台，现身说法，身边的同行的自身经历和职业感悟往往最能打动初任公务员，引起其强烈共鸣，从而达到增强初任公务员职业认同感的效果。

三是积极搭建初任公务员沟通交流活动平台，丰富其业余生活，从而增强其职业认同。建议团市委组织青年公务员联谊会，吸纳市内各机关单位的青年成为会员，组织开展文化沙龙、体育比赛、文艺联欢等活动，增进包括初任公务员在内的青年公务员之间的相互了解，通过同龄同行之间的相互交流和倾诉，排解心理压力，消除工作烦恼。此外，机关党工委亦可通过组织开展丰富多彩的文艺体育活动，发动更多的公务员积极参与进来，让机关青年在紧张的工作之余能够放松身心，增进公务员之间的相互交流和了解，进而提高机关青年的职业认同。

（四）创新文化载体，塑造健康生活态度

广州市机关青年群体个体能力提升需求迫切、继续教育需求大。针对机关青年热爱学习等特征，建议由广州市委组织部、团市委牵头，市卫生健康委、市教育局、市财政局、市民政局、市委政法委、市公安局、市司法局等相关单位配合，开展以下工作。

一是深入开展机关青年读书活动，增强职业自信心。通过深入持久的青年读书活动，引导青年把学习当作一种态度、一种责任、一种追求、一种境界，使学习成为青年加强党性修养、树立优良作风的有效手段。通过领导荐

书、领导寄语、专题讲座、征文比赛、青年论坛、名家讲坛等活动引导青年坚定理想信念，练就过硬本领，投身本职工作。多渠道地实行典型引路，发挥榜样力量，组织引导青年争做岗位能手，争做学习标兵，争创一流业绩。

二是积极探索青年文体活动，增强团队凝聚力。利用节假日开展丰富多彩的精神文明创建活动，营造和倡导干部职工思想上相互交流、工作上相互配合、感情上相互沟通的良好风气，使机关文体活动形成规模、形成制度、形成常态、形成特色。组织青年参加户外拓展、运动类活动，既能加强身体锻炼，又能促进上下级之间、同事之间关系。引导青年培养文明健康的生活方式和积极向上的生活情趣，纯洁社交圈、净化生活圈、规范工作圈。

三是建立机关青年心理压力干预和调适机制。为减轻机关青年心理压力，首先，应增加有针对性的心理压力调适方面的培训，让更多机关青年用正面、积极向上的思想观念取代负面的、消极颓废的思想，学会一些基本的心理学知识，学会用自我调适的方法来提升心理健康水平。其次，完善组织帮助，在机关企事业单位中，倡导人文关怀，培育诚信友爱的人际关系，营造奋发向上的良好风气，注重科学合理的人文关怀。最后，组织部门应坚持干部谈心制度，探索将心理服务项目纳入干部管理体系，为领导干部提供心理支持，帮助领导干部提升心理素质。建议广州市共青团组织针对机关青年多开展心理辅导、健康教育方面的知识讲座，组织青年干部定期集中学习。

四是多种方式减轻工作压力。面对工作压力，需要从单位、个人、社会等多方面发力。广州市机关青年认为减轻当前工作压力的最主要方式是增加单位人员编制，扩充人员队伍（43.13%），其次是加强业务培训，提高业务素质（39.93%），再次是开展形式丰富、内容多样的文体活动（35.26%），加强部门之间的协作互助（26.16%）。此外，营造良好的工作氛围（19.25%）、尽可能减少人员加班时间（18.45%）、明确责任制度（15.54%）、提供心理咨询与辅导（6.44%），也是缓解机关青年工作压力的重要方式（见图15）。

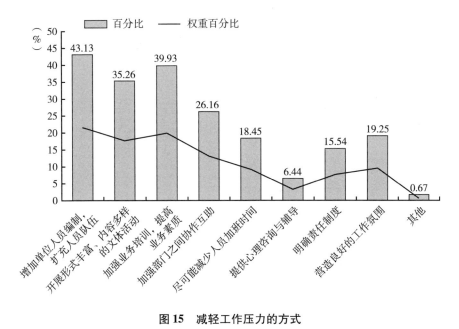

图15　减轻工作压力的方式

（五）完善激励机制，建立容错纠错机制

调查显示，工作动力不足、压力大是广州市机关青年存在的普遍问题。为解决动力不足的问题，必须适应新时代新任务新要求，完善干部考核评价机制，切实解决干与不干、干多干少、干好干坏一个样的问题；针对工作要求严标准高任务重的压力，应建立容错纠错机制，从制度层面减缓工作压力。

一是完善激励机制，引导党员干部敢于做事、勇于创新。探索建立全面从严治党表现优秀、岗位创新成效显著同职务晋升、薪资提升相挂钩的体制机制，有效化解"干部廉洁上去了、干事活力下来了"的困境。创设"广州机关好青年"奖，专门用于奖励在全面从严治党中勇于创新、攻坚克难、担当实干的优秀青年干部。继续开展岗位技能大赛，进一步提升大赛质量和水平，把创新意识深化到每一位机关青年工作实践中。

二是建立容错纠错机制，减轻"怕出错"的思想包袱和工作压力。按照"三个区分开来"的要求，制定出台容错机制的制度办法和配套实施细则，提升容错政策的精细化水平，以有力的监督倒逼容错机制的落实。制定完备的权责清单和负面清单，严格细化容错免责操作流程，建立科学有效的评估机制。建立纠错及纠错复核机制，及时纠正制度执行过程中存在的问题，确保机制运行的公开化，营造"敢闯敢试"的改革氛围。

广州快递行业青年群体现状调研报告[＊]

广州快递行业青年群体现状调研报告[*]

高洪祥　冯英子　等

摘　要： 本课题通过对广州市 1138 名快递青年的问卷调查以及 2 次快递企业座谈、2 场快递青年群体座谈会和 15 名快递青年深度个案访谈，总结分析了快递青年工作、生活及思想状况，发现顶层设计滞后于行业发展、扁平化管理催生松散业态、个人社会资本贫弱限制了向上流动的问题，建议从完善顶层设计、建立基层组织、关照现实需求等方面来促进对快递青年的服务提升。

关键词： 快递行业　青年群体　广州

一　前言

（一）研究背景

近年来，随着电商物流与快递行业的持续高速发展，位于快递行业终端的一线配送人员数量迅速增加，成为当下一支数量庞大的新兴就业群体和新时代产业工人的重要组成部分。习近平总书记指出，快递小哥工作很辛苦，起早贪黑、风雨无阻，越是节假日越忙碌，像勤劳的小蜜蜂，是最辛勤的劳动者，是美好生活的创造者、守护者。即便是在新冠肺炎疫情发生期间，广

＊ 本文系 2020 年共青团广州市委宣传部与团校联合开展课题成果。课题组成员：高洪祥、冯英子、何艳棠、李泽阳、谭小菁、林洁。

大快递员坚守一线成为保障生产生活物资正常供应的逆行勇者。然而，与社会对快递从业人员的需求与日俱增相比，快递行业青年群体生存现状并不理想，人员流动速度快、社会认同度低、工作压力大、薪酬水平较低等问题不断凸显，理应得到社会更多的关注。为此，我们开展了广州市快递行业青年群体专题调研，通过了解他们的生存状态、思想状况、社会参与等各方面情况，为新时代精准开展快递青年服务工作提供实证支撑和政策建议。

（二）研究对象界定

基于 2019 年新兴青年课题调研发现的快递行业出现的"快递员转行送外卖"突出特征，同时，考虑到外卖平台的"骑手"大多数会同第三方物流公司签订劳动合同或劳动协议的实际情况，本研究创新性地将调查对象，即广州快递行业青年群体（35 岁以下），按照配送类型分为传统快递业和新兴快递业，具体包括两大类：一为快递企业（如顺丰、京东、邮政、德邦等）的快递员，二为外卖平台（如美团、饿了么、盒马生鲜等）的外卖员。

（三）调查基本情况

1. 课题调查方法

（1）问卷调查法：在全市快递行业青年群体（35 岁以下）中共回收有效问卷 1138 份，并对问卷进行汇总分析，全面了解快递行业青年思想状况。

（2）个案访谈法：拟定访谈提纲，进行一对一个案访谈，深入了解快递青年的真实想法，搜集丰富一手素材，共访谈了 15 名快递行业青年。

（3）座谈会：召开了 2 场快递行业的相关部门、平台、企业座谈会，通过他们了解快递行业发展的总体图景；召开 2 场快递青年群体座谈会，深度了解这一群体的具体诉求以及思想态度。

（4）文本分析法：收集整理相关文献资料，包括政策文件、学术理论、统计数据等，并对文献资料进行系统的归纳整理、比较、分析和总结。

2. 样本背景特征

本次共回收 1138 份有效问卷，包括国有快递（邮政）255 份，民营快递（顺丰、圆通、德邦）349 份，电商物流（京东、苏宁）254 份，外卖平台（饿了么、美团）251 份，其他 29 份。样本分布合理、均衡，具有代表性，符合当前广州市快递行业青年群体分布特点。课题组还组织开展了 2 次快递企业座谈会、2 场快递青年群体座谈会、15 位快递青年深度个案访谈，采集、整理了大量一手访谈资料。

（1）快递青年平均 29 岁，九成为男性，近半数单身。本次调查收集到的快递青年样本年龄介于 16 ~ 35 岁，平均年龄 29 岁。男性快递员占比 97.1%，女性仅占 2.9%。40.2% 的广州快递青年处于"未婚单身"状态，8.5% 的处于"未婚恋爱中"，"已婚未育"占比 4.4%，"已婚、一孩"的比例为 24.0%，二孩及以上的占比 20.6%。

（2）快递青年多为来穗人员，约六成来自广东。在广州从业快递行业的青年人中，有 58.0% 的户籍所在地是本省户籍，42.0% 的为外省户籍，其中占比前五位的是湖南（9.2%）、河南（5.1%）、四川（3.8%）、江西（3.1%）、湖北（3.1%）。

（3）快递青年学历水平集中在高中及以下。调查显示，广州快递青年学历为高中、中专、技校等的比例最高，超过半数，为 51.7%；其次是初中学历的占比 25.8%；大专的占比 17.1%，本科及以上的仅占 2.7%。

二　广州快递行业青年工作状况

调查结果显示，快递青年的工作类别占比最高的是"综合快递员"，他们要负责派件、揽件综合工作，为 41%；仅做快递派送工作的占比 32.4%，外卖配送员占比 21.8%，快递揽收员占比 2.6%。

（一）广州快递青年的工作基本特征

1. 劳动时间长：每天工作平均超 10 小时，每周工作 6 天以上

数据显示，快递青年平均每天工作时间为 10.28 小时，每周工作 6.33 天，远超"每周工作 40 小时"这一标准工时，工作强度较大。我们在访谈

中了解到，快递企业一般规定一线快递员每月可休息 4 ~ 6 天，但由于该行业工资计算方式绝大多数是计件工资，劳动付出与工资收入直接挂钩，绝大部分快递青年除了按时按量完成每天的派送任务外，还会主动延长工作时间，争取多收件、多接单以增加提成收入。"5 + 2""白加黑""四季无休、三餐不定、两腿不停"是他们的工作常态。

2. 工作节奏快：平均每天派单量/接单量为105.12件

除了劳动时间长，快递行业还呈现工作节奏快的明显特征。时间效率愈发成为整个快递行业的焦点，消费者对送货速度的追求愈发迫切。快递青年按每天工作10.28 小时计算，每5.8 分钟就要完成一次派件。因此，快递青年的日常工作高效快速，具体表现为分拣货物动作快、抢单截单手速快、路上行车速度快、客户沟通语速快，生动演绎"效率为王"的工作状态。

3. 收入水平偏低：月收入平均为5715.6元

根据调查，广州快递青年月收入平均为5715.6 元，低于广州市平均工资水平[1]，属于中低收入水平。而平均月收入中位数为5500 元，略高于广州市快递员"工资指导价"中位数5014 元。[2]

值得关注的是，有88.9％的受访者表示，工资是他们的唯一收入来源，还有11.1％的受访者通过做小生意、到工厂打散工、销售产品等方式增加额外收入，这反映了快递企业更倾向于全日制用工，对工作持续性的要求较高（见图1）。

4. 超五成是无底薪计件工资：体现快递行业按劳分配特点

当前广州快递青年的工资计算方式占比最高的是无底薪计件工资，比例高达53.3％；其次是有底薪计件工资，占比36.2％；有底薪计时工资占比5.1％；无底薪计时工资占比1.6％（见图2）。总的来说，快递行业目前应用最为普遍的是计件工资。

---

[1] 根据广州市统计局公布的数据，2018 年，广州市城镇非私营单位就业人员年平均工资为109879 元，私营单位就业人员年平均工资为66719 元。
[2] 广州市人社局：《广州市 2019 年人力资源市场工资指导价位及 2018 年企业人工成本信息》，2019 年 10 月 24 日。

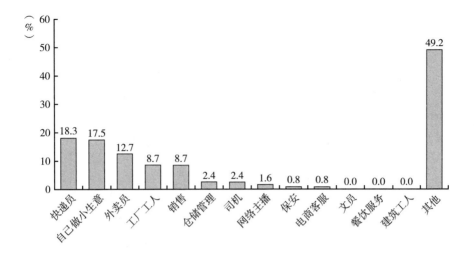

图1 快递青年其他收入来源情况（多选）

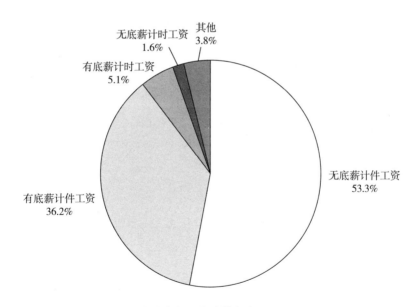

图2 快递青年工资计算方式（$N=1138$）

计件制工资计算方式较好地体现了按劳分配原则，客观上激励了工作积极性，"能者多劳""多劳多得"已成为快递行业的基本共识。但值得注意的是，快递行业计件工资，特别是无底薪计件工资的形式，也从侧面反映了快递青年在收入获取方式上的无保障，唯有超时长多付出高强度的劳动才能确保获取一定程度的收益。调查发现，行业内部之间收入差异仍然很大。样本中，月收入最高可达 15000 元，最少只有 2000 元，72.7% 的快递青年月平均收入在 4000~8000 元，过万元的仅有 0.8%，反映了行业内部收入波动幅度较大，这与快递青年的工作投入程度、业务熟悉程度、客户开发能力、投诉处理能力等密切相关。

5. 交通工具大多为三轮车：超六成快递青年需自行购置

调查显示，快递青年主要通过三轮车和两轮车进行派件、揽件作业，其中 51.8% 的使用的交通工具是三轮车，38.5% 的使用的是两轮车，而使用公共交通（公交、地铁）、私家汽车、重中型货车等运输工具的不超过 10%（见图 3）。在城市道路中，车流人流密集，三轮车和两轮车具有性价比高、承载力大、灵活易穿行等特征，极大地满足了快递青年追求便捷、高效的工作需求。

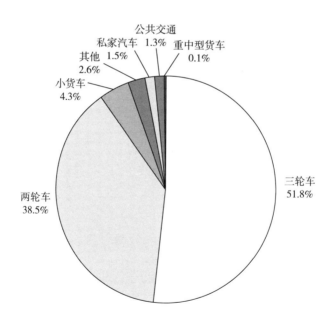

图 3　快递青年工作中使用交通工具情况（$N = 1138$）

调查中有19.2%的快递青年表示工作时使用的交通工具属于公司，但免费配置给个人使用；有10.7%的快递青年需垫付押金向公司租借交通工具；高达66.3%的快递青年需要自己购买配置，自带交通工具上岗。由此可见，快递青年使用自己的交通工具明显多于公司配置。

6. 劳动保障情况较好：超七成快递青年签订劳动合同

从劳动合同签订情况看，75%的快递行业青年与用人单位签订了劳动合同；而14.9%的快递行业青年在此份工作中没有任何保障待遇，不仅没有签订劳动合同或协议，也没有法定休假、高温补贴、商业保险等其他保障；其余10.1%的快递青年有一些劳动补贴、带薪休假等待遇。从社会保障看，快递行业青年所在单位提供高温补贴的占比51.6%，提供医疗保险的占比50.8%，提供工伤保险的占比50.4%，提供养老保险的占比43%，提供失业保险的占比39.3%，提供住房公积金的占比38.1%，提供生育保险的占比33%。此外，还有23.4%的快递行业青年享有商业医疗保险，11.5%的快递行业青年享有职业年金。从休假保障看，30.9%的快递行业青年享有带薪休假，27.4%的快递行业青年享有病假工资。总体而言，快递行业青年的社会保障程度较好，但没有为快递青年定制适合其职业特征的相关保障制度，未来仍需进一步关注其劳动权益保障方面的需求情况。

（二）广州快递行业青年工作中凸显的主要问题

1. 客户无理投诉是快递青年遇到最多的问题，自行解决和私了是他们解决问题的主要选择

调查显示，快递青年遇到的问题、纠纷中，受到客户无理投诉的比例最高，为62.4%；其次是恶劣天气仍需送件，比例为56.2%；再次是包裹丢失被盗，比例为53.4%（见图4）。

进一步调查发现，遇到问题时，63.9%的快递行业青年选择自行解决或与对方私了，61.6%的会请求公司协助解决，23.5%的选择寻找同事或同乡帮忙，12.2%的选择寻找专业组织协助解决，5.0%的选择网上反映情况（见图5）。经访谈了解，多数快递行业青年选择自行解决或与对方私了，主

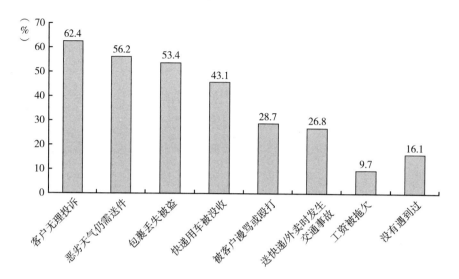

图4　快递青年工作中遇到的问题

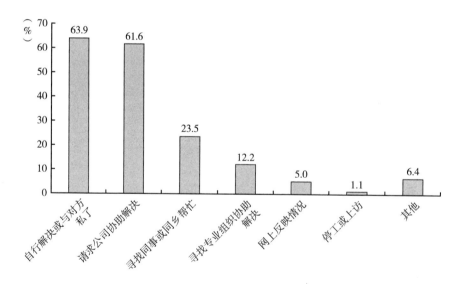

图5　快递青年遇到问题时的解决方式

要是为了避免客户投诉到单位后再受到罚款等惩罚。

2. 交通安全意识差：快递青年由于"赶时间"，工作过程中常违反交通规则

调查显示，26.8%的快递行业青年送快递或外卖时发生交通事故，还有

43.1%的快递行业青年遇到过快递用车被没收的情况。在车辆被扣的原因中，车辆不符合标准的比例最高，为40.3%；无证驾驶的比例为20.7%；乱停乱放、逆行、闯红灯、超载、超速等现象均存在（见图6）。访谈中，快递行业青年表示由于快递用车多是自己购买，扣车造成的损失较大，希望扣车的惩罚标准可以放宽。由此可见，快递行业青年自身在快递用车的使用方面存在一定危险性，交通规则意识、法律意识有待进一步提升，用车行为有待进一步规范。

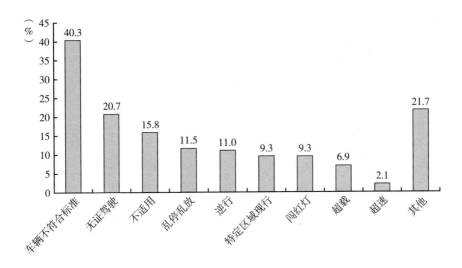

图6 快递青年车辆被扣的原因

3. 职业稳定性较低：三成以上快递青年从业时间不超过1年

作为新兴行业从业者，快递青年入行时间较短，工作经验不足，工作更换比较频繁。调查数据显示，从事快递/外卖工作的平均年限为3.46年，32.6%的快递青年从业时间不超过1年，工作2~3年的占比29.8%，工作4年以上的熟练工占比37.6%。再者，快递青年更换工作较为频繁，三年内平均换工作次数1.24次，换工作超过3次的占比14.2%，反映了快递行业的人员流动性大，工作队伍的稳定性有待提高。

三 广州快递行业青年思想现状特点分析

（一）广州快递行业青年的人生价值观

1. 快递青年认为奋斗、能力是人生成功的最关键因素

快递行业准入门槛较低，从业人员普遍学历不高，他们的工作基本上是相对单一、重复的体力活。快递青年要靠自己脚踏实地完成工作，在有限的时间里完成更多的工作量，才能实现"多劳多得"。在这种情况下，他们更认同成功来源于自身。本次调查显示，对于"造就人生成功的因素"，40.3%的受访者选择"奋斗"，22.3%的受访者选择"能力"。而学历对于他们来说显得并不是很重要，仅2.4%的受访者选择了"学历"。除了自身努力外，不少快递青年认为外部资源也是造就成功的重要因素，其中，14.9%的受访者选择"人脉"，7.3%的受访者选择"家庭背景"。另外，7.8%的受访者选择了"运气"，他们认为决定成功的因素是偶然的（见图7）。

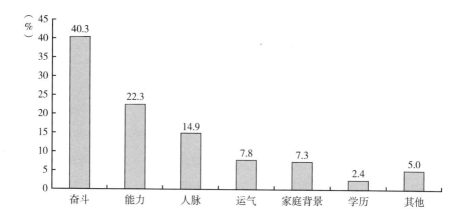

图7 快递青年认为造就人生成功的因素

2. 快递青年踏实肯干且富有社会责任感

调查发现，不少快递青年很有社会责任感，热衷于公益服务事业。对"您的梦想是未来成为什么样的人"，13.2%的人选择"社区服务家"，10.5%的人选择"公益达人"（见图8）。

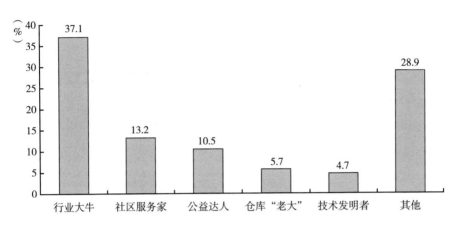

图8　快递青年对未来的憧憬（多选）

（二）广州快递青年对工作的态度及认知

1. 择业原因：门槛要求低，时间灵活自由

快递行业对学历、技能的要求相对较低，谈及择业原因时，有32.6%的选择"学历要求低"，有25.0%的选择"职业技能要求低"，可见低准入门槛使大量青年得以进入快递行业，容易获得就业机会。时间灵活（28.2%）、上班自由（27.6%）和工作内容没那么枯燥（14.6%）也是影响快递青年择业的重要因素（见图9）。访谈过程中我们了解到，不少快递青年认为"这份工作好玩""骑电动车穿街过巷很刺激""每天和不同的人打交道挺开心""自己可以选择干多干少，不像在工厂里，老是被主管监视和催促"，这说明工作时间自由分配、工作方式灵活自主、工作管束力弱等职业特征能有效吸引青年劳动力。

此外，收入有保障、收入高、有社会价值、为创业打基础、暂时过渡等，也是影响快递青年选择该行业的原因。

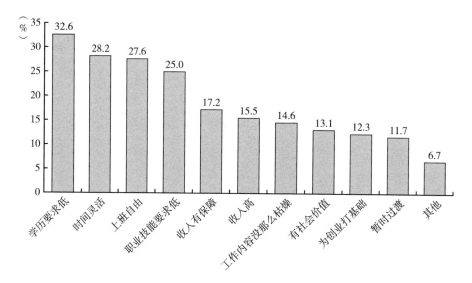

图9　快递青年选择此份工作的原因（多选）

2. 职业认同度不高：仅一成快递青年明确表示对工作非常满意，愿意继续从事本行业工作的低于五成

进一步分析发现，快递青年对现有行业的认同度一般，仅45.2%的愿意继续在现有行业工作，9.7%的明确表示不会继续从事现有工作，45.2%的态度模糊，不确定未来做哪一行。这反映了快递青年对未来的工作计划有些迷茫，职业规划不够清晰。在工作满意度方面，非常满意的占比10.4%，比较满意的占比25.3%，有50.9%的认为一般，只有13.4%的表示不满意。由此可见，虽然快递青年工作中存在各种压力和困难，但对目前工作的满意情况总体尚可。

谈及对工作不满的来源时，客户的占比最高，达21.3%；其次是平台公司，占比16.7%；劳务派遣公司、商家及工作站点分别占比10.5%、9.8%和7.4%（见图10）。

3. 多数快递青年认为快递/外卖工作劳动强度大，承担的风险高

据调查，对于"快递/外卖工作劳动强度大"的说法，41.65%的受访者表示完全同意，25.13%的受访者表示比较同意，二者合计66.78%。劳动强度大主要体现在工作时间长且不固定、休息时间短等方面。

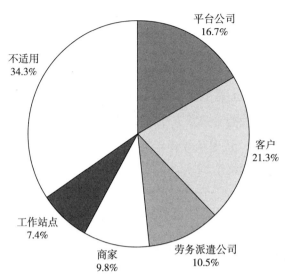

图 10　快递青年对工作不满的来源（$N = 1138$）

　　对于"快递/外卖从业人员缺少社会尊重、理解和关心"的说法，36.91%的受访者表示完全同意，23.02%的受访者表示比较同意，二者合计59.93%。多数受访者表示有被客户"刁难""投诉"的经历，希望得到社会多点理解和尊重。

　　对于"快递/外卖工作承担的风险高"的说法，40.07%的受访者表示完全同意，21.53%的受访者表示比较同意，二者合计61.6%（见表1）。他们所认为的高风险主要来源于"客户投诉"、"交通工具被没收"和"交通事故"。

表 1　快递青年对本行业的认知

单位：%

题目\选项	完全不同意	较不同意	一般	比较同意	完全同意
快递/外卖工作劳动强度大	2.46	1.49	29.26	25.13	41.65
快递/外卖从业人员缺少社会尊重、理解和关心	4.92	4.39	30.76	23.02	36.91
快递/外卖从业人员低人一等	24.34	8.17	33.30	14.50	19.68
快递/外卖工作没有发展前途	15.99	9.49	41.12	16.78	16.61
快递/外卖工作承担的风险高	4.66	2.99	30.76	21.53	40.07
快递/外卖工作付出与回报不成正比	7.56	6.94	39.63	219.33	26.54

（三）广州快递青年对社会环境的看法

1. 超五成快递青年认可近年政府推动电商发展的力度

调查显示，"对近些年相关部门快递/外卖行业的哪些方面工作最满意"，其中"推动电商行业发展"（51.2%）的满意度最高。对于"劳动权益保障"（24.4%）、"快递从业青年关爱服务月系列活动"（22.1%）、"职业教育和培训"（20.1%）等方面的满意度不高，主要诉求体现在对于快递从业人员的培训、三轮车的规定和管理、婚恋交友等方面。而对于"免费体检和二次医保"（10.5%）、"免费专列返乡返岗服务"（5.3%）等关系快递从业人员切身利益保障等方面的支持力度不足，还有不少的快递从业人员表示"不清楚相关政策与服务"（29.9%）（见图 11）。

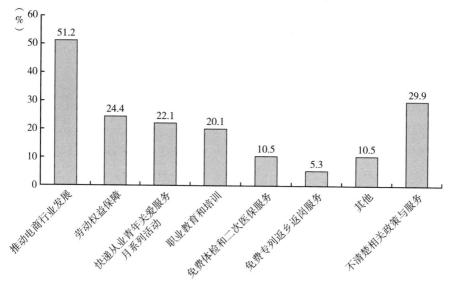

图 11　快递青年对相关部门工作的满意度（多选）

2. 快递青年最信任自己的公司，期待社会宽容、尊重

问卷中调查了快递青年对自己公司、居委会、社会组织、官方媒体、微信公众号、网络大 V 等组织的信任度。相比之下，信任度比较高的是公司，选择完全信任的占比 24.08%，比较信任的占比 29.00%，感觉一般的占比

38.40%。9.05%及7.73%的人表示对微信公众号、网络大V不太信任或完全不相信，比较信任和完全信任的占20.12%和13.88%。选择信任居委会、官方新闻媒体的快递青年占比均约为41.8%；39.72%的快递青年信任社会组织/社工机构（见表2）。访谈中快递青年们表示希望社会多倡导对快递行业的理解与尊重，宽容一点，能够多为快递员发声。

表2　快递青年对组织的信任度

单位：%

题目\选项	完全不信任	较不信任	一般	比较信任	完全信任
自己的公司	4.66	3.87	38.40	29.00	24.08
居委会	4.83	5.36	47.98	24.96	16.87
社会组织/社工机构	5.62	4.66	50.00	23.73	15.99
官方新闻媒体	5.71	4.39	48.07	24.78	17.05
微信公众号、网络大V	7.73	9.05	49.21	20.12	13.88

3. 快递青年认为社会对本行业的认同仍较低，遭遇职业歧视仍是心中之痛

首先，公众对快递员普遍存在"大多数是外来人员、学历不高、素质较差"等刻板印象，缺乏对他们职业的理解和尊重。其次，对快递员生存及职业现状的媒体报道和调查研究，大多视野狭窄，把过多的关注放到了快递员的钱包上，质疑他们"居然"也是高薪群体，认为快递员干的是体力活，技术含量不高，收入低是应该的，对他们创造的社会价值并不认同。最后，快递行业的熟人引荐及师徒制又促使了快递青年之间高度的身份共享和情绪共鸣，职业歧视所带来的负面情绪会在快递青年内部引起强烈共鸣并通过其社会网络快速传播，强化这些负面情绪的消极影响，诱发社会风险。

4. 近六成快递青年喜爱广州，留穗意愿较强，但觉得客观条件无法满足

调查显示，56.50%的快递青年表示喜欢/比较喜欢广州；超五成的人比较认同及完全认同广州环境整洁卫生、生活舒适方便，超过41%的人感觉一般；23.46%的人非常认同广州是一座包容性与兼容性很高的城市这一观点，28.38%的人表示比较同意，40.60%的认为一般；有50.44%的快递青年把自己看成广州的一分子；53.86%的人认为自己为广州的发展作

了贡献，从物流运输的角度，就是起到了最后一公里的作用，服务到家
（见表3）。

表3　快递青年对广州的态度（*N* = 1138）

单位：%

题目\选项	完全不同意	较不同意	一般	比较同意	完全同意
广州的工作机会多	4.66	2.72	38.75	30.76	23.11
广州的环境整洁卫生	4.48	3.34	41.04	30.58	20.56
广州的生活舒适方便	4.66	3.87	41.39	28.21	21.88
我喜欢广州	3.43	2.72	37.35	25.48	31.02
广州的包容性与兼容性高	3.87	3.69	40.60	28.38	23.46
我把自己看作广州的一分子	5.45	5.45	38.66	22.85	27.59
我为广州的发展做了贡献	3.60	3.69	38.84	23.37	30.49

当被问及"是否选择留在广州工作"时，53.9%的受访者认为广州的
工作机会比较多、愿意留下，其余打算离开广州的受访者里，41%的人选择
返乡，22%的人选择到除家乡以外的其他城市发展，还有37%的人没想好
选择去哪发展。选择返乡的原因，主要集中在家乡生活成本低、无住房压
力、居住环境好、要照顾家中老人等方面（见图12）。

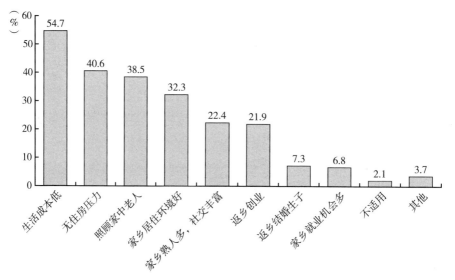

图12　快递员返乡的主要原因

四　广州快递行业青年生活现状特征分析

（一）广州快递青年生活现状基本情况

1. 日常话题：快递青年与朋友经常谈论的话题多样化

快递青年与朋友日常生活中谈论最多的话题是工作与事业，占比 60.0%；第二是社会民生热点，占比 30.6%；第三为孩子教育，占比 26.0%；第四为国内外时事，占比 21.4%。对于财政证券、时尚生活、影视与文学、房地产的关注与讨论则较少（见图 13）。访谈中也了解到，快递青年为了保证工作量每天的工作时间都比较长，工作与事业占据了快递行业青年大部分的时间精力，他们日常谈论的问题基本都是围绕着自己的工作或者与其生活密切相关的话题展开，对于自己"难以企及"的事件与话题较少关注或谈论。

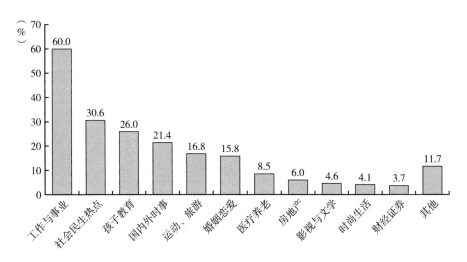

图 13　快递青年经常与朋友谈论的话题

2. 生活压力：来源于经济、职业发展、子女教育，主要通过网络娱乐消遣方式来缓解压力

在压力来源方面，经济压力所占比例高居首位，为 78.2%；职业发展

所占比例为 29.4%，子女教育所占比例为 23.0%，身体健康所占比例为 13.5%，社会竞争所占比例为 13.1%，住房问题所占比例为 13.1%，父母养老问题所占比例为 10.1%，家庭关系所占比例为 8.4%（见图 14）。由此可见，快递行业青年经济压力相对较大。

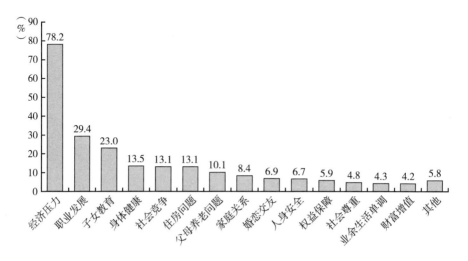

图 14 快递青年的主要压力来源

在缓解压力方面，35.6% 的快递行业青年选择游戏、视频、小说和音乐，27.8% 的快递行业青年选择找家人或朋友聊天，12.7% 的快递行业青年选择睡觉，7.6% 的快递行业青年选择体育锻炼，5.5% 的快递行业青年选择吃喝玩乐（见图 15）。综合分析，快递行业青年经济压力大，缓解压力大多数也是选择不需要花钱的方式。

3. 情绪疏导：自我排解是快递青年宣泄负面情绪的方式

根据调查，当快递青年在工作中遇到不满时，他们通常采取自我排解（68.6%）的方式进行宣泄，访谈中也印证了这一说法。大部分快递青年表示，当遇到客户投诉、商家指责、平台公司刁难等问题时，心中虽感不忿，但一般都会给自己做心理暗示，劝自己看开点，一切都会好起来。此外，找家人/朋友倾诉（28.1%）和找同事吐槽（26.2%），也是宣泄工作不满的重要方式。而向公司表示不满、向相关部门投诉、同人争吵发

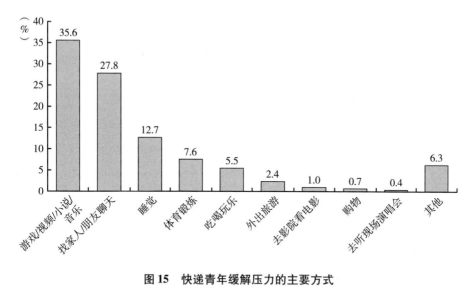

图15　快递青年缓解压力的主要方式

泄、退出不干等其他方式，占比均低于10%（见图16）。由此可见，快递青年倾向于采取理性、积极、非正式的方式宣泄不满，极少采用暴力、消极的方式。

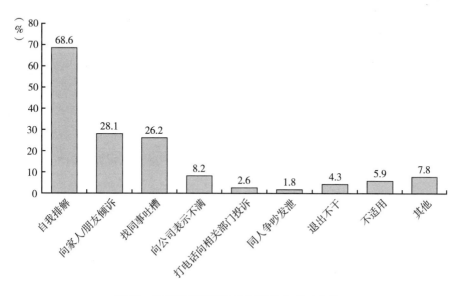

图16　快递青年宣泄工作不满的方式（多选）

（二）当前广州快递青年生活中凸显的需求

1. 生存诉求亟待解决

根据调查数据，当前住房问题仍然是影响快递青年居留广州意愿的主要因素，94.1%的快递青年喜爱广州，但现实情况是他们面临广州生活成本高（62.1%）和购房压力大（42.3%）的问题，让41.3%的快递青年表示打算离开广州；调查显示，婚恋问题也是广州快递青年，尤其是男青年的重要需求，可以作为我们开展快递青年服务工作的一个有效切入点。同时，子女照顾也将是未来快递青年持续增长的需求。

2. 本地人际关系疏离

调查数据显示，广州快递青年平均每天工作10.3小时，每天派件量平均105件，每周工作6.3天，几乎满负荷甚至超负荷工作，这让他们很少有时间参与常规的社交活动，即使有时间也缺少精力和机会，与本地社群缺乏互动、交流，休闲时间快递青年做得最多的事排名前三的为"游戏/视频/小说/音乐""找家人/朋友聊天""睡觉"，占比分别为35.6%、27.8%、12.7%。同时，广州快递青年只有58%的是本省户籍，42%的为外地户籍，其中占比前五位的是湖南（9.2%）、河南（5.1%）、四川（3.8%）、江西（3.1%）、湖北（3.1%）。由此可见，许多快递青年属于来穗务工人员，流动性较强，本地人际交往较少。

五　广州快递行业青年群体面临问题的原因分析

（一）顶层制度设计滞后于行业发展

近年来，快递行业的迅猛发展也带来了众多现实问题，如丰巢快递柜收费问题、快递车辆交通隐患、快递包裹被盗责任纠纷、快递员人身安全保障等。快递承担着民生消费领域的重要一环，已与人民群众日常生活密不可分，每当这些新闻出现，极容易引起公众关注，引起广泛讨论甚至成为舆情事件导火索。面对众多现实问题，目前仅有 2015 年修订的《中华人民共和国邮政法》、2018 年国务院颁布的《快递暂行条例》以及《中华人民共和国劳动法》，尚不足以解决所有问题。同时，我们了解到当前广州市邮政管理局仅有 14 名在编人员，加上工勤人员总计不到 30 人，要面对全市庞杂的邮管业务显得力不从心。我们还需要有更多精细化、即时性的制度设计来回应快递行业发展面临的各类现实问题，从而保护快递青年的合法权益，培育他们生存发展的温暖土壤。

（二）扁平化管理模式衍生出松散业态

从企业内部层面来看，当前快递企业发展呈现扁平化管理趋势，最突出的表现就是直营型快递企业越来越少，加盟型越来越多，例如，京东物流已于 2017 年脱离京东集团独立运营，并开始探索校园加盟店形式。饿了么平台有关管理人员谈到，目前外卖配送追求的"即时性"，就是要运用平台经济技术，尽可能地减少由上至下的管理时间成本，从而推动更加扁平化管理的行业革新。加之广州邮政行业监管"小马拉大车"，对全市大约 14 万快递从业人员、600 多家许可法人企业、1400 多家分支机构监管显得力不从心；广州市快递行业协会功能发挥有限，仅在企业层面开展组织工作，对快递青年的关注度不够；快递企业对群团组织建设重视不够，成立共青团组织的快递企业屈指可数，工会也较少成立，仅有实力较为雄厚的企业设立了承担类似职能的部门，如京东的员工关怀部。诸多原因造成快递行业呈现松散状态，对企业的管理、对员工的关怀跟不上现实需要。

（三）个人社会资本贫弱制约了向上流动

调查显示，广州快递青年学历水平偏低，"高中、中专、技校等"的比例最高，超过半数，为 51.7%；其次是初中学历的，为 25.8%；大专占比 17.1%，本科及以上仅占 2.7%。受学历水平的限制，快递青年在行业革新的竞争场域中处于底层，缺乏话语权，劳资谈判中处于劣势地位；同时，由基层岗位向中层管理岗的流动过程中岗位锐减。另外，作为快递物流网络的神经末梢，快递青年群体是连接"货"与"人"的关键节点，其社会资本的贫弱还体现在目前物流行业链条中的成本压力、交通风险压力往往最终传导到快递青年身上。以上原因都让快递青年在职业晋升、向上流动时受到限制。

六　对策建议

（一）完善顶层设计，加快保障制度落实

一是要加快行业制度设计。建议加快广州市快递行业政策的研究及制定工作，参考、借鉴其他城市快递行业管理与服务的有效做法，如浙江省人民政府出台的《关于促进快递业发展的实施意见》、杭州市人民政府发布的《关于加快推进我市快递行业健康发展的实施办法》等。

二是加大制度执行力度。建议对全市快递青年的劳动合同签署情况、社会保险购买情况做全面摸查调研，同时加大对企业的监督力度，建立健全新业态劳动标准体系，对广州快递青年的最低工资标准、工作时间标准、休息休假标准、服务纠纷处理标准等方面做出规定，设立快递青年权益保障热线。

三是妥善解决快递青年用车问题。建议推广在全市范围内使用统一的快递三轮车，督促各快递企业加快快递车的更新迭代；开通快递员 D 车驾照考试绿色通道，满足快递青年大量考证需求，减少等候时间；统一广州市快递员身份标识，如工作证、工衣统一标准；及时公布违规三轮车处理结果、去向。

四是积极提升快递青年职业技能和素养。建议指导快递企业制订员工职业技能和职业素质提升计划，定期组织培训，尤其是职业生涯规划方面的专业化培训，提高快递青年的业务水平、服务质量、工作责任心和法律意识。组织符合条件的快递从业人员参加职业技能鉴定考试，畅通晋升渠道，推行快递青年持证上岗。建议培训内容要进一步细化，符合快递青年现实的需

求，例如，快递员如何应对丢件、偷件的情况，如何进行划分权责、劳动纠纷谈判技能，在路上遇到意外应该如何处理保险等实际问题的解决方法。

（二）设立基层组织，促进快递青年社会参与，增强城市归属感

一是加强行业党建带团建，加快建设行业党团组织，指导快递企业基层党建团建工作。建议先从顺丰、京东等基础较好的快递企业试点，推动成立企业团组织，有条件的企业成立党支部，探索快递行业党团组织建设的广州模式，做好流动快递青年的组织工作，以此扩大对快递青年的联系服务和政治引领。

二是通过志愿服务凝聚快递青年，帮助他们更好地融入广州。建议与快递企业进行志愿服务项目的合作洽谈，扩大合作项目的服务范围与数量，由于快递青年有着极度熟悉社区这一天然优势，建议让他们参与公益宣传推广和社区志愿服务，如公益宣传单的派送，社区长者送餐志愿服务，低保家庭爱心包的配送等。还可以在快递青年群体中大力宣传志愿服务相关的小程序和微信公众号，鼓励快递青年加入志愿者队伍、群防共治队伍等，畅通快递青年参与社会治理的渠道，提高他们的参与感和归属感。

三是多措并举促进快递青年的社会融入。进一步完善广州市积分入户政策，将快递行业一线从业人员纳入特殊技能和特殊艰苦行业一线从业人员入户指标重点名录。加大积分入户政策宣传力度，引导和帮助快递青年申请积分入户。继续开展快递从业青年服务活动，针对青年生活婚恋交友需求设立多样化的服务主题，丰富快递青年的文化生活。鼓励各企业快递青年建立线上交流微信群，定期发布青年婚恋交友活动信息，并将活动信息共享至企业平台及快递青年微信群。

（三）关照现实需求，提供适切服务来深化对快递青年的"人文关怀"

一是推动解决快递青年住房困难问题。建议为快递青年提供经济适用房、廉租房，同时探索为符合条件的快递青年提供青年公寓等支持保障

措施。

二是关心快递青年职业发展问题。建议各快递企业配合，为快递青年提供职业生涯规划的专业培训，提高快递青年的业务水平、服务质量、工作责任心、法律意识、交通安全意识，提升综合职业素养；组织符合条件的快递从业人员参加职业技能鉴定考试，研究快递青年职业晋升机制以及职称评定方法，可参考武汉市为快递青年进行"快递工程"专业职称评审，评审的申报范围包括从事快递设备工程、快递网络工程、快递信息工程的在职在岗专业技术人员。

三是加强对快递行业和快递青年的正面宣传，提升社会认同。利用好网络平台，通过官方网站、微信平台为快递行业正面发声，引导公众增加对快递青年的理解和尊重。建议开展"广州工匠"评选、快递青年榜样评选、见义勇为事件宣传、快递企业青年文明号、青年岗位能手、寻找"最美快递员"等活动。动员电视台、报纸杂志、网络媒体记者深入快递企业分拣中心及快递运营网点，报道快递员的生存现状，呼吁公众对他们的关注和理解，尤其是疫情期间快递青年为保障社会运转和广州人民日常生活所作的贡献。

广州地区中学生革命传统认知现状调查及对策分析调研报告*

广州青年运动史研究委员会研究室

摘　要： 此次调研围绕中学生革命传统认知问题，面向全市各区中学开展问卷调查，共回收有效问卷1852份。通过对革命历史事件认知来源、认知程度、学习热情及主动性、认可度进行分析，从制度、资金、师资、教材等方面提出相关对策建议，拓展革命传统文化学习渠道，改善教育方式方法，切实保障中学生能够全面继承好革命传统、弘扬好革命精神、传承好红色基因。

关键词： 中学生　革命传统文化　爱国主义　广州地区

一　研究背景

中学时代正是青少年树立人生观、价值观、世界观，培养民族、国家、政治文化认同的关键期。早在2017年4月，中共中央、国务院印发的《中长期青年发展规划（2016～2025年）》就指出"要把爱国主义教育贯穿国民教育和精神文明建设全过程"。因此，向中学生普及革命历史知识是教育工作的使命使然。同时，共青团作为中学团员政治理论认识的"始发站"，

* 本文系2020年广州青年运动史研究委员会研究室研究课题成果。课题组成员：袁卫根、丛光辉、顾磊、刘思贤、黄雁璇、钟良、郭晓英、华倩、刘程渊、熊丽娜、徐云云、陈玥羽。

也应让团员青年明确"要教育团员和青年学习革命前辈，继承党的优良传统"[1]。2021年1月，中共中央宣传部、教育部印发的《新时代学校思想政治理论课改革创新实施方案》指出"初中阶段重在打牢学生的思想基础，高中阶段重在提升学生的政治素养"。

党的十八大以来，以习近平同志为核心的党中央高度重视革命传统教育，做出一系列重要部署，强调要继承革命传统，弘扬革命精神，传承红色基因，结合新时代特点赋予新的内涵，使之成为激励人民群众进行伟大斗争的强大动力。红色文化现已成为集政治、经济、文化、历史等于一体的先进文化，是具有普遍意义的鲜活教材，在政治教育、文化传承、道德示范、价值引导等方面都发挥着不可替代的重要作用。广州是中国近现代革命的重要策源地，至今保留多处革命历史文化遗址。2018年9月，广州市委办公厅印发了《关于进一步加强红色革命遗址保护利用工作的若干措施》的通知，并发布了《广州市红色革命遗址保护与利用三年行动计划（2018～2020年)》。2019年11月印发的《广州市推动城市文化综合实力出新出彩行动方案》提出，广州将全力打响红色文化品牌，将整体规划保护红色革命遗址，连片打造革命史迹主题区域，擦亮英雄城市品牌。

借此，我们针对广州地区中学生这一群体，着手开展革命传统文化认知状况调查。笔者认为，对革命传统认知程度与认知需求进行调查了解是进行革命传统文化普及的前提与基础，这对加强与改善青少年爱国主义和革命传统教育、创新教育形式等，都具有重要的参考意义。

二　研究方法

本次调研从广州市中学学校分布区域、学校类型、学生年龄等维度出发，围绕中学生对广州革命历史事件、革命人物、革命传统及相关纪念设施的认知程度，通过一定规模的数据采集进行问题成因分析，进而为中学生革

---

[1]　《中国共产主义青年团章程》第4章第23条第3款。

命传统认知教育提供可供参考的对策和建议。

在研究方法上，一是回顾红色文化文献并总结相关文件文本，二是依托问卷调查，协同补充个案深度访谈。参照《2019 年广州市教育统计手册》的中学各学段学校数据、中学生总数、男女生比例情况，采用分层抽样方法，在全市 11 个行政区共回收市直属、各区、各类别学校的中学生有效答卷 1852 份。[①] 具体情况如表 1 所示。

分析有效答卷来源发现，其分布与 2019 学年在校中学生基本吻合。具体如下。

性别：男性占比 47.71%，女性占比 52.29%。

年龄：14～19 岁，平均年龄为 15.6 岁。

受访对象所在学校分布：全面覆盖广州各区，其中越秀 8.86%，荔湾 10.28%，海珠 9.07%，天河 9.01%，番禺 8.70%，白云 10.07%，黄埔 8.28%，从化 9.80%，增城 9.01%，南沙 8.86%，花都 8.07%。

学校性质：公办学校占比 93.62%。

学段分布：高中生占比 52.29%，初中生占比 25.67%，中职中技类占比 16.97%。

学生职务：受访中学生职务主要以团干部、班干部、学生会干部为主，占比 60.31%，未担任任何职务的占比 39.69%。

三　研究内容

（一）中学生对革命历史事件、历史人物、革命传统文化及相关纪念设施的了解情况

1. 关于广州革命历史事件

调查显示，中学生对重大的历史事件认知度还是很高的。例如，85.98%

---

① 广州地区另有市、区属中技类学校 27 所，其中，市属公办 6 所，区属公办学校 2 所，国企办 1 所，民办 18 所。

表1 广州地区各类中学数量及分布

| | 普通中学数量及分布 | | | | | | | | | 合计 | 中等职业教育学校数量及分布 | | | | | | | | |
| | | | | 初中 | | 高中 | | | | 其中省、部属 | | | 其中市辖 | | | 其中区属 | | |
	合计	其中民办	其中公办	初级中学	九年制学校	完全中学	高级中学	十二年制学校		合计	其中民办	其中公办	合计	其中民办	其中公办	合计	其中民办	其中公办
广州地区总计	534	212	322	206	209	83	26	10	82	32	2	30	33	13	20	17	1	16
荔湾区	42	19	23	18	16	6	1	1								1		1
越秀区	35	6	29	13	6	15	1									1		1
海珠区	38	14	24	18	9	8	2	1								2	1	1
天河区	51	32	19	6	33	10		2								1		1
白云区	70	25	45	40	17	6	5	2								1		1
黄埔区	36	13	23	16	12	6		2								1		1
番禺区	71	28	43	23	34	8	6									3		3
花都区	81	43	38	23	49	5	3	1								2		2
南沙区	28	8	20	11	8	8		1								1		1
从化区	25	3	22	15	2	7	1									1		1
增城区	57	21	36	23	23	4	7									3		3

的学生明确了解"建立黄埔军校"，72.01%的学生知道"广州起义"。而中共三大秘密召开（47.29%）、国民党一大召开（48.02%）、国民革命军出师北伐（47.97%）、共青团一大（34.16%）等在中学考纲里并没有被列为重要考点的，学生对以上历史事件的知晓度显著下降，不足五成。

2. 关于历史人物

调查显示，中学生对于近代早期广州历史人物认识度高，如对洪秀全（78.12%）、康有为（81.55%）、梁启超（90.51%）、邓世昌（71.53%）的认识度均在七成以上。但是对于中国共产党早期革命活动家，例如团的早期领袖张太雷、施存统、蔡和森、高君宇等认识度不超过三成，35.00%的中学生表示都不认识（见图1）；55.19%的学生听说过许广平，40.64%的学生认识朱执信，对于广州近现代革命史上的何香凝、周文雍、杨匏安、陈铁军等，认识度仅占两成左右，都不认识的也占将近两成（19.03%）（见图2）。

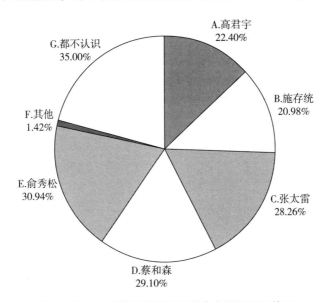

图1 青少年对部分近代民主革命先驱的认识情况

3. 关于广州近代革命遗址（革命纪念设施）

调查显示，广州烈士陵园（69.58%）、黄埔军校旧址纪念馆（50.34%）的学生参观率超五成，黄花岗七十二烈士陵园（43.86%）、农讲所旧址纪念

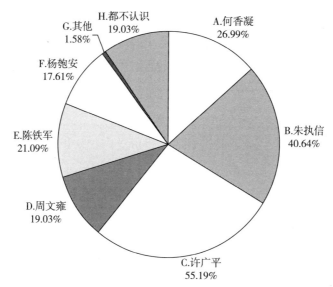

图2　青少年对近代早期部分广州历史人物的认识情况

馆（37.11%）、广州起义纪念馆（32.26%）的学生参观率超三成，而近年来热门打卡的中共三大会址纪念馆（19.66%）、团一大旧址（15.55%）、东园（5.64%）的学生参观率却不超两成，都没去过的达到15.92%（见图3）。

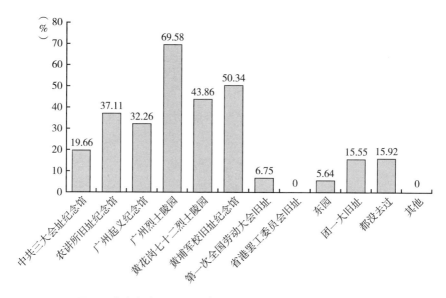

图3　青少年参观近代革命遗址（革命纪念设施）的情况

小结：中学生对于革命历史事件、革命人物、革命传统等大多停留在书本认知、考纲范畴层面，在实际生活中接触并深入了解广州近现代革命历史事件、人物、设施的中学生并不多，其了解程度也流于表面"听说"，拘于"知道分子"。

（二）受访者对革命传统认识的主动性

1. 中学革命传统教育开展情况

调查显示，有52%的受访者参与了广州市教育局开展的"弘扬延安精神"革命传统教育系列活动。参与者中有58.6%的认为"很有收获，感触很深"，38.66%的认为"有收获，有感触"。由此可见，参与者对活动的认可度比较高。

而在给出的课题选项中，参与者认为其与传统革命教育的相关性几乎都保持在60%~80%，相对比较平均（见图4）。

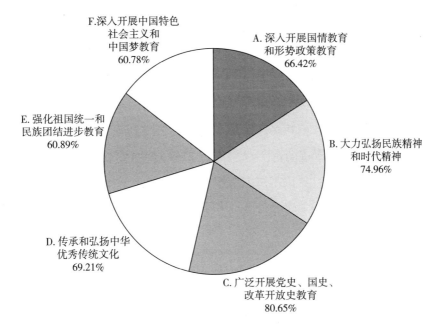

图4 青少年革命传统教育开展情况

2. 关于对革命传统文化感兴趣的程度

调查显示，学生对革命传统文化实际上是感兴趣的。近五成（超900人）受访青少年表示对革命基地参观、革命艺术作品、革命英雄人物很感兴趣，四成的人对革命传统知识很感兴趣。超过700人对此4项均比较感兴趣，以上合计超过1600人，占有效问卷的八成以上（见表2）。

表2 青少年对革命传统文化感兴趣的程度

单位：人，%

题目\选项	非常感兴趣	比较感兴趣	一般	没什么兴趣	一点兴趣都没有
革命基地参观	947(49.92)	714(37.64)	214(11.28)	13(0.69)	9(0.47)
革命传统知识	787(41.49)	760(40.06)	321(16.92)	21(1.11)	8(0.42)
革命艺术作品	903(47.60)	705(37.16)	259(13.65)	22(1.16)	8(0.42)
革命英雄人物	938(49.45)	702(37.01)	236(12.44)	13(0.69)	8(0.42)

3. 关于中学生是否有责任和义务去继承和弘扬革命传统文化

针对此问题，调查显示，98%以上的认为中学生有责任和义务去继承和弘扬革命传统文化，超过97%的认为有必要把爱国主义教育等贯穿中学校本教育。受访者中82%以上的表示会积极参加革命传统文化的宣传。到传统教育基地参观，可以接受的路程时间为半小时到一小时居多，亦有34%的表示"想去的基地，不管多远都会去"。基于个人兴趣主动阅读革命经典著作、了解革命英雄事迹的占71%，有近21%的表示"不会主动阅读，但学校活动会主动参加"，"因考试或考核而阅读"的占了7%左右。

小结：中学生对革命传统文化的认可度较高，比较感兴趣，也愿意主动学习，但受距离、时间等限制，影响了学生参观传统教育基地的积极性。

（三）受访者对革命传统认知状况渠道和展现形式情况

1. 关于革命传统的认知主要来源

调查显示，"学校教育"（7.95分）是中学生对革命传统的认知主要来源，紧随其后的是"影视作品或网络"（5.91分）和"图书等纸质传媒"（5.9分）。

2. 关于了解革命传统文化的渠道

调查显示，广州学生更倾向于通过"影视作品或网络"（5.94 分）、"学校教育"（5.61 分）、"纪念馆或革命遗址现场参观"（4.83 分）和"图书等纸质传媒"（4.71 分）来了解革命传统文化。

3. 关于展示传统文化的形式

调查显示，"影视作品"（78.28%）的展示形式是学生最喜爱的方式，接下来的是"展览"（58.62%）和"图书"（55.46%）。在参观过程中，学生更希望参与到"寻宝活动"（40.80%）和"听专业老师讲历史小故事"（33.90%）中。展陈方式最让人印象深刻的是"场景复原"（24.35%）和"实物展示"（24.30%），让学生有身临其境的代入感，更好地感受革命传统文化。

4. 关于在学校接受革命传统教育的时间

调查显示，一个月内在学校接受过革命传统教育的中学生占比 41%，超过一个月（19.56%）、半年前（24.46%），一年前占比将近 15%。

5. 关于如何丰富革命传统文化

调查显示，目前广州市中学开展关于革命传统认知的主要形式有政史课、团队课等"相关课程"（61.47%）、"经典诵读、主题征文、唱响红歌等竞赛形式"（24.93%）。有 56.56% 的人认为学校目前开展革命传统认知教育的效果很好，39.27% 的认为一般。对革命经典作品很感兴趣的占比35%，感兴趣的占比45%，觉得一般的占比18%。有 79% 的是通过电视或网络了解革命经典作品，还有 78% 的认为与学校教育有关。丰富革命传统的方式，选择"建好用好爱国主义教育基地和国防教育基地"的占比最大，达85.71%；其次是"发挥传统和现代节日的涵育功能"（65.95%）和"组织重大纪念活动"（62.94%）（见图5）。

小结：广州地区中学生对革命传统认知渠道主要还是以学校教育为主，辅以图书等纸质媒介、影视作品等声画媒介或网络媒介。相关部门要大力提高学校革命传统教育的质与量，建好用好教育基地，通过更丰富的展现方式提高革命传统文化学习的趣味性和实用性。

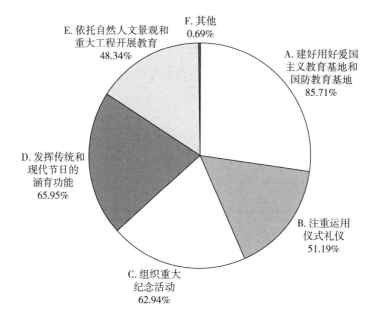

图5 丰富革命传统文化的形式

（四）学校对革命传统的教育情况及学生对革命经典作品的关注情况

1. 关于学校目前开展革命传统认知教育的效果

调查显示，广州中学生普遍觉得学校目前开展革命传统认知教育的效果很好，占比56.56%，觉得一般的占比39.27%，没感觉的和不好的比例分别是2.85%和1.32%。

2. 关于对革命经典作品感兴趣的程度

调查显示，学生认为对革命经典作品很感兴趣的占比35.21%，感兴趣的占比45.6%，一般和没感觉的比例分别是18.08%和1.11%。在如何了解革命经典作品方面，通过学校教育（教材/课堂）为主了解的比例是78.07%，通过电视或者网络相关文章和视频了解的比例是79.34%，通过自己购买或者借阅书籍了解的比例为35.69%，而没兴趣、基本不读以及其他的比例是2.8%（见图6）。

小结：广州地区中学生对学校开展革命传统教育的效果普遍肯定，对革

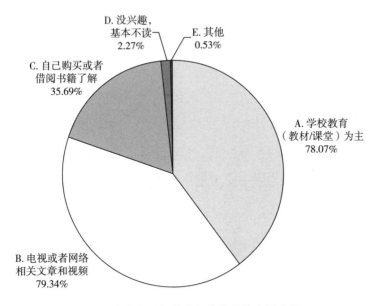

图6 青少年了解革命经典作品的主要途径

命经典作品也比较感兴趣，了解革命经典作品的阵地依然主要在学校教育（教材/课堂），可以看出在对革命经典作品主动关注的情况上需要提升。

（五）目前广州市中学生革命传统认知渠道的主要形式

工欲善其事，必先利其器。对于中学生革命传统认知的渠道，我们进行了专题梳理。

1. 学校教育

调查结果显示，中学生革命传统认知的主要来源是学校，综合得分达最高的7.95分（9个选项），且中学生也更倾向于从学校接受革命传统认知的教育，综合得分为5.61分（9个选项），排第二位。学生对学校革命传统认知教育的效果，将近60%的学生给予了"很好"的评价，仅1.3%的评价为"不好"。另外，78.07%的学生了解革命经典作品以学校教育（教材/课堂）为主。学校革命传统认知教育基本以"政史课、团队课"等相关课程教育为主，占比达61.47%；以竞赛活动为辅，占比24.93%；相对缺少革命纪念地现场教学、云教学等，二者占比之和甚至不足9%。

2. 影视、互联网、纸质等多元媒介

调查结果显示，"影视作品或网络"成为学生革命传统认知来源的第二渠道，综合得分为仅次于"学校教育"的5.91分（9个选项），而学生更倾向于通过该渠道获取革命传统文化知识，综合得分为5.94分（9个选项）。"图书等纸质媒介"则排在"学校教育""影视作品或网络"之后，成为中学生革命传统认知来源的第三渠道，与"影视作品或网络"不相上下。不少学生还自主购买或借阅书籍，阅读革命经典作品，了解革命传统文化。

3. 实地实景学习

调查结果显示，"纪念馆或革命遗址现场参观"是学生革命传统认知来源的第四渠道，得分达4.18分（9个选项），且相比于"图书等纸质媒介"，学生更愿意选择该种渠道获取革命传统文化知识，综合得分达4.83分（9个选项），超过前者，仅次于"学校教育"和"影视作品或网络"。学校很少组织学生实地实境的现场教学仅占4.38%。

4. 其他形式

调查问卷结果显示，"家庭教育"综合得分为2.82分（9个选项），也是中学生革命传统认知来源的重要途径之一，且学生亦愿意从"家庭教育"中接受革命传统教育。"展览、讲座、报告"综合得分为2.76分（9个选项），与家庭教育难分伯仲，也是中学生革命传统认知的重要来源之一，而在"倾向性"调查中，则反超"家庭教育"，排名第五，得分达2.83分（9个选项），可见中学生亦希望通过"展览、讲座、报告"的形式获取更专业的革命传统文化知识。

四 对中学革命传统文化教育形势的 SWOT 分析

为了更好地提出对策建议，现就广州地区革命传统文化的发展进行 SWOT 分析。

（一）优势

1. 资源优势

广州是首批国家历史文化名城，广府文化的发祥地，历史悠久，有深厚的传统文化底蕴。广州传统风貌建筑建筑群多，如西关大屋等具有岭南文化特色的建筑。拥有 2000 多年历史的古城广州，也是中国近现代革命的策源地，革命传统、红色教育基地有 30 多个，如黄埔军校、中共三大会址纪念馆、广州农民运动讲习所旧址、黄花岗七十二烈士墓园、杨匏安故居等，对于给学生进行爱国主义教育、革命传统文化教育具有完备的硬件设施。毗邻港澳，华侨众多。文化交流自由度高，多种文化在广州融合并存。

2. 区位优势

广州市是广东省的省会城市，位于中国南部、广东省中南部，是中国的南大门，是重要的交通枢纽城市。同时也是重要的国际商贸城市、粤港澳大湾区区域发展的核心引擎之一，经济辐射范围广，多元文化汇集。

3. 交通优势

广州市内交通发达，交通便利度不断增强，先后修建了多条城际间高速公路，市内也修建了高架路、公路桥、过江隧道等。广州的长途汽运有到临近地区的长途汽车及穗港之间的直通巴士，市内交通有公共汽车、电车、专线车、地铁等。其中广州市目前已开通了 14 条地铁线路，其中 1 条为广州—佛山城际地铁线，公交线路 1243 条，广州 30 余个红色教育基地基本能实现公共交通直达，如团一大广场、农讲所、烈士陵园等红色基地均专设地铁站及公交车站，交通极其便利。

（二）劣势

1. 红色教育基地吸引力和宣传度还有待提高

从问卷调查及访谈中得知，大多数传统革命基地展示形式仍以展览为主，图片、物品展示等，呈现方式较单一。讲解人员配备不足，吸引力不大，对于参观者来说，接受革命传统教育的效果一般。对于广州革命传统文化宣传力度不够，工作开展了但是普及程度不高。宣传的途径不够多，多数为新闻媒体、展示栏等短期宣传，长期持续性高的宣传较少，也缺少过程性效果考察。

部分革命传统景点由于修补维护不及时、开放入园时间短、宣传力度不够、离市区中心较远等，吸引力不够。书籍由于年代久远、表述方式平铺直叙等，也没有很受中学生欢迎。电影可能因为选题不够新颖、拍摄手法不够创意、拍摄效果不够震撼、没有冲击力，同样吸引力不够，再加上没有本土特色的创作作品，这些对革命传统的弘扬都是很大的困难和挑战。

2. 传统革命文化内容输出与人员配置有待加强

调查显示，学生更希望在参观的时候参与到"寻宝活动"和"听专业老师讲历史小故事"中，但根据访谈得知，目前对于弘扬广州革命传统文化的讲师、讲解员较缺乏，讲解方式单一，主要以传统讲述为主，缺乏互动，目前主要是各展馆安排培训的讲解员或讲解音频。

（三）机会

1. 政策支持

习近平总书记强调，坚定文化自信，是事关国运兴衰、事关文化安全、事关民族精神独立性的大问题。而革命传统文化作为中国传统文化很重要的一部分，带着催人奋发的正能量，是坚定文化自信的有效途径。

广州市为贯彻落实习近平总书记关于弘扬传统文化的重要论述，做好文化遗产保护工作，让城市留住记忆，促进城乡规划与传统文化的融合发展，2019年12月印发了《广州市红色文化传承弘扬示范区（越秀片区）发展规划（2019～2025年）》（以下简称《规划》）。《规划》提出将以越秀区为主体创建国家级红色文化传承弘扬示范区。到2021年中国共产党建党100周年之际，广州基本建成国家级红色文化传承弘扬示范区；到2025年，广州全面建成国家级红色文化传承弘扬示范区。

广东省于2018年启动中学生综合素质评价，将参观爱国主义教育基地纳入考评中，中考、高考评价方式的转变，促进学校、家长、学生重视革命传统教育。

《〈关于深入实施青年马克思主义者培养工程的意见〉的通知》（中青联发〔2020〕5号）指出青马工程要开展红色教育，主要方式是组织学员赴革命传统教育基地、爱国主义教育基地、革命遗址等实地学习。

2. 社会对革命传统文化的需求提高

随着人们物质生活水平的不断提高，精神世界的丰富也成了当今社会人们的更高追求。广州既是一座旅游名城，又是一座拥有光荣革命传统、厚重红色文化的英雄城市。市委市政府高度重视传承与弘扬红色文化，大力发展红色旅游。近三年全市红色旅游景区景点每年接待的游客均超过2000万人次，从调查数据来看，将近50%的人表示对革命基地参观、革命艺术作品、革命英雄人物很感兴趣，41%的人对革命传统知识很感兴趣，这说明传承红色基因、发展红色旅游的趋势是利好的。

（四）挑战

1. 其他文化的冲击

当今社会文化思潮纷杂多元，外来文化思潮冲击搅扰人们的思想。国内明星和网红占据了大流量，对革命传统文化的推崇和热爱显然不够。青少年一代生活、成长在一个相对比较自由的大环境之中，《2019年全国未成年人互联网使用情况研究报告》显示，2019年我国未成年网民规模为1.75亿人，未成年人互联网普及率达到93.1%，他们追求刺激、新鲜、个性的心理不断被激活，对于网络的使用率很高。访谈调查显示，青少年在网上聊天、使用社交网站、逛微博、逛论坛，可以对此进行有效的引导，如有90%的人认为共青团中央在视频弹幕网站bilibili推出的作品《天行健》是将青少年亚文化和传统文化有机结合、用青少年喜欢的方式传播正能量的成功尝试。

2. 家校、社会联动机制有待提高

从问卷调查可以得知，"纪念馆或革命遗址现场参观"是学生革命传统认知来源的重要渠道，学生更愿意选择该种渠道获取革命传统文化，但学校很少组织学生到革命遗址、纪念馆进行实地实境的现场学习。分析其原因是

家校、社会联动的机制还不够健全，受外出学习课时、各方沟通、资金的限制，革命传统资源进校机会少、途径少、方式单一。从学校层面来看，除了一些有特定历史文化的学校，多数学校重视革命传统认知教育的力度不够，在资金、时间、课程的安排上不够。而家长比较重视学生学习成绩和兴趣特长培养，对于学生革命传统的教育重视程度一般。对广州地区中学生革命传统认知现状的分析如表 3 所示。

表 3　广州地区中学生革命传统认知现状 SWOT 矩阵分析

外部分析 ＼ 内部分析	优势 1. 资源优势； 2. 区位优势； 3. 交通优势	劣势 1. 资源的吸引力不够； 2. 资源的宣传度不够； 3. 缺乏专门的人才
机遇	S＋O 对策	W＋O 对策
1. 文化自信； 2. 政府政策； 3. 大众的需求增长； 4. 教育评价的转变	1. 各部门加强合作，有效利用资源，发挥资源在文化自信中的作用； 2. 加大对资源的开发力度	1. 把握政策，做好顶层设计； 2. 抓住机遇，全力提升资源质量、服务能力和水平
挑战	S＋T 对策	W＋T 对策
1. 其他文化的冲击； 2. 家校社会联动的联系机制不够畅通	1. 发挥资源优势，提高质量，发挥不可替代的作用； 2. 统筹规划，家校、社会联动机制健全	1. 培养和引进高素质的人才； 2. 更新观念，增强意识，提高管理质量和水平

注：S（strengths）是优势，W（weaknesses）是劣势，O（opportunities）是机会，T（threats）是威胁。

五　对策建议

（一）助力制度安排，做好革命传统教育基础保障

党的十九大报告强调："文化自信是一个国家、一个民族发展中更基本、更深沉、更持久的力量……继承革命文化，发展社会主义先进文化，不

忘本来、吸收外来、面向未来，更好构筑中国精神、中国价值、中国力量，为人民提供精神指引。"革命传统教育就是要引导广大青少年继承与弘扬优秀的革命文化，增强文化自信。具体规划思路如下。

一是做好制度保障。在此次调研与访谈中，课题组发现部分省级、市级革命文化传统相关文件由于种种原因并没能在基层学校落地落实，加强政策宣讲宣导迫在眉睫。同时，通过对中学生革命传统教育情况的调研，教育主管部门可针对基层学校在推进过程中存在的困惑与困难，为学校提供实践纲要、实施策略、工作指引等必要的工作制度保障。例如，可将革命文化传统教育纳入中学生必选科目，或纳入思政、历史中考考纲。同时在其他学科教学中也适度引入，积极引导学生关注学科内与革命传统文化相关的内容，比如地理课中的红色景点、音乐课中的红歌等，从而实现日常、经常、恒常教育。

二是做好资金保障。课题组在访谈中得知，目前基层学校在革命传统文化方面的资金预算基本为零，这也成为基层学校大力开展革命文化传统教育的重大困难。因此，建议学校在做年度资金规划时应留置相关预算。同时，上级职能部门亦可通过组织比赛等方式，为组织优秀的学校提供相应资金支持。

三是做好教材保障。调查显示，广州中学生关于传统文化的学习主要来源于学校，因此配备优质的革命文化传统教材尤其重要。在现阶段，建议学校可先行尝试编写校本教材，加强学生传承革命文化品德教育。通过引导学生对近现代史的认知、广州红色历史文化的认知，促使学生主动树立正确的理想信念和价值观，传承老一辈革命英雄艰苦奋斗、艰苦朴素、挑战自我、超越自我、奉献社会的崇高精神和历史使命感、责任感；逐步培养学生"刻苦勤奋，求实进取"的品格品质。或者由教育主管部门牵头组织全市优秀的思政、历史、团干等骨干教师编写广州革命传统地方特色教材，明确广州革命策源地的历次重要历史事件及人物介绍，并将教案进行汇编总结，以供广大中学生灵活学习使用。

四是做好师资保障。各中学学校可积极作为主动联合广州红色教育基地骨干讲师走进中学校园，为思政、历史、团干教师提供课程培训，做好校内师资的开发培养，保障一线教师人人会讲、人人讲好优秀文化传统故事。要实现以上目标，其一，政府和学校要加大对革命历史文化资源的开发和利用强度，包括物质资源、精神资源、信息系统。其二，要采用多元化的教学方法，包括做到改进课堂教学方法，丰富课外教学活动。其三，要建立健全课程评价体系，除了课程专家和教师之外，还需要把家长和学生纳入其中，由于每个学生具有个体差异性，需要进行自我反思、自我激励和自我认同，让学生发挥主体作用，进行自我评价、反思和总结，从而取得积极效果。其四，要全面提升教师水平，包括提高教师的业务素质、思想道德素质和运用网络信息的能力。

（二）善用现有资源，拓展革命传统文化学习渠道

调研中得知，广州革命传统资源非常丰富，从清末晚期旧民主主义革命到革命战争年代，由中国共产党人、先进分子和人民群众共同创造并极具中国特色的革命文化，皆蕴含着丰富的革命精神和厚重的历史文化内涵，其中红色文化更是适合中学生学习了解革命传统的核心要义。例如，在越秀区，作为广州的中心城区，拥有最丰富、品级最高、最集中的红色文化资源，区内红色史迹37处。① 借此，具体工作思路如下。

一是学校应积极作为主动拓宽中学生了解革命传统文化的主要内容，加强学生爱国、爱党的思想情怀。凭借现有红色资源，充分联系对接相关部门，营造红色文化环境，做好中学生思想政治教育软环境建设。开展"红色之旅"（即深度开发红色文化研学路线，可结合定向打卡、完成研学任务过关式互动，吸引学生）。

二是学校要分层次把红色文化渗透德育教育中，加强学生爱国爱家乡教育。开展"红色讲解"（即通过广州红色教育基地，联合招募革命传统教育

---

① 越秀区拥有全国重点文物保护单位7处，广东省文物保护单位7处，广州市文物保护单位12处，尚未核定公布为保护文物单位的不可移动文物11处。微信公众号：越秀青年正能量。

之旅红色小小讲解员，集中培训，让小小讲解员在自己的学校、所在区进行红色宣传讲解活动）、"红色竞赛"（即开展中学生革命传统文化演讲、情景剧或知识小达人竞赛等，通过竞赛既可以适当考察当前学生对革命传统的了解情况，也可以选拔人才或好作品，进而树标杆、做推广）。

三是学校可主动拓宽中学生了解革命传统文化的主要内容，加强学生爱国、爱党的思想情怀。开展"红色研学"（即建立红色文化知识库，并开展深度课题研究，让革命传统的研究在基层学校落实落地），创办青年人读得懂、喜欢读的"红色刊物"（即编写青少年革命传统相关读物、动画、影视作品等，以更多元化的形式进行革命传统文化教育宣传）。举办"红色活动"（即广泛组织开展实践活动，除了校内开展的特色活动）。通过"寻宝活动"或"听专业老师讲历史小故事"等，讲好红色故事，让学生在传承和创新中受到影响和教育，深切体会和领悟爱国主义情怀，激发革命斗志，增强使命感和责任感。

四是学校可加强实地实景参观访学，做好红色文化创新创作。例如，组织"红色基地"现场教学（即组织学生参观纪念馆、展览馆、博物馆、烈士纪念设施，参加军事训练、冬夏营令等）、倡导"红色文艺"（即创作开发具有广州革命文化特点的优秀文艺作品，如唱好红色歌曲，讴歌革命先烈，唱响具有革命精神的正气之歌。或者创编红色剧目，可以将革命先烈的故事加以创造成为话剧、影视作品进行展演、展播等，像广州创作的话剧《沙湾往事》、粤剧电影《刑场上的婚礼》等皆为优秀红色文化作品）、创新"红色文创"（即联合广州红色基地模仿故宫设计相关的文创作品，比如制作团一大、农讲所等地标的钥匙扣、徽章、冰箱贴、笔、杯子、明信片、雪糕、绘本等。笔记本内页附上简短的革命故事、重要历史事件的科普文字等，也可通过打卡答题等方式免费获取，提高学生参观学习的兴趣及满意度）。

（三）创新教育方法，依托新媒体提升文化传播效率

充分挖掘革命传统教育资源，是丰富充实并塑造中学生精神世界的重要

举措，是加强中学生思想政治教育的重要依托。我们在此次课题调研中发现，目前广州地区革命传统教育在方式上仍然存在明显不足，主要体现在呈现的方式偏少、内容不够丰富，宣传的力度欠缺落地、途径较单一，学校教育的普及度不广、辐射面较窄等方面。要提升革命传统教育的效果，必须在教育方式上进行创新，提升革命传统教育的吸引力、感染力、辐射力。

一是重视发挥新媒体生态优势，拓展线上阵地。推动革命传统文化要善于借用新媒体平台及传播方式，如目前线上红色阵地抖音、B 站等已成为广大青年喜爱的新媒体阵地。在此平台上学校教师引导学生可以创造性地开发革命传统教育的输出途径，如云研学，以更适合中学生身心需求的方式开展革命传统的教育。在疫情期间，云研学通过视频与讲解模拟现场参观等。在疫情常态化背景下，线上研学能够在保证学生安全的前提下促进学生发展，在数字化时代，线上研学融合了"互联网 +""智能 +"，克服了时间与空间的限制，为研学旅行的发展提供了新思路、新前景。

此外，围绕"微博、微信、微视频"进行内容投放，对多媒体形态下的 AR、VR 等 5G 时代媒体平台内容进行前期准备，运用大数据分析传播影响力变化，确保传统革命文化资源的开发及资源投放有据、有标准、有效果。

二是运用新媒体技术创新对红色文化内容的运用，加强革命传统文化资源挖掘效率，提升青少年学习效率。例如，设置实景虚拟平台，通过云参观、场景复原、实物展示和基地打卡、现场教学等方式，让学生有身临其境的代入感，更好地感受革命传统文化，提高革命传统文化学习的趣味性和实用性。在全媒体环境下，受众对特定信息的关注度以小时计，因此要保证传播革命文化及其各类载体的影响力，必须高质、高量地提供大量更新信息，这就需要在传统革命文化的保育开发进程中，运用现有成熟的区块链数据共享技术，建立传统革命文化共享数据平台，实现对历史资料在发掘、整理、保护、研究、发布各个环节的高效协同性，建立共建共享机制下的革命传统文化资源开发模式，为向全媒体平台的信息更新提供数量及质量上的充分支持。倘若技术程度能够完成此步骤，那么对青少年学习传统革命文化的效率将是质的飞跃。

三是借力主题活动日标签，推动受众向传统革命文化史迹、事迹引流。广州的传统革命纪念日颇多，要特别重视红色文化纪念日活动，结合时间节点打造革命传统文化学习仪式感。例如，学校可开展广州市中学革命传统活动月（周）系列品牌活动，可定在每年清明、五四、七一、八一、九一八、国庆、一二·九等重大节点，全面提升中学革命文化传统教育。例如，组织学生在清明祭扫烈士墓、国家公祭日进行默哀等，在重要的历史纪念日中，进行仪式教育，通过切身体会，沉浸式教育去感受历史、缅怀先烈，激发爱国之情。或结合主题党、团、少先队活动日、班会课等，全员参与，全方位打造浸润式的仪式教育、活动教育。

在中学生中开展革命历史文化教育是一项长期的系统工程，需要全体教育工作者和党团史、教育、宣传部门共同行动起来，了解广州革命传统文化的精神财富和文化资源。这其中包含着丰富的革命意识、民族意识和国家意识内涵，更是推动中国共产党和中国人民在新中国建设与发展的新阶段、新环境下坚守初心、砥砺前行的重要文化引领力与政治资源。我们要通过线上线下各种渠道方式，真正让所有中学生了解中国共产党为中华民族崛起的奋斗史、创业史，从小培养青少年对党的感情，传播信息正能量，提升文化自信软实力。

新时代"青马工程"培训创新研究[*]

——以广州市为例

袁 珊 巫长林

摘 要： 青年马克思主义者培养工程是党培养青年马克思主义者的战略工程，在青年思想政治引领工作中发挥着重要作用。广州市"青马工程"经过十多年的发展，取得了一定成效。调研发现，"青马工程"培训获得学员认可，取得了较好成效：增强了学员的自豪感和学习主动性，增强了学员的入党意愿，让青年更了解马克思主义、马克思主义中国化和坚定道路自信，有效提升学员的综合能力。在梳理"青马工程"培训经验的基础上，文章从五个方面进一步思考新时代创新"青马工程"培训的可行路径：创新培训模式，丰富培训内容；健全学员选拔、管理机制，增强"青马工程"宣传力；打造一支"以校本师资为主，校外师资作为有益补充"的高素质专业化教师队伍；构建学院—分院、实践基地培训阵地共同体；搭建线上线下联络平台，保持跟踪培训的动态性。

关键词： 新时代 "青马工程" 培训创新 广州

青年马克思主义者培养工程，简称"青马工程"，是团中央于 2007 年

---

[*] 本文系2020 年广州市团校立项课题成果。课题组成员：袁珊、巫长林、罗飞宁、钟良、谢素军、周理艺。

启动的一项青年培养战略性工程,在国家《中长期青年发展规划(2016~2025年)》中被列为十大项目之首,2020年4月正式发布的《广州市中长期青年发展规划(2019~2025年)》中将青年思想道德作为10个领域当中的首要领域,并明确"深入实施青年马克思主义者培养工程,每年培养不少于1万人"的发展目标。2019年广州市委宣传部牵头联合印发了《广州市深化"青年马克思主义者培养工程"三年行动计划》,共青团中央、教育部、民政部、农业农村部、国务院国资委等部门研究制定了《关于深入实施青年马克思主义者培养工程的意见》。

2020年,由共青团广州市委员会、广州市学生联合会主办,广州市团校(广州市青年马克思主义者培训学院)承办的广州市国家级示范性高中"青马工程"培训班全覆盖41所广州市国家级示范性高中,培养千名青年马克思主义传播者。课题组通过问卷调查、梳理学员学习心得、交流访谈相结合的方式了解"青马工程"学员收获,以进一步提升培训质量,打造具有广州特色的"青马工程"培训体系。

一 "青马工程"培训基本情况

(一)培训概况

在团市委指导下,广州市团校(广州市青年马克思主义者培训学院)扎实推进"青马工程",2020年实现全市84所中学(含41所国家级示范性高中)和12所市属高校全覆盖,培训学员涵盖中学、高校、企业、少先队辅导员等各类优秀青年。全年举办"青马工程"培训班24期,培训2017人次,培训5209人天。

(二)培训课程状况

1. "五性六度",创新理念

根据"青马工程"培训的主要目标,结合当前大、中学校青少年学员热衷互动沟通性强、多样有趣教学形式的新特征，广州市团校创新教育理念，大胆改革教学模式，全新推出"五性六度"多维互动的"青马工程"教学体系。所谓"五性"，是指核心目标的政治性、学习内容的经典性、互动参与的多维性、教法环境的创新性及团教结合的有效性。所谓"六度"，是指党的要求的实现度、培养目标的达成度、社会需求的适应度、技术环境的支撑度、质量保障评估的有效度、学员学习的满意度。广州市团校"青马工程"教学内容包含打造专属特色班服、合影打卡、庄严升旗、红歌浸润、经典诵读、支部展示、每日抖音、文体活动、名人互动、"小青小马"红色故事录制十大项内容，培训课程包含专家传授、实践操作、论坛交流、故事分享、展馆教学等多种形式。

2. 以学员为中心，分类培训

培训课程内容和方式以"为党培养信仰坚定、能力突出、素质优良、作风过硬的青年政治骨干"的培养目标为出发点，以学员身心发展特征为切入点，以不同群体的工作学习需求为落脚点，进行分层分类培训。全年培训形成了国家级示范性高中"青马工程"培训班出新出彩，市级"青马工程"培训班（赴梅州）校地共建，省级中学"青马工程"培训班乘风破浪，国有企业"青马工程"培训班亮点突出，少先队辅导员"青马工程"培训班特色鲜明，市属高校"一校一策"常态化运作的良好态势。

3. 互动参与，激活课堂

广州市团校注重提升学员在教学过程中的多维互动参与，将师生互动、生生互动、组组互动融入课堂教学中；升级教学环境，提升活动仪式感，实现人与环境互动，促进师生在环境的浸润中成长。充分运用历奇教育核心理念，合理利用现代化教学手段，综合使用团队合作学习、探究式学习、引领学习、现场教学、案例教学、场景互动、实践操作、红歌促动、青春快闪、分享交流等手段激活课堂。通过教学方法创新，有效调动学员所有感官参与学习，让学员清晰明了马克思主义、习近平新时代中国特色社会主义思想等框架中的立场、观点、方法等元素，激发学员对马克思主义经典著作、《习近平谈治国理政》重要著作、中国共产党党史、共青团"三会两制一课"

产生浓厚的学习兴趣，让一个个说得明白、学得透彻的"理论 DNA"激发学员主动思考，促动分享，学深悟透，融会贯通，真正在头脑中扎下根来，让理论学习焕发青春光彩。

二 "青马工程"培训取得的成效

（一）调查样本情况

本次共调查青马学员 627 名，其中男性学员占比 28.7%，女性学员占比 71.3%。学员主要以普通高中学生为主，高一学生占比 44.3%，高二学生占比 47.8%。政治面貌以共青团员为主，占比 92.5%。绝大部分学员是学生干部，其中班干部占比 22.5%，班团支部干部占比 15.2%，校团委干部占比 24.6%，校学生干部占比 29.3%。学员在校成绩优秀，大部分学员的成绩在校排名在前 30%，占比 83.3%。

（二）"青马工程"培训增强学员的自豪感和学习主动性

"青马工程"的学员都是学生自主报名，学校根据学生的思想品德和学习表现筛选推荐，最后由广州市团校"青马工程"工作小组核对录取。因此，参加"青马工程"培训班的学员主要是学生干部，他们学习成绩优秀，有坚定的理想信念。"青马工程"学员对于能参加"青马工程"培训班是感到非常自豪的。调查发现，在入选"青马工程"学员后有 66.2% 的学员心理感受是非常自豪，29.5% 的学员感到比较自豪（见图1）。一方面，"青马工程"是培养青年马克思主义者的品牌项目，能入选"青马工程"培训班学习深造是"青马工程"和学校对学员个人思想和素质能力的认同肯定；另一方面，入选"青马工程"培训班可以更深入学习马克思主义理论和习近平新时代中国特色社会主义思想等政治理论以及更全面了解党团方面的知识和实践理念。

对于"青马工程"培训班，学员非常期待，有强烈的学习意愿和主动参与性。调查发现，"青马工程"学员参加"青马工程"培训的最主要原因有两个，一是认为可以在"青马工程"中得到很多锻炼（66.2%），二是想

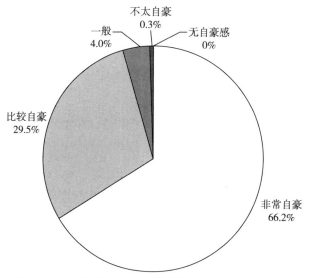

图1 入选"青马工程"学员后的心理感受（N=627）

进一步深入学习马克思主义（28.2%）（见图2）。这表明，"青马工程"培训可以有效带动青年学员的积极性，使其主动参加，目标明确，在学习过程中深入学习和锻炼自身素质。

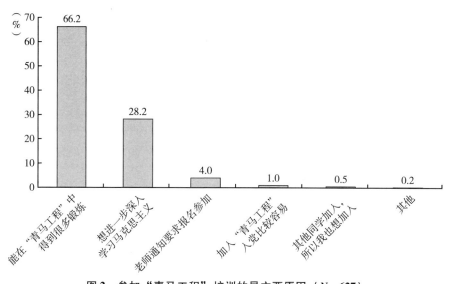

图2 参加"青马工程"培训的最主要原因（N=627）

（三）"青马工程"培训增强学员的入党意愿

本次课程改变传统讲授灌输式的教学模式，创新性采用"青马工程"与历奇教育理念相结合的模式，以"五性六度"推动新时代"青马工程"的教学"质量革命"。"青马工程"教学中采用师生互动、生生互动、组组互动的沉浸式教学方式，让学员在潜移默化中自主参与学习中国共产党党史和党的理念，同时，实地参观体验红色教育基地，以生动有趣的方式，让学员对中国共产党有更加深刻的了解，在教学中增强了"青马工程"学员的入党意愿。调查发现，超过97%的"青马工程"学员有加入中国共产党的意愿，其中86.1%的"青马工程"学员表示非常愿意，11.0%的"青马工程"学员表示比较愿意（见图3）。有72.2%的"青马工程"学员表示，在培训结束后考虑尽快提交入党申请书。

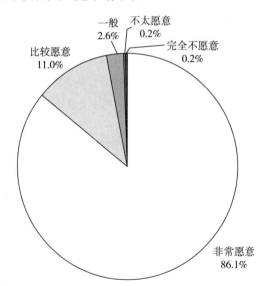

图3　"青马工程"学员对是否愿意加入中国共产党的态度（$N=627$）

（四）"青马工程"培训让青年更了解马克思主义、马克思主义中国化并坚定道路自信

在参加培训前，"青马工程"学员对马克思主义理论的了解程度较浅。调查

发现，在培训前有 49.9% 的青年对马克思主义理论的了解程度为"一般"，有 23.1% 的青年"不太了解"，有 24.1% 的青年对马克思主义比较了解（见图4）。培训前，青年阅读过马克思、恩格斯、列宁、毛泽东、邓小平等马克思主义经典作家的作品较少，有68.1%学员选择"1~3本"，还有22.6%的青年学员是"0本"。

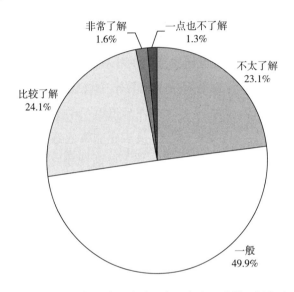

图4 "青马工程"学员参加培训前对马克思主义理论的了解程度（$N = 627$）

2020年，广州市团校"青马工程"培训班融入了历奇教育理念，通过翻转课堂、浸润式教学、探究学习等不同的教学方法，加强师生合作、生生合作一起解读经典，激发学员对马克思主义经典著作、《习近平谈治国理政》重要著作等产生了浓厚的学习兴趣，让一个个说得明白、学得透彻的"理论DNA"激发学员主动思考，促进分享，学深悟透，融会贯通。经过培训，"青马工程"学员对马克思主义经典著作的阅读兴趣大大提升。调查发现，有76.9%的"青马工程"学员认为经过培训促使本人最想做的事情是"阅读一本马克思主义经典著作"。

"青马工程"培训班让学员对马克思主义理论和马克思主义理论中国化有了更清晰的认识。有75.3%的"青马工程"学员认为马克思主义理论与习近平新时代中国特色社会主义思想的理论关系是一脉相承的，习近平新时代中国特色社会主义思想是对马克思主义的坚持和发展。

　　同时，绝大部分"青马工程"学员认为参加"青马工程"培训班对坚定自己的马克思主义信仰有重要的帮助。其中68.7%的"青马工程"学员认为非常有帮助，29.0%的"青马工程"学员认为有帮助（见图5）。而且98.9%的"青马工程"学员认同众多中国人对中国特色社会主义道路充满信心，由此看出，"青马工程"培训班可以提高学员思想政治理论水平，也对坚定"青马工程"学员的道路自信起着重要的作用。

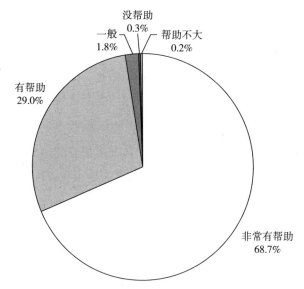

图5　"青马工程"学员参加培训对坚定自己马克思主义信仰的帮助程度（$N=627$）

（五）"青马工程"培训有效提升学员的综合能力

　　"青马工程"学员首次接触"青马工程"与历奇教育相结合的教学模式。全新的教学模式，不仅改变了学员的学习方式，从以往的被动接受式学习变为主动探索式学习，同时在学习过程中也在提升学员的马克思理论水平和综合能力。"青马工程"学员认为通过培训，自身的团队协作能力、沟通表达能力、组织协调能力都获得了较大提升，占比分别为31.3%、19.0%、15.8%。另外，有25.8%的"青马工程"学员认为自己的马克思主义理论水平得到了提升（见表1）。

表1 "青马工程"学员通过培训觉得自己获得最大提升的能力

单位：人，%

选项	频数	百分比	选项	频数	百分比
马克思主义理论水平	162	25.8	创新能力	3	0.5
社会调查实践能力	22	3.5	团队协作能力	196	31.3
组织协调能力	99	15.8	适应能力	23	3.7
沟通表达能力	119	19.0	其他	3	0.5

　　同时，"青马工程"培训也让"青马工程"学员认识到阅读马克思主义经典著作对自身发展的意义。94.4%的"青马工程"学员认为高中生阅读马克思主义经典著作可以提高思想政治理论水平，88.8%的认为可以提升思辨能力，80.1%的认为可以扩大知识面，78.5%的认为可以掌握认识和解决问题的科学方法（见图6）。这一意识可以大大激发"青马工程"学员今后对马克思主义经典著作的学习兴趣，通过对马克思主义经典著作的学习，潜移默化地塑造"青马工程"学员价值观和方法论，有效提升他们的思想政治觉悟以及思考、处理问题的能力。

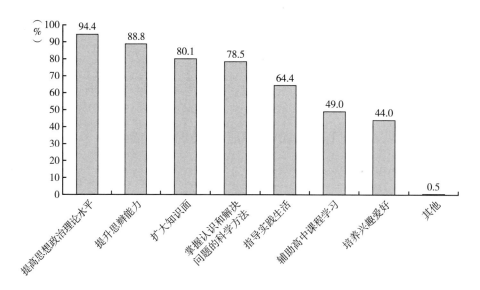

图6 高中生阅读马克思主义经典著作对自身发展的主要作用（多选）

（六）"青马工程"学员对"青马工程"培训成效的肯定和建议

1. "青马工程"亮点突出并且值得分享

据调查了解，"青马工程"培训让"青马工程"学员感受深刻，收获丰富。大部分学员认为广州市团校举办的"青马工程"培训班亮点突出。其中最突出的亮点是"展示自我机会平台多"，有86.8%的学员认同此观点。在"青马工程"培训课堂中大大增加了师生互动、生生互动的机会，每位学员既是知识的学习者，又是知识的传播者。创新性的教学模式让学员拥有更多展示自我和表达自我观点的机会。同时，81.5%的"青马工程"学员认为"课程内容和形式充满吸引力"，76.4%的"青马工程"学员认为"有一群志同道合的'青马工程'同学"（见表2）。

表2　"青马工程"培训亮点

单位：人，%

选项	频数	百分比
师资力量阵容强大	433	69.1
课程内容和形式充满吸引力	511	81.5
学员上课积极性和自觉性高	435	69.4
展示自我机会平台多	544	86.8
班级管理机制、考核体系完善	319	50.9
社会实践锻炼有趣	400	63.8
有一群志同道合的"青马工程"同学	479	76.4
其他	3	0.5

有80.1%的"青马工程"学员认为参加培训后他们最想做的事情就是与他人分享"青马工程"培训班的学习收获，有68.3%的"青马工程"学员想建议同学、朋友关注、参加"青马工程"培训班（见表3）。2020年，广州市团校"青马工程"培训班的一个成功之处在于让学员成为"青马工程"影响青年的种子，"青马工程"学员愿意将自己在培训过程中的思考、转变、收获传播给更多的青年，进而突破"物理性界限"，让"青马工程"的教学内容可以在青年中二次传播，进一步巩固了"青马工程"的培训成果，扩大"青马工程"在青年中的影响力。

表3　"青马工程"学员经过培训后最想做的事情

单位：人，%

选项	频数	百分比
写入党申请书	303	48.3
阅读一本马克思主义经典著作	482	76.9
开展社会实践调查	349	55.7
报名参加志愿服务	489	78.0
与他人分享"青马工程"培训班的学习收获	502	80.1
建议同学、朋友关注、参加"青马工程"培训班	428	68.3
其他	4	0.6

2. 认为高中生参加"青马工程"非常有必要

在参加过"青马工程"培训班的学习深造后，"青马工程"学员深刻感受到高中生参加"青马工程"培训是非常有必要的。据调查统计，有68.9%的"青马工程"学员认为高中生参加"青马工程"非常有必要，28.5%的"青马工程"学员认为比较有必要（见图7）。他们认为"青马工程"以马克思主义理论为培训内容，能够培训塑造学生的马克思主义世界观、价值观、人生观，在学生中营造活学活用马克思主义的氛围，锻造出一

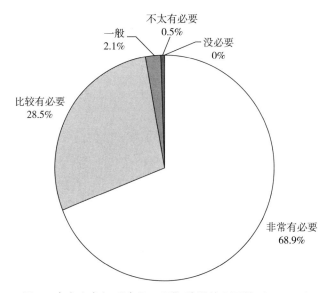

图7　高中生参加"青马工程"培训的必要性（$N=627$）

批批理想信念坚定、勇立潮头的马克思主义青年。在学习中既可以提高学生的思想政治觉悟，又能提升学生的综合素质，是非常有意义的。

3. 希望课程有更多参观学习和团队训练拓展

调查发现，47.8%的"青马工程"学员希望在以后的"青马工程"培训中可以增加"参观红色教育基地、党员活动中心、优秀企业"的实践方式，27.8%的"青马工程"学员希望增加"团队训练、素质拓展"（见表4）。"青马工程"学员希望参观红色教育基地、党员活动中心，可以在现场更加生动地引导学员对党的认识，增强党性观念，感受民族精神的时代内涵。在参观优秀企业中，感受时代发展的脉搏，学习先进知识，紧跟时代发展。而团队训练、素质拓展可以进一步提升"青马工程"学员个人的团队协作能力、沟通能力。

表4　"青马工程"学员最希望在"青马"班后续培训中增加的实践方式

单位：人，%

选项	频数	百分比
团队训练、素质拓展	174	27.8
社会调查实践	48	7.7
专题系列讲座	12	1.9
互动式理论授课	46	7.3
参观红色教育基地、党员活动中心、优秀企业	300	47.8
演讲比赛、才艺比赛	45	7.2
其他	2	0.3

三　"青马工程"培训经验启示

（一）党团衔接的重要桥梁

把牢学员处在高中阶段这一政治意识启蒙时期，发挥"青马工程"培训在党团衔接中的桥梁作用。培训班在团干学员掌握了团的基本理论知识素养的基础上，运用马克思主义理论启蒙学员的政治意识，为学员打开了一扇政治理论学习之窗。

学中国共产党党史知中国共青团团史，以史育人。中国共青团在中国共产党的领导下，走过了一条光荣的道路。将团史的学习纳入党史的视野进行诠释，让学员们领悟了为什么说共青团是党的助手和后备军，对党团关系有了更深刻的理解。

（二）精心设计有黏性课程

在课程设置理念方面，坚持以"五性"为核心要求。在课程建设内容方面，以习近平新时代中国特色社会主义思想引领课堂教学。开设了《习近平谈治国理政》第三卷（小组研习及诵读）、马克思主义经典著作导读（互动教学）、中国共产党的光辉历程（团队研习）、"青春梦想伴我行　青马工程促成长"（互动教学）、"学习寄语精神　展现青春担当"（探究式学习）、团学干部专业技能提升（翻转课堂）、社会调查研究与方法（实践操作）、微视频制作技能技巧（实践操作）、青年发展面对面（论坛交流）、展馆教学（浸润式教学）、红歌润心田（手语带动唱）等系列有黏性课程。

（三）文化塑造"青马人"信仰

"青马工程"文化精神传承，塑造了"青马人"信仰。通过培训后，学员们有了"青马人"这个共同的身份认同，牢记"青马"精神，遵守"青马人"的基本要求。"青马工程"文化精神的传承依赖于"老青马人"对于"新青马人"的传帮带、"青马人"身份塑造的培养，特别是根植于"青马人"对于马克思主义的坚定信仰。

"青马工程"文化产品传播，营造了"青马人"氛围。在培训过程中，设计了"青马工程"培训班班旗、班服、文创产品、培训图文、活动视频等文化产品，在青年中形成了一股"青马工程"文化潮流，提升了青年学生参与"青马工程"培训的热情和自豪感。

（四）阶梯式连贯培训体系

培训内容体系围绕理论学习、红色教育、实践锻炼三大维度展开，坚持以"六度"为标准。坚持以学员为中心，引导当代青年成长为中国特色社会主义事业的合格建设者和可靠接班人。对学员开展跟踪式长期培训，在学员成长过程中，及时给予答疑解惑，帮助其成长成才。强化团队式学习，依托"青马人"引领青年的方式，在青年中点燃马克思主义信仰的火种，培养和输送一批合格的青年马克思主义者。

四　新时代创新"青马工程"培训的可行路径

"青马工程"是一项复杂的系统性工程，涉及对象包含学员、组织者、授课教师、学员派出单位、主办单位等多元主体，涉及环境含培训学院微观环境、阵地建设中观环境和社会宏观环境。新时代"青马工程"培训不能局限于过去经验、形成路径依赖，创新"青马工程"培训要全面突破，从系统各要素、各环节逐层、逐步改进。

（一）创新培训模式，丰富培训内容

培训内容是培训模式的重要组成部分，新时代随着青年群体特点的变化，现有培训内容已无法完全满足青年的培训需求。根据时代要求，不断丰富"青马工程"培训内容、创新培训模式，是提升新时代"青马工程"培训有效性的必由之路。

一是要分层分类，中学、大学、体制内青年、体制外青年要分类培训，设置适合他们的课程时长和课程内容，如中学课程时长设置为45分钟一节课，而大学则设置为60分钟一节课。二是要针对新时代党中央、团中央对青年马克思主义者的新要求，不断加强政治理论培训，做好思想政治引领，突出"青马工程"鲜明的政治属性。三是要根据青年的技能培训需求，加强新知识、新工作方法的培训，如新媒体宣传（微信公众号推文）、新媒体技术运用（抖音拍摄、微视频制作、PS技术）、项目化管理、文案设计等，从而增强培训内容的针对性和实用性。四是要加大培训教材研发力度，初步形成一批"青马工程"专属读本和学习资料，编印"青马工程"工作指引、

青年马克思主义者成长手册等，形成适合时代、适合青年、特色鲜明的教材体系。

（二）健全学员选拔、管理机制，增强"青马工程"宣传力

1. 建立"双荐"和"双考"相结合的公开选拔机制

新时代"青马工程"是一项社会公益性项目，学员来源、学员质量是否具有广泛性、代表性将直接影响社会资源分配的公平性。组织推荐有利于确保学员质量，但存在学员广泛性相对欠缺的问题。新时代，随着经济的发展和社会的进步，新兴青年群体如雨后春笋般生长，网络意见领袖、创业青年、抖音网红等新兴青年群体在广大青年中的影响力日益增大，而传统的学员选拔机制并未将他们中的佼佼者包含在内。新时代"青马工程"要完善学员公开选拔机制，改变以往单一的组织推荐、名额指标分配等被动的选拔方式，采用"双荐"和"双考"相结合的公开选拔机制。

所谓"双荐"，是指学员可通过"组织推荐"和"个人自荐"的方式报名参加"青马工程"，以"组织推荐"为主，以"个人自荐"为辅。组织推荐确保体制内优秀青年的参训机会，个人自荐保障了体制外优秀青年的参训需求，从源头上确保学员来源的公平性、代表性和广泛性。所谓"双考"，是指"笔试考查"和"面试考察"相结合，笔试考查学员的马克思主义理论知识积累，面试考察学员运用马克思主义方法解决问题的能力，从技术层面优中选优，确保培训名额利用率的最大化。

2. 健全小组导师制，实现一对一全过程指导

青年马克思主义者的培养是一个长期的实践过程，"青马工程"包含多个环环相扣的培训环节，每个环节能否有效衔接将直接影响学员的获得感、影响整个工程的有效运转。健全小组导师制，给每个学员小组都配备相应环节的指导老师，在培训期的每一个环节及时给予相应的专业化指导，能够有效衔接每个培训环节，发挥每个培训环节的效能，让学员在整个"青马工程"全过程中得到充分的交流、有力的指导，从而增强学员获得感和参与度。

3. 建立学员学分登记考评通关机制

学员考核是促进学员自觉践行马克思主义的催化剂，也是检验学员获得感的重要指标。建立学员学分登记考评通关机制，是指在学员培训各个环节、各项任务设置相应的学分，学员按照要求完成任务即可获得相应学分，进行学分登记，在规定时间内完成相应学分的予以结业，颁发结业证书；在规定时间内学分不足 60 分的采取淘汰措施，不予通关。学分可设置必修学分和选修学分，必修学分是"青马工程"必备的培训要求、培训环节，如集中理论学习、红色教育、课题调研等，由主办单位登记；选修学分则面向学员自身素质拓展相关内容，如志愿服务、经验交流分享、马克思主义传播等，由学员派出单位登记。学员学分登记考评通关机制，形成相应的培训对象信息库，将学员学分情况作为评优评先、人才推荐的重要依据。

（三）打造一支"以校本师资为主，以校外师资作为有益补充"的高素质专业化教师队伍

在教学活动中，教师占据主导地位，师资力量的强弱对教学效果有着直接影响。提升新时代"青马工程"的有效性，打造一支"以校本师资为主，以校外师资作为有益补充"的高素质专业化教师队伍是关键。

1. 加大校本师资培训力度

坚持与时俱进，加大校本师资培训力度，大力发现培养选拔优秀年轻教师，改变过度依赖校外师资的被动局面。一是要善于发挥教研部、教研组内部力量，切实提升校本师资授课能力和人格魅力。二是校本师资自身要加强与培训对象的交流，不仅要进培训班，还要进小组开展学员日常管理与感情维系工作，增进对学员的了解，增加彼此间的感情。三是要善于利用系统内党政领导干部力量，邀请受青年喜欢的、有个人魅力的党政领导干部进课堂讲学，增强对"青马工程"学员的思想引领。

2. 加大校外师资库建设力度

坚持解放思想，引进校外资源建立校外师资库，从高校马克思主义学院教授、青年讲师团、系统内业务骨干、党员微团课获奖选手中聘请一批团干

培训导师，作为校本师资的有益补充。一是要建立以高校马克思主义学院教授、青年讲师团为主体的理论课导师团，二是要建立以系统内业务骨干、党员微团课获奖选手为主体的实践课导师团。

3. 建立优秀学员教学反哺制度

朋辈群体的影响在青年成长发展中占据重要位置，往届"青马工程"培训班优秀学员能够对其他学员起到有效的引领示范作用。建立优秀学员教学反哺制度，是指挑选往届优秀"青马工程"培训班学员作为一支重要的教学师资力量，开设学员喜欢的经验交流分享，实现人才培养与利用的良性互动。

（四）构建学院—分院、实践基地培训阵地共同体

依托培训学院，全面打造一批覆盖功能突出的分院和实践基地，推进"青马工程"培训阵地共同体建设，扩大培训覆盖面，推动工作的纵深发展。

1. 分院建设

以学院为依托，遴选一批高校、中职、中学示范高中为分院，指导分院开展"青马工程"工作。一是培训学院在学习内容设计、培训方式、资源链接等方面给予分院"青马工程"一定的指导和支持。二是分院向培训学院举荐优秀"青马工程"学员，建立层层推选"青马工程"学员的工作机制，形成"青马工程"学员阶梯提升通道。三是分院要建立健全"青马工程"学员档案管理机制，将学员个人信息、理论学习、实践体验、考核成绩和成果进行全流程记录，探索"青马工程"优秀学员在推优入党、推荐就业、推荐选调生、保送研究生等工作中的应用途径。

2. 基地建设

培训学院要以基地建设为载体，建立"青马工程"学员的校外培训基地，与社会形成培训共同体合力。一是充分发挥和利用好广州地区雄厚的红色资源、社科资源和研究力量，以青年之家、青年就业创业孵化基地、爱国主义教育基地等为社会实践基地，推进"青马工程"阵地有形化建设。二

是善于利用市外红色教育资源，积极开拓市外红色教育基地，探索与革命老区合作育人机制。三是探索"青马工程"骨干到基地挂职锻炼制度，基地在寒暑期集中为学员提供挂职锻炼岗位，鼓励学员深入基地，受教育、作贡献、长才干。

（五）搭建线上线下联络平台，保持跟踪培训的动态性

"青马工程"是一个长期的系统工程，集中的培训只是其中的一个起始阶段，为了确保培训工作的长期有效，还需搭建线上线下联络平台，保持跟踪培训的动态性。一方面，要加强线下联络平台建设，协调政府资源，打通"青马工程"学员输出举荐渠道，在社会招聘中给予优秀学员相应倾斜。同时，主办单位要善于利用校内师资，保持与学员的紧密联系，在单位内部实习、招聘中给予优秀学员相应支持。另一方面，要与时俱进，充分开发利用微信、微博、客户端等青年聚集的网络新媒体场域，建立"青马工程"网络交互平台，实现思想引领、活动宣传、学员跟踪、交流分享、资料下载、网络调查等功能。通过线上线下相互配合的工作机制，增强对学员动态跟踪培训的有效性。

"互联网＋"时代少年儿童
网络素养状况及对策研究*

张海波 等

摘　要： 数字化时代网络已成为少年儿童的一种生活方式。为了适应时代发展，了解新时代少年儿童的网络素养现状，结合少年儿童的网络生活融入少先队的教育和活动，我们开展了"互联网＋"时代少年儿童网络素养的课题研究，课题组开展了大规模的少年儿童网络素养现状调查，面向33个城市的少年儿童发放11万份问卷；在调查过程中创新了调查方式，变研究少年儿童为与少年儿童一起研究，指导少年儿童以组建调研小分队等方法参与研究；在研究过程中，不断开展从小争做中国好网民的主题实践活动，建构少先队自主教育实践路径，为新时期少先队工作的改革创新探索出契合和促进少年儿童生活与成长的有效策略。

关键词： 儿童网络素养　儿童参与式研究　少先队自主教育

党的十九大报告指出"新时代"已成为我国发展新的历史方位。少先队工作同样进入了新的时代，面对少年儿童追求幸福童年生活的需求与少先队事业发展不平衡不充分的矛盾，少先队改革正在攻坚破难。做

＊ 本文系2019年市少年宫立项课题成果。

好新时代党和国家的少年儿童工作和少先队工作，就要了解新时代少年儿童的生活方式，学习探索新时代少先队的工作方法，提升做好工作的活力与效力。当代少年儿童早已成为互联网时代的原住民，他们从小生活在以智能手机、平板电脑和社交媒体为代表的新媒介环境中，网络像空气和水一样成为他们成长的新环境，短视频、网络直播等新媒体已成为少年儿童获取信息的主要渠道。避免网络可能带来的负面影响的最好做法，不是剥夺或硬性限制，而是要主动出击，牢固树立互联网思维，把少先队队旗插在网络阵地上，主动占网、用网、建网。正如傅振邦书记提出的，我们要从观念深处彻底革新。我们必须认识到，一切少先队的组织行为都可以在网络上进行，一切少先队的意识形态产品都可以在网络上传播，一切少先队工作的策划、组织、实施、互动、评价都要和网络紧密结合。因此，我们选取了"儿童网络素养"这个研究视角，希望通过儿童网络素养状况调研，探索网络时代少先队教育面临哪些挑战，我们应如何提升少年儿童的网络素养，落实少先队改革要求，为促进少年儿童的成长提供有效策略。

一 课题研究问题和研究方法及创新

本课题在移动互联网时代少先队工作改革创新的背景下，以当下少年儿童的网络使用现状调查为依据，聚焦少年儿童应具有怎样的网络素养以及少年儿童组织怎样帮助其生成这一素养的现实问题，围绕"怎么样""为什么""怎么办"三大问题展开，即儿童上网用网的现状是怎样的？为什么要加强儿童网络素养教育？少先队组织怎么加强儿童网络素养教育，提升儿童网络素养？

课题结合少先队改革要求，从少先队组织教育、自主教育、实践活动作为研究的出发点和落脚点，重点打造少先队自主教育实践路径，创新性地开展了"儿童参与式调研"的少先队教育项目，从宣传儿童参与式调研的理念，到传播儿童参与式调研的方法技巧，再到搭建儿童参与式实践的路径，一步步建立起一个以儿童为主导的研究平台，逐步形成少先队"行动—研究—行动研究"三位一体的创新教育项目。

在现有儿童与媒介的研究中，研究者大多站在引导者的立场上，采用自下而上的范式来审视儿童与媒介的关系，很少有研究者关注儿童具体媒介参与和实践并进而探寻儿童自下而上的媒介参与。本课题尝试进行了一个研究范式的转变，从对儿童的研究，到和儿童一起研究，实践了儿童参与式研究。我们不仅把少先队活动搬到网上，更深入地大兴调查研究之风，真正走进当代少年儿童的网络生活和精神世界，通过对儿童在网络生活中的真实声音，去接触、了解、倾听儿童网络生活中的需要以及网络时代对儿童发展的实质性意义，做"儿童友"，说"儿童话"。从"研究儿童"到"和儿童研究"，我们开启了少先队自主教育的实践探索。

二 课题核心概念

（一）儿童网络素养

儿童网络素养是儿童在网络生活中必备的素养，实现儿童在网络生活中"会探究、会学习、会合作、会交流、会创造、会生活"的目标。其涉及的内容要素包括：儿童对网络的认知与判断，所具备的网络知识和技能，网络生活态度及网络行为习惯，对网络信息进行理解、分析和评价的辩证思维能力，网络时代的核心价值观渗透。

（二）少先队自主教育

少先队自主教育是少先队教育的魂，是区别于学校教育的本质。少先队自主教育一方面要发挥少先队小干部的带头作用和队集体的作用，放手锻炼少先队小骨干的自主活动能力；另一方面要注重自我教育、同伴教育，鼓励全体少年儿童动脑动手，自己的组织自己建，自己的活动自己搞，自己的事情自己做，人人做主人，人人都探究，人人都创造，培养自主意识和自主能力。

（三）儿童参与式调研活动

儿童参与式调研活动以开展社会调研为主要形式，指导队员自主选择调研议题，自主查找资料、设计问卷、开展访谈，自主撰写调研报告等。在活动过程中，活动主题由队员自己选择，方案由队员自己制定，行动由队员自己实施，成果采用队员自己喜欢的方式呈现，活动效果由队员自己反思。儿童参与式调研活动的目标就是通过队员丰富而深刻的亲身实践，使队员会想、会做、会表达、会反思、会合作、会生活，成为自信大方、勇于承担、敢想会干的新时代好队员，并通过合作探究、动手实践，培养团结协作精神，通过展示交流，创建共享互学平台。

三 课题调研结论

（一）新时代少年儿童上网用网现状

研究显示，诞生于 21 世纪初的 "00 后" "10 后"，是这个数字时代的 "原住民"。他们的特点为：滑一代、微一代、游一代、秀一代。

滑一代："00 后"少年儿童是"屏幕一代"。25.2% 的 3 岁儿童每天使用网络的时间超过 30 分钟。随着年龄增长，他们到了 14 岁时，已有 60.8% 的使用网络在 30 分钟以上。不仅如此，他们还会自己下载喜欢的游戏、视频、音乐，这一比例在他们 6 岁时已超过 53.9%，在他们 14 岁时高达 87%。

游一代："00 后"少年儿童是"网游一代"。娱乐是少年儿童使用网络的主要目的。3~14 岁少年儿童中平均有 33.3% 的还会自主研究网络游戏攻略。

微一代："00 后"少年儿童是"QQ、微信一代"。他们从小就开始使用 QQ 和微信这类社交媒体（QQ 拥有率 31.8%，微信拥有率 26.2%），其中 QQ 深受 10~14 岁少年儿童的喜爱（59.1%）。他们还积极加入各种群，结交网友。从 8 岁开始，已经有 10% 以上的孩子曾经主动加过网友、QQ 群等。他们到了 12 岁，这一比率已超过半数（51.1%）。还有 8.5% 的少年儿童会利用社交媒体和自己的偶像明星交流，这一比率在他们 14 岁时达到了26.0%。

秀一代："00 后"少年儿童是爱分享表达的一代。他们从小就会在网络上发声、表达意见，平均 31.0% 的少年儿童会在网络上发表内容。不仅如此，他们还创建自媒体，并拥有自己的粉丝。

（二）新时代少年儿童上网用网特征

经过调研、观察和访谈，课题组找到了少年儿童随年龄段成长变化最为显著的用网特征。

网络接触：网络接触呈明显低龄化趋势，平均有超过 28.3% 的学龄前儿童（3～6 岁）每天使用网络的时间在 30 分钟以上。5 岁时网络使用时间超过 30 分钟的儿童已达到 31.6%。此后，随着年龄的增长，他们的网络使用时间逐渐增加。

娱乐消费：从数据上看，少年儿童在线娱乐的各项行为都随着年龄的增长呈直线上升的趋势。低年龄段周末使用电脑、手机、平板电脑等娱乐行为超过 30 分钟的比率达 48.5%，高年龄段则已达 57.1%。随着年龄的增长，少年儿童研究网络游戏攻略的频率有显著提高。少年儿童的网络购物行为也是随着年龄的增长而不断增长的，在 12 岁后增幅较大，14 岁使用过的比率已超过半数（57.5%）。少年儿童自主安装网络应用的比率较高，6 岁时会自主安装应用的少年儿童超过 53.9%。

交往行为：网络促使少年儿童的交往出现了新的特征。在线交往合作行为主要包括主动进行在线交往和有效利用网络扩张交际圈。从图 1 可以看出，少年儿童线上交往逐渐趋向日常化。

学习行为：在遇到问题时，低年龄段和高年龄段少年儿童呈现不同的倾向。9 岁以下的少年儿童解决疑惑的主要渠道是家长，这一比率均超过85%；但他们 10 岁以后，询问老师、朋友以及上网查找的比率逐渐升高；

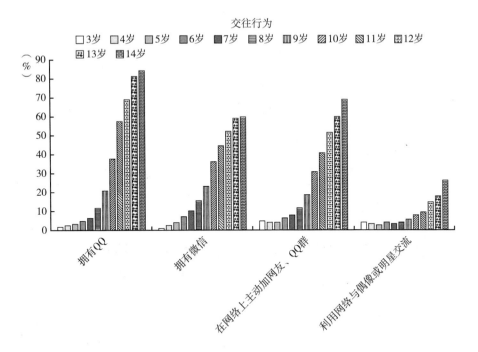

图 1　少年儿童线上交往趋势

到他们 14 岁时，询问朋友和上网找的比率已超过家人，分别达到 27.0% 和 19.4%，他们对于网上学习的态度也更加积极。

表达行为：少年儿童的网络表达行为也随着年龄的增长而不断增长。12 岁后曾有过网络表达行为的少年儿童已超过半数，到他们 14 岁时已达到 69.7%。少年儿童不仅能创建自媒体，还拥有自己的粉丝。他们在低年龄段，有 6.3% 的拥有自己的粉丝；到了高年龄段，有 21.6% 的拥有自己的粉丝。

（三）新时代儿童上网用网风险

通过调研，课题组发现少年儿童上网用网面临以下风险。

1. 不安全

少年儿童上网安全意识低。高年龄段少年儿童自己经常更新手机或电脑里的杀毒软件的比率在 11.5% ~ 18.3%，安全意识较低，但他们的信息安全意识会随着年龄的增长而增长。有超过半数（59.7%）的10岁少年儿童在安装App时没有限制软件读取联络人与信息的权限，而到了他们14岁时已降低至34.3%。同样，少年儿童及时更新手机杀毒软件的比率也随着年龄的增长而有较大幅度的增长。

2. 不健康

高年龄段少年儿童易上网成瘾。有65.8%的10～14岁少年儿童承认自己上网会超过预定时间。数据显示，随着年龄的增长，少年儿童上网的自控力会急剧下降。

3. 不文明

高年龄段少年儿童网上文明守法意识弱。大部分少年儿童能够较为理智地面对网络攻击，但随着年龄的增长，选择网络争吵的比率仍有一定程度的升高。大部分少年儿童对中国网络安全的法律、法规了解较少，仅有16.8%的少年儿童非常了解网络相关法规，但这一比例随着他们年龄的增长有所提高。

四 网络时代创新少先队自主教育的主要建议

第一，我们可以充分利用网络资源，拓展组织教育路径与方法，搭建线上与线下相结合，连接社会、家庭与学校的少先队组织，创新开展少先队教育活动。例如，探索建立"网上少先队"，线上线下建队相结合，让每个队员能主动参与中小队建设和中小队管理，包括活动打卡、线上参加活动、线上争章、小队互评等，实现"人人可做、人人可评、人人可得"的自觉为组织服务理念，培养少先队员"我在组织中，组织在身边"的组织认同感和归属感。让少年儿童在日常活动中将自己的个人与集体活动同少年儿童组织联系起来，在认同和服从集体的活动规则中强化组织意识。

第二，创新的少先队活动必须从封闭、固定、静止的状态中走出来，从走过场式的活动模式中走出来，回归儿童的生活，从儿童的生活中捕捉教育内容和教育时机。读懂孩子，理解孩子，接纳孩子生活在网络时代的事实，用多元化、多角度、多层次的教育内容，开展开放的、丰富的、流动的少先队活动，让更多队员自主选择，主体亲历，让他们在活动中能够相互交流、相互对话、相互作用，让他们在活动中进行自我教育、同伴教育、反思教育，让活动成为学生熟悉的、喜爱的、真正属于他们自己的活动，实现少先队教育的目的。

第三，当今的少年儿童热衷于网络聚集，他们对互联网更有亲近感，正在慢慢地组建和经营着自己的网络朋友圈。传统的大队、中队、小队垂直型少先队组织难以吸引少先队员。在这个"少年儿童选择少先队"而非"少先队选择少年儿童"的时代，少先队不能单纯地延续往日的做法，而是要在网络中由被动适应向主动作为转变，把少先队员的思想引领、社会参与、实践体验等从传统场域引向网络时空，充分利用孩子在线上的空闲时间，设计线上和线下相互结合的实践活动，提供丰富有趣易参与的活动内容吸引他们参加，利用孩子在线上的自主，引导他们去认识社会、参与社会。

第四，运用互联网思维开展少先队活动，推广儿童参与式调研项目。

一是活动参与对象的线上线下互动。儿童参与式调研的主体是广州市少先队理事会的全体理事以及广州市少先队队长学校的学员，他们都是全市11个区推选出来的少先队小骨干。在活动中，他们是策划者，是参与者，是组织者，是小辅导员和小讲师。作为策划者，他们需要事先拟订活动计划，安排活动过程；作为参与者，他们需要全程参与活动，在调研小分队中积极参与讨论，共同制定调查报告，撰写调查问卷，统计调查数据；作为组织者，他们需要回到各自所在的区和学校，利用少先队的组织阵地，在学校的大中队活动中派发问卷，进行访谈调研，了解广大队员的知网、用网情况，发现问题；作为小辅导员和小讲师，他们需要组织学校的队干，一起参与调研，一起开展红领巾议事堂活动，并对参加活动的其他队员进行指导。少先队小骨干之间以及少先队小骨干和所在学校少先队组织的沟通，和其他队员的沟通，都可以通过微信群、QQ群实现活动参与对象线上线下互动。

二是活动参与过程的线上线下互联。为了让更多少先队员参与到活动中来，我们发起了全市性的儿童参与式大调研。由广州市少先队理事会和广州市少先队队长学校牵头，每位少先队小骨干回到各自所在学校，带领学校队员一起开展儿童参与式大调研活动。调研小组成员首先在学校进行活动宣传和访谈，然后投票表决，最终确定本次儿童参与调研的主题。确定好调研主题后，调研小分队成员通过学校大、中队活动，群发问卷链接等各种渠道派发纸质和电子问卷，开展线上线下问卷大调研，同时通过学校的小记者活动开展线上线下访谈。调研结束后，由各小组进行汇报总结。此外，发挥少先队小骨干的枢纽作用，由他们回到所在学校，在学校开展线上线下议事堂活动，通过辩论会、世界咖啡讨论等形式，将调研发现的问题进行深入探讨，并邀请其他队员、家长代表、老师代表等共同参与，寻找解决办法。

三是活动参与评价的线上线下互补。通过组织红领巾议事堂活动，汇报小组调研成果，并在创设的活动情境中，组织学校其他队员、家长代表、老师代表等一起"说一说""议一议"。"说一说""议一议"以解决在调研中发现的问题为导向，围绕调研主题，鼓励队员各自阐述自己的经历、看法、理解，组织队员和队员相互对话，队员和家长、老师相互对话，在对话中进行辩论和讨论，共同探究问题的解决办法。在"说一说""议一议"的活动过程中，队员们通过线上线下的争论、互动、思考，建构了人与人之间的尊重、协商、平等的对话关系，建构了自主思考、自主表达、自主探究、自主评价的行为习惯。

第五，将网络安全和网络素养教育列入新时代少先队工作的重要内容，加强对辅导员的相关专业技能培训，在少先队活动课中组织实施，着手编制推广网络安全和网络素养的专题读本、教材，普及使用。

精准服务青年成长发展

粤港澳大湾区青年创业调查报告[*]

——以"青创杯"广州青创大赛为例

叶兴仁　罗党论

摘　要： 调研重点面向前六届"青创杯"广州青年创新创业大赛参赛选手发放电子调查问卷，收集有效问卷157份，并对其中30位参赛青年进行访谈。本次受访的创业青年主要有以下特征。一是创业趋于年轻化，受访青年集中于21～35岁，占70.1%，受访青年男性居多。二是青年创业领域符合广州新兴产业和战略产业布局，以科研和技术服务类项目为主，主要为互联网及移动互联网、生物医药、新一代信息技术、涉农类项目等。三是青年创业处于初期阶段，人员精简，团队成员大多关系紧密。本次调研主要回答了以下三大问题。第一，青年创业动机有何新趋势？第二，创业是高风险活动，

---

* 本文系2020年广州市青年就业创业服务中心开展课题成果。

创业成功和失败的原因有哪些，青年创业最大的困难是什么，青年在创业过程中主要有什么收获？第三，青年创业最需要获得什么帮助，政府在青年创业过程中起到什么作用？

关键词： 创新创业大赛　创业青年　粤港澳大湾区

一　引言

为优化粤港澳大湾区青年创业环境，广东省政府及各市政府推出一系列政策。例如，广东省政府为高校毕业生提供了创业培训补贴、一次性创业资助、租金补贴、创业带动就业补贴、创业担保贷款和优秀创业项目资助等扶持措施。2018 年 11 月，省政府发布的《广东省进一步促进就业若干政策措施》将各地级以上市对符合条件的创业者提供的贷款额度从最高 20 万元提升至 30 万元，将创业担保贷款及贴息的期限从 2 年延长到 3 年，将合伙经营或创办小企业的"捆绑性"贷款最高额度从 200 万元提高到 300 万元，将符合条件的劳动密集型和科技型小微企业的贷款额度从 300 万元提高到 500 万元。2020 年，广州、珠海等城市的创业担保贷款担保基金和贴息资金管理办法陆续落地，深圳更是将个人创业担保贷款额度提升为 60 万元。根据调研，青年创业者认为政府为创业者提供了税收减免（占比 43.3%）、搭建展示交流平台（占比 35.7%）和提供创业培训课程（占比 33.8%）等多种扶持措施（见图 1）。

根据因果树的研究，2013 年获得过天使投资的 48 家创业公司中，成功获得 A 轮、B 轮、C 轮和 D 轮融资的分别有 45 家（占 94%）、18 家（占38%）、4 家（占 8%）和 2 家（占 4%），到 2017 年成功实现 IPO 的仅有 1家（占 2%）。赛富亚洲投资基金首席合伙人阎焱在"亚布力中国企业家论坛 2017 年夏季高峰会"的演讲中表示，中国的创业成功率（指创业项目上市或被企业收购兼并的比率）不会高于 1%。创业企业面临各类风险，任何

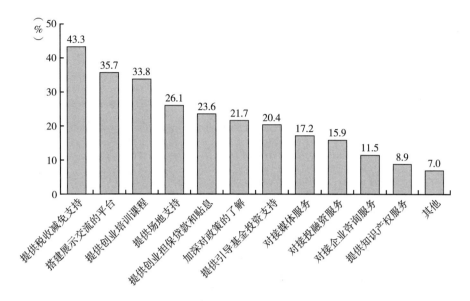

图1　政府提供创业扶持工作的主要方面

一个环节出现问题都可能对尚在襁褓中的创业企业造成致命打击。例如，2020年8月《黑神话：悟空》游戏的官方演示视频火爆，网络上迅速传出其他游戏厂商试图高薪挖走其制作团队成员的消息，制作人之一杨奇直言希望其他厂商的招聘官"高抬贵手"。基于如此高的创业风险，创业扶持政策的意义受到质疑。

此报告通过调查"青创杯"广州青年创新创业大赛（以下简称"青创杯"）参赛青年的创业情况，尝试回答三大问题。第一，青年创业动机有何新趋势？第二，创业是高风险活动，创业成功和失败的原因有哪些，青年创业最大的困难是什么，青年在创业过程中主要有什么收获？第三，青年创业最需要获得什么帮助，政府在青年创业过程中起到什么作用？

二　研究方法

此报告采用了"青创杯"创业企业数据，具有一定代表性。"青创杯"由共青团广州市委联合市委组织部、市委统战部、市委外办、市委台办、市科技局、市工信局等20家单位主办，至今已成功举办了七届，设立广州市11个区分赛场、港澳赛场、台湾赛场、IAB及NEM领域、乡村振兴领域等近20个赛区，累计征集国内外青年创业项目17679个，包含大中学生项目、初创企业项目、企业成长项目，其中超过一半的项目已在穗注册公司。优秀参赛项目获得政策制定部门、政府服务机构、广州青年就业创业孵化基地的政策及政务咨询、创业培训、场地与投融资对接等一站式服务。"青创杯"参赛者以广东省为主，辐射粤港澳大湾区，能够较好地代表创业青年现状。

（一）调研方式

本报告采用问卷调查法在腾讯问卷平台发放电子问卷。本次调查采用便利抽样（Convenience Sampling），由"青创杯"主办方协助，针对历届大赛前100强项目选手，采取在各届比赛微信群中发放自制问卷《广州青年创业大赛参赛者创业动机与效果调查》等形式收集数据，共回收157份问卷，均为有效问卷。

（二）样本情况

本报告抽取的样本符合青年创业者的基本画像，具有较高的代表性。从性别来看，74.4%的受调查的青年创业者为男性。从年龄看，创业主力人群多为21～35岁，占比70.1%。调查样本涵盖第1～6届"青创杯"参赛者，分布最多的为第六届参赛者，其他各届的分布差异不大（见表1）。

表1　样本信息情况

单位：次，%

属性	选项	频次	占比
性别	男	116	74.4
	女	40	25.6
年龄	20岁及以下	5	3.2
	21～25岁	32	20.4
	26～30岁	44	28.0
	31～35岁	34	21.7
	35岁以上	42	26.8

续表

属性	选项	频次	占比
学历	专科及以下	18	11.5
	本科	92	58.6
	硕士研究生	37	23.6
	博士研究生	10	6.4
参赛届数	第一届	22	14.0
	第二届	22	14.0
	第三届	17	10.8
	第四届	11	7.0
	第五届	30	19.1
	第六届	55	35.0
在团队中持股比例	60%以上	54	34.4
	51%~60%	28	17.8
	33%~50%	21	13.4
	20%~32%	24	15.3
	20%以下	30	19.1

注：性别中有一人没有填写。

受访者的参赛项目所处行业以科研和技术服务类项目为主，其中互联网及移动互联网、涉农创业类占比较大，占比分别为22.3%、16.6%，生物医药、新一代信息技术类项目紧跟其后（见图2）。这与2018年中国青年创业就业基金会与中国劳动和社会保障科学研究院发布的《中国青年创业发展评估报告》中调查的结果存在一定差异。该报告中，青年创业项目多分布在农林牧渔业（占比19.8%）、批发零售（占比19.1%）和信息技术服务（占比13.4%）。事实上，这种差异主要是由广东省创业企业多分布在第二产业和第三产业引起的。根据启信宝和经济观察报政研院发布的数据，2018年省级第二产业、第三产业新注册企业数量排名中，广东省均位列第1；而在第一产业新注册企业数量排名中，广东省位列第11。因此，本报告的调查数据能够较好地代表粤港澳大湾区的青年创业状况。

初创团队人员精简，团队成员大多关系紧密。从团队规模看，50.3%的

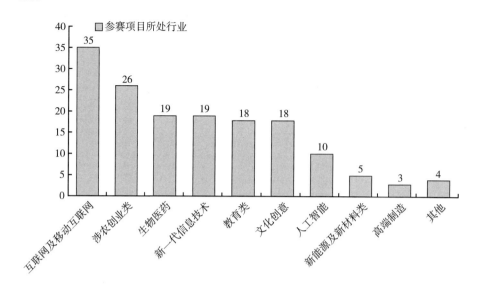

图2　不同行业参赛项目数量

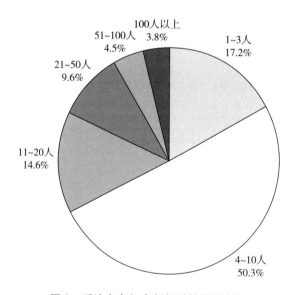

图3　受访者参加青创杯时的团队人数

创业团队人数在4~10人，17.2%的队伍人员少于4人（见图3）。调查显示，大多数的创业团队起始阶段由关系较为紧密的少数技术骨干或创意核心人员构成。正如电影《中国合伙人》中成东青（原型俞敏洪）带动好友孟晓骏（原型徐小平）、王阳（原型王强）创业一样，许多人是在朋友的带动下才踏上创业道路。根据调查数据，创业团队初创成员的最主要来源是朋友（占比44.6%）和同学（占比33.1%），熟人介绍（占比10.8%）与社会招聘（占比8.3%）等私人关系密切程度较低的成员来源相对而言占比较少（见图4）。

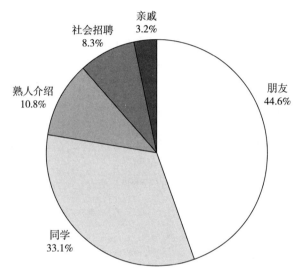

图4 团队初创成员最主要来源

三 调查结果

本报告的调查结果回答了引言提出的三个问题。第一，不同于以往对财富的追求，当代创业青年的主要创业动机为"实现自我价值""为社会创造价值"等。第二，创业是高风险的活动，其失败的原因却各不相同，其中赛道选择盲目、管理和市场竞争是最大的风险点；而其成功大多是由综合原因造成的。基于此，创业的目的并非创立一次性成功的企业，而在于种下创业的种子，为未来再次创业积累经验。第三，政府支持对青年创业起到重要作用，尤其是资金方面的支持。

（一）实现自我价值和为社会创造价值是当代青年主要的创业动机

不同于以往的创业者，"实现财务自由"、"发现商机"以及"希望技术商业化"等创业动机受当代创业青年关注程度相对较低。在物质资料相对匮乏的年代，人们创业大多与财富有关，例如新希望集团董事长刘永好在中国改革开放全面起步的 1982 年开始创业，是为了让孩子过年的时候能够吃上一点肉。新时代青年的创业动机则完全不同。从调查结果来看，"青创杯"参赛者在创业之路开启时，财务、商机等与个人利益相关的因素较少被纳入考虑范围。157 名历届"青创杯"参赛者中，仅有 49 人、38 人和 31 人将"实现财务自由"、"发现商机"和"希望技术商业化"作为排名前三位的创业动机（见图 5）。

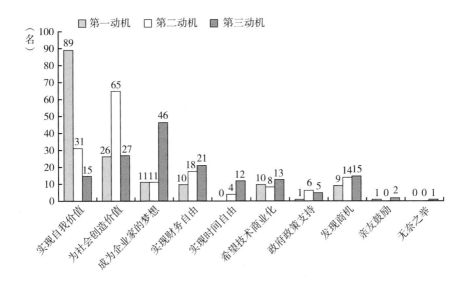

图 5　受访者的创业动机排序

根据调查数据，"实现自我价值"为当代青年创业最主要的动机。157 名历届"青创杯"参赛者中，超过一半（89 名）的受访者把实现自我价值作为最主要的创业动机，135 名受访者（占比 86%）把实现自我价值作为排名前三位的创业动机。刘正刚和王宇嘉指出，"80 后""90 后"和"50

后""60 后"后的创业出发点完全不同，后者往往更看重摆脱贫困、改善生活；前者个性张扬，更多是要体现自己生命的价值。当代越来越多的青年怀揣远大理想踏上创业道路，如"85 后"创业青年马国伟便为了理想放弃了原本的建筑工作，带着一群年轻人投入创新创业的浪潮，孵化百余个创业项目，带动 300 余人就业。

"为社会创造价值"亦是青年创业的主要动机。有 113 名受访者将"为社会创造价值"作为排名前三位的创业动机。近年来全球范围内迅速兴起了一种全新创业理念与创业模式——公益创业。这种创业模式同时追求社会价值和商业价值，兼顾社会性和企业性，在儿童保育、残障人士就业和社区发展等领域积极开展社会创新。这便充分体现了创业者"为社会创造价值"的创业动机。如第六届大赛三等奖项目、广州微远基因科技有限公司创始团队在创业之初，就把"如何能有效、快速、一次性检测上万种病原体，为感染患者提供精准检测结果，帮助感染危重患者得到精准治疗"作为创业初衷。疫情期间，微远基因团队参与了对疫情最早的武汉临床病例的检测和鉴定，将检测结果及时上报，相关成果于 2020 年 1 月 27 日发表于《中华医学杂志》（英文版），并与中国医学科学院病原所联合研发出两款针对新型冠状病毒核酸检测的试剂盒，为湖北与北上广地区的疾控中心和医疗机构捐赠了上万人份的检测试剂盒，并积极参与抗击疫情工作。

创业动机存在代际差异，当代创业青年对"实现自我价值""为社会创造价值"的关注源于需求层次的提升。这种对价值实现和价值创造的追求符合马斯洛需求层次理论。当代青年在物质条件非常丰富的环境中成长，生理、安全等低层次需求被满足后，社交、尊重和自我实现等相对高层次的需求被他们纳入考虑范围。根据中国青年创业就业基金会与中国劳动和社会保障科学研究院于 2018 年发布的《中国青年创业发展评估报告》，青年创业者创业的成就动机要远高于生存动机，追求个人理想和人生价值的实现是青年主要的创业动机，这与本报告的调查结果一致。

（二）青年创业面临诸多风险，经验积累为青年再创业埋下了种子

创业青年对创业的高风险性具有一定认知。创业本身是高风险性的活动，创业初期的热情面对激流险滩的时候可能瞬间被扑灭。根据调查数据，超过五成的受访创业者认同创业的高风险性，不认同的仅占10%左右，另有33.8%的受访者对创业的高风险性持中立态度（见图6）。由于成功后能够享受到幂指数法则的荣光，创业者仍然会开启创业之路，即使明知创业大概率会失败，却还是想成为小概率的成功者。

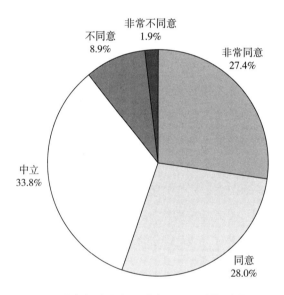

图6　受访者对"创业是高风险活动"的态度

创业面临的困难众多，经验不足、市场竞争加剧被认为是最大的风险点。杨蕾指出，大学生创业失败的原因主要有六个：第一，政策法律法规掌握不透；第二，市场把握不准；第三，缺乏经验；第四，资金难以为继；第五，缺乏持之以恒的精神；第六，没有发挥特长，进入不熟悉的行业创业。本报告调查结果显示，把创业经验不足（其中项目选择盲目占比56.1%，管理风险占比51.6%）以及市场竞争加剧（占比51.6%）作为团队遇到的最主要风险点之一的青年创业者均超过一半。其他主要的风险点还包括资金

风险、关键人才缺乏与流失、客户需求的变化，与学者指出的因素大致相同（见图7）。

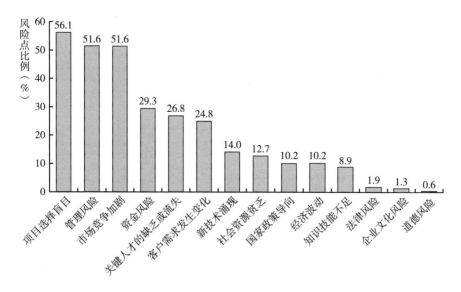

图7 创业中影响本团队的主要风险点

而创业成功大多是由众多因素共同作用的。裴利华等通过解释结构模型（ISM）对创业成功影响因素进行研究，建立了大学生创业成功影响因素的5级递阶结构模型（见图8）。创立于2016年的逸仙电商，作为完美日记的母公司，于美国时间2020年10月30日向美国证券交易委员会（SEC）递交招股书。短短4年，来自中山大学的三位创始人已经带领公司实现了估值从0到40亿美元的成长。纵观公司发展历程，促其成功的因素众多。第一，公司成功的重要基础是化妆品赛道的选择，创始人于2016年精准把握了化妆品行业国产品牌崛起的趋势。第二，公司成功把握传统电商到社交电商的渠道变化，成功利用小红书流量，在新渠道上背水一战。第三，公司在成长路上屡次成功融资亦为其成功的重要原因。招股书显示，截至IPO前，逸仙电商占股前三的机构股东为高瓴资本、真格基金和高榕资本。其中，高瓴资本前后五轮投资完美日记。即使如此，公司初创时实际上也曾面临重重困难，如首次参加"双十一"电商促销节的销量表现和预期相去甚远。

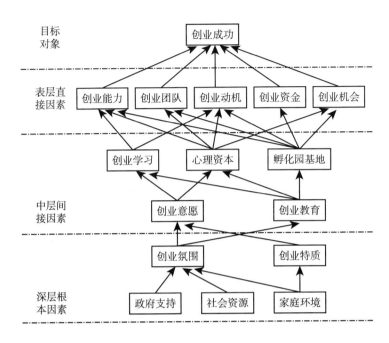

图 8　大学生创业成功影响因素的 ISM 模型

从各团队的营收规模与人员变动情况看，许多创业企业成长性堪忧。从营收来看，各团队相较于参加"青创杯"时的主营业务收入增长状况差异较大，体现了创业活动较大的不确定性。同时调查中有 13.4%的创业团队出现了当前营收规模小于参与"青创杯"时营收规模的状况（见图 9）。从创业团队人员变动上看，有 30%的团队人员没有增加，14%的团队出现人员流失的状况（见图 10）。

但是，许多创业青年仍在坚持创业。接受调查的创业者中，有近 1/4 的受访创业者已经停止了创业的步伐，但也有 75.8%的创业团队仍在坚持创业（见图 11）。对于以初次创业者为主的大学生创业群体，这一创业成功率较高。

大多数创业青年表示在创业项目开展过程中获益良多，商业知识、创业经验的积累是其主要收获。调查数据显示，有 82.8%的青年对创业项目给自己带来收获持积极态度，仅有 1.3%的持否定态度（见图 12）。"了解了更多的商业知识"（占比 54.1%）、"积累了以后创业的经验"（占比

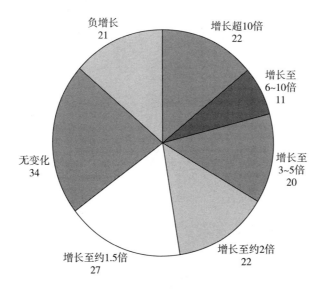

图9　公司当前相较参赛时的营收规模变化

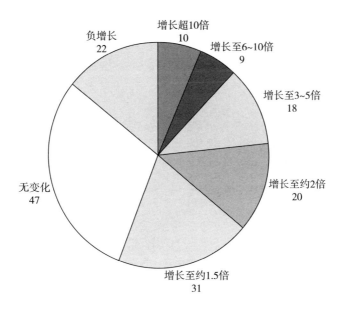

图10　公司当前相较参赛时的人员变化

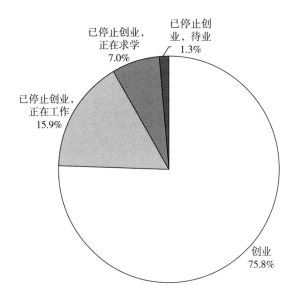

图11 受访者目前的创业状况

51.6%）、"提升了自主学习的意识"（占比 36.3%）被认为是最重要的收获（见图 13）。

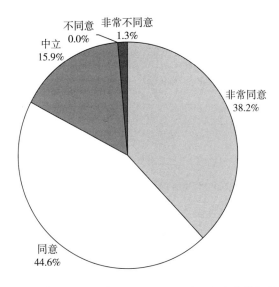

图12 受访者对"是否在创业项目开展过程中有收获"的态度

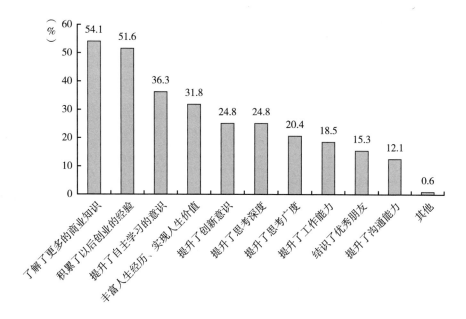

图 13 受访者在创业项目开展过程中最重要的收获

商业知识和创业经验的积累在创业青年心中播下了未来再创业的种子，他们未来再创业意向较高。根据于晓宇等基于因果归因理论与经验学习理论的研究，创业失败的内部归因可以提高双环学习的概率；外部归因可以提高单环学习的概率，或对创业失败学习无显著影响。其中单环学习可以显著提高随后的创业意向。接受调查的创业者中，有 68.8% 的创业者认为自己在未来继续创业的意愿"非常大"或"较大"，而未来没有创业意愿或者意愿较小的受访者仅占 3.8%（见图 14）。这些创业者通过创业项目积累了更多的理论知识和商业经验，或再接再厉，或重整旗鼓、蓄势待发。实际上，许多成功的创业人士都创业数次。刘强东大学毕业后曾经开餐馆，由于管理松散，不足一年便失败了。马云亦曾经创建"海博网络"。正是这些失败的经历，为他们积累了宝贵的创业经验，为日后的成功奠定了基础。

（三）政府支持对青年创业起到重要作用

政策支持是创业者选择创业城市的首要考虑因素。调查数据显示，

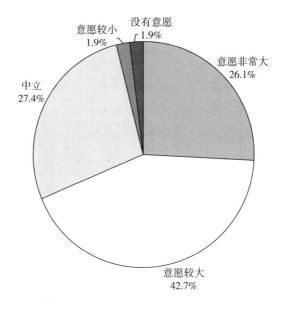

图 14　受访者未来创业意向

39.5% 的"青创杯"参赛选手认为影响创业城市选择的首要因素为政府的扶持力度。当地的创业氛围（占比 19.7%）、本地市场大小（占比 16.6%）、当地人脉（占比 6.4%）等因素均位列政策扶持力度之后（见图 15）。这体现了政府扶持对初创企业具有十分重要的意义，政府的支持程度直接影响了创业者的城市选择。据统计，团市委向团中央、团省委等单位先后推荐了逾 40 名"青创杯"选手参与"全国向上向善好青年""全国农村致富带头人""创青春""众创杯"等各类评优评选活动。其中，"微远基因""兼职猫""联合医生"等项目在科技部、团中央、省人社厅等主办的各类创新创业大赛中分别获得冠、亚、季军等荣誉；参赛青年林子洪、王锐旭、梅卡极等人获得了"全国向上向善好青年"称号，"原鲜生活"创始合伙人张永佳、"耕山小寨"创始人冯文彬等获得了"全国农村致富带头人"称号，"小马智行"创始人胡闻获得了"第二十一届广东五四青年奖章"，"金华佗"创始人戴韵峰获得团中央"2017 年全国大学生创业英雄十强"称号等。同时，大力建设 51 家青年就业创业孵化基地，开展领航班、青创班等培训，并在政策对接、项目打磨、投融资对接等方面系统扶持。

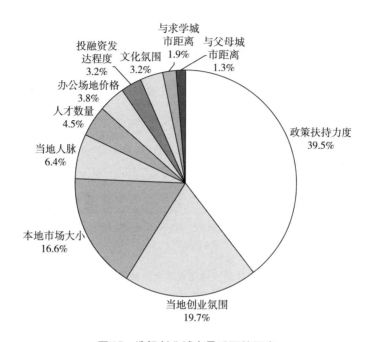

图15　选择创业城市最重要的因素

创业青年认为政府资金扶持非常重要，比赛奖金亦是创业初始资金的重要来源之一。资金来源不仅可以点燃青年创业者的创业热情，更给了创业者面对创业风险的勇气，因此，资金支持客观上也是青年人选择创业的重要支持之一。调查数据显示，有72%的受访者认为政府提供创业资金扶持是重要的，21.7%的受访者对此表示中立，仅有6.4%的受访者不同意或非常不同意该说法（见图16）。12.1%的受访者认为来自"青创杯"的比赛奖金是项目起始资金的主要来源之一，这体现了"青创杯"在帮助参赛者积累资源、打开创业之门方面的重要作用。根据调查数据，52.9%的受访者希望政府能提供引导基金投资支持，也有许多受访者希望政府提供创业担保贷款（占比51.0%）和贴息支持以及税收减免支持（占比49.0%）。

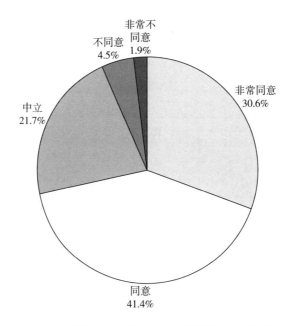

图16　受访者对"政府提供创业资金扶持是重要的"的态度

此外，场地支持、对接其他相关主体和培训亦是创业者希望得到的帮助。根据调查数据，38.9的受访者希望政府能提供场地支持，32.5%的受访者希望政府帮助对接投融资服务，分别有16.6%和15.3%的受访者希望能有相关部门或人员帮助对接媒体宣传、企业咨询服务，有14.6%的受访者希望能受到创业培训（见图17）。

四　对策建议

广州市总体创业支持力度大，但仍有改进空间。从各城市新注册企业数量来看，广东省内深圳、广州、东莞是最具有创业活力的城市（见图18）。"青创杯"调查数据显示，47.8%的受访者认为广州市政府有关行政单位创业支持力度大甚至非常大，38.9%的创业者表示中立。但也有10.2%的创业者认为政府有关行政单位支持力度不够好，3.2%的创业者认为对创业者支持力度非常不好（见图19）。总体来看，广州市总体创业力度较大，基本

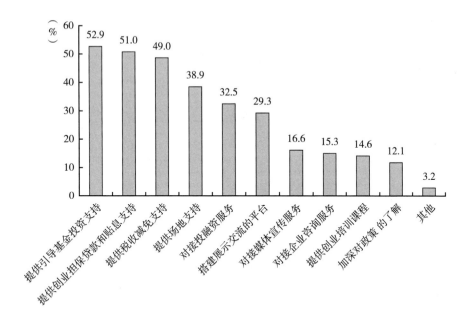

图 17 受访者希望政府提供更多创业扶持工作的主要方面

满足了创业者需求，但也存在一定的改进空间。因此本报告针对调查结果提出以下几点对策建议。

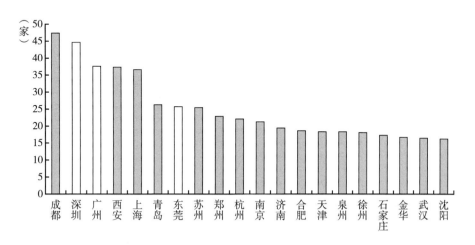

图 18 2018 年我国市级新注册企业数量排名

资料来源：启信宝、经济观察报政研院。

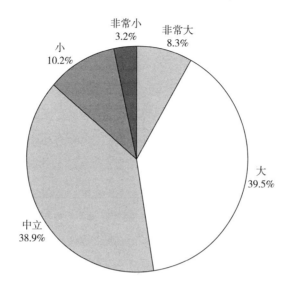

图 19　受访者对政府有关行政单位创业支持力度的态度

（一）继续加大鼓励青年创业创新力度

政府应当注重对青年"实现自我价值""为社会创造价值"等创业动机的引导，继续鼓励青年创业创新。具体而言，政府可以进一步加强对创新创业大赛、重点行业和公益创业的支持。

第一，政府应当大力支持"青创杯""挑战杯"等创新创业大赛，增加比赛奖金。根据调研，青年创业最主要的动机是自我价值的实现，创业初始资金等因素也对青年创业起到重要的激励作用。因此，政府应当积极为创业者搭建更多创业大赛平台，通过增设比赛奖金吸引更多有志青年迈出创业的第一步。具体而言，政府可以通过大力支持"青创杯""挑战杯"等创新创业大赛给广大青年尝试创业的机会，从而更好响应"双创"政策。

第二，政府应当对医疗健康、新一代信息技术等重点行业的创业活动加强支持。调研发现，广东省创业青年多集中在科研和技术服务类项目，如互联网及移动互联网、生物医药、新一代信息技术类项目。政府应当根据创业青年的创业意向，提供重点行业领域的专项扶持，激发青年创业热情，通过创业带动就业。

第三，政府应当支持开展公益创业，引导青年"为社会创造价值"的创业动机。一方面，政府应当加强对公益创业的支持力度，让青年知道公益创业大有可为；另一方面，政府应当落实鼓励公益创业的优惠政策。例如，政府可以某行政区作为试点，对公益创业制定单独的扶持政策措施。

（二）建立大学生创业支持体系，强化政策宣传力度

第一，政府应当积极建立大学生创业支持体系。政府应当注重营造良好的高校创业环境，同时注重软环境（通过政策和措施营造出来的创业氛围、创业校园文化）和硬环境（学校提供的经费、创业基础设施和各种保障措施）的塑造。例如，政府可以鼓励高校设立专门创业课程，开展创业培训；鼓励高校增加创业实践活动，建立创业合作基地和校企合作平台，培养创业文化。

第二，政府应当加深创业支持政策普及程度、扩大创业支持政策普及范围。在受访的创业者中，仅有2.5%的表示自己对政府政策非常了解。这表明创业者对政府政策的了解深度不够，政府应当加强创业支持政策的普及程度。同时，有16.5%的受访者表示自己不了解或非常不了解政府政策，反映了政府政策的普及范围有进一步扩大的空间（见图20）。政府应当进一步加强创业支持政策普及工作，提升创业者对政策的知晓度和应用率。例如，政府可在全市范围内开展"创业就业政策宣传月"活动，开发政策宣讲平台定期更新和推送各类创业就业政策等。

同时，政府应当重视宏观经济波动时的扶持政策普及。2020年新冠肺炎疫情的暴发对创业企业造成巨大冲击。问卷结果显示，企业在疫情期间受到影响的程度方面，近半数（占比46.8%）的受访者表示疫情引起公司经营困难甚至面临着倒闭的风险（占比6.4%），31.4%的受访者则表示疫情造成了一定冲击（见图21）。然而18.6%的受访者对于政府推出的扶持政策并不了解，仅有1.9%的受访者表示对相关扶持政策非常了解（见图

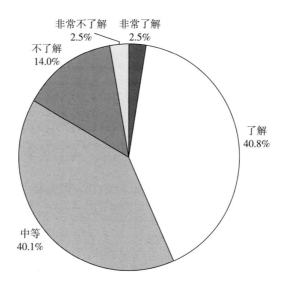

图20 受访者对政府政策的了解程度

22）。这表明大部分受访者仅在一定程度上了解政府的扶持政策，政府应当重视这种特殊时期的政策普及工作。

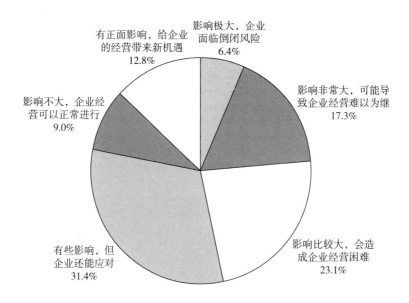

图21 公司受疫情影响程度

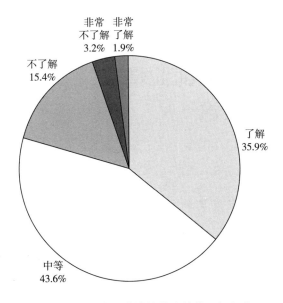

图 22　受访者对疫情扶持政策的了解程度

（三）继续加大引导基金、担保贷款等资金支持力度

虽然广州市创业资金支持力度较大，但仍有一定的提升空间。根据广东经济杂志社的报道，2017 年广州拥有 50 只政府引导基金，其引导基金数量及政府引导基金目标规模在广东省各城市中遥遥领先。但是调研数据显示，当前政府提供的资金支持远远不能满足创业者需要。有超过半数的创业者希望政府能协助提供引导基金投资支持，而仅有二成创业者认为当前政府为创业者开展了这项创业扶持工作。半数创业者希望政府能提供创业担保贷款和贴息支持，但仅有 23.6% 的受访者认为政府为他们开展了该项创业扶持工作。总体而言，虽然广州市相对其他城市而言对创业企业的资金支持力度较大，但仍然不能满足创业者需要，政府有必要进一步加大创业资金的支持力度。

广州市青年返乡创业情况
阶段性调研报告*

王婵娟

摘 要： 青年是国家发展的中坚力量，是乡村振兴的生力军。近年来，随着新农村建设步伐的加快，农村经济取得了长足进步，市场前景广阔，青年返乡创业的浪潮日益受到重视。本文主要结合广州共青团"领头雁"农村青年致富带头人培训班的培训情况，开展农村青年返乡创业专项调查，进一步发掘了农村青年致富带头人创业面临的困难问题，并针对农村青年致富带头人创业中的诉求与期待，提出相关思考与建议，如有针对性地开展农村青年创业扶持，加大创业金融扶持力度等，希望能为广州青年返乡创业的政策提供参考路径。

关键词： 农村青年 致富带头人 返乡创业 乡村振兴

为全面掌握广州青年返乡创业的基本情况、特征和趋势、痛点难点问题，深入分析广州返乡创业青年在参与乡村振兴战略特别是在促进产业振兴过程中面临的机遇和挑战、存在的主要困难和问题，为新一轮广州青年返乡创业提供工作思路和建议，持续推进广州青年返乡创业，笔者指导专项课题

---

* 本文系2020年青年发展部与市团校联合开展课题成果。

组采用座谈交流、实地考察、问卷调查、文献研究等调研方法，研究分析广
州市青年返乡创业情况，深入白云、花都、从化、增城、黄埔、番禺、南沙
7 个涉农区，重点依托全市 53 个青年回乡助力乡村振兴重点村和 12 个返乡
青年创业孵化基地，与近 500 余名返乡创业青年进行面对面交流，实地考察
了 20 多个返乡青年创业项目，并对 200 多份电子问卷进行分析，在此基础
上形成了本阶段调研报告。

一 调查背景和目的

2012 年中共中央、国务院发布《关于加快推进农业科技创新持续增强
农产品供给保障能力的若干意见》，提出对符合条件的青年返乡创业项目给
予补助和贷款支持，连续 8 年的中央一号文件都对返乡创业提出明确的指导
意见，分别从项目补助、贷款支持、教育培训、减税降费、新型经营主体、
创业支撑服务平台、创业"绿色通道"等方面支持返乡创业。2017 年，习
近平总书记在党的十九大报告中提出"实施乡村振兴战略"，支持和鼓励农
民就业创业、拓宽增收渠道的新指示。2019 年，农业农村部、国家发展改
革委、科技部、财政部、商务部等 7 个部门联合发布《国家质量兴农战略
规划（2018 ~ 2022 年)》（农发〔2019〕1 号），提出全面建立职业农民制
度，强化政策激励，鼓励青年返乡投身质量兴农建设。2020 年，党的十九
届五中全会提出"优先发展农业农村，全面推进乡村振兴"，为我们立足
"十四五"乃至 2035 年远景目标做好"三农"工作，促进农业全面升级、
农村全面进步、农民全面发展提供了重要遵循。这些政策强力吸引了优秀青
年返乡创业，投身轰轰烈烈的乡村振兴热潮中。"返乡创业者"成为当前乡
村振兴极具时代特征的工作群体。广州市制定了推动返乡创业和乡村振兴的
相关措施，如《中共广州市委广州市人民政府关于推进乡村振兴战略的实
施意见》《广州市实施乡村振兴战略三年行动计划（2018 ~ 2020 年)》《广
州市全域推进农村人居环境整治建设生态宜居美丽乡村三年行动计划
（2018 ~ 2020 年)》《市委实施乡村振兴战略领导小组关于印发〈广州市乡

村振兴战略规划（2018～2022年）〉的通知》等。团市委印发了《"青春建功新时代"——广州青年投身乡村振兴战略行动方案（2018～2020年）》《广州共青团贯彻落实乡村振兴战略工作实施方案》。各涉农区团委也相应地推出了本区的乡村振兴配套文件，如火如荼地推进乡村振兴战略。

二 广州青年返乡创业主要特点

（一）"80后""90后"大专以上学历返乡创业青年最多

根据团市委对青年返乡创业情况的不完全统计，返乡创业青年中男性占比高于女性，但返乡创业女青年也呈增长趋势。返乡创业青年的受教育程度呈倒U形，其中高中学历、大学/大专学历最多，二者合计占比73.6%；其次是初中学历，占比23.1%；初中以下及大学本科以上学历的返乡创业青年占比很小，研究生毕业返乡创业的更少。广州市大专以上学历占大多数。问卷调查还表明，40岁以下的返乡青年是创业的主体，35岁以下的返乡创业青年占比77%。"80后"和"90后"青年是广州市返乡创业的主力军。

（二）乡土情结持久驱动青年返乡创业

近年来，随着乡村振兴战略的深入推进，广州各涉农区返乡创业青年人数呈增加趋势。本次调研发现，广州返乡创业青年都有浓重的乡土情结，支持家乡振兴是持续驱动青年返乡创业的原动力，城市返乡创业青年（城市户口）占32.08%，农村创业青年（农业户口）占67.92%。在访谈过程中，返乡创业青年都认同，坚持留在家乡创业的，都有浓重的乡土情结。比如在增城创办了"宋小农电子商务有限公司"的宋俊文，大学生村官，考上公务员后回乡创业；又如，增城区的返乡创业青年林熙彤，大一就选择辍学回乡创办广州市荔铭农产品有限公司，经营农产品电商销售；再如，增城区的返乡创业青年叶建基大学毕业后召集同学返乡创业，将祖屋改造成艺术空间，进行墙绘设计。这些青年都是受乡土情结驱动返乡创业，并且结合当地农特产品或乡村文化创意等领域拓展业务。问卷调查显示，青年返乡创业的动机有很多种，26.42%的认为农业前景好而投身农村；18.4%的对农村农业感兴趣，因此投身农村建设；18.74%的认为政策扶持力度大，12.26%的认为农业创业门槛低，9.43%的学习了农业相关专业。

（三）创业领域覆盖面广，产业和行业结构趋于优化

课题组调研发现，青年返乡创业以涉农为主，项目类别基本涵盖了传统农业以及农业新领域的全产业链，形成以特色种养、农村电商、休闲农业（乡村旅游、民宿等）、农村社会化服务为特点的涉农创业新业态，在产业链上逐步延伸，呈现一二三产业融合的趋势。农家乐、乡村旅游、民宿等创业形式较为盛行。有小部分为文创类，如一些乡村墙绘、摄影工作坊、文化创意、乡村宣传、文化寻根等形式，增强了返乡创业的多样化。即使是从事传统农业生产的返乡创业青年，也吸收了不少新的概念和元素，使返乡创业更具规模化、产业化和新营销新的特点。据不完全统计，广州青年返乡创业从事的前五类行业依次是：金融业（16.1%），批发和零售业（12.9%），住宿和餐饮业（12.9%），制造业（9.7%）以及信息传输、软件和信息技术服务业（9.7%）。农林牧渔业占3.2%。"80后"青年返乡创业主要集中于养殖业（9.91%）、种植业（33.02%）、种养结合（12.26%）、农产品加工（18.87%）、休闲观光（22.17%）、电商（47.64%）等产业，其中有跨行业；"90后"青年返乡创业主要集中在教育类、帮扶类的文化服务、社会服务等方面。

（四）新媒体成为青年返乡创业营销推广的"新宠"

除了传统的营销渠道外，比如农贸市场、电子商务等，越来越多的返乡创业青年开始借助新媒体的方式推广创业项目，强化品牌建设和推广。返乡创业青年在利用互联网平台方面有较强优势，善于利用"互联网＋"进行宣传包装、营销，推动线上线下相结合，如增城区返乡创业青年宋俊文、林熙彤、石子豪都是采用"互联网＋"进行农特产品的营销，拓宽了销售渠

道，打造当地农特产品销售新的增长极。从化区返乡创业青年冯文彬借助抖音、火山小视频等平台的传播优势，将其生态创业项目"耕山小寨"的日常体验活动放上网，在分享孩童撒欢场面的同时，积极传播生态环保理念，实现了项目品牌传播的飞跃式发展。

（五）启动资金普遍较少，创业时间越长规模越大

调查发现，青年返乡创业资产规模普遍较小，雇佣人数普遍较少，作坊式、家庭式经营管理模式较普遍，在资金投入和雇佣人数上变化不大。为了分散初创期的风险，多数返乡创业者都有兼业，避免把全部鸡蛋都放在同一个篮子里。例如，从化菁木山舍的创始人除了经营民宿，还开展各类手工培训等经营。而且，青年返乡创业规模与创业时间基本呈正比趋势。本次调研的青年，返乡创业时间在 2~7 年不等，启动资金主要来源于个人积蓄、合伙经营、亲情融资，而风险投资、小额贷款融资比例较小。部分创业初期的企业，年营业额为 200 余万元，而有些已经营七八年的公司，仅番石榴一个单品在 2020 年的销售额就超过了 8000 万元。问卷调查显示，青年返乡创业启动资金在 50 万元以上的占 13%，20 万~50 万元的占 21%，10 万~20 万元的占 11%，1 万~10 万元的占 29%，0.5 万~1 万元的占 8%，5000 元以下的占 18%。创业启动资金主要来源于亲朋好友的占 55.55%，勤工俭学所得的占 14.15%，创业贷款的占 26.89%，创业形式主要是个人创业和合伙创业，个人创业占 42.92%，合伙创业占 47.17%，家族创业占 9.91%。本次调研中，有部分返乡创业青年通过众筹来解决创业过程中的融资难题，比如"从化菁木山舍民宿"创始人李沐然老师。

三 广州市青年返乡创业存在的问题

（一）青年返乡创业融资困难

政府财政投入规模有限，覆盖面较窄，其中，享受税收优惠占

50.47%，政策支持（无息贷款、融资担保）占 26.42%，农机购置补贴占 27.36%。返乡创业青年实际申请到相关补贴或贴息贷款的人较少，特别是财政投入更多关注已经初具规模的项目，规模较小或还未取得较好业绩的项目难以获得支持，且由于创业初期规模较小，没有好项目的支持和良好业绩的展现，可供抵押财产不足，创业融资能力不足，返乡青年创业较难获得金融机构贷款，风险投资者、民间资本也不太愿意进入，融资困难。对调查数据的研究表明，资金的来源问题是返乡青年在创业途中遇到的最大困难。以 P2P 类借贷平台为代表的互联网金融，通过创新风险控制机制在一定程度上替代了传统的信贷业务，但目前存在监管缺失、风险暴露和可持续发展的问题，市场鱼龙混杂，对互联网融资不熟悉的青年很容易陷入法律纠纷。青年对互联网金融的认知度和使用率都比较低。

（二）专业技术人员缺乏

创新型人才，特别是懂技术、懂市场、懂管理的复合型人才严重不足。具体表现在：一是管理人员缺乏、中层骨干力量的脱节，分散了创业者的精力，妨碍了企业高效、协调运转；二是技术人员缺乏，出现由技工短缺导致企业开工不足、设备闲置的现象；三是招工难，务工青年宁愿留在一、二线城市寻找工作机会，也不愿在本地的企业务工，农村劳动力的培训不能满足用工需求，企业在创办和发展壮大时招工难。有创业青年反映，人才稀少，招来的人很多都留不住，只能靠亲戚关系留下人，产品销售体系不够完善；有创业青年反映，做农产品价格低，很难请得起高工资的人，特别通过"平台＋口碑"做宣传营销，更需要人才和资金；也有创业青年反映，企业每年到广州高校招聘，应届毕业生们一听说工作地点和工作内容，都不愿意来，其主要原因是乡村基本配套不足，不能满足青年人丰富多彩的生活需求。

（三）青年对返乡创业品牌建设和管理不力

返乡青年创业以涉农行业为主，农业品牌化是返乡青年创业中不可逾越的选择，但相当多的返乡创业青年对品牌建设是"爱你在心口难开"，主要体现在以下几方面。一是部分返乡青年创业规模与实力不强，在农产品精深加工、包装、营销、品牌管理等方面缺乏强有力的技术支持，致使品牌建设无法提高到相当的高度。二是部分返乡青年创业仍是以家庭或合作社经营为主，农业规模化、标准化生产程度较低，农产品规模、品质有待提高，产品流向周边低端农贸市场销售，产品附加值低，品牌利用率不高，效益难提高。三是部分返乡创业青年注册农产品商标后，不善于运用商标战略提高商标知名度、增强市场竞争力，只是把它们当作一种荣誉束之高阁。四是部分返乡创业青年与其他经济组织的合作相对薄弱，与金融、科研机构合作机制尚不稳固，农产品品牌建设中的资金、技术问题得不到有效解决。鉴于以上原因，返乡创业青年品牌建设不力，亟须强化。

（四）创业类培训比赛知晓率、参与度不高，项目质量参差不齐

座谈发现，有部分返乡创业青年不了解广州针对涉农青年相关的创业类培训和创业大赛，比如"领头雁"培训班和"乡村振兴杯"涉农项目创业大赛的参与度均不高。造成此情况的原因包括返乡青年缺乏了解创业类培训和创业大赛信息的渠道，相关培训和创业大赛覆盖面不广、宣传力度不足等。调查还显示，针对返乡创业青年的创业培训和涉农类创业大赛存在诸多问题。

在创业大赛方面，广州市举办的首届"乡村振兴杯"首届广州农业农村青年创新创业大赛，共征集涉农类创业项目 65 个，项目涵盖种植、养殖、饲料、农业机械、农产品销售等；也有现代农业的"农业＋"项目，包括农产品电商、农业品牌服务、农业信息服务、农业生物技术、物联网、人工智能、观光农业等长期性项目。然而，从座谈交流中反馈的情况看，众多返乡青年创业项目很难走出涉农区在市一级大赛中斩获奖项。

在创业类培训方面，46.96％的认为在农村没有建立起培训制度，32.53％的认为当前农村培训的师资力量不强，31.54％的认为当前的培训重理论轻实践，24.75％的认为当前的培训内容缺乏针对性，22.07％的认为人才评价标准不全面。除此之外，还有部分调查对象认为人才使用方式不正

确、当前的培训费用太高、缺乏成功的培训标杆等。在座谈交流中，多数返乡创业青年反映其参加过的各类创业培训碎片化较严重，不能满足全部的培训需求。缺少对青年返乡创业技能培训的监督落实和跟踪问效机制，培训不能帮助解决实践中遇到的问题。培训效果评价缺位，后续服务乏力。也有青年创业者提出，"理论＋参观"的培训方式无法解决青年在创业过程中碰到的深层次问题。

（五）返乡创业青年缺乏专业指导，在交流、合作、对接方面缺乏平台

一方面，目前广州市返乡创业青年缺乏交流、合作和对接的平台。不同领域青年人才在信息交流、项目合作、资源整合、政策对接等方面难以实现，导致返乡创业青年联动合作、协同创业受阻。当前，广州市没有专门的返乡青年创业孵化平台，农业创业孵化平台在服务返乡创业青年交流、合作、对接方面能力有限。

另一方面，返乡青年缺乏专业指导。返乡创业青年大部分都属于初次创业，缺乏经验，在公司运营、财务管理、品牌塑造等方面都碰到这样那样的困难或问题，而又缺乏相关导师或顾问的帮助与指导，进一步加大了创业的难度和失败的可能性。返乡创业青年具有创业热情，但在项目选择上具有一定的盲目性，存在比较严重的项目雷同和跟风发展问题。在选择项目时，没有针对项目进行充分的市场调研，对于项目的目标客户、核心资源、营销渠道都不甚了解，也没有进行长期、总体规划，与高校、科研院所和其他经济组织间没有形成稳定的产学研或其他的紧密合作模式，项目发展缺乏必要的横向支持和纵向推进，难以进行专业化和产业化发展。多数创业者不懂得如何进行市场分析和产品定位，不懂现代企业管理，创业效益不高，甚至创业失败。

（六）农业创业育人模式尚不完善

在调研中发现，目前对于返乡青年再学习的机会主要是"领头雁"和

新型职业技术农民班，市内高校和职业院校对于农村电商人才的培养模式还相对落后，很多高校还没有跟上农业发展的步伐，对于农村电子商务专业开设还抱有谨慎态度，对于农业、农产品和电子商务知识结合不够紧密，电子商务专业课程内容设置与农村电子商务发展实际存在明显差距。农村电商人才培养滞后仍然是制约农村电商发展的主要因素，特别是既懂得农产品生产，又懂得农业电商业务的复合型、综合型人才更加缺乏。

四　共青团支持广州青年返乡创业的工作举措

笔者认为，为针对性地解决返乡创业青年面临的痛点难点问题，团市委应紧扣四项重点措施做到同部署同落实同促进，做到"五个精准"。

（一）把调查研究贯穿始终，始终掌握返乡创业青年底数情况，着力打造服务返乡青年成长发展的工作链和生态圈，切实做到精准服务

结合青年回乡助力乡村振兴重点村和返乡创业青年孵化基地建设工作推进，一是协同联动开展调研。进一步加强与市、区农业农村部门的协同联动，发挥涉农区团组织特别是农村基层团组织的主导作用，协同联动村委会、专业合作社以及各级各类农村青年社会组织，多渠道、多层次掌握返乡创业青年底数情况，分析和研判返乡创业青年的服务需求和发展趋势，为精准服务返乡青年创业打牢基础。二是构建返乡青年创业生态圈。线下依托返乡青年创业孵化基地等服务载体，线上通过"青创汇"青年就业创业综合服务平台，完善"培训提升—展示交流—要素对接—成果转化"的生态圈，帮助返乡青年人才与政策、项目、资金、场地、导师、技术、宣传等资源有效对接。三是打造乡村青创服务工作链。在掌握和研究返乡创业青年特点和规律的基础上，整合社会优质资源，逐步形成乡村振兴领域中"青创杯—青创营—青创人才工作站—青创班—青交会—青创榜—青创汇"的"乡村青创"青年创新创业服务工作链。

（二）把营造氛围贯穿始终，多途径营造返乡青年创业良好氛围，切实强化团组织对返乡创业青年的精准引领

一是由市级层面统筹进行系统、全面、广泛、深入的宣传，强化返乡创新创业政策、返乡青年创新创业活动、返乡创新创业典型的宣传。二是大力开展返乡青年创业创新活动。以活动为载体，采用青年喜闻乐见的方式，举办各类创业讲堂、创业评比、创业大赛等活动，集中展示创业项目、产品、服务组织和成果，引导青年积极投身返乡创业。三是大力支持各类包括返乡创业青年在内的创业组织建立和发展，构建遍布各地、各行业、各领域的青年创业微生态圈，推动各类创业协会、创业联盟成为返乡青年创业的最前线阵地。

（三）把培育人才贯穿始终，开展"领头雁"返乡创业青年人才培育工程，切实完善返乡创业人才精准培育体系

1. 推动成立广州市农村青年致富带头人协会

搭建凝聚、维系农村青年致富带头人、农业农村创业青年的平台，吸收、凝聚传统农业以及乡村旅游、乡村民宿、农业物流、农村电商等农业新领域的创业青年，促进农村农业青年信息交流、项目合作、资源整合、政策对接。同时打造展示交流阵地，探索建立农村致富带头人、农业农村创业青年人才交流信息、展示项目、对接资源的阵地平台，促进联动合作、协同创业。

2. 深化"领头雁"培训活动

丰富"领头雁"培训内容，在开展农业技术、创业经营、企业管理等培训的基础上，进一步延伸深化培训措施、延伸服务链条，加强孵化扶持、资源交流、政策对接、金融服务、典型选树等方面的服务，同时帮助对接创新创业大赛，进一步引导"领头雁"充分发挥致富带头作用。

3. 挖掘优秀典型人物

加大对农村优秀青年典型特别是农村优秀创业青年的挖掘、选树，宣传

推广一批返乡下乡的创业创新典型，通过正向奖励、正向宣传，加强电视、网络、微信、报纸等各类媒体对乡村青年人才的典型报道，让优秀青年人才特别是创新能力强、对农村农户有较大带动作用的青年人才被社会所认可，最大限度调动农村青年人才的创业创新智慧和热情。

（四）把创业扶持贯穿始终，开展市青年创新创业扶持行动，切实让返乡创业青年对政策、市场、环境、项目精准把握，加大创业成功率

结合第六届、第七届"青创杯"广州青年创新创业大赛，连续两年举办"乡村振兴杯"广州农业农村青年创新创业大赛，为涉农领域项目提供交流平台，提升农村青年人才创业水平。大赛共征集涉农类创业项目300余个，涵盖种植、养殖等传统领域和农产品电商、农业品牌服务、农业信息服务、农业生物技术、观光农业等新领域。其间，并为参赛创业项目团队举办创业训练营，通过专题讲座、导师"一对一"辅导等培训活动，进一步提升参赛团队整体素养并挖掘项目优势，帮助涉农类青年成功创业。

（五）把凝聚力量贯穿始终，完善返乡创业青年综合服务平台，切实打造一个强大而精准的返乡创业青年人才交流平台

推动成立由团市委指导的广州市青年乡村振兴促进会，搭建吸引、凝聚、服务包括返乡创业青年在内的各领域、各行业愿意投身乡村振兴战略的广州青年人才的综合服务平台，让每个人成为发展共同体，搭建学习交流、经验分享、资源互助平台，放大"骨干集群效应"，让每一个创业人才更好地发挥带头作用。

五　共青团支持广州青年返乡创业的下一步工作思路

在主题教育中，团市委为确保不走过场、取得实效，坚持效果导向，着力解决返乡创业青年最关心最现实的问题，不断增强其幸福感和获得感。笔者认为，共青团在保障支持方面应做到"六个联动"。

（一）联动人社部门，推送优秀返乡创业青年参与广东省首批新型职业农民职称评价，助力打造广东省粤港澳大湾区返乡创业青年人才高地

按照《粤港澳大湾区发展规划纲要》《广东省农业工程技术人才职称评价改革实施方案》，联动市人社等部门，抓住人才就是抓住了粤港澳大湾区的未来，在广州返乡创业青年中树标杆、立典型，在农业机械化推广专业、水产专业、农业信息工程专业、生物工程专业等农业项目中，选出德才兼备、以德为先，能力水平和业绩贡献突出的青年人才，向人社部门推荐参与广东省首批新型职业农民职称评价，让返乡创业青年感受到社会的关怀和肯定，让返乡创业成为体面而光荣的事业，为广东省打造粤港澳大湾区返乡创业青年人才高地保驾护航。

（二）联动产业载体，进一步发挥平台抓手的作用

向科技部门、农业部门、商务部门择优推送返乡创业青年项目，以申报农村创业创新园区（基地）、农业科技园区、现代农业产业园、电子商务进农村示范项目、"星创天地"、返乡青年创业孵化基地等作为青年返乡创业的重要抓手，以绩效评价为项目建设细化标准，按照"政府搭建平台、平台聚集资源、资源服务创业"的总体思路和"创设一套政策、搭建一批平台、培育一批带头人、总结一批模式、构建一个服务体系"的"五个一"工作布局，推动在市级层面筹建致力于推动乡村产业、人才、文化、生态、组织全面振兴的综合服务平台，进一步发挥好农业产业园区、助农服务综合平台（中心）的服务平台载体作用，加强青农会、返乡青年创业孵化基地等组织阵地建设，强化产业引导、政策集成、典型示范、公共服务、宣传推介，努力营造浓厚的青年返乡创新创业良好氛围，为乡村振兴新动能提供强有力的支撑。

（三）联动高等院校，构建"内容精准、模式创新"的青年返乡创业培训体系

根据返乡创业青年的特点和需求，联动高校、青农学院等返乡青年创业培训产品供应方，创新开发沉浸式、体验式培训模式，制定科学、精准的创业培训课程体系，采取按需培训、菜单选学的形式，提高培训的针对性和实效性。培训或学习的内容可从项目选择、农业知识、电商技术、产品开发、品牌建设、管理运营、团队架构、风险识别与评估、财务融资、工商注册支持等方面展开。推进开放式在线创新创业培训，推进创业指导、培训和服务的有效衔接、统筹发展，健全创业培育体系。

（四）联动金融机构，助力拓宽返乡创业青年融资渠道

联动市农业、科技、金融等多部门，依托现有创新创业基金池，助力返乡创业。进一步深化"团银合作"，建立银行—团组织—创业企业间长期沟通平台以及撮合投资人与返乡创业青年的众筹网络平台，积极创新金融产品、服务手段，简化贷款手续，降低贷款门槛，支持返乡青年创新创业融资。

（五）联动宣传媒体，进一步加大对创业类培训和比赛的宣传力度，在返乡创业青年中全覆盖

一方面，加大针对涉农青年创业类培训和"乡村振兴杯"创业大赛的宣传力度，通过新闻媒体、微博、微信公众号、公益宣传阵地等线上线下方式发布相关培训和大赛信息；另一方面，依托广州市青年乡村振兴促进会、各涉农区团委将培训邀请函和大赛招募令精准推送给返乡创业青年，提升相关培训和比赛在返乡创业青年中的知晓率，进一步提升项目覆盖面和青年参与度。

（六）联动科研院所，强化返乡创业青年品牌建设意识，推进综合类农产品区域公用品牌建设

探索联合市农业部门、涉农高校、品牌科研机构等，强化广州市返乡创

业青年农业品牌的规划、运营和推广意识。多渠道整合资源，让专家、懂农业品牌经营的优秀返乡创业青年企业家宣传品牌建设对企业发展的重要性，引导品牌发展合理布局，树立品牌注册、培育、拓展以及保护知识产权的理念，推动打造以品牌价值为核心的新型农业。

广州青年人才政策效果调研报告*

市团校

摘　要： 本报告从广州青年人才政策所取得的成效、面临的竞争和压力、存在的问题和短板、未来改进的方向和做法，全面了解广州青年人才政策的现状和问题，深入分析其成因和提升思路。调研发现，广州青年人才政策在引人和留人上坚持服务城市定位和产业布局，在政策落地上坚持市场导向，在政策设计上着眼于长远发展和团队建设，重视创新能力的精准孵化。针对广州青年人才政策存在的不足，提出了优化的对策建议。

关键词： 青年人才　人才政策　广州

发展是第一要务，人才是第一资源，创新是第一动力。创新驱动发展战略的实现，新时代改革开放的推进，离不开青年人才的支撑；全面建成小康社会，实现中华民族的伟大复兴，需要发挥青年生力军和突击队的作用；奋力实现"四个走在全国前列"，把广东建设成为践行习近平新时代中国特色社会主义思想，向世界展示我国改革开放成就的重要窗口、国际社会观察我国改革开放的重要窗口，同样离不开青年人才的参与和努力。

2018 年是党的十九大开局之年，也是广东奋力推动习近平新时代中国

---
* 本文系2018年团市委深调研课题成果。课题组成员：涂敏霞、李超海、巫长林。

特色社会主义思想在南粤大地落地生根、结出丰硕成果的关键之年，更是广州提升区域竞争力和创新发展进入关键阶段的转折年。当前，随着中国经济进入新常态，创新驱动发展持续发力，各地围绕人才竞争，尤其是围绕青年人才竞争，纷纷出台新政策、制定新方案和提出新措施，使青年人才工作成为 2017 年底到 2018 年以来地方政府的重头戏。人才政策作为区域人才竞争、城市竞争力培育的重要抓手，其制定是否合理适度，其效用发挥是否科学有效，需要进行科学客观的评价，这既是一个重要的实践问题，也是一个重要的政策问题。广州作为落实习近平总书记青年工作指示的排头兵，需要站在深化改革和创新发展的新高度进行谋篇布局，以深化改革的气魄推动广州青年人才政策的供给侧改革，以创新发展的思路提升引领广州青年人才政策适应新时代，以先行先试的做法不断完善青年人才政策走在全国前列。

一 研究过程与概念界定

（一）研究过程与方法

为了科学评价广州青年人才政策的有效性和适应性，适度推进广州青年人才政策的供给侧改革，先行推动广州青年人才政策走在全国前列，团市委组成了联合课题组。课题组由团市委牵头，课题组成员由青年发展部（筹备组）、青创中心、广州市团校和广东省社会科学院的工作人员和科研人员组成。课题组于 2018 年 3～6 月以推进青年人才政策供给侧改革、推动青年人才政策走在全国前列为主题，深入市区相关职能部门进行走访调研，了解真实情况，掌握一手资料。联合课题组先后在市委组织部人才办、市人社局、市科创委、市教育局、市发改委、黄埔区等部门进行实地调研，以问卷调查、实地考察、交流座谈、个别访谈等形式深入职能部门、一线工作人员，从广州青年人才政策所取得的成效、面临的竞争和压力、存在的问题和短板、未来改进的方向和做法，全面了解广州青年人才政策的现状和问题，深入分析其成因和提升思路。

本分析报告使用多种研究方法。一是采用了政策文本分析方法，帮助我们深入了解广州青年人才政策发展变迁的基本历程、逻辑演变和阶段特点。二是采用了定性研究方法，通过对座谈会、个案访谈所获得的定性资料进行分析研判，了解了当前广州青年人才政策的一般情况。三是采用了定量研究方法，通过问卷调查收集了广州青年人才对当前广州青年人才政策的看法和评价，对未来青年人才政策改进的建议和期待。

（二）概念界定

青年人才政策作为本课题的研究主题，也是本课题的研究对象，是一个组合概念，其由两个经验概念组成，一是青年人才，二是政策。政策作为一个经验概念，政府部门和学界基本上能够达成共识；青年人才作为一个经验概念，其界定和使用颇为多元。一般来看，青年人才包括两个基本维度：一是年龄维度，二是静态的知识技能维度和动态的应用实践维度。在学术研究和政策制定过程中，青年和人才通常采用列举式进行界定。

青年一般以年龄来界定，但国内外对"基于什么年龄段为青年"尚未达成共识。联合国教科文组织将 14 ~ 34 岁界定为青年人口（1982 年），世界卫生组织将 14 ~ 44 岁界定为青年人口（1992 年），联合国人口基金将 14 ~ 24 岁界定为青年人口（1998 年）；国家统计局进行人口普查时将 15 ~ 34 岁界定为青年人口；共青团的《团章》规定 14 ~ 28 岁为青年人口，中国青年联合会的《青联章程》将 18 ~ 40 岁界定为青年人口；我国香港、澳门和台湾将 10 ~ 24 岁界定为青年人口。

人才概念的界定，一般包括三个角度。从国际上来看，一般将人才分为学术型人才、工程型人才、技术型人才、技能型人才四类；从级别上来看，一般分为初级人才、中级人才、高级人才等；从年龄段来看，一般分为中老年人才、离退休人才、中青年人才等。可见，青年人才的界定需要考虑年龄、学历、能力、身份、需求等不同面向，操作化的要求较高，达成共识的困难较大。大多数情况下，人才概念当作一个经验性概念来使用，综合考虑理论与实际情况进行不完全概括。需要指出的是，本研究报告并非泛泛讨论一般性的青年人才，而是特指广州青年人才，在尊重青年人才复合型概念的特点以及一般性用法基础上，同时考虑到广州城市定位、产业布局和人才需求结构的现实情况，本研究报告建构出一个操作化的广州青年人才概念，具体表述为：认同并愿意投身广州建设，在广州从事或愿意从事跟新一代信息技术、人工智能、生物医药和新能源、新材料等高质高精高水平、战略型未来型产业相关的，年龄在44岁以下的各类研发型、应用型、学历型、资格型、技能型、创业型和急需型的青年群体。

因此，青年人才政策就是指围绕青年人才，或以青年人才为目标，由各级党政机关出台的政策文件及配套政策文件体系。

二 广州青年人才政策的运行情况与基本特点

青年人才政策作为吸引和留住青年人群的政策工具，也是维护和保障青年人群合法权益的制度保障，在引人、育人和留人上发挥了重要作用。据初步统计，近5年来，广州市先后出台了49项政策，支持和吸引各类人才在广州落户和聚集。随着城市定位目标的倾向、产业结构的高质量布局和人口结构的代际转换，广州青年人才政策也在不断调整和变革。通过收集和整理广州市颁布的人才政策文本，可以总结和提炼广州青年人才政策的运行情况和基本特点。

（一）青年人才政策运行的一般情况

1. 引人和留人上坚持服务城市定位和产业布局，政策落地上坚持市场导向

近年来广州市出台的产业领军人才政策、高层次人才政策方案，从战略定位上，一是旗帜鲜明地提出围绕城市功能定位、打造高端高质高现代化产业目标，提出实施人才优先发展战略，打造人才吸引高地、人才创业福地和人才创新聚集地，将人才队伍建设和人才团队打造作为落实城市功能定位、

建设现代化产业体系的战略主体。二是将人才从支撑要素提升为发展要素，尤其体现在将青年人才作为城市发展的基础动力，将青年人才作为创新驱动战略的骨干力量，将青年人才团队作为决定现代化产业体系的关键要素，实现了具体的青年人才工作跟宏观的城市发展战略有效对接。三是将人才改革嵌入要素供给侧结构性改革，加快推动人才引领创新发展，尤其重视人才跟产业结构的契合度，人才团队跟产业体系的相关度。

在具体策略上重视聚集各类人才及团队，在政策落地上坚持问题导向，在具体实施上发挥市场主导作用。近年来相继出台的各类人才政策，一是紧扣广州国家中心城市、国家创新中心城市建设定位，坚守新一代信息技术、人工智能、生物医药等 IAB 产业和新能源、新材料等 NEM 产业布局，坚持城市定位导向和产业布局导向，不断聚集各类优秀人才。二是紧贴市场主体需求，围绕产业和企业等用人主体的人才需求，通过创新举措解决其引才难、育才难、留才难等问题。三是紧扣问题导向，着力解决长期制约人才发展的难点痛点堵点问题，有针对性地提出具体举措，精准施策。四是充分体现了广州"不唯地域、不求所有、不拘一格"的创新型人才观，在住房、教育、股权期权激励、人才绿卡、平台搭建等方面提供了大量优惠政策，同时针对高层次人才、急需紧缺人才、青年人才、高技能人才等不同人才群体构建体系、分类施策。

2. 政策设计上着眼于长远发展和团队建设，重视创新能力的精准孵化

一是出台股权期权激励政策，打通收益存量和增量的界限。近年来，市委市政府出台的产业扶持政策，其中最大的亮点是打造产业聚集链，建立起技术创新和收益分配的常态化机制。通过鼓励企业实施股权期权激励，将创新性科技成果转化为常态化的长期性收益，这就化解了专注创新和长远获益之间的矛盾，充分调动了科研人员的技术创新热情，极大地提升了全市创新创业的积极性。二是探索建立了团队扶持机制，以政府分担创新风险的方式推动创新型青年人才脱颖而出。在推动引进、培育和打造产业聚集链的同时，政府还积极打造人才团队链，重视创新创业团队的扶持和资助。通过团队扶持资助的方式，实现了领军人才培育后备青年人才、创新技术代际传承

相结合，将技术创新和人才培养打通。三是初步建立了风险补偿机制。为了降低创新创业的风险，政府还制定了期权股权的首购首用风险补偿机制，通过政府采购的办法扶持创新，降低创新风险。因此，外部的政府风险分担和内部的团队合作，可以最大限度地实现创新创业能力的精准孵化，从而大大提升广州市的创新创业成功概率。

（二）广州青年人才政策的基本特点

结合广州青年人才政策的引人留人逻辑及具体实施策略，通过系统回顾和梳理广州青年人才政策文本及发展变迁，可以总结出广州青年人才政策具有以下基本特点。

一是青年人才政策作为配套性、后备性政策融入人才政策体系中，缺乏基于全市层面的顶层设计；青年人才政策着眼于青年的动能储备和创新培育，在超前规划、主动介入和适应青年人才周期性上有待加强。

二是青年人才政策的比较优势不明显，尤其在发展高端金融产业、前沿信息技术行业、具有较高风险的创新型产业等，政策扶持力度不够，政策约束较多，政策改革突破性不强。目前，随着杭州、成都等新一线城市的崛起，更加凸显广州青年人才政策面临着"新发展的竞争劣势"，产业锁定效应和政策创新疲软一定程度地存在。

三是青年人才政策过于保守稳健，导致青年人才政策的开放创新不够，政策吸引力和美誉度有所下降。

四是青年人才政策本质上还是服务于广州商贸城市的发展定位，具有较为浓郁的商都色彩，未能基于广州最新城市定位、产业最新布局等进行超前规划，未能充分重视青年人才政策在广州战略定位、发展布局中的作用。

五是未能出台专门的青年人才政策。迄今为止，广州市并未出台专门的青年人才政策和文件，青年人才政策作为一个方面的内容或一个组成部分的内容，散见于组织、人社、科技、教育、卫计等职能部门颁布的文件中。

三　广州青年人才政策存在的不足

（一）青年人才政策重视"锦上添花"有余，而"雪中送炭"不足，未能充分发挥点金石和催化剂的效用

1. 人才政策设定了末端评价机制，但忽视了初创型企业的需求特性

当前，政府资助通常以营业额或纳税水平作为享有税收优惠、资金补贴、个人奖励等的评判标准，但不利于初创型企业。在调研过程中，一家初创型生物基因公司就反映，所在公司从事的新技术创新和新产品研发，每年需要创业者和投资人投入大量的资金、人力和物力进行技术改进，公司的销售收入、营业额等方面的数字很难看，但是按照黄埔区出台的扶持政策，公司很难获得资助；但公司的确是创新型企业，符合广州产业战略定位，并且获得政策扶持可以体现政府对公司的关心，也可以稳定科研团队。一定程度上来看，扎根研发的初创型高科技企业，更需要获得政府的资助，这种资助能够直接体现政府对创新创业者的关怀，也能提升城市对青年人的吸引力，帮助城市稳定地留住青年人才。问卷调查结果也表明，青年人才对广州青年人才政策的满意度（含"满意"27.5%和"很满意"7.5%）为35.0%，不满意度（含"很不满意"5.0%和"不满意"2.5%）为7.5%（见图1）。

2. 人才政策具有求稳、求增长的保守主义特征，容错、风险对赌的市场逻辑尚未形成

在调查过程中，大多数受访者都反映，政府对创新创业十分重视，对未来型、战略型新兴产业特别重视，尤其对IAB产业的扶持力度很大，但处于起步阶段的创新型企业，不仅天使支持少，而且政府资助也少。从一定程度上看，初创期企业发展不稳定，扶持风险大，也跟人才政策求稳的保守主义倾向有关，政府的资金投入缺乏容错空间，政府性投资也面临保值增值的政策约束。

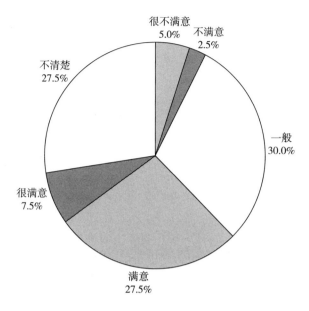

很不满意
5.0%

不满意
2.5%

不清楚
27.5%

一般
30.0%

很满意
7.5%

满意
27.5%

图1　青年人才对全市青年人才政策的总体评价

　　回到政策文本本身，通过梳理近年来广州市委市政府颁布的关键性、标志性人才政策文件，比如《中共广州市委广州市人民政府关于加快集聚产业领军人才的意见》《羊城创新创业领军人才支持计划实施办法》《广州市产业领军人才奖励制度》《广州市人才绿卡制度》《广州市领导干部联系高层次人才工作制度》《广州市高层次人才认定方案》《广州市高层次人才服务保障方案》《广州市高层次人才培养资助方案》等，可以发现，政策文件稳健且保守，对团队也好、个人也好，都限定要有一定的基础和条件才能获得资助，缺乏对偏才、怪才等具有"破坏性创造"特质群体的资助；政策扶持具有较强的竞争性，未能发挥普惠性扶持功能，未能与风投的竞争性扶持形成互补关系；政策扶持倾向于正向激励，未能考虑到创新创业的高风险、反复性、逆周期性等特点，动态调适能力略显不足。

　　3.青年人才侧重于结果导向，一定程度上不利于成熟企业青年人才的成长

　　广州作为中国的一线城市，总体来看人才吸引力较强，人口始终处于净流入态势。就青年人才政策来看，改革力度不大，政策创新性不强，尤其对

成熟企业的青年人才关注有限。就改革开放40多年来看，在广州工作和生活的院士数量较多，但经由本地高校培养，尤其是本科就读于本地高校的院士数量很少，在全国排名很靠后；在广州创新创业成功的企业家数量很多，但经由本地高校培养，尤其是本科就读于本地高校的企业家数量并不多。从企业情况来看，由于广州商贸业发达，私营经济活跃，大多数企业更倾向于引人才和挖人才，对培养人才尤其是培养青年人才普遍重视不够。从背后的情况来看，关键在于缺乏政府主导的青年人才政策的顶层设计，未能从源头重视对青年人才的全过程培育，即便是成熟的企业，也缺乏培育青年人才的耐心和政策。

（二）青年人才政策的横向共生性不强，纵向周期调适性较弱，动态性政策干预能力较差

1. 人才政策的横向共生同步性不强

大多数人才政策会涉及房补，但都是货币补贴，而政府提供的货币补贴购买力明显不足。2017年发布的《广州市高层次人才服务保障方案》规定，青年后备人才享受的住房补贴为100万元，不享受高层次人才住房补贴的话，可申请免租入住高层次人才公寓，具体标准约为85平方米。按照2016年官方统计数据来看，广州市（包括全市11区，下同）新建商品住宅网上签约均价为每平方米17730元，以100万元补贴资助计算的话，则可购买56.4平方米的商品房住宅。问题在于这只是理论上的购买力，跟实际情况结合的话，不管是资助金额的购买力还是购买质量，可能都要大打折扣。在实地访谈过程中，部分受访者反映，广州市认定的高层次人才在子女教育方面享有政策扶持，但问题在于很多"有头衔的人才无子女受教育需求，有子女受教育需求的人才却无头衔"。对全市青年人才的问卷调查结果也表明，住房成为青年人才最关注的政策内容，其次是个人发展机会和薪酬，各占72.5%；相反，青年人才对户口、医疗、养老等政策内容的关注度相对较弱（见图2）。

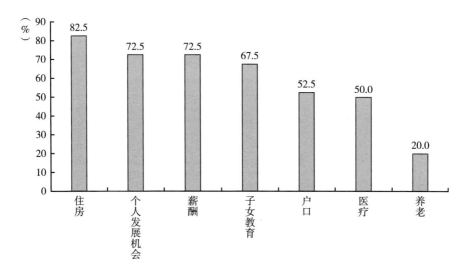

图2 青年人才关注的人才政策内容分布情况

2. 人才政策的纵向周期调适性较弱

通过梳理广州市的人才政策文本，其标准格式为，设定一些条件，制定一个标准，树立一个目标，这是大多数政策文件的通用版式。以《羊城创新创业领军人才支持计划实施办法》为例，其目标就是围绕城市战略和现代化产业体系打造，然后设定条件进行分类支持，未能考虑企业发展和人才成长的周期性不同，其政策诉求也不同。在具体实践过程中，鲜有人才政策采用动态逻辑，在适应企业周期性发展、人才周期性演变规律的基础上进行动态性精准扶持。调查过程中就有企业负责人反映，政府的资助力度很大，但都是着眼于面上扶持，而企业发展具有周期性，对于初创型企业来说，政府资助相对较少，而初创型企业更需要政府的资助，通过政府的介入和扶持，能够对企业研发创新发挥催化作用。同时，也有企业研发部门的负责人提出，青年人才的成长具有时间周期性、阶段变化性，政府在什么时候介入扶持，既是一个科学问题，也是一个市场问题，还是一个政策问题，现有人才政策在引人方面做得很好，但存在较为明显的遗漏效应。一定程度上来看，人才政策扶持的动态性逻辑未能建立，无法有效嵌入市场周期演变的规律，政府扶持的精准对接机制尚未形成，未能科学适应青年人才周期性成长的规律。

（三）青年人才政策碎片化较为明显，未能发挥政策组合拳的联动效应；政策出台的周期太长，严重影响时效性和竞争力

1. 相关职能部门对于何为青年人才尚未达成共识

当前，对何为青年人才和基于什么年龄界定都存在争议。在教育局的调研过程中，受访领导就表示"本科生、硕士生都不算人才，一般的博士也不缺，算不上高层次人才"；在市发改委调研过程中，受访领导就表示"35岁以下，本科学历就可以落户广州"……对于青年年龄的界定，高校科研院所、团市委、统计局可能都有自己的界定，这也导致了青年人才政策存在较为普遍的适应性困境。

2. 未能建立跨领域、跨部门的青年人才政策配套体系

比如人社部门既要引进技工型人才，又要引进高层次型人才，既要引进高端人才，又要引进青年人才，导致政策设计注重整体性和一般性，而忽视了青年人才对政策需求的特殊性。即便已实施的政策，通常按行业、领域划分，未能适应青年群体特点，打好配套的、有针对性的政策组合拳同步发挥合力作用。问卷调查结果也显示，65.0%的受访青年人才表示，广州缺少完善的青年人才服务体系是目前青年人才政策存在的主要不足之处（见图3）。

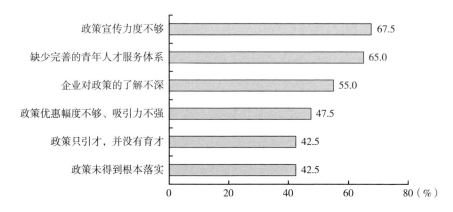

图3　青年人才政策存在的主要不足之处

3. 政策出台周期太长，时效性和竞争力受影响

在实地访谈过程中，就有相关部门的领导反映"广州市的人才政策出台时间太长，中间环节太多，一般来说，政策出台需要一年时间，而深圳的政策出台三个月即可"。法治政府的建设，对政策的制定和实施提出了更高的要求，但是法治政府建设不是政策出台周期长的根本原因。政策出台周期长，跟不上发展形势、发展风口，导致新政策尚未出台就已过时；政策出台周期长，使得已经定稿的政策在一出台就比不上制定周期短、适应形势强的后出台政策，一长一短，明显削弱了政策的竞争力。

（四）青年人才政策的供需对接机制不顺畅，"最后一公里"难题时有发生

1. 重制定、轻推广现象较为明显

当前的各类人才政策相对清晰，但办理渠道、程序、路径不太清晰，青年人才即使知晓也不知该如何申请办理。在实地调查过程中，部分领导就反映"很多好的政策，但是青年人才并不热心，其中的一个可能原因就是不知道，即便知道了，也不知道具体去找什么部门办理"，这意味着人才政策的知晓率和宣传力度还有待进一步提高。此外，青年人才政策重设计，轻评估。在制定政策时各部门均会进行走访调研，但政策制定以后，鲜有部门走访调查政策实施的效果，比如青年人才政策中的教育需求、医疗需求等，在制定之后，很少再回头看、再整改。对全市青年人才问卷调查的结果也表明，对广州市青年人才政策的了解比例仅27.5%，认为青年人才政策有效果的比例仅为37.5%，满意青年人才政策的比例仅为32.5%，认为青年人才政策满足需求的比例仅为32.5%（见图4）。

2. 人才政策对接渠道不畅通，导致部分青年人才无所适从

粗略统计，近年来跟青年人才有关的政策文件，发文单位包括市委市政府、组织部、人社局、财政局、科创委、发改委、教育局、卫计委、知识产权局、公安局、住建委、工信委等，并且政策供给是跟机构职能相配套，这就导致在基层政府有职能部门的机构，其政策对接效果就好，而在基层政府

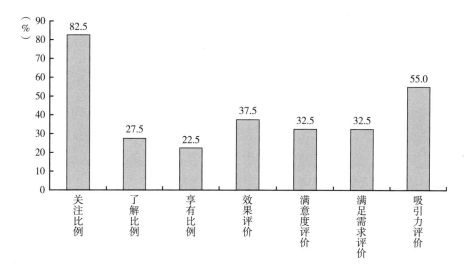

图4 青年人才对全市青年人才政策的评价情况

没有设置相应机构的部门，其政策对接效果就不好。在实地访谈过程中，科创部门的工作人员就反映，科创委在基层政府没有设置相应的部门，因此，科创委在基层政府就没有抓手。有企业研发负责人就反映，在电视报纸上、网络上可以接收到科创部门的扶持政策信息，但在街道就无法找到相应的部门去对接。

（五）青年人才政策客观上还面临现实的"双向"挤压，一头是京沪的"天花板效应"，一头是二线城市的"截胡"效应

1. 京沪人才"掐尖"继续推进，广州"出头"难度较大，面临着"天花板效应"

北京作为中国的政治中心，上海作为中国的金融中心，也是中国知名的全球城市，在国内都具有绝对的优势地位，在国际上都具有较强的影响力。其中，中国最好的大学都集中在京沪，这意味着京沪可以通过常规的教育选拔将全国最优秀的青年学生吸引过来；中国最具政治优势和经济优势的城市是京沪，这意味着京沪可以政治化、市场化的"掐尖"手段对全国的优秀

青年人才进行二次吸纳。广州作为华南地区的国家中心城市，既非政治中心，也非经济中心，使得广州吸引全国顶尖青年人才的难度较大，在高端青年人才的竞争过程中"出头"较难。

2. 部分二线城市"截胡"效应持续发酵，人才输入面临缩减的可能性

回顾 1990 年以来中国区域经济格局的发展可以发现，早期区域竞争围绕产业展开，招商引资是主要抓手，争夺目标物以资金为主；中期区域竞争围绕城市空间开发和产城融合进行，城市投资建设、发展地产经济和各类园区建设是主要抓手，争夺目标物以资本、产业和大企业为主；中后期区域竞争围绕招商引智和创新体系孵化，万众创新和大众创业是主要抓手，争夺目标物是创新体系、高端化全产业链条和战略性新兴技术；当前的区域竞争开始回潮，各大城市围绕留住人口、生态环境等基础性要素开展竞争，此时竞争指向发生了变化，面向未来保持可持续发展成为主要目标。2017 年，诸多新一线城市和二线城市纷纷出台人才政策，瞄准年轻人、劳动力展开竞争，比如"成都人才 12 条""长沙人才新政 22 条""武汉人才新政 9 条""西安人才新政 23 条""智汇郑州"。具体到广州人才流入地来看，武汉、长沙及周边的省会城市是广州青年人才的重要来源地。随着近年来各地纷纷出台竞争性的"抢人"政策，必然会使得周边省份城市青年人才流出总量下降，从而使流入广州的青年人才总量会相应地减少。

四 优化广州青年人才政策的对策建议

（一）适应城市定位和产业布局，建立由组织部、人才办牵头的青年人才工作小组，抓好青年人才工作的顶层设计

坚持党管人才原则，不断加强党委对人才工作的领导，为做好人才工作提供有力的组织保证。

1. 加强党对青年人才的领导

建立由市委统一领导，市委组织部牵头抓总，发改、科技、经信、财

政、人社、教育、团委等有关部门各司其职、密切配合、齐抓共管的人才工作格局。建立党委领导下的青年人才工作联席会议，分行业、分类型、分界别针对青年人才工作遇到的问题和困难，进行集中解决。

2. 提升青年人才工作服务的信息化水平，建立和完善广州青年人才"大数据"库

分行业、分层次、分界别、分年龄建立起广州青年人才"大数据"库，摸清青年人才的规模和结构，了解青年人才的现状和变迁。加强对青年人才"大数据"库的开发和利用，发挥青年人才库对创新发展、产业升级和乡村振兴战略的支撑作用。利用青年人才"大数据"库，开展常态化的调查研究工作，了解青年人才的需求和变迁，提升青年人才管理和服务工作的精准性和科学性。

3. 从大湾区战略高度出台支持青年的创新创业政策

要克服当前青年创新创业政策碎片化、部门化的缺陷，要克服当前已有青年创新创业政策站位不高、前瞻性不强的不足，推动相关职能部门制定青年创新创业政策时，从大湾区的高度来进行战略规划和长远设计。要从大湾区层面谋划和制定青年人才政策，加快建立具有大湾区竞争力的青年人才政策，广泛吸引境外优秀人才到广州创新创业。要善于学习港澳青年人才政策的先进经验，将港澳青年创新创业政策的经验和做法转变为广州创新创业的工作思路和操作方案。

（二）适应企业成长周期和人才成长规律，提升青年人才政策的站位布局和兼容对接

1. 适应企业成长周期，建立全覆盖的政策扶持体系

青年人才创建的企业大多数属于初创型企业，跟成熟期企业相比，在获得资金补贴、项目支持、人才奖励等方面处于下风。要改革当前的政策扶持制度，对于成熟期企业，更多基于销售收入、营业额、纳税额等存量指标给予扶持资金、项目和奖励；对于初创型企业，更多基于研发投入水平、产品专利技术水平、所处产业链位置等发展型指标给予扶持资金、项目和奖励。

此外，政策扶持要基于城市定位、产业布局，适度向初创型、创新型、研发型企业倾斜和照顾。

2. 适应青年人才成长规律，建立容错、适度风险对赌的扶持政策

实地调查结果表明，大多数青年人才集中在信息科技、生物基因、新材料等未来型、战略性新产业，其企业处于初创成长阶段，其个人处于成长发展阶段，充满风险和不确定性。要站在城市未来发展和产业战略规划的高度，建立政府主导、面向青年人才的风险基金，加强对具有"破坏性创造"的初创型企业、成长型青年人才的资助，建立风险对赌容错机制，营造具有高度竞争性、灵活性的青年人才成长环境。

3. 加强对基础研究的扶持，鼓励青年人才专注基础前沿研究

在推动应用型创新的同时，加大对基础前沿创新研究的支持力度，鼓励青年人才投身基础前沿创新研究，储备基础前沿研究的人才队伍。加大对基础研究、前沿技术研究的投入力度，建立以财政性资金设立的科研机构创新绩效综合评价制度。推动改善从事基础前沿研究青年人才的生活条件，在保障性住房建设中优先解决住房问题，在科研资助经费中给予长期稳定经费支持，在政府扶持项目中重点资助基础前沿创新研究。

（三）适应新时代区域竞争的新趋势，建立具有全要素配合、全系统推进的动态调适性青年人才政策

1. 要建立健全青年人才政策的全要素配合

在教育资源配套上，制定有针对性的教育扶持政策，面向从事 IAB 产业、未来新兴战略产业的青年人才，在公立幼儿园、公办义务教育上进行倾斜。在住房配套上提供政策扶植，在完善租售并举政策的同时，要引进"优+"类创意人才公寓在广州市发展壮大，要大力发展政府、事业单位和国企所属的集体性产权住房，要大力推进人才周转房建设，以租为主、租售补相结合实施人才安居，制定符合发展需要的人才标准和合理住房建设、租金标准，建立人才住房分区分类供应、封闭流转运行的机制。在医疗资源和服务上建立"青年人才"通道，针对从事战略新兴产业、高端高质产业、

研发设计等重要岗位的青年人才长期高负荷劳动的现实，提供身体检查和疗养、心理辅导和支持、健康监测和诊断的常态化保健机制。

2. 要建立青年人才政策的全系统配合机制

青年人才的培养和孵化需要组织、科技、经信、人社、发改、教育、卫计、团委等多部门的配合联动，要将青年人才工作纳入相关部门工作规划中，纳入相关部门年终考核的指标体系，跟主管领导的绩效考核、提拔晋级、岗位调动等相结合。

3. 契合新时代青年人才的消费转型，引入人才政策的"大环境"概念

随着人口的代际更替逐步完成，新生代青年人才更加关注物质性条件以外的东西，比如制度政策环境、城市文化氛围、文体基础设施等。未来，人才政策要着眼于"大环境"的打造和改善，提升城市文化品位，推动城市消费升级，改善城市文体基础设施，为吸引和留住青年人才创造良好的城市生活环境。要着力建设城市绿道、小区公园、运动场所等休闲、运动和娱乐公共空间，满足青年人才对生命健康、运动休闲的需求。

（四）强化消费者主导思维，适应互联网社会的本质特征，推进青年人才政策的供给侧改革

1. 要适应消费社会的用户思维，围绕青年制定人才政策

要积极推动形成人才政策的互联网思维，认识到互联网时代人才政策不是要考虑"我能供给什么"，而是要考虑"我可以吸引什么"，要从青年人才的人格和心理出发，激发青年人才的文化吸引力、价值感召力和心理认同感，让青年人才自觉自愿留在广州、融入广州和扎根广州。要对青年人才进行精准把握，尊重青年人才的主导性和自主性，尊重青年的服务需求和价值需求，最终达到青年人才"不请自来"。

2. 要倡导回应型青年人才政策思维，营造更加精细的人才发展环境

要不断推动深化青年人才发展机制改革，加快建设人才强市，最大限度地激发青年人才创新创造创业活力，形成具有广州特色和国际竞争力的青年人才制度优势。要提升青年人才政策出台的效率，缩短政策设计的周期，最

大限度地发挥政策的时效性。要为青年人才成长环境的优化提供支持，要积极倡导尊重、关怀、宽容、支持青年人才的社会文化氛围。要不断优化完善人才引进、培养和激励机制，做好青年人才公共服务保障，尤其是要推动建设针对新青年的住房保障体系。

（五）打造政策宣传新机制，建设专业化的第三方政策咨询服务体系，帮助人才政策精准对接青年人才

1. 要建立面向青年人才的政策宣传新机制

要积极破解政策宣传不到位、政策知晓度不高、政策精准服务不足的难题，推动建立政策宣传新机制。要将面向青年人才的住房、教育、医疗、人才评选、财政资助等不同部门的政策进行打包，建立统一的宣传、咨询和服务平台，专注服务青年人才。要创新政策宣传推广新渠道，打通人才政策宣传的"最后一公里"，可以借助微信、微博、客户端、App、短视频等，打造面向青年人才的权威政策宣传平台。要建立政府主导、专家参与的政策宣讲团，及时将最新的人才政策精神和要点传达给企业和青年人才，帮助企业、青年人才熟悉政策和使用政策。

2. 要充分发挥第三方的中介作用，以政府购买服务的方式实现人才政策精准覆盖需求人群

要积极培育规范化、专业性的第三方中介服务组织，充当企业、青年人才跟政府互通和沟通的中间力量，最大限度地降低政府跟企业、青年人才之间的沟通成本。要大力发展专业的第三方外包服务市场，创新政府购买服务方式，将政策发布归口归类，交由第三方力量，比如产业园区、众创空间、孵化器、咨询服务公司等，由政府付费，专业第三方开展服务，实现人才政策跟企业、青年人才无缝对接。

（六）发挥共青团的组织、网络和资源优势，推进人才政策跟青年人才的有效对接

充分发挥共青团的组织、网络和资源优势，做好以下服务工作。

1. 发挥沟通媒介作用

要充分发挥共青团的组织优势、工作优势和资源优势，将青年的呼声和诉求及时反映给相关部门、主要领导，将主要领导的精神和指示、相关职能部门制定的文件政策向青年传达，做到上情下达和下情上达。

2. 做好宣传推广工作

发挥共青团的组织、平台和网络优势，加强对政府人才政策的宣传和推广，提升青年人才对政府人才政策的知晓度。围绕社会热点、青年需求等问题，开展调查、访谈、网上讨论等，汇集和整理青年人才工作的一手信息，为优化人才政策提供针对性建议。

3. 积极开展专业服务

围绕人才政策存在的"有政策无需求、有需求无政策"的窘境，积极开展专业化第三方的公益服务，通过提供共青团的平台、品牌和资源，为青年人才创新创业提供便利和支持，为青年人才创办的企业提供发展机遇和空间。

4. 努力拓展个性化服务

利用共青团积累的工作经验和工作方法，开展婚恋服务、心理咨询、志愿服务、子女教育等个性化服务，为广州市引进人才、留住人才和孵化人才提供帮助。

广州青年网络婚恋交友
工作对策研究报告*

广州市青年文化宫

摘　要： 本次研究的主要内容为广州网络婚恋交友工作，通过问卷调查和 SWOT 分析方法，对青年的网络婚恋交友行为特征及婚恋价值观等方面进行分析和评价，并对广州网络婚恋交友工作进行分析。结合分析结果，从政策、教育、维权、社交和产业五个方面出发，对进一步改进广州青年婚恋交友工作提出对策和建议。

关键词： 网络婚恋交友　婚恋价值观　婚恋产业　广州青年

一　研究背景和意义

（一）背景

中共中央、国务院于 2017 年 4 月 13 日印发并实施《中长期青年发展规划（2016～2025 年)》，要求切实服务青年婚恋交友。规范已有的社会化青年交友信息平台，打造一批诚信度较高的青年交友信息平台。依法整顿婚介服务市场，严厉打击婚托、婚骗等违法婚介行为。充分发挥工会、共青团、妇联等群团组织和社会组织的作用，为青年婚恋交友提供必要的基础保障和适合青年特点的便利条件。

---

* 本文系2019年市青年文化宫立项课题成果。

（二）意义

广州市十五届人大四次会议第 20192365 号代表建议中提到要求规范婚恋服务市场，加强实名认证，提升青年婚恋服务水平。本次调研将通过研究青年网络婚恋交友行为及其文化因素，探究婚恋服务现状，分析婚恋市场中的问题成因，提出青年婚恋交友工作的对策。

二 研究及分析方法

（一）研究方法

本次研究采用问卷调查法。调查对象为广州青年，即在广州市内生活或工作的青年群体。问卷包括社交网站/平台交友情况、青年对社交网站/平台婚恋交友的看法和评价、社交网站/平台婚恋交友安全性及价值观评价及基本信息共四部分内容，通过题目设置的量表，对青年的网络婚恋交友行为特征及婚恋价值观等方面进行分析和评价。

（二）SWOT 分析法

SWOT 分析是基于内外部竞争环境和竞争条件下的态势分析，即将与研究对象密切相关的各种主要内部优势（Strengths，S）、劣势（Weaknesses，W）和外部的机会（Opportunites，O）以及威胁（Threats，T）等，通过调查列举出来，并依照矩阵形式排列，然后用系统分析的思想，把各种因素相互匹配起来加以分析，从中得出一系列相应的结论，而结论通常带有一定的决策性。

三 主要研究内容和技术线路

（一）主要研究内容

本次研究的主要内容为广州网络婚恋交友工作，通过问卷调查和 SWOT

分析方法，对青年的网络婚恋交友行为特征及婚恋价值观等方面进行分析和评价，并对广州网络婚恋交友工作进行分析。结合分析结果，从政策、教育、维权、社交和产业五个方面出发，对进一步改进广州青年婚恋交友工作提出对策和建议。

（二）技术线路

本研究首先通过问卷调查法了解和分析青年网络婚恋交友现状及网络婚恋交友产业发展状况，之后运用SWOT分析法对广州网络婚恋交友工作进行分析。技术线路如图1所示。

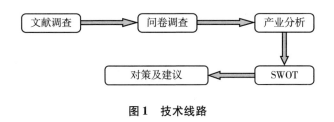

图1 技术线路

四 基于1000份问卷调查的青年网络婚恋交友现状及婚恋交友产业发展状况

（一）单身青年人基本情况

1. 年龄分布

样本平均年龄为 26.8 岁。年龄分布在 26～28 岁的样本数最多，占比接近三成；其次是 23～25 岁范围，占比 21.9%（见图2）。男性的平均年龄小于女性，男性的平均年龄为 26.2 岁，女性的平均年龄为 27.3 岁（见图3）。

2. 性别比例

调查样本的性别分布均衡，男女都为 500 人，各占一半（见图4）。

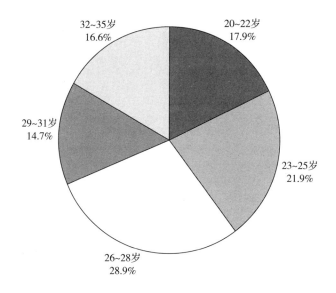

图2 样本年龄分布

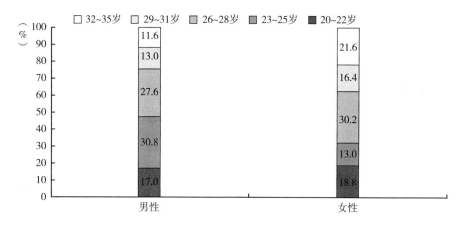

图3 样本不同性别的各年龄段分布

3. 最高学历分布

近九成样本的学历为大专/本科，不同性别分布差异不大（见图5、图6）。

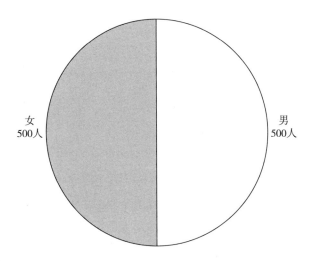

图4 样本性别比例

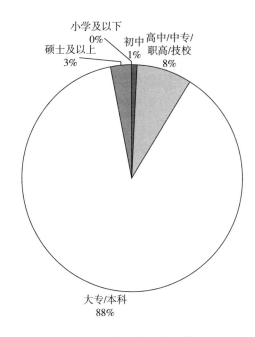

图5 样本最高学历分布情况

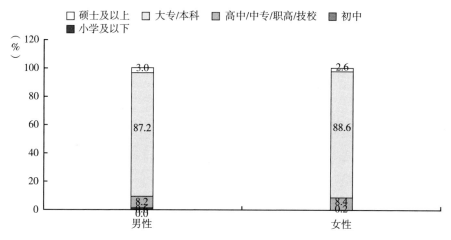

图6 样本不同性别最高学历分布

4. 收入分布情况

接受调查的青年工资主要分布在3001～12000元，其中工资分布在5001～8000元的青年最多，还有一成青年无收入（见图7）。女性的工资较男性偏低，超一成女性的工资在3000元及以下，工资在15000元以上的只占1%，而男性工资分布在3000元及以下和15000元以上的各占6.4%（见图8）。

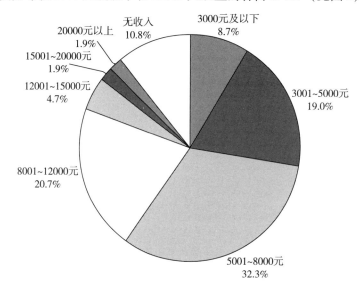

图7 样本收入分布

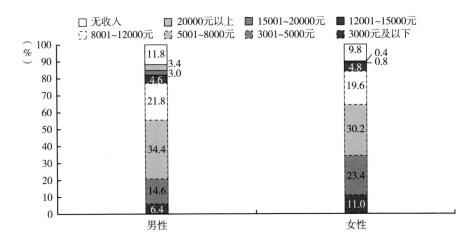

图8　样本不同性别收入分布

5. 婚恋分布状态

近九成调查样本的婚姻状态为未婚，其中近六成无交往对象，三成多有交往的对象（见图9）。男性整体未婚比例高于女性，包括未婚无交往对象和未婚有交往对象两种状态（见图10）。

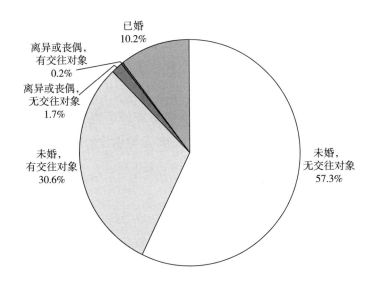

图9　样本婚恋状态分布

213

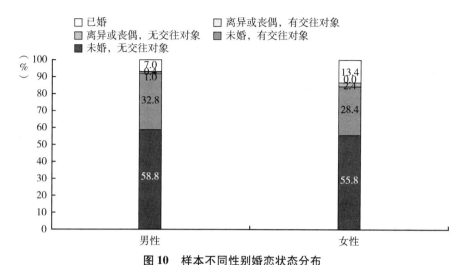

图10　样本不同性别婚恋状态分布

6. 主要结论

超七成青年人想通过网络婚恋交友脱单。青年使用网络进行婚恋交友的最主要目的是脱单/结婚，其次是找到一个可以倾诉的对象。青年网络婚恋交友使用最多的软件是微信，其次是QQ、微博，男性使用陌陌、探探、柏拉图、如故等交友软件较多，女性使用珍爱网、百合网等婚恋网站较多。未婚无对象的青年使用陌陌、探探、珍爱网、百合网购、世纪佳缘等婚恋交友网站/软件较多。超九成青年每天花费在网络婚恋交友软件/平台上的时间为3~4小时。九成青年每次使用网络婚恋交友软件/平台停留的时间超过一小时，其中近八成青年的微信、QQ等软件随时都处于登录状态。志趣相投为青年添加好友的首要原因，八成的青年会将志趣相投的陌生人添加为好友。超六成青年网恋过，且与网上结交的异性朋友见过面。

7. 性别分析

男性对于脱单/结婚的目的性更强，近八成男性想通过网络婚恋交友实现脱单/结婚。男性对网络婚恋交友的认同度较高，近两成男性认为网络婚恋交友现象很重要，是趋势下的必然产物。男性对网络交友的信赖程度较高，男性在网络婚恋中较女性大胆，20%的男性倾向于网络交友，而只有10%的女性倾向于网络交友。

男性与异性见面和网恋的比例较女性高，近五成男性会因为玩网络游戏和纯粹交友而添加好友。男性受欺骗更多，主要是被对方的外貌所吸引，导致感情和财物被骗。女性受到的伤害更大，近20%的女性由于被骗导致身体受到伤害，如意外怀孕、流产等。

女性对男性要求更高，超五成的女性要求对方经济条件好，近五成的女性重视对方的工作能力，超过七成的女性在交友时重视地域因素。男性自主安全意识较强，对于在网络婚恋交友过程中被欺骗或者伤害的事件，男性认为主要原因是网络上很多内容真实性不强，而女性则认为最主要的原因是社会环境。其中，女性对相关部门的期待较男性高，近八成的女性认为减少网络婚恋交友被欺骗/伤害事件发生的首要方式是相关部门加强监督力度和手段，而男性认为最有效的措施是增大社会宣传力度，加强法制意识。

女性对婚恋网站/平台的要求更高，女性对网站的费用、专业性等较为重视，男性对系统配对的成功率和会员的类型较为重视。对于网络交友管理工作最需要改善的方面，女性更重视费用和文明、安全教育。

8. 年龄分析

年龄越大，经历越多。年龄越大，表现为越多地与网上结交的异性朋友见过面，网恋比例也越高。随着年龄的增长，受欺骗的比例更低。

年龄越大，脱单/结婚的需求越紧迫。随着年龄增长，因纯粹交友添加好友的比例也逐渐增高。在20~28岁，玩网络游戏添加好友的占比较高，而在29~35岁，纯粹交友的占比较高。

年龄越大，越现实。20~25岁的人最在意的是对方与自己性格相符，更注重外表形象，更在意对方可随时见面。而26~35岁的人最在意的是对方与自己有共同的话题，更注重对方的道德人品，更在意对方的经济条件。近五成32~35岁的女性重视对方的经济条件，而20~22岁的女性只有不到四成重视对方的经济条件。

（二）青年婚恋意识形态特点

自由度高是受访对象对网络交友这种社交方式的最高频率评价，出现频次达到 665 次，紧随其后的是开放性强，达到 644 次，人人平等也进入频次的前三，达到 519 次，上述特点基本符合社会主义核心价值观中关于"自由""平等"的倡导方向。但也存在一些方面未能满足核心价值观的要求，比如在"法治"方面，依法依规出现的频次只有 223 次，在"诚信"方面，具备诚信出现的频次只有 236 次。

青年倾向现实交友，网络交友对青年的伤害主要集中在信息方面。相较于网络交友而言，青年更倾向于现实交友，绝对网络交友和绝对现实交友的比例是 14∶37，但近 48% 的受访者是二者兼用的。在调查网络交友伤害情况的数据中，14.1% 的受访者不同程度地遭受过因网络交友而产生的侵害。P图（修改相片达到提升资料吸引力）受骗的情况是最高的，9% 的受访者曾经因该行为受到损害。财物、名誉、健康的损害发生率分别在 2.7%、0.9%、0.1%。这种情况对应了另外一个调查内容，43.1% 的受访者有外表形象好的择偶要求。

七成青年在婚恋交友时重视对方的城市。超七成女性和超七成本市户口的青年在网络婚恋交友时更注重对方的地域。

有共同的话题的青年更受欢迎。在网上婚恋交友时，超七成青年希望交的异性可以与自己有共同的话题、性格相符且跟自己志同道合。

（三）网络婚恋交友行为的特点

1. 网络渠道选择特点

青年网络婚恋交友使用最多的软件是微信，其次是 QQ、微博；此外，珍爱网、陌陌、探探也是使用较多的软件。遇见、U 友缘、如故、柏拉图等平台使用较少。相比女性，男性使用微博较少，但使用陌陌、探探、柏拉图、如故等交友软件较多。女性使用珍爱网、百合网等婚恋网站较多（见图 11）。相比未婚但有对象的青年，无对象的青年使用陌陌、探探、珍爱网、百合网、世纪佳缘等婚恋交友网站/软件较多。

2. 渠道使用频次及深度

渠道使用频次。大部分青年使用频率最高的软件是微信，其次是 QQ 和

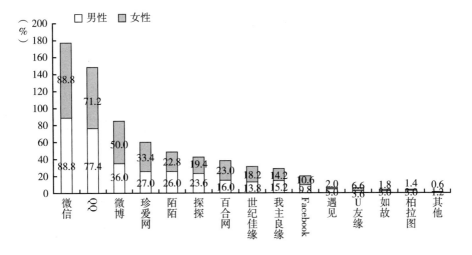

图11　不同性别网络渠道选择

微博。使用微信的青年中，83.4%的青年微信随时都处于登录状态；使用QQ的青年中，55.1%的青年QQ随时都处于登录状态；使用微博的青年中，41.8%的青年微博随时都处于登录状态，18%的青年微博每隔几小时就要登录一次。

相比之下，青年使用珍爱网和陌陌的频率为几天登录一次或每天登录一次。这与不同平台提供的功能不同有关，微信和QQ是现在社交必备的软件，工作、学习、生活都离不开，大多数青年都是随时处于登录状态。而珍爱网和陌陌等专门用于互联网婚恋交友的软件则不需要频繁登录（见图12）。近五成青年每次使用网络婚恋交友软件/平台停留的时间为1~2小时。还有16%左右的青年使用网络婚恋软件的时间在1小时以下，四成青年使用时间大于2小时。近七成女性的停留时间在0~2小时，近七成男性的停留时间在1~3小时（见图13）。

渠道使用深度。大多数青年在使用这些软件时都不是收费会员。其中使用QQ的青年中有14.27%的是收费会员，使用微博的青年中有10.93%的是收费会员，使用珍爱网的青年中有13.52%的是收费会员，使用陌陌的青年中有15.23%的是收费会员，使用微信的青年只有极少数是收费会员（见

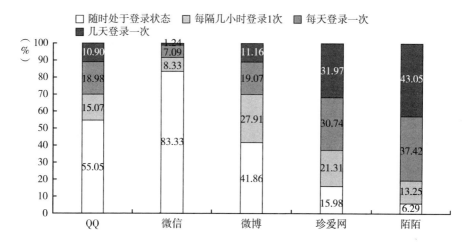

图 12　渠道使用频率

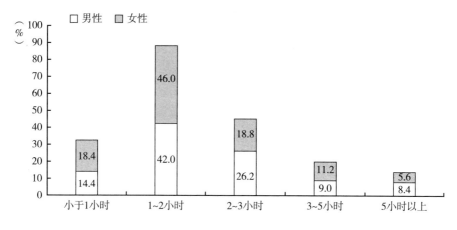

图 13　使用软件停留时间

图14）。男性更喜欢使用收费会员，近20%的男性是陌陌的收费会员，而只有7%的女性是陌陌的收费会员；16%的男性是探探的收费会员，只有8%的女性是探探的收费会员。

3. 网络指向现实状况

五成青年认为网络交友和现实交友差不多。近四成青年更倾向于现实交友，也有13.6%的青年倾向于网络交友（见图15）。17.6%的男性倾向于网络交友，而只有9.6%的女性倾向于网络交友。40.0%的女性倾向于现实

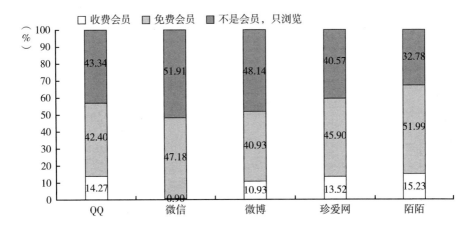

图 14　渠道使用深度

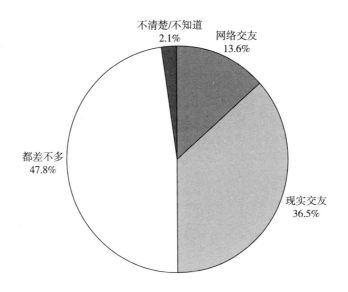

图 15　网络交友和现实交友的倾向

交友，只有 33% 的男性倾向于现实交友。更多的人认为都差不多（见图16）。八成的青年会将志趣相投的陌生人添加为好友，近七成青年是因为工作或学习需要将陌生人添加为好友，还有五成青年添加陌生人为好友纯粹是为了交友。35% 的青年由于玩网络游戏添加了一些陌生人为好友。近五成男性会由于玩网络游戏和纯粹交友而添加好友，近六成男性会因为工作/学习需要而添加好友，近八成男性会因为志趣相投而添加好友。近九成女性会因为志趣相投而添加好友，近七成女性会因为工作/学习需要而添加好友。近五成青年添加好友纯粹是为了交友。

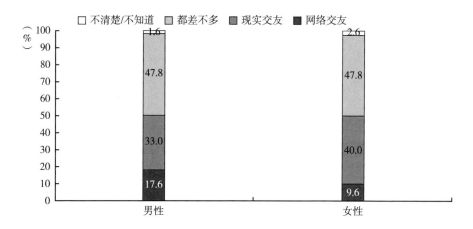

图 16   不同性别网络交友的倾向

4. 婚恋交友目标对象特点

在网上婚恋交友时，75%左右的青年希望交的异性可以与自己有共同的话题、性格相符、志同道合。近六成青年重视对方的道德人品。还有13.8%的青年认为交的异性可以缓解自己的空虚寂寞（见图17）。四成以上的男性和女性重视对方的外表形象。相比男性，女性更重视对方是自己心仪的对象，且可以随时见面，道德人品要好。女性对于幽默感、经济条件、工作能力的要求也比男性高。相比之下，近两成男性希望对方可以缓解自己的空虚寂寞。

5. 婚恋交友行为的目的性

青年使用网络进行婚恋交友的首要目的是想找到一个可以交往、结婚的异性，其次是想找到一个可以倾诉的对象，无聊时可以有人聊天或者可以有人分享生活中的点滴。有15%左右的青年使用网络进行婚恋交友的目的是打发时间/寻找刺激或暂时找到一个港湾/逃避现实（见图18）。男性和女性使用网络进行婚恋交友的目的差别不大。近八成男性的目的是想找到一个可

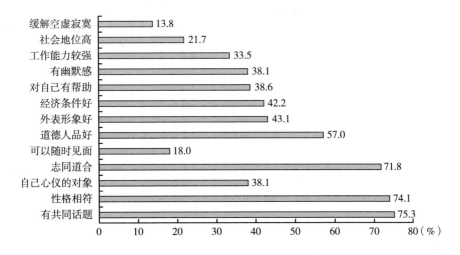

图17 婚恋交友目标对象特点

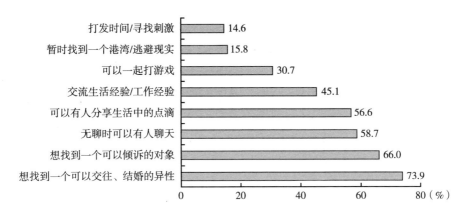

图18 婚恋交友行为的目的性

以交往、结婚的异性，这也是七成女性的目的。此外，男性更倾向于可以一起打游戏、暂时找到一个港湾/逃避现实以及打发时间/寻找刺激。女性更倾向于在无聊时可以找人聊天，可以有人分享生活中的点滴。

6. 婚恋交友行为投入程度

64%的青年跟网上结交的异性朋友见过面，其中男性比女性多；近六成青年网恋过，其中男性比女性多。年龄越大，表现为越多地与网上结交的异性朋友见过面，网恋比例也越高。年龄在29～31岁阶段的青年有70.1%的与网上结交的异性朋友见过面，62%的网恋过。而年龄在 20～22 岁阶段的青年中，只有 53%的与网上结交的异性朋友见过面，48%的网恋过。

7. 青年对社交网站/平台婚恋交友的看法及评价

网络婚恋交友的优点。近七成青年认为网络婚恋交友的最大优点是简单方便，可以随时随地交流和联系。近六成青年认为网络婚恋交友的优点是可以避免在现实生活中的尴尬场面、信息传递速度更快且可选择性和空间更大。近四成青年认为网络婚恋交友具有保密性是其优点之一。近三成青年认为可以备份，有回忆；可以使用表情包，增加趣味性是网络婚恋交友的优点（见表 1）。女性认为可选择性和空间更大更重要，男性认为信息传递速度更快更重要。33.2%的男性认为可以备份重要，而只有 25.6%的女性认为可以备份重要。

表 1   网络婚恋交友的优点

单位：%

优点	占比	优点	占比
简单方便，可以随时随地交流和联系	66.7	可选择性和空间更大	57.1
可以备份，有回忆	29.4	可以使用表情包，增加趣味性	29.4
信息传递速度更快	54.4	节约交流的成本	24.4
避免尴尬场面	58.4	没有优点	0.60
具有保密性	38.1		

网络婚恋交友的缺点。只有极少数青年认为网络婚恋交友没有弊端。25%的青年认为网络婚恋交友的弊端是不能深入地了解对方，容易受骗；25%的青年认为信息虚假、不真实是网络婚恋交友的弊端；也有近二成的青年认为交友类型复杂是网络婚恋交友的弊端之一。超过三成的青年认为网络婚恋交友会让自己沉迷于网络虚幻中且个人隐私和财物都容易受到侵害（见图 19）。男性和女性的看法差不多。近七成男性认为网络婚恋交友的缺点是信息虚假，不能深入了解对方；近八成女性认为网络婚恋交友的缺点是不能深入了解对方，信息虚假。

青年的网络婚恋交友观。青年都非常同意在网络婚恋交友时要提高分辨

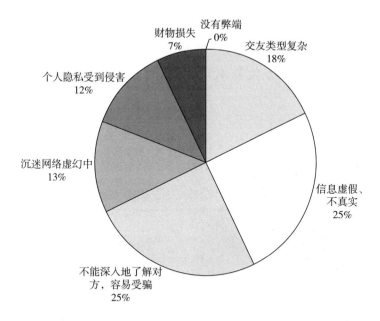

图19　网络婚恋交友的缺点评价

能力，保持警惕，小心跳入陷阱；认为通过网络婚恋交友可以认识更多的异性，可以互吐心声，即使不能成为情侣，也可以多一个朋友。部分青年认为网络婚恋交友会催生婚外情的出现。青年比较赞同网络交流是一个循序渐进的过程，可以更好地了解对方，网络婚恋交友开放性很强，自由度高，无任何约束；认为网络婚恋更容易找到有共同爱好和语言的情侣，身边也有不少走入婚姻的实例。也有青年赞同网络异性交友只是为了寻求帮助或找到聆听者，可以缓解自己空虚寂寞的心灵，能大大降低恋爱的成本，可以打发时间，增强刺激感。较多青年认为自己的工作环境无法认识可以交往的异性，比起现实中与异性沟通，会愿意花更多的时间在网络上交异性，且青年很愿意先网聊，合适的时候再约见网友。

对社交网站/平台婚恋交友看法及评价。近五成青年认为网络婚恋交友是目前比较流行的交友方式。近七成青年认为网络婚恋交友的最大优点是简单方便，可以随时随地交流和联系。近八成青年认为不能深入地了解对方，容易受骗、信息虚假不真实是网络婚恋交友的主要弊端。青年普遍认为交友需谨慎，非常同意在网络婚恋交友时要提高分辨能力，保持警惕，小心跳入陷阱。对于婚恋交友网站/平台提供的服务，七成青年最在意会员信息的安全保密。青年认为网络交友管理工作最需要改善的方面是隐私保护方面（见图20）。

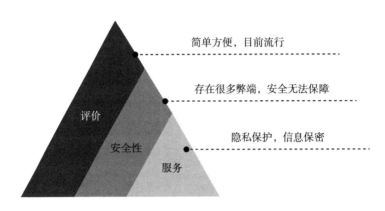

简单方便，目前流行

存在很多弊端，安全无法保障

隐私保护，信息保密

评价

安全性

服务

图20　对社交网站/平台婚恋交友看法及评价

安全保障。七成以上的青年人害怕被骗。七成青年在网络上婚恋交友中害怕自己的感情被欺骗或遭受经济损失。相比身体受到伤害，青年更在意的是感情受到欺骗或者经济遭受损失。对于在网络婚恋交友过程中被欺骗或者受伤害的事件，近八成青年认为这是由社会环境和受害者防范意识差、容易受骗共同导致的。

加强宣传和监督，减少伤害事件发生。七成青年认为要增大社会宣传力度，加强民众的法制意识，相关部门要加强监督力度和手段，保证治安工作的综合治理和有效落实，从而可以减少网络婚恋交友中被欺骗或伤害事件的发生。

对网络婚恋交友被欺骗/伤害事件的看法。75.8%的青年认为这是由社会环境和受害者防范意识差、容易受骗共同导致的。近五成青年认为是由网络安全性和人性泯灭共同导致的，网站上的很多内容真实性不强，很多不法分子借此实行违法犯罪行为，青年认为这些人应该得到惩治。只有2.7%的青年认为在网络婚恋交友中被欺骗是由于相关部门的监管力度不够，这是因为目前网络安全管理并不完善，没有明确的部门对网络婚恋网站进行监管。

男性认为导致网络婚恋交友被欺骗/伤害事件的主要原因是防范意识差，容易受骗，而女性则认为最主要的是由社会环境导致的（见图21）。

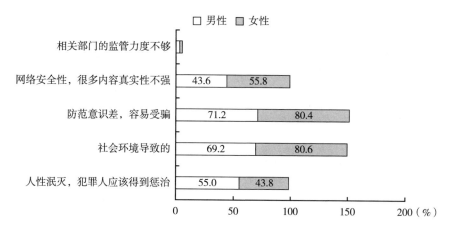

图21　对网络婚恋交友被欺骗/伤害事件的看法

网络婚恋交友管理工作需要改善的方面。男性认为最需要改善的是实名使用方面，其次是隐私保护、强化监管等方面。女性认为最需要改善的是保护隐私方面，其次是实名使用、强化监管、信息验证等方面。与男性相比，女性更重视费用和文明、安全教育，这与女性最在意的服务结果一致（见图22）。

（四）婚恋交友事业及产业发展现状

1. 公益性婚恋交友服务供给现状

平台建设。团市委通过线上线下O2O模式，搭建了U友缘青年交友信息平台，并与市信息共享平台建立数据接口，可实时核实用户婚姻状况等信息，是全国首个可以实名认证青年婚姻状况的交友平台，目前网站日均点击量达1.3万次，全年服务达30多万人次。市总工会指导成立了广州市职工红娘协会，通过各级工会报名、红娘协会审核的形式，确保参加活动者均为广州市工会会员，确保交友信息真实有效，杜绝骗婚行为。市妇联推动成立了"花城人家"交友平台，严格实行实名制认证，要求参加交友活动的人士必须提供身份证复印件、户口簿复印件等资料，并签名确认交友须知，承

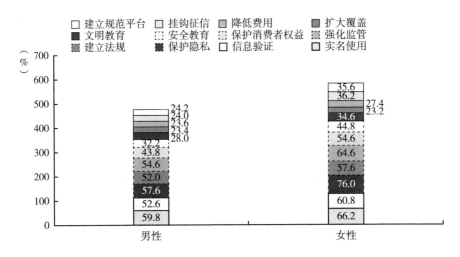

图 22　不同性别认为网络婚恋交友管理工作需要改善的方面

诺单身状态，确保参加人员安全可靠。

服务供给。团市委通过 U 友缘青年交友信息平台每周开展青年联谊活动，形成"落班有节目""友缘下午茶"等一批品牌交友活动。每周四晚上定期开展公益培训班"炼爱学堂"，并提供公益个案咨询名额，让有需要的青年获得真实有效的帮助。每年举办青年集体婚礼活动，整合社会资源为青年提供专属优惠，为青年减轻婚嫁负担。市总工会每月举办 1～2 场交友联谊活动，2012～2018 年已举办 124 场，参加活动的青年职工 2.4 万人次，配对成功 2509 对。同时每年划拨交友联谊活动经费 34 万元，按 1 万元/场经费补助基层单位开展交友联谊活动，竭诚服务全市青年职工。市妇联通过"花城人家"交友平台坚持创新活动形式，每月至少举办 1 场形式新颖的普惠性交友活动，按年龄、职业等进行匹配区分，开展不同形式的活动。

2. 商业性婚恋交友服务产业发展现状

近年来，我国单身人口数量增长、离婚率的走高为我国婚恋交友行业奠定了庞大的市场基础，而新一代消费者交友习惯的改变，使网络婚恋交友渗透率不断提升。在多因素共同作用下，我国网络婚恋交友行业市场规模稳步增长，2018 年已达到 49.9 亿元。

我国庞大的单身人口数量为我国婚恋交友行业奠定了市场基础。数据显示，2013～2018 年，我国单身人口数量逐年增长，至 2018 年，我国单身人口已达到约 2.4 亿人，占全国总人口的比重为 17.3%。可见，行业主力消费人群基础庞大。

五 青年婚恋交友现状及婚恋交友产业分析

（一）互联网交友文化对青年婚恋交友文化的影响

1. 正面影响

丰富青年交友方式。在当前的社会环境下，互联网已成为高效青年人际交往的重要渠道和平台之一，各具特色的社交软件层出不穷，迎合了不同青年群体的交友需要和偏好。网络交友方式冲破了传统交往方式的种种束缚，打破了身份、阶层、利益等带来的局限，从而极大地扩展了青年的交友范围。

提升青年交友质量。网络文化开阔了青年的视野，丰富了他们的知识储备，通过网络平台进行的交友活动可以有效帮助青年调整日常生活中的不良情绪，与兴趣相投的人进行良性的沟通交流，从而满足其交往需要，提高其心理素质。

激发青年创新精神。网络交友方式丰富了青年的交往活动，为其带来各式各样的交友体验，从而激发了他们的创新意识和精神，使他们能够根据自己的偏好自由选择和发展所需的交友形式与交友活动。

2. 负面影响

网络道德伦理失范。青年在进行网络交往的过程中，常常受到形形色色交友价值观的冲击，由于他们对自身的认知不够充分，缺乏相关的社会经验，很容易在网友的诱导下产生相应的行为失范现象，诸如网络剽窃、网络侵权、网络色情、网络诈骗、电脑"黑客"等现象越发频繁和猖狂，严重威胁着我国的互联网安全，阻碍着互联网秩序的良性发展。

现实人际关系弱化。互联网在扩大青年的人际交往范围，扩展他们精神交流空间的同时，也在一定程度上弱化了他们在现实世界中的人际交往能力。由于平时过分依赖网络交友方式，一些青年对现实社会中的人际交往感到陌生和胆怯。

传统价值体系受损。网络文化不仅丰富且杂乱，而且常常携带大量良莠不齐、真伪莫辨的信息，加上青年的身心发展还未完全成熟，导致其在网络交友的过程中容易上当受骗，这类事件的频发会使他们对现实生活中的人和事产生不必要的猜疑，从而降低青年群体对人际交往的信任度。

（二）青年文化中的单身亚文化分析

根据对当前青年单身人群的相关调查，可以将他们分为以下几种类型：恋爱无能型、单身至上型、完美人格型、明星迷妹型、离异丧偶型。恋爱无能型单身人群的特点是极度缺乏恋爱经验，不懂如何去爱，因而很难进入一段稳定而亲密的关系。单身至上型人群奉行"我自己足够有趣，无须异性陪伴"，他们基本上是不婚族，坚持单身主义。完美人格型人群则坚持完美主义，对异性的要求甚高，眼光格外挑剔，很少有异性能够达到他们心目中的标准。明星迷妹型是典型的追星族，在他们的眼中，只有他们追慕的明星，即"爱豆"才是他们心中最合适的配偶。离异丧偶型人群，他们由于各种特定因素，脱离已婚人群而成为单身族中的一员。

（三）婚恋交友产业与第四次单身潮的相互影响

伴随着年轻一代的崛起，"80后""90后"逐渐成为婚恋市场上的主力军。相比于"70后""60后"，作为互联网原住民的他们更倾向于利用互联网平台交友，而网络婚恋交友可以拓宽交友范围，降低交友成本。随着我国移动网民规模不断上升，我国网络婚恋渗透率也在逐渐提高，至2018年已经达到49.1%（见图23）。

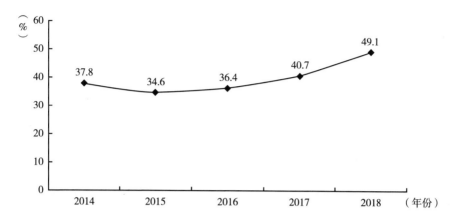

图 23　2014～2018 年我国网络婚恋渗透率

资料来源：前瞻产业研究院整理。

在多种因素的共同作用下，我国网络婚恋交友行业规模稳步增长。2014年行业市场规模为 26.9 亿元，至 2018 年达到 49.9 亿元，较 2017 年增长了24.75%，5 年年均复合增长率达到 16.7%（见图 24）。未来，随着网络婚恋核心企业的不断深耕，行业将继续保持稳定增长。

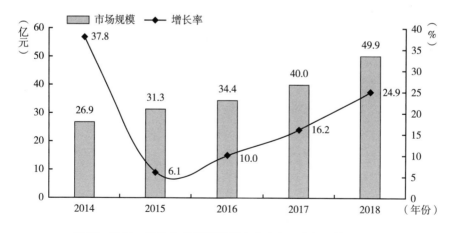

图 24　2014～2018 年我国网络婚恋交友行业市场规模及增速

资料来源：前瞻产业研究院整理。

六　广州共青团婚恋交友工作 SWOT 分析

（一）Strength（优势）

1. 历史背景

广州共青团是全国最早试点青年婚恋交友工作专业化的地方，1982 年 11 月，广州共青团在广州市青年文化宫成立了新中国第一家婚姻介绍所——广州市青年婚姻介绍所，中国的婚恋交友专业化道路就是从广州市北京路起步的。30 多年来，广州青年见证了中国青年婚恋交友专业服务的变迁，30 多万单身青年在这里使用了中国最规范的婚恋交友服务，2009 年这里的服务规范成为《婚姻介绍服务》国家标准的蓝本，载入国标 GB/T23 861—2009。

2. 平台建设

广州共青团的婚恋交友平台——U 友缘是国内为数不多的群团组织运营的公益婚恋交友网络平台，其起步于 1982 年的青年婚姻介绍所会员数据库，经历了纸质资料数据库、多媒体信息数据库、计算机信息数据库、互联网信息数据库等全婚恋交友技术时代，U 友缘现已步入云数据时代，2018 年已完成服务器在政务云的数据搬迁，同时接入了广州市市民数据云平台，成为国内唯一一家可以直接通过互联网技术查验本地居民身份信息及婚姻状况信息的婚恋交友平台。

3. 专业品牌及服务体系

广州共青团的青年婚恋服务专业品牌已形成了一定的社会知名度和美誉度，在广州市青年婚姻介绍所转型为青年婚恋服务研究中心后致力于研究成果输出和生态打造。已有品牌主要有以下几个。

公益婚恋交友平台——U 友缘及 U 友缘验证体系（公益实名婚恋交友平台）。

社区相亲阁——基层相亲类活动（常态化相亲类活动，品牌模式已获得越秀区、海珠区志愿组织落地使用）。

落班有节目——小型主题交友活动。

炼爱学堂及炼爱学堂走基层——婚恋专题培训班（年培训场次 80 场，培训 5000 多人次）。

青年集体婚礼"缘聚广州"——基层团组织联谊交友活动。

4. 话语权

自 2007 年以来广州共青团青年婚恋交友工作更为重视对青年婚恋的研究以及在地区内行业话语权的建设，每年均会策划相关的专题研究，研究成果以及服务的成功经验奠定了共青团在广州青年婚恋事务中的话语权地位，年采访及见报量达 30 次以上。2015 年更牵头成立了广州市青年婚恋服务促进会。

（二）Weakness（劣势）

1. 市场占有率

从本次调研数据来看，U 友缘平台的占有率约为 3%，在众多社交平台当中处于中下游。服务量与广州的单身青年数量存在较大差距。其原因是多方面的。一是宣传渠道单一，现主要宣传力量是三个方向，分别为成功个案的口口相传、基层交友活动、媒体报道，但由于单位性质以及人财配置，持续影响力较大的广告推广方式无法实现。二是服务站点仅广州市青年文化宫，市中心以外的周边区街单身青年办理验证及参加活动路程远，不方便。三是 U 友缘平台对使用者身份把关以及使用周期有着严格的规定，非实名用户和未验证用户在平台上难以使用服务。

2. 经费投入

婚恋专项经费近年来一直维持在 20 万元以下。根据本次调研数据测算，在广州有婚恋交友服务需求的青年在 32 万人左右，相关婚恋交友消费规模约为 8 亿元，二者之间缺口巨大。在与社会商业婚恋机构对比上，以百合佳缘集团为例，2018 年百合佳缘年报数据反映，该集团在 2018 年的成本支出为 14.3 亿多元，在扣除人力成本开支后其投入与婚恋专项经费相比依然不是同一个数量级。

3. 运营团队

在核心运营团队建设上，广州共青团婚恋交友平台的运营团队建设在广州市青年文化宫，现有专职人员5名，具备心理咨询师、高级婚介师、中级社工师资质，各基层组织各相关干事均为兼职性质。与社会商业机构相较，在薪酬架构、人员数量、管理力度等方面均存在较大差距，现婚介师市场月薪为1万～2万元，以百合网广州站点为例，共有3个站点，专职服务团队共200余人，其人工服务量可达年均1万人，预计营收可达2亿元，可用于团队建设及激励的费用达6000万元。

（三）Opportunity（机遇）

1. 政策支持

中共中央、国务院、团中央、民政部、国家卫健委、省委省政府、市委市政府接连出台青年发展规划性文件以及各部门配套的工作方案，均将青年婚恋交友工作列为其中的重要一环，并强调信息平台建设的重要性，明确指出打造诚信平台，打击婚骗婚托，充分发挥工会、共青团、妇联等群团组织和社会组织的作用，为青年婚恋交友提供必要的基础保障和适合青年特点的便利条件。明确推动青年婚恋交友服务体系的社会化发展，构建党政部门、群团组织、社会力量合力推动青年婚恋工作的良好格局。这说明党和政府在纵向以及横向上为青年婚恋交友工作以及婚恋交友平台的建设和社会合作开启了绿灯。

2. 技术支持

一直以来政府在市民信息的使用上有着比较严格的规定，对信息安全上也有着明确的要求，近年来随着国务院对政府机关证明开具的收紧，各婚恋机构从客观上无法获得相关的佐证材料。某声称联网公安、实名认证的婚恋平台，在翟欣欣案中暴露了其验证机制形同虚设的现实。U友缘平台因其管理部门的官办性质以及其运营团队的特殊身份，获得了广州市民信息云平台的接入，成为唯一能够实现婚姻状况在线验证、库内验证的婚恋交友平台。该技术的运用能够有效地解决婚姻状况验证的技术短板，如能够通过U友缘平台带动受众更多、覆盖更广的社会婚恋交友平台克服婚姻状况验证的短板，避免类似翟欣欣案的悲剧重演。

3. 社会重视

媒体和民众对于青年婚恋问题的迫切需求。根据市青年宫 2017 年进行的 3000 个案量问卷调查发现，超七成的受访者希望能够通过群团组织服务解决单身问题。而不足二成的受访者愿意使用社会婚恋服务，原因是其信息安全、真实，服务规范。

（四）Threat（威胁）

1. 居民信息安全使用的问题

现实环境中由于商业机构的特性及其存在的人员管理短板，社会商业机构一直无法获得市民信息云平台的接入权限。而一旦商业机构获得这个权限，市民信息泄露、市民信息查询权限滥用等问题就会在使用过程中产生。现 U 友缘验证体系所使用的方式是由本人提供委托申请，由 U 友缘管理团队接受申请代为查验身份信息及婚姻状况，再通过相关标识在平台上显示其填报信息与政府信息的一致情况。在政府平台与商业机构的合作上，做好信息的存放与使用、生成与判断、内容与标识等关键元素的独立运行，以更好地保护居民信息安全。

2. 不规范使用的问题

在现实案例中，社会商业婚恋交友平台都不同程度地夸大了其平台的安全系数，部分平台更是无中生有，比如使用"公安部联网""国家身份信息大数据查验""民政部审核"，甚至使用某机关部门下属公司等让消费者产生错误认知的字眼。这样做不但扰乱了市场，削弱了政府部门的权威性，更极大地影响了消费者的正确认知，增加了消费者的消费风险。因此，在与社会合作中需要进行前期的培训教育工作，规范相关的业务术语，审核相关的服务介绍内容，同时制定明确的评估机制以及准入和退出机制，这样才能有效杜绝使用不规范的问题。

3. 标准不统一的问题

婚恋交友工作的标准统一工作于 2009 年进入国家层面，《婚姻介绍服务》国家标准在当年颁布并实施，但作为一个建议性国标，在实际操作上并没有强制性标准的执行力度，在国标颁布后各地也没有相关的行业组织或者政府部门根据文件整顿市场，造成了企业间各自为政，政府管理缺乏抓手。在政府平台与社会合作参与建设工作上，需要存在强制力量统一推行国家标准以及国家对于相关证明的有效解析。

七　广州青年婚恋交友工作对策及建议

（一）政府主导对策建议

1.明确政府主导地位，明确群团职能

政策文件当中提到明确推动青年婚恋交友服务体系的社会化发展，构建党政部门、群团组织、社会力量合力推动青年婚恋工作的良好格局。政府的主导地位是首要的内容，因为婚恋交友工作的有序开展，离不开政府相关职能部门的权力介入，比如民政部门管理的婚姻状况信息，公安部门管理的个人户籍身份信息，卫健委管理的生育信息，公检法对于不法婚介以及婚骗婚托的有效处理，质监部门对于工商企业的监督管理，社会组织管理部门对于涉及婚恋交友类社工服务的监督管理等。群团组织作为直接接触青年、服务青年的对口部门，在具体的婚恋事业和产业发展上起到维系、引领、维权、整体监督管理的作用，也是政府和单身青年的主要桥梁纽带。

2.进一步完善婚恋交友基础信息安全平台建设

婚恋交友平台的立足点是信息的对称与安全，诚信公益婚恋交友平台的建立离不开平台信息的安全性与正式性，在现有的条件下由政府建立婚恋交友基础信息安全平台是比较可行的办法。以 U 友缘为例，作为试点已经有效地为广州市民提供安全交友信息平台的功能，但依然存在其局限性，在下一步工作中可以 U 友缘平台为蓝本，但在信息的涵盖面上还远远不够，作为国家的一个特大城市以及区域中心，广州非户籍人口的比重接近现有居民，且主要为婚龄的青年，其服务需求以及户籍人口的婚恋交友现实我们不

能忽视，应该尽快与省信息共享平台以及国家的信息共享平台进行对接，实现对非户籍人口的覆盖。

3. 制定规章制度，规范婚恋交友产业发展

广州市政府应尽快出台市内婚恋交友行业的管理办法，针对时下发生较为频繁的身份验证不实、服务虚假、夸大宣传以及由此而衍生的婚骗婚托行为进行有效打击。建议政府相关部门参照国家社会工作联合会成立婚庆婚恋服务业委员会的做法，成立市社工协会下婚庆婚恋服务业委员会，或参考市内其他行业商会的做法，由市工商联牵头成立婚恋服务行业商会，加速婚恋交友产业的规范发展。

（二）教育先行对策建议

1. 校园婚恋教育

将婚恋教育纳入高校教育体系，引导青年树立文明、健康、理性的婚恋观。在中小学阶段开设适合青春期特点的青少年社交及性健康卫生课程，正确教育青少年采取两性间文明的交往方式，正确把握青春期两性间情绪变化的特点，做好自我保护工作。同时通过家长课堂帮助家长做好青春期子女生理及心理变化特点的家庭教育工作，帮助青少年安全度过躁动的青春期。

2. 社会婚恋教育

由于我国在校园婚恋教育工作中的缺失，不少离开校园的青年在社会中缺乏应有的婚恋社交能力以及情感关系问题解决能力，恋爱能力缺失也是单身问题的重要原因。青宫婚恋服务研究中心自 2008 年起就开始针对单身群体开展有针对性的培训班，十多年来已建立了炼爱学堂以及炼爱学堂走基层婚恋培训品牌，政府可以此作为蓝本通过系列专题公益培训班，在婚恋服务机构或者单身群体集中的企事业单位社区进行普惠性的培训教育工作。

3. 消费者教育

婚恋消费作为一种情感类服务消费有其主观性因素影响大、实现周期

长、服务难以量化的特点，因此，在消费者消费时容易在消费条款、服务质量监督、退款机制上存在一定的盲点，导致经济以及其他方面的损失。鉴于此，政府应该加强与行业以及消费者权益组织合作，通过消费者教育提高消费者在婚恋服务消费中的辨识能力与自我保护能力。

（三）重建社交对策建议

1. 建立以兴趣交友为渠道的青年线上线下社交体系

通过本次问卷调研我们发现，青年群体在婚恋交友问题上存在一个比较突出的共同点，那就是对于共同价值或者共同兴趣的追求。青年婚恋社交的形式有很多，有兴趣交友、娱乐交友、相亲交友，但随着近年来青年对于自我价值的重视，在相亲交友以及娱乐交友上会存在一定的抵触情绪，但兴趣交友或者兴趣圈的建立则是青年文化潮流的方向，诸如"飞聊""豆瓣同城"之类的兴趣交友软件成为社交软件的新方向。有鉴于此，结合青年婚恋从网络到地面的要求，我们需要在青年婚恋交友活动中更多地突出兴趣交友的内容，进而符合当代青年对于共同兴趣共同价值的婚姻伴侣的向往。

2. 建立以社会主义核心价值观为文化主线的婚恋文化导向

近年来出炉的相关婚姻家庭数据表明婚姻家庭的稳定性正被各种价值理念冲击，结婚率的下降趋势越发明显，平均婚姻年龄的逐年增长，离结比的逐年攀升，相关研究显示正是生活价值理念的不统一导致了婚姻家庭的破裂，虽然婚姻的建立存在各种因素，但共同的家庭理念是最核心的因素，因为个体发展环境的差异，两性间对于婚姻的理解正遭受着不同的价值观驱使。因此，我们在大众媒体上，在婚恋教育工作中更应该高高竖起社会主义核心价值观的大旗，在同一的价值理念之下做好青年家庭建设的价值引导。

新时代电网企业青年员工成长发展研究[*]

南方电网广东广州供电局团委

摘　要： 青年兴则国家兴，青年强则国家强。对于企业亦如此，发挥好青年人才的作用是企业提升竞争力、实现可持续发展的重中之重。南方电网广东广州供电局主动探索电网企业青年员工在入职不同阶段的工作、生活、心理及社会认知四维度特征，发现青年员工成长拐点期，结合拐点期画像特征及背后深层次原因，创新制定服务青年成长发展的"11543领航计划"，以期全面助力青年成长。

关键词： 青年员工　拐点期　"11543领航计划"

习近平总书记在党的十九大、纪念五四运动100周年大会等重要会议上多次发表关于青年成长成才的重要讲话，为新时代青年工作赋予新内涵。在新一轮电力体制改革向纵深发展及粤港澳大湾区建设逐步推进新的形势下，南方电网广东广州供电局（以下简称"广州供电局"）内、外环境发生了巨大变化，对青年员工的知识技能、环境适应能力、心理抗压能力提出新要求。同时，青年员工是推动公司向智能电网运营商、能源产业价值链整合商、能源生态系统服务商转型，建设具有全球竞争力的世界一流企业的重要力量，加强青年员工成长培养日趋重要。

当前电网企业对青年员工缺乏科学与全面的认识，导致青年培养工作缺

---

* 本文系2019年南方电网广东广州供电局立项课题成果。

乏针对性、科学性，成为制约青年成长发展的薄弱环节。为此，广州供电局对系统内 35 周岁以下青年员工开展调查研究，以期把握新时代电网企业青年特点，正确认识青年成长规律，了解青年核心需求，更好地引领青年成长，服务青年发展。

一 定性定量相结合，探寻发展规律

研究将问卷调查和访谈调查相结合，搜集基础数据。借助 SPSS 统计分析软件处理样本数据，从工作状态、生活状态、心理状态及社会认知等方面，寻找青年员工职业发展规律及"拐点"（即职业发展过程中状态变化明显的关键时间点）。进一步以工作年限为自变量，从工作、生活、心理和社会认知四维度对青年特征做整体"画像"，总结出新时期电网企业青年普遍特征与发展趋势，为做好青年工作、支持青年发展提供更科学的依据。

二 四维度拐点探索，描绘成长画像

（一）青年员工成长拐点探索

研究发现青年在成长发展的不同维度均存在"拐点"（见表1）。

表1 青年状态特征

维度	青年状态特征
工作状态	·入职第 1 年的员工工作状态在青年群体中最好； ·入职第 2 年起呈现明显下降趋势，第 5 年跌至低谷； ·入职后第 3 年、第 8 年出现较明显的"消极"状态，第 9 年后逐步回升并趋于平稳
生活状态	·入职第 1 年、第 4~6 年，生活状态整体好于其他时期； ·入职第 2 年、第 7 年和第 10 年，下降趋势明显，形成三个"低谷期"
心理状态	·同样呈现入职第 1 年最佳现象； ·第 2 年迅速回落，于第 3 年到达"低谷期"； ·分别在入职后第 6 年、第 9 年出现积极的"小高峰"，第 7 年出现"小低谷期"

续表

维度	青年状态特征
社会认知	·入职第1年呈现与上述三维度相同的积极状态,并在第2年迅速回落到第一个"低谷期"; ·积极状态与消极状态交替出现,波动较大

相关性检验发现,青年工作、生活、心理与社会认知四维度间存在显著的相关关系。计算四维度均值,得出青年员工发展综合趋势图:青年员工入职1年内状态积极;入职第2~3年出现"断崖式"下滑,第3年出现首个低谷;入职第4~5年,状态波动较大,第4年小幅回升再迅速下降,第5年出现第二个低谷;进入第6~8年,状态稳中有降,第8年出现第三个低谷;入职第9~10年,状态再次下降。

据此趋势,将青年员工发展分为入职第1年、第2~3年、第4~5年、第6~8年、第9~10年五个拐点期,并根据特点分别定义为"萌芽期""认知期""提升期""成熟期""稳定期"。

(二)青年员工成长画像分析

根据调研数据,应用方差和相关分析,总结青年员工各拐点期四维度的特征,综合分析主客观因素,梳理出表征背后的深层次原因,精准识别出各拐点期成长风险点。

1. "萌芽期"画像

他们处于学生向"职场人"的转变阶段,对工作充满新鲜感,对企业与工作认同度高。54.2%的青年认为培养青年人才最合适的方式是"建立师徒制"。也存在心理预期与企业要求不匹配、新环境融入度和归属感不足的问题(见图1)。

2. "认知期"画像

他们普遍处于第一个职业发展节点上,超过50%的青年关注个人职业发展,渴望更有针对性的培训。但部分青年存在不能安心扎根基层、能力提升意识不足、过度消费导致收支不平衡、工作压力增加产生负面情绪等情况(见图2)。

心理状态		社会认知

画像特征	求知欲强，思维活跃	希望"被指引"
由学生向"职场人"身份的转变	工作状态——心理状态 对工作充满新鲜感与期待感，但缺乏正确的自我认知	工作状态——社会认知 在角色转变过程中，需要组织给予引导与支持
过集体生活，上网时间长	生活状态——心理状态 需要适应与融入新的集体环境，集体归属感较低	生活状态——社会认知 需要学会与身边人建立良好的人际关系，扩大社交圈子
成长风险点	1.员工心理预期与企业要求不匹配	2.对新环境融入度和归属感不足

（左侧：工作状态、生活状态）

图1 青年"萌芽期"特征

心理状态		社会认知

画像特征	工作压力增加	入党意愿强烈
职业新鲜感开始降低，关注职业发展	工作状态——心理状态 职业发展方向及工作重点发生改变，使职场心态更趋"焦急"，扎根基层意愿相对较低	工作状态——社会认知 更加关注与自身的全面发展，在工作与思想上积极追求进步
追求更高的生活品质	生活状态——心理状态 在寻求工作与生活的平衡中，容易忽视个人经济承受能力，养成不良消费观	生活状态——社会认知 对个人生活品质及组织归属有较强期待
成长风险点	1.扎根基层意愿低　2.过度消费收支不平衡	3.因工作压力产生负面情绪

图2 青年"认知期"特征

3. "提升期"画像

他们人生追求的重点从职业发展扩展为兼顾职业和生活。生活上，47%的青年开始组建家庭，生活压力增大对工作状态产生影响。工作上，他们逐渐失去入职时的新鲜感，责任心和积极性下降，归属感减弱，争先意识降低，进入职业发展"迷茫期"（见图3）。

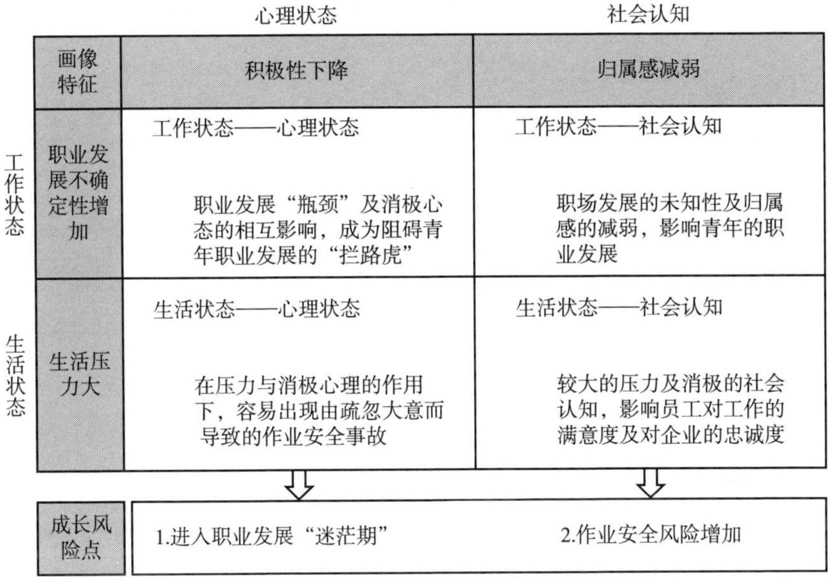

		心理状态	社会认知
	画像特征	积极性下降	归属感减弱
工作状态	职业发展不确定性增加	工作状态——心理状态 职业发展"瓶颈"及消极心态的相互影响，成为阻碍青年职业发展的"拦路虎"	工作状态——社会认知 职场发展的未知性及归属感的减弱，影响青年的职业发展
生活状态	生活压力大	生活状态——心理状态 在压力与消极心理的作用下，容易出现由疏忽大意而导致的作业安全事故	生活状态——社会认知 较大的压力及消极的社会认知，影响员工对工作的满意度及对企业的忠诚度
成长风险点		1.进入职业发展"迷茫期"	2.作业安全风险增加

图3 青年"提升期"特征

4. "成熟期"画像

工作上，他们逐步成长为专业领军人才，超过45%的青年希望解决晋升晋级问题。同时，面临新技术和新方法带来的挑战，容易产生"本领恐慌"。生活上，子女教育及赡养老人压力加大既影响心理状态，也导致廉洁风险增加。社会认知上，在没有入党的青年中，超过50%的人每年仅参加1~3次团青活动，组织生活的减少容易出现思想引导"真空期"，产生消极社会认知（见图4）。

5. "稳定期"画像

他们在单位的价值日益凸显，晋升意愿却不断降低，51.9%的青年从入

	心理状态	社会认知
画像特征	晋升意愿强烈	组织及集体活动参与次数减少
工作状态 职位晋升需求高、个人能力与岗位需求不匹配	工作状态——心理状态 青年员工渴望在职业发展及个人能力都得到双重提升	工作状态——社会认知 个人发展需求重心的转变，青年员工逐渐脱离组织集体生活，缺乏接受思想教育的机会
生活状态 家庭经济压力开始增加	生活状态——心理状态 随着职位权限的扩大，及经济压力的增加，导致廉洁风险进一步加大	生活状态——社会认知 青年逐渐将注意力放在家庭生活中，在集体活动中投入的时间较少
成长风险点	1.出现技能"恐慌"　　2.出现思想"真空"　　3.廉洁风险增加	

图4　青年"成熟期"特征

职第9年开始不参加职创活动。生活上，子女教育及老人赡养的压力继续增大。社会认知上，面对电力体制改革带来的机遇与挑战，更倾向"随遇而安"，奋斗激情在衰减，进入职业"倦怠期"。面对工作、生活双重压力，他们希望得到更多的社会支持，压力疏导需求增大（见图5）。

（三）综合分析

基于上述分析，研究认为当前"一刀切"的青年培养模式不能精准解决不同阶段青年成长存在的问题。青年发展诉求与企业对其成长预期之间存在"错位"，亟须探寻青年工作的新思路、新方法，实现青年与企业相向发展。

为此，广州供电局结合南方电网公司《公司青年发展规划（2019～2022年）》对青年队伍培养的要求，搭建"11543领航计划"，旨在精准引领青年在企业改革发展的大潮中坚定理想信念，锤炼过硬本领。

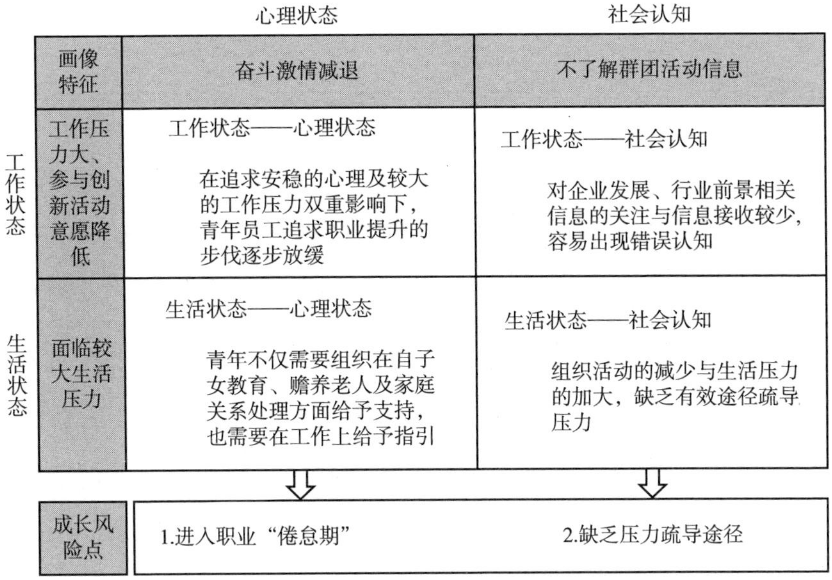

	心理状态	社会认知
画像特征	奋斗激情减退	不了解群团活动信息
工作状态 工作压力大、参与创新活动意愿降低	工作状态——心理状态 在追求安稳的心理及较大的工作压力双重影响下，青年员工追求职业提升的步伐逐步放缓	工作状态——社会认知 对企业发展、行业前景相关信息的关注与信息接收较少，容易出现错误认知
生活状态 面临较大生活压力	生活状态——心理状态 青年不仅需要组织在自子女教育、赡养老人及家庭关系处理方面给予支持，也需要在工作上给予指引	生活状态——社会认知 组织活动的减少与生活压力的加大，缺乏有效途径疏导压力
成长风险点	1.进入职业"倦怠期"	2.缺乏压力疏导途径

图 5　青年"稳定期"特征

三　实施"11543领航计划"，助力成长成才

"11543 领航计划（PILOT PLAN）"以一个航向为目标引领，以一个机制为实施载体，以五个航段为干预重点，以四维领航为统筹策略，以三重保障为基础支撑，助力青年发展（见图6）。

（一）五个航段，量身打造"奋进蓝图"

青年既是最富干事创业激情的群体，也是最容易迷失方向的一群人。"11543 领航计划"为不同阶段青年员工定制"航道"，助其找准定位，走在正确的路上。

1. 启航：聚焦传道授业，激发发展潜力

针对入职 1 年内青年由缺乏正确的自我认知和角色定位而导致的心理预期与企业要求不匹配，及新环境融入度和归属感不足的成长风险，干预策略

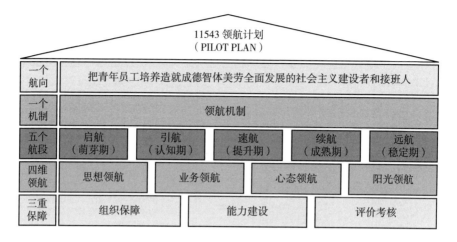

图6 "11543领航计划"

聚焦于高效引导。通过指明方向，传授正确的方法与技能，适时点拨与解答困惑，激发其内在潜力，实现从学校向社会的"软着陆"。

2. 引航：聚焦知行合一，形成正确认知

针对入职第2~3年青年对自身能力提升意识不足、不能沉下心扎根基层的情况，干预策略聚焦于助其形成正确的认知实践与认知发展。通过"在干中学"和"在学中干"相结合，找准自身发展定位，实现知行合一。

3. 速航：聚焦攻坚克难，全面提升能力

针对入职第4~5年青年对职业发展比较迷茫，容易因积极性下降出现安全作业风险增加的成长风险，干预策略聚焦于让其跳出"舒适区"，在攻坚克难中提升工作的积极性与安全作业的能力。

4. 续航：聚焦发展需求，助力稳步前行

针对入职第6~8年青年容易出现本领"恐慌"和思想"真空"的成长风险，干预策略聚焦于精准匹配发展需求。坚持思想与技能两手抓，填充"思想真空"确保思想不断层，促进技能提升防止"技能恐慌"，帮助其更好胜任工作岗位。

5. 远航：聚焦职场常青，追求卓越人生

针对入职第9~10年青年缺乏职业发展规划和压力疏导的成长风险，干预策略聚焦于将其年龄优势转化为技术技能优势，逐步成长为各自领域先锋人物。一是重新唤醒工作激情，让其思想与企业发展同频共振。二是及时、科学地干预，帮助其疏导压力，做好后勤保障。

（二）四维领航，全面激发青春动能

青年培养既要注重提升业务素质，还要重视精神塑造。"11543 领航计划"通过思想、业务、心态、阳光四维领航，全面激发青年员工的成长动力。

1.思想领航，铸就责任担当

搭建"思想领航"平台，把坚定理想信念作为思想政治工作首要任务贯穿青年成长发展的全过程、各方面。注重发挥社交媒体对青年的引导作用，增强网上阵地对青年的舆论引导力与话语权，助其扣好"人生第一粒扣子"。

实践中，广州供电局坚持以党带团，开展大学习、大讨论、大宣讲＋各单位特色学习"3＋X"特色学习活动。开展"学习榜样　传递力量"主题党（团）日、"每月一议、每月一讲、每月一谈"主题分享活动，树先进榜样，讲身边故事，论思想感悟。同时，推进各基层单位开展试点工作，推广成功经验。其中，广州越秀供电局成立青年"登高攻坚"团队，由单位党支部书记担任青年领航员，搭建跨部门项目研讨平台，凝结各业务线青年骨干，帮助青年成长成才。

2.业务领航，练就过硬本领

坚持创新技术技能领航平台的形式与载体，弘扬工匠精神，加快培养懂技术、善创新的青年人才，支持青年员工创新创效，建功新时代。

在实际工作中，广州供电局积极为青年打造"实践、创新、交流"三大平台。开展青年创新联盟活动，提供入门"零门槛"创新支持，实现跨部门、跨单位、跨专业交流合作，鼓励青年参与创新创效；立足岗位实际，广泛开展"号手岗队"等青字号品牌实践活动；组建青年突击队，让青年员工在急难险重中发挥作用。在抗击新冠肺炎疫情中，广州供电局成立青年突

击队 34 支，出动近 600 人次，为战"疫"保电、复工复产贡献青春力量。

3. 心态领航，锤炼心理品质

加强对青年的人文关怀和心理疏导，引导青年历练不怕失败的心理素质，敢于面对困难和挫折，对时代变革、企业前景始终保持乐观向上的积极态度。

为引导青年心态健康成长，广州供电局定期开展"奋斗的青春最美丽""榜样面对面""党支部书记面对面"座谈交流、亲子课堂等活动，加强对青年的心态引领、人文关怀和心理疏导。

4. 阳光领航，助力美好生活

将对青年的引导从工作延伸到生活和家庭，让青年自觉承担家庭责任和社会责任，以青年生活健康构筑新时代社会和谐的基点。

八小时工作外，广州供电局开展"志愿行"红木棉志愿者服务 + "青年荟"兴趣交流的每月"1 + 1"活动。自 2019 年至今，共开展青年"好奇电学堂"校园电力科普等志愿服务活动 600 余场，超 8000 人次参与，累计志愿服务时长 27637 小时，将阳光正能量传播到青年生活方方面面。

（三）三重保障，为计划落地保驾护航

1. 落实组织保障支撑

在各级党组织统一领导下，构建以工会、团组织为支撑，各级人力资源或党建部门为主导，基层单位部门负责人、班站长、师傅为领航员抓落实的上下联动工作机制，协同配合、统筹推进落地实施。

2. 夯实能力保障基础

将领航员培训纳入公司年度培训整体规划，建立领航员培训体系，确保每名领航员每年不少于三个学时的领航技能培训，提升其帮助干预的知识与技能。同时，支持领航员跨单位交流学习，以及结合工作实践开展青年培养研究，为青年培养输出可借鉴经验。

3. 抓实评价考核机制

将落实青年成长发展各项指标、任务要求和培养成效纳入领航员绩效考

核，落实青年领航责任。各级党组织负责人定期听取计划落实情况，强化责任监督。各单位定期组织自我评估和督导审查，不断优化纠偏，实现闭环管理。

四　结语

本研究结合青年成长发展规律及诉求，制定全面助力青年成长的"11543 领航计划"，以期通过青年成长干预策略，帮助新时代青年顺利度过成长拐点期，实现工作、生活、心理及社会认知全面发展，在新时代中国特色社会主义的伟大实践中奋勇前进，顺利接过新时代的"接力棒"。

组织青年参与社会治理

广州青年志愿服务"全周期管理"实践探索

徐　柳等*

摘　要： 广州青年志愿服务工作在志愿者招募、培训、组织、项目、激励、保障等全流程闭环式管理上已取得了一定成效，逐步形成"队伍专业化+项目多元化+阵地规范化+经验体系化+水平国际化"的"广州模式"，但基于"全周期管理"的视角，仍在政策环境、技术支撑、运转体系、创新驱动等全场景系统式革新上存在一定问题，亟须在强化宏观规划与政策供给、提高信息化管理水平、建立健全立体式协同联动机制、推动理论与实践探索突破等方面进行持续改善。

---

* 本研究报告系 2020 年广州市团校与广州市志愿者行动指导中心联合开展的深调研课题成果。课题负责人：徐柳；课题组成员：杨成、魏晓丽、马发腾、谢素军、谢碧霞、孙慧、巫长林、姚俊、张婷。

关键词: 青年志愿服务 青年志愿者 全周期管理 广州

"全周期管理"是一种以系统论和协同学为理论基石的先进管理思维,注重从系统要素、结构功能、运行机制、过程结果等层面进行全周期统筹和全过程整合。2020 年 3 月,习近平总书记在武汉考察时,明确提出要"着力完善城市治理体系和城乡基层治理体系,树立'全周期管理'意识,努力探索超大城市现代化治理新路子"。城市治理的"全周期管理"是指将城市看作一个复杂开放的系统,用系统集成的思维解决城市治理问题,周全考虑事物发展的各种要素,实现全流程闭环式管理,并逐步推动全场景系统式革新①,形成系统、协调、完备的城市治理体系。志愿服务"全周期管理"本质上与之相融相通,有丰富的内涵和外延,既涵盖了从志愿者招募、培训、组织、项目、激励、保障等全流程闭环式管理,更要求对志愿服务管理过程中涉及的政策环境、技术支撑、运转体系、创新驱动等进行全场景系统式革新。

作为改革开放的前沿阵地,广州是国内志愿服务事业起步早、发展快、规模大的城市之一。近年来,广州共青团整合各类社会资源,大力推动志愿服务事业发展,逐步形成"队伍专业化 + 项目多元化 + 阵地规范化 + 经验体系化 + 水平国际化"的运转体系,成效较为显著。自 2010 年起至 2020 年 12 月,在广州"志愿时"平台上实名注册的志愿者累计 373.4 万人(含在穗学习、工作、生活的 8427 名港澳台志愿者和外籍志愿者),约占广东全省实名注册志愿者总数的 28%,其中,35 岁以下的青少年志愿者共 302.6 万人,占比 81.04%。值得一提的是,2016~2020 年"十三五"期间青少年志愿者增长了 225.2 万人,增长率为 291%。对照《2020 年度全国文明城市测评体系》关于"注册志愿者人数占本地常住人口比例大于 13%"的要求,广州已经超额完成。

---

① 参见常保国、赵健《"全周期管理"的科学内涵与实现路径》,《光明日报》2020 年 9 月 4 日。

为进一步加大志愿服务系统化建设力度，以"全周期管理"理念提升各要素整合程度，我们对广州共青团主导发起和组织的青年志愿服务工作进行了"深调研"，主要通过信息系统数据分析、实地考察、志愿者访谈等方式，深入了解广州青年志愿服务工作的管理现状和发展困境，剖析存在的问题及其原因，并重点围绕如何健全广州青年志愿服务"全周期管理"体系提出有针对性的改进措施，力求进一步促进广州青年志愿服务事业高质量发展，并为其他城市开展青年志愿服务工作提供参考借鉴。

一 广州青年志愿服务"全周期管理"现状

基于"全周期管理"理念，广州青年志愿服务工作在志愿者招募、培训、组织、项目、激励、保障等全流程闭环式管理上了取得一定成效。

（一）青年志愿者招募

广州青年志愿者的招募主要依托共青团广州市委开发运行的"志愿时"信息管理系统（以下简称"志愿时"系统）进行。结合志愿服务项目（活动）的不同需求，面向不同的群体开展招募，主要采用"公开报名招募""组织发动招募""项目化招募"三种方式。一是"公开报名招募"方式，多用于对志愿者年龄、性别等基本条件限定性不强，可以面向各类群体进行广泛招募的志愿服务项目（活动），通过志愿服务信息管理系统面向全市注册志愿者开展。该类招募方式约占整体招募渠道的80%。二是"组织发动招募"方式，多用于对志愿者基本条件有特定要求的志愿服务项目（活动），例如"健康直通车"志愿义诊项目、"家庭医生"志愿服务项目等，需要依托医疗机构，面向专业的医务人员招募志愿者。该类招募方式约占整体招募渠道的5%。三是"项目化招募"方式，多用于需要常态化开展、可以通过骨干力量不断扩大志愿者招募群体的志愿服务项目（活动），如"志愿驿站"服务活动，从最初的志愿者骨干扩充为驿站的核心团队，再不断辐射周边社区的居民。该类招募方式约占整体招募渠道的15%。

（二）青年志愿者培训

广州青年志愿者培训特色主要依托广州志愿者学院创新"三个体系"。一是创新课程体系，自主研发国内第一个以志愿服务岗位能力需求为导向、以志愿服务时数与岗位角色为划分依据的培训课程体系，对志愿者开展基础级、骨干级、组织负责人级培训。二是创新师资体系，组建一支包括校本教师、社会化培训讲师、客座教授在内的近 200 人的师资队伍，逐步形成以"专业带头人 + 培训教学骨干 + 科研教学辅助人员"为主要形式的教学团队基本框架。三是创新教材体系，组织全国志愿服务理论研究专家和一线实践者编写出版了国内第一套专业化、成体系的志愿者培训教材——《志愿服务岗位能力培训教材》，并作为中国青年志愿者协会推荐读物在全国推广使用。此外，还编写出版了《防疫志愿服务培训教材》《志愿者培训体系分析》等十多本专业领域志愿服务培训教材。

（三）青年志愿服务层级架构及组织体系

截至 2020 年底，在"志愿时"系统线上注册的广州志愿服务组织及队伍数达到 15036 个。其中，在广州市民政局正式注册的志愿服务组织 3618 个。从组织体系的角度看，全市志愿服务组织（队伍）主要包括三个层级。一是市级青年志愿者组织（队伍）。统筹协调全市青年志愿服务工作的组织是广州青年志愿者协会（以下简称"广青协"），该协会成立于 1995 年 6 月 5 日，是全国成立较早的青年志愿服务组织，也是广州拥有注册青年志愿者最多的组织；广青协推动建立或维系若干统筹协调某专业领域青年志愿服务工作的组织（队伍），如广州志愿驿站联合会、广州消防救援志愿服务队、广州青年志愿者协会垃圾分类志愿服务总队等。二是区级青年志愿者组织、团市委直属团组织的青年志愿者组织（队伍）。截至 2020 年 12 月，广州已推动 10 个区成立区级青年志愿者协会。[①] 直属团组织建立维系的志愿者队

[①] 广州市越秀区、海珠区、天河区、白云区、黄埔区、花都区、番禺区、南沙区、增城区、从化区均已成立区级青年志愿者协会。荔湾区暂未成立。

伍如有广州大学青年志愿者协会、广州地铁志愿服务队等。三是街道（社区）、团市委直属团组织二级组织的青年志愿服务组织（队伍），如广州越秀区洪桥街学雷锋志愿服务队、广州海珠区保利花园志愿服务队、广州大学外国语学院志愿服务队、广州地铁猎德站志愿服务队等。市、区（团市委直属团组织）、街三级青年志愿者组织基本形成统筹推进、协同联动的运行机制。市级青年志愿者组织统筹做好相关政策和工作部署的分解转化、具体项目的推动、创新项目的设计、相关资源的整合等，区级青年志愿者组织、团市委直属团组织的青年志愿者组织积极推动本辖区内青年志愿服务队伍建设、阵地管理、项目实施等工作的具体落实，街道（社区）、团市委直属团组织二级组织结合本辖区、本单位实际需求开展各种特色项目（见图1）。

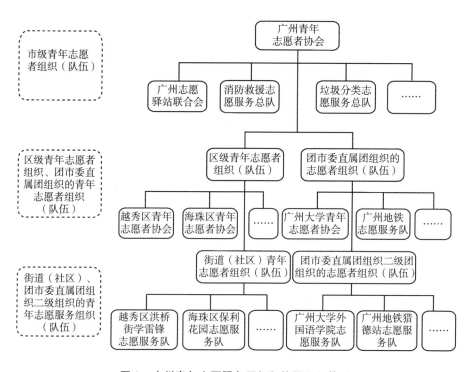

图1　广州青年志愿服务层级架构及组织体系

（四）青年志愿服务项目实施

广州青年志愿服务项目按照不同的实施主体主要分为三个类别。一是由国家相关部委、广东省委省政府或广州市委市政府主导，广州共青团组织承办的大型活动志愿服务项目。该类项目主要由各级共青团组织统筹执行，发动高校青年志愿者协会通过定向招募、统一管理保障的方式实施。该类项目约占整体青年志愿服务项目的5%。如团市委层面，"十三五"期间，组织青年志愿者服务省委、市委广州《财富》全球论坛、世界羽毛球联赛、亚太青年领导力与创新创业论坛等活动近60场，出动2.8万人次志愿者参加，服务时长超5.5万小时。又如，团海珠区委连续13年开展广交会志愿服务，每届组织近3000名志愿者为世界各地客商提供语言翻译、场馆导向、交通咨询等服务。再如，团越秀区委、团番禺区委每年组织志愿者在广州火车站、广州南站开展春运志愿服务，"十三五"期间志愿者累计上岗5.72万人次，服务时长达22.88万小时。二是由市职能部门、广州共青团组织协同合作、共同主导开展的精准化关爱志愿服务项目。该类项目充分依托相关部门的专业、资源优势和团组织广泛联系青年群体的深厚基础，动员凝聚各方力量协同参与，为关爱行动提供资金、生活、人力和物资等方面支持。该类项目约占整体青年志愿服务项目的5%。如市总工会、团市委、市妇联、市科协联合开展"花城有爱　在穗过年"关爱行动，依托广州志愿驿站开展志愿活动300余场，服务社区孤寡、行动不便长者以及周边市民近18万人次。三是由广州共青团组织主导，联动各相关部门，动员全市各级团组织、青年志愿者组织广泛参与的青年志愿服务项目。该类项目约占整体青年志愿服务项目的90%。2018～2019年，团市委发起"花城有爱　志愿同行"十项青年志愿服务专项行动，组织动员158个各级志愿服务组织开展送医送药送健康入乡村活动100余场、"垃圾分类"活动1350余场、"平安联防"活动1900余场、"妈妈私房菜"长者服务760余场、民间巡河463次、环保宣教行动450场次，服务市民群众近25万人次。自2010年起至2020年12月，全市累计开展20.61万个志愿服务活动，服务时长 11335.4 万小时。其中，"十三五"期间增加志愿服务时数 9332.4 万小时，增长率 466%。

（五）青年志愿服务激励

青年志愿服务激励工作主要包括物质激励、精神激励两种方式。一是物质激励。共青团广州市委积极落实广东省发改委、共青团广东省委等 53 个部门联合发布的《关于实施广东志愿者守信联合激励加快推进青年信用体系建设的行动计划》。目前已联合华为、中国石化、岭南集团、信易游等多家企业，推出星级志愿者的专属优惠。同时，依托"益苗计划"——广东志愿服务组织成长扶持行动、广州志愿服务专项行动精品项目大赛等活动，向青年志愿服务组织提供项目资助经费，自 2011 年起至 2020 年累计资助 5182.5 万元。[①] 二是精神激励。共青团广州市委推动市来穗局将志愿服务纳入《广州市积分制入户管理办法》指标，市民根据有关政策申请积分入户时，可以取得志愿服务的相应积分等。自 2016 年[②]起至 2020 年，累计为超过 8000 人审核认证志愿服务时数。共青团广州市委制定《广州市星级志愿者资质认证操作规范》，积极开展认证管理工作。截至 2020 年底，累计为 8983 名服务时长超过 1500 小时的注册志愿者办理五星级志愿者认证工作。共青团广州市委将志愿服务纳入先进团干部、团员评选的必要指标，将推动团员成为注册志愿者情况纳入基础团务工作内容，纳入团务工作统计和"命脉工程"考核。同时，深入挖掘选树基层青年志愿服务先进典型，为青年志愿者及青年志愿服务组织争取更多的社会肯定。"十三五"期间，广州共青团组织、青年志愿服务组织共计 458 名个人、238 个集体、394 个项目获得国家、省、市级志愿服务相关荣誉，居全省前列。

（六）青年志愿服务保障

广州青年志愿服务保障工作主要包括三个方面。一是政策保障。共青团

---

① 广州志愿服务专项行动精品项目大赛于 2011 年启动，"益苗计划"——广东志愿服务组织成长扶持行动于 2014 年启动。
② 《广州市积分制入户管理办法》于 2016 年 10 月 26 日印发实施。

广州市委率先推动市财政部门将大型赛会、大型活动志愿者餐饮交通保障标准纳入 2021 年度全市预算编制的支出定额参考标准，给各单位在制定志愿服务经费预算时提供参考。共青团广州市委推动实现基础保险保障统筹落实，每年为全市在"志愿时"系统上注册并产生志愿服务时数记录的志愿者购买最高赔付金额为 25 万元的人身意外保险。二是阵地保障。重点通过"志愿驿站"阵地建设，打通志愿服务最后一公里，让志愿服务到基层进社区。目前，在全市建设 80 间志愿驿站，广泛凝聚青少年参与社会实践，打造青年社会参与的文明实践基地。其中，依托广州市青年文化宫打造首个志愿驿站室内"旗舰店"，依托北京街建设首个广州市"羊城家政"志愿服务示范点。三是经费和机构等保障。切实推动市区两级青年志愿服务经费纳入本级财政经费预算。依托志愿服务专门机构充实志愿服务工作力量。截至 2020 年底，共推动全市 11 个区中的 5 个区（越秀、海珠、荔湾、白云、从化）成立团区委主管的志愿服务事业单位——区级志愿者行动指导中心，保障青年志愿服务工作的有效落实。

二 广州青年志愿服务存在的问题

基于"全周期管理"理念，广州青年志愿服务工作在全流程闭环式管理上虽然取得了一定成效，但在推动志愿服务事业政策环境、技术支撑、运转体系、创新驱动等全场景系统式革新上，依然存在一些问题。

（一）政策环境：青年志愿服务政策体系不健全，与城市发展的契合度不足

目前，广州青年志愿服务覆盖面广、参与者多，但从政策制度设计层面而言，与"十四五"期间广州城市发展的新要求契合程度还有待加强。一是立法亟待修订。2008 年，广州市第十三届人民代表大会常务委员会第十三次会议通过《广州市志愿服务条例》，至今已近 13 年。2017 年，国务院颁发《志愿服务条例》，对照该条例，广州市现有立法存在志愿者权益保障

不够有力、激励机制不够完善等问题，亟待修订。二是政策体系不够完备。目前广州青年志愿服务政策制定更多是面上的指导意见及实施方案，如2011年广州市委市政府印发的《关于进一步发展广州志愿服务事业的意见》（穗字〔2011〕23号），提出了全市公众志愿服务参与率、注册志愿者数量、注册志愿者人均服务时间等发展目标。2019年，市文明委印发了《关于进一步加强广州志愿服务建设的实施方案》，明确"由市文明委负责对志愿服务工作的统筹规划、协调指导和督促检查，市文明办负责日常的统筹指导协调工作。团市委负责青年志愿服务，并承担大型赛会、大型活动等集中统一行动的志愿服务工作"。2019年，广州市委市政府印发的《广州市中长期青年发展规划（2019～2025年)》提出"引导青年党团员普遍成为注册志愿者，力争到2025年实现实名注册青年志愿者总数突破220万人，人年均志愿服务时数不低于10小时"。虽有以上政策指导意见，但是缺乏细致的分层分类，针对志愿服务招募、培训、组织、项目、激励、保障等全流程闭环式管理的每一个环节需要配套的相关制度存在较大缺失，仅有《广州市志愿服务时间管理办法》《广州市星级志愿者资质认证操作规范》等少数制度。

（二）技术支撑：青年志愿服务信息化管理水平与志愿服务规模体量不相匹配

在信息时代，信息化、智能化是志愿服务可持续发展的重要技术支撑，但从广州青年志愿服务的规模体量以及发展来看，"志愿时"系统等信息化技术保障力度还有待进一步加强。一是"志愿时"系统智能化水平有待提升。近年来，"志愿时"系统不断升级优化为集志愿者招募、管理、项目发布、时数登记等功能于一体的信息平台。但该系统无法根据志愿者的基本信息、服务地点、服务时间、服务项目、培训状况等综合要素完成从志愿服务项目到目标志愿者的精准对接，难以满足大数据时代对信息平台的发展要求。二是"志愿时"系统信息安全保障需进一步强化。虽然"志愿时"系统目前有较高的安全性，但是随着"黑客"等网络攻击技术的不断迭代升级，也给"志愿时"系统的数据安全带来一定挑战，不容小觑。三是"志愿时"系统管理机制仍需优化。一方面,系统注册的志愿者"活跃度"有待提升,有将近20%的志愿者以及志愿服务组织长期"冬眠",活跃指数不高,导致注册志愿者人数高涨但志愿服务参与率较低现象的出现;另一方面,志愿服务记录及证明工作有待进一步规范。有志愿者表示,在系统申报志愿服务时数时,系统只认可在该信息平台报名参与的志愿服务活动,通过其他途径参与的志愿服务虽然也可以凭相关证明申报,但审核流程较长。

(三)运转体系:志愿服务纵横立体式联动的运转体系尚待健全

广州青年志愿服务"立体式"联动的整体布局尚未健全,团的组织力和青年志愿服务的动员力的整合度、动态平衡和协调高效的服务格局尚显不足。一是从纵向来看,市、区、街道(社区)以及团市委直属团组织、志愿服务组织的联动不够紧密。一方面,团市委层面设有公益一类事业单位——广州市志愿者行动指导中心,推动建立了广州青年志愿者协会、广州志愿驿站联合会和广州市羊城志愿服务基金会等,形成了较为完整的运作机构。然而,区、街道(社区)团组织以及团市委直属团组织工作延伸的"触手"和力度相对有限,存在部分区和街道没有专门服务机构或专职负责人员,部分直属团组织尚未建立青年志愿服务组织或组织建设不完备等相关情况。另一方面,市级层面对各区、各直属团组织的联系、培训不足,指导依然不够精准,未形成常态化的对接指导机制。二是从横向来看,职能部门之间、志愿服务组织之间的动态协调机制还需完善。当前,广州涉及志愿服务的相关职能部门联动不够充分,力量相对分散,相关专业志愿服务力量的联动效应仍有待提升,横向层面形成全市"合力"不足。

(四)创新驱动:推动广州青年志愿服务可持续发展的创新性驱动力有所不足

广州青年志愿服务创新驱动力不足主要体现在理论、文化和项目三个维度。一是在理论创新方面,青年志愿服务研究的应用转化不足。志愿服务理论指导实践力度不够,虽然出版了"广州志愿服务发展报告"等蓝皮书,承接国家、省、市等课题，提出了不少有价值的意见建议，但理论研究与服务实践之间仍存在一定脱节，个别建议难以落地实施。二是在文化创新方面，青年志愿服务文化传播力度不足。志愿服务文化产品不够丰富、社会影响力不高。志愿服务文化传播不广，在新媒体、短视频等平台的展示度不够高，传播的力度不够大，主流媒体的报道频率和深度有待于进一步加强。三是在项目创新方面，青年志愿服务品牌项目缺乏显示度。项目品牌识别度不高，创新活力不足，导致市民对于青年志愿服务品牌项目的认知、了解不深，影响市民参与志愿服务的积极性。

三　完善广州青年志愿服务"全周期管理"的对策建议

从"全周期管理"视角出发，针对推动广州青年志愿服务事业在政策环境、技术支撑、运转体系、创新驱动等全场景系统式革新上存在的问题，结合共青团工作实际，提出如下改进措施。

（一）强化青年志愿服务事业宏观规划与政策供给

一是推动修订《广州志愿服务条例》。根据国家《志愿服务条例》和2020年11月修订通过的《广东省志愿服务条例》精神和要求，结合广州实际，修订完善《广州志愿服务条例》。目前，《广州志愿服务条例》已在市文明委的指导下，由市民政局牵头启动修订工作，并已被纳入广州市人大常委会2021年立法工作计划的预备项目。

二是加强青年志愿服务宏观规划。推动出台广州市青年志愿服务发展规划，紧扣国家、省、市"十四五"规划和2035年远景目标以及《广州市中长期青年发展规划（2019～2025年）》，将志愿服务内容作为推动青年高质量发展和青年社会参与的重要组成部分予以统筹设计。

三是完善青年志愿服务政策体系。一方面，针对青年志愿服务招募、培训、组织、项目、激励、保障等全流程闭环式管理，充分借鉴国内其他省市优秀的制度建设经验，特别是学习港澳地区志愿服务管理制度经验，制定出台《广州青年志愿者招募管理办法》《广州青年志愿服务培训管理办法》《广州青年志愿服务组织管理办法》《广州青年志愿服务项目实施管理办法》《广州青年志愿者保障激励措施指南》等制度;另一方面,推动广州市相关部门把志愿服务相关内容纳入政策体系,比如市住建局在同等条件下优先安排有志愿服务经历的公租房申报者,市教育局将流动人口参加志愿服务纳入随迁子女积分入学指标体系。

(二)提高青年志愿服务信息化管理水平

一是推动"志愿时"系统智能升级。加强"志愿时"系统优化升级,提升系统信息化、网络化、智能化水平。利用大数据平台实现对注册志愿者服务时间、服务地点、服务对象、服务内容的实时动态管理。根据志愿者以往的志愿服务参与情况,精准定向推送志愿服务项目,减少志愿者与志愿服务项目双向匹配的时间成本。

二是推动"志愿时"系统安全升级。运用互联网信息技术,建立志愿者人员和志愿服务项目、培训档案和备份,打造"志愿时"系统专属防火墙,逐步推出人脸识别系统等,杜绝系统被非法入侵的风险,同时,要对技术团队进行科学的培训,确保运营的相对稳定性。

三是优化"志愿时"系统管理机制。进一步完善系统内的组织管理架构,并推动实现实名制管理。建立志愿者自愿退出机制,即志愿者可根据自身情况(如年龄过大等情况)在系统申请注销个人信息。建立定期注销不活跃用户的机制,如超过5年未通过系统参与志愿服务的,由系统自动筛选标记,提交管理人员审核后进行注销。

(三)建立健全立体式协同联动机制

一是纵向完善青年志愿服务工作组织领导体系。加强团市委、广州志愿者行动指导中心、广州青年志愿者协会的统筹协调、工作指导和督促落实功能和责任,以团的组织体系为基本依托,着力加强市、区、街(镇)三级以及团市委各直属团组织的青年志愿服务组织的建设以及联动联通,推动各区以及团市委各直属团组织加强青年志愿服务工作力量配备，完善青年志愿服务工作机构和机制建设。建立扁平化治理格局，加强分类指导，强化培训，由广州市志愿者行动指导中心探索建立重大项目"分区指导"或"分战线指导"制度，按照"一区一专员""一战线一专员"原则安排专人对各区、各直属团组织进行跟线联系，指导并推动相关项目落地实施；各区、各直属团组织参考该做法，安排专人跟进重大项目在街道（社区）或相关单位的组织、实施、评估等各项工作。

二是横向优化职能部门间沟通协调机制。在全市建立起"文明委统一领导、文明办牵头抓总、各部门合力推进、全社会共同参与"的志愿服务工作格局，相关职能部门定期研究全市志愿服务工作的指导、管理、培训和宣传工作，细化任务分工，整合服务力量，规范服务开展。在加强志愿服务组织协同层面，建议由广州志愿服务联合会对相同领域志愿服务组织、项目进行凝聚引导，逐步实现强强联合，打造志愿服务新高地；对不同领域志愿服务组织、项目进行资源协调，逐步实现人员、项目的互补，推动协同作战，强化横向合力。

（四）推进理论与实践探索突破

一是强化广州青年志愿服务理论成果转化。依托广州志愿者学院打造广州志愿服务高端研究智库。强化志愿服务理论应用，构建志愿服务理论成果转化机制，围绕应急、急救、河涌治理与保护等专业领域，邀请相关领域研究专家、志愿服务工作者、志愿者、媒介代表，研究探索志愿服务发展前沿问题并推动落地实施。

二是加大广州青年志愿服务文化传播力度。进一步梳理现有的志愿服务口号、歌曲、产品，不断挖掘创新，并借助抖音、快手、微博等青年喜爱的文化传播方式，培育具有广州特色的志愿服务文化；鼓励青年志愿者进行志愿服务内容的文化创作，丰富广州志愿服务文化体系内容。

三是提升广州青年志愿服务项目创新能力。全面推广广州青少年"一起来志愿"行动，充分发挥志愿服务力量在社会治理中的积极作用。有效落实"花城有爱·志愿同行"十项志愿专项行动,以常态化志愿服务营造志愿服务人人可为、处处可为的热烈氛围,进一步提升志愿服务的社会影响力。提升团员青年志愿活跃度,重点发动团员青年积极参与广州青少年"一起来志愿"行动,推动全市团员100%注册成为志愿者并持续开展志愿服务,提升团员志愿者活跃度。

总体而言,广州青年志愿者已经成为完善城市社会治理体系的重要力量之一,站在"十四五"开局新的起点,以"全周期管理"视角去优化完善青年志愿服务发展体系值得探索。我们要在全社会弘扬"奉献、友爱、互助、进步"的志愿服务精神,完善志愿服务体系,为志愿服务搭建更多平台,为志愿者发光发热提供更周全的保障,进一步凝聚推动社会发展进步的智慧和力量。

广州青年志愿服务激励机制研究报告[*]

何艳棠 等

摘　要： 建立科学系统的青年志愿服务激励机制，有助于提高青年志
愿服务的有效性和可持续发展。研究发现，广州市青年志愿
服务存在激励政策宣传不到位、激励呈不均衡分布状态、激
励方式呈粗放型发展等问题。在此基础上，结合志愿者的动
机和需求，借鉴其他地区的工作经验，建议应从"调动各界
资源，加大宣传力度，实现志愿服务激励可视化"、"加大统
筹力度，兼顾相对公平，实现志愿服务激励均衡化"和"精
准识别需求，坚持全周期管理，实现志愿服务激励精准化"
三方面入手，完善广州市青年志愿服务激励机制。

关键词： 青年志愿服务　青年志愿者　激励机制　广州

一　课题研究基本情况

（一）研究背景

志愿服务是加强精神文明建设、提升城市文明程度的有效途径，是加强

---

* 本文系2020年市团校与市志愿者指导中心联合开展课题成果。课题组成员：何艳棠、吴冬华、刘
婷、李春丽、成哲、文敏。

社会治理的重要载体，也是提升共青团凝聚力和影响力的客观要求。广州"志愿时"管理系统数据显示，截至 2020 年 11 月，广州市实名注册志愿者人数达 3614767 人，其中 35 岁以下青年志愿者占比高达 81%。青年志愿者已成为志愿服务的主力军，在政治、社会、经济和文化等领域发挥着越来越重要的作用，为整个社会带来了巨大的经济效益和社会效益。

随着青年志愿者队伍的不断壮大和社会环境的急剧变化，志愿服务管理政策和制度也面临严重挑战，诸如长效性机制不足、激励政策不健全、激励方式过于单一、资金短缺和配套设施不完备等问题日益凸显，约束了青年志愿服务事业更好更快地发展。如何破解当前这一发展困境，建立科学系统的青年志愿服务激励机制，提高青年志愿服务的有效性和可持续发展，正是本课题所要探讨的主要问题。

（二）研究对象与内容

本研究以广州市注册志愿者为调查对象，涵盖市内大中学生志愿者、机关企事业单位内的青年志愿者及其他志愿服务组织的青年志愿者。研究内容聚焦青年志愿服务激励机制，包括青年志愿者参与服务的动机和期望以及现行的激励措施及成效，提出满足广州市青年志愿者期望的激励措施，从而为广州市青年志愿服务事业发展提供可参考的决策建议。

（三）研究方法

1. 问卷调查法

在全市青年志愿者群体中发放 1200 份调查问卷，回收到 1158 份有效问卷。通过对问卷数据进行汇总分析，全面了解广州市青年志愿者的激励期望和工作成效。

2. 个案访谈法

拟定访谈提纲，进行一对一个案访谈，深入了解青年志愿者的真实想法，搜集丰富一手素材，共访谈了 12 名青年志愿者，其中包括志愿服务组织负责人、志愿者骨干及服务时长低于 100 小时的普通志愿者。

3. 实地调研法

前往杭州、深圳及市内志愿服务组织进行实地调研，从不同层面了解同行在志愿者激励方面的工作经验，并对收集到的资料进行归纳和借鉴。

4. 文本分析法

收集整理相关文献资料，包括政策文件、学术理论、媒体报道、工作指引及统计数据等，并对资料进行系统的归纳整理、比较分析和提炼总结。

（四）数据画像

1. 所属层级

调查数据显示，78.84%的受访者为普通志愿者，17.10%的受访者在组织/队伍中担任管理者，4.06%的受访者为组织/队伍的领导者（见图1）。"金字塔结构"的人员组成表明广州市的志愿者层级分布有序，组织结构合理，梯队建设良好。

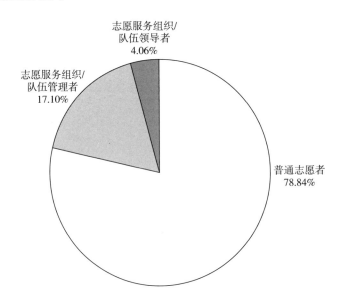

图1　广州志愿者层级分布（$N = 1158$）

2. 政治面貌

调查数据显示，14.34%的志愿者为中共党员（含预备党员），36.96%的志愿者为共青团员，群众占比为47.32%（见图2）。由此可见，共青团员和群众是广州市志愿者的最主要构成部分。

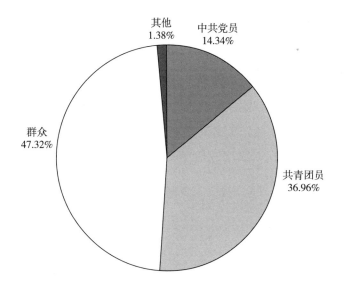

图2 广州志愿者政治面貌（N = 1158）

3. 户籍状况

目前，广州市大部分志愿者都是本地户籍人口，所占比例为52.25%；大陆境内非广州市户籍的志愿者所占比例为44.48%，其他人士占3.27%（见图3）。这表明广州市全民参与志愿服务的社会氛围较为浓郁，不管是本地人还是外地人，都愿意成为一名志愿者。

4. 受教育程度

调查数据显示，广州市志愿者受教育水平普遍较高，大专及以上学历者所占比例超过一半，达51.39%；高中、中专、技校学历者占比31.78%（见图4）。可见，广州志愿者素质较高，在推动专业志愿服务发展上有优质的人力基础。

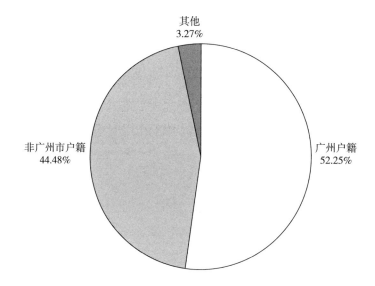

图3　广州志愿者户籍状况（*N* = 1158）

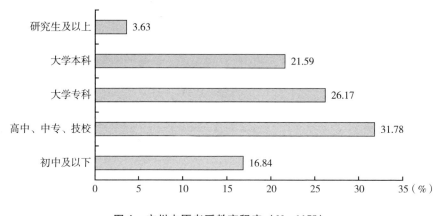

图4　广州志愿者受教育程度（*N* = 1158）

5. 婚育状况

在婚姻状况方面，50.52%的受访者未婚，这与广州市志愿者在年龄分布上以青少年群体为主相呼应；已婚已育的受访者占比40.76%（见图5）。这提示广大志愿服务工作者需关注该群体，策划更多适合亲子共同参与的志愿服务项目。

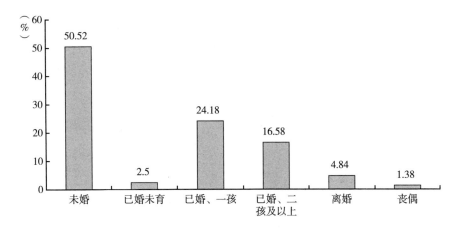

图5 广州志愿者婚育状况（N=1158）

二 广州青年参与志愿服务的基本情况

（一）服务时间和频率

1. 志愿者主要利用空余时间参与志愿服务

在参与志愿服务的时间方面，广州志愿者主要利用工余或课余时间参加志愿服务活动，占比31.52%；其次是周末，占比30.74%；节假日或寒暑假则有13.04%，以上占比合计约为75%。可见，无论是上班族还是学生志愿者大多选择空余时间参加志愿服务，志愿服务逐渐成为当下广州市民的一种生活方式。另外，有24.70%的受访者表示"只要有需要，任何时间都可以参加志愿服务"，说明相当一部分志愿者时间较为自由，可灵活支配，参与服务意愿和配合度很高（见图6）。

2. 志愿者参与志愿服务的频率差异较大

志愿者参与志愿服务的频率是其活动积极性的主要表现，这与志愿者自身服务热情、可自由支配时间、所在组织活动频率、组织黏性等因素息息相关。调查发现，近四成志愿者无固定参与服务的时间和日期，表明广州市志愿者参

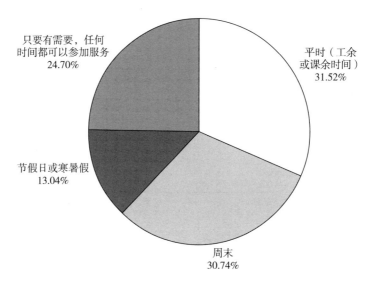

只要有需要，任何
时间都可以参加服务
24.70%

平时（工余
或课余时间）
31.52%

节假日或寒暑假
13.04%

周末
30.74%

图 6　广州志愿者参加志愿服务的时间（*N* =1158）

与服务的即兴性较大，这也与前文提及的"相当一部分志愿者时间较为自由"
有关。其余受访者中，32.29% 的志愿者每周参与不少于一次志愿服务，其中每
周参与 3 次以上的志愿者更高达 8.29%；15.72% 的志愿者参与志愿服务的频率
为每月 1~3 次；10.80% 的志愿者参与志愿服务的频率低于每月一次（见图 7）。

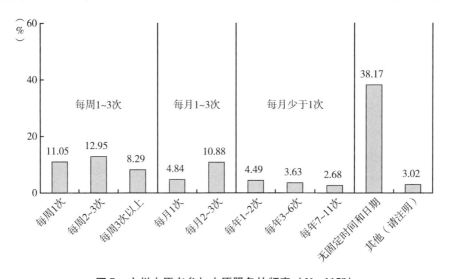

图 7　广州志愿者参加志愿服务的频率（*N* =1158）

由此可见，每个志愿者因自身情况的独特性与所在组织的差异性，志愿者间参与服务的频次差异较大。

（二）服务内容和组织

1. 门槛低、服务对象广的志愿服务参与者较多，专业性强、服务对象少的志愿服务参与者较少

调查数据显示，志愿者经常参与的志愿服务类型排名前六的分别是"敬老助老"（26.68%）、"社区便民服务"（24.27%）、"环境保护"（22.28%）、"创文卫生综合服务"（19.26%）、"禁毒宣传"（18.39%）和"文明交通"（17.10%），这六类志愿服务对志愿者的专业性要求相对较低、年龄限制较少、参与便捷程度较高，因此吸引了较多的志愿者参与。而受访的志愿者从未参与过的志愿服务类型排名前三的分别是"援外志愿服务"（69.95%）、"金雁关爱"（66.58%）和"法律援助"（66.23%），其中援外志愿服务招募志愿者数量相对较少，且对参与人员的职业背景、外语水平、身体素质有专门的高要求，法律援助志愿服务对法律专业知识和沟通表达能力要求较高，金雁关爱服务对象则较为局限，因此限制了志愿者的广泛参与（见表1）。

表1　广州志愿者参加的志愿服务的类型

单位：人/%

志愿服务类型	经常参与	有时参与	偶尔参与	从未参与
（1）大型赛会活动	108（9.33）	184（15.89）	210（18.13）	656（56.65）
（2）禁毒宣传	213（18.39）	301（25.99）	297（25.65）	347（29.97）
（3）环境保护	258（22.28）	350（30.22）	335（28.93）	215（18.57）
（4）扶贫济困	163（14.08）	255（22.02）	320（27.63）	420（36.27）
（5）法律援助	43（3.71）	121（10.45）	227（19.60）	767（66.23）
（6）医疗服务	88（7.60）	182（15.72）	281（24.27）	607（52.42）
（7）心理辅导	53（4.58）	161（13.90）	288（24.87）	656（56.65）
（8）阳光助残	105（9.07）	209（18.05）	290（25.04）	554（47.84）
（9）敬老助老	309（26.68）	331（28.58）	298（25.73）	220（19.00）
（10）青少年成长教育	175（15.11）	274（23.66）	352（30.40）	357（30.83）
（11）社区便民服务	281（24.27）	315（27.20）	322（27.81）	240（20.73）

志愿服务类型	经常参与	有时参与	偶尔参与	从未参与
(12)文体教育服务	127(10.97)	254(21.93)	332(28.67)	445(38.43)
(13)创文卫生综合服务	223(19.26)	269(23.23)	310(26.77)	356(30.74)
(14)平安联防	120(10.36)	241(20.81)	272(23.49)	525(45.34)
(15)文明交通	198(17.10)	259(22.37)	289(24.96)	412(35.58)
(16)乡村振兴	57(4.92)	159(13.73)	268(23.14)	674(58.20)
(17)金雁关爱	48(4.15)	144(12.44)	195(16.84)	771(66.58)
(18)援外志愿服务	58(5.01)	117(10.10)	173(14.94)	810(69.95)
(19)其他	139(12.00)	242(20.90)	348(30.05)	429(37.05)

2. 志愿服务的组织者以官方组织为主

志愿服务的组织者多种多样，但最主要的还是来自各级各类志愿者协会（49.48%），群团组织（工会、共青团、妇联）（32.47%），所在学校（30.14%）和政府部门、街道、乡镇（21.50%）（见图8）。这些组织都有一个共同的特点，就是都具备官方性质，可见，政府及群团组织在组织开展志愿服务和倡导引领社会文明风气方面起了重大作用。尤其是各级各类志愿者协会相较于其他组织者遥遥领先，占比将近一半，说明青年志愿者协会的工作取得了广泛的社会效应，得到了广大志愿者的认可和信赖。

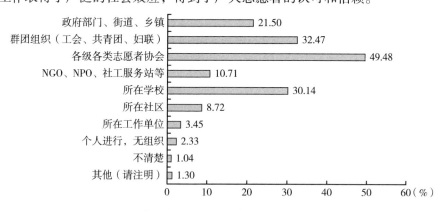

图8　广州志愿服务组织者类型（N=1158）

注：调查问卷中此题为多项选择题。

3. 获取志愿服务报名信息以官方渠道为主，新媒体成重要助力

调查发现，有29.79%的志愿者从志愿服务官方网站获取报名信息，可

见，在志愿服务官方网站发布信息仍然是志愿者招募的主要手段。其次是从学校组织获取报名信息，占比达22.63%，可见，志愿者群体中在校学生较多，他们主要通过学校青年志愿者协会、学生会、班级等报名参与志愿服务，为日后步入社会积累经验。值得注意的是，通过社交软件获取报名信息占到16.23%，与之形成明显对比的是从传统媒体获取报名信息的占比仅有0.69%，这说明社交软件已经成为志愿者获取报名信息的重要渠道（见图9）。因此，有必要利用好新媒体，全方位、多渠道发布报名信息。

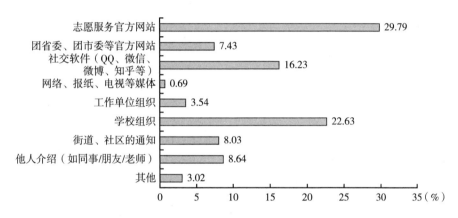

图9 广州志愿者获取志愿服务报名信息的途径（N = 1158）

（三）服务意愿和政策认知

1. 当前服务积极性较高，未来继续参与的意愿较强

通过数据分析我们发现，广州市志愿者自主参与志愿服务的积极性较高，超过70%的志愿者选择了"积极性很高"及"积极性较高"的选项（见图10）。"未来继续参与志愿服务的意愿"调查显示，49.31%的志愿者表示未来会继续参与志愿服务，其中32.04%的志愿者表示会增加参与时间，5.61%的表示将减少参与时间（见图11）。这反映了广州市志愿者的服务满足感比较强，他们的心理需求、社会需求得以满足，志愿服务逐渐成为人们生活中不可或缺的一部分。在访谈中我们也了解到，许多长期参与服务的志愿者，即使生活环境或工作岗位发生变化，依然无法消减他们参与志愿服务的积极性。

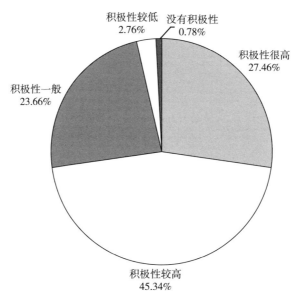

图 10　广州志愿者参与志愿服务的积极性 （$N = 1158$）

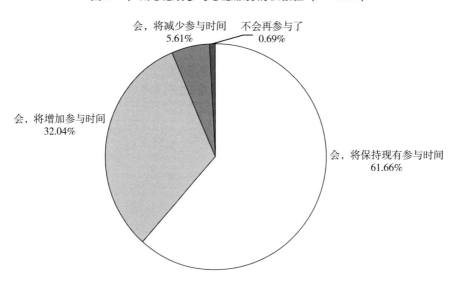

图 11　广州志愿者未来继续参与志愿服务的意愿 （$N = 1158$）

2. 时间与空间是影响志愿者持续参与服务的重要因素

当被问及"减少参与志愿服务的因素"时，76.68%的志愿者选择"服务时间不合适，与个人生活或工作学习冲突"，59.07%的志愿者选择"服务地点不合适，服务地点太远或交通不便"，这说明服务时间和服务地点是影响志愿者持续参与志愿服务极为重要的因素（见表2）。

表2　广州志愿者参与志愿服务存在的主要阻碍因素

单位：人，%

阻碍因素	频数	有效百分比
服务时间不合适,与个人生活或工作学习冲突	888	76.68
服务地点不合适,服务地点太远或交通不便	684	59.07
没有感兴趣的志愿服务项目	172	14.85
自身能力满足不了志愿服务的要求	315	27.20
缺乏有效的培训	183	15.80
缺乏组织的信任和尊重	50	4.32
缺乏有效的奖励制度	74	6.39
管理者与一线志愿者缺乏沟通	67	5.79
工作授权不足,无法按自己的想法开展服务	60	5.18
团队氛围不佳,与其他志愿者关系不佳	47	4.06
社会对志愿服务的认同度不高	46	3.97
亲人不理解不支持	37	3.20
身体变差,不便参与志愿服务	91	7.86

注：调查问卷中此题为多项选择题。

访谈中，不少志愿服务组织负责人也提到，志愿者流动性很大，临时缺席的情况时有发生。"尤其是大学生和外来务工人员这两个群体，大学生毕业了或者校区变换，他们就不来我们这参加服务了，基本每年都更换一批大学生志愿者。外来务工人员常常因为时间不合适，经常会临时缺席活动。"而一线志愿者也有同感，他们大多认为合适的服务时间、就近的服务地点是基本要求，既不会对自身学习/工作带来影响，又能减少因长途通勤而带来的疲惫，增加服务舒适度和体验感，会促使自己坚持参与服务。

3.志愿者对相关政策法规的认知普遍不足

在对"习近平总书记关于志愿服务的重要指示精神的内涵的了解程度"调查中得知，30.05%的志愿者表示不太清楚，2.42%的志愿者表示完全不清楚（见图12）。同时，在对"志愿服务的法规制度了解情况"的选项中，41.45%的志愿者选择不太清楚，3.80%的志愿者选择完全不清楚（见图13）。这表明，将近一半的志愿者对于志愿服务的宏观要求、发展规划、政策法规等缺乏了解，处于"只顾埋头拉车，未能抬头看路"的状态。在访谈中我们也了解到，许多志愿服务组织未对新加入的志愿者开展相关培训，日常管理中也较少普及相关知识，志愿者未能全面了解自身享有的权利及需履行的责任义务。

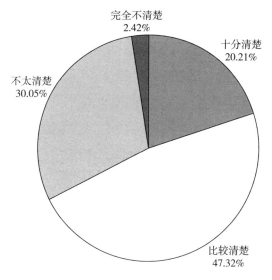

图12　广州志愿者对习近平总书记关于志愿服务的
重要指示精神的了解程度（$N = 1158$）

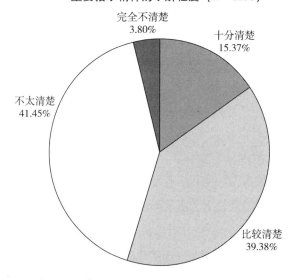

图13　广州志愿者对志愿服务法规制度的了解（$N = 1158$）

三 广州青年志愿服务激励机制的现状分析

（一）服务动机与期待

1. "帮助他人"是志愿者参与服务的首要动机，"自我发展"是志愿者持续参与服务的最大动力

志愿者参加志愿服务既有体现社会价值的需求，如服务他人、响应号召、履行社会责任等，也有受个人利益驱动，如丰富阅历、拓宽人脉、增长技能、获得奖励等。志愿者参与志愿服务的动机一般可以分为以"责任感"为轴心的传统性动机、以"发展"为轴心的现代性动机以及以"快乐"为轴心的后现代性动机。

关于"参与志愿服务的主要目的"调查结果显示，有 91.45% 的志愿者选择了"能够服务社会，帮助他人"，这一项选相较于其他选项遥遥领先，充分体现志愿服务的"利他性"这一基本特征；其次是"积累社会实践经验，丰富个人阅历"，占比 62.95%；再次是"使自己的技能和所学知识能被社会所用"，占比 45.42%（见表3）。这说明大多数志愿者的参与动机以责任感型和发展型为主，他们关注志愿服务能否有效助人、惠及社会，同时也非常注重自身能力能否得到提升。在访谈中我们发现，大学生志愿者特别看重发展型动机。由于他们即将步入社会，希望凭借参与志愿服务的机会，提升领导能力、组织能力和沟通能力，同时借此拓宽视野，结识更多人脉，为日后工作或创业奠定良好基础。

表3　广州志愿者参与志愿服务的主要目的

单位：人，%

志愿服务动机	频数	有效百分比
能够服务社会，帮助他人	1059	91.45
使自己的技能和所学知识能被社会所用	526	45.42
积累社会实践经验，丰富个人阅历	729	62.95

续表

志愿服务动机	频数	有效百分比
可以结交朋友,扩大社交圈	233	20.12
响应政府、单位或学校的号召	123	10.62
获得社会实践的机会和证明	126	10.88
获得志愿服务时数	147	12.69
获得一定的物质补贴	22	1.90
消磨空闲时间	27	2.33
组织安排,不得不参与	6	0.52
其他	8	0.69

注:调查问卷中此题为多项选择题。

2. 收获快乐和锻炼能力成为志愿者参与服务的主要期待

关于"您希望参加志愿服务能给自己带来什么"的调查结果显示,"助人的快乐"（77.29%）、"锻炼能力和发挥潜能"（49.74%）和"知识经验"（47.58%）的选择人数位居前三,与前文提及的志愿服务参与动机基本一致。与此同时,我们也注意到,一部分志愿者也同样看重"获得社会性荣誉"（8.12%）、"获得社会实践分"（7.08%）与物质奖励（3.11%）（见表4）。因此,在规划志愿者激励时,物质性的激励措施不可或缺。

表4　广州志愿者参与志愿服务的收获期待

单位:人,%

志愿服务的收获期待	频数	有效百分比
友谊	371	32.04
知识经验	551	47.58
助人的快乐	895	77.29
锻炼能力和发挥潜能	576	49.74
物质奖励	36	3.11
工作或生活某些方面有优先权	52	4.49
实现自身价值	405	34.97
完成本职任务	23	1.99
获得社会实践分	82	7.08
获得社会性荣誉	94	8.12
其他	5	0.43

注:调查问卷中此题为多项选择题。

（二）服务利益与诉求

1. 志愿者期待获得全方位的服务保障

在志愿者的保障需求方面，对志愿服务岗位和具体情况的知情权高居榜首，占比高达50.09%。访谈中，志愿者多次提及"详细的岗位职责和服务内容是一种'积极提醒'，能让自己预先评估参与服务的价值感和挑战性，以便形成正向期待"。"新冠肺炎疫情期间应运而生的隔离转运岗具有较大的风险性，一开始我们都很害怕，不敢报名，但后来招募方耐心讲解工作职责、风险情况和防护应对措施，消除我们的顾虑，我感觉这是对志愿者的尊重和保护，会使我们做好心理准备，安心参加服务。"由此可见，招募过程中，有必要详细列明岗位职责、服务内容和注意事项，这有助于志愿者根据自身情况来选择岗位，并能激励他们持续参与服务。此外，与组织方签订协议（39.21%）、为志愿者提供基本补贴（38.26%）、对志愿者进行服务指导或督导（37.56%）也同样获得了许多志愿者的重视（见图14）。这提示广大志愿服务组织应该根据《志愿服务条例》等官方发布的现行志愿者法规来对志愿者的权益进行必要保障。与此同时，提供安全健康保障及医疗卫生条件、提供正式的志愿服务证明、为志愿者购买人身保险等，也是志愿者的诉求，完善的保障措施能够有效解决志愿者的后顾之忧，让他们更安心地从事志愿服务。

2. 志愿者较为看重志愿服务组织方提供的激励

如前文数据分析显示，广州市志愿者主要参加各级各类志愿者协会、群团组织（工会、共青团、妇联）和所在学校组织的志愿服务活动，因此在被问及"希望得到激励的层级"时，调查结果与前文数据相吻合，他们大多希望得到"所在志愿服务组织"（53.02%）、"党政部门及群团组织"（47.50%）和"所在学校"（24.87%）的激励（见图15）。由此可见，大多数志愿者较为看重志愿服务活动组织方提供的激励。在访谈的过程中，部分志愿者提到，相比具体的物质补贴和荣誉表彰，强烈的组织凝聚力、和谐的团队氛围更能激发他们的持续参与服务的动力。

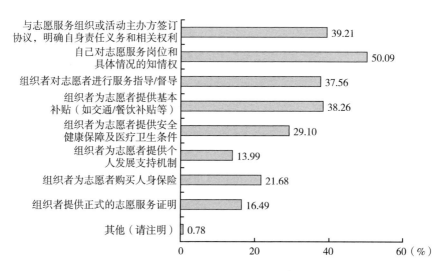

图 14 广州志愿者在开展志愿服务时期望获得的保障（$N=1158$）

注：调查问卷中此题为多项选择题。

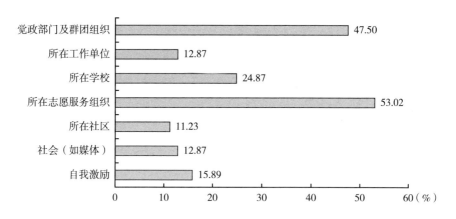

图 15 广州志愿者希望得到的激励层级（$N=1158$）

注：调查问卷中此题为多项选择题。

3. 相较于物质奖励，志愿者更看重精神奖励

党政部门或有关组织给予的荣誉证书和荣誉称号（53.54%）是志愿者最期待的，工作单位或学校的肯定和奖励（包括推优、评先、考核、晋升等）（37.65%）、活动主办方或志愿服务组织的评价（37.31%）也分别排

在第二和第三位。前三个选项比志愿者交通和餐饮补贴（29.19%）、获得纪念品等物资（22.97%）这两个物质奖励要高出许多。值得关注的是，亲朋及社会的支持和肯定（16.84%）、服务对象的感谢（16.41%）这类情感的正向回馈也是一部分志愿者期望的奖励（见表5）。

表5　广州志愿者期待获得的奖励

单位：人，%

期望获得的奖励	频数	有效百分比
党政部门或有关组织给予的荣誉证书和荣誉称号	620	53.54
活动主办方或志愿服务组织的评价	432	37.31
工作单位或学校的肯定和奖励（推优、晋升等）	436	37.65
符合规定的交通、餐饮补贴	338	29.19
获得纪念品等物资	266	22.97
新闻媒体的宣传报道	73	6.30
服务对象的感谢	190	16.41
亲朋及社会的支持和肯定	195	16.84
获得能力提升的培训	316	27.29
志愿服务时数的证明	188	16.23
服务时间兑换相应物品	43	3.71
服务时间兑换同等时间的服务	60	5.18
服务时间兑换落户积分	35	3.02
单位提供的"公益假期"	47	4.06
博物馆/图书馆/体育场馆等公共设施的优待开放	123	10.62
获得实习就业岗位推荐	108	9.33
不需要任何外部奖励	79	6.82

注：调查问卷中此题为多项选择题。

（三）激励举措与实施

1. 激励措施种类繁多，但实施频率差异较大

调查数据显示，志愿者获得过的激励排名前三的依次为"得到服务对象肯定和赞许"（56.56%）、"志愿者培训"（54.15%）、"荣誉称号等表彰奖励"（46.72%）。"愉悦的体验、服务中获得快乐""人格完善、自我能力提升等"愉悦型激励也有，但占比不及前三；服务兑换、旅游场所享受优惠、招工升学中享有优待等占比最小（见表6）。

表6　广州志愿者获得过的激励

单位：人，%

获得过的激励类型	频数	有效百分比
荣誉称号等表彰奖励	541	46.72
志愿者培训	627	54.15
得到服务对象肯定和赞许	655	56.56
服务兑换、互助服务等社会回馈	155	13.39
人格完善、自我能力提升等	366	31.61
愉悦的体验、服务中获得快乐	453	39.12
游览公园、景区等场所享受一定优惠	100	8.64
招工、升学、职称评定中，志愿者优先录用、录取	53	4.58
为志愿者购买保险	208	17.96
其他	38	3.28

注：调查问卷中此题为多项选择题。

2. 激励时间主要集中在服务结束后

调查数据显示，39.46%的受访志愿者一般在"服务结束后"获得激励，占比远超其他时间节点。当被问及"您期望在志愿服务的哪个阶段获得激励"时，受访者中有23.92%的希望在"服务结束后"得到激励，同样有23.92%的受访者希望"服务全过程"都能获得激励（见图16）。可见，志愿者对激励的需求较为旺盛，期待获得全程关注和认可。

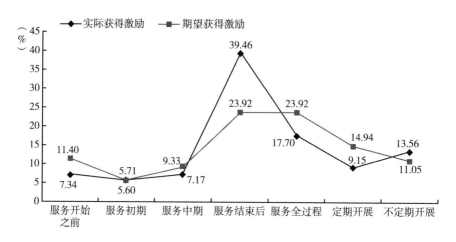

图16　广州志愿者实际获得激励和期望获得激励的服务阶段对比（$N=1158$）

3. 招募培训阶段的激励关键点：与志愿者同伴的信任关系、培训课程内容和招募工作人员的态度

志愿服务的全过程均有实施激励的关键点，一旦精准抓住关键点，就能发挥激励的最大功效，促进志愿者持续参与志愿服务。调研数据显示，在招募培训阶段，志愿者最容易受到培训课程内容和招募工作人员态度的影响。有84.11%的受访者在意"培训过程中与其他志愿者建立初步信任和关心"，有82.64%的受访者在意"培训课程是否满足开展服务的要求"，有81.69%的受访者在意"负责招募志愿者的工作人员的态度"。当然，志愿者也很在意"培训时间和地点是否合适便利"（79.10%）、"服务内容能全面提高自身"（78.07%）（见表7）。

表7　招募培训阶段广州志愿者的关注点和在意因素

单位：人/%

培训招募阶段激励措施	很在意	比较在意	不那么在意	完全不在意
详述工作条件(工作内容/职责/环境)	248(21.42)	539(46.55)	310(26.77)	61(5.27)
详述工作待遇(交通/餐饮/保险)	156(13.47)	443(38.26)	461(39.81)	98(8.46)
服务内容能全面提高自身	302(26.08)	602(51.99)	210(18.13)	44(3.80)
自主选择服务岗位/服务时间/服务地点	256(22.11)	578(49.91)	267(23.06)	57(4.92)
负责招募志愿者的工作人员的态度	357(30.83)	589(50.86)	182(15.72)	30(2.59)
培训时间和地点是否合适便利	305(26.34)	611(52.76)	210(18.13)	32(2.76)
培训课程是否满足开展服务的要求	321(27.72)	636(54.92)	176(15.20)	25(2.16)
培训过程中与其他志愿者建立初步信任和关心	329(28.41)	645(55.70)	156(13.47)	28(2.42)

注：$N = 1158$。

4. 服务初期的激励关键点：志愿服务内容和潜在风险的详尽告知

在服务初期，志愿者还处于对志愿服务的美好憧憬和对志愿服务不确定方面的担忧和紧张心理之中。数据显示，88.86%的受访者渴望"了解工作存在的风险及应对方式"，86.78%的受访者在意"专人讲解工作任务和流程"。另外，也有74.27%的受访者在意"工作岗位是否与自身能力和兴趣相匹配"，69.00%的受访者在意"活动主办方为志愿者购买保险"（见表8）。

表8　服务初期广州志愿者的关注点和在意因素

单位：人/%

服务初期激励措施	很在意	比较在意	不那么在意	完全不在意
活动主办方为志愿者购买保险	288（24.87）	511（44.13）	308（26.60）	51（4.40）
专人讲解工作任务和流程	361（31.17）	644（55.61）	130（11.23）	23（1.99）
了解工作存在的风险及应对方式	427（36.87）	602（51.99）	110（9.50）	19（1.64）
工作岗位是否与自身能力和兴趣相匹配	280（24.18）	580（50.09）	258（22.28）	40（3.45）

注：N = 1158。

5. 服务中期的激励关键点：良好团队合作氛围与适时督导

在志愿服务的中期，志愿者能否得到有效的激励，能否感受到正面的积极引导十分重要，这是影响他们持续参与志愿服务的关键。志愿服务过程中，志愿者最在意的是"与团队其他成员的合作融洽程度"（83.51%）和"服务过程中的适时督导"（76.94%）。相对而言，对"服务场所及环境的舒适程度"等物质保障并没太在意（见表9）。

表9　服务中期广州志愿者的关注点和在意因素

单位：人/%

服务中期激励措施	很在意	比较在意	不那么在意	完全不在意
服务场所及环境的舒适程度	155（13.39）	432（37.31）	486（41.97）	85（7.34）
与团队其他成员的合作融洽程度	258（22.28）	709（61.23）	153（13.21）	38（3.28）
志愿者交通/餐饮/防护物资/通信电话等保障	212（18.31）	539（46.55）	349（30.14）	58（5.01）
服务过程中的适时督导	203（17.53）	688（59.41）	228（19.69）	39（3.37）

注：N = 1158。

6. 服务结束后的激励关键点：自我潜能得到提升，并与工作伙伴保持稳定长久的联系

大部分志愿服务组织在服务结束后，为志愿者颁发服务证书或时数证明，这是当前志愿服务激励的常用手段。但本次调研发现，志愿者更为在意的是"能力得到提升，潜能得到开发"（82.47%），其次为"及时召开总结会，总结服务经验"（75.73%），再次为"与工作伙伴保持稳定长久的联系"

（73.31%）（见表10）。这反映了一个新的趋势，那就是新时代志愿者更在乎自身成长与良好有益的社交关系，不只是为了得到来自服务对象的认可。

表10　服务结束后广州志愿者的关注点和在意因素

单位：人/%

服务结束后激励措施	很在意	比较在意	不那么在意	完全不在意
收获服务对象的认可和感谢	249(21.50)	586(50.60)	268(23.14)	55(4.75)
能力得到提升,潜能得到开发	319(27.55)	636(54.92)	172(14.85)	31(2.68)
与工作伙伴保持稳定长久的联系	230(19.86)	619(53.45)	270(23.32)	39(3.37)
及时召开总结会,总结服务经验	247(21.33)	630(54.40)	243(20.98)	38(3.28)
获得服务证书或时数证明	229(19.78)	555(47.93)	320(27.63)	54(4.66)
获得服务宣传(通讯稿/事迹报告)	166(14.34)	449(38.77)	446(38.51)	97(8.38)

注：$N=1158$。

（四）激励效果与评价

1. 党政部门的有效激励措施：出台政策、创新表彰、保障经费和加强宣传

一个城市的志愿服务文化的长久建设依赖于其经济实力、人民素质、空闲时间，也依赖于其志愿服务制度建设。调研发现，党政部门提供的激励举措中，有效性排序前四位的依次为：出台及完善志愿服务激励政策，占比55.44%；设立"优秀志愿者""公共服务奖""公共服务勋章"等表彰，占比47.58%；建立专项经费支持志愿服务发展，占比39.81%；将志愿服务纳入文明教育中，加强宣传形成良好氛围，占比39.03%（见图17）。激励举措的有效性取决于志愿服务事业整体发展的方方面面，如顶层制度设计及政策、创新型表彰、有吸引力的宣传等，必须立足于志愿者的切身利益，让其感受到实实在在的获得感与幸福感。

2. 志愿服务组织的有效激励措施：完善管理、规范表彰、组织培训

调研结果显示，志愿服务组织提供的激励举措中，有效性排序前三位的依次为"完善对志愿者的管理"（53.37%）、"规范对志愿者的表彰和奖励"（50.95%）和"组织开展志愿者培训"（42.57%）。广泛宣传志愿服务活动及志愿者事迹、组织开展团队建设活动和开发能发挥个人能力的志愿服务岗

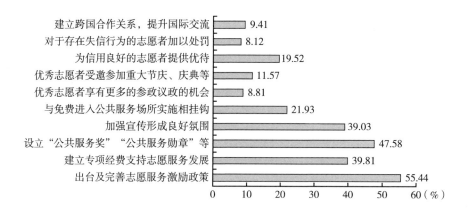

图17　党政部门提供的激励措施效果评价（*N* = 1158）

注：调查问卷中此题为多项选择题。

位，对志愿者的激励效果也较为明显（见图18）。由此可见，志愿者对于组织的规范管理、专业培训和人性化关怀较为看重，如果志愿服务组织不注重以上三方面的建设，难以留住志愿者人才。

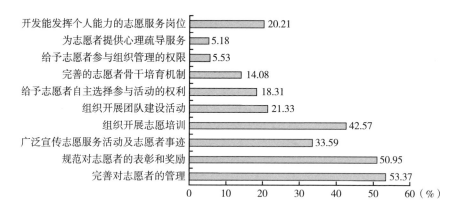

图18　志愿服务组织实施的激励措施效果评价（*N* = 1158）

注：调查问卷中此题为多项选择题。

3. 志愿者对广州志愿服务现状较为满意，对志愿服务发展前景持积极乐观态度

数据显示，79.1%的受访者对广州志愿服务发展前景充满希望，这是广

州志愿服务势头良好、深入民心、具有扎实群众基础的重要体现。其他选项中，68.13% 的受访者对"服务时发挥自主性和能动性"感到满意，67.96% 的受访者对"所接受的培训内容"感到满意，67.01% 的受访者对"所接受的培训方式"感到满意，64.77% 的受访者对"志愿服务中的人身安全保障"感到满意。这说明广州在志愿者培训、岗位设置和基础保障上成效较为突出，得到广大志愿者的认可。但问及志愿服务激励机制（包括奖励和惩罚机制）时，志愿者的满意度则不及上述选项高，仍有较大提升空间（见表 11）。

表 11　志愿者对广州志愿服务发展的满意度

单位：人/%

满意度选项	十分满意	比较满意	一般	较不满意	完全不满意
广州志愿服务的发展前景	283(24.44%)	633(54.66%)	223(19.26%)	9(0.78%)	10(0.86%)
广州现行志愿服务激励制度	185(15.98%)	490(42.31%)	413(35.66%)	53(4.58%)	17(1.47%)
广州在志愿服务上的媒体宣传	201(17.36%)	496(42.83%)	399(34.46%)	50(4.32%)	12(1.04%)
所接受的培训内容	213(18.39%)	574(49.57%)	335(28.93%)	25(2.16%)	11(0.95%)
所接受的培训方式	210(18.13%)	566(48.88%)	339(29.27%)	31(2.68%)	12(1.04%)
拥有的工作条件/办公条件	177(15.28%)	477(41.19%)	444(38.34%)	44(3.80%)	16(1.38%)
志愿服务中的人身安全保障	206(17.79%)	544(46.98%)	365(31.52%)	28(2.42%)	15(1.30%)
服务时发挥自主性和能动性	225(19.43%)	564(48.70%)	335(28.93%)	24(2.07%)	10(0.86%)
志愿者奖励机制	186(16.06%)	495(42.75%)	416(35.92%)	46(3.97%)	15(1.30%)
志愿者惩罚机制	176(15.20%)	445(38.43%)	464(40.07%)	56(4.84%)	17(1.47%)

注：$N = 1158$。

四　广州青年志愿服务激励机制存在的问题

（一）志愿服务激励政策宣传不到位

2014 年，广东省文明办、团广东省委、省民政厅、省志愿者联合会联合出台全国首个省级《广东省星级志愿者资质认证管理办法》，2017 年，广东注册志愿者的专属身份凭证——注册志愿者证正式推出，由广东志愿者信息管理服务平台（"i 志愿"平台）进行志愿者实名认证和数据支撑，并以此证对志愿者进行信息化管理与服务，同时提供保险、金融、交通和爱心商家专属优惠等嘉许回馈服务，这种身份凭证所涵盖的仅限于志愿者的综合性功能实质上是一种政府发动、社会呼应的激励举措。

然而在本次调研中却发现相当部分志愿者不清楚乃至不知道正在推行的保障措施与激励政策，有资深志愿者听说过政策，但是哪些类型的爱心商家、哪些旅游景区可以享受优惠、怎么享受回馈说不上来。这不仅仅是志愿者主体本身不了解，根据他们的反馈，不少商家、景区等都没有外在的标识展示，"如果景区有标识，大家一看到就是志愿者证打八折，志愿者看到也更加容易接触，其他民众看到也会觉得做志愿者有这种好处，也会主动参与，走到哪里看到这个标识都会让人联想到志愿服务这件事情"。当下志愿服务已经处处可为、时时可为、人人可为，而相应的省级、市级激励政策也陆续出台，但是调研发现，激励政策的宣传广度、力度、效度显然存在极大的缺位与缺失，今后仍须在全社会范围内持续开展系列的传播。

（二）志愿服务激励呈不均衡分布状态

虽然各地有相应出台激励政策与保障措施，但是在不同志愿服务组织中，激励内容会因组织的发展阶段与实际需求有不同的表现，这就会呈现百花齐放的发展生态。有些组织处于起步阶段，连最基本的餐饮和交通补贴都无法妥善保障，有些组织有足够的经费与资源，相对而言激励形式会丰富、多层次，而现实情况下，不少志愿服务组织除了跟随政府层面做一定的精神性激励如表彰奖励以及团队建设等，在物质性、发展性、保障性激励方面欠缺全盘整体性考虑。甚至部分志愿组织管理者严重缺乏这样的意识，未能足够重视激励措施的作用与功能，认为志愿者有爱心、有热情、有行动就足矣，对其缺乏有效的组织激励与有效管理，这也是近年来志愿者流动频繁的重要因素。

在调研中，我们也发现有个别组织的激励机制很健全，形成体系化、层级化、制度化的激励内容。这固然是因为这些组织已经发展成为现代意义上的志愿服务组织，更重要的是这些组织的资源尤其是经费较为充足，可以在内容与形式上做更多的探索与实践，比如志愿者服装、纪念品，甚至适度的交通补贴等。另外，调研显示，市区层面、中心城区激励措施比较完善与集中，而街道层面、非中心城区的激励措施相对较少，并且形式比较单一，"这种资源能不能不要太集中，分散一点，照顾一下周边的地区"。为此，不同地区、不同组织的志愿服务激励机制，如何在实现激励作为志愿服务事业持续发展的强劲动力的同时兼顾相对公平，发挥激励对志愿者的最大功效，既有一致性的内容，又体现差异化的存在，这是下一阶段须深入思考研究的具体内容。

（三）志愿服务激励方式呈粗放型发展

调查中发现，不少志愿者对当前的激励获得感与幸福感并不明显。个别志愿者甚至认为泛化的表彰激励对他已经不具备吸引力，有些志愿者觉得开展志愿服务没有太显性的激励，更多的是来自服务对象的肯定与认同。调研中我们还发现，新晋志愿者尤其是年龄较小的年轻志愿者喜欢带有身份标识的文创产品、纪念品，价格不一定昂贵，但需具有独特性；而骨干志愿者可能更多地希望获得专业的系统性培训，提升服务水平与技能；资深志愿者更需要的是独特且稀缺的荣誉称号。由此可见，绝大部分志愿者都认为激励应依据不同层级而有所区别。

此外，调研还发现，志愿服务招募、培训阶段的激励相对缺乏，激励更多体现为服务期间与结束之后，这种任务导向式的激励极易导致功利主义取向。当前对志愿者的激励是不讲究时机的，即不以时间变迁作为参考变数来开展激励，忽略激励措施应有短期、中期、长期等阶段性需求及这些不同阶段间的衔接与持续。虽然近几年我国对志愿者的激励越来越重视，各种激励措施层出不穷，但仍缺乏激励政策与措施的效能评估体系，这种一揽子、粗放型的志愿者激励机制已经满足不了日益扩大的志愿服务供给需求，志愿服务激励社会效能感越来越弱。

五 完善广州青年志愿服务激励机制的对策建议

党的十八届三中全会明确提出"激发社会组织活力，支持和发展志愿服务组织"；中央文明委《关于推进志愿服务制度化的意见》明确要求"健全志愿服务激励机制"；十九大报告指出，要推进志愿服务制度化建设，大力培育、激励志愿者服务团队和广大志愿者，引导社会公众积极参与志愿服务活动。在详细分析广州市青年志愿服务激励机制现有状况和存在问题的基础上，结合志愿者的服务动机、利益诉求以及对当前激励措施的实施评价，借鉴其他地区工作经验，建议从以下三个方面完善广州市青年志愿服务激励机制。

（一）调动各界资源，加大宣传力度，实现志愿服务激励可视化

整合社会各界传播资源，加大对志愿服务激励政策的宣传力度，让激励措施处处可见、人人可知、时时可得。一是在公交站场、地铁站内、热门商圈等人流量较为密集的地方，通过公益广告（标语、海报、视频）的方式对志愿服务激励政策和保障措施进行宣传，让激励理念深入人心。二是采用当前深受青年喜爱的新媒体传播方式，在抖音、快手、B站、微信公众号等网络平台，以短平快的宣传产品为载体，有效传播志愿服务激励举措。三是深入学校和社区开展志愿服务激励政策宣讲活动，通过生动有趣的推广活动，让学生和市民了解广东省和广州市正在推行的志愿服务激励措施，发动更多人参与志愿服务并注册志愿者证。四是联动各大旅游景区、爱心商家开展"激励标识外化"行动，在景区门票收费处、实体店铺门前、线上商店主页等显眼位置，放置志愿者优惠标识，并主动向志愿者介绍优惠细则，让普及性优惠覆盖更多人群。

（二）加大统筹力度，兼顾相对公平，实现志愿服务激励均衡化

志愿服务激励机制在不同组织间、不同地区间呈现巨大差异，主要源于组织对激励机制的认识不一和外部资源配置的不均衡。因此，应从转变观念和资源盘活上狠下功夫。一是对广大志愿服务组织尤其是初起步的组织负责人进行理念普及和专业培训，让其认识到激励的必要性和重要意义，促使每个组织构建一套形式丰富、体系健全、可操作性强的志愿服务激励机制。二是进一步丰富和完善志愿服务经费保障政策，结合广州市志愿服务发展的实际情况，设置专项的财政预算、给予专项拨款、政府购买服务等形式，放宽经费支出限制，加大对志愿服务组织的经费支持力度。三是在政府财政投入的基础上，积极引入社会力量，支持常态化志愿服务事业的发展。一方面，各基金会可设立志愿服务专项基金，加大对特定领域志愿服务项目的支持力度；另一方面，鼓励社会爱心企业和团体支持志愿服务事业发展，为恒常开展的志愿服务项目提供资金援助。

（三）精准识别需求，坚持全周期管理，实现志愿服务激励精准化

广州市各志愿服务组织发展程度不一，各类志愿服务的服务难度、服务时长、参与程度以及对志愿者的专业要求各异，使得不同层级、不同类别的志愿者对激励措施的期待各不相同。对此，我们应分层分类对志愿者的需求进行精准识别、精确满足和精准引导，给予精准化的差异性激励，激发志愿者发挥最大潜能，从而持续参与志愿服务。例如，面向新晋志愿者，可发放独特性的文创产品、纪念徽章、参与证书等；对于骨干志愿者，可提供系统化、专业化培训，增强其团队管理、项目策划、宣传推广等的能力，不断提升综合能力；对志愿服务组织负责人而言，可考虑设立层次高、数量少、专业性和独特性兼具的荣誉表彰，也可定期开展市内、跨地区甚至国际志愿服务交流活动，培育其实现资深志愿者向职业公益人才的转向。

此外，还应坚持全周期管理理念，把激励贯穿志愿服务各个阶段。比如在服务开始前，通过岗前培训或小组会的方式，向志愿者讲解服务意义和注

意事项，增强志愿者对服务要求的了解和顺利开展服务的信心；在服务过程中，加强对志愿者的适时督导和积极引导，不仅要对志愿者做得不够的地方做出纠正，提高服务适切性，还要营造良好的团队合作氛围，让高情感劳动付出者得以情感反哺；服务结束后，及时召开总结会，分享服务经验和成长收获，对表现突出的志愿者加以赞许肯定，加强小组动力以推进志愿者团队保持稳定的社交关系等。

以志愿服务为载体的实践
育人路径探索[*]

——以广州市学生团员志愿者为例的调查研究

熊静茹　李　庆

摘　要： 推动学生团员成为注册志愿者，对于促进团员权利和义务的有机结合，强化团员对团组织和社会的责任有很大的促进作用，而志愿服务则能通过实践起到育人功能。本研究以问题为导向，对广州市中学生和大学生的学生团员进行调研。志愿服务承担着服务与育人的双重任务，但却同时面临着志愿者参与缺乏主动性、志愿者培养缺乏系统性的现实困境与发展需求等问题。本研究力求通过对调查材料的去粗取精、去伪存真、由表及里的思考分析综合，由感性认识上升为理性认识，在此基础上提出解决问题的建议。希望推动构建政府、社会、学校协同联动的"实践育人共同体"，提升学生团员志愿服务实践育人效果。

关键词： 学生团员　志愿者　志愿服务　实践育人

一　研究背景及目的

2014 年底，团中央印发了《关于推动团员成为注册志愿者的意见》，在

---

* 本文系2020 年团市委深调研课题成果。课题组成员：熊静茹、杨翊翀、邱服兵、马胜利、李庆、林欣、林燕生、林圣平、郑海腾。

全团部署开展了这项工作。经过 6 年的努力，各地团组织在组织发动注册、志愿服务宣传、项目载体设计等方面做了很多工作，基本完成了团员 100% 注册成为志愿者，开展了丰富多彩的志愿服务活动，团员的团员意识和荣誉感得到一定加强。在推动团员成为注册志愿者的过程中，我们发现并没有取得预期的效果。

为深入学习贯彻习近平总书记出席深圳经济特区建立 40 周年庆祝大会和视察广东重要讲话、重要指示精神，根据市委《印发〈关于围绕学习贯彻习近平总书记出席深圳特区建立 40 周年庆祝大会和视察广东重要讲话重要指示精神开展"深调研"工作方案〉等三个工作方案的通知》要求，本调研报告重点就推动团员学生注册成为志愿者，以志愿服务为载体的实践育人路径进行了一系列调查研究。

二　课题调研开展的基本情况

（一）研究对象

本次课题调查研究对象为广州市范围内市属高校和各区中学学生，重点关注学生团员志愿者。

（二）研究方法

1. 问卷调查

调研组根据研究需求，自制问卷《学生团员注册志愿者、志愿育人问卷调查》（问卷星电子版），面向广州市属高校、中学学生发放。

2. 座谈会

调研组先后对广州市市属高校进行调研和各区团区委进行调研，涵盖了不同层级的学校，覆盖了城、乡的不同区域，并对各区进行深度访谈。

3. 观察法

根据研究需要和可行原则，调研组对居住地学校以及调研学校的学生团员志愿者工作进行观察。

4. 文献分析

调研组还收集了团员学生志愿者相关的文献资料及相关政策，并结合问卷调查与个案访谈进行对照分析。

（三）问卷调查情况与分析

1. 问卷调查情况

本次问卷调查采取随机抽样方法，制作问卷星电子问卷，问卷调查对象包括广州市属高校及各区各类型中学学生。共回收问卷 22251 份，其中，团员学生的问卷数为 17553 份，约占总数的 79%。由于是电子问卷，受手机的限制，此次问卷的问卷样本年龄层次以 16 ~ 23 岁居多，其中 13 ~ 15 岁（初中生）6030 人，约占 34%；16 ~ 18 岁（高中生）10747 人，约占 61%；19 ~ 23 岁（大学生）767 人，约占 4%。

2. 现状分析

（1）学生团员志愿服务的队伍建设。问卷数据显示，17553 名团员中，只有 15459 人（约 88.07%）注册成为志愿者，离学生团员 100% 注册成为志愿者有一定的差距。

（2）学生注册志愿者的方式。大多数团员都是自己上网注册成为志愿者，但仍然有 14.61% 的学生不知道注册的方式。访谈调研中进一步得知，学生团员认为"i 志愿"注册流程烦琐，且系统和平台不稳定，一定程度上影响了学生团员注册成为志愿者的主动意愿。

三 学生团员志愿服务工作存在的问题和原因分析

从问卷和访谈调查中，调研组总结了以下团员志愿者工作所存在的问题，亟待解决。

（一）学生团员志愿者参与志愿活动缺乏主动性

学生团员对于志愿服务的认同度高，但参与度不高，缺乏主动性。大部分团员志愿者对于志愿服务持支持态度，但实际参与志愿服务频率却不高。调研中发现，98%的学生团员支持志愿服务，但参与志愿服务的频率较低，受访者中每月至少参与1次以上志愿服务的仅3987人（约占25.82%），有14.98%的受访者表示从未参与过志愿服务（见表1）。

表1　学生团员参与志愿服务的频率

单位：%

选项	小计	比例
每周一次或以上	1156	7.49
每月一次到两次	2831	18.33
每个学期一两次	6710	43.45
每学年一次	2433	15.75
从未参加过	2313	14.98
本期有效填写人次	15443	

　　数据显示，51.25%的学生团员志愿者认为志愿活动的参与者缺乏主动性，学生团员志愿者在志愿活动中缺乏自主性、自觉性，就很难体会到有效的自我提升，成长需求得不到满足，参与动机和参与深度也将达不到应有的效果，志愿服务的育人功能就得不到有效发挥。

　　学生团员志愿者在参与志愿服务的过程中，受到很多主客观因素影响。受访者认为，阻力因素最大的是时间问题，学生大部分时间都在学校，与志愿服务的时间有明显冲突；部分受访者也认为，志愿组织可供学生团员选择的活动不多以及对志愿者权益保障不完善也是学生团员参与志愿服务的阻碍因素（见图1）。

（二）学生团员参与志愿服务缺乏有效的目标引导

　　访谈中发现，大多数学生团员对于参与志愿服务的目标是不明确的，部分受访者表示参与志愿服务是为了完成学校安排的任务，忽略了志愿服务本身所具有的自愿性、引领性。这反映了部分学生团员志愿者对于志愿服务的

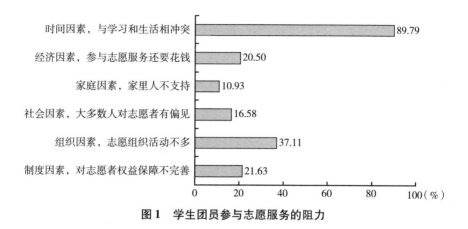

图1　学生团员参与志愿服务的阻力

认识不够深刻，没有从履行团员义务的角度真正体会志愿服务的精神与意义，对志愿服务在自身价值实现中的作用认识还不到位。

（三）学生团员志愿服务缺少系统性服务和专业性指导

推动学生团员成为注册志愿者，其目的是培养团员的服务意识，能够更好地为人民服务。本次调研发现，在学生团员注册成为志愿者后，配套的系统性服务和专业性指导服务未能及时跟进，成为制约学生团员参与志愿服务的主要因素。通过问卷分析可知，54.81%的学生团员认为自己缺少专业的志愿服务知识和技能；51.25%的学生团员认为缺乏主动的引导，对于服务对象的具体需求了解较少，在参与志愿服务的过程中处于被动状态；40.61%的学生团员觉得志愿活动缺少资金支持和物质保障；38.56%的学生团员认为志愿服务活动内容比较丰富，但适合学生参与的志愿服务活动项目较少（见图2）。

四　以志愿服务为载体的实践育人的对策和建议

（一）加强学生团员参与志愿服务的主动性与积极性

坚持组织化推动与激发团员内在动力相结合，通过有效的宣传发动，引

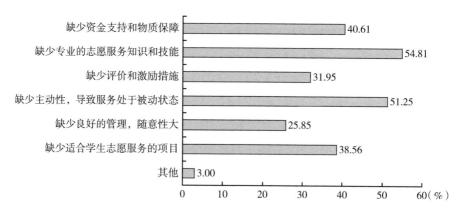

图2　制约学生团员参与志愿服务的因素

导入团积极分子和团员逐步认同志愿服务理念，使积极分子和团员从内心认同注册志愿者，并自觉成为注册志愿者。共青团组织做好思想引领工作，指导学校团组织强化志愿服务育人，提升团员志愿者对志愿服务的认同感，强化志愿服务的育人功能，可以有效解决当前育人工作中普遍存在的问题。一是以优秀的同辈学生志愿者为榜样示范，以志愿精神带动他人学好向善，这样的学习方式更容易被青少年认可和接受。二是以团体的力量，学校组建专业的志愿团体，带动个人参与，这样他们会在志愿服务的过程中逐渐被集体的氛围所感染，变被动为主动。三是志愿服务的生活化，让学生群体能够在生活中随处可见志愿活动，达到潜移默化、润物无声的效果。2020 年的新冠肺炎疫情就是一个很好的例子：在严重的疫情面前，涌现了一大批志愿者，他们积极投身一线参加志愿服务，在支持疫情防控工作和维持城市正常运转方面发挥了重要作用。这次大规模志愿者的涌现，充分展现了我国志愿服务事业的发展和志愿者群体的成长，也对我国志愿者工作进行了一次大的正面的宣传。

（二）加强学生团员参与志愿服务的目标引导

《团章》中明确规定"积极参加志愿服务"是团员必须履行的义务之

一。各学校团组织应在严格遵守《团章》规定的基础上，将学生团员参与志愿服务的情况纳入团员年度评议工作中，未注册成为志愿者、未按要求完成 20 小时年度志愿服务的团员，评议结果原则上不能评为优秀，不能参评市级以上荣誉。同时，各学校团组织、志愿服务组织既要明确学生团员参与志愿服务的自愿性原则，也要强调团员志愿者的义务性要求，在志愿服务开始前应该明确活动的目标和完善的计划，过程中应有指导教师适时的引导，让参与志愿服务的学生团员更有目的性和获得感。

（三）加强学生团员志愿服务的系统性服务和专业性指导

1. 提升学校志愿者队伍专业化建设水平

一是突出学校在学生团员参与志愿服务中的"主阵地"作用，鼓励学生个人组织或参与志愿服务活动，对学生志愿者给予充足的安全、技术支持，对学生志愿者进行专业化的岗前培训和安全培训，帮助学生掌握志愿服务所需的知识和技巧，建立正确的志愿服务观念，促进学生志愿者的顺利成长。二是志愿服务课程化建设。建议各级各类学校可将志愿服务作为一门思想政治教育实践课，融入学校课程体系中。各类志愿服务组织可立足学生团员群体的市级情况，设计形成类型多样、种类丰富、适合学生参与的志愿服务活动，如年龄较小的学生可进行垃圾分类等普及性知识的志愿服务活动，对于有体育爱好的学生可以参与体育赛事的志愿服务活动。三是"家校合作共育"支持志愿服务。现在学校多招募家长志愿者为学生健康成长和全面发展以及为学校教育教学管理提供服务，建议可倡议家长与学生一起加入志愿者团队，带领子女一起进行志愿服务。

2. 完善学生志愿服务评价体系

设计以多元互评原则为基础、以提升志愿者参与动机转变、推进其参与深度和能力提升为目的的三个多方互评的评价指标。一是完善学生志愿者对学校团组织或者志愿服务组织以及服务对象的评价，对学校共青团组织从活动设计、志愿者招募与培训、团队建设、发掘潜能、利益协调、服务效果、服务对象反馈等进行评价，对服务对象从发展现状、受助原因、配合度、问题困难分析、下一步需求等进行评价。二是完善学校团组织对学生团员志愿者的服务时长、综合能力、团队凝聚力等方面的评价。三是完善志愿服务对象对志愿组织和学生志愿者服务态度、服务内容、服务效果、满意度等进行评价。通过多维的评价体系，促进学校团组织、志愿服务组织及学生团员志愿者参与志愿服务的系统性和专业性。

3. 做好学生志愿服务的宣传引导

充分尊重青少年的认知规律和接受习惯，充分发挥共青团新媒体、学校宣传平台的独特优势，有针对性和实效性地对学生志愿服务进行宣传。策划推出一批内容丰富、形式新颖、创意独特的融媒体产品，通过云团队课、短视频、慕课、动漫动画、VLOG 短片等形态，运用青少年语言讲好学生团员志愿服务"小故事"，生动具体地宣传选树学生团员志愿者典型，让学生团员在良好的社会氛围中更加自觉主动地参与志愿服务。

广州青少年志愿服务参与
模式研究调查报告[*]

孙　慧　等

摘　要： 研究发现，广州青少年志愿服务参与模式呈现如下特点：组织动员行政化，教育培训专业化，保障体系规范化，激励机制系统化，服务对象多元化，服务内容日常化，服务时间碎片化。同时存在碎片化的参与时间导致人员组织难度大，行政化动员方式影响活动知晓率和社会认可度，常态化的资源保障不足，服务的有效供给与需求匹配效果不佳等痛点与难点。在此基础上报告提出了具有针对性的对策建议：积极探索"社校合作"模式，常态化开展志愿服务；聚焦志愿文化培育，推动动员方式社会化；完善资源保障，探索"政府购买服务""资助服务项目"模式。

关键词： 青少年　志愿服务　志愿者　参与模式

一　课题研究基本情况

（一）研究背景

党中央高度重视志愿服务工作，习近平总书记在不同场合的重要讲话中

---

* 本文系2020年市团校与市志愿者指导中心联合开展课题成果。课题组成员：孙慧、巫长林、谢素军、张婷、莫莹、刘思贤、周理艺、曲慕为、唐康顺。

对志愿者及相关工作表达了关切之情。2020 年 2 月 23 日，习近平总书记在统筹推进新冠肺炎疫情防控和经济社会发展工作部署会议上的重要讲话中指出，"广大志愿者等真诚奉献、不辞辛劳，为疫情防控作出了重大贡献"。2020 年 6 月 8 日，习近平总书记赴宁夏考察调研时为社区志愿者点赞。他说，"你们的经验很好，真正体现了行胜于言。社会主义是干出来的，各族群众要一起努力，志愿者要充分发挥作用，谢谢你们的努力和贡献"。从实践上来看，志愿服务已经成为服务社会主义现代化建设、完善社会动员机制、加强青少年思想品德教育、助力青少年成长成才和推动团的事业发展的重要创举，加快发展青少年志愿服务事业成为新时期共青团重要的工作思路和工作方式，在全团的整体工作中占有举足轻重的地位。

作为中国志愿服务事业起步最早的城市之一，广州在多年志愿服务工作的深度实践中，不断探索青少年参与志愿服务的新形式和新机制，在促进青少年志愿服务发展方面取得了良好成效。志愿服务已成为广州青少年了解社会、提升素质、培育品德的重要渠道。为适应新时代对广州青少年志愿服务事业发展的新要求，改进新时期广州青少年志愿服务事业发展的新策略，需要在研判现有志愿服务发展基本状况的基础上，契合广州青少年志愿服务发展的新特征，构建具有广州特色的青少年志愿服务参与模式。

（二）研究对象与相关概念界定

1. 研究对象

本调查的研究对象为青少年，按照公安部门的统计标准，青少年的年龄在 13～25 周岁，基本处于中学阶段（包括初中、高中）与大学阶段。在实际取样过程中，我们发现同一年级的学生在年龄上也存在差异性，考虑到调查样本的整体性，我们在抽样时并非严格以年龄为标准，而是将初中生、高中生以及大学生均作为此次调查的研究对象。

2. 志愿服务

本文所指志愿服务是指青少年个体在不求回报的情况下，为改善社会、促进社会进步而自愿付出个人的时间及精力所做出的服务工作。

3. 志愿服务参与模式

本文所指志愿服务参与模式是指青少年参与志愿服务的路径与机制，包括组织动员方式、服务参与途径、服务内容、服务对象、培训体系、激励机制与保障体系等。

（三）调查基本情况

1. 调查方法

本研究采用座谈会、个案访谈、问卷调查、文献分析等方法。共计召开6场座谈会，座谈会包括中学与高校教师座谈以及深圳、杭州等城市志愿服务工作者座谈。个案访谈共计访谈了12名青少年，涵盖本科生、大专生、高中生、初中生等不同层次。共计发放2000份调查问卷，回收有效问卷1985份，有效问卷回收为99.25%。在文献分析方面，梳理了广州市青少年志愿服务政策发展情况以及广州市在青少年志愿服务方面的保障、激励、培训等机制，为调研打下了坚实的政策及理论基础。

2. 问卷样本情况

本研究共发放2000份调查问卷，回收有效问卷1985份，其中初中生488名，高中生500名，大学生997名；性别方面，男生占比46.2%，女生占比53.8%；政治面貌以共青团员为主，占比69.3%，共产党员占比2.1%，群众占比28.2%；宗教信仰方面，无宗教信仰学生占比93.9%；户籍方面，本地户籍学生占比37.4%，外地户籍学生占比62.6%（见表1）。

表1　样本基本情况

单位：人，%

	分类	频率	百分比
性别	男	917	46.2
	女	1068	53.8
户籍	广州户籍	741	37.4
	外地户籍	1239	62.6

续表

	分类	频率	百分比
政治面貌	中共党员	42	2.1
	共青团员	1375	69.3
	其他民主党派人士	7	0.4
	群众	560	28.2
宗教信仰	有	120	6.1
	无	1860	93.9
群体类别	初中生	488	24.6
	高中生	500	25.2
	大学生	997	50.2

注：$N=1985$。

二　广州青少年志愿服务参与的总体情况

（一）系统注册青少年志愿者人数持续攀升

广州是中国内地志愿服务的发源地，近几年，志愿者人数持续攀升。广州青年志愿服务信息管理系统数据显示，截至 2020 年 10 月 30 日，广州市实名注册志愿者人数达到 356.1 万人，其中 35 岁以下青年志愿者达 288.6 万人，占比 81.05%。在青少年志愿者人数方面，据统计，"志愿时"系统登记注册的广州青少年志愿者人数每年均呈递增趋势：截至 2018 年 12 月 31 日，广州市在"志愿时"系统登记注册的 14～22 岁青少年志愿者人数为 887647 人，2019 年这一数据为 1025013 人，截至 2020 年 10 月 30 日，这一数据为 1230391 人。从 2018 年到 2020 年，广州市在"志愿时"系统登记注册的 14～22 岁志愿者总人数增长了 342744 人，增长率为 38.61%。具体到未成年志愿者的参与情况，截至 2018 年 12 月 31 日，广州市在系统登记注册的 14～18 岁未成年志愿者人数为 218882 人，截至 2020 年 10 月 30 日，这一数据为 481300 人，增长了 262418 人，增长率为 119.89%。

（二）志愿服务参与动机凸显社会责任感

志愿者参加志愿服务既有体现社会价值的需求，比如帮助他人、关怀社会、服务社会、履行公民责任等，也有一部分是受个人利益所驱动，如丰富经验、培养组织及领导才能、拓宽人际交往、获得相应的奖励和优惠政策等。这些都可以归为志愿者参与志愿服务的动机。分析发现，广州青少年参与志愿服务最主要的原因是帮助有需要的人，回应社会需要（59.1%）；其次为认同"助人为快乐之本"的价值观（58.3%）；再次是尽公民责任，回报社会（28.7%）。

为了进一步探讨广州青少年志愿服务参与类型，我们将志愿者参与志愿服务的动机分为以"责任感"为轴心的传统性动机、以"发展"为轴心的现代性动机以及以"快乐"为轴心的后现代性动机。其中，将"帮助有需要的人，回应社会需要""参与改善社会问题""尽公民责任，回报社会"归为责任感型动机，将"希望发挥一己所长""感知自我价值""学习新的技能""拓宽社交圈子""丰富经验，自我成长""培养组织及领导才能""为未来工作做准备""完成学业任务"归为发展型动机，将"认同'助人为快乐之本'的价值观""善用业余空闲时间""寻求新刺激，拓宽生活体验""赶潮流，追时尚""出于对志愿服务的好奇心"归为快乐型服务动机。

通过表2我们可以看出，广州青少年志愿者的参与动机更多地体现为"责任感型"，是为了帮助有需要的人以及回报社会，更多地表现出一种利他性；"发展型"的现代性服务动机也占较高比例，同时"快乐型"的后现代服务动机也受到较高重视。这表明青少年志愿者参与志愿服务的动机是多元化的，既有帮助他人、回报社会的利他动机，也有充实自我、提高综合素质的利己需求；同时注重参与志愿服务过程中的内在心理感受，追求一种快乐感和幸福感。

（三）志愿服务参与满意度较高

在对参加志愿服务活动的满意度方面，87%的青少年志愿者对参加过的志愿服务工作感到满意，其中感到很满意的占28.2%，觉得比较满意的占58.8%。对参加过的志愿服务感到不满意的所占比例不到1%，此外还有12.4%的青少年志愿者对参加过的志愿服务工作满意度一般（见图1）。

表2 打算参与志愿服务最主要的原因（多选）

单位：%

动机类型	志愿服务动机	占比	合计占比
责任感型	帮助有需要的人，回应社会需要	59.1	106.6
	参与改善社会问题	18.8	
	尽公民责任，回报社会	28.7	
发展型	希望发挥一己所长	17.6	94.3
	感知自我价值	21.0	
	学习新的技能	16.9	
	为未来工作做准备	2.1	
	拓宽社交圈子	7.0	
	丰富经验，自我成长	22.7	
	培养组织及领导才能	3.3	
	完成学业任务	3.7	
快乐型	寻求新刺激，拓宽生活体验	2.1	68.6
	善用业余空闲时间	6.7	
	赶潮流，追时尚	0.3	
	认同"助人为快乐之本"的价值观	58.3	
	出于对志愿服务的好奇心	1.2	

在志愿者参与志愿服务后的心理感受方面，大部分广州青少年志愿者参加志愿服务后的心理感知是积极正面的，在服务过程中持有一颗快乐的心。34.1%的青少年志愿者表示参加志愿服务后总是感觉非常快乐；54.5%的人表示大多数时候都是快乐的；还有9.5%的人表示参加志愿服务后感受很复杂，说不清是什么心情（见图2）。访谈中也有很多青少年志愿者表示，参加志愿服务可以帮助到别人，自己有比较强烈的被需要感，因此参与志愿服务后内心感到很快乐、很满足。

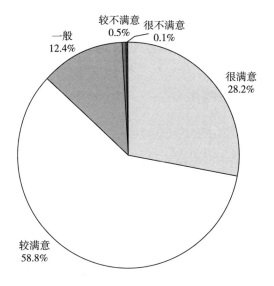

图 1 对参加过的志愿服务工作的整体满意度（$N = 1558$）

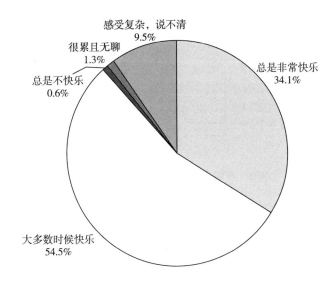

图 2 参与志愿服务后的感受（$N = 1558$）

三 广州青少年志愿服务参与模式特征

（一）组织动员行政化

1. 志愿服务信息获取主要依托学校平台

调查发现，广州青少年获取志愿服务信息最主要的途径是学校团委、学生会、学校志愿团体等，所占比例为44.5%；其次为志愿服务官方网站，占比23.7%；再次是通过同学、朋友或老师等，占比13.2%（见图3）。从群体差异来看，中学生尤其是初中生通过学校平台获取志愿服务信息的比例显著高于大学生。

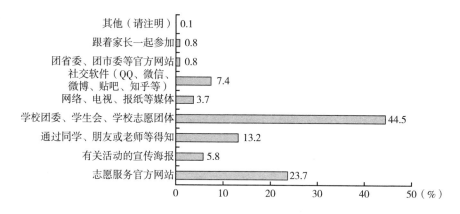

图3 获取志愿服务信息最主要的途径

2. 志愿服务活动组织者集中于学校与官方组织

参加志愿服务活动的组织者方面，51.5%的青少年表示参加的志愿服务主要是所在学校组织的，21.3%的青少年主要参加政府系统、团市委、青年志愿者协会等官方组织的志愿服务活动，只有少部分青少年参加民间团体组织、半官方半民间性质志愿者组织、自发的志愿者团体等组织的志愿服务活动（见表3）。

表3 参加的志愿服务的组织者

单位：人，%

组织者	频数	占比
政府系统、团市委、青年志愿者协会等官方组织的志愿服务	333	21.3
非政府组织（NGO）、非营利组织（NPO）等民间团体组织的志愿服务	104	6.7
半官方半民间性质的志愿者组织的志愿服务	96	6.1
自发的志愿者团体组织的志愿服务	76	4.9
个人进行的志愿服务活动	28	1.8
所在学校组织的志愿服务活动	804	51.5
所在社区组织的志愿服务活动	85	5.4
不清楚	30	1.9
其他（请注明）	5	0.3
合计	1561	100.0

（二）教育培训专业化

1. 在全国率先打造专业化的志愿服务培训学院

参加志愿服务培训是志愿者的一项基本权利，也是开展志愿服务活动的重要环节。2010年10月，广州志愿者学院成立，是全国第一家以政府为主导建立的专门从事志愿者培训和志愿服务理论研究的公益性事业单位。在共青团广州市委员会的支持指导下，联合市人社局研发了志愿服务岗位能力培训体系，将志愿者培训划分为基础级、骨干级、领袖级和专业领域四个层级。围绕这一体系，研发了《志愿服务岗位能力培训教材》，同时依托院内外优秀师资"送教进校"，为青少年志愿者提供专业培训。

2. 近八成青少年志愿者参与岗前志愿服务培训

除了志愿服务知识与理念等常规化志愿服务培训外，广州青少年参与志愿服务活动前会参与活动组织方开展的专业培训，培训以专业技能（61.3%）、人际沟通为主（46.8%）。调查发现，78.1%的青少年志愿者表示在参加志愿服务前获得了相关培训。其中，57.1%的人参加了一次性培训，15.6%的人获得连续、多次培训，5.4%的人表示参加志愿服务活动时获得全程指导（见图4）。由此可以看出，开展志愿服务时，活动组织方对于志愿者的培训比较重视，比较关注志愿服务活动实际效果和志愿者能力的提升。

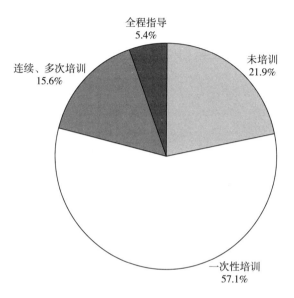

图4　志愿者参加志愿服务活动前获得的相关培训情况（$N = 1549$）

（三）保障体系规范化

1. 在全国率先立法为志愿者购买保险

广州作为改革开放的前沿地，也是中国青少年志愿服务政策创新的先行区。早在2008年9月25日，广州市第十三届人民代表大会常务委员会第十三次会议就表决通过了《广州市志愿服务条例》（以下简称《条例》）。《条例》规定，市、区（县级市）人民政府要为志愿服务事业提供必要的资金扶持，与国内其他省市已出台的相关法律条例相比，《条例》重点规范了志愿服务的组织实施过程，凸显了对志愿者合法权益的保护。《条例》提出"为志愿者购买保险"，这是在国内首次立法为志愿者购买保险。《条例》还提出"当存在可能危及人身安全、身心健康、涉及外籍人员等情形时，志愿服务组织与志愿者、志愿服务组织与接受志愿服务的单位或者个人之间应当签订书面协议"。此外，广州市羊城志愿服务基金会自2013年起连续7年资助"志愿时"网站,为广州志愿者购买人身意外保险,购买保险总金额超过 870 万元。

2. 不断完善志愿服务保障体系

2019 年,由市文明委指导、市民政局牵头,会同市文明办、团市委等单位,启动开展《广州市志愿服务条例》修订工作。完善注册、培训、管理、激励机制等配套制度,形成具有本土特色的广州志愿服务制度体系。《广州市志愿服务条例》规定,不具备完全民事行为能力的志愿者从事志愿服务应征得监护人同意,且只能参加与其年龄、身心状况相当的志愿服务。《条例》还明确了参加志愿服务活动,接受从事志愿服务活动所需的专业培训和岗位培训;自由、名誉、隐私和信仰受到尊重;获得与从事志愿服务相关的完整信息;根据工作的性质与特点,在适当的安全与卫生的条件下从事工作;未经本人同意,不得安排超出约定范围的工作。在为志愿服务活动提供支持与保障方面,《条例》提出,市、县(市辖区)人民政府应当对各级志愿服务活动给予必要的专项经费支持,鼓励社会各界对志愿服务活动进行捐赠、捐款等。

3. 积极落实志愿服务保障制度

在志愿服务保障方面,55.6%的青少年表示参加志愿服务活动征得了监护人口头或书面的同意,初中生、高中生等未成年人员征得监护人同意的比例更是分别高达 89.7%与 73.9%;51.5%的青少年表示志愿服务组织方会发放服装、工作证等志愿服务装备;45.1%的人表示接受了开展志愿服务技巧的岗前培训;40.1%的人反映活动组织方会提供交通费、餐费等补贴;还有 22%的人表示组织方对其开展了人身安全培训。由此可见,广州青少年在参与志愿服务时获得了较为全面的保障,但同时我们发现在人身安全培训等方面的保障力度有待进一步加强。

(四)激励机制系统化

1. 制度化规定志愿者奖励措施

《广州志愿服务条例》规定,国家机关招考公务员、国有企事业单位招聘人员、高等院校录取新生时，在同等条件下优先录用、聘用和录取有志愿服务经历者；政府及有关部门应定期或不定期对有突出贡献或特殊表现的模范志愿者组织、优秀志愿者，以及关心、支持、帮助志愿服务事业特别突出的社会组织与个人给予表彰奖励。

2. 激励方式多元，以精神激励为主

在志愿者参加志愿服务活动的奖励方面，志愿者主要获得了精神方面的奖励：49.5%的青少年得到了学校的支持和肯定，44%的表示得到了服务对象的认同与接纳，34.8%的表示获得了志愿组织或机构、志愿服务主办方的肯定与感谢，27.6%的表示获得了荣誉证书和荣誉称号。除此之外，也有部分志愿者获得了适量纪念品以及升学就业方面的政策优惠等物质奖励（见图5）。

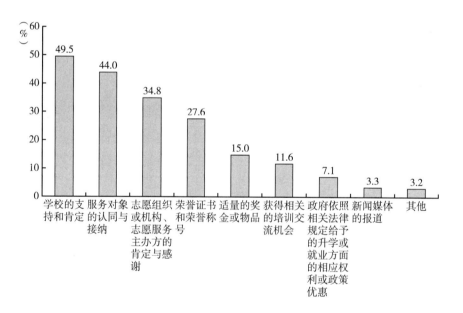

图5　参加志愿服务获得的奖励（多选）

（五）服务对象多元化

分析发现，广州青少年志愿者服务对象较为多元，主要为青少年、长者以及儿童等群体。其中，超过六成曾经服务过同龄人，59.7%的曾经服务过老人，曾服务过儿童的青少年志愿者占比44.9%，还有部分青少年志愿者为残疾人士、外来务工人员、低收入市民等群体提供志愿服务。初中生与高中生服务最多的群体均为青少年，大学生服务最多的群体为长者（见图6）。由此可知，广州青少年志愿服务对象服务广泛，覆盖大部分群体。

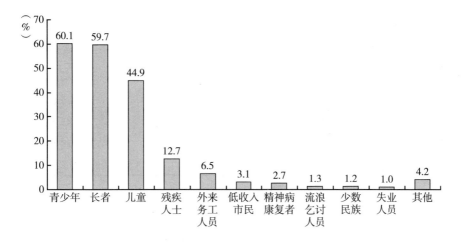

图6 参加志愿服务主要的服务对象（多选）

（六）服务内容日常化

在志愿服务活动参与类型方面，广州青少年主要参与创建文明卫生等综合服务（31.3%）、环境保护（30.4%）以及助残助弱扶贫（28.8%）等日常性志愿服务活动。参加交通协管员、地铁、火车站秩序维护志愿者，禁毒宣传活动的也占据一定比例（见表4）。相比较而言，大学生参加大型志愿服务活动的比例显著高于中学生，中学生参加环境保护和禁毒宣传活动的比例则显著高于大学生。可见，目前广州青少年志愿者参与的服务活动内容主要是协助政府管理、扶助弱势群体等方面，中学生志愿服务在这方面体现得更为明显。这些志愿服务内容充分体现了广州青少年志愿者公民责任感与"奉献、友爱、互助、进步"的志愿者精神。

表4 广州青少年志愿者参与的志愿服务类型

单位：%

志愿服务类型	占比
大型活动［如奥（残）运会、亚（残）运会等］	12.8
参加禁毒宣传活动	20.2
环境保护	30.4
助残助弱、扶贫等	28.8
海外志愿服务活动	2.5
应急救援(雪灾、水灾、地震、消防等灾害性事情的协助工作)	2.6
青少年成长教育与心理咨询的服务	15.2
慈善募捐服务	15.0
创建文明、卫生等综合服务	31.3
交通协管员、地铁、火车站秩序维护志愿者等	20.8
其他	7.9

（七）服务时间碎片化

在志愿服务参与模式方面，广州青少年偏好一次性志愿服务。44.8%的青少年表示最喜欢参与一次性志愿服务，32.8%的表示最喜欢参加经常性的志愿服务活动，最喜欢参加季节性志愿服务的占比21.7%，还有0.7%的青少年表示无所谓。参加志愿服务的时间主要为周末，占比29.7%；其次为不固定时间参加，占比29.4%；21%的青少年志愿者在课余时间开展志愿服务，还有19.9%的青少年利用节假日时间开展志愿服务。群体差异方面，中学生选择不固定时间参加志愿服务的比例最高，大学生选择周末参与志愿服务的比例最高。这主要是受制于青少年生命周期特点，多数人难以实现持续化、稳定地参与志愿服务活动，多半是以一种短期性、活动性的参与为基本形式。访谈中也有部分学生表示，平时学业较忙，无法固定时间参加志愿服务，只能根据自己的实际情况利用碎片化的时间参与，在不影响自己学业的情况下尽量参加志愿服务活动。

四 广州青少年志愿服务参与模式
存在的痛点与原因分析

（一）碎片化的参与时间导致人员组织难度大

在青少年看来，目前广州开展青少年志愿服务工作面临的最主要困境是青少年学业压力大，人员组织的难度较大，所占比例为59.7%。从阻碍青少年参加志愿服务的因素分布来看，学业负担重是无法回避的问题，56.5%的被访者表示没有时间参加，49.7%的被访者表示学业太重是导致其无法参加志愿服务的最主要因素。这也佐证了"青少年学业压力大，人员组织难度较大"为开展青少年志愿服务工作面临的最主要困境的观点。从构成分析来看，广州青少年志愿者主要来源为高校大学生以及中学生，大量的大学生因为学业课业的加重或者毕业后去往别的城市参加工作而无法持续参与志愿服务活动，有的或许参与一次，就再也没有参与了；中学生群体同样面临这个问题，他们除了因为学业压力导致没时间参加外，还有些学生是在穗务工人员随迁子女，只是暂时借读在广州，成为一名广州青少年志愿者，他们往往在参加了一段时间的志愿服务后就随父母去往其他城市或回老家了。正是由于青少年群体的特殊性，他们往往以提供短期服务为主，超过半数的服务时间在一年以下，也更喜欢参与一次性的志愿服务。种种因素的制约导致广州青少年参与志愿服务的频率较低且青少年志愿者队伍出现较高的流失率。在此情况下，提高青少年参与志愿服务的频率，降低青少年志愿者流失率，加强青少年志愿者队伍的维系工作，迫在眉睫。

（二）行政化动员方式影响活动知晓率和社会认可度

前文分析发现，广州青少年志愿者活动信息的获取途径和组织方均以学校为主，但学校尤其是中学组织的志愿服务主要为校内清洁活动，学校艺术节、校运会等大型校内志愿活动，社会性的志愿服务活动参与较少。

这与青少年志愿服务参与主要依托学校平台、社会性志愿服务活动宣传不足有关。调查中，四成以上的青少年认为目前广州开展青少年志愿服务工作面临的最主要困境为志愿活动的宣传力度不够，社会认可度不高。在阻碍青少年参加志愿服务的因素方面，33.5%的人表示是因为不知道在哪里获取志愿服务信息和参与途径而错失参与志愿服务的机会；在调查青少年没有参加防疫志愿服务的原因时，也有41.4%的受访青少年表示不知道通过什么途径参加，这揭示了志愿服务活动宣传工作的不到位。此外，在青少年期待参与的志愿服务方面，五成以上的青少年期望参加大型活动类志愿服务，但不管是在活动前期还是后期，这类活动通常只有关于活动本身的宣传，鲜少有关于活动中志愿者或志愿服务的宣传。这就要求不论是在志愿服务活动前期的志愿者招募环节，还是在活动开展后期都要加大志愿服务活动相关信息的宣传力度，让青少年畅通志愿服务信息渠道，也让社会大众对青少年志愿服务有更多的了解与关注，提升社会对青少年志愿服务的认可与重视。

（三）常态化的资源保障不足

近年来，广州市越来越重视志愿服务工作，也给予了政策和资金上的大力支持，但资源短缺尤其是经费短缺仍然是广州志愿服务事业发展的主要障碍之一。大部分志愿服务组织的经费来源还严重不足，来源渠道狭窄，自我造血功能不足。调查中，近三成的青少年表示"经费保障不足"是开展青少年志愿服务面临的主要困境。在与一些志愿服务组织的负责人进行交流时，对方表示目前组织存在的最大问题就是资金不足，组织的资金主要来自社会，政府虽然也会提供场地和部分物资，但是相较于组织要开展的志愿服务活动、要准备的志愿服务物资以及要发放的志愿服务补贴等，这些是远远不够的。此外，还存在志愿服务需求方及资源提供方信息不对称的问题，难以形成有效对接，出现资源扎堆投放或资源分配不均匀等问题。

（四）服务的有效供给与需求匹配效果不佳

此次调查中，79.9%的青少年表示自己参加过志愿服务，并且从广东 I 志愿系统统计数据来看，广州青少年志愿者注册人数不断攀升，从 2018 年的 887647 人，到 2020 年 10 月已超过 120 万人，队伍日益壮大。时至今日，"志愿服务"已深入人心，逐渐覆盖了社会公共生活的方方面面，也成为青少年社会参与的重要平台。但被问到今后是否打算继续参加志愿服务时，只有四成左右的青少年表示肯定会参加，远远低于 79.9% 的参与率。其原因固然与青少年面临较大学业压力、没有时间参加有关，但参与志愿服务的现实情况没有达到青少年的心理预期也是一个重要的原因。在调查不打算继续参加志愿服务的原因时，近四成的人表示志愿服务没有达到自己的心理预期是最主要的原因，主要包括活动组织不严谨、安排不合理，活动没有吸引力、对活动不感兴趣，没有得到预期的尊重和认可，没有实现预期的自我提升和成长等。可见，"现实与期望不符"极大地影响了青少年志愿者的参与心态和持续参与的动力。如何缩短志愿服务现实与期望的差距，有效匹配服务供给与需求，提高志愿服务持续参与的动力成为亟须解决的问题。

五 完善广州青少年志愿服务参与模式的对策建议

（一）积极探索"社校合作"模式，常态化开展志愿服务

目前，广州青少年参与志愿服务多是一次性的、临时性的，这给青少年志愿服务队伍维系和志愿服务工作的常态化开展带来了很大影响。要以创新的志愿服务方式，探索青少年常态化参与志愿服务的路径和机制。建议推动街道和学校团支部以结对的方式开展社区治理服务，先在每个行政区挑选 1~2 个街道作为青少年参与社区治理服务的试点街道，根据每个街道的实际情况选择相对应学校组成一对一的结对模式，常态化开展助残助弱、文明

培育、便民利民、禁毒宣传、创文创卫等服务，推动青少年志愿服务与基层实际需求的紧密结合，助力社会治理。

（二）聚焦志愿文化培育，推动动员方式社会化

一是强化价值引领，凸显志愿服务理念。要积极推动志愿服务课程进校园，将志愿服务理念与知识教育作为高校大一新生必修课；在中学则将其作为第二课堂的学习内容，也可以定期开展班会活动，邀请学生家长与学生共同参与课程学习。同时，在对青少年志愿者培训的过程中不断将志愿服务的价值观念渗透在培训课程中，激励青少年志愿者持久参与志愿服务，并且在服务过程中获得一种满足感和价值感。

二是拓展宣传方式，彰显志愿服务力量。延伸宣传阵地、丰富宣传形式，除了在志愿服务官方网站进行志愿文化与志愿活动宣传外，还可以通过时下深受青少年喜爱的新媒体传播方式，比如抖音、快手、B站等进行推广。从宣传内容上，不能只是宣传活动开展效果，还要增加活动前期招募、志愿服务信息平台的宣传；从宣传时间上，不能局限于特定的时间点，比如学雷锋月、国际志愿者日、创文期间等进行集中宣传，而是应该将宣传融入青少年的日常生活与学习中，时时宣传、处处宣传、长期宣传。同时建议在志愿者中树立先进典型、推广优秀项目，充分发挥志愿先锋、时代楷模、道德模范、先进榜样的引领作用，增加青少年对志愿服务的认同感、向往感，积极主动参与志愿服务；同时也让社会大众切实感受到志愿服务的存在和力量。

（三）完善资源保障，探索"政府购买服务""资助服务项目"模式

一是完善包括财政支持、社会捐助、组织自筹在内的多元化志愿服务资金保障体系，加大对志愿服务工作的财政支持力度，将志愿服务工作经费纳入政府年度预算。建议市财政局统一制定保障标准，每年年初对符合资质的志愿服务组织统一拨付一定比例的志愿服务活动经费，年中根据各志愿服务

组织的活动情况与活动成效评分调配剩余比例的经费。同时建议政府为羊城志愿服务基金会的发展创造有利条件，在税收政策、资金划拨等方面给予一定优惠，进一步引入社会资源，发动更多的爱心企业对基金会给予捐赠。

二是建议政府职能部门和企事业单位在制定年度财政预算时将志愿服务项目经费纳入其中，鼓励其采购志愿服务组织的服务，实现志愿服务项目与政府公共服务外包有机衔接。同时，引导社会资金加大对志愿服务活动的经费投入，实现在志愿服务经费问题上的"政府＋社会"双重保障。

加强团的自身建设

广州共青团提升机关党（总）支部建设质量调研报告[*]

机关党委

摘　要：　为深入学习贯彻习近平总书记 2019 年 7 月 9 日在中央和国家
机关党的建设会议上的重要讲话精神，进一步提升广州团市
委系统机关党（总）支部的建设质量，向"让党中央放心、
让人民群众满意的模范机关"的目标看齐，广州共青团提升
机关党（总）支部建设质量研究项目在立足于总书记 7 月 9
日讲话的背景下，进行"1 + 3 + 7"的项目设计，并对 2019
年广州团市委系统机关党（总）支部建设质量现状进行了问
卷调研和深入访谈调研，旨在通过调查，研究当前团市委机
关党（总）支部建设质量的现状和存在的问题，有的放矢地
提出对策建议，以更好和更全面地提升广州团市委系统机关

---

* 本文系 2019 年机关党委开展课题成果。课题组成员：林文湛、傅航、鲁涛。

党（总）支部建设质量。

关键词： 共青团 机关党（总）支部 "责任制" "灯下黑"问题

一 项目背景

2019年7月9日，在中央和国家机关党的建设会议上，习近平总书记强调，新形势下，中央和国家机关要以党的政治建设为统领，着力深化理论武装，着力夯实基层基础，着力推进正风肃纪，全面提高中央和国家机关党的建设质量，在深入学习贯彻党的思想理论上做表率，在始终同党中央保持高度一致上做表率，在坚决贯彻落实党中央各项决策部署上做表率，建设让党中央放心、让人民群众满意的模范机关。

治国必先治党，强国必先强党。提高党的建设质量，是党的十九大总结实践经验、顺应新时代党的建设总要求提出的重大课题，赋予党的建设新的伟大工程以鲜明的时代内涵。只有不断提高党的建设质量，才能保持党的先进性和纯洁性，才能解决党的建设面临的问题，才能使我们党始终成为坚强的领导核心。中央和国家机关党的建设关系党中央权威和集中统一领导，关系党中央决策部署的贯彻落实，关系最广大人民根本利益的实现，必须与时俱进、改革创新，勇于探索实践，善于总结经验，使各项工作更好地体现时代性、把握规律性、富于创造性，从而不断提高质量，始终充满活力。

"加强和改进中央和国家机关党的建设，必须切实加强党的领导，牵住责任制这个'牛鼻子'。"在中央和国家机关党的建设工作会议上，习近平总书记对全面落实党建工作责任制提出明确要求，回答和强调了全面从严治党谁来抓、谁来负责、谁是第一责任人的重大问题。学习贯彻习近平总书记重要讲话精神，就要把加强和改进党的建设作为重大政治责任，推动责任层层传递、压力层层传导、任务层层落实。因此，基于这样的项目背景，广州团市委机关党委开展了"广州共青团提升机关党（总）支部建设质量"这一研究项目，并在深入调研与分析的前提下，将主题拟为"紧扣'责任制'牵牛鼻子，集中炮火力攻'灯下黑'"。

二 项目设计

（一）牵住"一牛鼻子"，引领提升广州团市委系统机关党（总）支部的建设质量

权力就是责任，责任就要担当。党的十八大以来，以习近平同志为核心的党中央高度重视党的建设，明确提出"各级党委要担当和落实好全面从严治党的主体责任"，并规定对党组织不履行全面从严治党主体责任或履行全面从严治党主体责任不力等有关情形给予纪律处分，对不履行或者不正确履行职责，导致党的领导弱化、党的建设缺失、全面从严治党不力等失职失责情形的予以问责。可以说，牵住"责任制"这个牛鼻子，既是党中央的政治要求、党内法规的刚性规定，也是广州团市委系统机关加强和改进党的建设的关键之举。

牵住"责任制"这个牛鼻子，就要加强对广州团市委系统机关党的建设的领导，形成党委抓、书记抓、各有关部门抓、一级抓一级、层层抓落实的工作格局。各部门党组（党委）要坚持党组（党委）班子带头、以上率下、以机关带系统，使机关党建工作形成强大合力。要强化抓机关党建是本职、不抓机关党建是失职、抓不好机关党建是渎职的理念，坚持"书记抓、抓书记"，领导班子成员和各级领导干部要履行"一岗双责"，做到明责、履责、尽责。机关党委要聚焦主责主业，真正发挥职能作用。

牵住"责任制"这个牛鼻子，就要完善督促推动广州团市委系统机关党建工作落实的机制，加强党务干部队伍建设，把建设高素质的机关党务工作者队伍作为重要任务来抓。机关党建，关键在人。做好新时代机关党建工作，离不开一支高素质专业化的党务干部队伍。要注重选拔政治强、业务

精、作风好的干部从事机关党建工作，推进党务干部和业务干部的交流，使党务工作成为既成就事业又成就人才的工作。要加强和改进专兼职党务干部教育培训，提高素质能力，把党务干部培养成为政治上的明白人、党建工作的内行人、干部职工的贴心人。

责任重于泰山。把使命放在心上，把责任扛在肩上，这是一代代共产党人传承赓续的精神品格，也是我们这支队伍特别能战斗的力量所在。牵住"责任制"这一牛鼻子，引领提升广州团市委系统机关党（总）支部的建设质量，坚持守土有责、守土负责、守土尽责，新时代广州团市委系统机关党（总）支部的建设就能走在前、做表率，从而做到让党中央放心、让人民群众满意的模范机关。

（二）推进"三大模式"，切实提升广州团市委系统机关党（总）支部的建设质量

1. 强化"互联网＋党建"工作新模式

积极探索党建信息化网络体系，其主要做法，一要做好"互联网＋微信学习"。结合"两学一做"学习教育，创新学习模式，利用"互联网＋微平台"传递学习教育新要求，划重点、标难点，使每位党员干部能够更好地自学、补学。二要完善"互联网＋党员管理"。在前期党员管理的基础上，根据党员管理信息系统要求，进一步完善党员信息，实现及时精准更新，全面体现从严管理。三要健全"互联网＋目标考核"。将党建工作、业务工作、团建工作、精准扶贫等工作量化，通过微信群、QQ 工作群等载体及时安排部署工作，通报工作进度，构建工作目标互联互通、线上线下互补互促，有效促进各项工作的落实。

2. 建立"三常态"廉政防控新模式

抓好常态化廉政风险防控工作，其主要做法，一要打"预防针"成常态。为在"年关""节前"把好"廉关"，严格遵守各级廉洁自律及风险防控规定，认真落实好各项节点性要求，严把"元旦""春节""五一"等节日和"升学""谢师"等易发多发节点，不定期进行廉政谈话、廉政提醒、

廉政告诫，促进风险防控机制落实。二要上"廉政课"成常态。年初，将党建学习与团建业务学习、集中学习同部署，确保每月集中学习不少于4次，每次学习必有党建内容，每两个月领导干部讲党课1次，形成党建学习新机制。三要记"工作志"成常态。全年党风廉政工作会议部署、专题调研、听取分管领域汇报、廉政宣传教育活动等工作，全部实时记录、建立台账、随时更新，形成集记录、备案、查阅于一体的"底数清、情况明"的全新的工作机制。

3. 开展"排查＋调研"促工作落实模式

注重党建引领团建业务工作，其主要做法，一要严肃机构编制工作纪律，促党风廉政工作落实。结合机构编制部门工作实际，认真对照各部门"三定""五定"方案，对全广州团市委系统机关党（总）支部的设置和人员编制及职能职责履行情况进行全面梳理排查，坚持杜绝"吃空饷"、违规进人、占编不在岗等违规违纪现象的发生。二要转变工作方式，创建服务型机关。通过转变工作理念、工作方式，变"被动"为"主动"，凡涉及机构编制相关事宜，必须先"调研"后"发言"，在主动走出"家门"，实地调研"摸底"后，再提出具体意见、建议，提交广州团市委党委会议议定，真正发挥好参谋助手作用。

（三）实施"七大工程"，全面提升广州团市委系统机关党（总）支部的建设质量

1. 以政治建设为统领，实施"抓纲"工程

党的十九大报告强调，"党的政治建设是党的根本性建设，决定党的建设方向和效果"。政治建设是党的建设的纲，纲举才能目张。提升广州团市委系统机关党（总）支部的建设质量，要深入实施"抓纲"工程，引导机关党员"讲政治、学党章、见忠诚"。讲政治，就是要不断提高政治觉悟和政治能力，坚决贯彻民主集中制原则，牢固树立"四个意识"、坚定"四个自信"，确保在政治立场、政治方向、政治原则、政治道路上同党中央保持高度一致；学党章，就是要做到把党章作为党员干部经常性的学习内容，作

为日常管理监督党员干部的根本标尺，作为民主生活会、组织生活会对照检查的重要内容；见忠诚，就是要通过抓实忠诚教育活动，发展积极健康的机关党内政治文化，引导机关党员干部坚定拥戴核心、忠诚紧跟领袖。

2. 以思想建设为基础，实施"铸魂"工程

党的十九大报告强调，"思想建设是党的基础性建设"。提升广州团市委系统机关党（总）支部的建设质量，要用好思想建设这个党的"传家宝"，深入实施"铸魂"工程，抓实"三大"主题教育。善于发挥广州红色资源优势，引导机关党员干部弘扬革命精神、坚定理想信念、补足精神之钙。持续推进"两学一做"学习教育常态化制度化，以建设学习型组织为载体，大兴学习之风，充分发挥中心组理论学习的龙头示范作用、"三会一课"主渠道作用，以及党校、干部行政学校的主阵地作用，用好"学习强国"、党建微课、党员 e 家等平台，分级分类开展习近平新时代中国特色社会主义思想和党的十九大精神轮训工作。扎实开展"不忘初心、牢记使命"主题教育，着力解决信念不坚定、宗旨不牢固、使命感不强、初心缺失、担当不力等突出问题，引导党员干部悟初心、守初心、践初心，当好新时代"答卷人"。

3. 以组织建设为重点，实施"强基"工程

党的基层组织是党的执政大厦的牢固地基。提升广州团市委系统机关党（总）支部的建设质量，要以提升组织力为重点，深入实施"强基"工程，持续强化"五基"建设，不断提高机关基层组织建设质量。健全基本组织，坚持支部建在处（室）上，推动一切工作落到支部。建强基本队伍，严把团市委系统机关党支部书记选拔任用关，配齐配强机关专兼职党务干部队伍，着力建设一支政治过硬、本领高强的党支部书记队伍。严把发展党员政治审查关，疏通党员出口关，确保党员队伍质量。严格基本制度，落实"三会一课"、谈心谈话、民主生活会、民主评议、按月交纳党费等组织生活制度，增强党内政治生活的政治性、时代性、原则性、战斗性。开展基本活动，推广主题党日活动，做到月月有安排、次次有主题；常态化开展亮牌上岗、亮明身份、公开承诺等创先争优活动，充分发挥党员先锋模范作用。

强化基本保障，落实每年按党员人数核拨机关党建工作经费，以党委为单位财政直接拨付党建经费，以支部为单位单列年度支部工作经费预算。

4. 以作风建设为切口，实施"效能"工程

党的十九大报告强调，"加强作风建设，必须紧紧围绕保持党同人民群众的血肉联系"。提升广州团市委系统机关党（总）支部的建设质量，要深入实施"效能"工程，引导团市委系统机关党组织和党员"转作风、提技能、促发展"。转作风，要围绕为建设新时代广州团市委系统机关党（总）支部打造优质发展环境，身体力行"放管服"改革，大力加强行政服务中心党的建设和机关效能建设，推行党员评星定级、承诺践诺评诺等有效做法，开展态度、时效、便利、质量"四优"服务竞赛，引导群团组织开展岗位建功活动。落实"四下基层"，大兴调查研究之风，常态化开展"三级联动"、"我与百姓拉家常"、机关在职党员到社区报到服务群众等活动，增强人民群众的获得感。提技能，要围绕建设高素质专业化干部队伍的要求，不断提升党务干部队伍的能力素质。促发展，要围绕新时代广州团市委系统机关党支部建设大局，树立"能到现场就不在会场"的工作作风，引导机关党员干部在围绕中心、服务大局中树形象、展风采。

5. 以纪律建设为根本，实施"治本"工程

习近平总书记强调，"加强纪律建设是全面从严治党的治本之策"。提升广州团市委系统机关党（总）支部的建设质量，要深入实施"治本"工程，写好"以德治党、依规治党"两篇文章。以德治党方面，要结合文明和谐机关建设、落实意识形态责任制、贯彻《廉洁自律准则》等，广泛开展群众性精神文明创建活动，大力弘扬中华优秀传统文化、革命文化、社会主义先进文化。依规治党方面，要加强对党的纪律规矩执行情况的监督检查，落实个人重大事项定期报告和实时报告、干部"凡提四必"、干部选拔全程纪实等制度，用好谈话调研，加强请示报告，注重党员干部八小时内外的教育、监督和管理，引导机关党员干部时时处处事事以党章为总规矩、以纪律处分条例为负面清单、以问责条例为利器、以警示教育为必修课，做到不碰纪律红线，坚守为官底线，保持警钟长鸣。

6. 以制度建设为保障，实施"扎笼"工程

党的十九大报告强调，要"把制度建设贯穿其中"。提升广州团市委系统机关党（总）支部的建设质量，要深入实施"扎笼"工程，抓好制度的"建、用、补"，切实扎紧扎牢制度"笼子"。建，就是要统筹机关党的政治、思想、组织、作风、纪律和反腐败工作，建立健全机关党内法规制度体系。如出台《新时代机关全面从严治党的若干意见》及配套文件，形成科学严密、务实管用的制度体系。用，就是要用机关党的各项制度规范机关党的各项工作。如用好"1263"机关党建工作机制、机关支部七项基本工作法等，推动机关党建规范化发展。补，就是通过定期开展机关党的各项制度执行情况督查、"1＋X"专项督查、党建体检等，认真总结成功经验，及时修补制度漏洞，让权力没有寻租或滥用的空间。通过制度的"立改废释"，增强制度的时代性、权威性、科学性、有效性、操作性。

7. 以反腐斗争为抓手，实施"铁腕"工程

党的十九大报告强调，"持之以恒正风肃纪"，"巩固压倒性态势、夺取压倒性胜利的决心必须坚如磐石"。提升广州团市委系统机关党（总）支部的建设质量，要贯彻监督执纪"五抓五重"要求，深入实施"铁腕"工程，着力在强教育、纠"四风"、抓查处上下功夫。强教育，重点通过派员参加廉政专题研讨班、讲授廉政党课、参观警示教育基地、警示教育大家谈等方式，推进机关廉政教育全覆盖，增强机关党员干部政治定力、纪律定力、道德定力、抵腐定力。充分发挥新时代广州团市委系统机关党建网、党建微课等宣传平台，积极营造知纪、明纪、守纪的浓厚氛围。纠"四风"，就是要认真贯彻习近平总书记关于进一步纠正"四风"、加强作风建设的重要指示精神，严格执行中央《实施细则》和省委《实施办法》，督促机关各级党组织和党员干部经常性地查找"四风"问题，特别是针对"表态多调门高，行动少落实差"等形式主义、官僚主义新表现开展专项督查，严肃查处顶风违纪行为，坚决防止反弹回潮。抓查处，重点要推动工委和部门党组共同做好纪律处分的有关工作，特别是要强化党组监督执纪的重要政治责任。用好监督执纪"四种形态"，建立典型案例通报制度，扎实抓好一案一整改工

作，主动顺应国家监察体制改革，进一步加强机关监察体制建设和机关纪委建设，提高机关纪委独立办案能力。建立廉政档案，记载机关党员干部奖惩情况、家庭及主要社会关系情况等详细信息。适时引入第三方审计机构着手对机关单位进行财务咨询审核，主动发现问题线索，提高自查自纠能力。

三　调研总体情况

本次调研对象是广州团市委系统机关党（总）支部的支部书记、委员、专职党务工作者、兼职党务工作者、普通机关党员五类调研对象，采用问卷调研和深入访谈两种形式展开调查。其中，发出问卷 252 份，收回问卷 252 份，有效问卷 252 份，问卷回收率、有效率均为 100%；包括 103 名男性党员，149 名女性党员；25 名支部书记，37 名支部委员，12 名专职党务工作者，19 名兼职党务工作者，159 名普通机关党员。另外，还专门对 60 名党员进行了深入访谈调研。

（一）党性党纪教育趋于常态

通过调研发现，广州团市委各系统机关党（总）支部充分利用"三会一课"、党员干部集中学习等有利时机，引导党员干部深入系统地学习习近平新时代中国特色社会主义思想和党的十九大精神、《中国共产党党章》等党纪党规，深入开展"不忘初心、牢记使命"主题教育，社会主义核心价值观、党的群众路线教育，"三严三实""两学一做"学习教育等主题教育活动，在关于"开展'两学一做''不忘初心、牢记使命'等主题教育活动情况"的问题中，有 64.82% 的受访党员认为"坚持定期开展，效果很好"（见图 1）。广大党员干部的政治意识、大局意识、核心意识和看齐意识进一步增强，统筹推进"五位一体"总体布局、协调推进"四个全面"战略布局理念深入人心，践行"三严三实""四讲四有"的具体实践进一步显现。

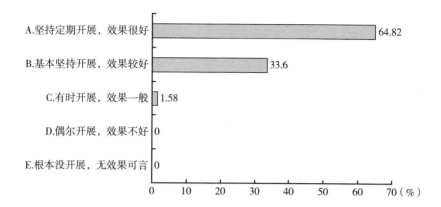

图1 开展"两学一做""不忘初心、牢记使命"等主题教育活动情况调研结果

（二）党内政治生活日益规范

从调研情况来看，广州团市委各系统机关党（总）支部按照"党要管党、从严治党"的要求，在组织党员干部认真学习党章等党内法规制度和纪律规定的同时，认真抓好"三会一课"、组织生活会和党员领导干部参加双重组织生活等基本制度。在"三会一课"坚持情况的调研问题中，有67.19%的受访党员认为"认真坚持，效果较好"（见图2）。同时，通过深入访谈发现，各机关党（总）支部也进一步严格了程序、细化了要求，做实了征求意见、谈心交心、对照检查、整改落实等环节工作。探索实行机关

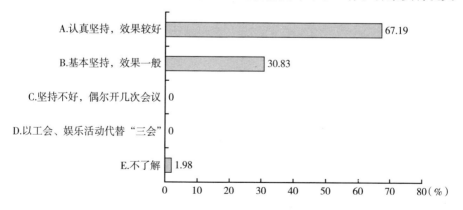

图2 坚持"三会一课"等基本制度情况调研结果

党（总）支部规范化建设考核制度、党支部书记定期会议制度、党员活动日等制度，筑起严密的规范党内政治生活的"篱笆墙"，党内政治生活的政治性、原则性和战斗性进一步增强。

（三）作风建设效果持续好转

通过调研可见，自开展从严治党以来，广州团市委各系统机关党（总）支部作风建设持续好转，有48.62%的受访党员认为"持续好转"，有30.83%的受访党员认为"有较大好转"（见图3）。体现了各机关党（总）支部以开展"三纠三促"专项行动、"明察暗访督查年"等活动为契机，坚持问题导向，聚焦着力重点，深入查纠整改在落实全面从严治党要求、贯彻"八个着力"、服务脱贫攻坚等方面的问题，持续纠正在贯彻执行中央"八项规定"、省委"双十条"和市委"八项要求"方面的问题，各机关党组织的贯彻力、执行力和凝聚力明显增强，落实惠民政策不力、损害群众利益等方面的问题得到及时查纠，不作为、乱作为、慢作为等现象得到有效遏制。

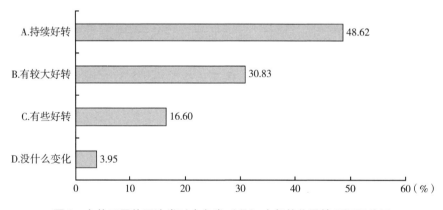

图3　自从开展从严治党以来各党（总）支部的作风情况调研结果

（四）廉政防控机制不断完善

根据调研分析发现，广州团市委各系统机关党（总）支部切实负起党风廉政建设的主体责任。在关于"廉政防控机制"建设情况的问题中，有

39.13%的受访党员认为"已经完全建设好了廉政防控机制"，有51.38%的受访党员认为"正在建设，不断完善中"（见图4），充分体现了各机关党（总）支部将党风廉政建设工作与业务工作一起研究安排，一起监督检查，一起抓好落实，积极支持市纪委派驻（出）机构的监督执纪工作，以高度负责、敢于担当的精神抓班子、带队伍、管干部。党组班子成员认真履行"一岗双责"，层层传导压力，层层传递"反腐斗争无禁区、法纪面前无特例"的强烈信号。广泛开展廉政风险点防控，廉政文化进机关、进家庭等活动，支部书记定期述责述廉，定期约谈提醒、民主评议党员实现制度化，不敢腐、不能腐、不想腐的有效机制逐步形成。

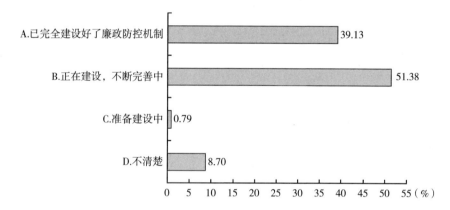

图4　各党（总）支部的廉政防控机制建设情况调研结果

四　存在问题分析

通过问卷调查和深入访谈，项目组发现目前广州市系统机关党（总）支部存在最大的问题，是机关党建工作"灯下黑"现象。所谓"灯下黑"是对当前机关党建应然效能与实然效果之间存在较大落差的一种必然反映和形象表达。根据对调研结果的分析，项目组总结出广州团市委系统机关党（总）支部在思想上、方法上、执行上、责任上存在的四种"灯下黑"现状。

（一）思想上的"灯下黑"，即在党建意识上存在不思进取的问题

如何认识机关党建、以什么样的精神状态对待机关党建工作，是开展机关党建工作面临的首要问题，直接决定着以什么样的高度和力度来推进机关党建工作，直接决定着机关党建工作的建设程度。习近平总书记在党的十九大报告中明确指出："中国特色社会主义进入了新时代，这是我国发展新的历史方位。"新时代各级机关肩负着越来越重要的职责，承担着越来越繁重的任务，这就对机关党建提出了新的更高要求，即如何更好地服务中心工作，并锻造一支适应新阶段、新发展、新需要的党员干部队伍。

然而，在调研中发现广州团市委系统机关党（总）支部的部分党员干部由于存在思想上的"灯下黑"，不思进取，普遍存在"看文件吃饭"的潮水式工作方式，缺乏工作指引，只有问题清单，因而就被动而不是主动地、敷衍而不是认真地、表面而不是深入地抓机关党的建设，从而导致了机关中不同程度地存在党的领导薄弱、党的意识淡薄、党的建设缺失等党建问题（见图5）。

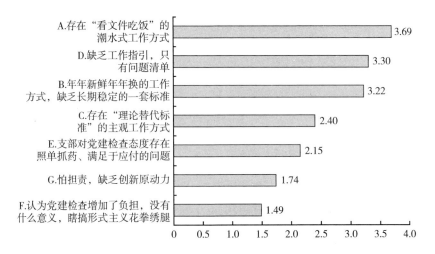

图5 在组织建设、作风建设上长期存在的主要问题调研结果

（二）方法上的"灯下黑"，即在党建方式上存在不接地气的问题

机关党建工作方式是机关党组织为了更好地实现服务中心、建设队伍的核心任务，促进本单位本部门各项任务的完成，在贯彻机关党建工作要求、把握机关党建工作特点、遵循机关党建工作规律、结合机关党建工作实际的基础上，所采取的一系列合理程序、技术手段和有效载体的总称。换言之，机关党建工作方式具有较强的科学性、权变性和专业性。以此统观，则可发现当前不少机关党建存在方式方法的"灯下黑"。

在调研中发现，有71.54%的受访党员认为或普遍、或有时、或偶尔不同程度地存在党建方式"不接地气"的问题（见图6）；在关于"所在党（总）支部存在的突出问题"中，"组织活动缺乏吸引力"的排序比分高达4.75，这已经是当前党（总）支部开展工作存在的最大困难了，说明方式上"灯下黑"的问题颇为严重（见图7）。在深入访谈中了解到，一些机关党务工作者虽然有搞好、搞活、搞强机关党建的真诚愿望和充足干劲，但缺乏专业的党建知识和能力，不善于通过科学调研及时把握机关党建情况，不懂机关党建的内在门道、基本规律和实际需求，对新时代机关党建工作不适应、不会为、不善为，于是只能凭借思维定式和过时经验一味蛮干盲干，没有贴合实际接地气，眉毛胡子一把抓，造成了少知而迷、不知而盲、无知而乱的负面效果。

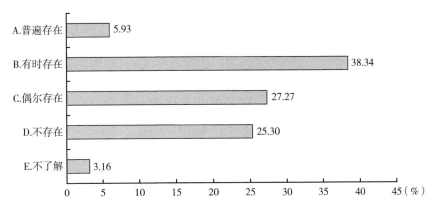

图6 党建方式不够接地气问题现状的调研结果

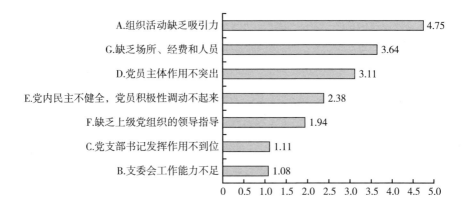

图7　各党（总）支部存在的突出问题的调研结果

（三）执行上的"灯下黑"，即在党建执行上存在不抓落实的问题

制度的生命力在于执行。然而，当前机关党建中较为普遍地存在执行上的"灯下黑"，这使原本应该"一分部署，九分落实"的制度执行，异化为"九分部署，一分落实"的制度空转，导致机关党建制度效能大打折扣，未能有效完成机关党建工作目标。

调研数据显示，有28.07%的受访党员认为所在机关党支部在制度健全或者较健全情况下，依然存在制度执行一般、落实不到位的问题；而认为"制度健全，执行落实得好"的为48.22%，未达半数（见图8）。通过深入访谈，项目组总结出这种执行上的"灯下黑"主要有三种表现形式。一是表层性执行，即对中央的大政方针和话语体系跟得很快，能够及时、迅速地把新精神、新理念、新提法写入现有的各项规章制度中，但在实际工作中并没有落实到位，对机关党建工作并没有起到应有的提升和促进作用。二是选择性执行，即偏好于执行那些阻力较小、易于执行的制度，热衷于选择执行于己有利而不是于事有利的制度，特别是对具有较大自由裁量空间的制度，执行的随意性问题更为突出。三是激活性执行，即不注重制度的经常性执行，相当多的制度被束之高阁，成为"休眠制度"，只有遇到上级检查、领导过问、问题出现等特定触发点才得以激活，方才付诸执行，而等风声过后又一切照旧，最终陷入制度执行"休眠—激活—休眠"的循环怪圈。

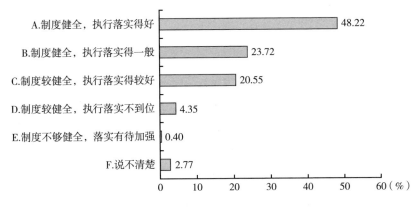

图8　各党（总）支部制度建设及其执行情况调研结果

（四）责任上的"灯下黑"，即在党建责任上存在不敢担当的问题

通过深入访谈和对问卷调查结果的分析，概括出当前机关党建中存在责任上的"灯下黑"问题，即一些党员领导干部对机关党建责任认识不清、担当不够，主要表现为三种典型的论调。一是"无关论"，认为搞好机关党建工作是分管党建工作领导的事情，与其他领导无关；是机关党委的事情，与其他部门无关；是专职党务干部的事情，与其他人无关。二是"麻烦论"，认为机关都有相应的业务工作和中心工作，搞党建出不了大成绩，不搞也出不了大问题，相反，党建工作则会分散精力，甚至冲淡机关中心工作主题，因而搞党建工作就是自找麻烦。三是"装饰论"，认为机关党建工作是重要但不紧急的事情，是一项表面贴金工程，在实际工作中就变成了"说起来重要、做起来次要、忙起来不要"的现象（见图9）。

（五）力度上的"灯下黑"，即在党建组织上存在不得力的问题

在中央军委党的建设会议上，习近平主席强调指出，党的力量来自组织。党的十九大报告中提出，要以提升组织力为重点，突出政治功能，把基

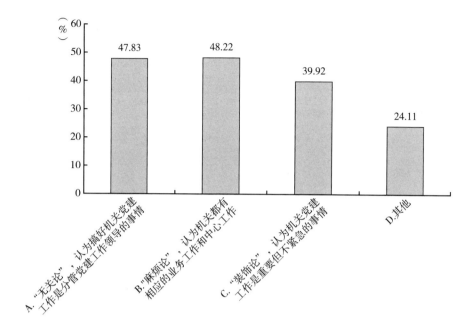

图9 存在的"灯下黑"问题表现形式调研结果

层党组织建设成为宣传党的主张、贯彻党的决定、领导基层治理、团结动员群众、推动改革发展的坚强战斗堡垒。然而，如果党建组织在组织上存在不得力问题，就必然会导致党的力量的应然效能与实然效果之间存在较大落差，也即力度上的"灯下黑"。

项目组在调研中发现个别机关党（总）支部不仅存在贯彻执行党建工作制度的意识不强，不能自觉按制度办事、狠抓制度落实的问题，而且存在其现有的党支部工作制度还不够完善，有的可操作性不强，缺乏量化要求，致使组织生活制度落实不到位的问题。调查发现，有的党（总）支部对"三会一课"、党支部换届选举、发展党员、民主评议党员这些组织生活制度的会议频次、基本要求等程序不清、落实不力，在程序执行上或多或少地存在问题，存在"理论替代标准"的主观工作方式、"年年新鲜年年换的工作方式，缺乏长期稳定的一套标准"等问题。正是由于所在党（总）支部的组织不够得力，在提升党（总）支部建设质量的重要措施问题的调研结果中，选择"上级组织加大对下级党组织的支持和保障"的排序比分最高，达4.17分（见图10）。

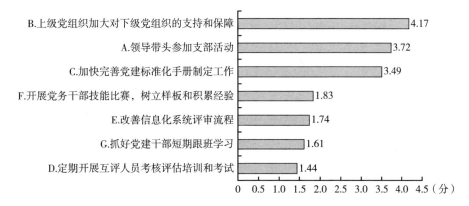

图10　提升党（总）支部建设质量的重要措施问题的调研结果

五　存在问题成因分析

（一）外因：未能完全厘清政治与业务的关系

机关党建工作"灯下黑"问题，其外因便是未能完全厘清政治与业务的关系。导致这种现状的思想根源之一是一些党员领导干部没有准确地理解和把握政治与业务之间的关系。一些党员领导干部认为党是以经济建设为中心，经济考核是指挥棒，经济上去了，其他事业就自然而然地跟上去了，因此，讲政治不那么重要了。反映到机关党建中，就出现了思想上的"灯下黑"现象。然而，其实质上就是人为地把政治与业务截然分开，认为业务是实的、重要的、不可或缺的，政治是虚的、唱高调的、可有可无的。应该说，这是一种理论上的误解和政治上的糊涂。实际上，对于我们党的各级机关来说，政治与业务从来都是有机结合在一起的，"没有离开业务的政治，更没有离开政治的业务"。从这个角度来看，各级领导机关首先是政治机关，而不是单纯的业务机关，所做的每一项业务中都包含政治，所有业务都是党的路线方针政策的具体化，本身就是政治。

（二）内因：弄混了思想建党与制度治党的关系

机关党建工作"灯下黑"问题，也表现为方法和执行上的"灯下黑"，其内在原因就在于未能正确处理好思想建党和制度治党的关系。思想建党与制度治党是我们党加强自身建设的宝贵经验和有效方法。改革开放以来，我们党在吸取党的建设历史经验教训的基础上，认识到制度具有根本性、全局性、长期性、稳定性的重要作用，因而更加注重制度治党，有效推进了党的建设的制度化，提高了党的建设的科学化水平。但与此同时，逐渐出现了"制度万能论"这种泛制度化的倾向，即认为所有的党建问题都是制度缺失或者不足导致的，不是人的问题，而是制度的问题，因而要解决党建问题就要制定相应的制度，一个制度解决不了那就再制定一个，不断地让制度背书，最终陷入制度失灵的"钱穆制度陷阱"。当前在机关党建中，同样存在"思想不足，制度泛滥"的问题，即不注重思想建党，热衷于搞叠床架屋的机关党建制度，"以为定了制度、有了规章就万事大吉了"。这就使一些机关党建在实际工作中避重就轻、避难就易、避实就虚，重制度不重思想，重数量不重质量，重制定不重执行，客观上造成了机关党建方式不接思想问题需求的地气、机关党建制度不抓具体落实的"灯下黑"现象。

（三）根源：不能正确认清楚身份与职责的关系

机关党建工作责任上的"灯下黑"问题，说到底，其根源还是在于一些党员领导干部没有正确地认清自己的身份与职责之间的关系。各级机关既是服务机关，又是权力机关，因此在机关中工作的党员领导干部既具有党员的政治身份，又具有国家干部的职业身份，肩负着为党和国家工作的天然职责。但一段时间以来，由于党内政治生活不健全、不严肃、不认真，一些人在身份与职责这个基本问题上产生了模糊的认识。有的把自己看成单纯的业务干部，党员的身份意识不强，对机关党建工作不关心、不上心；有的把党内职务看成一种政治荣誉而不是政治责任，只要党内职务的政治光环效应，却不想承担管党治党的政治责任，只想出彩不想出力，这是一种典型的功利算计主义；有的则把机关工作仅仅当作谋生甚至谋利的手段和平台，认为自己是为自己工作，只做那些有利于自己发展进步的事情，奉行"只栽花，不挑刺"的为官处世信条。实际上，从讲政治的要求上看，在各级机关工作的党员领导干部无论职务高低，都是党派到各部门各单位工作的，都要通过具体的政治工作和业务工作把党的领导和路线方针政策落到实处，因此，必须始终牢记第一身份是党员，第一职责是为党工作，第一政绩是抓好党建，要以高度的政治责任感和强烈的政治忠诚度抓好机关党建工作，领导干部不担当，就是对党的不忠诚。

六　存在问题治理对策

（一）前提：提高政治站位，把握机关党建工作的时代使命

治理广州团市委系统机关党（总）支部的"灯下黑"问题，首先要认识到机关党建工作"灯下黑"归根结底是一个政治问题。政治问题就要从政治上来解决，不能模糊，否则，广州团市委系统机关党建"灯下黑"问题是不能得到解决的。从这个意义上看，如何看待机关党建实质上是一个政治站位问题，而政治站位的高度决定了机关党建的程度。提高政治站位，才能在思想上形成加强机关党建的政治自觉，在行为上养成推进机关党建的政治定力，在方法上提高推进广州团市委系统机关党建的政治水准。为此，要牢固确立和坚持以下三点。

1. 机关党的建设是党的建设新的伟大工程的重要组成部分

习近平总书记在党的十九大报告中明确指出："伟大斗争、伟大工程、伟大事业、伟大梦想，紧密联系、相互贯通、相互作用，其中起决定性作用的是党的建设新的伟大工程。"这是对新时代党的建设重要战略地位的科学阐明。机关党的建设是党的建设新的伟大工程的重要组成部分，是我们党进

行伟大斗争、建设伟大工程、推进伟大事业、实现伟大梦想等一系列历史伟业的重要组成部分，是把我们党建设成为世界上最强大的政党这个党建任务的重要组成部分，直接关系党的执政能力的提高、执政地位的巩固、执政使命的完成。

2. 机关党的建设要以党的中心任务和建设目标为中心服务

党的建设必须按照党的政治路线来进行，围绕党的中心任务来展开，朝着党的建设的总目标来加强，这是我们党加强自身建设的一条基本原理。机关党建要以习近平总书记关于机关党的建设的一系列重要论述为指导，服务机关的中心工作，服务全面建成小康社会、全面深化改革、全面依法治国、全面从严治党的战略部署，服务新时代中国特色社会主义发展的战略安排，服务中华民族伟大复兴中国梦的实现。

3. 应该准确把握党执政的历史方位和个人工作的职责地位

提高政治站位的关键在于准确把握党执政的历史方位和个人工作的职责地位。建设新时代中国特色社会主义对各级机关的执政能力和治理能力提出了更高的要求，加强机关党建就是要使广大机关党员领导干部牢固政治意识、大局意识、核心意识、看齐意识，就是要为新时代中国特色社会主义事业建设一支具有铁一般信仰、铁一般信念、铁一般纪律、铁一般担当的机关干部队伍，从而为我们党有力应对重大挑战、抵御重大风险、克服重大阻力、化解重大矛盾提供坚强的思想保障、组织基础和人才保证。

（二）关键：注重制度执行，构建机关党建工作的运行机制

治理广州团市委系统机关党（总）支部的"灯下黑"问题，解决方法上和执行上的"灯下黑"问题，关键在于提高各项党建制度的执行力，切实使机关党建工作机制有效运转。制度是行为的指示灯，提高制度的执行力就是确保明灯常明，而作为各项制度有机耦合互嵌形成的运行机制，则能实现制度集束灯对相应党建域的全覆盖、全投射、全巡回，从而有效消除"灯下黑"问题。一般而言，机关党建工作运行机制包括三大要素，即人、制度与方法，其运行公式是"人—方法—制度—人"，其内在机理就在于人

通过一定的方法执行各项制度，不断地释放和彰显制度内蕴的调节关系、规约行为、提供预期、陶冶品格的功能，并以此反作用于人，从而完成相应的党建任务目标。以此观之，构建机关党建工作的运行机制，就要做到以下三点。

1. 把最有能力、最优秀的干部派去做机关党建工作

人是生产要素中最活跃、最积极的因素，机关党建要输出最强大的党建力，给业务工作提供最强大的推动力，就必须由党性修养好、理论素养高、实践能力强的党员干部来谋划和推进机关党建工作。要把支部带头人选好，把支部班子建强，要坚持把最优秀的党员选拔到支部书记岗位，把书记岗位作为党员干部提拔使用的必经台阶，把党务工作岗位作为培养优秀后备干部的重要平台，从而最大限度地激发广大党员干部从事机关党建工作的主动性、积极性和创造性。

2. 注重制度资源有机整合和提高制度执行力

首先，有效性整合。要以"留、废、改、立"的原则对现有的机关党建制度进行一番全面清理，改变制度泛滥造成的莫衷一是的现象，把现行有效的机关党建制度编制成机关党建制度大全，以供机关党员干部学习遵守。其次，逻辑性整合。以全面从严治党为逻辑主线，从微观的单项制度、中观的类型制度、宏观的总体制度等方面对机关党建制度进行整合，使机关党建制度在总体上形成严丝合缝的"一整块钢"。最后，执行力整合。习近平总书记指出，"现有制度都没执行好，再搞新的制度，可以预言也会是白搭"，"制定制度很重要，更重要的是抓落实，九分气力要花在这上面"。在执行机关党建制度过程中，要坚持制度面前人人平等、遵守制度没有特权、执行制度没有例外的原则，不以权势大而破规、不以问题小而姑息、不以违者众而放任，不留"暗门"、不开"天窗"、防止"破窗效应"，要以踏石留印、抓铁有痕的劲头狠抓制度的执行，让铁规发力、让禁令生威，对违反制度踩"红线"、越"底线"、闯"雷区"的，要坚决予以查处。

3. 坚持以柔性执行的方式来执行刚性制度

习近平总书记明确指出："机关党建工作说到底是做人的工作。"因此，

要善于在治党制度的框架内，坚持党建工作和中心工作一起谋划、一起部署、一起督查，坚持以柔性执行的方式来执行刚性制度，及时准确地了解机关广大党员干部所思、所盼、所忧、所急，切实把执行制度和解决问题有机结合起来，把解决思想问题和解决实际问题有机结合起来，把思想建党和制度治党有机结合起来。

（三）保障：强化责任担当，明确机关党建工作的责任体系

治理广州团市委系统机关党（总）支部的"灯下黑"问题，解决责任上的"灯下黑"问题，重点在于明确机关党建工作的责任体系。万山磅礴，必有主峰；龙衮九章，但挈一领。习近平总书记明确指出："干部就要有担当，有多大担当才能干多大事业，尽多大责任才会有多大成就。"只要牢牢抓住机关党建责任这个"牛鼻子"，就能使机关党建真正发力。明确机关党建工作责任体系，就是要层层参与党建、层层传导压力、层层压实责任，定好责任人、分好责任田、站好责任岗，使机关广大党员干部守土有责、守土尽责、守土负责。因此，明确广州团市委系统机关党建工作的责任体系，要明确以下三点。

1. 机关党建工作的责任是一种政治责任

政治责任具有两个鲜明的特点：无条件性与无限性。就无条件性而言，一个真正意义上的政党，是围绕一定的政治纲领、按照一定的政治路线、为实现一定的政治目标而组织起来的政治组织。我们党讲的是马克思主义政治，具有更严格的政治性，讲政治是内在要求，是无条件的。机关党建工作是讲政治与讲业务的有机体，是党员身份的必然要求、政治立场的直接反映、党性修养的集中体现。就无限性而言，政治责任是一种无限责任。机关党建工作的无限责任，就是党员个人、党组织、机关三者责任紧紧相扣，就是机关党建工作不能有差不多、松口气的想法，不能是点到为止、见好就收，而是要坚持党建工作永远在路上的做法。

2. 机关党建工作的责任是一种全员责任

要消除广州团市委系统机关党建"灯下黑"问题，加强机关党建工作，

就要成立机关党建工作领导小组，形成部门党组（党委）领导、党组（党委）书记负总责、分管领导分工负责、机关党委推进落实、行政负责人"一岗双责"的大党建工作格局。做到管事与管人相结合、业务与党建相融合，使机关中的每一个党组织、每一名党员干部，无论处在哪个领域、哪个层级、哪个具体部门，都肩负党建工作的责任，都主动积极参与党建工作，做到没有游离于党建工作之外的党员，也没有超脱于党建责任之上的党员。

3. 机关党建工作的责任是一种政绩责任

习近平总书记一再强调："如果我们党弱了、垮了、散了，其他政绩又有什么意义呢？"因此，机关广大党员干部要旗帜鲜明讲政治，始终牢记自己的第一政绩是搞好党建，把抓好党建作为最大政绩、作为头等大事、作为根本指针。要永葆对党忠诚的政治品格，强化敢于负责的担当精神，坚持党的原则第一、党的事业第一、人民利益第一，干在实处、走在前列。政绩的基本特性就在于其具有可衡量性和可考核性，因此要根据新时代机关工作的实际，确立机关党建工作的科学考评指标体系，把"软任务"变成"硬要求"，把"虚"做"实"，把定性成果定量化，将党建述职评议结果纳入年度考核，形成述职述党建、评议评党建、考核考党建、任用干部看党建的政绩考核标准，以考核压实机关党建工作的责任，切实使机关广大党员干部牢固树立抓好党建是本职、不抓党建是失职、抓不好党建是不称职的责任意识。

（四）核心：推进标准建设，强化机关党建工作的组织能力

治理广州团市委系统机关党（总）支部的"灯下黑"问题，解决力度上的"灯下黑"问题，其核心便是提高扎实推进机关党支部的标准化建设，加强党员思想教育和深化党建与业务工作融合，要加强机关党建工作组织的执行力、凝聚力与推动力，从而真正强化机关党建工作的组织能力。只有组织能力上去了，党组织的力量来源才不会薄弱，才能真正拧成一股绳，形成最大合力来搞好机关党的建设，最终成为让党中央放心、让人民群众满意的模范机关。为此，要做到以下三方面来加强广州团市委机关党建工作的组织能力。

1. 推进党支部的标准化建设来强化组织执行力

治理广州团市委系统机关党支部的"灯下黑"问题，核心便是要扎扎实实地把党支部的原则要求转化为具体工作，把各项任务变为党支部和党员的实际行动。2018年10月，党中央颁布了《中国共产党支部工作条例（试行)》，明确了党支部的功能定位，规范了党支部的设置，提出了党支部的基本任务和不同领域党支部的重点任务，完善了党支部的工作机制，对党员大会、党支部委员会和党小组的职责和运行方式等做出规范。规定了党支部组织生活，细化了"三会一课"和主题党日、组织生活会、民主评议党员、谈心谈话等内容和程序，压实了党支部工作的领导指导责任，明确了为党支部开展工作给予经费保障、干部考察应当听取考察对象所在党支部的意见等，把全面从严治党落实到每个支部、每名党员，推动全党形成大抓基层、大抓支部的良好态势并取得明显成效。

2. 加强机关党员的思想教育来筑牢组织凝聚力

一是要把政治建设摆到首位。政治合格是对党员的基本要求，提升组织力就要加强对党员的政治领导。党（总）支部要经常学习党中央有关全局性的重大决策部署，特别是用习近平新时代中国特色社会主义思想武装党员头脑，同时开展党员遵守政治纪律、政治规矩的检查监督，推动党员牢固树立"四个意识"、坚定"四个自信"、做到"两个维护"。二是要进一步增强党内生活的政治性、时代性、原则性和战斗性。要强化党员按党内政治生活准则和党的规定办事的意识，引导党员破除私心杂念，鼓励讲真话、讲实话、讲心里话，常态化运用批评和自我批评这一有力武器，开展积极健康的思想斗争。三是要把从严治党的方针落到实处。要树立管好党员是党（总）支部的重要职责，管不住、管不好党员就是失职的观念，营造良好的党内政治生态。

3. 深化党建与业务工作融合来激发组织推动力

治理广州团市委系统机关党（总）支部的"灯下黑"问题，最后便是要深化党建与业务工作融合，激发组织推动力。首先要摆正业务工作和党的建设的关系，处理好本职工作与政治保证两种职责。党（总）支部直接教育管理监督党员，最终要体现在组织党员以良好的素质和作风，通过发挥党员的先锋模范作用完成业务工作上。在机关工作中，党的建设体现价值导向，业务工作体现职能职责，二者融合与统一才能圆满完成单位工作任务。要切实解决好党的基层组织建设弱化、虚化、边缘化问题，把党的建设和业务工作过程相融合、相结合、相统一。党内学习教育的成果要体现在提高党员业务工作能力和水平上，把严格管理党员落实到完成每一项具体业务工作上，把监督党员的作用体现在业务工作呈现的良好作风上，让党中央放心、让人民群众满意。促进党支部工作方式的多样化、个性化，在完成规定动作的同时，催生更多的自选动作，提升组织创新力。

广州基层团干部思想状况调研报告[*]

麦文辉 钟 良 等

摘 要： 各级团的基层组织是共青团的重要基石。基层团干部队伍素质和执行力将直接影响共青团整体部署的工作开展和落实成效。本文以广州基层团干部为例，调研广大一线团干部的思想状况，为完善全市团的基层建设、加强基层团干部队伍教育管理，探讨如何改进团的基层工作，增强基层团干部联系服务青年效果等方面提供对策建议。

关键词： 基层团干部 思想状况 岗位认知 广州

一 研究背景

2018年7月2日，习近平总书记在同团中央新一届领导班子成员集体谈话时强调，共青团要树立大抓基层的鲜明导向，推动改革举措落到基层，使基层真正强起来。习近平总书记指出："要尊重青年天性，照顾青年特点，经常到青年中去，同青年零距离接触、面对面交流，了解他们的思想动态、价值取向、行为方式、生活方式，倾听他们对社会问题和现象的看法，对党和政府工作的意见和建议。"共青团十八届二中全会提出了加强团的基层建设的目标，力争到2022年建团100周年时，团的基层薄弱状况得到基

---

* 本文系2020年基层部与市团校联合开展课题成果。课题组成员：麦文辉、钟良、邓淑雯、黄雁璇、王俊峰、巫长林、江小宇、王叶子、刘晨晨、时君丹、张淑薇。

本扭转，团的组织力得到明显提升。同时提出要以有效激励为重点，从严选拔、加强培训、科学设计并善于运用激励机制等方面入手，加强基层团干部队伍建设。

各级团的基层组织是共青团的重要基石。广大基层团干部身处一线，是执行落实上级团的政策制度，组织管理团员和联系服务青年的直接负责人。基层团干部队伍素质和执行力将直接影响广州共青团整体部署的工作开展和成效落实。我们必须加大培训力度管理好团的基层干部队伍，及时掌握了解基层团干部的思想状况，倾听他们对共青团工作的意见和建议。

为此，团广州市委启动实施 2019～2021 年三年基层团干部大轮训工作（以下简称"大轮训"），组织广大基层团干部参与分层分类分期培训教育，宣传学习习近平总书记对共青团与青年工作的重要讲话精神，培训政治理论、岗位知识、工作能力。自 2019 年起，团广州市委基层组织建设部与广州市团校组建"广州基层团干部思想状况专题调研组"，每年开展广州基层团干部（机关组、企业组、学校组）思想状况专题调研，了解广州基层团干部（含机关、企业、学校战线的团干部）在参加培训情况、对党团的认同感、个人追求、工作责任心、理想信念、业务能力、行为表现等方面的情况，为完善全市团的基层建设、加强基层企业团干部队伍教育管理，改进团的基层工作，增强基层团干部联系服务青年效果等方面提供对策建议。

二 研究设计

（一）调研对象

本次的调研对象为机关、企业、学校战线的团干部。其中，机关组的调研对象是团广州市委机关干部、团市委直属机关团干部以及各区团委、区教育团工委干部。企业组的调研对象是国有企业团组织、非公企业团组织以及社会组织中的团干部。学校组的调研对象是广州市高校团组织，中技、中职团组织以及中学团组织的学生团干和教师团干。

（二）调研方法

本次调查以问卷调查与集中座谈、个别访谈相结合。经过论证，课题组编制了三个组别的《广州基层团干部思想状况调查问卷》开展调查研究，并通过问卷星、腾讯问卷等工具统计数据。选择三类不同的调查对象共开展3次座谈会，在座谈会后选择典型的团干进行深度访谈。

（三）抽样情况

具体而言，本次问卷抽样调查采取分层分类的方法。发放问卷1674份，回收有效问卷1454份，有效问卷回收率达86.9%；个别访谈25人，其中机关和企业战线各10人，学校战线5人。调查对象总体情况如表1所示。

表1　调研对象基本情况统计

项目	机关团干部	学校团干部	企业团干部
发放问卷	512份	350份	812份
有效回收问卷	458份	321份	675份
有效回收率	89.45%	91.71%	83.13%
访谈	10人	5人	10人
性别	男性占比42.6%	男性占比37.8%	男性占比52.9%
	女性占比57.4%	女性占比62.2%	女性占比47.1%
年龄	28周岁以下的占比16.7%	23~40岁，平均年龄30岁	28周岁以下的占比53.8%
	28~35周岁的占比57.4%		28~35周岁的占比41.9%
	35周岁以上的占比25.9%		35周岁以上的占比4.3%
政治面貌	中共党员占比60.3%	中共党员占比76%	中共党员占比45.8%
	共青团员占比39.7%	共青团员占比13.8%	共青团员占比51%
		群众占比9.2%	群众占比3.3%
学历	博士研究生占比0.2%		博士研究生占比0.1%
	硕士研究生占比20.7%	硕士研究生占比16.3%	硕士研究生占比5.8%
	本科占比72.3%	本科占比81.1%	本科占比75.7%
	大专及以下占比6.8%	大专及以下占比2.6%	大专及以下占比18.4%
专兼职情况	兼职团干占比85.6%	兼职团干占比63.8%	兼职团干占比86.4%
	专职团干占比13.1%	专职团干占比36.2%	专职团干占比13.6%
	挂职团干占比1.3%		

项目	机关团干部	学校团干部	企业团干部
团内职务	团支部书记占比27.3%	团委书记占比65.1%	团支部书记占比27.3%
	团支部委员占比29%	团委副书记占比17.4%	团支部委员占比34.1%
	团支部副书记占比3.7%	团委委员占比5.1%	团支部副书记占比2.8%
	团委书记占比6.8%	团委干事占比5.1%	团委书记占比8.9%
	团委副书记占比5.7%		团委副书记占比4.6%
	团委委员占比11.1%		团委委员占比14.1%
	团总支书记占比2.6%		团总支书记占比3.7%
	团总支副书记占比1.1%		团总支副书记占比1.5%
	团总支委员占比2.8%		团总支委员占比3.1%
	团工委书记占比0.4%		
	团工委委员占比0.2%		
从事团工作的年限	1年及以内的占比19.7%	1年及以内的占比29.6%	1年及以内的占比24.9%
	1~3年的占比43.4%	2~5年的占比46.9%	2~3年的占比45%
	4~5年的占比18.3%	6~10年的占比23.5%	4~5年的占比18.1%
	5年以上的占比18.6%	10年以上的占比7.7%	5年以上的占比12%
职级情况	团干处级干部占比2.4%		
	科级干部占比29%		
	科员占比33.6%		
	办事员占比34.9%		
所在团组织类型		初中团组织占比64.3%	社区（村）团组织占比最大的为30.9%
		中学团组织（含初中、高中、完中）占比87.3%	
团组织规模		30~100人的占比41.3%	
		100人以上的占比40.3%	
		30人以下的占比18.4%	
培训情况		团委书记任职之前培训次数：	
		1次及以下的占比45.6%	
		2~3次的占比35.7%	
		3次以上的占比18.7%	
		团委书记任职后培训次数：	
		2~3次的占比44.4%	
		3次以上的占比35.7%	
		团委委员培训次数：	
		3次及以下的占比91%	
		3次以上的占比9%	

续表

项目	机关团干部	学校团干部	企业团干部
转岗情况		团委书记：	
		不考虑转岗的占比 53.8%	
		考虑转岗的占比 46.2%	
		希望 1 年及 1 年内转岗的占比 22.9%	
		2 ~ 3 年内转岗的占比 34.4%	
		考虑 3 年后转岗的占比 42.7%	
		团委委员：	
		参加竞选的占比 90.9%	
		希望离开团干岗位的占比 9.1%	
		团委干事：	
		参加竞选的占比 20%	
		希望离开团干岗位的占比 80%	
任教学科情况		语数英占比 31.3%	
		政史类占比 6.2%	
		音体美信等学科占比 30%	

三　研究现状及存在的问题

（一）团干部对共青团组织的整体认知情况

1. 团干部对党团关系的认知

关于党团关系的认知是团干部对共青团组织整体认知中最基本、最主要的内容，其具体表现就是团干部所在单位党组织对其开展团工作的支持状况。本次调研发现，广大基层团干部普遍认为其所在单位的党组织对团工作的支持力度予以认同。从数据上分析，"非常支持"和"比较支持"

两个选项，其中机关团干部和企业团干部均达到85%以上，学校团干部则是近60%。

基层团干部对共青团工作内容的认知符合党的要求和团的根本任务。在"共青团工作对团员青年的成长成才的作用体现在哪些方面"问题中，企业团干部、机关团干部、学校团干部均认为共青团工作应集中突出对团员青年的"思想引领"及"志愿服务主题活动"培养团员青年的社会责任感。特别是学校团干部认为共青团要聚焦"思想政治引领"的高达78%，从数据中反映了广州市学生团干和团员教育的实效性。

2. 团干部对团组织活动的评价

受访团干部表示团组织的活动需要提升吸引力，如政治性、创新性、趣味性、全面参与性、宣传力度等需要同步优化，以便更好地吸引优秀的青年加入团组织。企业团干部认为活动的创新性和趣味性有待改善的占比分别为44.2%和43.1%。学校团干部认为活动的形式不够丰富的占比56.8%，认为思想政治引领最有效的方式是"活动引领"和"榜样引领"，占比50.1%。

3. 团干部对团知识掌握的情况

值得关注的是，机关团干部受访团干中接近五成、企业团干部问卷调查团干中超60%的表示参加广州市团干大轮训学习后，对共青团组织的现状、历史、政治定位和历史使命等方面都有了"很大提升"。通过集中培训有利于帮助团干对团组织认知的整体提升。与此同时，调研中显示，基层团干部在日常的新闻资讯上对时事政治、团内资讯的相关内容主动了解得不够，希望培训中能讲授相应的内容，特别是党史、团史、团情、团务等方面的知识。

（二）团干部对岗位及业务能力的整体情况

从"当前企业团干部有效教育引导团员青年最需要增强的能力素质"（最多选三项）的调查结果显示，有49.8%的团干部认为需要增强政治理论水平，39.1%的团干部认为需要增强演讲与沟通能力，61.5%的团干部认为要增强青年工作的方法和技巧，47.7%的团干部认为需要增强工作思路的创新水平，29.2%的团干部认为需要增强活动的策划能力，25.2%的团干部认为需要规范管理团组织的能力，18.8%的团干部认为需要增强宣传工作途径和方法（见图1）。

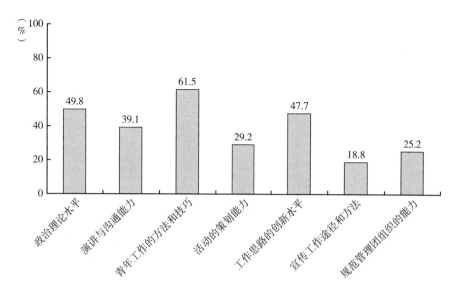

图1　当前企业团干部有效教育引导团员青年最需要增强的能力素质（最多选三项）

从机关团干部的调查中发现，有47.4%的团干部认为需要增强政治理论水平，31.4%的团干部认为需要增强授课与沟通能力，62.0%的团干部认为要增强青年工作的方法和技巧，48.5%的团干部认为需要增强工作思路的创新水平，40.2%的团干部认为需要增强活动的策划能力，20.1%的团干部认为需要提高团务工作能力，19.7%的团干部认为要增强宣传工作途径和方法（见图2）。

从学校团干部的调查中发现，有43.8%的团干部认为需要增强政治理论水平，48.8%的团干部认为需要增强演讲与沟通能力，35.5%的团干部认为需要增强青年工作的方法、技巧和活动的策划能力，38%的团干部认为需要增强工作思路的创新水平以及需要规范管理团组织的能力，19%的团干部认为需要增强宣传工作途径和方法。

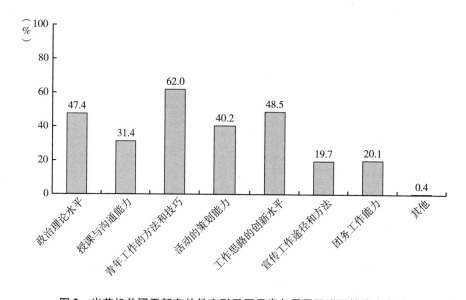

图2　当前机关团干部有效教育引导团员青年最需要增强的能力素质

团的所有工作，归结到一点，就是要当好党的助手和后备军，关键是要抓住根本任务、政治责任、工作主线这三个根本性问题。团干部需要相关的岗位业务能力，具体是自身的政治理论水平、口语表达能力、青年工作方法等青年群众工作本领。团干部自身与团干部岗位之间应该"人岗匹配"，岗位要求和自身的能力素质相匹配，才有利于开展工作，才能彰显共青团的组织形象。

从调查结果上看，一方面，团干部对自身的政治理论水平、青年工作方法和技巧、工作思路的创新水平等主要的必备的"本领"非常重视，在集体座谈和个人访谈中也印证了这一情况；另一方面，一部分团干部的岗位履职能力不足的现象也需要引起重视。当前团干部普遍存在对团的工作不熟悉、团的业务能力较弱、团的基础知识薄弱、本领恐慌，不能有效、规范地开展团的工作。具体而言，机关团干部反映身边团干部理论水平不高的占比6.8%，业务能力不强的占比26%，榜样作用不明显的占比34.3%；企业团干部反映身边团干部理论水平不高的占比32.5%，业务能力不强的占比42.1%，榜样作用不明显的占比35.8%；学校团干部反映身边团干部理论水平不高的占比 59.2%，榜样作用不明显的占比 23.6%。这些都是作为团干部非常重要的能力和素质，目前情况尚不理想。团干部榜样作用不明显这一评价也折射出存在问题。由于团干部没有充分发挥其先锋模范作用，团员青年就较难听从团干部指令开展团的工作，也就难以跟上团组织步伐，出现这些情况某种程度上是团干部自身能力素质不高所导致的。本次调研的相关数据表明，35.2% 的机关团干部认为在工作中无法很好地吸引青年，19.7% 的企业团干部认为在本单位无法有效地开展工作，61% 的学校团干部认为团组织在学校的存在感不强。这些数据反映的问题可以从两方面分析：一方面，团干部自身的素质与岗位要求存在一定差距，以致"无为"也"无位"；另一方面，团干部需要大力加强培训，从思想上和工作能力上进行培养教育，尽快改变这种现状。

（三）基层团干部的思想政治状况及存在的主要问题

1. 团干部对主流价值观的掌握程度

调查发现，团干部对习近平新时代中国特色社会主义思想和社会主义核心价值观的了解情况还不够理想。其中，企业团干部对习近平新时代中国特色社会主义思想的了解情况"能阐述，但具体内容不熟悉"的占比 57%，"十分了解能具体阐述"的占比 37.5%；机关团干部对社会主义核心价值观的了解情况"大概知道，具体说不清楚"的占比 36.2%；学校团干部"大概知道，具体说不清楚"的占比 42.1%。这一方面反映了共青团组织对团干部的政治教育不到位，共青团干部的思想政治理论学习不足，参加的相关的培训效果不佳；另一方面也反映了团干部对于社会主义核心价值观的追求、目标还比较模糊，对自己的思想追求较为放松，思想政治理论学习力度不够。

2. 团干部对西方意识形态的警惕性教育情况

在看待西方意识形态和价值观方面，大多数团干部有比较正确的认识，但也有少部分团干部存在我们应吸收借鉴其他意识形态和价值观的想法。企业团干部如何看待西方意识形态和价值观的问卷中，5.2% 的团干部认为

"无所谓,一种价值取向而已,只要能让我们的生活更好就接受",5.3%的团干部认为"是普世价值观,可以吸收借鉴"(见图3)。这说明,在西方思潮及价值多元化观念的影响下,基层团干部受西方价值观影响的情况不容乐观,对境内外分裂势力利用宗教信仰对我国民众进行思想动摇及分化的警惕性不高。出现该现象,具体原因在于平时团组织开展的相关教育不足,团干部自身对相关党的理论和观点的学习不足,这就要求团干部要提升政治定力、政治敏锐力和政治鉴别力。这就需要大力加强党团理论课教育,需要牢牢将政治素质作为考察和任用团干部的首要标准,同时增加对西方意识形态与宗教本质的剖析,大力宣传我们党的政策与主张,切实增强"四个意识",坚定"四个自信",做到"两个维护"。

3. 团干部对思想政治教育现状的认知和困惑

团干部认为当前思想政治教育存在困难的具体情况为,近50%的企业团干部认为当前思想政治教育"简单说教,跟不上时代发展",47.4%的企业团干部认为"互联网鱼龙混杂"影响思政教育,25.2%的企业团干部认

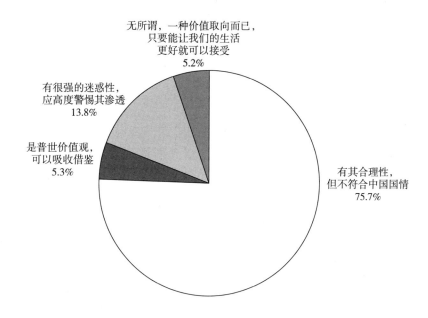

图3　企业团干部对西方意识形态和价值观的看法

为目前的思政教育"无法实现对青年的有效覆盖"（见图4）。45.4%的机关团干部认为"部分团员青年对意识形态工作参与热情不足"，27.9%的机关团干部认为"部分团员青年对社会主义意识形态的实际践行能力不足，知行不一"（见图5）。

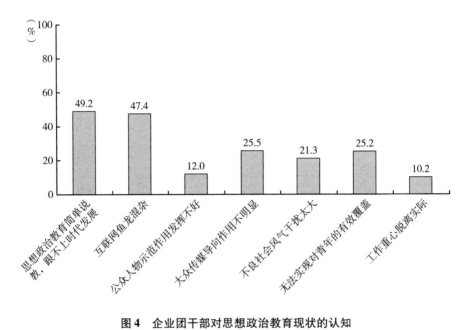

图4 企业团干部对思想政治教育现状的认知

团干部认为思想政治教育的有效性情况，50.4%的企业团干部认为思想政治教育应该以活动引领，47.6%的企业团干部认为以实地考察现场观摩为主，27.6%的企业团干部认为以上党团课和榜样宣讲等为主（见图6）；34.2%的学校团干部认为思想政治教育应该是活动引领，21.1%的认为以榜样宣讲为主（见图7）。66.2%的机关团干部认为思想政治教育应该牢牢把握共青团组织的主责主业，发挥好团组织的思想政治引领作用，加强文化建设并占据网络媒体的主阵地。

从相关数据中看到，要有效引导团干部或者团员青年的思想意识形态，最切实有效的是活动引领、榜样宣讲、实地考察、党团课相结合等方式。

部分团员青年对当前意识形态教育的满意度低	46人	10%
部分团员青年对主流意识形态认同度低	40人	8.7%
部分团员青年对意识形态选择存在障碍	25人	5.5%
部分团员青年对社会主义意识形态的实际践行能力不足，知行不一	128人	27.9%
部分团员青年对意识形态工作参与热情不足	208人	45.4%
其他	11人	2.4%

图5　机关团干部对团员青年关于意识形态认知的看法

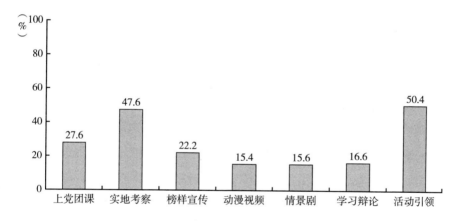

图6　企业团干部认为思想政治教育应采取的形式

四　对策建议

本次调研客观反映了基层团干部理论水平、队伍现状、职业发展状态，为了提升团干部积极性，开展好共青团工作，我们从以下四个方面提出相关对策和建议。

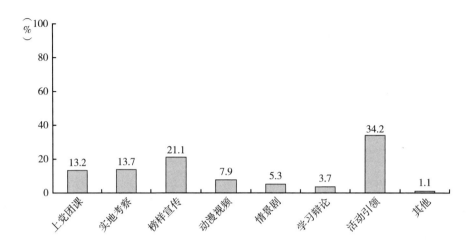

图7　学校团干部认为思想政治教育应采取的形式

（一）着重加强团干部队伍的政治建设

团的十八大报告指出，政治性是共青团第一位的属性。加强政治建设，是从严治团第一位的要求。团的建设是党的建设的一部分，讲政治是共青团的灵魂，我们在团干部教育培训中必须坚持政治建设为先。

一是要以习近平新时代中国特色社会主义思想为统领，切实坚持"政治建团"，自觉在政治立场、政治方向、政治原则、政治道路上同以习近平同志为核心的党中央保持高度一致，自觉坚定做到"两个维护"。发挥党建带团建的作用，成立团校讲师团，党员讲党团课，深化理论学习，团校的讲师一年至少需要上2次团课。

二是要使团干部深刻认识到加强政治建设的重大意义，深刻把握全面从严治党必然要求从严治团的重要逻辑。要在团内政治生活中落实基层团干部理论学习的常态化制度，要让团干部带头在各级团组织内部开展关于党团关系、党团理论的集体学习；带头开展中国特色社会主义的集体学习，教育团干部把中国道路中国模式与西方道路西方模式区别看待，把团的组织与一般社会组织区别看待，把团的工作与一般事务工作区别对待。

三是要始终从为党和人民事业培养合格建设者和可靠接班人的高度来谋划、部署、推动团干部教育培训工作，要提高团干部的政治敏锐性和政治鉴别力，充分利用空余时间进行自我学习和能力提升，如利用通勤时间，每天打卡学习强国，听理论、学原文，可以进行摘抄、诵读等多种形式打卡，也可以考虑采用积分换礼物等方式营造团内争先学习的良好氛围，激发团员青年学习兴趣。

（二）切实加强团干部队伍的思想建设

共青团组织最持久最根本的凝聚力来自马克思主义真理的感召，做好新时代党的青年工作，更要坚定不移地用党的科学理论凝聚青年、引领青年，全面加强团干部队伍的思想建设。

一是加大用思想政治理论武装团干部头脑的力度，各级团组织可以开发一批具有行业特色的精品课程和网络课程，用好用足各级团校和教育培训基地，加强培训课程科学化、规范化、信息化建设。继续加大团干部培训课程政治理论培训内容的力度，强化政治培训和政治教育，重点体现习近平新时代中国特色社会主义思想、习近平总书记关于青年工作重要思想等，所有的培训课程都要进行考核，保证培训效果。各级团委可以每年开展团内的讲团课比赛，锻炼团干上团课的能力，并通过集体备课打造系统的精品团课。各级团组织可以推动开展青马工程培训班，加强马克思主义理论学习，提高团干队伍理论知识水平，打造优秀的团干队伍，将马克思主义理论在团组织各个角落生根发芽。

二是发挥各级团校培训指导监测作用，引导共青团干部掌握正确的思想引领武器。针对部分广州共青团干部存在世界观不清晰、成长观不端正、价值观偏差以及无法很好地履行引领青年的情况，我们可以发挥好团校在团干部思想教育过程中的培训指导作用。除了安排政治理论培训课程之外，可以将团内优秀先进人才、典型榜样通过平易近人的方式面向受训团干部进行价值引领，寓教于乐，以人育人。在团课讲授过程中注重培训前后的效果监测对比，注重每批次培训团干部的差异对比，注重不同类别团干部受训效果对比，注重讲授思想政治教育与团干部引领青年工作的实践结合，以便根据受训团干部的具体情况，及时调整培训策略和培训内容。

三是设置团干部成长导师团，引领团干部健康成长。在当前信息化社会里，互联网已经成为各种意识形态争夺青少年的重要阵地之一。各级团组织可以尝试成立团干部成长导师团，邀请相关思政专家和学者担任导师，通过互联网社交平台，教育团干部认真分析互联网、微信朋友圈中思政领域的热点和重大事件所带来的影响，防范不良信息和片面言论蔓延、散布，防止团干部道听途说虚假信息，及时正本清源，消除团干部在时事和热点问题判断认识上的困惑。

（三）重点加强团干部队伍的作风建设

团的十八大提出要全面改革团干部队伍建设和管理制度。坚持拓宽来源、选管并重，注重人岗相适，有针对性地制定选拔、使用和管理办法，建设一支优势互补、充满活力、战斗力强的"专挂兼"相结合的团干部队伍。

一是要明确团干部工作职责使命。加强各级团干部的选拔配备，广开门路选拔一批挂兼团干部，充实团干部队伍。围绕共青团的根本任务、政治使命和工作主线，落实《广州共青团改革实施方案》，明确基层团干部的工作目标和职责清单，为团干部开展团工作提供必要的资源和制度保障，抓好团干部工作督促检查和述职报告，落实团干部向党组织述职、向团组织述职、向团员述职、向青年述职的工作机制，增强团组织在党组织、团员青年当中的存在感。

二是加强团干部的协管执行与落实检查。根据《关于进一步加强团干部协管工作的通知》要求重点普及团组织、团干部双重管理的规定，上级团组织要加强与各级党组织的沟通，指导检查基层团干部酝酿选拔、任前考察、选举组织、任职审批、任职谈话、任职培训、述职评价、作风锤炼等事项环节的规范落实情况，检查上级团组织在团干部协管过程中的工作方式、工作内容、工作规范和工作成效，发挥好上级组织的监督管理职责，增强团干部的仪式感和责任感，促使团干部自觉接受行为规范与多方约束。

三是增强团干部组织纪律教育和行为管理。让团干部严格落实中央八项规定和实施细则精神，自觉遵守团中央《关于提高政治站位改进工作作风的六条规定》等团的纪律，在学习、工作和生活中不违规、不逾矩，落实佩戴团徽，相互称呼用"同志"，不摆官架子，与广大的团员、青年和群众联系更加紧密，切实践行为人民服务的宗旨，做到任何时候都稳得住心神、管得住行为、守得住清白。加强团干部的作风锤炼，增强发挥团干部的先锋带头作用，让广大团员、青年和群众更加肯定与赞赏共青团，做到党旗所指、团旗所向。

（四）持续加强团干部队伍的能力建设

团的十八大提出要规范和加强上级团组织对下级团组织干部的协管工作，提升团干部队伍的能力建设，以祛除"官本位"思想为重点，抓好团干部这一共青团事业发展的中坚力量，让团干部牢记"要立志做大事，不要立志做大官"，把成长的立足点放在为党尽职尽责、为青年尽心尽力上。要持续加强成长观教育，引导团干部胸怀大局、钻研本行，勤于调研、狠抓落实。

一是常态化开展团工作岗位能力培训，加强团干部业务能力锻炼。针对团干部缺乏共青团工作岗位业务能力培养、锻炼和指导的问题，借助团干部大轮训扎实开展各级基层团干部岗位业务培训，设置提供内容新颖的党团类课程，围绕党史团史、党团关系、换届选举、团员发展等内容，以及团的工作制度、规定、条例、规章等，常态化地开展团务知识技能比赛、微党团课大赛，组织岗位实践演练与学习考核，增强他们开展团工作的信心。为团干部提供常态化的岗位业务能力锻炼平台，让团干部到其他团组织或者下级团组织中担任团建指导员，参与区域内团建创新工作室建设等，提高团干部的岗位业务实操能力。扩大团干活动的平台，可以联合社区、学校，与企业合作举办特色团日活动等。

二是注重团干部激励表彰，树立宣传团干部优秀典型。健全完善团内"五四"推优工作机制，优化团干部的推优表彰管理方式，对团干部实行常态化评议、节点式表彰和主题性激励，丰富激励表彰的形式手段，重视挖掘团干部当中善于开展团务工作、善于从事青年工作的业务能手，树立在基层一线、中心工作、重大项目当中涌现的团干部优秀典型，大力宣传优秀团干部在引领凝聚青年、组织动员青年、联系服务青年方面的先进事迹和工作范例，加强对亮点工作的总结宣传，做实团的规范性和标准化建设，使基层团工作的有效经验得以普及推广。多向基层同级党组织反馈团干部成长情况，多报告基层团干部工作业绩情况，多推荐培养成熟的团干部到急难险重岗位锻炼，为团干部成长发展搭建坚实平台。落实团支部（总支）规范化建设"对标定级"工作，探索团员团干部的星级评价激励机制，根据综合考核结果，可分为最高五星等级的团干部。给予这些五星级的团支部、团干部一定的肯定和激励，并让这些团干部到其他团组织进行经验分享交流。

三是创新培训方式方法，强化共青团干部教育。结合基层团干部实际，创新团干部培训方式方法，组织与基层团工作岗位相结合的学习交流与实践活动，做到以点带面、点面结合，把解决团干部对岗位职责的思想认识问题与解决实际问题结合起来，学以致用、用以促学、学用相长。首先，可以通过编制团干部工作制度汇编、团支部（书记）工作手册、基层团建活动和青年工作案例集，作为基层团干部工作参考资料，在业务培训的基础上不断拓宽团干部岗位业务能力提升途径，掌握基层团干部一线的工作方式方法。同时，善用新媒体技术手段创新学习载体，探索开设官方新媒体账号，如哔哩哔哩、抖音等，紧跟时代的脚步，结合青年的爱好，把一些团务知识、团干部能力培训视频在新媒体账号上发布，让团干部能够随时随地掌握共青团相关的最新资讯，用最简短精练的语言科普团的知识。例如，入团十步曲、如何进行换届选举等课程内容都可以制作成短视频进行科普。同时，深化共青团干部培训课程体系建设。进一步开发党团理论、思想引领、团务实践、志愿服务等系统化、标准化、模块化、层级化团干部培训课程，组织分层分类的专题培训、任职培训和业务培训，建立不同时段、不同内容的选课机制，使团干部可以选择适当的时间段参与培训学习。增加团干部培训预算及培训天数，实行脱产封闭式培训，减少专题培训班每日课程量，科学合理设置培训时间和日程安排，融入拓展训练和外出参观，提升培训的趣味性和有效性；为地点偏远、交通不便的基层团干部送课上门。强化培训和团干部思想状况评估，对参训学员开展常态化调研跟踪和情况反馈，充分发挥培训对团干部思想状况常态化监测及应对的积极作用。

广州"两新"领域团员身份意识现状、问题及对策研究[*]

麦文辉 谢素军 等

摘 要： 当前，广州正大力推进"两新"团组织建设，"两新"领域团员的身份意识是团组织建设工作成效的重要指标，通过对广州市"两新"领域已录入系统的 21056 名团员的随机抽样调查，发现"两新"领域团员身份意识总体呈强化趋势，但在团章学习、团歌、团徽等标志体现、落实"三会两制一课"、主动亮身份等方面尚存薄弱环节，建议在发挥党建引领作用、扩大团建覆盖面、普及团干培训、激发组织活力等方面强化共青团工作力度。

关键词： "两新"团员 共青团 身份意识 广州

伴随社会经济发展，新经济组织和新社会组织（以下简称"两新"组织）不断涌现，其组织构成、运行特征以及发展脉络备受各界关注，特别是"两新"领域的团员因其不可替代的创新性和引领性而成为团员队伍中的新焦点。广州作为改革开放前沿城市、国家中心城市之一，市场经济的蓬勃发展和互联网的广泛应用给城市带来了巨大的冲击，"两新"领域团员结构和活动方式发生了重大变化，呈现"价值取向、行为选择、个体需求"

---

* 本文系2020年基层部与市团校联合开展课题成果。课题组成员：麦文辉、谢素军、谭小菁、谢碧霞、邱红霞、王叶子、袁珊、周理艺。

的多元化特点，同时，"两新"领域团员获取信息和资源的渠道增多，导致该群体依托团组织获取资源的依存度降低，特别是"两新"团组织普遍存在弱化、虚化、空心化带来的团员教育管理不到位问题，"两新"领域团员的身份意识及组织参与度面临较大的挑战。基于此，共青团广州市委员会委托广州市团校开展了广州"两新"领域团员身份意识现状调查，以期厘清广州"两新"领域团员的身份意识倾向和组织参与现状，为进一步发挥广州市"两新"组织团组织的政治引领作用，促进团建工作与"两新"组织的目标、制度、文化深度融合，着力打造"两新"组织团建强、发展强、服务强的创新工作格局，切实开展"固本强基工程"行动计划提供有益参考。

一 研究设计

（一）调研对象

"两新"团组织是共青团在"两新"组织工作和活动的基本单位，是共青团开展"两新"组织工作的基础。本次调查的对象为广州市内"两新"团组织的团员。据智慧团建系统统计，2019 年广州市"两新"领域已录入系统团员 21056 人，本课题以此数据为基础。

（二）调研方法

本次调查以问卷调查与座谈、访谈相结合。问卷调查使用自制的《广州"两新"领域团员情况调查问卷》，后期通过 spss19.0 软件进行统计。座谈则采用半结构式方式，选择 6 家"两新"团组织，共召开 6 次座谈会，座谈会后选择团干部和团员分别开展半结构式访谈。

本次调查采取分层分类问卷抽样方法。根据广州"两新"领域团员的数量，按 10% 的抽样比例，确定本次调查的样本数量为 2100 个。按"两新"领域团员分布情况，确定调查新经济组织团员 1740 人，调查新社会组织团员 360 人。参照广州市内"两新"领域团员的行业、地域分布情况进行具体的抽样配额（见表1）。

表1 广州"两新"领域团员抽样情况

单位：人

		新经济组织样本数	新社会组织样本数
各区	越秀区	15	25
	海珠区	100	5
	荔湾区	20	5
	天河区	125	10
	白云区	140	20
	黄埔区	235	30
	花都区	15	20
	番禺区	140	15
	南沙区	30	5
	从化区	60	10
	增城区	20	5
直属国企下属非公企业		420	
代表行业	律师行业	160	
	注册会计师行业	160	
	快递行业	50	
	金融行业	50	
市级社会组织		210	

实地调研方面，课题组分别从商业服务业、互联网行业、工业制造业、律师行业、会计师行业、社会组织中各抽取 1 个"两新"组织开展实地调研，通过座谈、个案访谈的方式，了解"两新"团组织的基本情况以及团干、团员的真实想法。

（三）样本情况

本次调查的样本对"两新"领域团员进行了全覆盖，受访的"两新"领域团员中，男性占比 48.0%，女性占比 52.0%。受教育程度方面，"两新"组织团员中大学本科占比 47.8%，大专占比 38.0%，高中（含中专、中技）学历占比 10.2%。"两新"领域团员的月收入在 3000～5000 元的占比 49.7%，

5001～10000 元的占比 31.0%。"两新"领域团员中，非党员占比 90.5%。"两新"领域团员年龄平均为 24.7 岁，团龄平均为 13.4 年（见表 2）。

表 2 广州"两新"领域团员样本结构

单位：人，%

		频率	占比
性别	男	867	48.0
	女	940	52.0
学历	初中及以下	10	0.6
	高中(含中专、中技)	184	10.2
	大专	686	38.0
	大学本科	864	47.8
	研究生	54	3.0
	其他	9	0.5
月收入	3000 元以下	261	14.4
	3000～5000 元	898	49.7
	5001～10000 元	560	31.0
	10000 元以上	88	4.9
是否党员	是	171	9.5
	否	1636	90.5
年龄	平均 24.7 岁		
团龄	平均团龄 13.4 年		

二 广州"两新"领域团员身份意识现状及问题

广州"两新"领域团员在身份意识方面既存在与传统领域团员相似的问题，又因为行业、组织的特殊性而面临一些新的情况，但总体而言，广州"两新"领域团员身份意识正在不断强化，但也呈现多元化趋势。

（一）广州"两新"领域团员身份意识总体呈强化趋势

1. 近八成"两新"组织团员找到"团支部"

调查发现，77.5% 的团员有找到了组织，且归属某一团支部；14.1% 的团员不清楚自己的组织归属；仍有 8.4% 的团员没有找到组织，游离于支部之外，成为"流动团员""口袋团员"（见图1）。同时，新经济组织团员的归属感相比于新社会组织更强，八成新经济组织团员归属某一团支部，高出新社会组织 6.5 个百分点。另外，相比于普通团员，具有党员身份的团员归属性更强，归属某一支部的比例为 84.8%，高出普通团员 8 个百分点。

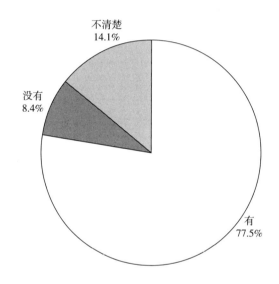

图1　是否归属某一团支部（$N=1807$）

2. 近八成"两新"领域团员学生时期已立志入团

调查发现，"两新"领域团员入团初衷以内在驱动为主，学生时期已立志入团的占比最高，达到 76.8%；其次为入团有利于学习进步和入团可以学到新知识，比例分别为 45.8% 和 24.2%（见图2）。具有党员身份的团员入团时内驱力强于普通团员，通过对数据的交叉分析，发现学生时期已立志入团而目前具有党员身份的团员占比 83.6%，高出普通团员 7.6 个百分点。同时，入团动机与学历层次存在一定程度的关联性，随着学历层次的提升，在学生时期已立志入团的团员比例也有所提高，初中及以下、高中（含中专、中技）、大专、大学本科和研究生中学生时期已立志入团的比例分别为 60.0%、76.1%、76.7%、76.7% 和 83.3%。值得注意的是，初中及以下学历团员的入团动机相对现实，单位要求入团和入团可以丰富社交的各占三成。

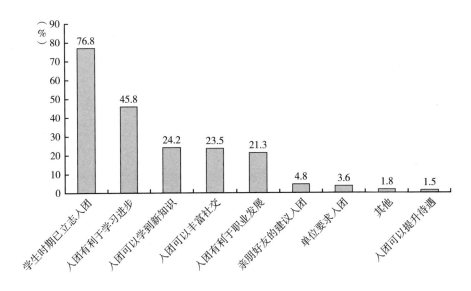

图2　入团初衷（多选）

3. 近九成"两新"领域团员按规定缴纳团费

调查发现，团员交纳团费意识总体较强，86.7%的严格按规定交团费；其中党员更具先进性，表示在团员时期按时交纳团费的达到91.8%，比普通团员高出5.6个百分点。不过，团员团费交纳情况与其收入水平存在一定的反向关系，团费交纳随着收入的增加呈现递减趋势，收入在3000元以下、3000~5000元、5001~10000元和10000元以上的团员严格按比例交团费的占比分别为90.8%、89.0%、83.2%和73.9%。这或许由于团员收入水平越高，代表其所在单位体量越大，加大了团员的管理难度，从而导致团员团费交纳滞后。

4. 逾七成"两新"领域团员积极参加团组织活动

团员享有参加团的有关会议和团组织开展的各类活动，接受团组织的教育和培训的权利。通过对团员"过去一年中参加所在团组织活动的频率"进行调查发现，在参加团的活动频率上，一年参加6次以上的占比8.6%，参加 1~2 次的占比 44.3%，从未参加过团组织活动的占比 26.6%（见图 3）。具有党员身份的团员参加团活动的比例次数要明显高于普通团员，参加 3 次以上的占比 49%。普通团员一年参加 3 次以上团活动的只有 27%。普通团员主要集中在每年 1~2 次的频度，占比 45%。

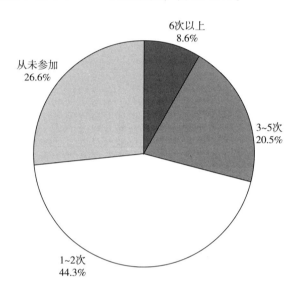

图 3　过去一年参加团组织活动的频率（$N = 1807$）

5. 近九成"两新"领域团员赞成在企业成立党组织

调查发现，对"企业里成立党组织的看法"，86.3% 的团员表示赞成。在表示赞成的团员中，高中以下占九成以上，研究生学历中表示赞成的占比也接近八成（79.6%）。之所以赞成成立党组织，一方面是因为成立党组织后更容易入党，从而拓展自身职业发展路径；另一方面则是大多数团员认为党员活动更加稳定和正式，能够学到更多知识，交到更多朋友；在对企业成立党组织与团员之间关系的看法方面，大多数团员认为成立党组织能够有效保障自身权利。

6. 九成"两新"领域团员身份践行意识较强

调查发现，九成团员表示在学习、工作、生活中践行了入团誓词，其中，非国有集体独资的经济组织（即新经济组织）和社团团体以及民办非企业单位（即新社会组织）做出肯定回答的比例为91.7%。另外，调查也发现，具有党员身份的团员表示在学习、工作生活中践行了入团誓词的比例与普通团员相比有明显的提升，高出5.2个百分点。这可能与共青团作为党的助手与后备军，党组织发展青年党员的主要来源为优秀共青团员有关，能否在实际工作生活中践行入团誓词已成为是否推荐优秀共青团员作为党的发展对象的重要评价标准，这使得具有党员身份的团员在身份践行意识上更为强烈。

7. 逾七成"两新"领域团员了解习近平总书记关于团组织与青年的相关理论

调查发现，超过七成（71.1%）的团员了解习近平总书记关于团组织与青年的相关理论，非常了解的比例为13.7%，这表明团员的理论学习情况总体良好。对习近平总书记关于团组织与青年的相关理论的学习，新经济组织比新社会组织的团员掌握得更全面，新经济组织中非常了解的比例为17.1%，高出新社会组织7.4个百分点。同时，具有党员身份的团员比普通团员更注重理论学习，更了解习近平总书记关于团组织与青年的相关理论，非常了解的比例为24.6%，高出普通团员12个百分点，完全不了解的比例为8.2%，低于普通团员7.2个百分点。此外，相比于其他收入水平的团员，收入1万元以上的团员对理论学习的掌握程度更好，非常了解习近平总书记关于团组织与青年的相关理论的比例为21.6%，高于其他收入水平的团员，完全不了解的比例为12.5%，低于其他收入水平的团员。不同性别的团员在理论学习意识方面存在一定差异，男性团员更注重学习了解习近平总书记关于团组织与青年的相关理论。男性团员中，非常了解的比例为19.6%，是女性团员（8.3%）的2倍多。初中及以下学历的团员理论学习参与度较低，四成团员或许因为处于紧张繁忙的一线生产经营岗位，较少时间学习了解习近平总书记关于团组织与青年的相关理论。

（二）广州"两新"领域团员身份意识体现尚存薄弱环节

1. 广州"两新"领域团员亟须强化团章学习

调查发现，过去一年广州"两新"领域团员中从未学习过团章的超过三成，比例为 32.4%。其中，新社会组织中过去一年从未学习团章的比例高于新经济组织，比例为 35.7%，高出新经济组织 6 个百分点。具有党员身份的团员学习团章的意识普遍高于普通团员，普通团员过去一年从未学习过团章的比例为 34.2%，是具有党员身份团员比例（15.2%）的 2 倍多。此外，调查还发现，初中学历的团员学习团章意识非常薄弱，六成团员过去一年从未学习过团章，没有团员在过去一年学习团章次数超过 3 次。

2. 广州"两新"领域团员戴团徽、唱团歌意识习惯有待强化

调查显示，八成团员有佩戴团徽意识，其中经常佩戴的比例为 18.8%，开展团活动时按要求佩戴的为 62.9%，这表明团员佩戴团徽意识较强。有 18.3% 的团员从不佩戴团徽，这或许与"两新"领域对团徽的使用管理相对薄弱有关（见图 4）。另外，调查也发现，具有党员身份的团员经常戴团徽的比例与普通团员相比有明显的提升，高出 6.7 个百分点；新经济组织的团员经常戴团徽的意识高于新社会组织 7.8 个百分点。同时，调查还发现，初中及以下学历的团员中从不戴团徽的占四成，远高于其他学历的占比，需引起重视。此外，中国共产主义青年团团歌是《光荣啊，中国共青团》，参加团内举办的正式活动时，团员按照规定要跟随播放乐曲齐唱团歌。调查发现，会唱团歌的比例为 35.4%，会唱一部分的比例为 38.6%，而不会唱的比例高

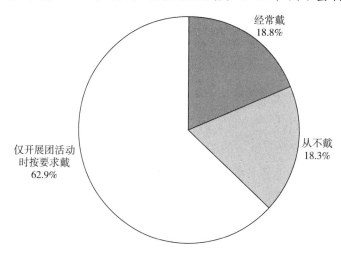

图 4　平时是否戴团徽（$N = 1807$）

达 26.0%。从单位类别来看，新经济组织会唱团歌的比例高于新社会组织，高出 8.2 个百分点，且新经济组织不会唱团歌的比例低于新社会组织 5.8 个百分点，可见，新经济组织团员唱团歌的意识高于新社会组织团员。同时，普通团员不会唱团歌的比例高出具有党员身份的团员 8.1 个百分点，比例分别为 26.8%、18.7%。此外，调查还发现，初中及以下学历的团员不会唱团歌的比例远高于其他学历的团员，达到五成，需引起有关团组织关注。

3. 广州"两新"团组织"三会两制一课"有待全面落实

在面对"团员是否按要求参加所在团组织召开的'三会'，即团支部委员会议、团支部会议、团小组会"这一问题时，64% 的团员表示能按要求参加所在团组织召开的"三会"。但仍然有 36% 的团员表示没有参加过团组织召开的"三会"。其中，接近一半（17.6%）的团员是因为所在团组织没有开展相关工作。"两制"是指团员教育评议制度与团员年度团籍注册制度。年度团籍注册制度是对团员团籍的连续认定的保证，也是实行团员证制度，形成团员管理体制的关键保障。调查显示，有 26.5% 的团员并不清楚自己是否完成团员注册问题，6.8% 的团员没有每年进行团员注册。此外，仅有 52.5% 的团员参加过所在团组织的"教育评议"。"团课"是团组织对团员进行思想政治教育和团的基本知识教育的主要形式，但能定期参加团课学习的团员占比不到四成（36.9%）。

4. 广州"两新"领域团员志愿服务参与有待普及

调查发现，广州"两新"领域团员参与志愿服务次数较少，比例不高，过去一年参加志愿服务活动次数在 1~3 次的仅占 51.4%，而没有参加过的超过三成，比例为 34.8%。同时，具有党员身份的团员参与志愿服务的次数比普通团员更多，具有党员身份的团员在过去一年参加志愿服务活动 4~6 次的比例为 63.2%，高出普通团员 13 个百分点；1~3 次的比例为 15.2%，是普通团员（6.8%）的 2 倍多；而 0 次的比例为 16.4%，远低于普通团员（36.7%）。此外，月收入在 1 万元以上的团员参与志愿服务的意识比收入低于 1 万元的团员低，过去一年没有参与过志愿服务的超过五成，比例高达 52.3%。

5. 广州"两新"领域团员"亮身份"引领示范作用有待加强

在调查中发现，在问及"您对身边团员的评价是"，有60.1%的表示身边的团员比普通青年优秀，但仍有15.4%的受访者表示身边的团员和普通青年一般，甚至有24.3%的表示团员身份与青年表现没关系。这与团员在日常工作生活中"亮身份"不足紧密相关，由于在工作生活中对外"团员身份"的不彰显，其他人甚至团员对身边团员的先进性难以有深刻的认知，对其他青年群体的榜样引领带动作用发挥不突出，使团员和团组织的外部形象出现一定程度的弱化。此外，在调查中，我们采用了多选题的形式来测量团员记起自身团员身份的情形，发现占比最高的是团旗、团徽等标识，比例为69.1%；其次是参加志愿服务时、履行团员权利和义务时，比例分别为49.9%和49.2%，而参与团的活动时的比例仅为31.0%。这在一定程度上反映了团员对自身身份认同意识集中于团员日常行为规范。此外，调查还发现，初中及以下学历的团员身份认同意识最弱，有两成团员极少想起团员身份，远高于其他学历层次的团员。

6. 广州"两新"领域团员组织意识仍须强化

全体受访团员中，收入在3000元以下的团员组织归属感最强，占比为80.1%，其次是收入3000～5000元、5001～10000元和10000元以上的团员，占比分别为79.4%、75.9%和61.4%。总体而言，"两新"组织团员对团组织有明显的组织归属感，但团员组织意识较为薄弱。调查发现，同意"如果国家遇到危机时，我认为作为一名共青团员应该主动挺身而出"的团员比例为78.3%，同意"共青团的光荣历史使我觉得作为一名共青团员很自豪"的比例为74.1%，而同意"当称赞或批评共青团时，我感觉像是在说我自己"的比例为60.2%，远低于前面二者。相比于新社会组织，新经济组织的团员身份认同意识更强，组织意识更强，完全同意"当称赞或批评共青团时，我感觉像是在说我自己"的比例为63.7%，高出新社会组织27.4个百分点。同时，调查发现，普通团员的组织意识高于具有党员身份的团员，完全同意和比较同意"当称赞或批评共青团时，我感觉像是在说我自己"的比例高达87.2%和90.8%。此外，调查还发现，大专和大学本科学历的团员对团组织的荣誉感、荣辱感弱于其他学历层次的团员，他们中完全不同意"当称赞或批评共青团时，我感觉像是在说我自己"的比例高达 40.5% 和 43.2%，完全不同意"共青团的光荣历史使我觉得作为一名共青团员很自豪"的比例达到 36.8% 和 47.1%，完全不同意"共青团的发展与我个人的发展有着密切的关联"的比例达到 37.0% 和 48.5%，完全不同意"我会经常性地关注与共青团相关的新闻报道"的比例达到 37.0% 和 47.8%，完全不同意"如果国家遇到危机时，我认为作为一名共青团员应该主动挺身而出"的比例达到 39.3% 和 46.4%，都远高于其他学历层次的团员。

三 广州"两新"领域团员身份意识存在不足问题的原因

广州"两新"领域团员身份意识总体呈现积极特征，但也存在明显的结构性漏洞和工作盲点，这些漏洞和盲点主要归因于"两新"领域的内在特性和共青团工作的客观困境。

（一）"两新"领域团的工作资源保障投入较少，基础薄弱

近年来，共青团在推进"两新"工作过程中，存在的普遍性、突出性问题就是团组织的工作网络未能在短时间内实现大范围覆盖，资源投入严重不足，在活动资金上缺乏专项经费，难以持续有效地支持项目开展。其次，难以协调必要的工作人员专项开展"两新"工作，特别是区、街一级，在"两新"团建工作人员投入上更是空挂居多，即便参与"两新"工作也只能是身兼多职，或临时应付。此外，基层团组织在学习、活动、项目等方面资源匮乏问题尤为突出，"两新"团建工作缺少政策保障，"两新"团建基础十分薄弱。

（二）"两新"领域团组织不健全，团的领导管理力不足

由于"两新"领域团组织具有新生性、分散性和流动性特征，共青团在"两新"领域推动团建工作相比于传统体制领域起步较晚，力度较弱，一方面在组织覆盖面上难以实现全领域，另一方面则是在具体的团建工作方

面难以实现完整"建制"，体系有缺位、部门不健全、人员不整齐、制度难落实等现象较为普遍存在。此外，"两新"团干部普遍任职年限资历浅，团建团务工作水平不高，导致共青团在"两新"组织中领导能力不强，管理效果不明显，缺乏有效的组织力和影响力。

（三）"两新"领域团干部培训机会少，专业知识技能匮乏

"两新"领域团建工作由于受重视程度不及传统体制领域，特别是区级以上团组织对"两新"团组织的工作覆盖机制未有效建立，"两新"领域团干部培训参与渠道没有打通，也较少开办专门针对"两新"领域团干部的系统性培训。访谈中发现，大多数团干部希望有机会参加相关理论和实践培训，但一方面不知道参与途径，另一方面不能得到各级团组织的支持。"两新"团干部缺乏培训，团务知识和技能匮乏，造成"两新"团建工作比较滞后，"三会两制一课"落实明显不到位，团员教育管理不到位，团员的身份意识也难以彰显，团组织工作面临弱化风险。

（四）"两新" 团组织受市场生存发展法则影响地位弱化

"两新"组织当中的新经济组织和新社会组织，主要伴随市场的发展而衍生。为了生存、发展、壮大，以新经济组织为代表的市场主体必然更多地专注于市场，并以盈利为主要目标，在组织的职能结构方面，也更多地将资源放在市场拓展、人力资源、财务管理等方面。身负推动青年发展、开展青年活动、提供青年服务职责的团组织，无论是内部定位，还是外部支持，在功能上都处于弱势地位。当开展具体工作时，大多要为"两新"组织的市场地位和市场主业让道，这种客观原因一定程度上导致"两新"组织团员的身份意识不强，团建工作相对较弱。

（五）"两新"领域团员职业流动性大，稳定性弱，团员队伍规范化建设困难

当前，广州"两新"组织由于其职业发展的变革性和创新性，组织员

工流动性较大，特别是新媒体、网红等互联网新兴行业，员工工作变动率比传统行业更高。受地域环境、项目需求以及当地政策的影响，社会组织员工流动同样较快，"两新"领域团员因流动性而带来的整体不稳定特征，为团组织开展团员队伍建设增添很大的困难，难以实现团员队伍管理的规范化、系统化，个别企业甚至因为兼并、重组、战略调整、业绩变动出现全员换血的现象，频繁的团员流失问题对团建工作影响明显。

（六）"两新"团组织活动思想引领力弱，团员形象的正面体现有限

目前，"两新"组织开展团组织活动没有把思想引领作为首要目标来组织实施，缺乏将思想引领工作有效融入团组织活动的系统性设计，创新上鲜有体现，内容上生搬硬套，形式上依葫芦画瓢，更难以根据本领域、本行业的特色和青年的需求推出让青年喜闻乐见的活动，青年、团员参与度不高，甚至只是应付性完成任务。

四 广州"两新"领域团员队伍建设工作建议

基于广州"两新"领域团员身份意识现状，以及对存在的问题和需求进行分析，结合广州共青团"固本强基"工作实践，从"两新"领域团员队伍建设的角度可以做以下方面的尝试。

（一）发挥党建引领作用，推动"两新"团建有保障出实效

调研中的各类数据指标显示，"两新"领域中的党员在各个方面大多优于团员和普通青年。一是在共青团实施"固本强基工程"和"扩面提质计划"过程中，有必要将党建和团建有机结合，在内容、体系、制度、框架方面充分借鉴党建的先进经验，有力发挥党建引领作用，为团建提供思想、组织、阵地、项目、资源等全方位领导保障。二是发挥"两新"党员模范作用，通过党员团干部讲党团课、青年学习社等方式，带领团员和普通青年

学习习近平新时代中国特色社会主义思想，为"两新"领域团员青年思想行动提供理论武装和科学指南。三是共青团还需要建立直接联系和结对帮扶工作机制，开展团干部指导联系基层"两新"团组织，统筹推动每名干部更好地指导基层"两新"团建和青年工作。四是在形式、平台方面充分利用"两新"的创新精神和青年的活跃平台，有效凝聚多元复杂的"两新"领域团员群体，为群体发展提供多元的发展路径。团员主要是青年群体，"两新"领域团员更是如此，且因为行业的创新性，"两新"领域团员更多地活跃于互联网世界。要有效利用互联网平台，线上线下联动"两新"团建。将互联网平台纳入重点活动空间，尤其是要在"两新"领域团员活动较多的 B 站、抖音等互联网平台逐步建立团组织阵地，通过团员群体喜爱的方式推动团建工作。五是积极联动线下平台和线上平台，实现两个平台的资源整合，在潜移默化中强化"两新"领域团员意识，在实现两个阵地全覆盖的同时实现两类团员全覆盖，真正实现团建工作的"固本强基"。

（二）开展"两新"团建攻坚，增强对"两新"团组织的领导力

一是市、区团组织应集中力量攻坚"两新"团建行动，持续扩大"两新"组织团的组织和团的工作有效覆盖范围，完善"两新"领域组织体系，制订"两新"团建"扩面提质"行动计划。二是把准全市"两新"团组织数量和行业明细，制定清晰完整的组织和团员清单，找准"两新"团组织隶属层级和隶属单位，强化领导体系。三是统筹各级职能部门团组织，对行业内辖区内"两新"组织进行尽可能全覆盖地搜索排查属地或行业团组织，规范理顺工作关系，以便全方位、有重点地对"两新"领域团员进行引导，提升团员的身份意识和向心力。

（三）开展链条式团务实训，促进"三会两制一课"全面落实

行业多重、专业多元、教育水平差异化是"两新"领域团员的显著特征。一是针对各类复杂的团员身份和发展状态，各级团组织通过专业共通、行业共生的工作、生活链条，将不同的团员凝聚到共青团统一的平台，依托

"三会两制一课"基础性工作，促进团员青年的教育引领。特别是要加强团课学习，可尝试分区、分块开展培训，营造组织内的思想政治学习的浓厚氛围，同时根据"两新"领域团员的不同爱好，将热点、趣点融入形式多元的学习当中，建立立体、丰富、适应流动性和变化性的"两新"领域团员学习体系。二是大力推动广州共青团干部轮训工作计划实施，开展有特色的"两新"团干部专门性培训，必要时送培训下基层，开展在线"云培训"，力争全市"两新"组织团干部培训全覆盖，设置兼顾政治理论与团务工作技能的培训课程，加强"两新"团干部对"三会两制一课"的实务培训，通过上级团组织定期组织督导检查，促进"三会两制一课"的全面落实。三是出版"广州共青团基层团务工作指南"，编制"团支部（书记）工作手册"，普及"两新"团建工作程序环节和团务要领，为"两新"组织团建工作开展直接提供指导与操作性依据。

（四）打造"发展共同体"，提升团员成长与组织发展的关联度

团员组织意识的强化关键在于提高团员与团组织的关联度，尤其是要将团员的成长与组织的发展紧密地扣连起来，以"发展共同体"的意识来构建团员与团组织的关系，使团员深入嵌入团组织的发展当中，"荣辱与共""发展共享"。一是加强团员组织意识教育，鼓励大规模的"两新"组织建立团校，开展团课技能大赛，培养一批优秀团员青年成为本单位团校讲师，以"身边人讲身边事"，重点分享"我与团组织共发展"的故事，发挥榜样的示范引领作用。二是举办广州市团校的青年学堂覆盖其他规模较小的"两新"团干部，加强团史的教育，提高对共青团组织存在意义和价值的认知，提升推动团组织发展的责任感。三是深入摸查团员对团组织的发展需求，以团员发展需求为导向，发挥团组织的桥梁纽带作用，整合组织内外的各类资源，开展岗位技能大赛、技能成果展示、业务技能交流，为"两新"组织团员青年成长成才提供广阔平台，服务青年发展，提高团员在团组织中的获得感。四是积极打造"推优荐优"平台，除推动落实"推优入党"工作外，发挥共青团在挖掘优秀团员青年人才中的作用，选树有代表性、有影

响力的团员先进典型，在共青团系统以及其他职能部门的评优评先体系推荐人才，提高团员在团组织中的荣誉感、归属感、责任感。

（五）激发团组织活力，通过志愿服务凸显"两新"组织社会价值

相对国有企事业单位而言，"两新"团组织较少被社会关注，"两新"组织团员身份也不够凸显，针对广州"两新"领域团员参与志愿服务次数较少、比例不高的现状，要加强共青团在"两新"组织中的抓手力量，依托组织动员的优势，激发团员身份意识和模范意识，积极参与志愿服务。一是关心和关爱"两新"团员青年。团组织要立足团员青年的发展，服务青年，维护青年权益，团干部要做青年朋友的知心人，做青年工作的热心人，做青年群众的引路人，帮助青年解决操心事、烦心事、揪心事，让青年感受到团组织的关爱与温暖，一个心中有爱的人才能关爱他人，让爱传递。二是利用志愿公益平台和志愿公益组织扩大"两新"团组织的社会影响力。进一步打造广州志愿者学院，广州青年公益直播间、志愿广交会等平台，培育"两新"领域团员的公益意识，强化"两新"领域团员的社会参与能力，塑造"两新"团员群体的社会责任形象。三是发动"两新"领域团员积极参与各项志愿服务或公益行动，在社会广泛传播"两新"领域团员声音和行动，吸引更多"两新"组织围绕中心大局，立足本职工作贡献力量，彰显"两新"领域团员青年的社会价值。

（六）树标识展风采做表率，助推"两新"领域团员"亮显身份"

调研数据显示，"两新"领域团员在表明团员身份及对团员身份的认同上仍有待提高。相对国有企事业单位而言，"两新"团组织较少被社会关注，"两新"组织团员身份也不够"凸显"，要加强共青团在"两新"组织中的抓手力量，必须依托动员组织内基层团员力量，激发团员身份意识，焕发团组织活力。建议采取以下措施。一是"亮标识"，鼓励"两新"领域团员在工作及参加会议培训期间主动佩戴团徽，在工作场所中设置团旗、团徽等标识，营造环境氛围，亮明团员身份。二是开展"红色学习"，定期开展

主题团日活动、组织生活会等，通过一系列青年喜闻乐见的形式吸引"两新"领域团员加强政治学习，高举团的旗帜，如以漫画、短视频形式学习《团章》等，以此增强团员自我身份认同。三是在"两新"领域开展团员团支部星级评定和亮星工作，深入创建"团员示范岗""团员工作技能大赛""团员青年突击队"，建立层级向上的荣誉激励机制，激励优秀的"两新"领域团员在投身精准脱贫、乡村振兴、社区法律援助、关爱弱势群体等服务工作中高扬旗帜、勇挑重担，做出表率示范作用，成为各类共青团组织的生力军。

图书在版编目（CIP）数据

广州青年工作研究报告：上下册／共青团广州市委
员会主编. -- 北京：社会科学文献出版社，2021.3
ISBN 978 - 7 - 5201 - 8070 - 2

Ⅰ.①广…　Ⅱ.①共…　Ⅲ.①青年工作 - 研究报告 -
广州　Ⅳ.①D432.6

中国版本图书馆 CIP 数据核字（2021）第 040878 号

广州青年工作研究报告（上下册）

主　　编／共青团广州市委员会

出 版 人／王利民
组稿编辑／任文武
责任编辑／赵晶华　高振华

出　　版／社会科学文献出版社·城市和绿色发展分社（010）59367143
　　　　　地址：北京市北三环中路甲 29 号院华龙大厦　邮编：100029
　　　　　网址：www. ssap. com. cn
发　　行／市场营销中心（010）59367081　59367083
印　　装／三河市龙林印务有限公司

规　　格／开　本：787mm × 1092mm　1/16
　　　　　印　张：47　字　数：718 千字
版　　次／2021 年 3 月第 1 版　2021 年 3 月第 1 次印刷
书　　号／ISBN 978 - 7 - 5201 - 8070 - 2
定　　价／128.00 元（上下册）

本书如有印装质量问题，请与读者服务中心（010 - 59367028）联系

▲▲ 版权所有 翻印必究

《广州青年工作研究报告》
编 委 会

编委会主任 徐 柳

编委会副主任 王婵娟 叶兴仁 段 希 高洪祥
罗党论 熊静茹

编委会委员 （按姓氏笔画排序）
于 龙 于海涛 马发腾 吕 娜
关小蕾 刘韵华 麦文辉 李荣新
杨 成 杨俊东 杨翊翀 林文湛
岳 嘉 袁卫根 唐 勇 涂敏霞
黄方辉 黄品杨 符国章 谢素军
甄 祯 魏晓丽

前　言

党的十八大以来，以习近平同志为核心的党中央高度重视调查研究工作，习近平总书记强调"研究问题、制定政策、推进工作，刻舟求剑不行，闭门造车不行，异想天开更不行，必须进行全面深入的调查研究"，深入阐释了调查研究的意义、内涵、要求、方法等，并且身体力行、亲力亲为，为全党做出了表率。

近年来，广州共青团认真学习贯彻习近平总书记关于青年工作的重要思想，持续开展"大学习、深调研、真落实"，每年围绕重点工作领域进行深入调研，形成了一批质量较好的调研报告。

本书在选题上坚持以习近平新时代中国特色社会主义思想为指导，通过研究青年、了解青年，从而更好地服务青年、引领青年。本书共分为上下两册，围绕积极深化青年思想引领、精准服务青年成长发展、组织青年投身发展大局和加强团的自身建设等方面，以 2016～2020 年度深调研课题为主，并面向基层团组织收集了部分有代表性的研究成果。所有入选报告均根据专家评审推荐选录，但由于篇幅所限，无法将所有调研报告一一收录。

希望本书能够为推动广州青年与共青团工作高质量发展提供有效的理论支撑和智力支持，为全国各地共青团工作提供鲜活材料和宝贵经验，促进交流互鉴。

本书编委会

2021 年 1 月 15 日

目 录

以共同体建设凝聚穗港澳青年力量，
助力广州建设大湾区核心引擎

——关于广州共青团如何在粤港澳大湾区青年工作中发挥核心增长极作用

谢宝剑*

摘　要： 本文采用文献研究、问卷调查、访谈及座谈等方法，立足于广州，对来穗的港澳地区青年人创新创业、就业以及在校生活、学习情况进行研究，深入调研分析他们创新创业、就业、学习的现状、影响因素以及主要诉求，以期深化港澳青年对祖国的认识，增强认同感，并推动港澳地区青年群体融入大湾区建设和祖国发展大局，共担民族复兴的历史重任，共享祖国繁荣富强的伟大荣光。

关键词： 大湾区　港澳青年　共同体建设

引　言

（一）课题调研的背景

2016 年 3 月，国务院印发《关于深化泛珠三角区域合作的指导意见》，

---

* 谢宝剑，暨南大学经济学院特区港澳经济研究所主任，管理学博士，经济学博士后。

明确要求广州、深圳携手港澳，共同打造粤港澳大湾区，建设世界级城市群。2017年3月，国务院总理李克强在《政府工作报告》中提出，研究制定粤港澳大湾区城市群发展规划。2017年7月1日，《深化粤港澳合作　推进大湾区建设框架协议》在香港签署，标志着粤港澳大湾区建设全面推进。粤港澳大湾区建设有利于深化内地和港澳地区的交流合作，对港澳融入国家发展战略、提升竞争力、保持长期繁荣稳定具有重要意义。2017年10月，党的十九大报告强调要支持香港、澳门融入国家发展大局，明确粤港澳大湾区建设为重点之一。从粤港澳大湾区发展历程可以看出，其国家战略地位逐渐凸显。十九大报告指出："香港、澳门发展同内地发展紧密相连。要支持香港、澳门融入国家发展大局，以粤港澳大湾区建设、粤港澳合作、泛珠三角区域合作等为重点，全面推进内地同香港、澳门互利合作，制定完善便利香港、澳门居民在内地发展的政策措施。"2018年广州市政府工作报告明确提出，发挥粤港澳大湾区核心增长极作用，依托南沙建设粤港澳全面合作示范区。同时指出，要"争取一批重大项目纳入国家粤港澳大湾区规划年度计划，加快推进一批跨区域交通基础设施建设……建设粤港产业深度合作园等重大产业合作平台"。省委常委、广州市委书记张硕辅同志提出，要"抓住粤港澳大湾区建设重大机遇，优化营商环境，发挥创新创业平台作用，集聚人才、技术、信息、管理等更多创新资源，增强广州创新发展后劲"。①

广州作为国家重要的中心城市之一，是粤港澳大湾区的核心增长极，经济社会快速发展，市场容量巨大，文化交流多元，城市包容开放，国际化程度较高，正吸引着越来越多的港澳地区青年群体来广州创业、就业、求学。

（二）课题调研的重要机遇

1. 粤港澳大湾区建设为港澳青年带来新的时代机遇

粤港澳大湾区城市群是我国开放程度最高、经济活力最强的区域之一，

---

① 《张硕辅到天河区荔湾区调研着力提升城市品质　推动实现高质量发展》，《信息时报》2018年7月31日。

具备建成国际一流湾区和世界级城市群的良好条件。加快大湾区的规划建设，能够充分发挥粤港澳的独特优势，建成高水平参与国际经济合作的新平台，推动内地与港澳地区深化合作，保持港澳地区长期繁荣稳定。粤港澳大湾区城市群建设为港澳青年创新创业、就业、学习提供了巨大舞台，粤港澳大湾区庞大的产业市场和消费市场，在传统合作的基础上，进一步吸引港澳青年到珠三角城市群开展商务交流和创业就业。他们通过参与建设切身感受到中国在全球的影响力，增强了民族自豪感，强化了国家意识。

2. 广州为港澳青年创新创业、就业、学习提供了广阔空间

广州是国家中心城市、综合性门户城市和重要的国际商贸中心，是粤港澳大湾区的核心城市之一，营商环境优越，国际化程度高，总部经济、高端服务业、智慧产业、文化创意产业发达，能够为港澳青年创新创业、就业提供完善的教育文化、公共服务、商业市场、创新平台和政策等各类要素和资源，有充足的条件成为港澳青年人才心目中重要的职业发展目的地，可使来穗的港澳青年实现创新创业、就业、学习的梦想。

（三）调研范围及群体设置

为了更好地突出特点，使调查对象更加集中，成果更具有针对性，本课题主要针对年龄介于 18 ~ 45 岁的人群展开调研。根据目标人群的特征划分为三个群体，即在穗创新创业的港澳籍青年、在穗就业的港澳籍青年、在穗学习的港澳籍青年。

（四）研究方法

本研究通过定量研究与定性研究相结合的方式，运用文献研究、问卷调查、深入访谈及座谈等调查方法，从整体上把握粤港澳大湾区建设背景下港澳青年群体的概况、动态，探索其在穗创新创业、就业与学习的路径。

1. 文献研究

研究粤港澳大湾区建设规划中涉及青年工作或与青年切身相关的政策，探索广州如何发挥政治、经济和区位等优势，这奠定了本研究的理论背景及

实践基础。同时，我们结合比较研究方法，围绕其他地区的发展和开展青年工作的情况进行比较研究，凸显区域特色，积极构建知识共同体、文化共同体、创新共同体和生活共同体，以获得具有广州特色的相关调研成果。

2. 问卷调查

本次采用抽样调查的形式派发问卷。调查对象主要是在广州创新创业、就业的港澳青年以及港澳学生群体。

针对在广州创新创业、就业的港澳青年的问卷，共设计了 59 个问题，涉及工作生活满意度、朋友关系、与内地人相处的感受、归属感、对内地政策的认知和对环境的了解以及个人基本资料等六个方面。自 2018 年 4 月开始收集问卷，截至 6 月，共收集问卷 540 份，其中有效问卷 486 份，无效问卷 54 份。

针对在广州就读的港澳青年学生的问卷，共设计了 58 个问题，涉及学习情况、生活情况、社会交往、内地与港澳地区的关系、未来发展等五个方面，发放给了在暨南大学、中山大学、广州中医药大学、广州大学等高校不同学院就读的港澳青年学生。自 2018 年 4 月开始收集问卷，截至 6 月，共收集到问卷 415 份，其中有效问卷 397 份，无效问卷 18 份。

3. 深入访谈及座谈

创新创业、就业访谈与座谈的对象为在穗创新创业、就业的港澳青年。并且，我们还与在内地已经创业的香港籍企业家以及从暨南大学、中山大学、广州中医药大学、广州大学不同学院毕业的香港创业就业青年进行深入访谈。

访谈与座谈的对象还包括在暨南大学、中山大学、广州中医药大学、广州大学等高校不同学院就读的港澳青年学生及教师，共 60 人。内容包含对内地的印象、学习和生活情况、社会交往、未来规划等各个方面，从而对其有更加深入的了解。

一 调查数据呈现及问题分析

（一）受访者概况

统计数据显示，受访者中女性占大多数；年龄分布主要集中在 18~25 周岁；

受访者的文化水平普遍较高，95%是本科及以上学历；未婚青年居多；且大部分受访者没有宗教信仰；大约70%的受访者通过租赁方式居住；多居住在公屋或私人楼宇，且主要与亲友一起居住，独居者也较多（见图1～8）。

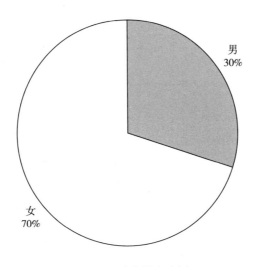

图1 受访者男女比例

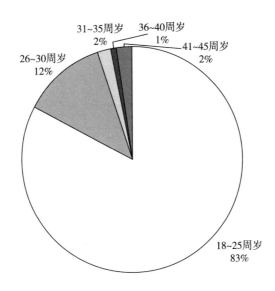

图2 受访者年龄分布

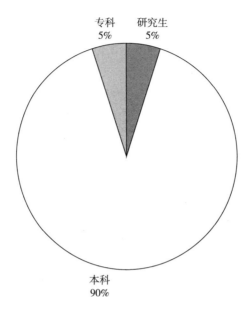

图3 受访者学历水平

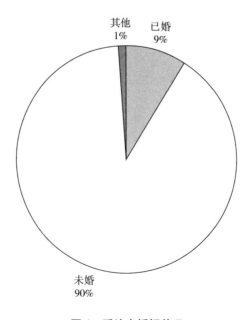

图4 受访者婚姻状况

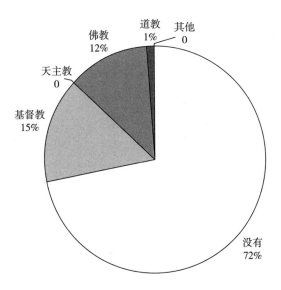

图 5　受访者的宗教信仰

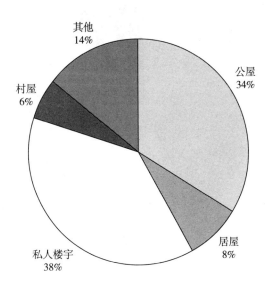

图 6　受访者的居住类型

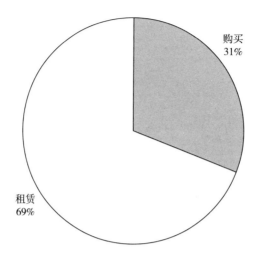

图7 受访者居住房屋的性质

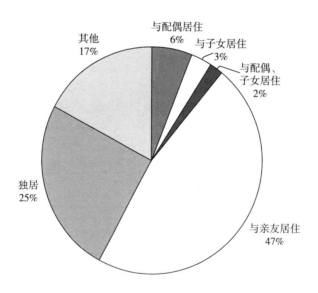

图8 受访者的居住状况

（二）"港澳青年在穗创业就业问卷"调查结果

1. 受访者目前的工作及收入状况

问卷结果显示，目前正在创新创业、就业的受访者中，从事专业服务及其他工商业支援服务行业的占比最高，其次是公共服务行业和金融行业。此外，受访者的个人月收入主要集中在 0～9999 美元区间，家庭月收入大部分在 20000～29999 美元范围内（见图 9～13）。

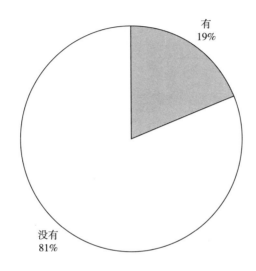

图 9　受访者的工作情况

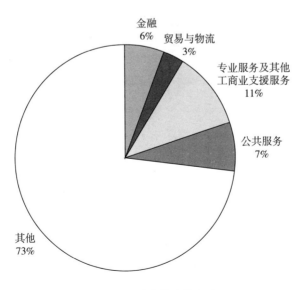

图 10　受访者从事的行业

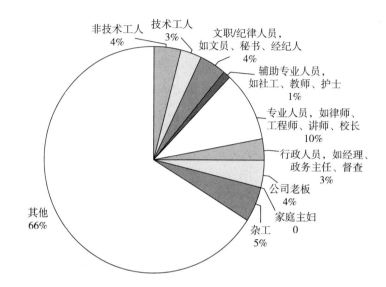

图 11 受访者的职业

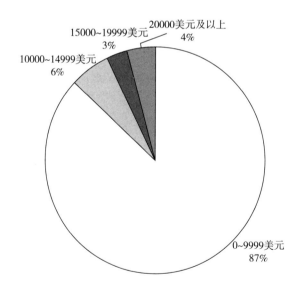

图 12 受访者的月收入

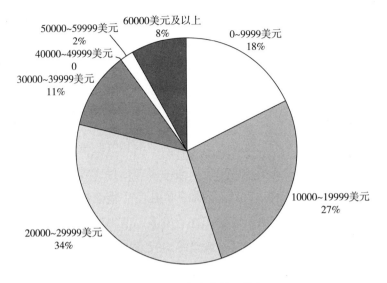

图 13 受访者家庭的月收入

2. 受访者目前的工作生活满意度

问卷结果显示，总体上，参与调查的港澳青年对目前的工作生活满意度一般，不满意主要在于工作薪酬和福利待遇方面。此外，大部分受访者都表示自己能够与他人有讲有笑、和平相处。

3. 受访者与广州朋友的关系

问卷结果显示，大部分在穗的港澳青年认为其与内地朋友关系良好，突出体现在能与内地朋友互相帮助、相互信任，面对面接触多，交往形式多样化等方面；但也有个别受访者表示，由于语言、制度、观念等差异，在与内地朋友沟通时存在一定困难。

4. 受访者与内地人相处时的感受

问卷结果显示，较多受访的港澳青年表示在与内地人相处时能够做到互相帮助、相互信任，且乐于与内地人一起参与活动，交往形式也比较多样化，包括岭南传统文化交流、体育活动等。但同时也有不少受访者表示，与内地人相处时存在沟通困难、矛盾重重以及很难找到他们等一些问题。

5. 受访者的归属感

问卷结果显示，大部分受访者的归属感较强，突出体现在尊重内地人、与内地人容易交朋友、感觉与内地人没什么不同等方面；但值得注意的是，也有一小部分受访者表示对内地事物兴趣不足、认为自己与内地人存在差异以及缺乏内地亲友等，这可能会在一定程度上影响港澳青年北上就业、创业和学习深造的意愿。

6. 对内地政策的认知和对内地环境的了解

问卷结果显示，大部分受访者表示对内地的相关政策比较了解，认为内地经济发展前景更好、发展机会更多，粤港澳加强合作对他们个人的发展帮助很大。尽管受访者普遍认为目前内地薪酬比不上港澳地区，但发展机会以及生活条件更好等优势仍吸引着他们北上发展。值得注意的是，不少受访者认为粤港澳大湾区发展、青年扶持政策等对其发展帮助不大。这可能是由于受访者对相关内容了解不足，因此，要在这些方面加强宣传推广。此外，广州与深圳对港澳青年的吸引力并未呈现明显差别，因此，两个城市在日后需要更加突出各自的特点与优势，加大吸引人才的力度。

（三）"港澳青年在穗生活学习问卷"调查结果

1. 港澳学生就业或深造意向

问卷结果显示，不足一半的学生毕业后选择继续深造，其中，41%的学生选择回到港澳地区，32%的学生选择留在内地读书，27%的学生选择去国外深造，可见大多数学生想留在国内。此外，81%的学生认为内地发展前景好或非常好，这是对内地经济和发展潜力的认可。绝大多数学生认为粤港澳合作对他们自身的影响大或非常大，从而为他们提供更多的发展机会（见图14~17）。

2. 港澳学生的入学方式以及专业选择方式

问卷结果显示，过半的港澳学生通过港澳台侨联考招生入学，其次是免试招生。港澳学生的专业选择方式主要是自己选择（81%）（见图18~19）。

3. 港澳学生的专业学习和压力情况

超过3/4的港澳学生表示比较喜欢或非常喜欢自己的专业，仅2%的学

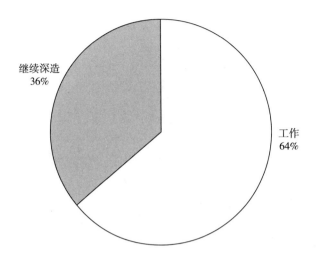

图14 受访者毕业后的打算

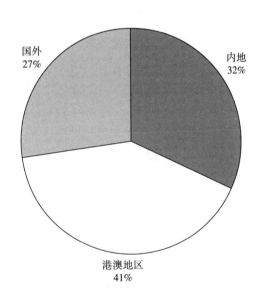

图15 受访者继续深造的打算

生表示完全不喜欢。过半的港澳学生觉得压力比较大，只有4%的港澳学生觉得没有压力（见图20～21）。可以看出，大部分港澳学生在学习方面还是存在较大压力的，这可能是港澳地区和内地的教育方式不同导致的。

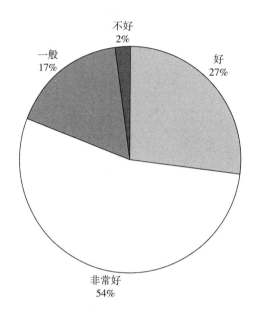

图 16 受访者对内地发展前景的看法

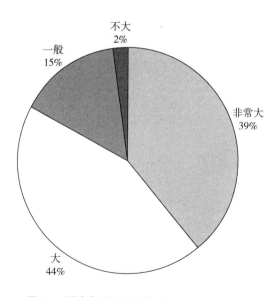

图 17 受访者认为粤港澳合作对自身的影响

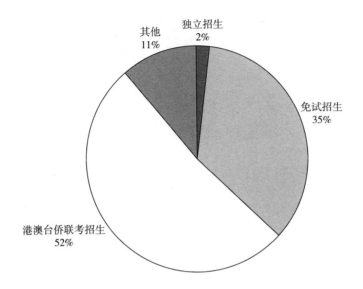

图18　受访者的入学方式

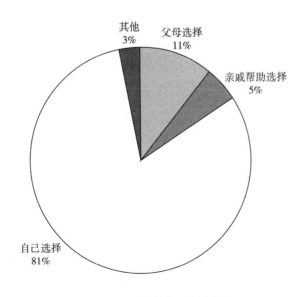

图19　受访者的专业选择方式

4. 所学课程情况及对语言文字的适应情况

关于课程的难易程度，绝大部分港澳学生觉得难，仅有1%的学生觉得

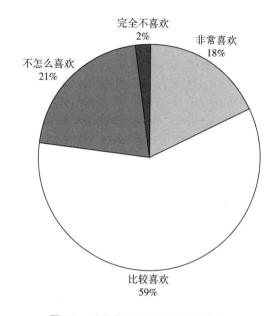

图 20　受访者是否喜欢自己的专业

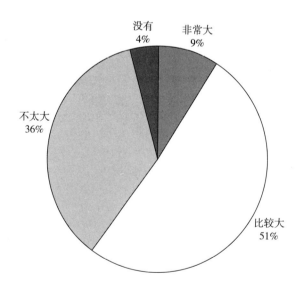

图 21　受访者的学习压力情况

不难（见图 22）。可见，所学课程对于大部分港澳学生来说是有难度的，可能是因为港澳学生高中所学的课程内容和内地差别较大。

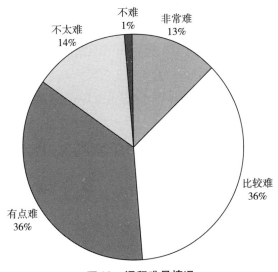

图 22　课程难易情况

在对内地语言文字的适应方面，大约 80% 的港澳学生表示能适应，仅有 2% 的学生一点儿都不习惯内地的普通话及简体字。这主要是因为随着内地与港澳地区的交流日益密切，以及媒体、互联网的普及，港澳学生的普通话已得到比较好的训练。此外，繁体字和简体字大体相近，所以港澳生们转换起来相对比较容易（见图 23）。

5. 港澳学生对学校的评价

在对学校的整体印象上，大多数（65%）学生都持赞扬和肯定态度；67% 的港澳学生认为学校的学习设施比较方便或很方便，但也有大约 33% 的学生认为还不够方便；在对生活设施的评价上，认为方便与不方便的学生各占一半左右；在参加学校社团活动方面，参加很多和较多的与不参加和很少参加的学生也大体持平（见图 24～27）。由此可见，内地学校在生活设施和社团活动等方面还应针对港澳学生的需求及性格等特点进行一定的完善。

（四）港澳青年在穗创新创业、就业和生活、学习中存在的问题

通过对问卷以及访谈的提炼，我们发现港澳青年在广州创新创业、就业和生活、学习主要存在以下几个方面的问题。

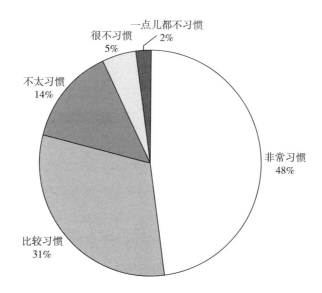

图 23 受访者语言文字适应情况

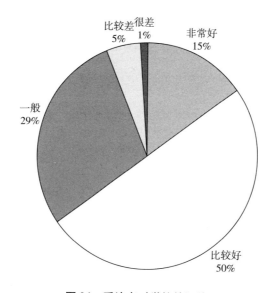

图 24 受访者对学校的评价

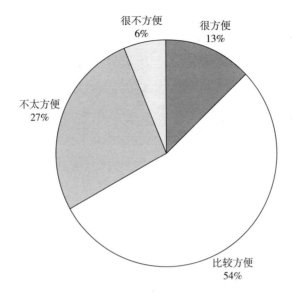

图25　受访者对学校学习设施方便度的评价

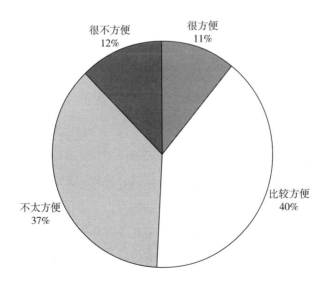

图26　受访者对生活设施方便度的评价

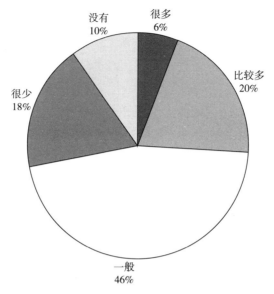

图 27　受访者参加社团的情况

1. 工作满意度有待提高，情感归属仍有提高空间

根据调查结果，大部分受访者的工作满意度不高，主要与内地的薪酬和居民福利待遇有关。此外，少部分港澳青年在内地缺乏亲友，导致其情感归属不够，有待提高。

2. 对粤港澳大湾区及内地的相关扶持政策不够了解

综合问卷和访谈结果发现，有少部分人表示不了解现有的青年扶持政策，且在穗的港澳青年了解政策的渠道大多数是通过朋友介绍或者互联网搜索，少数人表示通过政府部门宣传或有关单位工作人员介绍了解。而且，部分港澳青年认为广州的政策发布渠道较分散，较难精准地查找到港澳青年需要的支持政策。此外，大多数港澳青年创业者表示不了解广州各类创新创业空间和孵化器等创新平台，大部分创新创业者对其的认识还比较模糊，甚至有不少受访者认为其对自己几乎没有帮助。

3. 在内地学校学习、生活压力大

调查结果显示，约一半港澳学生觉得生活设施不够便利，如由于内地与港澳地区的制度不同，港澳籍学生的回乡证不能像内地生的身份证一样享受网络购票、移动支付、金融理财等便捷服务。此外，大多数港澳籍学生反映内地学校的课程设置较难，学校对港澳籍学生的关注度也不够，学校与港澳籍学生之间缺乏高效便捷的沟通平台，港澳籍学生对学校政策的了解存在滞后性，尤其是学校有关港澳籍学生的政策。这些都在一定程度上加大了港澳青年在内地生活、学习时的压力。

二　广州共青团引领穗港澳三地青年共同参与粤港澳大湾区建设的"1234N"计划

以构建粤港澳大湾区"青年文化、知识、创新创业、生活"四个共同体为目标，广州共青团将深入实施粤港澳大湾区青年交流"1234N"计划，即打造1个交流合作平台，优化2个基地，提升3个维度的服务体系，推动组建4个联盟，并配套开展若干交流合作项目，从而服务于粤港澳大湾区城市青年在文化交流、知识共享、创新创业、生活融入等方面的需求，努力凝聚青年力量，共同助力广州建成大湾区的核心引擎。

（一）打造1个交流合作平台——"粤港澳大湾区青年周"系列活动

广州共青团联合港澳地区主要青年团体共同举办"粤港澳大湾区青年周"，开展包括主题论坛、青年专业人才分论坛、文化交流、就业创业政策推介、城市考察等一系列活动，打造服务青年成长发展的多层次服务平台。重点围绕法律、金融会计、工业设计、中医药、社工及志愿者等领域，搭建大湾区青年专业人才的交流合作平台，积极推动粤港澳青年人才在专业领域的项目对接、业务合作、优势互补，使其共同参与粤港澳大湾区建设。

（二）优化2个基地——广州市青年就业创业孵化基地、粤港澳青少年交流活动基地

广州共青团有序推进广州市青年就业创业孵化基地项目建设，努力将其

打造成粤港澳大湾区青年人才工作站，争取市人才办、市发改委、市科创委等职能部门在项目建设、运营和功能提升等方面的支持，为港澳青年在穗就业、创新创业提供"一站式"服务。同时联合市港澳办，在现有的61个粤港澳青少年交流活动基地基础上，积极争取社会力量参与，围绕国情教育、岭南文化展示、实习实践、研究培训、体验休闲、交流接待等功能定位，合作共建更多不同类型的交流基地。

（三）提升3个维度的服务体系——团市委"青年之声"网站、"青年之家"阵地、"12355"青少年热线

在现有的"青年之声"网站、"青年之家"阵地、"12355"青少年热线（即"一网、一站、一号"服务体系）基础上，增加服务粤港澳大湾区青年的项目和功能，并做好宣传推广，使共青团成为大湾区青年来穗能第一时间想得起、找得到、靠得住的组织。

（四）组建4个联盟——青年文化联盟、青年研究联盟、青年创新创业联盟、青年志愿服务联盟

联合穗港澳三地的青年组织、青年文艺团体、非物质文化遗产传承人共同组建粤港澳大湾区青年文化联盟，开展岭南文化节系列活动，聚焦粤剧、广东音乐、岭南画派等，依托微电影大赛、音乐会、美术/书法/摄影作品展等形式展现和推广岭南文化的精髓。

联合穗港澳三地的研究机构、民间智库共同组建粤港澳大湾区青年研究联盟，围绕粤港澳大湾区青年发展的主题和需求，合作开展青年发展问题研究，共享信息和研究成果，为粤港澳大湾区经济社会发展提供智力支持。

联合港澳地区青年团体、行业协会组建粤港澳大湾区青年创新创业联盟，开展青年创新创业大赛、青年创新创业人才榜样推选、"职得你来"国际人才招聘会等活动，构建集就业辅导、项目孵化、交流合作于一体的项目服务体系，进一步整合广州地区现有的港澳青年创新创业平台的功能，打造"产、学、研、用"贯通的创新创业服务阵地。

联合港澳地区主要的青年公益服务团体、志愿者组织共同组建粤港澳大湾区青年志愿服务联盟，开展环保志愿服务行动、志愿服务广州交流会等重点项目，加强志愿服务组织在环境保护、青少年事务社会工作、社区公益服务等方面的交流合作，推动粤港澳大湾区青年志愿服务工作协同发展。

建设国家级青年创业就业孵化基地，构建粤港澳大湾区青年创新创业人才服务体系

徐 岩　李紫琪*

摘　要： 粤港澳大湾区的建设为青年人才创业就业提供了全新的机遇和挑战。探索建设国家级青年就业创业孵化基地，完善粤港澳大湾区青年人才服务体系，能够更好地促进青年人才的创业就业活动，推动社会经济的发展。本调研通过问卷调查、座谈、实地考察以及资料分析等实证分析方法，探索粤港澳大湾区青年人才服务体系建设的现状以及大湾区青年人才的服务需求，在借鉴其他地区经验的基础上，探讨粤港澳大湾区青年人才的吸引与培育机制，构建人才发展环境营造与人才发展资源配置相结合的青年人才服务模式。

关键词： 粤港澳大湾区　人才服务体系　青年创新创业

一　调研基本情况

（一）研究背景

1. 国家出台政策鼓励青年创新创业

2017 年，中共中央与国务院颁布的《中长期青年发展规划（2016—

---

* 徐岩，中山大学社会学与人类学学院副教授，博士生导师；李紫琪，中山大学社会学与人类学学院硕士。

2025 年）》（以下简称《规划》）指出，"青年是国家经济社会发展的生力军和中坚力量。党和国家事业要发展，青年首先要发展。必须清醒认识到，青年发展事业与社会主义现代化建设的新要求、经济社会发展的新形势、广大青年的新期待相比，还存在不少亟待解决的突出问题"。在就业方面，《规划》指出，"青年就业的结构性矛盾比较突出，影响就业公平的障碍有待进一步破除；青年创业创新的热情有待进一步激发，鼓励青年创业创新的政策和社会环境需要不断优化……统筹协调青年发展工作的体制机制还不完善，各方面共同推进青年发展的合力有待进一步形成"。因此，《规划》明确提出要重视对青年人才队伍的培育。要培养高端青年人才和各领域的专业人才，要改革完善青年人才管理体制，创新青年人才培养机制；要鼓励青年人才创新创造；要坚持自主培养开发与海外引进并举，吸引国内外优质、高端和急需人才。

粤港澳大湾区的发展规划为广州市各类优质人才的培养和发展提供了契机。"粤港澳大湾区"概念的雏形，可以追溯到 1994 年，曾任旧金山州立大学校长、时任香港科技大学校长的吴家玮教授提出，"对标旧金山，建设港深湾区"。① 紧随国家"一带一路"倡议的提出，2015 年 3 月，国家发改委、外交部、商务部联合发布了《推动共建丝绸之路经济带和 21 世纪海上丝绸之路的愿景与行动》，首次从国家层面提出打造"粤港澳大湾区"的战略部署，并指出，要"充分发挥深圳前海、广州南沙、珠海横琴、福建平潭等开放合作区作用，深化与港澳台合作，打造粤港澳大湾区"。

2015 年 9 月，国家发改委发布《关于在部分区域系统推进全面创新改革试验的总体方案》，其中广东被列入省级行政区域之中，着眼于深化粤港澳创新合作。此次广东改革试验区提出的粤港澳合作，明确加入"创新"两字，表明这是最核心的命题。2016 年 3 月，国务院印发《关于深化泛珠三角区域合作的指导意见》，再度明确"粤港澳大湾区"的建设构想，提出

---

① 史成超：《广深港高铁年中测试，谁将是大湾区的"领头羊"？》，搜狐网，http://www.sohu.com/a/134753703_589977。

"深化粤港澳创新合作"。同月，国务院提出要"携手港澳共同打造粤港澳大湾区，建设世界级城市群"。

而"粤港澳大湾区"作为国家战略层面的重点概念提出，则是在 2017 年 3 月 5 日的十二届全国人大五次会议上。国务院总理李克强在《政府工作报告》中指出，要推动内地与港澳地区深化合作，研究制定粤港澳大湾区城市群发展规划，发挥港澳独特优势，提升国家在经济发展和对外开放中的地位与功能。2017 年 4 月 7 日，国家发改委制定并印发了《2017 年国家级新区体制机制创新工作要点》。其中，广州市南沙新区的工作要点包括深化粤港澳深度合作探索，推动建设粤港澳专业服务集聚区、港澳科技成果产业化平台和人才合作示范区，引领区域开放合作模式创新与发展动能转换等诸多方面。2017 年 7 月，习近平总书记访港，见证了《深化粤港澳合作推进大湾区建设框架协议》的签署。[①] 至此，粤港澳大湾区建设作为国家战略发展规划正式确立。

2. 广东省的发展布局奠定了人才服务体系建设的基础

首先，广州是广东省的政治、经济、文化中心，广州市的发展离不开广东省的发展布局。早在 2009 年，《大珠江三角洲城镇群协调发展规划研究》就把"湾区发展计划"列为空间总体布局的一环，并提出四项跟进工作，即跨界交通合作、跨界地区合作、生态环境保护合作和协调机制建设。当时对粤港澳三地的发展重点进行了定位："广东要发展成为世界上最重要的制造业基地之一，香港要发展成为世界上重要的以现代物流产业和金融业为主的服务业中心之一，澳门要发展成为世界上具有吸引力的博彩、旅游中心之一和区域性的商贸服务平台。"2011 年 1 月 14 日，粤港澳三地政府联合制定了《环珠江口宜居湾区建设重点行动计划》，这是三个地方政府于 2009 年完成的《大珠江三角洲城镇群协调发展规划研究》的其中一项跟进工作。该计划包括在香港、澳门和珠三角五市增修公共交通网络、改善生态环境等

---

① 黄非、陈红彦：《"一带一路"倡议背景下的粤港澳大湾区协同发展：第一届粤港澳"一带一路"倡议论坛——强化大湾区优势互补（2017）会议综述》，《华南理工大学学报》（社会科学版）2018 年第 1 期。

多项基础设施建设行动。

2015 年 1 月，广东省在两会期间已经着手构建"粤港澳大湾区"。11 月，广东"十三五"规划提出，"积极融入全球创新网络和产业生态，把握'一带一路'建设契机，深化粤港澳合作，坚持以更开放的理念、更包容的方式，积极汇聚和利用全球创新资源"，将粤港澳大湾区定位为链接全球创新资源的窗口。广东省 2016 年的政府工作报告指出，"高标准建设广东自贸试验区，着力构建'一带一路'战略枢纽和经贸合作中心，形成粤港澳台经济深度合作新局面，全面深化泛珠三角区域合作，以扩大开放带动创新、推动改革、促进发展"。同时，要注重将人才"引进来"和"走出去"的政策措施结合起来，加快培育具有国际经济竞争合作能力的新优势人才。

广东省在系统梳理"十三五"规划纲要及 30 个专项规划的基础上，与港澳地区充分对接，力求推进和落实大湾区建设 100 个先导合作平台和项目。目前，《粤港澳大湾区发展规划纲要》已在制定当中，出台后很快将进入实施阶段。一些政策创新和重大项目已取得积极进展。比如，国家发改委正在组织编制粤港澳大湾区打造国际科技创新中心的实施方案；广东将联手港澳地区共同建设粤港澳大湾区国际科技创新中心。这些政策与规划方案的落地实施，都离不开人力资源的支持。

3. 广州市的地缘优势与创新创业发展情况

沿海湾区，如东京湾区、纽约湾区、旧金山湾区，因地理位置、交通等优势，通常有发展条件最好、竞争力最强的城市群。可以说，湾区已成为带动全球经济发展的重要力量和引领技术变革的"领头羊"，由此衍生出的经济可称为"湾区经济"。成熟的湾区经济具有一些共同的特征，比如有超级体量，有强大的产业集群带和一定的世界影响力，形成了强有力的经济核心区和广阔的经济腹地，并且拥有一大批科研教育机构和创新性国际化领军人才。[1] 将粤港澳作为一个湾区进行规划建设，是因其自身拥有一些不可比拟

---

[1] 何诚颖、张立超：《国际湾区经济建设的主要经验借鉴及横向比较》，《特区经济》2017 年第 9 期。

的优势。

在地理位置上，粤港澳大湾区依托珠三角建立，是对珠三角经济区的升级。广州处在粤港澳大湾区的中心地带，拥有四通八达的水上、路上和空中交通网络，城市之间交通便利，广深港高铁的开通更使从香港到广州的时间大大缩短，有利于商贸密切往来。此外，广州市南沙区处于湾区的沿海核心地带，是港澳地区青年人才北上内地发展的重要门户，也是粤港澳三地青年交流的重要平台。整体上，广州作为珠三角地区的中心城市，以及广东省的省会城市，在政治、教育、文化、医疗等方面拥有周边城市无法比拟的优质资源，尤其是在人才的培养和输送上，广州可以说具有天然的优势。

人才是湾区发展的基础和灵魂。粤港澳地区尤其是广州拥有众多高校和科研院所，每年培养了大量青年人才。在这样的地理优势与文化氛围下，如何培养高质量青年人才，吸引外部优秀青年人才，促进科研成果转化，促进产学研一体化建设，构建青年创新创业人才服务体系是目前重要的工作内容。

在21世纪初，广州率先提出"依托南沙港，对标东京湾区"。2017年2月27日，广东省委书记胡春华、省长马兴瑞赴广州南沙区调研，强调要把自贸区打造成广东高水平对外开放的门户枢纽，南沙要围绕这个定位建成高水平的国际化城市和国际航运、贸易、金融中心，成为广州的"城市副中心"，支撑和引领全省新一轮对外开放。要加强与港澳地区更高层次的合作，加大力度引进高层次人才和服务业企业，携手参与自贸区建设。[①] 2017年7月1日，中共中央政治局委员、省委书记胡春华和省长马兴瑞在香港会见了香港特别行政区行政长官林郑月娥，双方表示将全面提升合作水平，深化在投资贸易、科技创新、环境保护等领域的合作，围绕大湾区建设框架协议，逐项谋划未来发展。[②]

---

① 《胡春华、马兴瑞赴广州南沙调研检查自贸区建设》，中国共产党新闻网，http：//cpc. people. com. cn/n1/2017/0228/c64094 –29114019. html。
② 《胡春华、马兴瑞会见林郑月娥》，中国共产党新闻网，http：//cpc. people. com. cn/n1/2017/0703/c64094 –29380063. html。

2017 年 10 月，《广州市加快 IAB 产业发展五年行动计划（2018—2022 年）》通过专家论证[①]，并在 2018 年 3 月 22 日正式开始印发[②]。通过实施 "IAB" 计划，即发展新一代信息技术、人工智能、生物医药等战略性新兴产业，广州市将打造若干个千亿级产业集群，以科技产业创新和供给侧改革推动人才、技术、资本等高端要素的集聚。2018 年 3 月 29 日，《广东省科学技术厅与澳门科学技术发展基金科技创新交流的合作》签署仪式在广州举行。"双方未来五年内将在生物医药（中医药）、电子信息等领域开展科技创新交流与合作。共同参与粤港澳大湾区规划和建设；合力组织实施粤港澳大湾区科技联合资助计划；着力推动在两地合作建设高水平科技创新平台；同时拓展两地在科学研究、高层次专业技术人才等方面进行交流与合作。"[③]

通过上述政策措施可以看出，广州市在粤港澳大湾区的发展中将发挥核心增长极的作用，其定位是科技中心，通过扶持重点科技领域，促进人才和产业集聚。粤港澳大湾区建设是促进各地融合的重要战略措施，也是青年人才就业和创业的重要阵地。随着粤港澳大湾区建设框架和规划的逐渐明晰，区内各城市的发展迎来了新的机遇和挑战。如何在大湾区建设的背景下找准自身定位，协调彼此间体制、法律、关税制度的差异，利用多方资源服务青年创新创业及就业，形成完善的青年创新创业人才服务体系，以促进经济社会的进一步蓬勃发展，是广州也是大湾区内各城市面临的重大挑战。

---

① 《广州市加快 IAB 产业发展五年行动计划（2018—2022 年）》，广州市人民政府网，http：//www. gz. gov. cn/gziijg/gzdt/201710/167ed5d68a224158947e2e1efa6e235e. shtml。

② 《广州市人民政府关于印发广州市加快 IAB 产业发展五年行动计划（2018—2022 年）的通知》，广州市人民政府网，http：//www. gz. gov. cn/gzgov/s2811/201803/26f4989a739547d28ae873cd95bf5834. shtml。

③ 《广东省科技厅与澳门科学技术发展基金科技创新交流合作的安排签署仪式在广州举行》，广东省科学技术厅网，http：//www. gdstc. gov. cn/HTML/zwgk/zwyw/152231315777 – 6819594900138621523. html。

（二）本研究的目的与意义

1. 研究目的

（1）分析共青团在粤港澳大湾区建设中的定位和作用

创新创业是我国经济发展的新动力，政府、企业、社会组织等都在积极响应党中央的号召，结合自身职能定位参与到推动创新创业以及就业的活动中来。2016 年 8 月 18 日，国家发改委发文，增加"中宣部、文化部、共青团中央和中国科学院为推进大众创业万众创新部际联席会议成员单位"。共青团作为凝聚、维系和服务青年的群众组织，在推动青年创新创业中应发挥重要作用。

近年来，广州市各级共青团组织开展了一系列卓有成效的创新创业专项行动，为共青团组织参与服务青年创新创业奠定了坚实的基础。但要做到理论创新和实践突破，还需要进一步的努力。在新时代，将解决思想问题和解决实际问题结合起来，更好地服务于青年创新创业及就业，已经成为共青团的一个新目标。

（2）探索构建粤港澳大湾区青年创新创业人才服务体系

人才是整个大湾区的核心要素，构建完善的青年创新创业人才服务体系，从而吸引大量高科技人才落户，是促进粤港澳大湾区可持续发展的重要保障。粤港澳大湾区有优越的地理位置，经济发达并且开放程度高，是青年创新创业的重要摇篮，也是国家建设世界级城市群和参与全球竞争的重要载体。但是粤港澳大湾区必须面对的难题是如何克服各地因制度和政策不同形成的障碍，从而促进城市之间的相互融合。

此外，在粤港澳大湾区已经形成了创客空间、孵化园、科技园等各种形式的孵化基地。本调研以广州共青团人才服务体系对青年创业就业发展的促进作用为依托，以青年创业就业的需求为导向，探索推进粤港澳大湾区创新创业人才服务体系建设的切实可行路径。

2. 研究意义

（1）理论意义

目前国内关于粤港澳大湾区青年人才服务体系建设的研究尚处于起步阶

段，现有的研究虽然肯定了创建人才服务体系的必要性，但对应该从哪些方面来进行、包括哪些内容缺乏有效的梳理和界定。本调研通过实证分析，试图对粤港澳大湾区青年人才服务体系建设做出探索性研究。其理论意义具体体现在以下两方面。

其一，丰富粤港澳大湾区青年人才服务体系建设的研究成果。目前，针对粤港澳大湾区人才服务体系的研究较少，本调研力求在实证的基础上，为青年创新创业人才服务体系的构建提供一些具有可行性和操作性的建议。

其二，丰富青年人才服务体系的内涵。青年创业就业是推动社会经济发展的重要力量，构建完善的人才服务体系对于青年创业就业具有推动和保障作用。本调研力求提出有效的人才服务模式，促进人才服务体系的健全与完善。

（2）现实意义

吸引青年人才来大湾区创业就业，离不开人才服务体系的建设。通过建立健全青年创新创业人才服务体系，打通各地因关税制度、法律、文化等不同造成的壁垒，为粤港澳大湾区建设提供系统化的人力资源扶持服务，也通过整合各类资源、争取优惠政策等方式为青年来穗发展提供创业就业的优质服务。

（三）概念界定

粤港澳大湾区："湾区"，从地理概念上看，是由一个海湾或相连的若干个海湾、港湾及邻近岛屿共同组成的区域。粤港澳大湾区在地理范围上指的是由广州、深圳、珠海、佛山、惠州、东莞、中山、江门、肇庆9市和香港、澳门两个特别行政区形成的城市群。[①]

人才服务体系：人才公共服务是指，以政府部门为主导，利用公共权力及公共资源，从满足社会公共需求出发，为社会全体成员平等地提供公益性

---

① 蔡赤萌：《粤港澳大湾区城市群建设的战略意义和现实挑战》，《广东社会科学》2017年第4期。

的人才公共产品和服务。[1] 人才服务体系主要有三个特点，包括服务主体的多元化、人才服务的市场化和产业化。[2]

（四）研究对象

本调研的对象是在粤港澳大湾区创业就业的青年人才以及青年人才服务的提供者。

1. 青年人才

创新创业的主体是青年，而青年创新创业团队又以大学生群体为主，包括在校大学生、应届毕业生和往届毕业生。本调研从广州市各创新孵化基地中随机抽取部分基地，对其提供的创新创业人才服务，以及进驻基地的创新创业青年人才服务的供给与需求等方面进行调研。本调研涵盖了广州市内包括暨南大学、华南理工大学、华南师范大学、华南农业大学、广东工业大学、广东技术师范学院（后改名为"广东技术师范大学"）等不同层次的高等院校，以此了解大学生创业教育、人才服务情况，以期更全面地掌握创新创业青年人才服务供给的现状与需求。

具体来讲，接受问卷调查的青年共 89 人，其中男性 56 人，占比62.92%，女性 33 人，占比 37.08%；平均年龄为 25.41 周岁，标准差为8.40；户籍状况中，有 42.7% 的内地城市户籍和 55.06% 的内地农村户籍，港澳地区居民占 1.12%，台湾地区居民占 1.12%；受教育水平方面，本科学历最多，占 60.67%，其次为大专学历，占 24.72%。被访者中，24 名（26.97%）青年正在创业，其中从事互联网与电子商务、教育、咨询与技术服务业的比例较高，分别为 37.5%、20.83% 和 12.5%。

座谈会中，青年代表共 23 人，其中男性 16 人，女性 7 人；平均年龄为27.57 周岁，标准差为 8.86；高中（中专、职中）学历 1 人，占 4.34%，大专学历 4 人，占 17.39%，本科 16 人，占 69.57%，硕士研究生与博士研

---

① 伍梅：《构建广西人才公共服务体系的探讨》，《广西社会科学》2010 年第 9 期。
② 唐果、贺翔：《市场化人才服务体系的内涵特点及建设重点》，《经营与管理》2012 年第 10期。

究生学历各 1 人，均占 4.35%。在这 23 名青年中，正在创业的有 16 人，创业所涉及的行业包括互联网、信息技术、生物医药、文化艺术等。

2. 青年人才服务的提供者

创业就业孵化基地服务人员以及广州市青年就业创业服务中心等青年创新创业服务机构，能够近距离接触和服务青年人才，为青年人才提供必不可少的服务和支持。同时，能从另一角度切身体会青年人才创业、就业的需求和困难，并在工作中总结经验教训。因此，本课题组从广州市各创新创业基地中随机访问基地服务人员、企业工作人员等，对其服务模式、服务经验进行调研。

具体来讲，参加本次问卷调查的服务提供者共 34 人，其中男性 18 人，占比 52.94%，女性 16 人，占比 47.06%；平均年龄为 27.50 周岁，标准差为 5.15；户籍状况为，有 73.53% 的内地城市户籍和 26.47% 的内地农村户籍，无港澳台地区居民；从业时间方面，2 年以内的占比最高，为 41.17%，2~4 年的占 35.30%，4 年以上占 23.53%。在服务提供者的身份类别方面，创新创业基地中的工作人员最多，其次是企业工作人员、共青团工作人员，以及创业导师和投资机构人员。

参加座谈会的服务提供者共 18 人，其中男性 9 人，女性 9 人；包括共青团工作人员 6 人，以及孵化基地工作人员、创业导师、专家学者、金融或投资机构工作人员与相关社会组织工作人员。

（五）研究方法

1. 抽样方法

访谈对象的选取采用立意抽样，选择在不同行业创新创业的具有代表性的青年人才和人才服务提供者进行访谈。问卷调查采取简单随机抽样，通过网络向粤港澳大湾区的青年人才和人才服务提供者发放问卷。

2. 具体调研方法

（1）实地考察法

为了迅速有效地了解青年创业就业孵化基地的运营情况和存在的困难，分析其服务粤港澳大湾区青年创新创业的举措，本课题组采用实地考察的方式，深入各孵化基地、创业就业空间等进行调研。在广州市青年就业创业服务中心和广钢集团的推荐和组织下，本课题组共选取四个具有代表性的青年创业就业孵化基地和创业就业空间进行实地考察。简要情况如下。

岭南 V 谷：是依托广钢集团建立的科技产业园区，国企背景，是广州市政府重点工程。总占地面积约 22 万平方米，总建筑面积约 53 万平方米。目前尚在建设中，部分投入使用。园区规划自成一体，以多元化业态和产品形式针对处于不同发展阶段的企业提供全生命周期的写字楼产品，以帮助企业孵化、崛起、成长、升级。

创汇谷：是由广州市南沙区青年联合会牵头打造的粤港澳青年文创社区，南沙新区青年创新创业孵化基地。面向粤港澳本土文化创意青年人才，主要服务对象是在穗高校就读的近万名港澳青年学生。创汇谷集实习、创业、就业于一体，聚焦在校的港澳大学生初创团队，旨在降低青年初期创业成本，是一个低成本、便利化、全要素、开放式的青年众创空间。

香港科技大学霍英东研究院：为民办非企业单位，是南沙区首家外资科研机构，也是香港科技大学面向国内最重要的技术成果转化平台，成立于 2017 年 1 月。研究院立足南沙、衔接港澳、面向国际，大力推进粤港融合，在科技、人才、产业等多个方面持续开展粤港两地的深度交流，努力建设具有国际特色的创新创业平台、产学研创新实践基地。

广州市青年就业创业服务中心：是共青团广州市委直属的正处级公益一类事业单位，也是全国首创的由共青团成立且纳入市级公共就业服务的专业机构。主要任务是开展青年就业创业公益服务，承担针对青年和大学生就业创业和再就业的公益性求职登记、职业介绍、就业创业指导、教育培训、创业扶持和政策法规咨询，以及青年就业创业孵化基地建设，配合职能部门开展青年政策研究，协调各区青年就业创业服务机构的工作。

（2）座谈会

在广州市青年就业创业服务中心的组织和协调下，课题组分别与广州地区来自孵化基地、高校、行业协会、企业、创新创业服务机构、导师团、投资机构的青年代表等进行座谈。座谈会共进行了五场，地点分别在岭南 V

谷、创汇谷、香港科技大学霍英东研究院、广州市青年就业创业服务中心以及高校。与会人员就青年创业就业的现状、需求、困难，以及粤港澳大湾区的发展、人才服务体系建设等进行了深入交流。各与会代表积极表达意见，针对多方面问题进行了热烈讨论，并结合自身创业就业经历提出了不少具有可行性和建设性的意见、建议。

同时，我们对全部与会人员发放了问卷，共回收有效问卷41份。通过问卷，我们对粤港澳大湾区青年创业就业的现状、困难和需求进一步进行统计分析，并结合座谈会的交流情况，更精准地了解需求和问题，并提出有针对性的解决措施，以构建完善的粤港澳大湾区青年人才创新创业服务体系。

（3）二手资料分析

二手资料相对来说比较经济，并且能够很快获取。虽然二手资料不可能提供特定调研问题所需的全部答案，但是可以帮助我们明确问题、寻找处理问题的途径、构造适当的设计方案等。我们通过查阅相关文献、专业书籍，借鉴国内外青年创新创业人才服务体系建设的先进经验，比较分析粤港澳大湾区现行政策的优势与不足。

同时，广州市青年就业创业服务中心在多年的工作中积累了大量有关青年创新创业人才服务的资料，为本课题提供了充足的二手资料，为我们前期准备节省了不少时间。这也帮助课题组精准定位问题，拟定更加贴合实际的座谈会提纲，使得座谈能够深入有效地进行。

（4）问卷调查法

本研究通过问卷来收集人才服务提供者以及青年人才对粤港澳大湾区人才服务体系的认知、需求等，进而分析如何完善青年人才服务体系。本调研通过网络向粤港澳大湾区的青年和人才服务提供者发放问卷，共回收问卷123份，其中青年问卷89份，人才服务提供者问卷34份。

3. 分析方法

资料的收集方法是问卷法和半结构式访谈法。对于通过问卷法收集来的数据，本调研采用SPSS数据分析软件进行整理分析。对于通过访谈法收集到的资料，主要以录音的形式呈现。要对资料进行分析，首先要将访谈录音整理成文字稿，然后运用定性资料的分析方法对其进行归类整理。资料分析注重以下几个方面：一是粤港澳大湾区青年人才服务体系的现状；二是粤港澳大湾区青年在创业就业时的需求；三是目前的人才服务还存在哪些困难。

二 调研结果分析

（一）问卷调查结果分析

1. 粤港澳大湾区发展政策知晓率

青年对粤港澳大湾区的发展政策了解程度一般。针对服务提供者的问卷调查结果显示，只有 8.8% 的人员对粤港澳大湾区的发展政策非常了解，47.1% 的服务提供者比较了解，32.4% 的服务提供者对发展政策不太了解，还有 11.8% 的被调查者对大湾区的发展政策完全不了解（见表 1）。这说明需要加强对大湾区的宣传，让更多人了解大湾区的发展。

青年对粤港澳大湾区发展政策的了解程度与服务提供者类似。只有 5.6% 的青年对粤港澳大湾区的发展政策很了解，42.7% 的青年有些了解，30.3% 的青年不太了解，完全不了解的占 21.3%（见表 2）。这说明青年目前对粤港澳大湾区的关注度较低，还没能很好地把握大湾区发展的机遇。

表 1 对粤港澳大湾区发展政策的了解程度（服务提供者）

单位：人

选项	小计	比例
非常了解	3	8.8%
有些了解	16	47.1%
不太了解	11	32.4%
完全不了解	4	11.8%
合计	34	

表2 对粤港澳大湾区发展政策的了解程度（青年）

单位：人

选项	小计	比例
非常了解	5	5.6%
有些了解	38	42.7%
不太了解	27	30.3%
完全不了解	19	21.3%
合计	89	

2. 人才服务相关信息知晓率

青年被调查者对广州市的人才相关政策了解程度整体偏低。对人才相关政策有些了解、比较不了解和完全不了解的被调查者所占比例分别为30.3%、34.8%和23.6%，只有3.4%的被调查者表示对广州市人才相关政策非常了解（见表3）。说明人才相关政策的社会知晓率非常低，需要面向社会公众，采取多种方法提升人才相关政策的社会知晓率。

表3 对广州市人才政策的了解程度（青年）

单位：人

选项	小计	比例
非常了解	3	3.4%
比较了解	7	7.9%
有些了解	27	30.3%
比较不了解	31	34.8%
完全不了解	21	23.6%
合计	89	

3. 对人才服务的认知评价

在对人才服务的满意度方面，服务提供者的满意度高于青年。在服务提供者中，44.1%和17.6%的被调查者比较满意和非常满意，32.4%的人认为一般（见表4）。在青年中，74.2%的被调查者对广州人才服务的评价一般，15.7%的青年比较满意，非常满意的占2.2%（见表5）。服务提供者的满意度高于青年群体，可能是因为服务提供者对人才服务政策有更多的了解。

表4 对人才服务的满意度（服务提供者）

单位：人

选项	小计	比例
非常满意	6	17.6%
比较满意	15	44.1%
一般	11	32.4%
不太满意	2	5.9%
非常不满意	0	0
合计	34	

表5 对广州人才服务的总体满意度（青年）

单位：人

选项	小计	比例
非常满意	2	2.2%
比较满意	14	15.7%
一般	66	74.2%
不太满意	4	4.5%
非常不满意	3	3.4%
合计	89	

具体来说，正在创业的24名青年被调查者对人才政策、人才服务、创业就业教育与培训、人才教育与培养、创业就业政策优惠的满意度水平整体较高（见表6）。说明当前的人才服务已经取得了一定的成效，能够在一定程度上满足青年人才的需求。

表6 创业青年对广州人才服务的评价

单位：人

题目 选项	1. 非常满意	2. 比较满意	3. 一般	4. 不太满意	5. 非常不满意
人才政策	3(12.5%)	11(45.8%)	6(25%)	3(12.5%)	1(4.2%)
人才服务	2(8.3%)	10(41.7%)	10(41.7%)	1(4.2%)	1(4.2%)
创业就业教育与培训	0(0)	15(62.5%)	6(25%)	3(12.5%)	0(0)
人才教育与培养	1(4.2%)	15(62.5%)	7(29.2%)	1(4.2%)	0(0)
创业就业政策优惠	0(0)	12(50%)	7(29.2%)	4(16.7%)	1(4.2%)

4. 人才服务的优势

粤港澳大湾区建设对人才服务体系构建能够起到积极的促进作用，人才服务提供者和青年被调查者对此均作了肯定。在服务提供者中，分别有47.1%和50%的被调查者认为粤港澳大湾区建设对青年人才体系建设的作用非常大和有些作用（见表7）。

在正在创业的24名青年中，分别有62.5%和12.5%的被调查者认为大湾区的发展对创业就业有些帮助和有非常大的帮助，还有25%的被调查者认为没有任何帮助（见表8）。

表7　粤港澳大湾区建设对青年人才体系建设的作用（服务提供者）

单位：人

选项	小计	比例
作用非常大	16	47.1%
有些作用	17	50%
作用比较小	1	2.9%
完全没有作用	0	0
合计	34	

表8　粤港澳大湾区建设对创业就业的影响（创业青年）

单位：人

选项	小计	比例
没有任何帮助	6	25%
有些帮助	15	62.5%
有非常大的帮助	3	12.5%
合计	24	

创业青年认为，在人际关系网络、粤港澳大湾区发展契机和文化环境因素方面广州具有较大优势，分别占比79.2%、54.2%和41.2%。另外，教育培训资源、人才发展环境、创业就业政策等也是广州较具吸引力的地方（见表9）。

表9　在广州创业就业的优势因素（多选，青年）

单位：人

选项	小计	比例
人际关系网络	19	79.2%
文化环境因素	10	41.2%
粤港澳大湾区发展契机	13	54.2%
教育培训资源	5	20.8%
人才优惠政策	1	4.2%
人才发展环境	6	25%
生活配套保障	3	12.5%
交通便利	4	16.7%
创业就业政策	7	29.2%
其他（请注明）	1	4.2%
合计	24	

5. 青年创业人才的需求

在对广州人才服务体系建设的需求方面，服务提供者和青年存在一些差异。在服务提供者看来，高端人才引进政策最为重要，占比58.8%，其次是减少户籍身份壁垒、中端人才支持力度和专业技术人员培养，分别占比47.1%、41.2%和32.4%（见表10）。可以看出，服务提供者认为人才吸引和培养是目前最为需要的。

表10　对广州人才服务体系建设的需求（多选，服务提供者）

单位：人

选项	小计	比例
高端人才引进政策	20	58.8%
中端人才支持力度	14	41.2%
专业技术人员培养	11	32.4%
减少户籍身份壁垒	16	47.1%
港澳人员在穗就业创业的优惠政策	9	26.5%
提供人才服务的优质服务平台	10	29.4%
提供良好的生活配套服务	6	17.6%
提供更好的社会福利与保障	7	20.6%
人才政策的宣传力度	6	17.6%
其他（请注明）	0	0
合计	34	

在创业青年看来，中端人才支持力度和提供更好的社会福利与保障最为重要，分别占比45.8%和41.7%，其次是专业技术人员培养、高端人才引进政策和提供人才服务的优质服务平台，分别占比37.5%、33.3%和29.2%（见表11）。综上，高端和中端人才的需求较多，户籍身份壁垒和社会福利保障也是人才服务过程中需要进一步完善的。

专业技术人才和专业知识技能被迫切需要。有87.5%的青年认为他们的企业缺乏人才（见表12）。缺乏较多的人才类型有营销人才、技术研发人才和企业管理人才，分别占比58.3%、54.2%和41.7%，对外语人才和技术工人的需求则比较少（见表13）。

表11 对广州人才服务体系建设的需求（多选，创业青年）

单位：人

选项	小计	比例
高端人才引进政策	8	33.3%
中端人才支持力度	11	45.8%
专业技术人员培养	9	37.5%
减少户籍身份壁垒	6	25%
港澳人员在穗就业创业的优惠政策	4	16.7%
提供人才服务的优质服务平台	7	29.2%
提供良好的生活配套服务	5	20.8%
提供更好的社会福利与保障	10	41.7%
人才政策的即时获得	3	12.5%
其他（请注明）	0	0
合计	24	

表12 企业是否缺乏人才（创业青年）

单位：人

选项	小计	比例
是	21	87.5%
否	3	12.5%
合计	24	

表13 企业缺乏的人才类型（多选，创业青年）

单位：人

选项	小计	比例
营销人才	14	58.3%
技术研发人才	13	54.2%
企业管理人才	10	41.7%
外语人才	0	0
计算机人才	8	33.3%
技术工人	3	12.5%
财务人才	7	29.2%
其他（请注明）	0	0
合计	24	

在创业培训方面（见表14），创业青年对与自己现在创业领域相关的知识和技术、青年创业的相关优惠政策、融资知识、市场和技术前沿信息的需求较多，分别占比75%、62.5%、58.3%和50%。可以看出，青年对专业技术知识和信息的需求最为强烈，希望借助这些支持企业向更高阶段发展。

表14 需要接受的创业培训类型（多选，创业青年）

单位：人

选项	小计	比例
青年创业的相关优惠政策	15	62.5%
与自己现在创业领域相关的知识和技术	18	75%
市场和技术前沿信息	12	50%
财务知识	7	29.2%
法律知识	8	33.3%
融资知识	14	58.3%
其他（请注明）	0	0
合计	24	

6. 高校创业就业教育服务情况

高校是青年人才培养的重要场所。有43名（72.1%）在校学生被调查者表示所在学校提供了创业教育培训活动（见表15），69.8%的在校学生表示所在学校提供了就业教育培训活动（见表16）。

表15　所在高校是否提供创业教育培训活动（在校学生）

单位：人

选项	小计	比例
是	31	72.1%
否	3	7.0%
不知道学校有没有	9	20.9%
合计	43	

表16　所在高校是否提供就业教育培训活动（在校学生）

单位：人

选项	小计	比例
是	30	69.8%
否	3	7.0%
不知道学校有没有	10	23.3%
合计	43	

而对创业教育培训满意度的调查显示，整体上在校学生的满意评价高于不满意评价，但是非常满意的占比不高，只有11.6%的被调查者非常满意，分别有23.3%和37.2%的被调查者表示比较满意和认为一般（见表17）。

表17　对所在高校创业教育培训活动的评价（在校学生）

单位：人

选项	小计	比例
非常满意	5	11.6%
比较满意	10	23.3%
一般	16	37.2%
不太满意	3	7.0%
非常不满意	1	2.3%
没有参与无法评价	8	18.6%
合计	43	

对就业教育培训的满意度调查有相似的结果。7.0%的被调查者表示非常满意，分别有25.6%和41.9%的被调查者表示比较满意和认为一般，非

常满意的占比不高（见表18）。可见，高校在就业创业服务方面还有很大的提升空间，需要加强就业创业的教育培训服务，使更多的青年人了解和参与相关服务活动，并努力提高其满意度。

表18 对所在高校就业教育培训活动的评价（在校学生）

单位：人

选项	小计	比例
非常满意	3	7.0%
比较满意	11	25.6%
一般	18	41.9%
不太满意	3	7.0%
非常不满意	0	0
没有参与无法评价	8	18.6%
合计	43	

（二）质性研究结果分析

本调研通过召开座谈会、实地考察和二手资料分析等，分别从政策支持、平台搭建、金融支持、科研支持、专业支持、生活配套六个方面来描述粤港澳大湾区青年创新创业人才服务体系。

1. 政策支持

（1）人才吸引政策

人才是粤港澳大湾区的灵魂，也是整个服务体系运作的核心。大湾区在引进人才过程中注重"引进来"和"走出去"。目前已实施的人才吸引政策有很多，比如广州市的"红棉计划"通过给予十个方面的政策支持，全链条地为海外人才来穗创业提供优质服务。此外，广州市各区依据各自的优势与特点也分别制定了具有区域特色的人才政策，比如南沙区的"百企千人"计划、南沙自贸片区的"1＋1＋10"产业政策体系等。

面向港澳青年学生进入广州实习的"百企千人"计划，提出要有100家企业能够保证每年提供100个实习岗位，让港澳青年学生可以在南沙区进行实习。在实习期间还举办人文交流、社会实践、公益服务和文体活动等。

实习单位主要涵盖自贸片区工作部门、金融机构、大型央企、外资企业等。通过这样的交流活动，促进粤港澳三地青年学生互相间的了解，从学生时期就开始着力吸引与培养优秀的港澳青年来广州就业创业。

"1+1+10"是南沙区政府出台的一个以吸引人才为其重要工作内容的产业政策体系，主要包括1个纲领性文件、1个产业发展资金管理办法和10个产业政策。这些政策就如何吸引高端人才进入南沙自贸片区、集聚人才创新发展提出了具体的措施，包括给予高端人才奖励、提供良好的住行条件以及优厚的家庭保障、提高福利补贴、提供生活专属服务、建立专业人才引入激励机制等。

（2）财政补贴及税收减免政策

资金是创业过程中的一大难题。为了帮助初创企业节约开支，将有限的资金用于公司研发、创新，广东省政府在税收方面给予了很多优惠。广州市补贴和自主项目共有11项，其中多项是针对创业者及创办企业的，包括一次性创业资助、租金补贴、创业带动就业补贴等。同时，还有2项针对创业项目的，即优秀创业项目资助和创业项目征集补贴。有些补贴可以同时获得，如《广州市天河区推动港澳青年创新创业发展实施办法》中提出，同一项目可同时获得落户奖励和租金补贴两项支持，给予每个受支持项目10万元人民币落户奖励，大力支持港澳高校项目在天河区落地孵化。这些对青年创业的资金支持，也能够吸引创业人才，有助于港澳青年在广州创新创业、落地生根。

2. 平台搭建

（1）创业人才选拔平台

创新创业大赛是青年展示创业项目的重要平台，也是目前各孵化基地、投资机构遴选优秀创业项目的主要途径。广州市对选拔出的优秀项目予以场地、资金、技术等优惠政策，以吸引其落户广州。

目前，各级组织开展了不同类型的创新创业大赛，如由广州共青团主办的"青创杯"广州青年创新创业大赛，从2013年举办至今，吸引了国内外青年创业项目7890个、线上线下互动创新创业青年约20万人。大赛开设港澳青年创业大赛专项赛，扩大了大赛的覆盖面，吸引港澳台青年来穗创业、充分就业；组织线下丰富多彩的港澳青年就业创业交流对接活动，提升港澳青年来穗就业创业的综合素质，吸引其落户南沙区，打通就业创业"最后一公里"。

各区的孵化基地也通过一些自主创办或合作开办的创新创业大赛招募创业青年，选拔、培育优秀的创业人才。比如，天河区精心打造的创新创业服务平台品牌项目"天英汇"，就是以项目为依托，由政府牵头，联合投资机构、孵化基地等创新创业培育和服务机构建立的创新创业企业成长平台、展示平台和交易平台。通过"天英汇"这样一个渠道，广州市某孵化基地征集了港澳青年的140多个创意项目参赛，最终有10个港澳项目将逐步落户基地园区。

（2）企业孵化发展平台

就业创业孵化基地是人才服务体系中非常重要的一环。孵化基地是一个聚集人才的场所，是实习、就业、项目展示的基地，也是创新创业大赛遴选出的优秀团队的培育室，提供各项人才服务。广州市依托孵化基地向港澳青年提供就业创业和见习岗位，开展港澳青年专场招聘会和就业创业交流活动以及行业交流活动等。

截至2017年10月，广州市青年就业创业服务中心与高校、社区、科研院所等多单位合作，着力建设广州青年就业创业孵化基地，形成了"青创广州"工作品牌。经认定的广州青年就业创业孵化基地已经达到40家，可容纳2700多个创业团队，为包括粤港澳在内的各类创业青年提供免租入驻、政策咨询、手续代办、投融资对接、导师帮扶等14项优惠扶持服务，努力构建一个集思维碰撞、跨界合作、资源转介等功能于一体的青年创业社区网络。此外，广东省粤港澳台科技企业孵化器、广州市科技企业孵化器和众创空间等创业就业平台都在进一步建设中。

（3）依托各类社会组织的人才交流平台

行业协会、青年联合会等可以促进各地青年之间的相互交流、增进了解，同时可以提供青年人才创业就业所需的人脉、信息等资源，是汇聚青年才俊的重要平台。青年联合会本身属于团委组织，与粤团委组织联系密切，在促进青年人才交流方面更具优势，可以广泛调动资源，帮助港澳地区青年创业就业者更好地落地发展。

同时，通过邀请香港青年联会、香港青年协进会、澳门青年企业家协会等来粤交流，可以增进港澳青年人才对内地的了解，包括了解内地的创业环境，从而推动其寻找机会来广州创业。广州市青年企业家协会等机构汇集大量企业家资源，通过企业家之间的"传帮带"，也为青年创业就业提供不少帮助。

3. 金融支持

（1）投融资支持

在访谈过程中，大部分被访者认为缺少资金是创业过程中的一大困难，只有少数企业发展已进入加速期的创业者表示"不缺钱"。提供资金保障是吸引港澳青年来广州创业的重要内容。目前，资金来源主要有对创业大赛胜出者给予的一定额度的资金资助、孵化基地自身配备的投资基金、政府的各类专项基金以及其他风险投资等。

广州市青创中心在链接风投、基金方面更具优势，可以为青年创业项目牵线搭桥。同时，政府机构本身也会有一些自己的基金。某青创中心工作人员表示："科创委这一块，他们有产业基金，包括像国际人才来创业，我们都有产业基金扶持的。荔湾都有政府的产业基金。"团广州市委也设立了"粤港澳青年融合发展"专项基金，依托团中央下属的中国光华科技基金会，意向募集5亿元规模的创业基金（作为粤港澳青少年融合发展创新园区建设项目的配套资金，并写入项目计划书），以拓宽港澳青年特别是专业人士在内地发展的空间。

（2）贷款支持

银行贷款也是青年创业者的重要资金来源。在访谈中，处于创业初期的创业者都表示，他们非常希望能够通过银行贷款获得资金支持，但是目前银行贷款获得难度较大。各大银行对创业企业的贷款优惠不是很多，被访者在谈到银行贷款时多表示银行贷款门槛高、普通青年创业者贷款难、利息也相对较高，希望能够降低银行贷款的门槛和利息。

4. 科研支持

青年人才创业很大一部分在高科技领域，高科技产品的市场化需要一个非常强大的科研成果转化平台。高校和科研院所在科研支持服务方面具有较大优势。广州拥有众多高校和科研院所，有诸如中山大学这样的 985 综合性大学，也有华南理工大学这样的 985 工科院校，还有暨南大学这样的港澳生源比较多的综合性大学，等等。这些高校和科研机构一方面拥有较强的科研能力和科学技术，为广州培养了大量的高精尖人才，另一方面也汇集了多方资源，吸引了其他地区的优秀青年来广州就业和创业。这些高校和科研院所大多设有科研成果转化平台，通过"师生共创"等方式促进机构科研成果转化，构建产学研一体化的创业就业模式。企业也可以到高校和科研院所中寻求技术合作，并利用其科研成果转化平台。

此外，广州市具有位于粤港澳大湾区中心地带的资源优势，也具有方便港澳地区高校与内地合作交流的先天优势，能够吸引港澳地区尤其是香港的高校进入内地，搭建产学研一体化平台。比如，南沙区香港科大霍英东研究院，是由霍英东基金会捐建的，于 2007 年 1 月正式落户广州市南沙区，是南沙首家外资科研机构。研究院的网站显示，"研究院依托香港科技大学领先国际的科研及教育优势，与珠三角高校、机构和企业的发展需求相结合，重点布局物联网、先进制造与自动化、先进材料、绿色建筑与环境等领域的研发工作，致力于创新科技研发与成果转化，是香港科技大学面向内地最重要的技术成果转换平台"。这一外资科研机构经过十年的发展取得了一定的成绩，不仅是国家科技部认定的国际科技合作基地，也是广东省粤港澳（国际）青年创新工场。其使命之一就是为社会与经济发展培养高端的国际化人才。

5. 专业支持

（1）财税法务等第三方中介服务

一方面，青年人才中技术型创业者所占比例较大；另一方面，港澳地区与内地在财税法务上差异较大，所以创业者对财税法务的相关政策了解较少，在公司注册、缴税等方面会遇到较大的阻碍，甚至有的被访者在创业初期由于合同漏洞遇到了"做完活拿不到一分钱"的困境。

孵化基地中与财税法务相关的服务，有外包给第三方机构的，有基地运营方自己设特定部门负责的，也有一些基地不提供财税法务方面的服务。同时，孵化基地也会邀请相关人员举行公益讲座，向创业者讲解具体的政策类型、如何申请、如何规避风险等相关创业知识。高校在这方面支持力度较大，某广州高校负责提供大学生创业支持的受访者表示："免注册费用，至少有一年以上的免费的众创空间的场地支持。还可以帮他们代理做账一年，这个费用也是学校给。"

（2）中端技术型人才支持服务

粤港澳大湾区青年创新创业人才服务体系所服务的群体是青年人才，既要为青年人才提供创业机会，还要为已创业青年的企业的发展提供更多中端技术型人才，以便于企业扩展业务和持续地进行技术研发。这是一个创业带动就业的过程，对于这部分中端人才来说也是良好的就业机会。

目前，中端技术型人才比较缺乏。除了吸引外来专业技术人才，广东的高校和科研院所也培养了大量技术人才，要努力将这部分人留在广州。这部分技术人才在就业的同时会更加了解行业、了解广州、了解政策，也为以后自己创业打下基础，由此形成一个良性循环。

（3）创业知识技能培训

创业知识技能培训有很多种，包括在创新创业大赛前后组织的培训活动，在孵化基地举行的讲座、大讲堂，以及在高校进行的创业就业知识教育等。"青创杯"创新创业大赛前端的培训提升，包括专业培训、政策培训和主题性培训活动等。据介绍，主要是通过前期的大量调研，收集一些数据，收集上来之后，然后会根据他们的一些需求制作各类的培训教材。培训部有一个专门的创业学院，它会整合社会上的这样一些培训资源，然后整合各种培训阵地，为这些青年提供培训。

孵化基地的讲座内容，一方面是做创业政策、基本知识等的普及，另一方面则是创业导师做个别化指导。优秀的孵化基地都配有强大的导师团队，导师在青年创新创业活动中是"指南针"，不同行业都有其专业领域的优秀导师。在创业的不同阶段，导师会根据企业的实际情况指导企业下一步的发展方向，以及如何应对可能会遇到的各种困难，降低初创企业的出错概率。导师的来源包括成功的创业者、天使投资人、高校教授、行业协会成员等。

高校是青年人才的摇篮。高校在青年人才创业知识培养方面的主要做法是设立创业学院、开设创业课程，还有一些针对港澳学生进行创业扶持的相关专题讲座等。大学生的主要任务还是学习，但是在大学高年级开展相应的创业教育培训可以更好地为青年人输送正确的创业价值观，培养他们端正的创业态度与创业意识，鼓励大学生毕业后开始创新创业活动，从而为社会输送更多有创新创业意识的高端人才。

6. 生活配套

（1）穗港澳出入境问题

人才服务不仅要关注引进人才，还要关注如何使用人才、留住人才、改善人才的生活环境。"一国两制"使得来往于港澳地区需要一定的通关手续。在一次座谈中，某位从事人事行政工作、需要广州和香港两地跑的工作人员说："国际交流可能还是香港会方便一点儿，毕竟它是自由贸易港，落地就可以，不用签证的。可能进内地，还得有签证，这个我们也可以过去那边交流，顺便引进来。"在座谈中，某非营利组织的被访者提到以前他们的工作人员往返于港穗两地，"一直要申请旅游签证，每次只能签两回"，手续非常繁琐。欣慰的是，"我们反映了问题以后，就被批复了商务签证"。可以看到，出入境正在逐渐便利。

（2）生活条件

拥有良好的生活配套服务，包括子女教育、住房、交通、医疗、购物等是留住人才的基础。人才安心地定居，没有后顾之忧，才能投入更多的精力和时间进行创新创业活动。被访者普遍对广州市内的交通条件比较满意："湾区的力度很大，还帮我们专门去协调这里再增加一个地铁站。""交通便利，广州有不少地铁线啊，很方便，去哪里都可以。"

与北京、上海、深圳三个大型城市相比，广州的商品房价格还是有竞争优势的。港澳地区人士觉得房价还能接受。"住房还是问题不大吧，因为香港本身的住房总是很贵，所以是广州好……对我来说很便宜了，我看不到什么问题。"但是，子女教育、医疗等方面仍旧存在由户籍造成的壁垒，影响一些人才尤其是境外人才来广州落地生根。

（3）子女教育

青年人才年富力强，对医疗服务与医疗保障的需求还不是那么急迫。但子女教育则是许多"80后"甚至"90后"都开始考虑的重要问题。人才落地自然关系到人才的家庭问题，人才引进过程中要考虑如何使人心安定下来，子女教育问题必然成为青年人才较为注重的一个方面。来自香港科技大学霍英东研究院的被访者表示："更好的科研人才他考虑的是家、小孩读书，当然还有他的项目和课题，要考虑在这个地方是否更容易获得课题，他能不能去更多的地方做交流。"

针对高端人才，已有"千人计划"等诸多优惠政策来解决其落户、子女教育等问题，但是针对中端人才的优惠政策还比较少。香港科技大学霍英东研究院坐落在南沙，其负责人力资源的工作人员在座谈中表示："中端人才其实更是我们非常需要的这一部分，而且占的比例也很大。这些人不符合高端人才的条件，可是我们也希望把他引过来。如果他的孩子不能解决就读问题，那就不能过来了。"

（三）世界三大湾区人才服务的经验

旧金山湾区、纽约湾区、东京湾区通常被认为是国际上湾区经济的最佳代表。我们要借鉴世界三大湾区在人才服务工作中的实践经验，从而完善粤港澳大湾区的人才服务体系建设。

三大湾区的共同点，首先，拥有丰富的移民资源。湾区发展早期通过"掘金梦""美国梦"等吸引大量移民，之后提供诸多优惠政策吸引人才落地。这些高素质移民是湾区经济发展、科技创新的强大劳动力支持。其次，三大湾区对自身的发展都有精准的产业定位：旧金山湾区重点发展高科技产业，纽约湾区是金融业，东京湾区是航运业。并且同一湾区内的不同城市区别定位、错位发展，使产业高度集中，促进产业集群发展，形成完整的产业链。最后，高校教育则是三大湾区科技创新的重要支撑以及后备人才培养的摇篮。三大湾区在制定适应市场要求的教育培训政策的同时，也为自身发展储备了良好的人才资源。从各大湾区的经验来看，湾区发展规划的前瞻性和精准性极其重要，准确定位是湾区健康发展的前提，它对湾区人才服务体系的构建起到了指引作用。

1. 旧金山湾区

丰富的移民人才资源是旧金山湾区科技创新的巨大推动力。旧金山湾区通过"掘金梦"吸引了大批移民，并且鼓励冒险、容忍失败。[1] 对于特殊人才和高技术人才，旧金山湾区制定了众多优惠政策，以优厚的待遇和良好的研究环境吸引了大批科学家落户，[2] 形成了大学—企业—风险投资—政府的完善创新生态系统。旧金山湾区还具有完整而高效的从技术到市场的市场化机制，科研成果转化能力极强。

旧金山湾区受益于高科技产业，具备将来自全世界的新知识、新发明和新技术在本地实现产业化的巨大能力。而其中政府直接购买科研成果尤其引人关注。丰富的大学教育网络是创新生态系统的核心。旧金山湾区内拥有众多高水平大学，斯坦福大学首创的"大学·政府·产业"合作模式，倡导学生走出高校创业，这为硅谷成为创新创业中心起到了重要的推动作用。[3]

完整的投资体系为湾区内企业的发展提供了充足的资金保障。从天使投资、风险投资到私募投资，它们对企业的不同阶段进行投资。大量的投资支持企业初创和早期阶段，风险投资服务于高科技企业成长阶段，私募投资在

---

① 何诚颖、张立超：《国际湾区经济建设的主要经验借鉴及横向比较》，《特区经济》2017年第9期。
② 田栋、王福强：《国际湾区发展比较分析与经验借鉴》，《全球化》2017年第11期。
③ 丁旭光：《借鉴旧金山湾区创新经验，构建粤港澳大湾区创新共同体》，《探求》2017年第6期。

扩张期通过资本重组进行投资。① 出色的风险投资家一定程度上推动了湾区内高新技术产业的持续发展。

2. 纽约湾区

纽约湾区以金融业为核心②，以高端人才作为支撑的创意型产业是其重要组成部分。纽约湾区的成功得益于颇有长期战略眼光的数次城市规划部署③，这促进了湾区城市的发展。纽约湾区拥有功能非常齐全、服务比较广泛的消费市场，各类信息资源非常丰富，有利于形成经济集聚中心。

纽约湾区对城市发展有着非常精准的产业定位与城市规划④，充分发挥了政府与市场的双重作用，推动产业转型，形成不断创新的产业链。政府决策对城市转型有非常强的指导作用。纽约曾遇到制造业衰落的危机，但最终通过加大产业研发投入、抵减新兴产业应税收入、给予政府采购及信贷方面资助等方式实现了城市复兴。⑤

纽约湾区非常注重教育和人才培养。纽约整体的教育水平较高，教育体系十分健全，并制定了适应市场要求的教育培训政策。大量移民资源为湾区发展带来了充足的劳动力。纽约湾区通过"美国梦"吸引大量移民，鼓励他们努力实现自我价值、创造财富，并修改了移民法，对学有专长的移民减少限制，增加人才供给，为自身发展提供高素质的人才资源。⑥

3. 东京湾区

东京湾区针对人口分布和港口使用规划性极强。对邻海人口进行优化分布管理，是其迅速发展的原因之一。东京湾区的人口从江户时代以来就开始

① 丁旭光：《借鉴旧金山湾区创新经验，构建粤港澳大湾区创新共同体》，《探求》2017 年第 6 期。
② 李幼林、刘思弘：《"湾区经济"模式的另一种启示》，《浦东开发》2017 年第 6 期。
③ 谢许潭：《借鉴与合作：粤港澳大湾区与世界知名湾区的互动新态势分析》，《城市观察》2018 年第 1 期。
④ 王苇航：《纽约湾区如何成为国际金融中心》，《中国财经报》2017 年 8 月 5 日。
⑤ 雷佳：《湾区经济的分析与研究》，《特区实践与理论》2015 年第 2 期。
⑥ 何诚颖、张立超：《国际湾区经济建设的主要经验借鉴及横向比较》，《特区经济》2017 年第 9 期。

向西北聚集。目前，东京湾有高密度的人口紧邻海湾地区居住和工作，且逐步向内陆扩散和延伸。[①] 东京湾区较为重视轨道交通等基础设施建设，合理进行产业布局，根据市场需求有针对性地吸引高科技人才落地，从而促进湾区经济不断发展。

同时，湾区产业高度集中。东京湾区不仅是日本工业最集中的地区，同时也是世界生产力最发达、最集中的地区。东京湾区的一大特点是形成了错位发展的产业格局。[②] 东京湾区依托航运业，对各个港口有较强的规划性。湾区内有七个世界级的大型港口，为了充分利用和共享湾区资源，在港口群内部进行了等级和功能的划分[③]，并使各个港口有效配合成一个有机群体。通过政府的政策引导和市场调节，实现了产业在大都市经济圈内的联动。粤港澳大湾区内现有香港港、深圳港、广州港等世界级集装箱港口，但是彼此之间还缺少较为明确的分工和定位，导致恶性竞争和资源的浪费，东京湾区的做法值得借鉴。

三　人才服务体系建设的优势与困境

（一）粤港澳大湾区人才服务的优势

1. 市场环境开放，资源丰富

从经济特区、自贸区再到大湾区，珠三角地区的开放程度不断升级，市场经济迅速发展。粤港澳大湾区的建立在促进地区融合的同时，不仅使大湾区内的资源实现交流和融合，还吸引大湾区以外的资源进入湾区投资发展，从而实现资源聚集。同时，大湾区的发展反过来又促进了劳动力素质和政府服务水平的提高。正如广钢岭南V谷工作人员在座谈中所表达的："从市场

---

① 谢许潭：《借鉴与合作：粤港澳大湾区与世界知名湾区的互动新态势分析》，《城市观察》2018 年第 1 期。
② 雷佳：《湾区经济的分析与研究》，《特区实践与理论》2015 年第 2 期。
③ 陆敏凤：《世界三大湾区发展经验及对浙江的启示》，《浙江经济》2017 年第 22 期。

来说，有足够的人群就有足够的需求去为未来做一个拓展。"当前，粤港湾大湾区的市场经济发达，资源集聚，能够为青年人才创业提供便捷高效的环境。

吸引创业人才进驻广州的环境优势，可以总结为以下几点。首先，广州原有的工业基础，以及目前一些大型国企比如广钢的转型，给某些科技创业者提供了良好的场地、政策和技术支持。其次，国内稳定的政策环境，尤其是"一带一路"倡议的实施，使创业人才感受到越来越多的政策支持力度。最后，广州作为广东省的省会，资源丰富又相对集中，交通便利，处于珠三角和粤港澳大湾区的中心位置，这些便捷之处对于港澳地区有志于向内地发展的创业青年来说尤为具有吸引力。

2. 粤港澳地区的文化交流促进人才流动

文化交流具有促进人才流动的作用。一方面，粤港澳地区的文化具有一定的相似性，广州是南粤文化的中心，在文化上对港澳地区人士具有先天的吸引力。因此，对于具有强烈乡土情感和文化情感的港澳青年来说，广州是个人发展的首选之地。另一方面，不少原先祖籍是广州及其周边地区的港澳青年，也会带着支持家乡的热情来到广州。支持家乡也是粤港澳文化交流的一个重要方面。由于同族同源，许多粤港澳青年在情感上易于互相交流、了解。

在访谈中，被访者比较认可文化交流的作用，因此可以通过文化交流这一比较平和的做法来促进港澳青年走进内地，认识内地文化，并多与内地的青年进行交流，从而促进相互理解，达到心灵契合的状态。同时，文化交流可以使港澳青年了解内地的经济发展、就业创业环境，并使一部分港澳青年留在内地，进而实现人才的流动。暨南大学已经在推动港澳学生来内地了解创业环境，并有机会来广州落地创业。

南沙区青年联合会在促进粤港澳青年文化交流方面拥有比较丰富的经验。"百企千人"项目主要针对港澳地区高校学生。相关人士介绍说："大一到大四的这些学生，他们到这边来先实习，实习期间就会融入一些社会实践在里面。然后将来有可能的话，如果他们愿意到这边来工作或者创业，那么就可以比较顺畅地衔接。"

3. 孵化基地呈现出产业集聚趋势

孵化基地的产业集聚有利于行业资源的汇集。一方面，同一行业的各个企业间可以互通信息；另一方面，也可以节约成本，形成园区内的商业往来。受访者称："有各种层次的企业在这里，一些大企业可以为一些初创企业的发展提供帮助，就是在内部资源对接上非常好。"同时，有园区为企业真实性作信用背书，一些企业可以放心地在园区内承接项目。

产业集聚现象产生的原因，一方面是孵化基地有其自身的专业定位，不同的孵化基地会根据自身的资源条件和定位遴选符合要求的企业入驻，如文创、物联网、"互联网＋"、生物医药等行业。有关人士称："很多创业园都会有一个发展的历程，从开始的综合性的孵化器，到逐渐要求很多园区要有一定的专业性。孵化器由综合性转化为专业化，我觉得这是一个良性的发展过程，通过这样的聚集，可以把更多的资源精准辐射到企业。"另一方面是企业之间相互吸引的结果。"都是产业链上的上下游关系。同一个客户群体内容又不冲突，刚好是互补，所以我们就在一起。"产业集聚现象可以吸引更多同类的青年人才，进而形成一种"业态效应"。

（二）粤港澳大湾区人才服务的困境

1. 户籍制度带来的阻碍

在"一国两制"的方针政策指引下，内地与港澳地区的政治、经济、法律等制度有着较大差异，导致港澳青年在广州的创新创业活动存在一定的障碍。这些障碍中最主要的就是户籍制度带来的港澳青年在穗的身份获得感差。由于身份证件不能两地通用，港澳青年无法享受在内地的一系列社会福利政策，生活便利性降低。表现在：首先，两岸便利通行存在障碍，在出入境、高铁购票等方面还不是那么便利。其次，港澳青年在内地就业创业成本比较高。一方面，港澳青年也要办理就业证；另一方面，企业为港澳籍员工购置"五险一金"的程序复杂，间接导致用人成本增加。再次，港澳青年创业者注册公司存在障碍，手续比较繁杂，并且由于身份问题，在与内地青年联合创业上仍有不便。注册企业后在银行开户仍存在障碍，并且由于没有内地户籍身份，无法在内地申请信用卡。又次，港澳学生来穗就业也存在障碍。如一些从业资格证考试只有有内地户口的能参加，港澳青年是不能参加考试并获取从业资格证的。最后，港澳青年即便可以落户，在落户之后也会面临环境适应、人际交往、福利待遇和保障以及子女教育、医疗等问题。

2. 优惠政策落实时间长

政府在扶持粤港澳青年就业创业方面制定了一系列优惠政策，但是在政策的落地实施过程中仍旧存在一些障碍。通过哪些渠道能够获知这些政策内容，针对优惠政策如何进行申报，以及申报以后何时落实优惠，都是港澳青年落户广州需要面对的困难。政策落实的时间过长也可能影响企业的发展。目前，政府已经认识到政策落实时间过长的问题，所以在工商落户等早期阶段，政府会要求园区或者工商的其他一些机构为港澳台地区的一些创业项目开通绿色通道，使它们能够更快速地落户到广州及其他地区。可喜的是，通过人才服务体系的不断优化，一些政策目前已经能够看到成效。

3. 政务机构过于分散

港澳企业在内地的注册，比内地企业无论从时间还是流程上看都会繁琐很多，而且企业日常的事务比较分散复杂。很多被访者谈到与政务机构的沟通体验较差、不了解具体的政务办理流程或者在政务上耗费了大量的时间和精力。内地的创业青年也有此类问题，而对于内地政策与政府职能分工不熟悉的港澳青年来说，这些问题尤为突出。每场座谈会上都有人不约而同地谈到政务办理这一问题，急需有一个整合的、高效的平台来处理这些政务问题。

4. 政策信息不对称影响创业热情

政策信息的不对称降低了港澳青年来粤创业的热情。事实上，广州市政府在促进青年创新创业就业方面制定了许多扶持政策。但是一项关于广州市初创青年创业情况的调研结果显示，近四成创业青年对政府的优惠政策以及共青团的扶持政策缺乏了解。由于政治制度的差异以及信息接收途径有限，港澳青年对内地各方面缺乏深入了解。

对内地政策、环境的不了解，导致港澳青年虽然有来穗创业就业的意愿，但是实际来穗创业就业的比例不高。除了港澳政策与福利体系与广州市的政策和福利体系不同外，港澳青年对广州相关政策的了解程度低也直接导致其创业意愿不高，创业青年无法享受到创业优惠和配套服务，如税收减免、场地免费、租金补贴、各项政务代理等。这些不利因素都间接地增加了青年创业的成本，提高了青年创业的风险，也阻碍了对港澳优秀青年人才的引入。

5. 人才引进的梯度不够

在高层次青年人才引进方面，广州还缺乏有针对性的人才激励政策。如何加大对高端人才和紧缺人才的奖励，减少收入税负，吸引高端港澳人才来穗安家落户，需要广州在相关政策上进一步加强和完善。同时，多数被访者都提到"招聘困境"。青年创业以后将面临公司扩张问题，需要大量专业技术人才支持。目前针对高端人才的服务政策较多，而针对中端人才的服务政策较少。并且，目前广州在市级层面也缺乏具有代表性的专属平台来促进三地青年在就业创业上分享资源、交流心得、达成共识。如何汇聚更多的青年人才资源，为已落地的粤港澳企业发展提供人力资源保障，是目前需要解决的一个问题。受访人士称："我们直接面临的一个问题就是怎样把人才引进来，就是借助包括青创服务中心、团市委在内的这些资源，去把这些大学里面的、大学生创业者中的人才把资源给引进来。"

6. 创业知识技能培训较少

2017 年，针对广州市初创青年创业情况的调研结果显示，近七成的创业青年认为自身能力和知识储备不足以支撑创业，还有一成的初创青年对自身的知识和能力没有清晰的认知。创业青年自身的能力和知识储备直接关系到青年创业的成功率，这一方面要求青年努力提高自身的综合能力，另一方面政府的帮助扶持也能够促进青年创业更加稳健进行。

本次调研中，被访者对知识技能培训的需求较为强烈，包括法律和财务管理技能方面的，这些可以帮助创业者合理规避一些风险。目前虽然已经举办了一些讲座，或者直接由创业导师进行个性化指导，但是目前的培训还不能完全满足需求。尤其是在职业技术人员的培育上，还是供不应求。除了高等教育，也需要大力发展职业技术教育，培养技能化的专业人员。同时，也有高校师生提出，市团委和青创中心可以牵头，组织一些专门针对港澳学生在穗就业的宣传、辅导和培训工作，进入高校面向所有师生，而不仅仅局限在通过创业竞赛选拔出的人才。此外，知识技能培训中与知识产权保护相关的内容也较少。有人指出："香港、澳门、台湾这些地区，他们玩创新还有知识产权这些是非常专业的。但是他们来到广州后发现有这些侵权呀，各种各样的风险。"这一块的服务工作需要加强。

四 广州市人才服务存在困境的原因分析

综上所述，目前面向粤港澳大湾区整体发展的广州市青年创新创业人才服务还面临诸多困难。其中的原因可归结为以下几点。

（一）信息不通畅

随着粤港澳大湾区建设的推进，青年人才在经济社会发展中的作用日益凸显，人才的良性流动也成为大湾区发展的活力体现。目前，广州市政府也实施了一系列措施促进青年人才在穗就业创业。尤其是为了吸引高端人才在广州落地生根，广州市相关部门发布了有力度的政策措施和细则。

但是，在目前的青年人才服务工作中，仍然是以服务内地青年与海归青年为主，对港澳地区青年以及国际人才的引进、吸纳力度不足。其中，由于缺少有代表性的和专门的港澳青年人才交流平台，很多针对接港澳地区甚至国际人才的政策传播途径受阻，各项扶持政策或利好消息未能及时被有来穗发展意向的优质港澳创业青年知晓，导致有政策却未形成人才流动的吸引力，使政策的实施效果大打折扣。

同时，共青团在人才流动上的引导作用还有待加强。只有通过有效的宣传倡导，才能保证政策的有效传达。同时，要即时了解和反馈人才的需求与心声，促进人才激励机制的完善，营造良好的人才发展氛围，打通向上与向下的信息传递通道，正确有效地影响人才流动。

（二）制度间壁垒依然存在

粤港澳大湾区相较于世界上其他湾区起步较晚，其自身发展也存在一些障碍和问题。尤其是在推行"一国两制"的背景下，粤港澳存在体制、关税和法律制度等方面的差异。如何解决"两种制度""三个关税区""三个法律体系""四个中心城市"带来的诸多冲突和障碍，以及协调不同城市之间的文化差异，是粤港澳大湾区建设面临的新挑战，也是各地区进行人才贮备、开展人才服务需要考虑的问题。人才服务需要突破制度壁垒、协调区域差异，合理配置人才，做到扬长避短、差异化发展。

（三）服务仍需优化

为了顺应大湾区人才发展的战略需求，广州市在人才奖励、支持与保障力度上均需要加强。在这些方面，不仅要借鉴国内其他城市的经验，也要吸取国际上成熟湾区发展的宝贵经验，避免走弯路。比如在户籍政策上，要对引进的人才尤其是港澳人才进一步优化；要优化高等教育尤其是职业教育的教育资源，使教育水平进一步提升；实现产业集群化发展与人才层次的合理配置；等等。

同样，人才服务的过程就是整合各类资源的过程，要充分利用政府的优势调动和整合各方资源。共青团引领下的创业就业孵化基地可以作为很好的人才资源整合平台，为创业者提供场地、资金、技术、政策、信息、渠道、导师等支持，营造良好的创新创业环境，吸引创新创业人才留穗发展，实现创业目标，创造经济与社会价值。然而，目前孵化基地在平台建设上还有待完善，服务提供缺乏整合性与通用性，各类服务的水平参差不齐，人才服务的配套政策比较缺乏，整体上缺乏跨领域、跨行业的平台搭建。

（四）生活配套没有跟上

外地来穗人才的生活配套问题并没有得到很好的解决。除了户籍壁垒导致的非广州户籍的人才在子女入学、家庭医疗（子女、配偶与父母）、住房购置优惠、社会保障与社会福利获得方面不便外，还有一些方面，如针对高端人才需要配备的国际水平教育、医疗服务对接、体育文化活动场所以及语言文化沟通交流等，需要进一步加强。我们可以看到，上海的人才服务体系除了注重对人才的管理、培养、激励、引导外，还注重居住环境建设，努力打造宜居宜业的环境。具体举措包括：破解人才的阶段性住房难题，优化海外人才就医环境，扩大国际教育资源供给，营造创新创业的社会氛围，以舒适便捷的居住和生活环境来吸引海外优秀人才落户。这些经验也值得广州参考与借鉴。

（五）人才服务工作的地位有待提升

坚持党对人才工作的领导，坚持党管人才的原则，这是人才服务工作的最根本原则。人才服务应突出市场导向，以市场需求为指引来开展服务工作，促进市场经济发展。

国内其他城市的经验也给广州的人才服务体系发展带来启示。以北京为例，作为我国的首都，同时也是内地的龙头城市，北京在人才服务上有着非常丰富的经验。比如，北京的人才服务政策更加强调改革，实行人才优先发展战略，着力加快完善现代化人才发展治理体系，旨在打造世界高端人才聚集之都。在人才管理方面，广州可以借鉴北京的经验，制定地方性人才法规，同时要重视各级政府部门人才管理职能的转变，更要重视市场机制的作用，循序渐进地推进用人单位的管理机制改革；同时，要大胆创新人才评价机制，使其更具灵活性与前瞻性。[①] 此外，广州作为大湾区的中心城市，在人才发展战略的设计上要更加注重全局发展、持久发展和活力发展，尽量满足各地不同的需求，要有魄力、胆识以及创新精神。广州市的人才服务体系建设要能在未来大湾区的发展中发挥示范引领作用。

[①] 具体内容可参见北京市人民政府网站，http://zhengwu. beijing. gov. cn/zwzt/dzcywzcx/zcyjd/gfjd/t1474070. htm。

（六）对人才的吸引力度不够

在人才引进的力度与人才激励机制上，与北京、上海和深圳相比，广州还有欠缺之处。如上海有更积极、更开放的海内外人才引进政策，户籍成为人才引进过程中的优势资源。对于优质人才，上海实行优先落户政策，从而产生激励和导向作用。广州市人才引进的奖励力度不够，也不够细致。在这方面可以参考深圳的经验，对人才进行比较细致的测评，并依据测评结果给予相应的奖励。对于优秀人才与急需人才，要加大激励力度。在进行人才激励的同时，也要在人才成果转化、知识产权保护等方面加大支持力度。同时，目前广州市政府的职能部门以及共青团组织对积极吸纳人才和挖掘人才工作重视不足，对人才引进工作成果优异的单位和个人奖励不足，需要采取相应措施推动人才引进工作的高效运行。

五　构建粤港澳大湾区青年创新创业人才服务模式

科学、合理的人才服务体系，不仅保障青年人才的创业就业活动，也对产业发展有引领作用，要使人才服务在促进社会经济发展和产业升级转型方面发挥重要作用。通过问卷调查和座谈，本课题组提出一些具有可行性和可操作性的建议，努力建构一个以共青团为主导的粤港澳大湾区青年创新创业人才服务体系（见图1）。

该模式以共青团组织为枢纽，抓住粤港澳大湾区发展的历史契机，打造人才服务平台，有三个特点。具体来说，一是以大湾区的政策发展、人才发展的文化支持和后勤保障为主要内容，建设人才发展服务平台，共青团在其中发挥枢纽作用，打破大湾区内的政策壁垒，以更优良的人才环境营造为目标。二是以保障人才发展的资金供给，搭建人才创业就业的通畅渠道，实现资源的区域共享为主要内容，优化人才发展的资源配置。三是发挥共青团组织在青年中的带头作用，依托广州的教育文化优势，继续完善人才教育与培

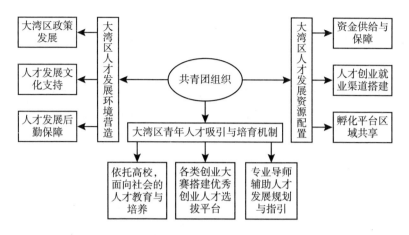

图1　广州市共青团引领的大湾区青年人才服务体系

养机制，打造"青创杯"广州青年创新创业大赛等"青创广州"服务品牌，并通过聘请专业导师实现对人才的差异化与精细化培养。

现针对该模式提出几点建议。

（一）完善大湾区青年人才的吸引与培育机制

1. 依托教育，强化人才造血机制

广州市教育资源丰富，尤其在高等教育方面，汇聚了各种类型、不同层次的高等院校。依托高校、面向社会开展人才教育与培养，推动高校创业就业教育培训，是广州强化人才培养与输送的重要方式。

另外，要促进政产学研一体化建设，重视科研成果转化平台建设。大湾区内众多的高校和科研院所是人才培养的摇篮，要大胆推进制度创新，鼓励高校师生创新创业，形成产学研高度融合、科研成果快速转化的机制。粤港澳大湾区要成为科技研发、创新和产业的聚集地，成为人才、技术等创新要素的集合地，要深刻实践"大众创业、万众创新"。同时，加强高校、科研院所与企业之间的合作，让高校、科研院所承担一部分培训、讲座，有利于提高培训的实际效果。

2. 通过各类创业大赛搭建优秀创业人才选拔平台

以创业大赛作为吸引优秀人才和项目的选拔平台。目前，广州已有各类创业大赛，吸引了大量优秀创业项目和优秀青年参赛，并在其中选拔出一批高质量项目落地。创业大赛不仅仅是项目和人才的选拔平台，更是学习、沟通和交流的平台。创业大赛能够进行创业就业的培训教育，促进粤港澳地区之间以及与其他国家和地区之间的相互交流。同时，创业大赛在一定程度上能够促进产业升级转型，促进社会经济的健康发展。

3. 开展常态化、规范化创业知识技能培训

针对创业青年尤其是粤港澳创业青年的特点，结合实际需求，广州市应利用"创业导师"的优势资源，使专业导师真正发挥规划与指引的作用。同时，采取大讲堂、专题培训班、一对一指导等形式，着力打造内容针对性强、培训氛围轻松的知识技能培训体系。

培训内容要更加精细化，有针对性地开展多元化培训活动。内容上，聚焦青年最需要的知识技能。大力举办介绍补贴优惠、财税法务等政策法规和知识的讲座，开展高校创业职业技能培训和各行业的专业知识技能培训，提高知识产权保护意识等。一方面，培训能够在一定程度上满足青年专业发展的需要；另一方面，可以增强青年人才的知识产权保护意识，有利于完善知识产权公共服务体系。

（二）推动大湾区人才发展环境营造

1. 制定完善的政策、机制

一要制定具有吸引力的人才政策，完善法律保障，体现公开、公平、公正，形成开放包容的创业氛围。以自由、宽松、开放的文化环境为粤港澳人才创业提供机会，在吸引高精尖人才的同时，也吸引中端技术人才集聚，使粤港澳大湾区成为科技创新的领航者。

二要创新人才服务机制，打破制度差异带来的壁垒。在"一国两制"的背景下，建立高效便捷的创新人才服务机制。努力克服大湾区城市之间的体制差异和行政分隔，实施有利于粤港澳青年人才流动、促进大湾区整体经

济发展的政策。

三要拓宽政策信息的传播渠道。完善的政策体系只有落地实践才能真正发挥价值。应当完善各级人力资源和社会保障主管部门的信息网站，及时为粤港澳青年提供创业就业所需的各种信息。还可成立创业联盟、企业家联盟等，加强相互间的信息资源交流和共享，让更多青年充分了解大湾区的创业就业扶持政策，切实享受大湾区建设带来的政策红利。

2. 提供人才发展的文化支持

广州市要继续推进粤港澳青年人才交流互动。大湾区建设不仅仅在于基础设施建设或者商贸往来，更要追求人心相通。广州市要通过粤港澳青年人才的文化交流、实习和就业等活动，促进相互间的了解和认知，鼓励青年共同学习进步。

广州应借助文化交流这一青年易于接受的方式，依托高校平台，推动港澳学生来穗了解创业就业环境，并寻找机会落地。同时，人才交流是双向的，不仅仅欢迎港澳青年来穗创业就业，也鼓励内地青年到港澳地区寻找就业创业的机会。

3. 做好人才发展的后勤保障

要完善生活配套服务，打造宜居的优良环境。促进人才落地广州，完善生活配套服务是非常重要的，具体包括社会福利保障、住房、医疗、子女教育、公共交通等。其中子女教育是较受关注的，只有解决后顾之忧，才能让青年人才安心工作，专注于科研创新。

同时，建立高效便捷的公共事务服务平台。依托电子政务、政务大厅等，实现网上公布政策信息、工作动态，以及开展网上审批、交费、查询等业务，简化公共事务流程，缩短审批时限，为青年人才提供高效便捷的服务。

（三）促进大湾区人才发展资源配置

1. 完善资金供给与保障

要优化投融资平台建设，鼓励更多风险投资机构参与到青年人才创新创业服务中来。目前，广州已有许多创新创业平台拥有自己的投资基金，但资金规模还不能充分满足青年创业的需求。一方面，应增加参与投资的企业的数量；另一方面，对风险投资企业的资质、信用、能力等要严格把控，确保投资企业的质量。

2. 搭建人才创业就业渠道

总体上，吸纳人才在穗创业可以有两条路径。一条是自主培养—留住人才—培养发展—成长成熟的路径；另一条是引进—发展—成熟的路径。无论是哪条路径，都需要各种人才服务措施来保障渠道畅通。尤其要加强的是以下两点。

一是壮大高端人才队伍，重视对中端技术型人才的吸纳与服务工作。当前，企业不仅需要高端技术型人才，对于中端技术型人才也有大量需求。广州应搭建就业创业的信息渠道，组织互通信息、咨询指导、远程教育、文化交流等活动，引导人才培养和就业方向，促进产业集聚与经济发展。

二是以创业带动就业。创业本身可以增强市场的活力，通过优胜劣汰能发掘出优质人才。同时，企业发展过程中需要补充大量人才，促进人才集聚。在人力资源方面，要采取有力的措施，为企业发展提供充足的人才支持，减少企业的招聘成本。同时，借助大湾区的发展与建设，以创业带动就业，增加港澳台地区以及国际青年人才在穗就业的机会，促进"一带一路"倡议的成功实施。

3. 促进孵化平台区域共享

广州青年就业创业孵化基地作为青年创业就业活动的载体，可以促进孵化平台区域共享。孵化基地作为青年创业就业的一个"根据地"，是资源整合、信息共享的重要平台。应整合各类科研信息，完善技术人才的沟通交流渠道，通过举办主题研讨会等形式加强相关机构之间的联系，促进资源信息共享。建立企业与大湾区科研院所之间的有效沟通机制，鼓励本地科研机构与企业共同承担实验研发、项目设计，在项目参与中促进企业与各科研院所之间的合作。

　　要促进产业链形成，引导产业集聚。一方面，产业聚集形成"业态效应"，可以节约大量成本，提高产业竞争力；另一方面，有利于同一产业上下游之间的资源信息共享，紧跟经济发展新动向，促进产业健康发展。产业链的健康发展必然会吸引大批具有竞争力的国内外人才落户广州。

广州共青团引导青年参与"双创"路径研究调研报告

徐岩　胡慧*

摘　要： "大众创业、万众创新"已成为新时代社会发展的潮流，为广大青年提供了新的机遇与挑战。作为服务青年的群团组织，为创新创业青年服务是新时代赋予共青团的新的使命。本调研对广州青年创新创业的现状、实际需求、存在的问题进行梳理和总结，并对参与广州青年创新创业服务工作的共青团组织、服务机构、孵化基地、园区、导师等进行调查，通过理论分析、对比研究等方法，探索广州共青团高效引导青年参与"双创"工作的工作模式及实施路径，引导广大青年积极投身于经济建设和社会发展。

关键词： 广州共青团　双创　青年　孵化基地

一　调研的基本情况

（一）调研背景

自 2014 年，国务院总理李克强在于天津举行的夏季达沃斯论坛上首次

---

* 徐岩，中山大学社会学与人类学学院副教授、博士生导师；胡慧，博士，重庆工商大学法学与社会学学院讲师。

提出"大众创业，万众创新"这一概念之后，2015～2018 年的《政府工作报告》都将"双创"上升到国家经济发展新引擎的战略高度，指出"双创既可以扩大就业、增加居民收入，又有利于促进社会纵向流动和公平正义"，提出"加强国家创新体系建设，落实和完善创新激励政策，促进大众创业、万众创新上水平"，从而加快建设创新型国家。这为"双创"工作提供了良好的政策环境。

2017 年，习近平总书记在党的十九大报告中指出，"创新是引领发展的第一动力，是建设现代化经济体系的战略支撑"。2018 年两会期间，习近平总书记在参加广东代表团审议时强调，"发展是第一要务，人才是第一资源，创新是第一动力"。党和政府一直致力于为建设创新型国家不断增强经济创新力和竞争力。随着国家对创新创业的重视上升到前所未有的高度，各省（区、市）各类"双创"政策也相继出台与完善，各级政府和相关部门也依据政策积极落实"双创"，在行动上推动人们创新创业。在这种氛围下，越来越多的人投身到创新创业中，创新创业环境不断优化。

习近平总书记在 2016 年五四青年节前夕寄语广大青年，要"让创新成为青春远航的动力，让创业成为青春搏击的能量，让青春年华在为国家、为人民的奉献中焕发出绚丽光彩"。正如习近平总书记所言，青年作为创新创业的主力军，不仅为当前严峻的就业形势找到新出路，也为国家发展、社会发展贡献了积极力量。

2017 年，中共中央与国务院颁布的《中长期青年发展规划（2016—2025 年）》（以下简称《规划》）指出，"青年是国家经济社会发展的生力军和中坚力量。党和国家事业要发展，青年首先要发展。必须清醒认识到，青年发展事业与社会主义现代化建设的新要求、经济社会发展的新形势、广大青年的新期待相比，还存在不少亟待解决的突出问题"。在就业方面，《规划》指出，"青年就业的结构性矛盾比较突出，影响就业公平的障碍有待进一步破除；青年创业创新的热情有待进一步激发，鼓励青年创业创新的政策和社会环境需要不断优化；……统筹协调青年发展工作的体制机制还不完善，各方面共同推进青年发展的合力有待进一步形成"。对于如何推动青年投身创业实践，《规划》有着详细的阐述。具体内容包括："建立青年创业人才汇聚平台，建设青年创业导师团队，开展普及性培训和'一对一'辅导相结合的创业培训活动，帮助青年增强创业意识、增进创业本领。推动青年创业第三方综合服务体系建设，搭建各类青年创业孵化平台，完善政策咨询、融资服务、跟踪扶持、公益场地等孵化功能。加大青年创业金融服务落地力度，优化银行贷款等间接融资方式，支持创业担保贷款发展，拓宽股权投资等直接融资渠道。支持青年创业基金发展，发挥好国家新兴产业创业投资引导基金和中小企业发展基金等政府引导基金的作用，带动社会资本投入，解决青年创业融资难题。落实结构性减税和普遍性降费政策。建设青年创业项目展示和资源对接平台，搭建青年创业信息公共服务网络，办好青年创新创业大赛、展交会、博览会等创业品牌活动。着力培育服务青年创业的社会组织，建设专业化的服务队伍和服务实体。深入实施大学生创业引领计划，建立健全教学与实践相融合的高校创新创业教育体系，显著提升青年创新型人才培养质量；整合发展国家和省级高校毕业生就业创业基金。深入开展农村青年创业致富带头人培养，支持青年返乡创业。完善互联网创新创业政策，实施青年电商培育工程。加强对留学回国创业青年的服务，帮助他们了解国内信息、熟悉创业环境、交流创业经验、获得政策扶持。推动形成鼓励创新、宽容失败的体制机制和社会环境，更好激发青年创新潜能和创业活力。"

《规划》中也强调了共青团在促进青年参与创新创业中应该起的作用。共青团在新时期肩负着引导青年积极参与创新创业的重要历史使命。一方面，要积极引导青年创新创业，将就业和创新创业结合起来，以创新创业带动就业，解决青年就业难题；另一方面，帮助青年展示自己的智慧和才华，服务和贡献社会，成为社会经济文化发展的中流砥柱，为国家的经济发展增添动力与活力。

1. "双创"的政策背景

自 2012 年起，创新创业逐渐成为国家推动社会经济发展的重要举措。党的十九大和 2018 年《政府工作报告》都进一步重申了创新创业的重要意义，并将以创业带动就业作为国家的战略性布局。

近年来，为全面贯彻落实党中央、国务院针对创新创业的有关会议精神和决策部署，营造良好的创新创业氛围，激发全社会创新创业的活力，各级党委和政府纷纷出台鼓励创新创业的政策措施，为创新创业保驾护航。

如图1所示，从2012年1月到2018年12月，国务院共发布关于鼓励创新创业的政策文件63份；国家发展改革委、教育部、财政部等各部委发布关于鼓励创新创业的政策文件239份；各省发布的鼓励创新创业的政策文件不胜枚举。[①]

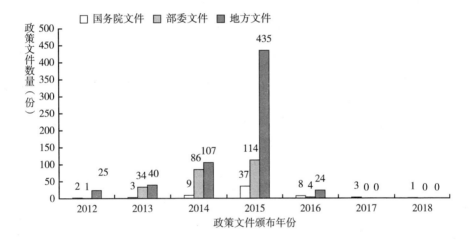

图1 国家推动创新创业发展的政策力度

资料来源：根据中华人民共和国中央人民政府"双创政策汇集发布解读平台"上的相关数据绘制，http：//www. gov. cn/zhengce/zhuti/shuangchuang/index. htm。

可见，在国家和地方的大力支持下，创新创业政策出台在2015年达到高峰，我国的创新创业氛围不断改善。2018年国务院《政府工作报告》进一步指出，创新创业需要从量到质的变化，要努力提升"大众创业，万众创新上水平"。在这样的政策背景下，创新创业工作不仅需要落实，更需要

---

① 相关数据可参见中华人民共和国中央人民政府"双创政策汇集发布解读平台"，http：//www. gov. cn/zhengce/zhuti/shuangchuang/index. htm。

服务到位。①

2. "双创"的现实背景

（1）挑战——青年就业压力增加

2017 年，党的十九大报告在提高就业质量和人民收入水平方面明确提出，就业是最大的民生。青年是社会发展和经济建设的生力军，其就业问题更是关系到社会的和谐与稳定。目前，我国青年（包括大学生）就业形势严峻，应届生就业比例低于我国总体就业比例。

在青年就业大军中，刚刚毕业的大学生占绝大多数。据教育部公布的数据，2018 年全国高校毕业生人数已达 820 万，比上年增加约 25 万人，达到历史新高。而涌入就业市场的除了应届高校毕业生，还有部分高中毕业生、海归人士、往届毕业生，以及部分社会人士等。根据麦可思研究院发布的《2017 年中国本科生就业报告》，从 2016 年开始，我国高校应届毕业生毕业半年后就业率就开始下降。2017 年我国应届本科毕业生毕业半年后的就业率为 91.8%，略低于 2016 年（92.2%）；而无工作、继续找工作的毕业生比例（4%）高于 2015 年（3.9%）和 2014 年（3.7%）②。目前，中国经济进入新常态，在经济增速放缓的宏观环境下，产业转型升级进一步扩大，虽然带来了部分新兴就业岗位，但是也淘汰了一部分已就业人士。随着越来越多的应届毕业生涌入就业市场，就业市场出现供大于求，青年就业竞争压力也变得更大了。

（2）机遇——创新创业社会氛围浓

青年是创新创业主体中最具活力的群体，是推动"大众创业、万众创新"的重要力量，青年创新创业问题受到广泛关注。2014 年 5 月 30 日，人社部联合教育部、科技部、团中央等九部门发出通知，启动实施"大学生创业引领计划"，积极整合社会资源，激发青年大学生的创新创业活力，对

---

① 具体内容见 http: //www. china. com. cn/lianghui/news/2019 – 02/28/content_ 74505934. shtml。

② 麦可思研究院：《2017 年中国本科生就业报告》，社会科学文献出版社，2017，第 41 ~ 45 页。

接创新创业资源，引领和支持更多的大学生创业，并提出 2014～2017 年引领 80 万名大学生创业的发展目标。当前，随着政策机制和服务体系更加完善，以及全社会对创新创业的大力宣传，尊重知识、尊重人才、尊重创造的良好氛围已经形成；政府激励创业、社会支持创业、大学生勇于创业的机制也已初步形成；广大青年创业的规模持续扩大、比例不断提高，青年创业再掀热潮，全社会创新创业的活力被激发。有研究表明，科技工作者的创业意愿有较大提升，创业氛围形成，各地也形成了一批创业高地。[①]

2010～2017 年，我国应届毕业生自主创业的比例出现持续上升趋势，创新创业能力显著提升。麦可思研究院的数据显示，2016 届大学生中自主创业者超过 20 万人，自主创业的比例达到了 3%。其中，本科院校毕业生自主创业比例为 2.1%，高职院校比例为 3.9%，高职院校的自主创业比例明显高于本科院校[②]。

2017 年，毕业半年后自主创业的 2013 届本科毕业生中有 46.2% 的人三年后还在继续自主创业，比 2012 届（48.6%）减少了 2.4 个百分点；同时，2013 届本科毕业生三年后自主创业的比例上升为 3.8%，比毕业半年后自主创业的 1.2% 高出 2.6 个百分点；2013 届高职高专毕业半年后自主创业的比例为 3.3%，毕业三年后自主创业比例为 8.0%[③]。这说明，青年人创业的行为越来越多，创业的趋势越来越明显，开始形成潮流。

3. 共青团是引导青年参与创新创业的重要青年组织

青年是"早上八九点钟的太阳"，是国家的未来、民族的希望。因此，青年群体的就业一直是国家、社会和家庭极为关注的问题。共青团作为凝聚、服务和维系青年的群团组织，在青年就业创业服务方面有着义不容辞的责任。依据中共中央、国务院颁布的《中长期青年发展规划（2016—2025年）》，青年的年龄范围是 14～35 周岁。在这个年龄阶段的人群，恰恰是创业、创新的主力；这个年龄段也是创新创业思想最为活跃、创造力不受局限

---

① 曾红颖：《"双创"的实施进展与建议》，《宏观经济管理》2015 年第 12 期。
② 麦可思研究院：《2017 年中国本科生就业报告》，社会科学文献出版社，2017，第 96 页。
③ 麦可思研究院：《2017 年中国本科生就业报告》，社会科学文献出版社，2017，第 96 页。

的一个阶段。

共青团作为联系和服务青年的组织，是党的后备军和助手，起着凝聚、维系和服务青年的桥梁纽带作用。因此，在创业成为青年就业的一个重大选择时，共青团也应该成为青年人创新创业的引导者和帮扶者。资料显示，2016届本科毕业生自主创业比例最高的经济区域为长江三角洲区域经济体（2.8%），相比之下，广东的珠三角地区在创新创业方面稍逊一筹[1]。同时，资料也显示，本科毕业生自主创业的资金和帮扶资源大部分依旧来自亲友等强社会关系网络（78%），政府和社会团体给予的帮助只占很小一部分（3%）[2]。由此可见，共青团作为青年组织，在青年创新创业中应发挥关键作用。

共青团是组织和促进青年创新创业的重要力量，因此要根据青年的特点和需要，充分发挥共青团的组织优势，在青年创新创业方面提供服务和支持。共青团如何发挥自己的作用、定位自己在服务青年"双创"中的角色和责任，如何引导青年创业，探索有效的服务路径与机制，也成为共青团在"双创"工作中亟须探索的问题。

（二）调研目的

为帮扶青年创新创业，近年来，广州共青团积极做好青创调研工作，了解青年创新创业需求，充分发挥枢纽型组织作用。一方面积极整合政府、高校和社会的资源，打造各类创新创业服务平台，为创业青年提供各类公益帮扶；二是作为服务和维系青年的群团组织，从创业青年的实际需求出发，了解青年创新创业中的问题，从根源上寻求解决青年创新创业的难题，为其提供系统孵化扶持服务。因此，广州共青团对青年创新创业的服务模式和路径的调研十分必要，且对提升青年创新创业质量和满意度有正面影响。

本次调研的目的正是深入了解广州青年参与创新创业的实际情况及存在

---

[1] 麦可思研究院：《2017年中国本科生就业报告》，社会科学文献出版社，2017，第97页。

[2] 数据来源：《2017年广州市促进初创青年创业情况调研报告》（内部资料，由广州市青年就业创业服务中心提供）。

的困难和问题，同时探索广州共青团引导青年参与"双创"的路径，进而优化广州青年创新创业的生态，助推广州的经济社会发展。

1. 明确共青团在青年"双创"中的定位和作用

创新创业是我国经济发展的新动力，政府、企业、社会组织等都在积极响应号召，结合自身职能定位参与到推动创新创业以及就业的活动中来。2016 年 8 月 18 日，国家发改委发文，增加"中宣部、文化部、共青团中央和中国科学院为推进大众创业万众创新部际联席会议成员单位"。共青团作为一个用先进思想教育、引导青年的群众组织，在推动青年创业就业中逐渐承担了重要角色。

近年来，广州市各级共青团组织围绕青年创新创业问题开展了一系列卓有成效的创新创业专项行动，为共青团组织参与服务青年创新创业奠定了坚实的基础。同时，共青团引导青年参与创新创业活动要做到理论创新和实践突破，还需要进一步的努力。在新时代的背景下，将解决思想问题和解决实际问题结合起来，更好地服务于青年创业就业，已经成为共青团的一个新目标。

2. 总结共青团在青年"双创"中的服务路径和模式

随着中央和各地促进"双创"的优惠政策相继出台，"双创"的氛围日益浓厚。青年充满活力、怀揣梦想、富有进取精神，是创新创业的生力军。相关调研发现，目前广州青年创业率有待提高，青年在创业过程中遇到了"资金、政策、场地、技术"等方面的难题，创业生态环境还需进一步优化。共青团作为党联系青年的桥梁和纽带，在服务青年参与创新创业的工作中应发挥好桥梁纽带作用。近年来，广州共青团通过开展"青创杯"广州青年创新创业大赛，大力建设广州青年就业创业孵化基地，举办创新工坊、青创训练营等一系列创业培训活动，打造中国青创板－广州 U 创板等方式，探索建立起"培训提升—展示交流—要素对接"的青年创新创业服务链，积累了一定的数据，取得了一定的成果。同时，在工作开展过程中，青年创新创业也遇到一些问题。在不断的探索和服务过程中，广州共青团初步探索出具有广州特色的青年创新创业服务路径和模式。本调研希望通过深入了解在穗青年参与"双创"工作的实际情况、存在的困难和问题，全面摸查广州共青团引导青年创新创业的工作情况，并结合国内其他城市共青团在服务青年创新创业方面的先进做法，取长补短，以青年实际需求为导向，进一步推进广州青年创新创业工作迈上新台阶。

（三）调研对象

1. 创新创业青年和团体

创新创业的主体是青年，按照发展阶段分为项目初创阶段和企业阶段，而项目初创阶段的青年又以大学生群体为主。创业大学生群体包括在校大学生、应届毕业生和往届毕业生。为了深入了解创新创业青年的现状，我们选择的调查对象是拥有创新创业经历的青年和团队。我们从广州市各个青年就业创业孵化基地中随机抽取部分基地，对其中进行创新创业的青年和团队展开调研，从而掌握创新创业青年和团队的现状与需求。本次调研范围也囊括了广州地区的众多高校，包括暨南大学、华南理工大学、华南师范大学、华南农业大学、广东工业大学、广东技术师范学院（后改名为"广东技术师范大学"）等，以及部分职业院校，从而了解大学生创业教育、高校共青团青年创新创业服务等方面的情况，以期更加全面地掌握创新创业青年和团队的需求。

具体来讲，参与本次调研座谈会的"双创"青年代表共23人，其中男性16人，女性7人，平均年龄为27.57周岁（标准差为8.86）。从受教育程度来看，高中（中专、职中）学历1人，占4.3%；大专学历4人，占17.4%；本科学历16人，占69.6%；硕士研究生与博士研究生学历各1人，各占4.3%。在23名被访青年中，正在创业的有16人，创业所涉及的行业包括互联网、信息技术、生物医药、文化艺术等领域。另外，参与问卷调查的青年共有89人，其中男性56人，女性33人，平均年龄为25周岁（标准差8.4）。从受教育程度看，高中（中专、职中）学历9人，占10.1%；大专学历22人，占24.7%；本科学历54人，占60.7%；硕士研究生学历4人，占4.5%。

2. 广州青年就业创业孵化基地服务人员

各类青创孵化基地的工作人员是近距离接触和服务创新创业青年的群体，为创新创业青年提供了必不可少的服务和帮助。在日常的服务过程中，他们从另一角度切身体会了创新创业青年的需求和遇到的困难，以及成功的经验。因此，我们在广州市各个青创孵化基地随机访问服务人员，对其服务模式、服务经验进行调查，以此来全面了解创新创业青年的现状和需求。

具体来讲，参与本次调研座谈会的服务提供方工作人员代表共18人，其中男性9人，女性9人；其中包括共青团工作人员代表6人，就业创业孵化基地工作人员6人，创业导师3人，专家学者1人，金融或投资机构工作人员1人，相关社会组织工作人员1人。另外，本次问卷调研样本中青年"双创"服务提供方工作人员共34人，其中男性18人，女性16人，平均年龄为27.5周岁（标准差为5.15）。34名被访者中包括共青团工作人员、就业创业孵化基地工作人员、企业工作人员、创业导师、金融或投资机构工作人员；其中41%的青年"双创"服务方工作人员有着超过三年的服务工作经验。

3. 广州共青团的"双创"服务工作

为了帮扶青年创新创业，近年来，广州共青团积极做好青创调研工作，了解青年创新创业的需求，充分发挥枢纽型组织作用。一方面，积极整合政府、高校和社会的资源，打造各类创新创业服务平台，为创业青年提供各类公益帮扶。另一方面，作为服务和维系青年的群团组织，从创业青年的实际需求出发，了解青年创新创业的难题和问题，可以从根源上解决青年创新创业难题，为其提供系统的扶持服务。因此，研究广州共青团针对青年创新创业的服务模式和路径十分必要，对提升青年创新创业的满意度和质量有正面影响。

（四）调研方法

1. 问卷调查法

通过问卷调查，我们可以迅速而有效地获得广州创新创业青年和相关机构服务人员的有关信息和数据。本次调研设计了专门的《广州青年创业就业调查问卷》，通过问卷星软件生成网络问卷，并通过广州市青年就业创业服务中心平台在互联网以及微信公众号等移动端进行随机发放，收集被访者信息。《广州青年创业就业调查问卷》分为青年模块和服务提供者模块，供相应人员填写。本次调研发放和回收有效问卷共计 123 份。其中，问卷调查对象为创新创业青年的有 89 份，为创新创业机构服务人员的有 34 份，兼顾创新创业主体和服务人员两个群体。从不同角度进行资料收集，可以更为全面地了解广州青年整体的创新创业现状与需求，获得多方面意见。

2. 座谈会

问卷调查法能够在短时间内收集调查对象的截面数据，而举办座谈会则能够使我们深入了解调查对象的行动过程和想法。在广州市青年就业创业服务中心的组织下，本次调研组织各有关职能部门人员、创新创业青年代表和创新创业机构代表进行了 8 次座谈，参与座谈的（包括调研团队成员）约有 50 人。通过座谈会，与会代表积极表达意见，就创新创业的开展、创新创业服务过程中出现的问题和实际困难以及成功的经验进行了充分的探讨与交流。

通过座谈会，我们可以就青年"双创"中的问题提出有针对性的解决措施。

3. 实地考察法

为迅速有效地了解青年就业创业孵化基地的日常运营情况、有效经验和存在的困难，分析广州共青团和广州青年就业创业孵化基地服务广州地区青年创新创业工作的举措，本课题组采用实地考察的方式，深入到广州市青年就业创业服务中心、各青创孵化基地、创业就业空间等进行调研。在广州市青年就业创业服务中心的推荐和组织下，本课题组共选取两个具有代表性的青年创业就业孵化基地进行实地考察。简要情况如下：

广州市青年就业创业服务中心：是共青团广州市委下设的正处级公益一类事业单位，也是全国首创的由共青团成立且纳入市级公共就业服务的专业机构。主要任务是开展青年就业创业公益服务，承担青年、大学生就业创业和再就业公益性求职登记、职业介绍、就业创业指导、培训教育、创业扶持以及政策法规咨询、青年就业创业孵化基地建设，配合职能部门开展青年政策研究，协调各区的青年就业创业服务机构等工作。

众创五号空间：是一家民营性质的创新创业基地，成立于 2015 年，同年被认定为广州青年就业创业孵化基地，2016 年被评为国家级众创空间。占地 1500 平方米，总建造面积约 3 万平方米。主要服务于创客和初创企业，对内引进港澳台地区和国际化项目，同时对外输出项目和产品，打造全链条孵化育成平台和创业生态圈。其行业定位是提供新一代信息技术、人工智能、跨境电商、区块链服务。

岭南 V 谷：是依托广钢集团建立的智能科技产业园区，有国企背景，是广州市政府重点工程。总占地面积约 22 万平方米，总建筑面积约 53 万平方米。截至 2018 年初，项目尚在建设中，部分已投入使用。园区规划业态丰富且自成一体，以多元化业态和产品形式针对处于不同发展阶段的企业，提供各类系统的孵化扶持服务，帮助企业孵化、崛起、成长、升级。

4. 文献分析法

文献分析法是卓有成效的系统性信息收集方法。通过对广州当前就业创业相关政策和广州青年相关创业资料的收集，我们可以快速且系统地了解广州青年创业的现状。我们收集了目前中央和各地关于创新创业的相关政策资料，最新的关于青年创新创业的权威文献，以及广州共青团关于青年创新创业的各类文件、文献及数据资料，结合调查问卷样本中呈现的普遍问题，分析广州市青年创新创业的现状与特点。同时，也收集了国内其他地区青年人员创新创业的先进经验，进行分析和比较，以此来分析广州市现行政策的优势与局限性，以期提出可行性建议。

二 广州青年参与"双创"的现状

（一）问卷调查结果分析

1. "双创"青年年轻化

如表 1 所示，被访的"双创"青年年龄多在 30 岁以下，占被访者总数的 86.52%。其中比重最大的年龄段为 18～22 岁，占被访者总数的 38.20%。相比于 2017 年开展广州初创青年调查时，有着明显的年轻化趋势（2017 年占比最大的年龄段为 23～25 岁，占 35.59%[①]）。

表1　广州"双创"青年年龄分布

年龄	人数	比例	年龄	人数	比例
18～22 岁	34	38.20%	36～40 岁	5	5.62%
23～25 岁	21	23.60%	40 岁以上	1	1.12%
26～30 岁	22	24.72%	总计	89	100%
31～35 岁	6	6.74%			

此外，"双创"青年越来越年轻化，在校生比重不断加大，"双创"青年在校生比例高达 48.31%，几乎占了被访者的一半（见表2）。这也符合我们对"双创"青年主体向高校在校大学生和应届毕业生倾斜的预测。

表2　广州"双创"青年是否为在校生

是否为在校生	人数	比例
是	43	48.31%
否	46	51.69%
总计	89	

2. 总体受教育水平上升，以本科学历为主

虽然麦可思 2017 年大学生就业报告蓝皮书显示，高职高专的应届生创业比例大大高于本科生，但是本次问卷调查结果显示，从总体上看，被访的"双创"青年的教育水平以本科学历为主，占总数的 60.67%（见表3）。此外，"双创"青年中本科学历占比较 2017 年广州市初创青年调查的结果

---

① 数据来自《2017 年广州市促进初创青年创业情况调研报告》（内部资料，由广州市青年就业创业服务中心提供）。

（54.45%①）上升了 6.22 个百分点，这说明广州"双创"青年的总体受教育水平正逐步上升。

表3 广州"双创"青年受教育水平分布

学历	人数	比例
小学	0	0
初中	0	0
高中(中专、职高)	9	10.11%
大专	22	24.72%
本科	54	60.67%
硕士	4	4.49%
博士	0	0
总计	89	

3. 男性是"双创"青年的主力军

广州市参与"双创"的青年的性别分布为男性多于女性：其中男性占 62.92%，女性占 37.08%（见表4）。总体上看，参与"双创"的男青年人数是女青年人数的近 2 倍。此外，女性参与创新创业的比例在上升，相比于 2017 年广州市初创青年调查的结果（24.58%②）上升了约 13 个百分点。

表4 广州"双创"青年的性别分布

性别	人数	比例
男	56	62.92%
女	33	37.08%
总计	89	

---

① 数据来自《2017 年广州市促进初创青年创业情况调研报告》（内部资料，由广州市青年就业创业服务中心提供）。
② 数据来自《2017 年广州市促进初创青年创业情况调研报告》（内部资料，由广州市青年就业创业服务中心提供）。

4. 创新创业动机受创业氛围影响最大

相关数据显示，青年创新创业最大的动机是发自内心的热情；而外部动机中，朋友与政府宣传对其创新创业影响最大①。因此，创新创业的氛围对"双创"青年来说，十分重要。

5. 初始资金支持以个人积蓄为主，家庭支持十分重要

麦可思2017年大学生就业报告显示，家人和亲属的资金支持是个人创业最大的资金来源，也是绝大部分创业青年主要的初始资金来源渠道②。针对24名初创青年的问卷调查结果显示，家庭支持是广州初创青年资金来源的重要维度，个人或家庭资金占比为79.17%（见表5）。

表5 广州初创青年的初始资金来源分布（多选）

初始资金来源	人数	比例
个人或家庭资金	19	79.17%
银行贷款	1	4.17%
政府提供的创业专项资金	0	0
朋友、熟人等社会关系资本	3	12.5%
社会机构提供的创业专项资金	4	16.67%
其他	2	8.33%
总计	24	

6. 行业选择以互联网（电子商务）为主

针对24名初创青年的问卷调查显示，互联网/电子商务领域的创新创业最受广州青年喜爱，占37.5%；其余依次为教育类（20.83%）、咨询/技术服务类（12.5%）、生物科技类（4.17%）、物联网（4.17%）（见表6）。

---

① 数据来自《2017年广州市促进初创青年创业情况调研报告》（内部资料，由广州市青年就业创业服务中心提供）。
② 麦可思研究院：《2017年中国本科生就业报告》，社会科学文献出版社，2017。

表6　广州初创青年的行业选择分布

双创行业选择	人数	比例
互联网/电子商务	9	37.5%
生物科技类	1	4.17%
医药类	0	0
物联网	1	4.17%
商业/超市/零售	0	0
公益类	0	0
咨询/技术服务类	3	12.5%
教育类	5	20.83%
计算机	0	0
其他	5	20.83%
总计	24	

7. 创新创业需求呈多元化趋势，但以资金、资源需求为主

本次问卷调查显示，广州初创青年的创新创业需求多样，主要有教育培训（50%）、融资机制（75%）、技术支持（37.5%）、场地提供（29.17%）、政策信息服务（66.67%）、税收优惠（37.5%）、法律服务（29.17%），其中占比最大的是资金类需求——融资机制与政策信息服务（见表7）。

表7　广州初创青年的"双创"需求分布（多选）

"双创"需求	人数	比例
教育培训	12	50%
融资机制	18	75%
技术支持	9	37.5%
场地提供	7	29.17%
政策信息服务	16	66.67%
税收优惠	9	37.5%
法律服务	7	29.17%
其他	1	4.17%
总计	24	

广州市初创青年最需要的"双创"服务为资源对接会，如表8所示，占54.17%；以下依次为市场传播类（50%）、财物管理类（37.5%）、法律支持类（33.33%）、技术支持类服务（29.17%）。

表8　广州初创青年对创业就业服务的需求（多选）

最需要哪些创业就业服务	人数	比例
人力资源类	4	16.67%
法律支持类	8	33.33%
财务管理类	9	37.5%
技术支持类	7	29.17%
用户体验类	5	20.83%
市场传播类	12	50%
创业公开课	5	20.83%
资源对接会	13	54.17%
创业就业综合服务平台	5	20.83%
其他	0	0
总计	24	

8. 非本地户籍比重较大，人际关系网络成为最重要的吸引因素

本次问卷调查结果显示，被访者是广州本地户籍的占26.97%，不是广州户籍的占73.03%（见表9）。

表9　广州"双创"青年户籍分布

是否为广州本地户籍	人数	比例
是	24	26.97%
不是	65	73.03%
总计	89	

广州作为外来人口大省，吸引外来青年来穗创业就业最重要的因素就是基于广州的地理区位优势形成的人际关系网络。本次调查结果显示，有79.17%的被访者认为"人际关系网络"因素是广州最大的优势；其次为"粤港澳大湾区发展契机"因素（54.17%）；排名第三位的则是"文化环境"因素（41.67%）（见表10）。

表10 吸引"双创"青年在广州创业就业的因素分布（多选，最多3项）

最吸引你在广州创业就业的因素是什么	人数	比例
人际关系网络	19	79.17%
文化环境	10	41.67%
粤港澳大湾区发展契机	13	54.17%
教育培训资源	5	20.83%
人才优惠政策	1	4.17%
人才发展环境	6	25%
生活配套保障(比如子女教育、住房、医疗等)	3	12.5%
交通便利	4	16.67%
创业就业政策	7	29.17%
其他	1	4.17%
总计	24	

（二）质性研究结果分析

1. 创新创业形势稳步发展

广州虽然不是全国青年创新创业的首选地，但是创新创业工作也在稳步发展。麦可思研究院《2017年中国本科生就业报告》数据显示，2016年应届毕业生中有3%选择自主创业，高职高专毕业学生创业比例为8%。而创业比例最高的地区为泛长三角地区，珠三角地区稍逊一筹[①]。目前，广州市的创新创业处于发展阶段，且稳步增长。

广州大学广州发展研究院《2016年中国社会形势分析与预测》中对广州大学生创业的调查报告指出，2016年广州毕业大学生的创业人数占比不超过2%，略低于全国总体水平。[②] 但是，相比于2014年广州市高校毕业生就业指导中心的数据（当时广州地区普通高校毕业生有25万人，其中创业人数仅占0.3%），要高出很多。这说明，广州市高校毕业生的创新创业人

---

① 麦可思研究院：《2017年中国本科生就业报告》，社会科学文献出版社，2017，第96~104页。

② 《关于2016年广州大学生创业的调查报告》，http://www.ruiwen.com/gongwen/diaochabaogao/99696.html。

数在几年里大幅增长。

2. 创新创业服务平台不断扩展完善

广州共青团积极引导、促进和服务于广州青年的"双创"工作，最突出的方面就是鼓励和扶持青年创新创业服务平台的建立。青年创新创业服务平台和机构的建立，能够为青年创业提供场地、办事指引以及创业专家的指导，也有助于创业者之间的交流与沟通，在青年"双创"中发挥着不可替代的作用。近年来，广州共青团坚持不懈，通过大力建设广州青年就业创业服务平台，帮扶广州市青年创新创业。

目前，广州助力创新创业的服务平台主要有三类，即众创空间、孵化器、创新创业（孵化）示范基地。首先，在众创空间建设方面，截至 2016 年末，广州市共有众创空间 115 家，其中包括国家级的 45 家、省级试点单位 53 家，所有众创空间内的企业及项目数量达到 3000 多家（个）。其次，在科技孵化器方面，截至 2016 年末，广州市共有科技孵化器 192 家，其中包括国家级孵化器 18 家（另有 3 家已通过 2016 年的公示），国家级孵化器培育单位 18 家，省级孵化器 15 家。广州市孵化器的性质包括国有企业、民营企业、事业单位以及合资企业（民营企业＋事业单位）四类，其中国有企业有 28 家，民营企业有 154 家，事业单位有 9 家，合资企业有 1 家。国有企业中的国家级孵化器有 7 家，民营企业中的国家级孵化器有 11 家，事业单位中国家级孵化器有 3 家。最后，在创新创业（孵化）示范基地建设方面也取得长足发展。[①] 2016 年，广州市有 278 个创新创业（孵化）示范基地，其中国家级和省级各 2 个，其余的则为市级或者区级。广州市创新创业（孵化）示范基地总占地面积约为 3777 万平方米，可容纳经营企业 3 万多家。同时，青年就业创业（孵化）示范基地建设已形成品牌。为积极引导、促进

---

① 为更好地顺应经济新常态及大众创新创业的发展趋势，2016 年广州市人社局出台了《广州市创新创业（孵化）示范基地认定管理办法》，将众创空间等新型孵化平台纳入创新型示范基地创建认定对象。只要场地面积达到 1500 平方米以上、在孵项目达到 30 个以上，同时具备七大主要功能〔管理机制、孵化场地保障、创业培训（实训）与指导、商事业务代理、行政公共服务、项目展示对接、技术创业服务〕，均可以申请创建服务管理有特色、孵化有成效的众创空间。

和服务于广州青年创新创业，共青团广州市委员会构建了青年就业创业孵化基地，提供落地孵化扶持服务，并联合政府、高校和相关企业共建广州青年就业创业孵化基地（创业社区），打造低成本、全要素、开放式的众创空间，构建具有广州共青团特色的"青创广州"一站式全链条服务。

截至 2017 年 10 月，经认定的广州青年就业创业孵化基地已经达到 40 家，总孵化面积逾 31.3 万平方米，可容纳 2700 多个创业社团入驻，能为入驻项目提供政策咨询、投融资对接、培训指导等 14 项创业基础服务和富有基地特色的个性化服务。其中，包括国家级众创空间 6 个，国家级孵化基地 1 个，省级青年创业示范园区 3 个。①

另外，广州市注重中小企业服务平台和创业基地的发展。市工信委提供的数据显示，截至 2016 年 12 月，广州市中小企业服务平台和创业基地在区域上的分布是：白云区 3 家，番禺区 5 家，海珠区 3 家，花都区 1 家，黄埔区 2 家，荔湾区 4 家，萝岗区 6 家，南沙区 2 家，天河区 3 家。近几年在广州市创新创业的氛围中，中小企业服务平台和创业基地做出了比较突出的贡献，也为促进中小企业提供了众多高效率、高质量的企业服务。

广州市人力资源和社会保障局提供的数据显示，2014 年全市成功扶持 2.59 万人创业，并带动 13.86 万人就业，共发放小额担保贷款 3406.5 万元，建立创业带动就业（孵化）基地 247 个，入驻企业达 1.87 万家，申领创业场租补贴 180 万元，培训学员 7368 人次。② 2017 年，帮助和扶持青年创新创业的服务平台建设已经远远超出预期。

3. 创新创业的资金扶持力度不断加大

对创新创业来说，资金支持十分重要。广州市通过扩大资金支持来源、增强资金支持力度来扶持青年创新创业。首先，建立广州创新创业基金。2015 年 6 月，广州市委、市政府召开全市科技创新大会，制定出台了科技创新"1 + 9"政策文件。政策文件的主要内容包括增强企业创新能力，推

① 广州市青年就业创业服务中心：《青创广州创业地图》，2017 年 10 月。
② 数据来源于广州共青团提供的内部材料《广州青年创新创业有关情况》。

进科技成果转化，完善科技创新平台，吸引科技创新人才，加强金融支持等。尤其是在科技创新平台和科技金融方面，文件提出了对创业投资基金和众筹平台机构的奖励办法：对帮助广州市孵化器、初创期科技企业或科技项目实现众筹的互联网众筹平台，或投资广州孵化器、初创期科技企业三年以上的创业投资机构，给予众筹融资额或三年以上项目总投资（未退出部分）的 5%、最高不超过 500 万元的一次性补助。其次，落实国家《创业投资企业管理暂行办法》，允许创业投资企业在穗落地生根。广州市金融局提供的数据显示，截至 2016 年 12 月，在广州市备案管理部门备案的创业投资企业有 30 家，其中最早的创业投资企业成立于 1999 年。广州市已备案的 30 家创业投资企业的注册资金/基金规模平均为 2.76 亿元，其中规模最大的是 11 亿元，规模最小的是 3000 万元。

4. 创新创业成果不断增长

近年来，广州市参与创新创业的青年不断增加，创新创业孵化基地不断建立，营造了良好的氛围。在这种氛围下，创新创业成果不断涌现，尤其是以创业带动就业成果初显。市科创委的数据显示，2013 年全市共孵化大学生科技企业 203 家，科技孵化器和在孵企业共吸纳 2748 名大学生就业。

5. 创新创业行业分布不均

数据显示，全国大学生创业的首选行业为销售业，比例约为 70%；而在广州为五成以上①。相关调查数据显示，互联网、高新技术、电子商务及文化创意领域的创业最受广州青年喜爱（共占 94.1%）。本次调查也发现，广州创新创业的行业与领域分布不平衡，依旧是以"互联网 +"、电子商务为主，而制造业等实体经济行业的创业创新不足。"互联网 +"、电子商务领域的创业相较于制造业，门槛要低一些。

6. 资金仍是制约青年创新创业发展的瓶颈

如前文所说，青年"双创"的资金大多来自个人积蓄或家庭和亲友的

---

① 《关于 2016 年广州大学生创业的调查报告》，http：//www.ruiwen.com/gongwen/diaochabaogao/99696.html。

支持。本次调研发现，政府帮扶基金和企业投资资金逐渐成为资金获取的有效渠道，但是获得难度相对较大，且信息不通畅。在座谈中我们也发现，"双创"团队的资金充足与否，对"双创"事业的发展有较大影响。

（三）地区比较

本次调研收集了广州市青年就业创业服务中心的内部资料，以及由共青团广州市委员会、广州市社会科学院、广州市青年就业创业服务中心三方公布的《广州市促进初创青年创业情况调研报告》，并参照重庆、北京和深圳市的做法，汲取这三个地区在"双创"服务上的经验，期望为广州共青团引导的"双创"服务提供一些借鉴。

1. 重庆市的经验

首先，重庆市推动建立青年创新创业联动机制，由团市委牵头，统一部署，形成全市推动青年创新创业工作"一盘棋"的格局。2012年6月，共青团重庆市委率先出台了《关于大力促进青年创新创业的意见》（渝青发〔2012〕78号），确定了青年创新创业意识培养、技能培训、环境营造和榜样选树等工作重点。同时，还确定要成立促进青年创新创业工作领导小组，对青年创新创业工作做了全面的部署和安排。把促进青年创新创业工作作为团市委对各区县团委、各直属（重点联系）团（工）委以及团市委机关各部室和直属单位的工作考核重点。文件出台后，重庆市各区县也先后成立了青年创新创业工作领导小组，服务并指导青年创新创业工作。随后，共青团市委又相继制定出台了一系列政策措施，以共青团重庆市委为中心，各区县合作，通过创业基金扶持、法律意识培养、大力扶助农村青年创新创业等几个方面的努力，全市推动青年创新创业的工作格局初步形成。

目前，重庆市的创业创新政策和服务大多直接面向青年创业者，且集中于资金扶持、技能培训以及权益保障等方面，而对众创空间、企业孵化器、创新创业示范基地等综合性创业支持平台的扶持，力度还稍显不够。重庆市的创新载体虽如雨后春笋般不断涌现，但许多创业孵化机构都是由民营企业投资建设、运营管理的，它们在创新中投入的人力和物力较多，与有国资背景的其他孵化机构相比，面临着较大的生存压力。① 资金困难制约孵化器、基地的进一步发展，是重庆市乃至全国众多民营创业孵化基地面临的问题。总体上，重庆市的区位优势不明显，创新创业资源单一。相较于北京、上海、广州、深圳等中心或沿海城市来说，重庆的内陆地理位置不具有优势。

2. 北京市的经验

北京市以政策扶持为主、人才培养为辅，由多部门牵头，政府与社会合力进行青年创新创业工作。北京市政府在青年创业方面投入了大量人力、物力。根据相关统计，北京的人才发展水平、财政综合竞争力以及人才财政投入的综合竞争力均居全国第一位，② 为首都经济建设和社会发展培养了大量高素质的青年人才。作为国家的政治、文化和国际交往中心，北京的人才聚集力一直居于全国前列。针对青年人才这一优势创新主体，北京市专门出台了《北京市优秀青年人才评选表彰办法》和《"海聚工程"青年项目工作细则》。同时，大力发展教育事业，为青年创业提供了智力支持和保障。北京市积极利用自己在教育、财政、资源等方面的优势，积极培养优秀青年创新创业人才，并为青年创造良好的创业环境，成为青年创业的沃土。

在北京，创业政策覆盖的范围非常广泛，这为广大青年创业者提供了便利。但随之也出现了一些问题，部分创业青年一味地享受政策福利，却忽略了创新创业是一个长远过程。总体上说，北京市对创新创业观念的引导力度不够，青年创新创业的生活配套成本太高。例如，一些青年创业之初就申请开业贷款担保，没有认识到只有在创业过程中发生融资问题时申请资金才能发挥更大的作用，可见，政府部门缺乏对青年创新创业理念和正确创业观念的培养。北京的住房等生活成本远远高于广州等其他城市，对于初创青年是很大的制约。

3. 深圳市的经验

在特区独有的优惠经济政策下，深圳市的社会创新创业能力强大。作为

---

① 肖陆军：《重庆市创业孵化器发展的现状调查与对策思考》，《重庆行政（公共论坛）》2017年第1期。

② 张红琴：《北京青年创业现状及创业政策研究》，《现代商业》2016年第36期。

"创业之城",深圳出台了许多扶持创新创业的新政及服务措施,为创业者们打造了具有深圳特色的创业政策支持体系。深圳市陆续出台了《深圳市自主创业补贴办法》《关于促进创客发展的若干措施(试行)》《促进创客发展三年行动计划(2015—2017年)》《深圳市科技创新券实施办法(试行)》《深圳市产业结构调整优化和产业导向目录》《关于促进科技创新的若干措施》等规划措施,从资金扶持、科技创新、空间载体、人才培养等方面积极推动深圳青年创新创业。深圳市积极利用其地缘优势和政策优势,构建以开放、融合、创新为特点的创新生态体系,努力打造国际创客中心。

此外,深圳市利用其独有的特区经济政策,制定各类人才战略,不断吸引创新创业人才落户,创业队伍日益壮大。但是,深圳市在人才培养、生活配套等服务上也面临着挑战。深圳本地高校数量较少,教育资源相对有限,与北京、武汉、南京、广州等城市相比仍有所欠缺。并且,在医疗和历史文化领域,深圳仍然弱于广州、北京、上海等城市。这些方面的相对弱势在某种程度上也造成了人才队伍的后勤保障体系,尤其是医疗、子女就学、文化等方面的滞后。

三 青年"双创"服务面临的困境与挑战

在青年创新创业过程中,在个人创业行动之外,创业机会、人力资源以及外部环境都成为影响创业者的即时性环境。这些环境与青年"双创"的发生与发展息息相关,可以具体分为四大类,即政策、市场、文化与教育环境。在每一个环境中,青年"双创"服务的开展都存在困难与挑战。

(一)政策环境:政策可达性有待进一步提升

创新创业环境对青年"双创"能否顺利开展的影响是毋庸置疑的,而政策环境则是其中的重中之重。在促进广州青年积极开展创新创业方面,广州市出台了一系列优惠扶持政策。但是从问卷调查和座谈会得到的结果显示,相当一部分创业青年对于各级各类政府部门颁布的政策文件并没有即时获知，缺乏全局性了解，对政策的知晓率和应用率都较低，导致创新创业者在遇到问题时往往束手无策。本次调查发现，从事"双创"服务工作的人员对政府有关青年就业创业的政策了解不够：其中不了解的占被访者总数的23.53%（包括不太了解与完全不了解）；一些服务人员虽然了解政策，但是不是很熟悉（有些了解），这类人员占55.88%；对政策非常了解的工作人员仅占被访者的20.59%（见表11）。

表11 服务人员对政府出台的促进青年就业创业政策的了解程度

对政策的了解程度	人数	比例
非常了解	7	20.59%
有些了解	19	55.88%
不太了解	6	17.65%
完全不了解	2	5.88%
合计	34	

总体上看，从事"双创"青年服务工作的人员对共青团促进青年就业创业的政策缺乏了解。被访服务工作者中对此"不了解"的占20.58%（非常不了解的占8.82%，不太了解的占11.76%）；一些服务人员虽然有了解，但不是很熟悉，这类人员占被访者的55.88%（了解一点儿的占29.41%，比较了解的占26.47%），对政策非常了解的工作人员仅占被访者的23.53%（见表12）。

表12 服务人员对共青团促进青年就业创业政策的了解程度

了解程度	人数	比例
很了解	8	23.53%
比较了解	9	26.47%
了解一点儿	10	29.41%
不太了解	4	11.76%
非常不了解	3	8.82%
合计	34	

"双创"青年群体对政府创业就业政策的了解程度也非常缺乏：完全不了解政策的"双创"青年占被访者总数的16.85%，不太了解、了解一点儿政策的占比分别是32.58%、39.33%，即不熟悉共青团就业创业政策的"双创"青年占被访者总数的89.76%（见表13）。

表13　广州"双创"青年对政府就业创业政策的了解程度

对政策了解程度	人数	比例
很了解	3	3.37%
比较了解	7	7.87%
了解一点儿	35	39.33%
不太了解	29	32.58%
完全不了解	15	16.85%
合计	89	

本次问卷调查结果显示，广州"双创"青年对共青团就业创业帮扶政策同样缺乏了解。完全不了解的占被访者总数的25.84%，不太了解、了解一点儿的占比分别是37.08%、24.72%，即不熟悉共青团就业创业帮扶政策的"双创"青年占被访者总数的87.64%（见表14）。

表14　广州"双创"青年对共青团就业创业帮扶政策的了解程度

对政策了解程度	人数	比例
很了解	4	4.49%
比较了解	7	7.87%
了解一点儿	22	24.72%
不太了解	33	37.08%
完全不了解	23	25.84%
合计	89	

这些信息获得上的阻碍，一方面是由于没有统一的平台进行政策公布与解读，政策宣传与对接工作有待加强；另一方面也在于创业青年的政策获取能力有待进一步提高。

广州市各级政府和各部门对青年创新创业提供了非常多的优惠政策。仅以针对创新创业的资金扶持政策为例，从立项到人才培养再到发展都有资金扶持政策，另外，还出台了扶持"双创"平台发展的资金专项政策。仅立项申请补贴方面，就有广州市人社局、财政局、科创委三个部门提供的资金扶持政策。这还不包括政策落实过程中的其他配套政策。总的来说，广州"双创"优惠政策多，却没有统一的平台进行宣传和解读。

同时，高校作为青年"双创"核心人才的输出地，其政策获知渠道不够通畅，官方的政策宣传与高校之间缺乏衔接。一部分在校创新创业青年没有专门的渠道获取优惠政策信息；除了通过一些创业类比赛，以及共青团下达到高校团委或者学生社团的创新创业优惠政策信息以外，在校青年的政策获取途径有限。

我们在座谈和实地走访中发现，正因为政策与"双创"青年不对接，一些创新创业服务平台需要专门聘请人员进行政策解读和信息传递，唯有如此才能满足"双创"青年的需求，才能引导创业青年清楚应该在哪个部门申请优惠政策。而青年方面，很多人由于对政策的获取和解读跟不上，没办法享受到政策带来的优惠。一方面，是因为"双创"青年的时间和精力有限，难以及时获取最新政策；另一方面，则是因为他们对政策的理解有偏差，在申请过程中遇到困难，难以享受到政策福利。

（二）市场环境：青年缺乏对创业市场的把握

高风险的市场环境意味着机会与失败共存。

首先，广州为青年创业者提供了相对较好的创业机会。一方面，广州城市建设的稳步发展带来了更多的创业机会。珠三角地区是中国经济走向世界的一个窗口。改革开放以来，广州经济一直处于高速发展状态。近年来，广州为促进青年创新创业及就业出台了许多扶持政策，如广州 IAB 计划和 NEM 计划、岭南英杰工程、创业带动就业补贴等。当前，广州正在努力提升城市吸引力、创造力和竞争力，着力发展新一代信息技术、人工智能、生物医药等战略性新兴产业，打造多个千亿级产业集群，促进高端要素集聚，争取为青年创新创业及就业带来更多的机遇。广州作为中国屈指可数的大城市之一，其庞大的生活人口为青年提供了广阔的创业市场；居民消费水平及其对美好生活的向往，在物质、文化、健康和生态方面带来很多市场需求和创业机会。另一方面，广州积极的创业政策及其配套措施为实现创新创业带来了更大的可能。相关研究表明，广东省的创新创业服务平台建设目前居全国首位，广州的创新创业服务政策落地程度、透明程度、服务平台建设也都位居全国前列。这些为在广州进行"双创"的青年提供了良好的环境和实现梦想的机会。

其次，广州"双创"青年对市场的把握有欠缺。市场是检验创新创业成果的唯一标准。技术成功转化为产品，产品成功走向市场，才是形成企业生产和扩大再生产的良性循环的基础。创业者在创新创业过程中不仅要生产出受市场欢迎的产品从而获得利润，还要担负起一定的社会责任，也要承受创业和发展带来的挑战。这就需要有志于创新创业的青年对市场需求有准确的把握。同样，一些以技术创新和产品研发为主打项目的基地，也有较高的创业准入门槛。为了更好地应对市场，这些基地在挑选入驻团队的时候十分重视筛选，对产品成果转化成功率不高的团队直接淘汰。因此，"双创"青年及其团队对市场的把握程度对其资源获得有很大的影响。

对市场把握度不高，不仅是在校大学生面临的问题，而且即使已成立多年的企业，在面对市场的挑战时也会有力不从心的时候。在座谈和走访过程中我们发现，一些处于初创阶段的企业，在产品和服务创新方面应对市场变化存在诸多困难。我们看到，部分初创企业在短短两三年时间里就已经转型好几次，一直处于"初创"阶段。本次调研发现，"双创"青年的创业年限多为1~2年，占被访者总数的58.33%；而有83.33%的被访者创业时间在2年以下（见表15）。这说明，广州"双创"青年创业持续期较短。其中一个原因就是对市场把握不够，所以面临不得不转型的结果。这里面固然有资金和其他方面的原因，但是企业本身应对市场风险的能力还是与其他成熟企业差距很大。

表 15 广州"双创"青年目前创业项目的成立时间

成立时间	人数	比例
1 年以下	6	25%
1~2 年	14	58.33%
3~5 年	4	16.67%
6 年及以上	0	0
合计	24	

（三）文化环境：应进一步营造健康的"双创"环境

在"大众创业、万众创新"口号以及国家的推动下，青年创新创业正成为一种潮流，进而形成一种文化。创业逐渐成为青年就业的一大选择，也成为青年梦想的象征。然而，当今青年创业的价值导向却存在偏差，创业趋向短期化、快速化。全国大学生就业数据显示，初创青年创业三年后继续创业的比例低于50%[①]。而2017年广州初创青年的调查报告显示，初创青年的创业持续时间并不长[②]。此次调查结果也显示，绝大部分青年的创业时间维持在 2~3 年，超过 3 年的比例很低。

而如前文所述，广州"双创"青年的创业时间进一步缩短，绝大部分维持在 1~2 年时间。这并不全是因为创业失败率很高，而是有部分创业者"见好即收"。

在此次调研座谈会上，不少青年创业者和创业投资者以及创业孵化基地服务人员纷纷就此问题进行热烈的讨论，认为现在创业理念与以前不同：有理想的人少了，赚热钱的人多了。表现为：首先，一些青年创业者急于求成，心态浮躁；其次，创业的氛围和价值有短期化、快速化的趋势，很多青年创业者选择互联网、电子商务和销售这类赢利快速的行业创业，而鲜少有

---

① 麦可思研究院：《2017 年中国本科生就业报告》，社会科学文献出版社，2017，第98 页。

② 数据来自《2017 年广州市促进初创青年创业情况调研报告》（内部资料，由广州市青年就业创业服务中心提供）。

人进入研发周期长的科技类行业创新创业。

此外,"大众创业、万众创新"的口号是面向大众宣传的,很多人将创新和创业等同起来,严重混淆了这两个概念,有人因为创业失败而完全否认创新的价值。实际上,创新和创业之间是相互统一、相互促进的,创新能为创业提供更为先进的技术或模式,反过来,创业能为创新的模式和技术提供实践的平台,两者是相互独立而又相互联系的。

(四)教育环境:创新创业技能培训体系不完善,人才缺乏问题未解决

创新创业的教育环境主要体现在两个方面:其一是创新创业知识与技能的培养;其二是创新创业人才的培养。这两个方面相辅相成。广州市的困境体现在以下两点。

1. 创新创业知识与技能的培养体系不完善

首先,针对创新创业知识与技能的培养缺乏分类指导。目前,广州共青团在青创大赛和"青创广州"等系列活动中提供的与创新创业相关的知识讲座已超过千场,聘请的导师也超过百人。这类培训为创业青年提供了普遍化的创业知识,有助于其创业素养的提升,但同时,一些创业巡讲活动缺乏分类指导。此次调研反映出,不同类型的创新创业青年在知识、技能等方面有着不同的需求,需要制定出具有差异化、类别化特征的培养计划。其次,创新创业知识与技能的培养与市场的衔接度不高,市场转化率低。高校的创业课程以及一些创业类知识讲座的内容设计偏学院化,与市场产品之间还需要一个极长时间的成果转化过程。只有将这个转化周期缩短,才能更好地促进青年创新创业发展。

2. 对创新创业人才的吸纳与留用不足

现在国家间竞争的关键在于人才的竞争,企业亦是如此。无论对国际知名企业,还是对处于初创阶段的规模较小、竞争力较弱的企业来说,人才的获取和留用都是备受关注的问题。哪个企业能够获得足够的人才,就能在企业的竞争中占据一定的优势。而随着人才的作用不断提高,企业间对人才的

争夺也逐渐激烈化，在此竞争中，大企业往往处于优势位置，而小企业尤其是处于初创期的小企业，则处于人才竞争的不利位置。2017 年广州初创青年的调查报告显示，广州企业对人才的需求还没有被满足，普遍存在人才缺乏的问题①。本次问卷调查的结果也显示，87.5% 的企业存在人才缺乏问题（见表16）。此次调研也发现，企业和孵化基地留住有价值的"双创"团队还是比较困难的，它们也希望多多进驻有价值、有水平的"双创"团队。不少创业者也反映，对科技型人才的需求量大。打破政策壁垒，优化生活配套环境，提高人才的福利待遇，是吸引优秀人才留在广州的重要措施。

表 16　企业人才缺乏的情况

您的企业是否缺乏人才	人数	比例
是	21	87.5%
否	3	12.5%
合计	24	

四　广州共青团"双创"服务机制

（一）服务路径

1. 以创业大赛为主线，构建青年创新创业生态圈

2013 年，共青团广州市委员会与市工信委、市教育局、市人社局、市科创委等 12 个部门联合主办，市青创中心等单位承办了首届"青创杯"广州青年创新创业大赛，之后每年举办一届。在该赛事的《宣传服务手册》中写明了团市委等主办单位组织该赛事的目的："以'青创广州'工作品牌为统领，通过举办'青创杯'广州青年创新创业大赛系列活动，开展'青

① 数据来自《2017 年广州市促进初创青年创业情况调研报告》（内部资料，由广州市青年就业创业服务中心提供）。

创班'广州青年创新创业人才计划,搭建'青创广州'青年创新创业培育平台,全面实施国际青年创新创业人才'引才、培才、优才'三大计划,构建起'培训提升—展示交流—要素对接'的青年创新创业服务链,探索出一条广州青年创业创新之路。"

首先,大赛在政策支持上发力,设置了总奖金达 62 万元的丰厚奖励,其中一等奖奖励 10 万元,二等奖 5 万元,三等奖 2 万元,优胜奖 1 万元。其次,据市青创中心工作人员介绍,凡是进入决赛前 100 名的选手,都可以申请到市科创委提供的 2 万元政策补贴和市人社局提供的 2000 元创业带动就业补贴。大赛为获奖青年和团队提供进驻青年创业孵化基地的机会和系统的扶持服务,以及创业导师指导和创新创业培育平台孵化等服务。大赛结束后,还为参赛青年和团队提供创新创业知识培训等服务,包括组织"青创广州"训练营和"创新工坊",开办青创班、知识技能培训讲座,开展"青创广州"青年创新创业宣传推广等活动。

由此可见,共青团探索以创新创业大赛为主线,为创新创业青年打造从培训提升到展示交流再到要素对接的创新创业服务链条,构建了良好的青年创新创业生态圈。

仅以前四届"青创杯"广州青年创新创业大赛为例,在创意和项目方面,共吸引来自国内外的 7890 个创业项目参赛,线上、线下共覆盖超过 20 万名青年。在孵化过程中,开设"青创班",助力对青创人才的培训提升。在产出和推送方面,不仅为创业青年组织风险投资对接会百余场,更促成了青年创业项目投资逾 2 亿元①。

2. 以青创孵化基地为载体,完善青年创新创业生态圈

为积极引导、促进和服务于广州青年创新创业,按照《关于大力建设青年就业创业孵化基地 促进广州青年就业创业工作方案》②的工作要求,广州市青年就业创业服务中心成立了专项工作小组,草拟了《广州青年就业

---

① 《"青创杯"第五届青创大赛启动》,《信息时报》2017 年 11 月 11 日。
② 该方案由共青团广州市委、广州市科技和信息化局、广州市人力资源和社会保障局印发,于 2014 年 10 月 8 日经广州市政府第 14 届 135 次常务会议审议通过。

创业孵化基地建设及运营方案》。采用联合共建模式，大力建设广州青年就业创业孵化基地，为其提供办公场地、导师辅导、投融资对接等14项有效孵化扶持服务，引导青年创新创业，进一步完善广州青年创新创业服务体系。

截至2017年10月，经认定的广州青年就业创业孵化基地数量已经达到40家，总孵化面积逾31.3万平方米，可容纳2700多个创业社团入驻，创业孵化基地常态化为入驻项目提供政策咨询、投融资对接、培训指导等14项服务，以及富有基地特色的差异化创业服务。①

为更好地整合和管理广州青年就业创业孵化基地，广州团市委对现有的孵化基地进行重新考核和规范管理，指导各区团委建立起各区青年就业创业孵化基地的建设标准和考核标准，并重点打造广州青年就业创业孵化基地，发挥孵化基地的示范带动作用。

孵化基地的示范作用体现在：组建专业化运营团队；规范化建设，编写基地服务手册，明确了基地的配套服务内容，团队入孵、出孵和解孵的条件等细则，对进驻孵化的创业团队进行规范化管理，完善各项服务内容；对接"青创杯"广州青年创新创业大赛获奖团队，提供免租或优惠入驻；对接市场，举办创业项目风投会、对接会；扩展手续代办、导师辅导、政策咨询、讲座培训等优惠扶持服务；积极提升入孵企业注册公司的转化率；帮助初创团队能按时结业，并做好结业项目向孵化器推荐推送的工作；等等。

此次调研我们走访了一些高质量的创新创业孵化基地，包括众创五号空间和岭南V谷，发现在这些创新创业孵化基地中，廉价或免费的工作卡位、创新创业知识技能培训和讲座、政策解读和宣传服务等已经成为平台必备的服务项目，孵化基地的服务已逐渐完善。正如某研究院创新工场的负责人所言，"孵化，我们是认真的"。

3. 借助创新工坊等活动，扩展青年创新创业生态圈

"创新工坊"作为培养青年创新意识的重要载体而备受重视。它以市青创中心的各类就业创业服务资源为依托，以广州青年创业学院的创新创业课

---

① 可参考广州市青年就业创业服务中心《青创广州创业地图》，2017年10月。

程及培训活动为内容，通过系统化、专题化的培训，设计具有特色的创新素养培训和创业心理辅导等课程，为广州市孵化基地和社区青年、高校大学生提供就业创业培训服务。

另外，一些创新创立孵化基地也建立了自己的"创新工坊"，采用比赛形式，邀请企业为比赛命题，吸纳学生进行项目创新，培养学生的知识技能和对市场的认识。

"创新工坊"作为联合高校、企业、孵化基地三方力量进行思想交流和知识技能培养的平台，有助于扩展思维、激发创新，为青年创新创业打下了良好的基础。同时，也扩展了创新创业生态圈对青年的覆盖范围。

4. 以创新创业相关社会组织为抓手，服务青年创新创业生态圈

为解决青年"双创"过程中遇到的政策对接、成果转化等困难，广州共青团积极整合各类社会组织和资源参与创新产业服务平台建设，将一些政策咨询、汇总、宣传等工作外包给专门的社会团体；推动成立服务公司，进行专门的成果转化服务。

通过一系列辅助平台建设，广州共青团在高质量完成基本的创新创业服务工作的同时，不仅能为"双创"青年和孵化基地提供系统性的政策咨询服务，降低政策对接难度，还能积极推动青年创新创业的成果转化，促进企业成功孵化。

（二）服务效果

广州共青团以"青创杯"广州青年创新创业大赛为主线，以创新创业孵化基地为载体，以"创新工坊"等为要素，整合出相对完善的创新创业链条。广州共青团通过不断努力取得了一定的成果，提升了服务水平。在"兼职猫"项目、"ESUN智暖垫"项目等创业历程中，我们可以看到广州青年"双创"服务的发展脉络和现实效果。从鼓励创新创意项目诞生，到培训提升、大赛展示、资源对接，广州共青团开展的各类青年创新创业服务扎实、有力，并不断迭代、推陈出新。

以众创五号空间为例。它成立于2015年5月，是华南地区较早的基于"智慧互联"概念形成的青年创业生态社区。众创五号空间仅用了一年多时

间，就先后取得了市级、省级青创孵化基地、众创空间等资质，并以优秀的表现成为第三批"国家级众创空间"单位。在全球领先的移动互联网第三方权威数据挖掘和分析机构艾媒咨询（iMedia Research）发布的《2016年中国众创空间综合竞争力排行榜》中，众创五号空间位列全国第37名（广东省共4家众创空间名列榜单）。

2016年，入驻众创五号空间的创业团队和企业有27个（家），使创业团队和企业总数达到80个（家），吸纳应届大学毕业生365人，大学生创业占创业团队（项目）的76%。2016年，园区实现总产值10亿元，提供近1800个就业岗位。在创新创业的资金获取方面，各项政策补贴的申请额在500万元～900万元之间。以地方创业政策扶持为助力，结合"孵化＋投资"模式，众创五号空间的基金总规模接近10亿元。在知识技能培训方面，2016年举办了近100场活动，包括各类路演、大赛、讲座和培训、行业活动和沙龙、交流会等多种形式，提供创业教育培训、技术创新等辅导服务，实现项目辅导、商业模式优化、媒体传播、人才引入、企业资源嫁接相结合，为初创型企业构建多样化的创客空间和多元化服务，共服务创业者约3000人次。在成果转化方面，截至2016年底，众创五号空间内常驻企业和团队拥有的有效知识产权超过100项，增长速度快。2016年，空间内企业经过高新技术企业认定、高新技术企业培育入库、广州市科技小巨人入库的共计15项，其中经过高新技术企业认定的有6项。在企业孵化成果方面，考拉、机智云是孵化成功的典型企业。2016年，两个企业的人数均为200人左右，营业收入均过千万元，均完成B轮融资，融资金额均过亿元。

五　广州共青团"双创"工作路径总结与建议

（一）"双创"工作路径总结

1. 广州共青团"双创"工作路径的长处和短处

广州青年创新创业工作的重点和突破点均在于如何整合资源、搭建服务平台，引导青年进行创新创业。

广州共青团"双创"工作路径最重要和最宝贵的经验有：在服务理念上，在服务青年创新创业的过程中，注重对从青年创业的意识萌发到创业企业孵化成功整个创新创业链开展全程的跟踪服务，强调广州共青团在服务过程中的引导作用和责任。在具体执行中，一方面与社会组织和专业公司合作共建，改善政策执行过程中信息传递不畅的情况，实现资源的有效整合；另一方面利用自身与青年群体的特殊联系，有效联结高校在校青年、社会有志青年、企业、创新创业孵化基地、创新创业师资力量以及政府部门等各方力量，打造广州市青年创新创业生态圈，将青年"双创"群体的需求与服务进行有效整合。

问卷调查显示，"双创"服务机构工作人员对共青团组织在青年"双创"中发挥的作用总体上表示满意，有 41.18% 被访者表示非常满意，32.35% 的被访者表示比较满意（见表 17）。

表17　"双创"服务机构工作人员对共青团组织在青年"双创"中的表现的满意度

你对共青团组织在青年"双创"中 发挥的作用是否满意	人数	比例
非常满意	14	41.18%
比较满意	11	32.35%
一般	9	26.47%
不太满意	0	0
非常不满意	0	0
合计	34	

但是我们也必须看到，对于不同类型、行业的创新创业服务机构和孵化基地来说，目前仍存在资金、政策扶持不足问题；相关管理部门分散，管理力量和手段较为单一；对不同特征的创新创业青年的吸纳和覆盖有限，在人才留用上还存在不足；等等。

"双创"服务机构的工作人员认为，广州市"双创"服务还需要在一些方面继续加强力度，其中需求最为迫切的就是资源对接类服务，有64.71%的被访者做了选择，这与前文所述双创青年的需求一致（见表18）。其次是创业就业综合服务平台（58.82%）、创业公开课（52.94%）、人力资源类和技术支持类（均为44.12%）服务方面，这与被服务群体——"双创"青年的需求存在差异（见表18）。

表18　广州市"双创"服务加强类型分布（服务机构工作人员）（多选）

你认为目前广州市青年"双创"服务在哪些方面需要加强	人数	比例
人力资源类	15	44.12%
法律支持类	12	35.29%
财务管理类	7	20.59%
技术支持类	15	44.12%
用户体验类	13	38.24%
市场传播类	13	38.24%
创业公开课	18	52.94%
资源对接类	22	64.71%
创业就业综合服务平台	20	58.82%
其他	1	2.94%
合计	34	

2. 初步形成枢纽型"双创"服务路径模式

前文已经指出，创新创业服务的重点和突破点就是对各渠道资源的整合。广州团市委目前的服务路径，主要包括两部分：一是整合多方资源，提供多元化服务；二是对业务主管部门和其他政府部门转移的事务性工作的协调与管理。广州共青团的枢纽型服务路径实现了管办分离，在推动孵化基地建设时，只践行指导职责，而不作为实际执行单位，逐步实现与孵化基地、相关社会组织和专业公司在人、财、物方面的分离。并且在统合孵化基地、相关社会组织、专业服务公司的需求和服务资源时能进行有效管理，不断促进创新创业青年主体的自我发育、自主发展。目前，广州共青团已初步形成了以"青创杯"广州青年创新创业大赛为主线，以创新创业孵化基地为载体，以相关社会组织、专业服务公司为扶手的网络式青年创新创业生态圈，充分发挥了广州团市委枢纽型服务路径模式在提供创新创业服务、提升创新创业管理水平中的作用。

（二）建议

目前，广州青年创新创业枢纽型服务路径模式初步形成，应该进一步发展和完善，使其发挥更大的服务功能。

1. 通过组织建设，完善枢纽型"双创"服务平台

一是加强对青年"双创"工作的统筹协调力度，完善对服务平台的管理和推进。目前，广州市成立了由团市委、市科创委、市教育局等单位主要负责人担任召集人的"青年创业工作联席会议"，并在前期工作中发挥了积极作用。但是，由于青年"双创"工作涉及多个部门，同时由于部门实施主体过于分散，联动、协作机制不够完善，缺乏有效统筹，部门层次的联席会议难以很好地发挥统筹协调作用。因此，建议提升青年创业工作联席会议的规格，由市长或副市长担任联席会议召集人，全面统筹青年创业工作，下设联席会议办公室（在团市委），每半年召开一次联席会议，联席会议成员单位之间要群策群力、平台互通、资源共享。

二是加强团市委专门部门与各个要素之间的衔接工作。目前广州共青团与孵化基地、高校、企业之间的资源衔接相对松散，各个群体之间的需求和服务对接还需更近一步整合，以提升资源互通的通畅与效率。

2. 提升政策落实力度，改善青年"双创"的政策环境

一是梳理广州各部门青年创新创业政策与落实单位和流程。目前，广州市工信委、人社局、科创委等相关职能部门针对创新创业均出台了许多扶持政策，但针对青年群体的专属政策较为缺乏，专门的政策宣传平台也缺乏，政策知晓率和应用率较低。建议全面梳理各部门、各单位、各系统关于扶持青年创新创业的政策文件，补充完善各项政策制度对应的实施细则，并形成专门的政策宣传平台，统一对外宣传，例如国务院建立关于各部门、各省的创新创业政策的宣传平台。要做好政策对接与应用工作。

二是大力发展完善人才政策。紧紧围绕广州市人才高地建设的目标，积极推动设立青年创新创业人才政策，大力建设粤港澳大湾区青年人才工作站，依托工作站为各类创新创业人才提供系统孵化和扶持服务。

三是借助粤港澳大湾区建设，提升广州市创新创业优势。以粤港澳大湾区建设为契机，常态化、高频率地开展粤港澳青年创新创业交流活动，加强粤港澳青少年文化交流，开展多种形式的国情体验、实习交流，通过活动宣传广州本土文化、介绍广州经贸环境、推介广州人才政策，让港澳青年深入了解广州、认识广州，吸引港澳青年人才特别是青年专才来穗创新创业，打造粤港澳科技创新与服务贸易合作新高地。

3. 引领青年"双创"的正确价值导向，提高社会效益

一是加强青年"双创"的正面舆论宣传引导。充分发挥本土和各类主流新闻媒体的宣传引导作用，大力弘扬广州敢为人先、求真务实的创业精神与实业家精神，倡导宽容失败、长期坚持与承担社会责任的创业文化。报道一批青年创新创业先进事迹，树立一批青年创新创业楷模，培育崇尚创新创业的价值导向，在全社会形成鼓励、支持、帮助青年创业的社会文化环境，营造良好的青年创新创业氛围，推行良好的创新创业价值理念。

二是对公益类、社会价值类创新创业活动给予更多的扶持和鼓励。充分发挥广州在人文与教育方面的资源优势，向公益类、社会价值类创新创业活动做出一定的政策倾斜，引导具有正能量的青年创新创业情怀，凸显青年"双创"的社会价值与人文关怀。

4. 建立和健全青年创新创业教育体系

一是深化高校"双创"教育改革，树立先进的"双创"教育理念。这不仅是推进高等教育综合改革的突破口，更是推动高校毕业生更高质量创业就业的重要举措。创新创业教育不仅要注重知识传授，也要注重创业实践能力的培养，两手都要抓，两手都要硬。创新创业教育不仅仅要面向有创新创业意愿的学生，更要面向全体学生，切实增强学生的创新精神、创业意识和创业能力。同时，严格贯彻落实《国务院办公厅关于深化高等学校创新创业教育改革的实施意见》，建立个性化培养教学管理制度，推行休学创新创

业，改革学生学业考核评价办法，努力造就"大众创业、万众创新"的生力军，不断提高高等教育的质量。

二是鼓励有条件的高校设立创业学院，系统培养青年大学生的创业素质和能力。一方面，建设一支专业化师资队伍，坚持全员参加、专兼结合，配齐配强创新创业教育教师队伍，建议聘请成功创业者作为校外导师参与经验传授；另一方面，改革教学内容和方式方法，组织开展专门培训和实践培训，探索建立个性化、类别化培养的教学管理制度，提升创新创业的培养成果。

三是强化"双创"实践教育，提升青年创新型人才质量。强化学生创业见习，加强高校实验、教学资源建设和共享，广泛搭建实习实训平台，鼓励发展一批经营较为成熟、社会责任感强的创业企业作为见习基地。由"政、校、企"三方共建青年就业创业孵化基地，为创业学生提供创业实践和指导，形成教学与实践相结合的高校创新创业教育体系，进一步提升创新创业的科技内涵，着力激发专业技术人才、高技能人才等的创造潜能，强化基础研究和应用技术研究的有机衔接，加速科技成果向现实生产力转化。

四是加强对社会青年"双创"的知识教育。目前的创新创业知识技能培训多在高校，面向的人群多为高校大学生；而孵化基地的知识技能培训则面向的是入驻其中的青年和团队，社会青年获取知识教育的途径缺乏。广州市青创中心、广州青创学院开办了面向社会青年的创业课程班，广州市同时鼓励高校开展这方面的课程设置。

5. 推进人才服务机制建设

一是建立职业技术类青年人才留在广州的绿色通道。人才留用是广州目前企业发展和创新创业的一个重点。近年来广州的人才引进大多是面向高端人才，而中端人才，尤其是行业发展急需的、具有丰富经验或优良实操水平的职业技术类青年人才也是创新创业和企业发展的重要人才支柱，且有着较大的缺口。建议制定面向中端人才，尤其是职业技术类青年人才的留用政策和发展扶持机制。

二是建立应届大学生留在广州的绿色通道。目前，广州市已经建立了

"人才绿卡"制度，主要面向高层次、高技能人才和各领域专家等，这对人才引进发挥了重要作用。但青年大学生群体"人才绿卡"制度方面还存在政策空白地带，建议通过部门联动，开设青年大学生创业绿色通道，为国内外有发展潜力的优秀青年大学生在穗创新创业提供项目资助、安居落户、创业贷款、生活津贴、科研资助、税收减免等快速便捷的一站式服务。

三是建立人才发掘和交流机制。通过整合提升创新创业大赛的国际化水平和规格，大浪淘金，对在大赛中脱颖而出的青年进行专门的扶持和培养，作为创新创业人才的储备库。与此同时，进一步聚集"IAB""NEM"计划等重点战略产业布局，与各个创新创业基地、团体之间通过各类交流活动进行人才交流，建立兼职、顾问等人才交流制度，灵活满足各类团队的人才需求。

6.强化对青年人才创新创业的金融支持

一是设立广州青年创业发展基金，并建立有效的分类申请评估机制。《中长期青年发展规划（2016—2025年）》提出："支持青年创业基金发展，发挥好国家新兴产业创业投资引导基金和中小企业发展基金等政府引导基金的作用，带动社会资本投入，解决青年创业融资难的问题。"建议设立广州青年创业发展基金，同时配套一定的政府引导基金，带动社会资金和金融资本，为青年人才创新创业打造种子期、初创期、发展期、成熟期全链条金融支撑体系，重点提供金融、法律和政务等服务。有效的分类申请评估机制，一方面可以对套用政策的项目防微杜渐，另一方面可以提升资金帮扶的差异化和效率。

二是加大青年创业金融服务的落地力度。健全小额信贷机制，鼓励和支持银行向青年创新创业型企业发放贷款，并给予企业相关的贴息补助支持；支持创业担保贷款发展，健全青年创新创业贷款的信用担保体系，建立市级青年创新创业担保基金公司，积极培育、引进和发展天使投资基金、私募基金公司等，解决青年创业融资难题。

三是扩大帮扶资金，实现资金支持多元化。目前，青年创新创业资金来源渠道较为单一，尤其是一些需要长期投入人力、物力与技术支持，投资回报周期长，但有良好的发展前景和社会效益的企业，在孵化和发展阶段往往会遇到资金瓶颈，导致企业发展停滞甚至创业失败。共青团在其中应当起到企业融资引领作用和资源链接作用。一方面，鼓励青年尝试多渠道筹集资金；另一方面，积极推进政府帮扶与社会参与结合的资金筹集方式，鼓励政府、金融部门、成功企业、社会组织合力缓解有潜力的青年在创业的各个阶段可能面临的资金匮乏问题。

广州大学生就业创业需求
及对策研究调研报告

孙 慧[*]

摘 要： 本报告从就业意愿与需求、创业意愿与需求两大维度分析了广州大学生就业创业的现状及特点。研究发现，继续学习深造、考取"体制内"单位是大学生面对"就业难"问题时的重要选择方向；大学生就业意愿多元化发展，新兴互联网创业企业成为职场"香饽饽"；而广州大学生的就业需求侧重于个人能力的提升及就业信息的获知。为了证明自己的能力是广州大学生创业最主要的动机，他们创业首选 IT 等高科技行业；广州大学生对创业扶持政策缺乏了解；广州大学生希望创业指导教育课程更注重创业实践、技能和环境分析；创业扶持需求主要集中在资金、审批、组织化等方面。基于这些发现，本报告从政府、高校、大学生个体等层面提出了相应的对策建议。

关键词： 大学生 就业 创业 广州

一 研究背景及目的

（一）研究背景

就业事关经济发展和民生改善，促进创业、以创业带动就业已成为国家

---

* 孙慧，广州市团校、广州市穗港澳青少年研究所助理研究员，主要研究方向为青年就业、共青团工作等。

推动经济社会发展的重要战略之一。党的十七大报告明确提出"完善支持自主创业、自谋职业政策，加强就业观念教育，使更多劳动者成为创业者"。之后，党的十八大、十九大报告更是反复重申创新创业、以创业带动就业战略的重要性，进一步明确了创业在推动经济社会发展和改善民生中的战略地位。2018年3月，习近平总书记在参加十三届全国人大一次会议广东代表团的审议时指出："发展是第一要务，人才是第一资源，创新是第一动力……强起来要靠创新，创新要靠人才。"①

大学生作为整个社会最有创新精神的群体，是国家经济和社会发展的重要推动者。大学生的就业一直是国家、社会和家庭极为关注的话题。每到毕业季，我国都有数以百万计的大学应届毕业生涌入求职市场，面临择业的问题。教育部公布的相关数据显示，2018年全国普通高校毕业生有820万人，整体就业形势严峻，就业压力较大。广州作为沿海发达城市，除了吸纳当地高校毕业生外，更是吸引了国内外大批应届和往届高校毕业生前往就业。据教育部电子注册学籍数据显示，2018年广东省高校毕业生有57.14万人，比2017年增加了1.15万人，加上外省入粤求职的应届毕业生，规模将更加庞大。这预示着广州高校应届毕业生面临激烈的就业竞争，"就业难"问题凸显。在此背景下，积极引导高校毕业生创业，将就业和创业结合起来，以创新创业带动就业，已成为解决高校毕业生就业难题的重要途径之一。

（二）研究目的

本研究旨在摸清广州高校大学生就业创业意向以及广州大学生就业创业形势等内容，并挖掘广州大学生就业创业的相关数据，分析大学生的实际需求，并提出切实有效的对策，促进大学生就业创业。

---

① 新华网，http://www.xinhuanet.com/politics/2018lh/2018-03/07/c_1122502719.htm。

二 课题研究的基本情况

（一）研究对象及调查的总体情况

本课题的研究对象为广州市范围内高等院校的在校学生，包括研究生、本科生与大专学生。

据广州市统计局发布的《2017 广州统计年鉴》，2016 年广州全市有高等院校 81 所，本科、专科在校学生 1057281 人，其中本科生 623331 人，专科学生 433950 人。有研究生培养资格的高校有 19 所，在校研究生共 81979 人，其中硕士研究生 67447 人，博士研究生 14532 人。

（二）研究方法

1. 问卷调查

本次调研自制《广州大学生就业创业需求及对策研究调查问卷》，采用电子问卷的方式发放给学生填答（2018 年 3 月），最后用 SPSS17.0 软件统计数据。

（1）问卷调查抽样方案

根据简单随机抽样的原则，在 95% 的置信区间和 3% 的允许误差条件下，样本量为 1067 人[①]。另据广州市 2016 年高等院校在校学生数量和研究生数量，确定本次调研的样本量为 1200 人。抽样主要采取分层配额抽样的方法。

广州共有高等院校 81 所，根据学校的性质，我们抽取了 8 所高等院校，包括华南理工大学、暨南大学、华南师范大学、广东外语外贸大学、广州大学、广州番禺职业技术学院、广州城市职业技术学院、广州涉外经济职业技术学院。按每所学校的博士研究生、硕士研究生、本科生、专科生在校学生

---

① 杜智敏编著《抽样调查与 SPSS 应用》，电子工业出版社，2010，第 176 页。

人数分配样本量。

（2）调查问卷回收情况

本次调查共回收有效问卷 1037 份，有效回收率为 86.42%。

（3）样本基本情况

本次研究共调查大学生 1037 名，平均年龄为 20 周岁，样本具体分布情况如表 1 所示。

表 1　样本分布情况

		频数	百分比（%）
性别	男	448	43.2
	女	589	56.8
年龄	平均 20 周岁		
籍贯	广州市	159	15.3
	广东省其他地市	661	63.7
	其他省份和地区	217	20.9
是否为独生子女	是	295	28.4
	否	742	71.6
年级	大一	443	42.7
	大二	245	23.6
	大三	205	19.8
	大四	78	7.5
	硕士研究生	51	4.9
	博士研究生	15	1.4
政治面貌	中共党员	72	6.9
	共青团员	902	87.0
	其他民主党派人士	4	0.4
	群众	59	5.7
专业	理工类	520	50.1
	文史类	183	17.6
	经管类	210	20.3
	农林牧副渔类	11	1.1
	医学类	11	1.1
	艺术类	52	5.0
	其他	50	4.8

续表

		频数	百分比（%）
学校类型	重点本科	509	49.1
	一般本科	89	8.6
	大专	437	42.1
	其他	2	0.2

2. 举办座谈会

课题组先后赴部分高校、创业孵化基地、政府职能部门等召开座谈会，以便更加翔实地了解广州大学生就业创业的现状及需求，探究如何更好地服务于大学生就业创业，促进大学生就业创业工作的开展。

3. 文献分析法

通过对与广州大学生就业创业相关的文献、资料、政策等进行收集、梳理，并结合问卷调查与个案访谈，我们可以了解广州大学生就业创业所处的政策环境，分析广州大学生就业创业的现状与特点。

三　调研发现

（一）广东高校毕业生整体就业创业情况

1. 高校毕业生人数逐年增加，整体就业率稳中有升

广东省教育厅历年发布的广东高校毕业生就业质量年度报告显示，2015年全省普通高校应届毕业生人数为51.9万人；2016年为53.5万人，比2015年增加了1.6万人；2017年共有55.99万人，比2016年增加了2.49万人。教育部电子注册学籍数据显示，2018年广东省高校毕业生有57.14万人，比2017年增加了1.15万人。除去因休学、结业、肄业等未取得毕业资格的学生，2016年实际就业的毕业生人数为50.54万人，比上年增加了1.2万人，增幅为2.43%。2017年实际就业的毕业生人数为52.86万人，其中研究生2.49万人、本科生24.11万人、专科生26.26万人。在就业率方面，2015年全省应

届高校毕业生的初次就业率为 94.8%，其中研究生为 90.19%，本科生为 94.08%，专科生为 95.91%；2016 年全省应届高校毕业生初次就业率为 95.11%，其中研究生为 91.51%，本科生为 94.80%，专科生为 95.75%；2017 年，广东省普通高校应届毕业生初次就业率为 95.10%，其中研究生为 92.88%，本科生为 94.99%，专科生为 95.40%。从以上数据可以看出，广东高校毕业生人数节节攀高，初次就业率呈现稳中有升的趋势。

2. 九成以上的高校毕业生选择留粤就业，广州的吸引力最大

广东高校毕业生就业质量年度报告显示，2015 年，广东高校毕业生在广东省就业的占已就业毕业生的 94.80%。其中，珠江三角洲地区 9 个地级市共吸纳了 36.36 万名毕业生，占已就业毕业生总数的 82.02%。其中，到广州市就业的毕业生最多，有 15.72 万人，占已就业毕业生的 35.45%；其次是深圳市，有 6.89 万人，占 15.55%；居第三位的是佛山市，有 3.94 万人，占 8.88%。2016 年，广东高校毕业生在广东省就业的占已就业毕业生的 94.64%。其中，珠三角 9 个地级市共吸纳了 37.33 万名毕业生，占已就业毕业生总数的 82.18%。其中，到广州市就业的毕业生最多，有 16.32 万人，占已就业毕业生的 35.93%；其次是深圳市，有 7.51 万人，占 16.53%；居第三位的是佛山市，有 3.81 万人，占 8.38%。2017 年，广东高校毕业生在广东省就业的占已就业毕业生的 94.71%。珠三角地区 9 个地级市共吸纳了 38.66 万名毕业生，占已就业毕业生总数的 82.19%。其中，到广州市就业的毕业生最多，有 16.75 万人，占已就业毕业生的 35.61%；其次是深圳市，有 8.02 万人，占 17.04%；居第三位的是佛山市，有 4.05 万人，占 8.61%。

从广州各高校毕业生就业质量年度报告也可以看出，不管是何性质的高校，毕业生选择留在广州工作的比例均最高。从部属高校来看，2017 年，中山大学应届毕业生在广州就业的比例最高，占 44.7%；其次为深圳，占 24.6%；居第三位的是珠三角其他地区，占 8.6%。华南理工大学 2017 届毕业生留在广州工作的占比为 39.7%；其次为深圳，占 25.8%；第三为佛山，占 5.1%。从省属高校来看，华南师范大学 2017 届毕业生在广州市、

深圳市和佛山市就业的比例分别为31.82%、15.91%和11.67%。广东外语外贸大学2017届毕业生就业地域主要集中在广东省（87.53%）。其中，本科生在广州就业的占50.93%，在深圳就业的占17.25%，在佛山就业的占6.76%；研究生在广州就业的占42.72%，在深圳就业的占15.86%，在佛山就业的占4.38%。从市属高校来看，广州大学毕业生中有93.46%选择在广东省内就业，其中留在广州市的占68.65%，其次为深圳市，占9.55%。广州医科大学2017届毕业生中，98.77%的专科生选择在本省就业，其中在广州地区的占47.35%；88.27%的本科生选择在粤就业，其中在广州地区的占69.75%；79.21%的研究生选择在广东省就业，其中在广州地区的占51.80%。在职业技术类学校中，广州番禺职业技术学院2017届毕业生留穗工作的人数为2880人，占比为68.56%。广州城市职业学院2017届毕业生中，有98.1%的人在广东省就业。毕业生就业量最大的城市为广州，占69.0%；其次为深圳，占8.5%；第三为佛山，占5.2%。

3. 广东高校毕业生创业比例偏低

广东省教育厅发布的《广东高校2015年毕业生就业质量年度报告》数据显示，2015年，广东高校自主创业的毕业生人数为3671人，创业比例为0.74%；2016年，自主创业的广东高校毕业生人数为3261人，创业比例为0.65%。广州生源高校毕业生创业情况同样如此。中国南方人才市场发布的《2016年上半年才市分析》显示，2015届广州生源高校毕业生共有50117人，截至2016年6月底，就业率达到97.42%。在毕业去向方面，只有9%左右的学生会进行创业。广州市高校毕业生就业指导中心数据显示，2014年广州地区普通高校毕业生人数为25万，创业人数比例约为0.3%；广州生源高校毕业生人数为5.1万，创业人数比例在1%左右。

（二）广州大学生的就业意愿与需求分析

1. 对就业前景的评估较为乐观

高校毕业生由于对社会和自己的认知不同，对就业前景的评估也显然不同。调查显示，8.1%的被访大学生对就业前景持非常乐观的态度，38.6%

的大学生持比较乐观的态度，41.1%的大学生的态度是一般。另外，分别有11.8%和0.5%的学生持非常担忧和无所谓的态度（见图1）。从以上数据可以看出，广州大学生对就业前景总体上是较乐观的。

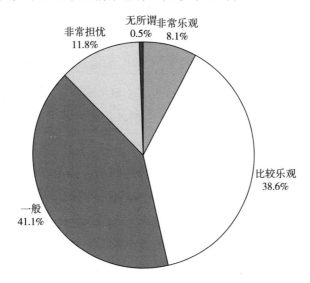

图1　广州大学生对就业前景的态度

相比较而言，男大学生对就业前景的乐观程度要高于女大学生。男大学生中分别有10.7%和42.2%的人持非常乐观和比较乐观的态度，均高于女大学生（6.1%和35.8%）。

比较理工类、文史类、经管类三大专业类型的大学生对就业前景的评估，我们发现，理工类大学生对就业前景的乐观程度高于其他两类。理工类大学生中持非常乐观和比较乐观态度的比例分别为8.9%和39.8%。文史类大学生对就业前景的乐观程度最低，持非常乐观和比较乐观态度的比例分别为4.9%和37.2%。

在学校类型方面，重点本科高校学生对就业前景的乐观程度要高于一般本科高校和大专类高校的学生。值得关注的是，大专类高校学生对就业前景的乐观程度高于一般本科高校的学生。其非常乐观和比较乐观的比例分别是7.6%和34.3%，高于一般本科高校学生（5.6%和33.7%）。

2. 继续学习深造、考取"体制内"单位是重要选择方向

数据显示，大学生对就业方面的信息比较关注。接近七成的大学生在大一、大二时就开始关注就业方面的信息，其中45.2%的学生是在大一时开始关注，24.5%的学生是在大二时开始关注；没有注意过就业方面信息的比例为15.5%。

面对"就业难"现象，36.8%的大学生选择继续学习深造，争取更高学历；16.3%的大学生选择考公务员或事业单位编制；11.8%的大学生选择自主创业；9.8%的大学生选择成为自由职业者（见图2）。可见，目前大学生面对"就业难"会选择较为积极的就业方式，选择考公务员或事业单位编制依然是大学生求职的一个重要的选择方向。

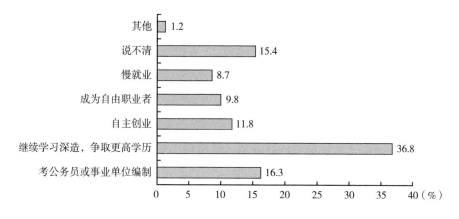

图2　面对"就业难"，大学生的职业选择

3. 就业意愿多元化，新兴互联网创业企业成为"香饽饽"

广州大学生最倾向的就业单位依然是比较稳定的国家机关、国企、事业单位等。选择事业单位的占22.4%；其次为国有企业，占21.4%；选择国家机关的有15.9%。值得关注的是，大学生选择新兴互联网创业企业的比例为17.0%，高于选择国家机关的比例，也高于选择民营企业（11.4%）和三资企业（4.2%）的比例（见图3）。此外，75.3%的被访大学生表示，只要有好的机会，愿意从事专业不对口的工作。这表明广州大学生的就业意

向更加多元化，而且更为灵活，大学生勇于涉猎新的领域。我们相信，新兴互联网创业企业未来将成为更加热门的求职选择。

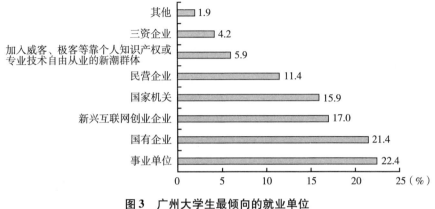

图3　广州大学生最倾向的就业单位

4. 收入、稳定性、是否符合自身兴趣等是广州大学生择业时主要关注的

大学生选择就业单位与其就业价值观之间具有明显的相关性。调查显示，广州大学生在选择工作时考虑的因素居于前三位的是"收入高"（24.4%）、"符合自己的兴趣和志向"（22.0%）、"工作稳定"（14.9%）（见表2）。我们将择业关注因素与最倾向的就业单位进行交叉分析发现，看重"收入高"的大学生，其倾向的就业单位依次是国家机关、事业单位、国有企业，选择新兴互联网创业企业的比例也较高；看重"工作稳定"的大学生，倾向的就业单位依次为国有企业、事业单位、国家机关；而看重"符合自己的兴趣和志向"的大学生选择新兴互联网创业企业的比例远高于其他单位类型。由此可见，相比于体制内的就业单位，广州大学生选择新兴互联网创业企业，一方面是因为目前互联网符合大学生的志向和兴趣，可以有更大的创新空间，另一方面是因为互联网企业的薪资水平也较为符合大学生的预期。

5. 期待月薪平均为5647.3元，学历与期待月薪高低呈正比

调查显示，大学生月薪期待各有不同，主要集中在4000～10000元，平均为5647.3元。其中，重点本科毕业生的期待月薪平均为6464.7元，

一般本科生期待的月薪平均为 6157.3 元，大专毕业生期待的月薪平均为 4600.6 元（见表 3）。可见，学历越高、学校越好，对月薪的期待越高。

表 2   选择工作时你考虑最多的因素

单位：%

考虑因素	百分比	考虑因素	百分比
收入高	24.4	有成就感	4.2
压力不大	4.6	专业对口	2.1
工作稳定	14.9	符合自己的兴趣和志向	22.0
受人尊重	3.8	适合自己的能力	8.1
上下班的时间合适	5.4	不知道	0.7
能发挥主动性	7.5	其他	0.9
有较多休假	1.5	合计	100.0

表 3   大学生期待的月薪

单位：元

高校类型	期待的月薪
重点本科	6464.7
一般本科	6157.3
大　专	4600.6
总体平均	5647.3

6. 倾向于在沿海发达城市就业，生源地影响其对就业地区的选择

调查显示，76.6% 的广州大学生倾向的就业地区集中在东部大城市，其中"首选沿海发达城市"的占 32.4%，"一定要在珠三角地区发达城市"的占 18.2%，在"北京、上海、广州、深圳等大城市"的占 16.8%，"一定要在广州市"的占 9.2%。选择"国家政策鼓励的中西部或边远地区"的只占 0.9%。此外，还有 18.8% 的大学生表示"无所谓地域性，工作合适就行"（见表 4）。

表4 大学生倾向的就业地区

单位：%

倾向的就业地区	百分比
一定要在广州市	9.2
一定要在珠三角地区发达城市（包括广州）	18.2
首选沿海发达城市（包括珠三角地区城市），如果内地有好的机会也可以考虑	32.4
北京、上海、广州、深圳等大城市	16.8
国家政策鼓励的中西部或边远地区	0.9
港、澳地区	0.6
国外	1.1
无所谓地域性，工作合适就行	18.8
其他	2.1
合计	100.0

大学生的就业地区倾向一定程度上与其籍贯有关。研究发现，户籍地为广州的大学生中，有28.9%选择"一定要在广州市"，这个比例远高于户籍在其他地区的大学生。广东省其他地市籍贯的大学生倾向选择沿海发达城市和珠三角地区。拥有其他省份籍贯的大学生首选沿海城市的比例较高，而选择珠三角地区包括广州的比例相对较低。

7. 网络成为大学生获取就业信息的主要渠道

调查显示，76.2%的广州大学生通过网络获取相关的就业信息。其中，15.0%的大学生通过学院就业网站获取就业信息；18.3%的大学生通过学校就业网站获取；42.9%的大学生通过其他相关就业网站获取。另有23.8%的广州大学生通过传统渠道获取相关的就业信息，其中4.2%的大学生通过学校就业宣传橱窗、报纸获取，6.9%的大学生通过学院老师介绍，10.6%的大学生通过亲戚朋友介绍；2.1%的大学生选择其他方式（见图4）。

由此可见，在互联网时代，大学生的就业信息渠道已集中在互联网，校外就业网站更是他们获取就业信息的重要渠道。

8. 岗位知识的缺乏以及自身能力的不足严重影响求职成功率

广州大学生的求职困扰可归纳为个人因素与外在因素两方面。个人因素包括：对岗位专业知识缺乏了解；能力不足，综合素质差；求职方法和技巧

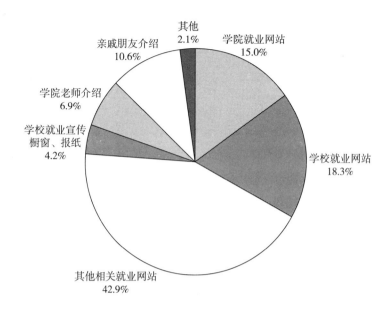

图4 大学生获取就业信息的主要渠道

欠缺；对社会缺乏了解；对企业招聘流程和基本要求缺乏了解；缺少社会关系。外在因素包括：学校就业指导不够；专业不热门；性别歧视。

调查显示，目前广州大学生的求职困扰多在于个人因素方面（83.1%），其中"对岗位专业知识缺乏了解"占24.3%，"能力不足，综合素质差"占23.1%；外在因素方面，学校就业指导不够占9.4%，专业不热门占5.6%，缺少社会关系3.9%，性别歧视占0.9%（见图5）。

可见，目前广州大学生的求职困扰主要在于自身能力素质与获取岗位信息不对称等方面。至于"专业冷热"问题已不是大学生重点考虑的，前文分析亦显示，目前大部分大学生愿意从事专业不对口的工作。

9. 就业需求侧重于个人能力的提升及就业信息的获知

调查显示，广州大学生最需要的职业指导是"求职、面试技巧、说话艺术"，占50.3%；其次是"个人职业生涯规划"，占23.2%；需要"职场中为人处世原则"指导的占17.3%（见图6）。

从表5和表6可知，被访大学生希望从学校就业指导机构获得的就业指

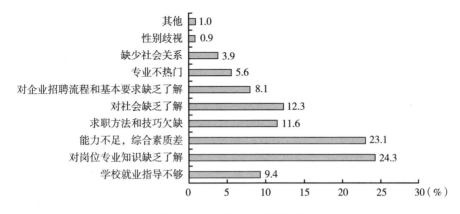

图5 广州大学生的求职困扰

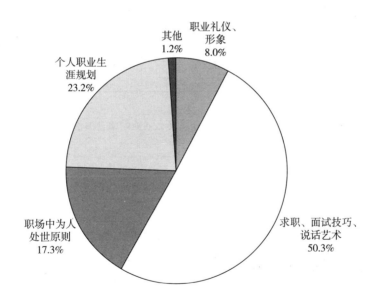

图6 广州大学生最需要哪方面职业指导

导和帮助，居前三位的分别是"求职应聘技巧指导"（47.0％）、"向社会发布毕业生的有关情况和信息"（36.6％）、"政策解释，形势分析"（34.1％）；希望从政府部门获得的就业帮助，居前三位的则分别是"提供及时的就业信息"（57.7％）、"增加就业岗位"（52.5％）、"提供专业技能培训"（41.7％）。

表5 希望从学校就业指导机构获得哪些就业指导和帮助（多选）

单位：%

希望获得的就业指导和帮助	百分比
政策解释，形势分析	34.1
求职应聘技巧指导	47.0
向社会发布毕业生的有关情况和信息	36.6
个性/能力职业测试	27.1
职业生涯规划指导	29.8
接待毕业生进行个别就业咨询谈话	12.5
收集、提供就业信息	22.4
就业心理咨询	7.1
开展毕业生就业状况（数量和去向）的调查、统计和分析	11.2
改善服务态度	1.9
简化手续	5.0
为毕业生推荐工作单位	20.2
为毕业生开设就业指导课或就业教育、讲座等	8.1
其他	0.4

表6 希望从政府部门获得什么就业帮助（多选）

单位：%

希望获得的就业帮助	百分比	希望获得的就业帮助	百分比
提供及时的就业信息	57.7	优惠政策的支持	24.5
提供就业指导	38.1	资金的支持	14.3
增加就业岗位	52.5	消除就业歧视	11.5
提供专业技能培训	41.7	其他	0.4
多举行招聘会	23.9		

从以上数据可以看出，目前广州大学生的就业需求主要是在提升个人求职技巧与获得就业信息方面，这与上述大学生的求职困扰是相对应的。

（三）广州大学生的创业意愿及需求

1. 七成以上的广州大学生具有创业意愿

调查显示，广州大学生的创业意愿较高，被访大学生中72.8%的人表示愿意创业，不愿意创业的比例为27.2%。

相比较而言，大专院校学生的创业意愿高于一般本科和重点本科的大学生。大专院校中有84.4%的学生愿意创业，一般本科院校的比例是68.5%，重点本科院校是63.8%。男大学生的创业意愿（77.4%）高于女大学生（69.4%）。经管类大学生的创业意愿低于理工类和文史类大学生。年级越低的学生创业意愿越高，大一学生有创业意愿的占80.6%，而大四学生有创业意愿的为68.0%，硕士研究生有创业意愿的占60.0%。

研究还发现，"能发挥主动性""符合自己的兴趣、志向""收入高"等因素对大学生的创业意愿有一定的影响。追求"能发挥主动性""符合的自己兴趣、志向""收入高"的大学生，其创业意愿相对高于有其他就业观念的青年。相反，追求"工作稳定""压力不大"的大学生，其创业意愿会相对较低。

由此可见，大学生的创业意愿，一方面与其学习背景（如学校类型、专业等）有密切的联系，另一方面也与其就业追求、就业观显著相关。

2. 为了证明自己的能力是创业最主要的动机，首选IT等高科技行业

调查显示，广州大学生的创业动机主要集中在三个方面："为了证明自己的能力、把握自己的命运"（34.5%）、"做自己喜欢做的事"（33.6%）、"为了追求个人财富积累"（20.7%）（见表7）。总体来看，广州大学生的创业动机主要是规划自己的人生、证明自己的能力、实现自己的价值，是一种精神的需求，同时也追求物质财富，而较少是因为生活所迫、打发时间或受潮流驱使。由此可见，目前大学生追求自我个性的释放，是否符合自己的兴趣、志向，能否发挥主动性，是大学生创业的重要影响因素。另外，追求财富收入也是助推大学生创业的一个重要因素。

在创业行业方面，调查显示，大学生的选择集中在IT等高科技行业，占21.3%，远高于其他行业的比例；以下依次是教育培训（12.8%）、文化娱乐（12.1%）、餐饮（11.1%）等（见表8）。在互联网时代，IT等高科技行业是新兴的朝阳行业，极具创新潜力。选择IT等高科技行业，更能发挥大学生的主动性，这也是青年感兴趣的方面，尤其对理工类专业学生来说，这与其创业动机是相吻合的。

表 7　广州大学生的创业动机

单位：%

创业动机	百分比
为了追求个人财富积累	20.7
为了证明自己的能力、把握自己的命运	34.5
做自己喜欢做的事	33.6
为了赢得别人的尊重	3.7
打发时间，充实生活	3.1
羡慕成功的创业者，自己跟风创业	1.6
缓解就业压力	1.7
其他	1.1
合计	100.0

表 8　广州大学生的创业行业

单位：%

创业行业	百分比	创业行业	百分比
IT 等高科技行业	21.3	农、林、牧、渔、水利业	2.0
商务咨询	6.3	加工生产行业	1.0
餐饮	11.1	文化娱乐	12.1
金融行业	8.9	还不知道，到时候看情况	18.0
销售行业	4.9	其他	1.6
教育培训	12.8		

3. 拥有足够的社会经验和管理经验是创业成功的关键

广州大学生认为，影响创业成功的因素主要是个人人力资本因素，共占 72.4%，其中选择"有足够的社会经验和管理经验"的占 26.3%，选择"正确的投资方向"的占 25.7%，选择"创业者具备创业能力"的占 13.6%，选择"创业者有良好的身体和心理素质"的占 6.8%。影响创业成功的第二类因素是个人资源方面因素，共占 21.4%，其中选择"充足的创业资金"的占 13.9%，选择"足够的人脉关系"的占 6.2%，选择"亲友的支持"的占 1.3%。社会因素影响较小，占 5.3%，其中"政府和社会的扶持"因素占 3.3%，"社会经济发展状况良好"因素占

2.0%（见表9）。

4. 对创业扶持政策了解不够

调查显示，45.2% 的被访大学生认为广州市政府重视大学生创业，44.7% 的大学生对此表示不清楚，还有 10.0% 左右的被访大学生认为广州市政府不重视大学生创业。

表9　广州大学生认为影响创业成功的主要因素

单位：%

影响成功的因素	百分比	影响成功的因素	百分比
充足的创业资金	13.9	创业者有良好的身体和心理素质	6.8
正确的投资方向	25.7	创业者具备创业能力	13.6
有足够的社会经验和管理经验	26.3	社会经济发展状况良好	2.0
政府和社会的扶持	3.3	其他	0.9
足够的人脉关系	6.2	合计	100.0
亲友的支持	1.3		

在调查中，我们列出了 9 项扶持大学生创业方面的政策，大部分受访者表示对这些扶持政策不清楚。其中，60.17% 的被访者不清楚广州市是否对创业大学生提供租金补贴；59.4% 的被访者不清楚是否提供一次性创业资助；58.92% 的被访大学生表示不清楚是否提供创业企业社会保险补贴。广州大学生对广州市创业扶持政策比较清楚的是"提供创业基金"和"提供创业指导、培训"两项，但也分别只占 44.07% 和 43.59%，均不到五成（见表10）。这表明广州大学生对政府的创业扶持尤其是细化的扶持政策了解有限，广州市政府应加强相关宣传工作。

表10　广州大学生是否了解市政府在哪些方面扶持大学生创业

单位：人

选项	有	没有	不清楚
提供创业基金	457（44.07%）	83（8%）	497（47.93%）
提供创业指导、培训	452（43.59%）	91（8.78%）	494（47.64%）
提供创业场地	402（38.77%）	105（10.13%）	530（51.11%）

续表

选项	有	没有	不清楚
给予税收优惠	404（38.96%）	98（9.45%）	535（51.59%）
放宽审批程序	355（34.23%）	106（10.22%）	576（55.54%）
提供创业培训补贴	353（34.04%）	100（9.64%）	584（56.32%）
提供一次性创业资助	318（30.67%）	103（9.93%）	616（59.4%）
提供租金补贴	299（28.83%）	114（10.99%）	624（60.17%）
提供创业企业社会保险补贴	325（31.34%）	101（9.74%）	611（58.92%）

5. 七成左右学生希望课程更注重创业实践、技能和环境分析

调查显示，69.5%的学生表示自己的学校开展了创业指导教育，10.2%的学生表示学校没有开展创业指导教育，还有20.3%的学生表示不知道。可见，目前大部分广州高校已经开展了创业指导教育工作。从不同性质的高校比较来看，73.5%的被访大专学生知道自己的学校开展了创业指导教育，比例高于一般本科学校（68.6%）和重点本科学校（56.2%）。

在课程内容方面，大学生希望学校开设的创业指导课程首先注重"创业机会和环境分析"（45.1%），其次是"人际交流和沟通技巧"（27.5%）。另外，调查也显示，大学生希望学校"提供创业政策、可行性分析等相关帮助和指导"（59.1%），"建立创业实践基地为大学生提供实践平台"（44.8%），"培养大学生创业技能"（44.4%）。前面已指出，大学生认为正确的投资方向是创业成功的一个重要因素。因此，大学生希望学校的创业指导课程注重创业机会和环境分析，以此增强自己的创业分析能力，从而能选择正确的投资方向。

大学生认为创业教育最好的方法是"创业模拟训练"（45.8%）和"到创业成功企业实地参观考察"（34.3%），这样可以有更多的参观和实践机会，可以向成功的企业学习，同时也将创业的理论用于实践当中。

6. 创业扶持需求主要集中在资金、审批、组织化等方面

面对目前的创业环境，广州大学生希望政府可以从多方面入手扶持促进大学生创业。其中，选择"给予税收优惠"的占45.5%，选择"拓宽融资

渠道"的占 45.1%，选择"放宽贷款政策"的占 43.2%，选择"加强创业服务机构建设"的占 33.5%，选择"放宽新企业的审批及简化审批的程序"的占 24.6%，选择"成立创业者组织"的占 22.3%，选择"提供与同行交流的平台"的占 20.2%。从结果来看，放宽贷款政策、给予税收优惠、拓宽融资渠道有助于缓解创业资金不足和运营成本较高的问题，放宽新企业的审批及简化审批的程序可以解决审批办事手续繁琐的问题，成立创业者组织、提供与同行交流的平台可以提高创业组织化程度，增加创业的社会资本。

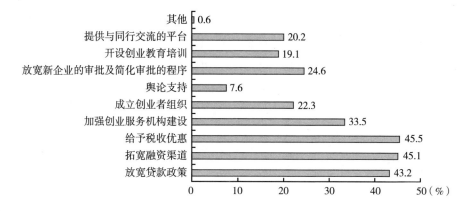

图7 希望政府在哪些方面扶持、促进大学生创业（多选）

四 广州大学生就业创业存在的问题与困难

（一）缺乏清晰的职业生涯规划和就业目标，职前准备明显欠佳

大学生毕业即失业已经成为一种现象。我国每年都有几百万名大学毕业生，加上往年没有找到工作的大学生，数字更加庞大。广州以独特的地理位置及发展优势吸引了大批青年来穗就业，"僧多粥少"的局面使广州大学生面临严峻的就业局势，很多学生表达了"找工作难"的感慨和无奈。诚然，大学生就业难的局面与当前国家整体就业形势相关，但更重要的还是与大学生自

身的能力和素质有关，与其是否做好了充分的职前准备有关。作为大学生，如果能在入学时就拟定清晰的职业生涯规划和明确的就业目标，并按照这个规划和目标去努力，那么在毕业求职时就会事半功倍。然而，我们的调查数据显示，只有43.9%的广州大学生具有明确的就业目标；考虑过自己的职业生涯发展的则更少，只有41.0%。职业生涯规划和就业目标的不确定，无疑会加大大学生求职的难度。

（二）人力资本不足，就业创业面临重重困扰

21世纪是一个人才辈出的世纪，也是一个竞争日趋激烈的世纪。这个世纪需要的是复合型人才，是能够适应知识经济时代的高素质人才。这个时代的竞争是知识的竞争，是能力的竞争，更是综合素质的竞争。有研究指出，"人力资本因素对工作的影响日益增强，工作经验或社会实践经验、个人业务能力成为成功就业的主要影响因素"[1]。本次调查中，24.3%的受访大学生表示其求职困扰为"对企业岗位专业知识缺乏了解"；23.1%的人则认为自身"能力不足、综合素质差"；12.3%的人认为对社会缺乏了解是其主要的求职困扰；还有11.6%的人认为，是求职方法和技巧欠缺导致其求职困难。

在创业方面，25.7%的人认为影响创业成功的最重要的因素是找到"正确的投资方向"，选择"创业者具备创业能力"的占13.7%，二者均是创业知识的体现，共计39.4%。我们的访谈资料也显示，大部分广州大学生认为自身的创业能力不足，自己现有的创业知识和技能不能满足自主创业的需要。另外，社会经验不足也是广州大学生创业道路上的"拦路石"。26.3%的大学生认为创业成功最需要的是"足够的社会经验和管理经验"，这说明大学生对创业实践经验的需求较高。归根结底，这些都体现出大学生现有专业知识和社会实践经验的不足，从而影响大学生的就业创业之路。

---

[1] 孙慧:《广州青年就业发展研究》，魏国华、张强主编《广州青年发展报告（2012~2013）》，社会科学文献出版社，2013，第154页。

（三）高校就业创业指导工作的广度跟力度不足，需进一步加强改进

调查数据显示，五成以上的广州大学生最需要"求职和面试技巧、说话艺术"等职业指导，47%的受访大学生最希望从学校就业指导机构获得的帮助也是求职、应聘方面的技巧。这说明广州大学生对求职、应聘技巧的需求较高，也从侧面反映出高校就业指导机构在这方面存在不足。除此之外，广州大学生还希望从学校就业指导机构获得更多有关政策解释、形势分析，毕业生有关情况和信息发布以及职业生涯规划指导等帮助。另外，在我们对部分大学生进行个案访谈时，有不少受访者表示，目前高校的就业指导主要集中在毕业前夕，指导的内容多是简历的基本制作、求职中的一般注意事项等，缺乏系统性和有效性。他们建议从大一开始就进行实习、职业规划和面试技巧等方面的指导，课余积极举办各种就业指导活动，一方面把课堂教学和社会实践结合起来，另一方面从低年级开始就培养学生的职业意识和相关能力，通过理论与实践相结合的方式提升大学生的就业能力。

在创业指导方面，2017年9月26日，全球化智库（CCG）在京发布了《2017中国高校学生创新创业调查报告》。数据显示，近四成高校学生对高校提供的创新创业配套服务评价一般，人员缺乏、投入不足、课程设置缺乏、课程理论性太强、实践指导不够、缺少专业创业服务指导等阻碍着高校创新创业服务的发展。97.93%的学生表示开展创新创业教育与培训很有必要。我们的调查数据亦显示，广州大学生对实操层面的创业培训需求较大。具体来看，六成左右的大学生希望获得创业政策、可行性分析等方面的相关帮助或指导；四成以上的大学生希望建立创业实践基地为大学生提供实践平台；44.4%的大学生希望学校的创业指导课程可以从培养大学生的创业技能方面进行指导；另外，广州大学生认为创业模拟训练与去创业成功企业实地参观考察是进行创业教育最好的方法。这说明目前高校的创业教育与培训远远无法满足大学生的实际需求，由此导致的创业软实力的不足也就成为广州大学生创业中的一个硬伤。

（四）大学生创业意愿与创业行动"断层"明显

此次调查显示，广州大学生创业意愿较高，72.8%的大学生表示愿意创业。但从实际创业的情况来看，2017年广州市团校"广州青年发展状况研究"课题组的调查数据显示，正在创业大学生的比例仅为4.7%，曾经有过创业经历但现在已经不做了的大学生占7.5%，二者合计为12.2%，大大低于有创业意愿的比例。这表明，大学生的创业意愿虽然较高，但真正行动起来参与创业实践的却较少，大部分青年大学生仍习惯于传统的为老板打工的就业模式。究其原因，是大部分大学生缺乏足够的经验和资金积累，认为创业太难、风险过高，自己无法承担由创业失败带来的多方面打击。由此造成大部分青年大学生对自主创业存在畏难情绪，很少将"创业意愿"转化为"创业实践"。

（五）大学生创业资金获取难度大，创业资本积累不足

创业资金是大学生创业的必备要素，充足的资金保障是大学生创业成功的前提条件。可以说，创业资金是创业得以开展的重要基石，没有创业资金，再好的创意也难以转化为现实的生产力。在我们的调查中，13.9%的受访者认为影响创业成功与否的最主要因素是是否有充足的创业资金；在政府扶持方面，给予税收优惠、拓宽融资渠道、放宽贷款政策等是大学生最希望看到的。这三项均与创业资金有关，表明广州大学生创业时希望获得政府在资金方面的扶持，也从侧面反映出广州大学生创业资金的获取难度较大。2017年，共青团广州市委员会、广州市社会科学院、广州市青年就业创业服务中心对472名创业青年调查后发现，83.26%的创业青年创业初始资金来自自己的积蓄，66.10%的创业青年创业初始资金来源于家庭支持，41.53%的创业青年初始创业资金来源于朋友集资，而创业资金来源于金融机构的有16.74%，来源于天使投资的有18.01%。同时，在企业的融资途径中，来自民间贷款和互联网金融的分别只占16.53%和14.19%。一方面我们应该意识到，来源于个人和亲友的创业启动金数量往往是有限的，不能

持续保证创业资金充足。另一方面我们也应该注意到，就算金融机构为了贯彻国家的政策能够为大学生创业者提供贷款，基本上也是小额贷款，这对大学生创业来说无异于杯水车薪；并且，贷款条件的苛刻令很多大学生创业者望而却步。

（六）就业创业扶持政策宣传不到位，政府公共服务有待增强

一般来说，政府的政策扶持对大学生创业是有较大影响的，然而我们的数据分析却显示，二者之间不存在显著相关。在前面的分析中我们也提到，近几年就业形势日趋严峻，为了更好地解决就业难问题，国家鼓励青年尤其是大学生创业，各级政府也出台了相应的创业政策帮助青年创业。但是，广州市大学生对这些政策的了解有限，对于广州市政府对青年创业扶持的措施，如提供创业资金、提供创业指导、给予税收优惠、放宽审批程序、提供创业培训补贴、提供一次性创业资助、提供租金补贴、提供创业企业社会保险补贴等，大部分大学生表示不清楚。这更大程度上体现出政府的公共服务能力还有待提高，需要通过各种渠道主动向青年宣传相关的创业政策。

五 促进大学生就业创业的对策建议

（一）政府：集聚多种手段，服务青年大学生就业创业

1. 加大工作统筹力度，强化部门工作协同

政府要充分发挥在大学生就业创业中的主导和推动作用，进一步加大统筹力度。建议由广州市政府牵头成立全市促进青年大学生就业创业工作领导小组，由市领导担任组长和召集人，各相关部门一名局级领导担任"广州市大学生（青年）就业创业工作联席会议"成员，领导小组办公室设在团市委，由分管市领导牵头，负责定期召开工作领导小组联席会议，整体统筹推进广州市大学生就业创业工作。制定并完善联席会议工作制度，成员单位

包括团市委、市科创委、市发改委、市经贸委、市教育局、市财政局、市人社局、市工商局、各区政府等，联席会议涉及机构协作，要推动各职能部门形成联动机制，统筹研究并协调大学生就业创业问题，为广州大学生就业创业在政策和制度方面提供保障。

2. 系统梳理就业创业扶持政策清单，出台专门针对青年大学生的就业创业政策文件

目前广州市人社、科创、财政等相关职能部门针对青年就业创业出台了许多扶持政策，但针对青年大学生群体的专门配套政策比较少。同时，由于部门实施主体过于分散，联动、协作机制不够完善，缺乏有效的统筹和宣传普及，政策知晓率和应用率都较低。建议梳理目前各单位、各部门涉及青年大学生就业创业的政策文件，形成清单，在此基础上以市政府名义出台全市扶持青年大学生就业创业的指导意见，补充和完善各项政策制度和实施细则。

3. 推动设立广州大学生创业发展基金，重点解决资金问题

建议由市财政每年定向拨款作为母基金，吸引社会资本作为子基金，为大学生创新创业打造种子期、初创期、发展期、成熟期的全链条的资金支持体系。并相应建立严格高效的基金审批制度，面向不同发展阶段的大学生创新创业项目给予资金支持，为创业大学生搭建体系化的创业资金平台。

4. 建设广州特色青年就业创业孵化基地，提供系统化的落地扶持服务

应对广州青年就业创业孵化基地进行分层分类管理，开展广州青年就业创业孵化示范基地第二批认定工作，聚焦广州"IAB"计划、"NEM"计划重点战略产业园区，打造符合广州产业发展及青年大学生就业创业需求的示范基地；梳理、盘活基地资源，汇总各基地所提供的优惠政策及特色服务，形成具有差异化的服务清单，为各类创业团队提供精准服务匹配和跟踪孵化扶持，强化各基地间的信息共享机制，推动园区内部形成产业联动，为创业青年提供真实惠、真服务、真帮扶；加强孵化基地动态管理，建立基地绩效考核机制，探索具有广州特色的运营管理模式。

5. 建立"广州大学生创业绿卡"制度

目前，广州市已经建立了"人才绿卡"制度，主要面向高层次、高技

能人才以及各领域专家等，对人才引进发挥了重要作用。但针对大学生群体的"人才绿卡"制度建设还属空白地带，建议通过部门联动，开设大学生创业绿色通道，为国内外有发展潜力的优秀青年大学生在穗创新创业提供项目资助、安居落户、创业贷款、生活津贴、科研资助、税收减免等快速便捷的一站式服务。

6. 加强各方合作，形成资源互补、服务联动的就业工作机制

建议由共青团和人社部门牵头，在各大中专院校联合设立青年就业创业指导（服务）工作站，为校企人才交流、产学研合作以及青年人才政策落地提供前沿阵地和服务窗口。联合高校就业工作部门和团委，组建信息共享、工作协作的工作队伍，通过工作站点链接社会资源，联合开展青年就业服务进校园系列活动，为大学生提供就业创业政策宣讲、素养培训、实习推荐、职业生涯规划、高校毕业生就业供需见面会、重点战略性产业青年人才交流会等便捷高效、一站式就业服务。

7. 加强城市软件设施建设，吸引大学生留穗就业

我们的访谈资料显示，大学生是否会留在某个城市发展，大多取决于该城市在住房、子女教育、城市归属感方面是否能够满足其需求，解决其"后顾之忧"。因此，针对留穗就业大学生，我们建议：在住房方面，政府可给予他们一定的住房补贴，或者与相关房地产商合作，对购房大学生给予购房优惠，如首付减免、贷款利率下调等。在子女教育方面，对于一毕业就留在广州，并且工作、生活了一定年限者，保障其子女的受教育权利，优先为他们提供学位，满足其受教育需求。另外，广州作为广东省的省会，是多元文化的聚集地，具有丰富的文化资源，例如岭南文化、美食文化等。政府应促进广州的文化培育与发展，鼓励大学生在这座城市进行文化创造，并对文化创业项目给予支持和宣传，以吸引更多优秀的年轻人扎根于此。

（二）高校：重点抓好培训指导，搭建互动式校企平台

1. 加强大学生就业指导，积极引导大学生科学规划职业生涯

就业准备是个连续的过程，学校应全面加强对在校大学生进行职业指

导，积极帮助大学生尽早树立科学的就业观和价值观，引导大学生有计划、科学地开展职业生涯规划。建议高校合理设置职业指导和就业实践课程，并将其纳入高校必修课，分学年、有步骤地开展教育辅导。大学生一入学，就要帮助他们做好职业生涯规划，使其认清专业方向和职业前景，分析自身的优劣势，了解自己的个性特点，确定自己的奋斗目标。大二时，要引导大学生重点了解不同职业、不同岗位的相关要求，结合专业学习，不断完善自身的综合素质。大三时，要充分利用校企合作和学校实践平台，为大学生创造社会实践的机会，丰富其职业体验和实践经验，提高职场适应能力。大四时，要重点引导大学生逐步转换身份、调整心态，关注职场就业和人才政策信息，顺利度过毕业季，完成从学生到职业者的身份角色转换。

2. 搭建互动式校企交流平台，促进大学生就业市场的精准服务

学校就业指导部门应联合各院系搭建用人单位与毕业生双向选择的良好平台。比如通过就业推介、招聘咨询会的方式，让用人单位了解本校各专业及人才培养的特点；也让学生了解用人单位的需求，从而更好地评估自己的优势和不足，加强求职针对性，提升就业成功率。还要提高就业市场与学校人才培养的匹配度，推动针对高校大学生就业的精准服务。

3. 强化创新创业实践教育与培训，提升大学生的创业能力

帮助大学生创业，从思想上转变其创业观念、给予资金支持固然重要，但更要从实际入手，帮助他们掌握创业的知识和技能，为他们提供创业的有效帮助。对大学生创业的扶持模式要由"输血"转化为"造血"，努力提高大学生的人力资本。建议高校建设一支专业化师资队伍，坚持全员参加、专兼结合，配齐配强创新创业教育教师，同时改革教学内容和方式方法，组织开展专门培训，探索建立个性化培养的教学管理制度，提升教师的能力。同时，鼓励高校积极开设创新创业类课程，让创新创业教育贯穿人才培养的全过程。针对大学生的特点，高校应进行多样化的专项培训，以增强培训的有效性和实用性。比如，针对青年大学生群体思维活跃、个性张扬的特点，我们就要丰富培训和教学方式，借助互动教学、案例分析、角色扮演、现身说

法等提高培训的趣味性和吸引力。同时，丰富培训的内容和手段，开展网络远程教育，发挥现代培训技术的优势。

（三）大学生：全面提升综合素质，转变就业观念

1. 树立科学的职业观，积极投身新产业、新业态，灵活就业

当前，大学生"就业难"实际上更多地表现为"找到满意的工作难""找到专业对口的工作难"。这实质上是一种结构性的就业矛盾。国家当前在推动供给侧结构性改革，从就业服务角度来看，重点在于提供精准服务，推动青年人才的合理流动。在"大众创业、万众创新"的经济新常态下，"互联网＋"正蓬勃发展，各种新业态、新模式如雨后春笋般涌现。尤其是一些中小型科技公司、成长型企业，往往是青年创业者和大学毕业生较为集中的平台，这些新的产业、新的业态，工作方式和商业模式都较为灵活，企业文化时尚开放，具有大量人才需求和无限的职业想象空间，有别于以往传统产业的发展规律和人才需求。建议大学生要关注市场的新变化，关心国家有关就业创业的政策风向，树立与时俱进的职业观，适时调整自身的就业期望和职业目标；积极响应国家"双创"号召，勇于尝试在中小微企业或"互联网＋"产业领域就业和实践；到贫困地区、经济较落后地区或者人才匮乏的产业、乡镇就业创业，为国家经济社会建设奉献青春和智慧。

2. 注重提升综合素质和跨界学习，增强个人的核心竞争力

大学生不仅需要学会灵活掌握专业知识和专业技能，而且需要形成相应的知识系统，注重个人综合素质和能力的提升。当前，企业对应届大学生的招聘需求，尤其看重其综合能力和对职业岗位的适应能力、学习能力。建议大学生要立足于专业学习，积极参与和拓展在相关领域甚至跨界的学习，特别是在语言表达、沟通协调、应用写作、互联网技术、综合管理以及新业态商业模式等方面的学习，并积极参与各类就业指导和职业素养拓展活动，这有助于提升大学生的综合素质，增加就业的核心竞争力。综合素质的提升，有助于大学生进入职场后快速适应市场节奏和企业文化，并能通过较好的学习能力快速适应专业以外的各种岗位的挑战，有助于大学生在步入职场后健康成长。

广州市新兴青年群体调研报告

冯英子 等

摘　要： 以自由职业者、网络意见领袖、网络作家等为代表的新兴领域青年群体正越来越受到关注。深入准确掌握广州新兴青年群体的生存现状、成长发展需求，能够更好地提升共青团引领凝聚、组织动员、联系服务青年的能力水平。本调研通过问卷调查、座谈会、实地考察以及资料分析等实证分析方法，总结新兴青年群体的特征，分析新兴青年群体的生存现状及其成长与发展需求等，并对共青团进一步做好新兴青年群体服务工作提出政策建议。

关键词： 新兴青年群体　共青团组织　广州

前　言

当前，我国处于社会主义市场经济结构优化升级和改革开放进入深水区的关键期，社会经济成分、利益诉求、组织方式、就业形式和思维方式等因素的变化使职业种类不断多样化。在这种背景下，以自由职业者、网络意见领袖、网络作家等为代表的新兴青年群体应运而生。作为党的群团组织，共青团必须不断适应时代要求，把握新兴青年群体的特征，了解其需求，转变工作思路，构建适应性的工作机制，加强联系、服务和引导工作，促进新兴青年群体更好发展。基于此，课题组开展了"广州市新兴青年群体调研"，分析新兴青年群体的生存现状及其成长与发展需求等，总结群体特征，从而为广州共青团精准开展青年服务工作、激发新兴青年群体的创造活力、服务好广大新兴青年群体提供决策参考。

一 课题基本情况

（一）研究对象界定

根据目前已有的研究以及主流理解，所谓"新兴青年"，主要是指在新行业、新领域内工作的青年，包括新经济活动及其社会组织内的从业青年、新媒体从业青年、自由职业者、创业青年、留学归国青年等。根据广州市新兴青年群体的具体情况和共青团广州市委的重点工作部署，我们将本次调研的新兴青年群体范围界定为：广州市辖区内35岁以下的私营企业管理技术人员、外资企业管理技术人员、中介组织从业人员、社会组织从业人员、自由撰稿人/网络作家、新媒体从业人员、网约车司机、快递员等八类青年群体。

（二）样本情况

本次调研的八类新兴青年群体中，私营企业管理技术人员占比为19.2%，外资企业管理技术人员占11.4%，中介组织从业人员占9.6%、社会组织从业人员占15.0%，自由撰稿人/网络作家占6.4%，新媒体从业人员占5.8%，网约车司机占12.4%，快递员占20.2%。总体样本平均年龄约为27周岁；男性占比为62.7%，女性占比为37.3%；本科及以上学历占48.8%，本科以下学历占51.1%；广州户籍占43.6%，外地户籍占56.4%；未婚青年占59.8%，已婚青年占38.5%；政治面貌方面，中共党员占16.0%，共青团员占33.1%，群众占50.1%（见表1）。本次调查的样本共768个，具有多样性，且分布较为均匀，样本具有科学性和代表性。

表 1   样本情况①

单位：人

	最小值	最大值	均值 ± 标准差
年龄	18 岁	35 岁	27.20 ± 3.940

		人数	有效百分比
性别	男	465	62.7%
	女	277	37.3%
最高学历	初中以下	26	3.4%
	初中	38	5.0%
	高中、中专、技校等	152	20.2%
	大专	170	22.5%
	本科	329	43.6%
	硕士研究生及以上	39	5.2%
户籍	广州市户籍	308	43.6%
	外地户籍	399	56.4%
婚姻状况	未婚	452	59.8%
	已婚	291	38.5%
	离异/丧偶后再婚	8	1.1%
	离异/丧偶后单身	5	0.7%
职业身份	私营企业管理技术人员	146	19.2%
	外资企业管理技术人员	87	11.4%
	中介组织从业人员	73	9.6%
	社会组织从业人员	114	15.0%
	自由撰稿人/网络作家	49	6.4%
	新媒体从业人员	44	5.8%
	网约车司机	94	12.4%
	快递员	154	20.2%
政治面貌	群众	377	50.1%
	中共党员	120	16.0%
	共青团员	249	33.1%
	民主党派人士	6	0.8%

---

① 此次问卷调查的样本数是 768 个。但文中各表不同问题的填答率不一，实属正常，因为存在填答者漏填题的现象，这是纸质样本的缺陷。如果是电子问卷，则可规避此类问题。此课题是 2019 年做的，我们今年已开始使用电子问卷，特此说明。

对各类青年群体作对比研究，八类群体的基本特征描述见表2。

从性别上看，中介组织从业人员、社会组织从业人员以及新媒体从业人员中女性占比高于男性，网约车司机和快递员群体中女性占比不足10%，其他群体中皆男性多于女性。

从年龄上看，八类群体从业人员的平均年龄皆小于30岁，其中新媒体从业人员和自由撰稿人/网络作家的平均年龄最小，网约车司机的平均年龄最大。

从受教育程度看，各类群体受教育水平虽存在差异，但总体较高。除了网约车司机、快递员两类群体，其他六类群体中57%以上的从业人员受教育程度在本科及以上、80%以上接受过大专及以上教育。受教育程度最高的是新媒体从业人员，本科及以上人员占比达到84.09%，其次是中介组织从业人员，本科及以上人员占比为75.34%，第三位的是自由撰稿人/网络作家，71.43%的人接受过本科及以上教育。总体受教育程度相对较低的是网约车司机、快递员从业人员群体，60%以上的从业者为高中/中专及以下教育程度，以高中/中专教育程度者为主。

从户籍来看，各类群体中外地户籍人口占比皆较高，其中私企管理技术人员中71.83%为外地户籍人员，外地户籍占比最高，其次是快递员，71.53%为外地户籍，第三是网约车司机，60.47%为外地户籍；外地户籍人员占比最少的是外企管理技术人员，约占30.59%，其次是中介组织从业人员，外地户籍占比为36.76%。

从政治身份上看，外企管理技术人员、新媒体从业人员和社会组织从业人员中党员占比相对较高，自由撰稿人/网络作家、新媒体从业人员、中介组织从业人员中共青团员占比相对较高；快递员、网约车司机群体中党员、共青团员占比较低。

从收入来看，各类群体的月均收入存在较大差异，其中外企管理技术人员收入最高，月均达到11145元，其次是私企管理技术人员，月均收入为9690元，第三是网约车司机群体，月均收入达到9605元；月均收入最低的是自由撰稿人/网络作家以及中介组织从业人员，两类群体月收入未超过6000元。

表2　八类群体的基本特征

主要社会特征	私企管理技术人员	外企管理技术人员	中介组织从业人员	社会组织从业人员	自由撰稿人/网络作家	新媒体从业人员	网约车司机	快递员
女性（%）	40.14	37.65	52.70	69.03	43.75	64.29	9.78	9.33
年龄（岁）	27.39	27.81	26.12	27.14	24.08	25.84	29.81	27.85
小学（%）	1.39	2.25	2.74	0.87	2.04	2.27	13.40	5.26
初中（%）	3.47	0	0	0.87	4.08	0	11.34	13.16
高中/中专（%）	11.81	14.61	0	6.09	2.04	2.27	46.39	44.74
大专（%）	25.69	16.85	21.92	33.91	20.41	11.36	19.59	19.08
本科（%）	52.08	57.30	69.86	53.91	67.35	65.91	7.22	16.45
研究生及以上（%）	5.56	8.99	5.48	4.35	4.08	18.18	2.06	1.32
外地户籍（%）	71.83	30.59	36.76	48.60	58.70	46.51	60.47	71.53
群众（%）	50.68	41.86	38.36	42.61	10.20	15.91	78.35	82.19
中共党员（%）	16.44	31.40	17.81	20.00	12.24	22.73	5.15	9.27
共青团员（%）	32.19	26.74	43.84	36.52	73.47	59.09	16.49	17.88
民主党派（%）	0.68	0.00	0.00	0.87	4.08	2.27	0.00	0.66
月收入均值（元）	9689.83	11145.39	5910.00	6239.23	5760.91	8038.17	9605.21	6840.07

二　调查情况分析

（一）广州新兴青年群体的生存状况

1. 工作情况

（1）工作稳定性差，劳动时间稍长，收入差距大，社会保障较好

从本次调查收集的数据来看，新兴青年通常只从事一份工作，兼职情况较少，但有少数人员同时兼六份工作。新兴青年群体更换工作较为频繁，三年内平均换工作次数为1.09次，且行业之间差异较大（标准差为1.165）。更换工作次数最多的是自由撰稿人/网络作家，平均1.58次，其次是网约车

司机的 1.53 次，第三是快递员，平均更换 1.12 次，随后依次是私营企业管理技术人员、新媒体从业人员、社会组织从业人员、外资企业管理技术人员和中介组织从业人员（见图 1）。进一步分析发现，新兴青年对现有行业的认同度一般，仅三成愿意继续在现有行业工作，他们更青睐机关事业单位和国有企业单位。愿意留在现有行业工作的比例最高的群体是私营企业管理技术人员，为 42.7%，其次是中介组织从业人员，为 41.2%，比例最低的是快递员，其次是网约车司机（见图 2）。

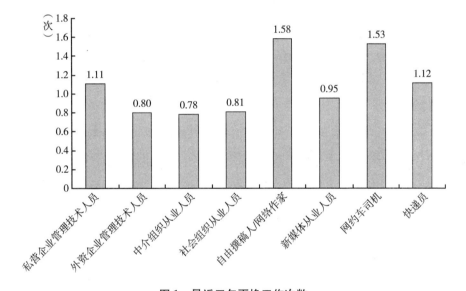

图 1　最近三年更换工作次数

从工作时间看，新兴青年群体每天平均工作时间超过 8.5 小时，其中快递员和网约车司机的工作时长超过平均工作时长，分别为每天 10.74 小时和 10.29 小时，这可能与其计件制工资有关，要获得高收入就得接更多的单。其他行业皆低于 9 小时，自由撰稿人/网络作家工作时间最短，平均每天 5.98 小时（见图 3）。

根据 2018 年广州市薪资水平报告，广州市职工的平均月工资为 9320 元，而在新兴青年群体中，不同行业之间、行业内部差异很大，平均月收入为 8179.42 元，标准差为 9485.545 元，整体上低于广州市平均工资水平。

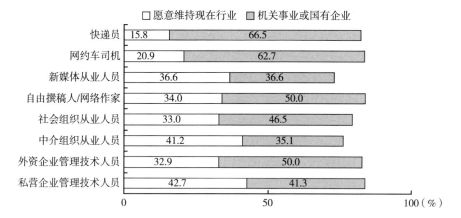

图 2　更愿意选择在哪个领域工作？（N = 730）

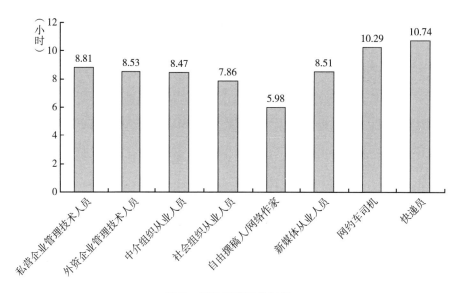

图 3　平均每天工作时长

其中，有 50% 的新兴青年的月收入在 4000 元到 8000 元之间，行业群体内部收入的波动幅度均较大，说明随着岗位晋升和职业发展，薪资水平有较大提升空间，从而反映出新兴行业比较有发展活力，行业内青年的职业、收入上升空间较大。与此同时，有 47.9% 的新兴青年认为目前收入来源比较稳定，28.6% 的新兴青年认为收入来源稳定性一般，只有 3.2% 的青年认为收入来源非常不稳定。具体来看，最近半年月均收入中位值最高的为网约车司机（7750 元），其次是外资企业管理技术人员和新媒体从业人员，月均收入中位值达到 7000 元；而快递员、中介组织从业人员、社会组织从业人员及自由撰稿人/网络作家月均收入中位值则较低，反映出这些群体中低收入人群比例较大（见表 3）。

表 3　最近半年月均收入中位值

单位：元

	行业类别	人数	收入中位值
最近半年月均收入	私营企业管理技术人员	118	6000.00
	外资企业管理技术人员	71	7000.00
	中介组织从业人员	66	4000.00
	社会组织从业人员	104	4000.00
	自由撰稿人/网络作家	44	2800.00
	新媒体从业人员	42	7000.00
	网约车司机	96	7750.00
	快递员	151	5000.00
合计		692	5500.00

（2）制度保障水平较高

从劳动合同签订看，87.5% 的新兴青年与用人单位签订了书面劳动合同，6.4% 的新兴青年由于是自由职业或无固定工作单位而未签订劳动合同，4.0% 的新兴青年与用人单位有口头约定，仅 2.1% 的人既没签书面合同，也无口头约定。从社会保障看，81.1% 的新兴青年办理了社会保险，没有办理社会保险的占 9.1%。其中，新媒体从业人员购买社会保险的比例最高，为 93.2%，其次是私营企业管理技术人员，为 90.4%，第三位的是社会组织从业人员，为 88.6%；比例最低的是自由撰稿人/网络作家，为 30.4%，其次是网约车司机，为 63%（见图 4）。总体而言，新兴青年的劳动合法权益和社会保障程度较高，但也要重点关注部分群体如网约车司机、自有撰稿人/网络作家社会保障不足的情况。

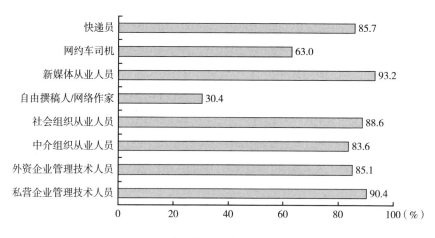

图4　单位办理社会保险的比例

2. 生活状况

（1）居住条件和水平差异较大

新兴青年以租房为主，约七成租住在城中村、商品房小区、公寓中。39.8%的新兴青年租住在城中村，19.4%租住在商品房小区，9.0%租住在公寓里，24.5%有自有住房，6.3%居住在单位宿舍里，其他居住方式仅1%。总体而言，有52.9%的新兴青年居住在商品房小区、公寓和自有住房等居住条件较好的社区。拥有自有住房比例最高的行业群体是外资企业管理技术人员，为40.7%，其次是社会组织从业人员，为37.3%，第三位的是中介组织从业人员，为35.2%，网约车司机、新媒体从业人员和快递员的自有住房比例最低（见图5）。进一步分析发现，58.2%的快递员、53.8%网约车司机租住在城中村，外资企业管理技术人员中只有16.3%居住在城中村（见图6）。由此可见，不同新兴青年群体的居住环境差异较大。

（2）每天闲暇时间人均4小时左右

调查发现（见表4），新兴青年每天平均有4.07小时进行休闲活动，中位值为4.00小时，范围集中在1~7小时。具体来看，新兴青年每天的闲暇时间用于体育锻炼平均有0.97小时；用于上网的平均有2.30小时，中位值为2.00小时，上网时长集中在1~3小时之间。访谈中，部分新兴青年提到

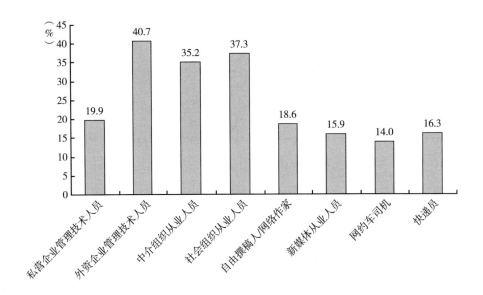

图5　不同行业群体的自有住房情况

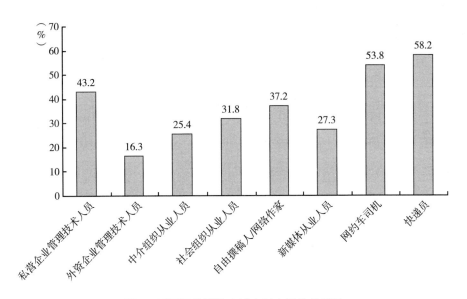

图6　不同行业群体在城中村中居住的情况

"休息的时候会看看抖音、微博之类的，看看有什么好玩的，关注一下微博热搜之类的"。

表4　平均每天的闲暇时间

单位：小时

	最小值	最大值	中位值	平均值
每天闲暇的时间	0	24	4.00	4.07±2.807
体育锻炼时间	0	14	1.00	0.97±1.209
上网时间	0	18	2.00	2.30±1.849

3. 健康状况

（1）总体的健康状况一般

基于身体健康状况量表的测量结果，我们发现新兴青年的身体健康状况平均得分为2.51分，处于一般水平。其中，"经常感到疲劳、精神不佳"的情况稍突出，有33.4%的受访对象表示近三个月内出现过这一症状。其次是"经常腰、颈痛，关节酸痛"的，占31.3%，排在第三位的症状是"消化不良，经常肠胃不适"（18.6%）。

表5　身体健康状况

单位：%，分

身体健康状况	近三个月内与您实际情况的符合程度					均值±标准差
	完全不符合	较不符合	一般	比较符合	完全符合	
经常感到疲劳、精神不佳	10.2	14.3	42.1	23.9	9.5	3.08±1.079
便秘	41.5	25.3	24.5	6.3	2.4	2.03±1.062
消化不良，经常肠胃不适	25.1	23.9	32.4	13.8	4.8	2.49±1.148
容易感冒	29.5	28.2	29.4	8.6	4.3	2.30±1.109
经常头痛	29.0	26.3	27.9	12.8	4.0	2.36±1.144
经常腰、颈痛，关节酸痛	20.5	19.9	28.3	20.7	10.6	2.81±1.271
总体平均分	2.51±0.837					

（2）心理压力大，主要来自个人发展方面

调查显示，24.2%的新兴青年表示压力非常大，44.9%的新兴青年表示工作压力比较大，认为压力一般的比例为28.6%，而认为压力比较小和非常小的仅占2.4%。从不同行业来看，受访的快递员表示近半年压力非常大的占比高达 33.1%，其次是网约车司机，为 25.5%，第三是私营企业管理技术人员，为 24.0%（见图 7）。新兴青年的压力主要来自个人发展方面。其中，工作压力大占比为 49.2%，学习紧张占 33.5%，人际关系紧张占 6.0%，金钱压力（收入不够用）占 3.2%，健康欠佳占 3.1%，家庭矛盾占 2.3%，婚恋危机占 1.6%（见图 8）。

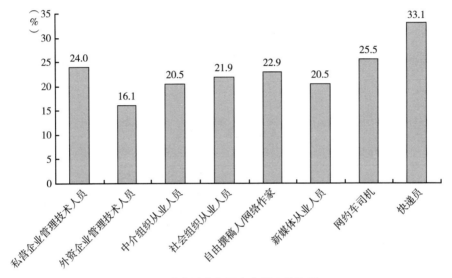

图7 感觉近半年压力非常大的比例

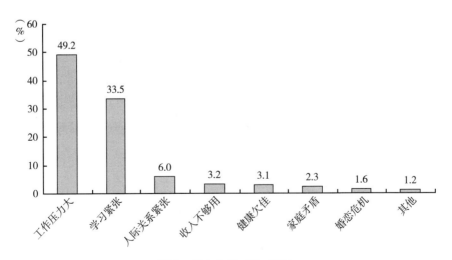

图8 压力来源（N = 750）

新兴青年在应对负面情绪时采取极端行为的很少，采取消极应对行为的比例也较低，如只有极少数人选择"自残、自虐""滥用药物""企图自杀"等行为来应对，反映出新兴青年比较积极乐观。但也有部分新兴青年群体会通过"过度饮酒""暴饮暴食"等方式来应对负面情绪，比例分别是15.5%和20.5%，需引起重视（见表6）。

4. 广州新兴青年群体对生存现状满意度较高

调查显示，53.6%的新兴青年对自己的工作现状基本满意，52.9%的新兴青年对自己生活状况基本满意，还有52.7%的新兴青年对自己的社会地位基本满意（见表7）。

表6　情绪应对方式

单位：%

消极应对方式	近三个月内与您实际情况的符合程度				
	完全不符合	较不符合	一般	比较符合	完全符合
过度饮酒	65.1	19.5	12.4	1.9	1.2
暴饮暴食	57.4	22.1	17.0	2.0	1.5
故意伤害小动物	87.2	7.1	4.7	0.4	0.7
自残、自虐	87.6	6.7	4.4	0.8	0.5
滥用药物	87.9	6.6	4.3	0.7	0.5
企图自杀	87.4	6.5	4.7	0.7	0.7

表7　生存状况满意度

单位：%，分

	很不满意	不满意	基本满意	较为满意	非常满意	均值±标准差
工作现状	6.1	19.4	53.6	16.4	4.5	2.94±0.883
生活状况	4.6	20.0	52.9	17.5	4.9	2.98±0.871
社会地位	5.6	24.7	52.7	14.5	2.7	2.84±0.834

（二）新兴青年群体的价值观特征

1. 思想状况

（1）所关注的热点多与工作与事业、社会民生热点相关

新兴青年与朋友经常讨论的话题有多样化特征，其中谈论最多的话题是

工作与事业，占比25.1%；其次为社会民生热点，占比13.1%；第三位的是运动、旅游，占比11.7%。对于房地产、财经证券、医疗养老等关注与讨论得较少（见图9）。与2019广州青年思想政治工作情况调查结果相比，广州新兴青年群体对时事政治的关注度更低①。工作与事业占据了广州新兴青年大部分的时间和精力，他们日常所谈论的基本都是围绕着自己的工作或与生活密切相关的话题展开，对于国家政治或者自己"难以企及"的事件与话题则较少关注或谈论。

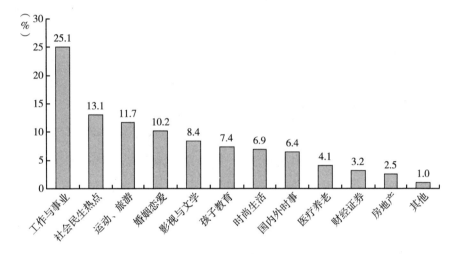

图9　与朋友经常谈论的话题

（2）能正确看待网络媒体，对待网络信息理性、客观

数据显示，广州新兴青年对待网络信息的态度理性、客观。新兴青年对"我会先确认信息真实性再转发"表示完全同意的占24.1%，表示同意的占44.8%，二者共计68.9%；40.1%的新兴青年同意或完全同意"媒体能为社会传递正能量"；34.3%的新兴青年同意或完全同意"更赞同对热点事件的独特看法"。相反，有48.7%新兴青年不同意或非常不同意"名人大V的

---

① 2019年，共青团广州市委员会与广州市团校联合开展的广州青年思想政治工作情况调查发现，六成以上的广州青年非常关心或比较关心时事要闻，其中表示非常关心的有11.6%，比较关心的有53.8%。

言论可信度高"的观点；38%的新兴青年不同意或非常不同意"媒体中大家的观点都比较客观"；36.1%的新兴青年不同意或非常不同意"媒体的信息可信度高"。可见，广州新兴青年面对网上错综复杂的信息有自己的判断力，能坚持自己的想法，不盲目跟风，对待网络信息比较审慎，基本能持理性、客观的态度。

2. 人生态度

（1）"利己性"幸福观

"身体健康"、"婚姻美满"、"生活富有" 和 "事业成功"是构成广州新兴青年幸福生活的"四大支柱"，具有显著的个体主义立场，有着明显的"利己性"特点。数据显示，40.7%的广州新兴青年认为生活幸福最重要的是身体健康，22.1%的人认为婚姻美满最重要，11.7%的人认为生活富有最重要。在衡量生活幸福的第二重要的标准中，23.9%的广州新兴青年选择婚姻美满，17.6%的人选择事业成功，16.2%的人选择生活富有。在衡量生活幸福第三重要的标准中，19.4%的广州新兴青年选择生活富有，15.8%的人选择事业成功，13.9%的人选择婚姻美满。

（2）家庭和学校教育、朋友交流、政府政策等对新兴青年价值观的养成影响较大

调查数据显示，广州新兴青年认为家庭教育对其价值理念的养成影响最大，其中认为影响非常大的占28.4%，认为影响比较大的占43.5%，共计71.9%；其次为学校教育，认为学校教育对其价值理念的养成影响非常大的占20.2%，认为影响比较大的占43.5%，二者共计63.7%；认为朋友交流对其价值理念养成影响非常大和比较大的占比为62%；认为政府决策对其价值理念养成影响非常大和比较大的占比共计50.6%；认为领袖言行对其价值理念养成影响非常大和比较大的占比共计46.2%。在网络媒体方面，40%的新兴青年认为新闻报道对其价值理念影响较大；24.7%的人认为网络舆论对其价值理念影响较大；12.3%的新兴青年则认为游戏、动漫对其价值理念形成或改变有非常大或比较大的影响。

（三）新兴青年群体的发展环境

1. 行为参与

（1）网络参与：以网络创作内容输出为主

新兴青年热衷于网络参与，掌握了一定的互联网话语权和影响力。调查显示，接近五成（46.3%）青年参与网络社群的线下活动，53.7%的人表示没有参加。新兴青年加入网络社团，最热衷的是亲友类（27.9%）、工作类（25.1%）和兴趣类（11.5%）。网络社团对新兴青年吸引力较强，他们热衷于参与网络的线上和线下活动。新兴青年群体的网络参与以内容生产为主。其中，25.0%的新兴青年创办微博、微信公众号，进行小说推送、美文分享等；16.3%的新兴青年创作动漫、短视频作品；13.3%的新兴青年群体分享美食、旅游类文章（见图10、图11）。

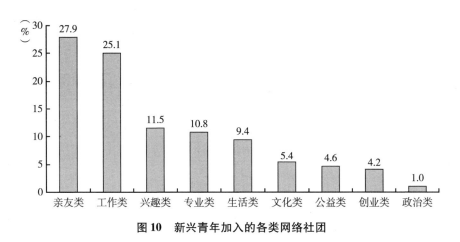

图10 新兴青年加入的各类网络社团

新兴青年借助互联网拓宽了参与渠道，增强了参与感。他们对网络参与认同度高，有16.9%的青年认为通过上网可以了解国际、国家的时事政治，增强政治敏感度；7.5%的青年认为通过上网可以提升国家、社会认同感和参与感。新兴青年认为，上网的负面影响主要包括导致视力下降或其他身体疾病（5.2%），看直播/游戏/聊天/网络成瘾（3.9%），浪费时间，分散精力，影响学习/工作（2.6%）（见图12）。

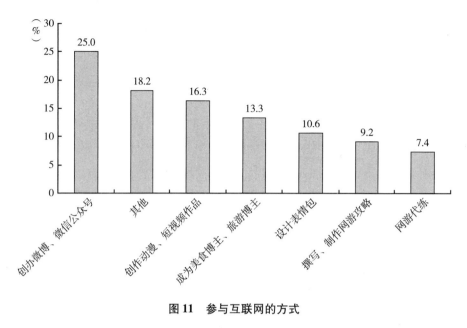

图11　参与互联网的方式

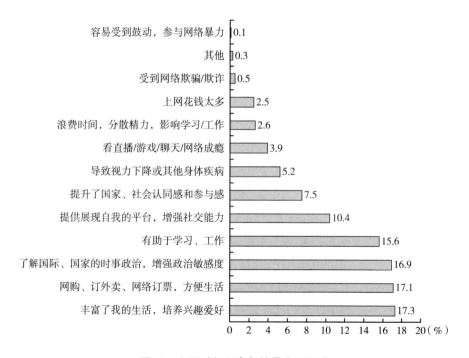

图12　上网对新兴青年的最主要影响

（2）组织参与：参与社会组织和公益活动

80.7%的新兴青年参加过社会组织。他们参与社会组织的方式多种多样，参与率比较高的是"社工服务类""社会公益志愿服务类""文化类"社会组织，参与率分别为12.4%、12.0%和11.1%；参与率比较低的是"业主委员会"以及"国际交流及援助类""宗教类"组织，参与率分别为2.0%、1.7%和1.2%（见图13）。六成多新兴青年参与公益活动，他们参与公益活动的方式主要是在网上捐款捐物（56.4%）和亲自去现场做志愿者（31.9%）（见图14）。

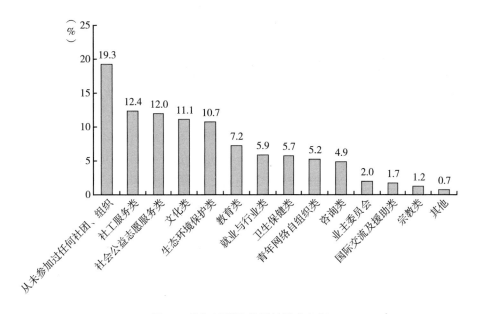

图13　参加过哪种类别的社会组织

2.政治参与

（1）对共青团活动的参与度

对于各级共青团组织举办的活动，4.7%的新兴青年经常参加，5.7%的新兴青年比较经常参加，26.3%的新兴青年表示参与度一般，31.5%的新兴青年表示参加比较少，31.8%的新兴青年表示没有参加过。

团组织对新兴青年的引领力不足，24.1%的新兴青年认为团组织的存在

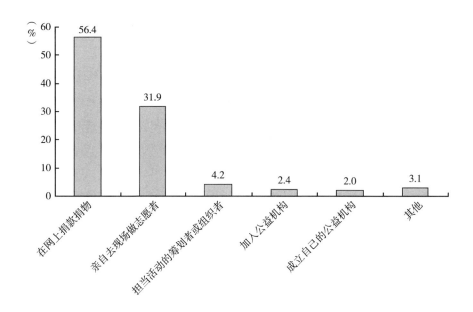

图 14　倾向参与公益活动的方式（N = 590）

感"很弱"，20.6%的新兴青年认为团组织的存在感"比较弱"，37.1%的新兴青年认为团组织的存在感"一般"，14.5%的新兴青年认为团组织的存在感"比较强"，3.7%的新兴青年认为团组织的存在感"很强"。团组织在新兴青年中存在感较弱，原因可能是团组织对新兴行业的青年群体覆盖面较小，例如在新兴的网约车司机和快递小哥中团组织目前还没有完全覆盖。

（2）服务需求与维权：聚焦职业发展和权益保障

新兴青年对共青团组织的需求主要集中在职业发展和权益保障方面。17.2%的青年提出创业就业领域的需求，16.0%的青年提出法律服务方面的需求，15.4%的青年提出健康教育的需求。此外，心理辅导（11.4%）、困难帮扶（10.9%）、应急救助（10.7%）、爱心帮教（7.6%）、婚恋交友（6.2%）和团务工作（3.5%）也是青年的需求（见图15）。

新兴青年维权意识良好，更愿意通过合法有序的渠道维护自身的合法权益。当合法权益被侵犯时，八成以上青年会选择合理渠道维护自身的合法权

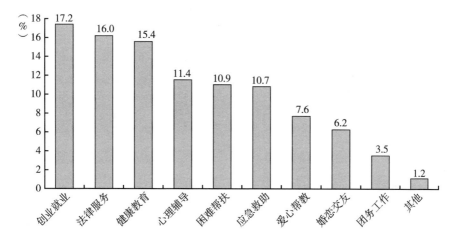

图15　希望共青团组织提供的服务

益，只有14.4%的青年会选择"忍一忍算了"。其中"诉诸法律或者协商谈判"的占31.2%，"通过正式渠道（人大代表、政协代表）等向党政部门反映"的占20.3%。还可以通过制度外渠道维权，10.2%的新兴青年会"通过微博、微信、论坛等网络空间把事情放大"，3.8%的新兴青年会"采用上访、上书、静坐等手段抗议"，0.9%的新兴青年会"采用暴力、谩骂等手段进行抗争"。对比而言，当普通广州青年的切实利益受到损害时，他们通常选择的维权方式前三种是通过法律诉讼解决（58.7%）、向政府主管部门投诉（55.4%）、拨打12355热线（37.5%），但不可忽视的是，也有部分青年选择非理性方式进行维权，如上访（9.7%）、借助网络大V、意见领袖发声（7.3%）、游行示威请愿（0.6%）。

3. 城市归属感

新兴青年对广州的归属感较强，调查显示，超过四成的新兴青年坚定或比较坚定地表示未来三年留在广州发展，仅一成多新兴青年表示比较可能或非常可能离开广州（见图16）。其中，17.8%的新兴青年"非常不可能"离开广州，28.9%的新兴青年"比较不可能"离开广州；只有5.7%的新兴青年表示"非常可能"、9.0%的新兴青年表示"比较可能"离开广州；38.6%的新兴青年表示不确定，要看自己在广州的发展情况。总体上，新兴

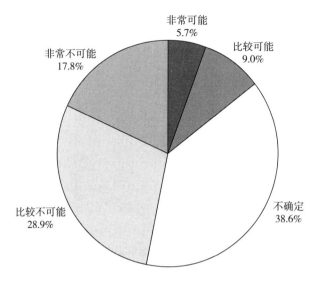

图 16　未来三年有没有可能离开广州（N＝752）

青年群体对广州拥有较强的归属感，但表示未来"不确定"留在广州的也有近四成，因此在新兴青年的归属感方面需要进一步提升。

三　新兴青年群体的成长烦恼与迫切需求

（一）思想积极向上，群体分化明显

1.思想共性：理性、公益和包容等

总体上，广州市新兴青年身上体现了鲜明的时代特征——奋斗、流动、理性、公益与包容。一是广州新兴青年工作勤奋，积极提升自我，体现了鲜明的奋斗精神。他们最注重工作与事业的发展，同时也关注社会民生热点以及运动、旅游等，重视个人职业的发展和自我能力的提升。二是广州新兴青年的流动性特征明显，一方面表现为流动空间范围大，外地户籍比例较高，另一方面表现为职业流动性较大，换工作较频繁。三是新兴青年群体总体受教育程度较高，能坚守正确的价值取向，对违法违纪、损害国家声誉的行为

坚决反对，能正确看待网络媒体等新生事物，对网上错综复杂的信息有自己的判断力，能坚持自己的想法，不盲目跟风，对待网络信息比较审慎，能持理性、客观态度。四是广州新兴青年热心参与公益组织和公益事业，诠释了广州的志愿精神。五是在广州新兴青年身上体现了广州的包容精神，新兴青年群体能够辩证、理性地看待群体亚文化。

2. 群体分化：社会心态、价值诉求差异明显

新兴青年群体富有时代气息，身份相对独立，工作相对自由，但不同群体之间存在较大的异质性，在思想观念、价值诉求、社会心态上有一定的差异。这些差异跟青年所受的个人教育、户籍身份等多种因素有关。如自由撰稿人/网络作家更倾向于继续学习、进修（40.8%），新媒体从业青年、社会组织从业人员、中介组织从业人员、私营企业管理技术人员则更渴求个人工作能力的提升。处在"漂泊"状态的网约车司机群体，则最渴望拥有自己的住房（32.2%）。快递员则对职业缺乏归属感，对工作中自身生命安全比较担忧，只有15.8%的人愿意继续留在这一行业，对机关、事业单位表示出强烈的向往。不同新兴青年群体在工作、生活、自身社会地位的满意度上皆存在明显差异。从工作方面看，中介组织从业人员、私营企业管理技术人员的工作满意度最高，超过八成；自由撰稿人/网络作家群体工作满意度低，44.9%的人表示不满意。从生活方面看，自由撰稿人/网络作家和快递员群体满意度最低。从自身社会地位方面看，外资企业管理技术人员满意度最高，近八成（79.6%）；自由撰稿人/网络作家满意度最低，近四成表示不满意（38.8%）。

（二）新兴青年的成长烦恼

1. 职业稳定性不高

从本次调查结果可知，新兴行业的职业分布状况呈现出明显的金字塔形，顶端聚集的多为还有其他稳定或高薪工作的兼职人士，位于底端的则普遍处于薪酬低、工作苦、压力大的职业状态。例如，我们在访谈中了解到，大多数网络作家没有固定收入，而已经颇有名气的一小部分人则每月可以得到几万至几十万元不等的收入。现实状况是，多数新兴青年因职业较新潮，

工作收入的波动幅度较大，职业不稳定性高，导致社会认可度偏低。新兴青年缺乏职业稳定性和社会归属感，换工作是常态，未来愿意继续从事当前工作的意愿较低，对相对稳定的机关事业单位和国有企业单位比较向往。由于职业具有不稳定性，难以积累相应的行业经验，这对新兴青年将来的发展可能会产生不利影响。此外，新兴青年群体大多正处于职业上升期，而所在行业也处于初期发展阶段，所以在职业生涯规划、岗位晋升发展、职业技能培训等方面还缺乏较为系统、专业的指引，这使新兴青年们在工作中往往感觉迷茫。

2. 工作压力普遍较大

新兴青年群体的工作压力普遍比较大。部分职业入职门槛较低，行业竞争激烈，加之行业出现时间较短，法律监管对部分新兴职业尚未实现全覆盖，出现一些监管的空白区，这使新兴青年群体的收入无法得到保障，行业内部收入差距非常大。部分新兴青年群体如快递员和网约车司机超时劳动较为严重，平均每天工作 10 小时以上，虽然工作时间可以自由分配，但自我加班现象严重。在与网约车司机进行座谈时，不少人提到这一行工作时间长，就算规定每周可以休一天，但大部分人为了多跑些单也不会选择休息，"基本上每天都在路上"。"我们这个行业有很多大龄未婚青年，根本没有时间去谈恋爱，连相亲的时间都没有"，"我们平时闲暇就是带家人出去逛逛"，"孩子都是老人在带，没有时间和精力去管他们"等话语贯穿访谈的整个过程。收入无法保障、生活作息不规律、身体健康状况下降等各方面因素，使得新兴青年群体的生存发展不容乐观。

3. 制度性保障不足，应对风险能力较弱

新兴青年群体内部社会保障情况差异较大，尽管他们受到的社会保障总体上程度较高，但部分行业群体面临劳动关系模糊、社会保障不足等问题。新兴青年群体因为大多在私营性质的企业里工作，且还有很多自由职业者，所以无论是当前的生活还是未来的养老都存在不确定性，他们缺乏安全感。如自由撰稿人/网络作家群体中，只有 30.4% 的从业者购买了社会保险，而网约车司机中外来人口比例高，有社会保险的也只有 63%。

（三）社会参与度低，政治热情不高

1. 社会参与度低，是网络内容的输出者

广州新兴青年群体社会参与度较低，对社会公共事务的关心度不高。一方面，他们的公共参与意识较为薄弱，对社会事务参与的兴趣较低；另一方面，参与机制并不完善，多数新兴青年所在的职业机构目前还没有建立相应的党团组织，党团力量偏弱，管理相对松散。

尽管新兴青年对志愿服务和公益活动表现出较高的参与热情，但是他们对其他社会组织的参与度则较低。网络是新兴青年群体日常交往的重要渠道，他们热衷于网络参与，是互联网内容的输出者。以网络主播、新媒体从业人员、网络作家等为代表的新兴青年群体，其在网络上生产的内容对青年群体影响大、传播广，对青年群体的思想有重要的影响。

此外，部分新兴青年可能会通过法外方式维权，如通过微博、微信、论坛等网络空间把事情放大。当前，对新兴青年群体的思想、网络输出内容的把控力度皆较弱，未来如何对网络输出内容进行有效的引领和监管，是有待解决的重要问题。

2. 政治生活中的"边际人"

社会学家帕克把在社会转型时期体验到更多冲突和困惑，并因此形成过渡性、边缘性、易变性和矛盾性人格特征的人称为"边际人"。新兴青年群体是在国家经济社会转型和过渡阶段出现的人群，与政府机关的公务员、事业单位的工作人员和国有企业职工等相比，新兴青年群体在政治上处于边缘化的状态。客观上，这些群体参政议政热情不高，参与政治性活动少，逐渐成为政治生活中的"边际人"。新兴青年群体政治参与不足的主要原因在于，工作与事业占据了他们的大部分时间和精力，他们日常所谈论的基本都是围绕着自己的工作或者与其生活密切相关的话题展开，对于国家政治或者自己"难以企及"的事件与话题较少关注或谈论。

（四）新兴青年的迫切需求

1. 自我发展与自我实现是首要需求

美国心理学家亚伯拉罕·马斯洛 1943 年在《人类激励理论》一书中将人类需求像阶梯一样从低到高按层次分为五种，分别是：生理需求、安全需求、社交需求、尊重需求和自我实现需求。广州市新兴青年群体主要注重自我发展与自我实现，他们最急迫的需求是提升个人的综合素质。在"希望在哪些方面获得社会支持"的调查中，22.4% 的新兴青年希望获得个人能力的提升，10.9% 的人希望继续念书和进修。此外，新兴青年对职业发展需求也很迫切，4.5% 的人最迫切需要的是收入增长；4.4% 的人最迫切需要解决的问题是个人的职业发展前景。总体而言，个体能力提升、职业发展等自我实现是新兴青年当前最迫切的需求（见图 17）。

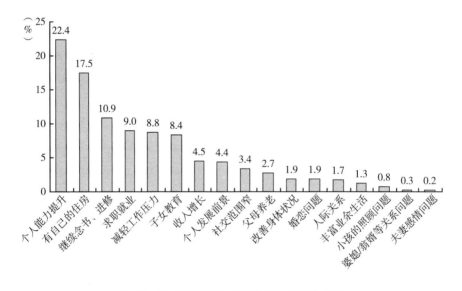

图 17　最希望在哪些方面获得更多社会支持

2. 住房等生存性刚需是居第二位的迫切需求

住房问题是公众关心的热点话题，"青年住房难"现象已逐步转变为影响国计民生的重要问题。"有恒产者有恒心"，年轻人有稳定合适的居所，才能对当下充满信心,对未来充满希望。面对不断上涨的房价和政策的不完善,不少年轻人只能望"房"兴叹,尤其是在一线城市买房定居,更是一大难题。

租房居住成为当前广州新兴青年最主要的居住方式。在访谈中我们了解到,受广州房价居高不下影响,绝大部分新兴青年无能力在广州购房,租房是他们的最主要选择,且部分青年租住在住房质量不高的城中村。一些来自外地农村地区的新兴青年,由于家庭经济较差,难以在广州购房。新兴青年群体对改善住房质量有迫切需求,17.5%的新兴青年希望有自己的住房。

3. 工作、家庭压力也是新兴青年面临的主要问题

广州新兴青年群体大部分处于职业发展的初期阶段,面临的工作压力普遍较大。9.0%的新兴青年当前最迫切需要的是求职就业,期望找到一份好工作;8.8%的新兴青年当前最需要的是缓解工作压力。与此同时,"年轻"的"80后""90后"新兴青年们,其实很多已经担负起工作、生活、家庭的重任,或处于成家立业的关键时期,他们面临的问题已经不局限于个体。

可以说,对生活品质的追求已经成为相当一部分新兴青年的关注焦点。对于已成家立业的"80后"和"90后"来说,作为独生子女,他们目前面临的现实困境更多的在于赡养父母、养育子女的"双养问题"。调查显示,8.4%的新兴青年目前最迫切需要解决的是子女教育问题,2.7%的人希望解决父母养老问题,0.8%的人希望解决小孩的照顾问题。此外,家庭生活中的夫妻感情问题、婆媳/翁婿等关系问题也是部分青年迫切希望解决的。

4. 生活单调、婚恋"难"与社交障碍

调查显示,"社交范围窄""婚恋问题""业余生活单调"是部分新兴青年当前面临的最主要问题,也是迫切希望得到解决的问题。按照一般理论的观点,随着工业化、城市化的发展,地域流动频繁,传统的包办婚姻式微,家庭对子女的择偶的控制将会减弱,青年社会交往的范围扩大,频率将不断提高。但从现实情况来看,工作压力大使得青年人很少有空闲时间,缺乏恋爱的精力和时间,从而影响其在同事、同学中发展恋爱关系。而社交范围窄又限制了偶遇异性的机会。未成家立业的新兴青年由于工作

压力大、工作繁忙没有时间谈恋爱，因此婚姻恋爱问题成为迫切需要解决的问题。

此外，少部分新兴青年还存在人际关系紧张等问题。随着互联网的发展，"宅男""宅女"群体不断扩大，上网成了新兴青年主要的休闲娱乐方式，这使面对面的交流减少，缺乏对所交往对象的深层次了解，从而导致择偶范围没有随着联系人的增多而扩大，反而在不断缩小。

四 进一步做好对新兴青年群体服务工作的政策建议

做好对新兴青年群体服务工作是一项长期的任务和政治课题。党和政府应结合新兴青年群体的特征、面临的问题与迫切需求，主动探索建立联系、服务和引导青年的工作机制，进而在服务新兴青年群体方面发挥应有的作用。共青团尤其要在这项工作中发挥重要作用。

（一）以服务强化思想引领，培育新时代好青年

一是强化党建引领作用。建议市委组织部在全市开展针对新兴青年群体的"青春党建"活动，拓宽基层党建领域，覆盖所有新兴青年群体。二是加强对新兴青年群体服务工作。建议由团市委牵头，做好与新兴青年群体联系、服务和引导工作的总体安排，为新兴青年群体量身打造一系列"专属套餐"服务，围绕青年在社会保障、住房、职业发展、文化、生活等方面的需求，拓展服务渠道，提供信息、培训和服务，维护新兴青年群体的合法权益，助力新兴青年的人生发展。三是精准把握新兴青年群体所处的行业和区域，有效开展理想信念教育。建议在新兴青年聚集的社区、广场、重要公共场所等地方，张贴和悬挂与青年价值观主题相关的贴画、横幅等；另外，制作青年价值观主题公益宣传广告片，通过微信、微博、抖音、快手等社交App以及公共广告屏、公共场合大屏幕等推送或播放。四是培育和践行社会主义核心价值观。新兴青年群体思维活跃开放，受互联网带来的全球化、信息化、多元化影响，有必要强化对其思想的引导。要充分利用好新兴青年群

体热衷于志愿服务和公益事业的特点，主动为他们拓宽参加此类活动的渠道，引导他们在发展公益事业、繁荣科学文化、促进社会和谐等方面发挥作用，弘扬社会正能量。

（二）借力"互联网＋""大数据"，开展新兴青年思想状况调研

未来要继续借力"互联网＋""大数据"，大力推进智慧团建工作，巩固既有的网络阵地，如"广州青年"微信公众号、"广州共青团"官方微博等，在这些平台上发布有关新兴青年的服务和活动的信息。进一步拓宽平台，考虑在抖音、B站、知乎、百度贴吧等多个平台上建立专门账号，发布一些跟新兴青年工作、生活相关的内容，吸引他们的关注。进一步引导他们了解共青团组织，从而达到引领青年、凝聚青年、服务青年的目的。另外，可以考虑设立新兴青年数据库，用三年左右时间逐步收集广州市各新兴行业内的新兴青年基本数据，如性别、年龄、职业等，形成基础大数据库，从而动态分析、把握新兴青年、新兴行业的发展情况，为服务新兴青年提供更好的思路。

（三）畅通学习渠道，促进新兴青年能力提升

一是大力发展继续教育，畅通终身学习渠道，以身份证号为账号建立"终身学习电子卡"，建立继续教育学分积累与转换制度，鼓励广州市新兴青年成为"学习型青年"。二是推行终身职业技能培训制度，强化职业学校、高等院校的继续教育与培训功能，建立校企联合培养新兴青年人才的综合服务平台，促进企业建立现代化的培训体系。三是完善社区教育网络，使其服务于青年群体。结合城市社区网格化服务管理新模式，统筹发展城乡社区教育，建立健全市、区、街、社区四级教育网络，建成一批具有较高水平的国家级、省级社区教育示范区、实验区，为新兴青年提供更好的教育服务。四是加大对青年社会教育的投入，建立多渠道筹措资金的投入机制。五是推动各类学习资源开放共享，鼓励社会力量和民间资本提供多样化教育服务，推进教育信息化，进一步发展在线教育和远程教育。

（四）加强心理疏导，使新兴青年身心健康

一是对新兴务工青年、特种行业青年的健康状况定期开展监测，做好青年职业病的防治工作。二是加强社区卫生服务机构建设，加大传染病宣传和防治力度，开展控烟、限酒等全民健康专项行动，倡导新兴青年形成健康文明的生活习惯。三是加强源头预防和综合救助，建立健全部门协同、社会联动的长效机制，解决青年在学业、职业、生活、情感、生育等方面的困难，缓解其压力。四是针对新兴青年群体开展心理健康教育，扶持、发展开展心理健康咨询的社会服务机构和专业组织，壮大志愿者队伍，及时识别心理问题高危人群，并构建完善的预警及干预、援助机制。

（五）做好就业服务，提升社会保障水平

一是要积极落实促进青年就业创业的相关法规及政策，加强就业创业政策的一体化和协同性，实现就业创业扶持引导政策，财政、金融、产业、贸易等经济政策，以及人才、教育、社保等社会政策的协调统筹。二是把新兴青年就业创业纳入大数据平台，实现人社、税务、市场监管、教育等多部门共享数据资源，对就业创业态势进行动态监测，帮助他们实现更高质量和更充分的就业和创业。三是完善各类社会保障机制和服务，特别是针对新兴青年群体中的自由撰稿人/网络作家、网约车司机等，要提高其抗风险能力。四是新兴青年群体的住房状况一般且改善住房的需求较为强烈，建议对城中村的出租屋进行升级改造，改善新兴青年的住房条件。

（六）引领新兴青年有序参与政治生活和社会公共事务

一是共青团、青联带领和代表新兴青年积极参与人大、政府、政协、司法机关等方面的社会协商，就涉及新兴青年成长发展的重大问题协商探讨、凝聚共识。开展"共青团与人大代表、政协委员面对面"活动，依托人大代表工作室，建立健全各级人大代表、政协委员的青少年事务联系机制，为新兴青年参与政治生活畅通渠道，增强新兴青年群体的政治认同。鼓励并支

持非户籍常住居民参加村（社区）"两委"选举。二是鼓励新兴青年积极参与社区公共事务，广泛开展"青年文明号"等青年文明创建活动，树立先进典型，激励广大青年、推动高质量发展、建功新时代，提高新兴青年群体的社会参与度。三是发挥团组织在新兴青年参与中的枢纽作用，加强其对社会组织的联系、服务和引导，培育公益慈善类、城乡社区服务类、传统文化体育类、科技类青年社会组织。四是倡导新兴青年发扬"奉献、友爱、互助、进步"的志愿服务精神。在新兴青年群体中推广志愿者信息服务管理平台，建立志愿服务表彰回馈机制；引导新兴青年中的党团员普遍成为注册志愿者，健全并完善青年党团员社区志愿服务机制。

广州"青年之家"服务体系建设
调查调研报告

陈那波 等*

摘　要： "青年之家"是共青团组织在青少年集中区域行使管理的公
益性、综合性服务阵地，对新时代做好党的青少年群众工作、
巩固党的执政基础具有重要意义。本文通过对广州市 11 个区
的"青年之家"进行实地调研，概括出当前广州市"青年之
家"的发展现状与建设经验，并指出资源共享机制、资金、
内容、硬件、人员等方面的问题，通过结合外地先进经验，
为广州市"青年之家"的发展提出相应的对策建议。

关键词： 青少年综合服务平台　青年之家　三级联动

一　导论

（一）研究背景

在以习近平同志为核心的党中央坚强领导下，党的十九大做出了中国特
色社会主义进入新时代的重大政治判断。共青团中央办公厅发布了《关于
支持各地加强青少年综合服务平台建设的通知》（中青办发〔2014〕36

---

* 陈那波、韩晓璇、陈馨旖、陈杰华、罗瑶、植金容，中山大学政治与公共事务管理学院。

号），支持在全国范围内建设一批青少年综合服务平台，并全部纳入"青少年综合服务平台"项目品牌，统一悬挂"青少年综合服务平台"牌匾。"青年之家"是共青团组织在青少年集中区域打造和管理的公益性、综合性服务阵地，以青少年发展和需求为导向，围绕基础团务、权益维护、实习就业创业、婚恋交友、公益志愿、文体活动、学习成长等七类业务向青少年提供具体的服务内容及特色活动。建设并完善"青年之家"相关服务体系，是广州团市委全面贯彻落实十九大精神，切实推进基层党团建设的重要尝试，对于在新时代做好党的青少年群众工作、巩固党执政的青少年群众基础具有重要意义。

由于区位、经济等方面的优势，广州市具有独特而巨大的发展潜力。尤其在紧密联系港澳青少年上，广州市更是发挥着全国其他省市不可比拟的重要作用。我们此次通过多种方法对广州市 11 个区的"青年之家"进行调研，以理清以"青年之家"为载体的青少年综合服务平台的建设方向和服务清单。同时，对上海、北京等一线城市的青少年活动中心进行分析，并了解其他国家在服务青年工作中的具体做法，从而为广州"青年之家"的建设和发展提出更好的规划建议。我们认为，应探索加强"青年之家"工作经费、工作力量、工作保障等方面的长效运营机制；整合社会资源，实现优势互补，使"青年之家"成为党政建设的新阵地；聚集离散青少年，为青少年提供交流、学习的平台；通过政府提供服务的方式来弥补党建工作在青少年身上的缺失，进一步集结青少年力量，促进科技创新，使青少年共享社会发展成果，推动社会进步。

（二）研究方法

为保证本次调研结果的科学性以及全面性，本研究采取了多种研究方法。一是政策文本分析法，主要是查阅与此相关的法律法规及政策文件，进行案例分析与对比研究，既借鉴其他国家和地区的成功经验，又探索符合广州市"青年之家"建设的具体形式。二是深度访谈法，选择具有典型性的门店与一线工作人员进行深度访谈，深入实地调研"青年之家"的现状，了解其门店建设情况与开展活动详情。三是座谈法，邀请广州团市委的有关领导和专家学者进行座谈，充分听取专家学者的意见和建议。四是问卷调查法：一方面针对"青年之家"所服务的青少年发放问卷，了解其对"青年之家"的认知状态；另一方面针对一线工作人员发放问卷，了解相关信息。本次调研运用多种研究方法，旨在全方位对"青年之家"进行了解，进而提出建设性建议。

二 广州市"青年之家"发展现状

根据《共青团中央关于全面推进青少年综合服务平台建设的通知》（中青发〔2014〕24号）、《关于开展广东省城市街道区域化团建工作的实施方案》（团粤办发〔2015〕5号）和《共青团广州市委办公室关于印发〈广州"青年之家"建设工作方案〉的通知》（团穗办发〔2017〕11号），广州各区团委立足于共青团组织、服务、引导青少年和维护青少年合法权益的基本职能，优化整合党政机关和社会资源，旨在打造一批面向青少年、联系青少年、服务青少年的综合性少年服务平台和阵地。目前，广州市"青年之家"已运行一段时间，大体实现了在市、区、镇街三级均有分布的状态。但目前广州市的"青年之家"仍在建设过程中，尚未实现完全覆盖。各"青年之家"普遍将"先把青少年吸引进来"作为自身建设的初期任务，通过围绕七大板块项目积极地提供服务、开展青少年喜闻乐见的活动等吸引了一批青少年。但经费与人力的短缺使部分"青年之家"陷入"心有余而力不足"的窘境。目前，多数区级的"青年之家"组建了"团干部＋社工＋志愿者"、专职兼职相结合的工作团队，形成了线上线下相结合的工作体系。从调研结果看，广州市"青年之家"建设已取得了初步成效，青少年群体对"青年之家"有较高的认可度及满意度，"青年之家"发展呈现出乐观的态势。但是，仍存在诸如宣传不足、青少年到达率低等问题。

（一）扎实推进全覆盖体系建设，形成中心多、郊区少的分布格局

1. 广州市"青年之家"全覆盖体系建设初见成效

截至 2018 年底，广州市共建成 133 个"青年之家"（含总部），其中通过转型建成的"青年之家"有 107 个，新建的有 26 个；包括全国示范性"青年之家"平台 2 个，市级示范性"青年之家"平台 13 个，以及广州"青年之家"总部 1 个。

2. 分布不均匀，形成中心多、郊区少的分布格局

从分布来看，各区"青年之家"数量差异显著：海珠区的"青年之家"多达 49 个，而荔湾区、增城区则明显落后，分别仅有 1 个和 2 个"青年之家"。

各区数量上的差异从两个方面体现出广州市"青年之家"的布局特点。一方面，在中心城区青少年人口更密集，而在郊区人口相对稀少，而且青年多外出务工，青少年人口比重低，空心化严重；另一方面，郊区面积较大，单位区域内青少年数量较少，致使青少年对"青年之家"的认知度和到达率都很低。对此，目前提出的"园区型""社区型""镇街型"建设模式在一定程度上缓解了这个局面。首先在地理分布上，既实现重点区域的覆盖，又在基层的镇街、社区设置站点，不同层级的平台建设拉近了"青年之家"与青少年的距离，形成布局合理、辐射面广的阵地网络，凸显了"青年之家"让青少年有所归属、有处可去且便于联系的特点。

3. "青年之家"的数量与常住人口的数量并无绝对的正相关关系

海珠区、白云区人口多，青少年密集，相应的，"青年之家"数量也多。但是，番禺区常住人口约占广州市常住人口的 12%，且广州大学城坐落在番禺区，青少年人口比重很高，但番禺区"青年之家"的数量仅占广州市"青年之家"总数的 3%；天河区常住人口约占广州市常住人口总数的 12%，但"青年之家"数量也仅占广州市"青年之家"总数的 3%（见图 1、图 2）。这反映出目前"青年之家"的数量与常住人口的数量并无绝对的正相关关系。

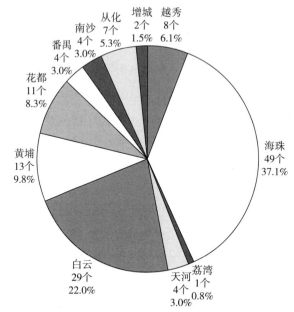

图1 2018年广州市各区"青年之家"数量

数据来源：各区"青年之家"总体平台建设情况统计。

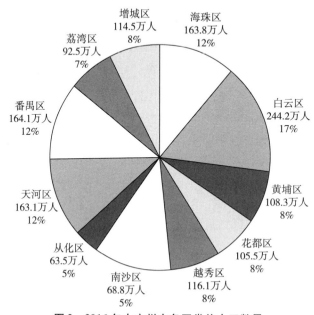

图2 2016年末广州市各区常住人口数量

数据来源：广州市统计局、国家统计局广州调查队主编《2017广州统计年鉴》，中国统计出版社，2017。

（二）践行九大建设模式，通过"三级联动"机制优化整合资源

1. 践行九大建设模式，为突破场地局限提供具有可操作性指导

按团中央的标准，"青年之家"可划分为九种建设模式：依托党群基层服务阵地建设；协调党政部门所属的功能性阵地建设；利用基本公共文化服务阵地建设；协调新建住宅小区的配套服务场所建设；协调楼宇商圈配套的服务场所建设；优化整合团属阵地建设；依托团的各级领导机关建设；依托社会单位或社会组织活动场所建设；其他。目前已有的"青年之家"与这九种模式对应的数量分别为18个、27个、9个、2个、11个、19个、2个、35个和10个。广州市"青年之家"主要是通过协调党政部门所属的功能性阵地与依托社会单位或社会组织活动场所进行建设，而只有极少数是通过协调新建住宅小区的配套服务场所以及依托团的各级领导机关进行建设。

在阵地有限的前提下，"青年之家"的建设需通过积极优化整合社会资源、党政资源，实现"组织共建、资源共享、阵地共用、工作联动"，进而实现尽可能大面积的、多对象的覆盖。

要强化"青年之家"中"家"的元素，就要打造好实体阵地。但是在深入调研过程中也确实呈现出团属场地不足的问题，尤其是在用地资源紧张的中心城区开辟一些场地独立建设"青年之家"难度较大。如何突破场地局限，实现平台的多区域覆盖，是团市委面临的一大挑战。对此，广州"青年之家"总部提出了灵活选择建设形式的思路：各区依据本地发展情况和需求，因地制宜地打造"旗舰店""直营店""合营店""加盟店"等不同类型、不同规格的门店。具体来说，"旗舰店"是独立建设、展示功能的中心型"青年之家"平台，如广州"青年之家"总部；"直营店"是区团委建设的示范性"青年之家"，集中供给服务；"合营店"则是依托已有的党群基层服务阵地、团属阵地、社会单位或社会组织活动场所等建设的分点型"青年之家"平台，是实现各镇街"青年之家"全覆盖的有力抓手，各"合营店"可以只侧重某一方面或几方面的服务，或者实现场地的共享，或者是针对原阵地已有的青少年服务和区域进行整合，建立"青年之家"的

服务清单和项目；"加盟店"则是对青年比较密集的企业或园区"贴牌"，通过加盟，将"青年之家"的服务植入企业内部或产业园、工业园内部，主要是一些纽带型站点，将青少年的需求转达给其他"店"，再有针对性地提供服务。"旗舰店""直营店""合营店""加盟店"等不同规格和类型的门店，是对团中央所推动的九大建设模式进行了进一步细分和生动表述，且厘清了依托不同阵地所建设的"青年之家"的具体功能定位，对"青年之家"的实操性建设具有一定指导意义。

2. 推行"市—区—镇街"三级联动机制，扩大镇街的覆盖范围

广州市内的"青年之家"按层级可划分为三级：市—区—镇街。"青年之家"的镇街覆盖面将进一步扩大。目前，"市—区—镇街"三级联动机制尚处于探索阶段，部分"青年之家"进行了一些大胆有益的尝试，突破了一些现实的瓶颈，但尚未形成一套成熟的机制。部分"青年之家"采取团干部入驻与服务人员流动提供服务的方式实现人员联动；部分"青年之家"尝试利用场地的联动突破场地的局限，如白云区"青年之家"景泰站点举办一些活动时会将活动场地定在更为宽敞的白云区太和镇"青年之家"。

（三）青少年到达率偏低，但已形成良性互动，前景乐观

本次调研通过"青年之家"线上平台进行问卷发放，团市委相关部门协助发放。调查覆盖广州市 11 个区，共回收问卷 1826 份。调查样本中，男性 666 人，女性 1160 人；年龄主要集中在"19 岁及以上"，这部分人占样本人数的 91.6%，调查样本主要来自青年群体，具有高度的代表性。

1. "青年之家"的凝聚力有待增强

问卷调查结果显示，约六成受调查者未参与过"青年之家"的活动。而对仅占受调查者约四成的参加过"青年之家"活动的青少年进一步调查发现，其中超过七成的青少年参加活动的频率"不足一月 2 次"（见图 3、图 4）。可以发现，"青年之家"活动开展频率较低，大量青少年尚未走进"青年之家"，到达率低下直接导致受众面窄，不利于平台活动的开展以及后续发展。

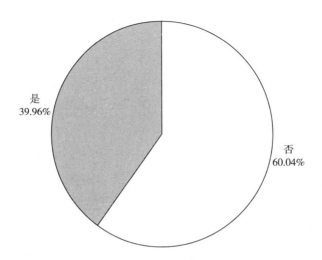

图3 是否参加过"青年之家"的活动

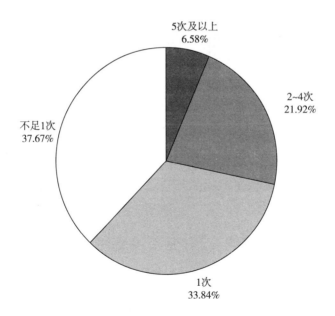

图4 每个月参加"青年之家"活动的频率

2. 宣传力不足导致青少年受众少，时间冲突为硬伤

"青年之家"的活动宣传实现了线上线下融合。线上通过微信公众号

（如广东"青年之声"）、微博、QQ、网站等宣传，线下通过报纸等媒体（如《广州青年报》）、宣传栏、口碑、派单、进校服务、社区主题活动等宣传。可见，目前平台的宣传途径多种多样，理论上能够收到良好的宣传效果。但问卷调查结果显示，"青年之家"的品牌宣传力度依然不够。在关于"青年之家"品牌宣传评价的调查中，超过四成的受调查者评价为"一般"或"较差"，这显示了"青年之家"在品牌宣传上仍有很大的进步空间。而在针对没有参加过"青年之家"活动的原因的调查中，接近一半的青少年表示"宣传力度小，不了解其服务内容"为首要原因，其次是"时间冲突"（见图5）。可知，平台建设存在较大难度的原因在很大程度上也在于青少年的生活特性——他们往往有着较为丰富的娱乐活动，而平台宣传力度不大、组织的活动吸引力不够则加大了吸引青少年进入的阻力，这是目前团委亟待解决的问题。

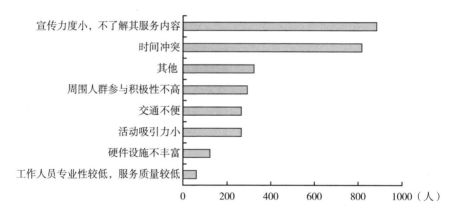

图5　没有参加"青年之家"活动的原因（多选）

　　目前，"青年之家"的宣传主要依赖对接的事业单位和部分企业，致使受众面狭窄，偏向传统领域的青年群体[1]和在校学生群体，在新兴领域青年群体[2]中的宣传力度相对较小。在针对参加过"青年之家"活动的青少年获

---

①　指机关事业单位、国有企业中的青年。
②　指非公企业、社会组织中的青年和自由职业者等。

知"青年之家"活动信息的渠道的调查中，接近七成的受调查者表示是通过"学校、企业等所属单位"渠道获知的，远高于通过其他渠道获知的比例（见图6）。所以，实现宣传渠道的适当拓宽也是目前团委需要投入精力的地方。

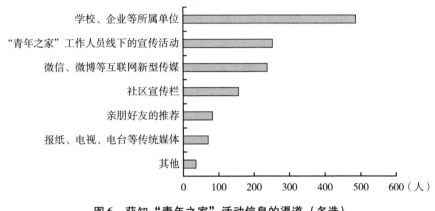

图6 获知"青年之家"活动信息的渠道（多选）

通过以上调查可以发现，目前平台建设情况总体较好，但是仍然存在宣传力不足、运营时间与青少年上班或上学时间相冲突的情况，直接导致青少年到达率偏低，造成平台服务对象受到局限，不利于"青年之家"在镇街层面的铺开。各级负责部门需要集中更多的精力解决以上问题，以打造更加优质的青少年综合服务平台。

3. 与青少年形成良性互动，提升了"青年之家"的获得感

从调研中可以看到，"青年之家"综合服务平台作为面向青少年、联系青少年、服务青少年的公益性、综合性青少年服务平台和阵地，在密切团组织与青年的联系方面是为多数青少年所认可的。在针对参加过"青年之家"活动的青少年关于"青年之家"平台相对于其他商业平台的最大优势的调查中，认为"能便捷地找到团组织和团干部，并获取团组织的帮助"的人数最多，占四成有余，其次是认为"能更广泛地和青少年朋友交流"，约占三成，而认为能提供其他服务或场地的青少年比重则相对较低（见图7）。从调查结果可以看到，青少年所看重的是平台提供的服务，而"青年之家"

作为在青少年身边的团组织也应该扮演好"服务者"的角色，通过服务和活动紧密联系青少年。

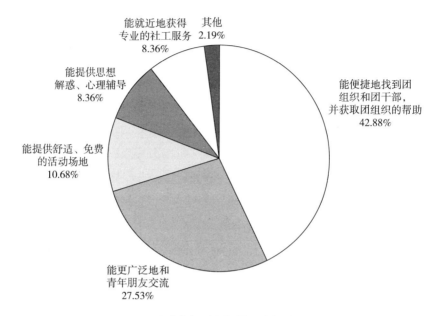

能就近地获得
专业的社工服务
8.36%

其他
2.19%

能提供思想
解惑、心理辅导
8.36%

能便捷地找到团
组织和团干部，
并获取团组织的帮助
42.88%

能提供舒适、免费
的活动场地
10.68%

能更广泛地和
青年朋友交流
27.53%

图7　对"青年之家"最大优势的认知

调查发现，参加过"青年之家"活动或接受过其服务的青少年获得感较高，对"青年之家"的满意度也普遍较高。在关于"在'青年之家'有哪些收获（多选）"的调查中，认为"无收获"的仅占约2%（见图8）。在关于对"青年之家"满意度的调查中，"比较不满意"和"很不满意"的占比不足1%，"无继续参加活动意向"的仅占7%。可见，"青年之家"已给不少人留下了好的服务印象，能切实助力青少年的健康发展，绝大多数被服务者能够得到切实的帮助，平台的存在和进一步完善是必要的和极具意义的。

调查结果显示，平台与已到达的青少年形成了良性互动，创造了青少年获得感，使其能够"留下来"，进而可借势一传十、十传百，发挥口碑宣传的辐射效应，拉动阵地凝聚力与辐射能力的增长。绝大部分青少年认为能够"获得知识增长"与"结交更多朋友"，均约占受调查者的七成；其次是"精

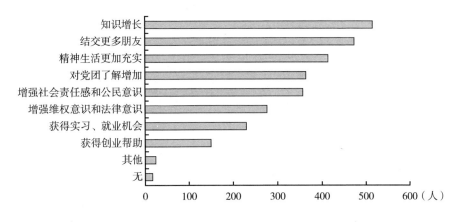

图8 在"青年之家"有哪些收获（多选）

神生活更加充实"，约占六成；"对党团了解增加""增强社会责任感和公民意识"均约占一半，"增强维权意识和法律意识"约占四成，认为可以"获得实习、就业机会""获得创业帮助"的则较少，分别约占三成、两成。在团市委提出的七大板块里，各地平台都实现了政策落地并获得了成功的建设经验，青少年的获得感也从侧面体现了"青年之家"各种类别服务的开展情况，可适当"保强补弱"，从而进一步提升青少年于"青年之家"的获得感。

（四）做细七类服务清单，打造一批创新性活动与服务项目

"青年之家"围绕基础团务、权益维护、实习就业创业、婚恋交友、公益志愿、文体活动、学习成长等七类业务的基础服务清单，主动策划服务项目并开展工作（见表1）。

表1 "青年之家"的基础服务清单

类别	服务项目
基础团务	团员证补办,咨询,转介
	"青年文明号"咨询、申报
	"两新"团建相关业务咨询
	"青年之声"业务咨询

续表

类别	服务项目
权益维护	法律咨询、权益维护和投诉
实习就业创业	"青年创业大赛"咨询与报名登记
	企业就业(实习、兼职)岗位信息登记与发布
	青年就业政策咨询
	青年创业培训咨询与报名
	青年创业活动咨询与报名
婚恋交友	婚恋交友活动咨询
公益志愿	志愿服务时证明开具咨询
	志愿服务活动的报名咨询
	福彩助学咨询、申报
	重症救助咨询、申报
	社会组织成立及入驻孵化基地申请
文体活动	各类文体活动咨询、报名
学习成长	"圆梦计划"咨询、报名
	培训咨询、报名:团干部和团员、"青年文明号"、少先队、辅导员、社会工作者、志愿者、青少年培养教育
	党团史类书籍借阅

注：咨询类服务，通过"青年之声"等互联网平台和 12355 电话热线开展。各区按照实际情况，逐步增加需要现场办理的青少年服务项目。

资料来源：《共青团广州市委办公室关于印发〈广州"青年之家"建设工作方案〉的通知》（团穗办〔2017〕11 号）。

1. 基础团务实现全覆盖

基础团务作为"青年之家"最基础的服务项目，在广州市各区级"青年之家"实现了100%配入，实现了基本板块的保障，使青少年在明确服务需求的基础上能够直接找到"青年之家"进行服务办理。

2. 权益维护日趋完善，定点服务与外出宣讲两手抓，形成各部门联动

围绕权益维护，各区"青年之家"积极开展服务项目和活动。如广州"青年之家"总部开展的"情感树洞——公益个案咨询"活动，越秀区青年地带东山街站开展的"唯毒你不可亲"禁毒宣传活动、"来穗人员430课堂"，越秀区青年地带流花街站开展的"法治进校园"系列活动、"青春有

法保"活动,天河区"青年之家"棠下站的"法治进校园"健康成长零欺凌活动、"阳光学堂"预防青少年犯罪的主题系列活动,南沙区裕兴花园"青年之家"的"权益维护讲座",白云区太和镇"青年之家"维护青少年权益的咨询服务,增城区"青年之家"的禁毒宣传系列活动,等等。"青年之家"主要是通过定点服务和外出宣讲的方式,在阵地开办法治讲坛,提供维护青少年权益的咨询,走进校园、镇街进行禁毒宣传并组织法治讲座,频率相对较高,以增强青少年的法治观念和维权意识。其中对涉案的、重点关注的青少年,"青年之家"有针对性地改善其行为问题,且联合相关部门和机构形成了一套成熟的个案转介机制;同时,社会工作者通过参与未成年人犯罪案件的审讯来切实地保障青少年的权益。

3. 因地制宜打造一批创业基地和创新青年的"孵化器"

在实习和就业创业方面,主要是坐落在创业园、工业园内的园区型"青年之家"和进驻于企业的"青年之家"在开展服务和活动,为青年提供就业创业方面的政策咨询服务,为创业团队提供丰富的资源和周全的服务,在装修上迎合青少年的需求和审美,打造创业基地和创新青年的"孵化器"。如纳金科技产业园"青年之家",位于开发区核心地带,拥有创客咖啡厅、项目路演区、交流区、洽谈区、休息区和展示区等,为青年提供办公设备和网络资源,使青年创业团队实现"拎包入住";同时整合了各类资源,可为青年创业团队提供工商注册、创业辅导、政策咨询、项目申报、项目沙龙、项目路演、投融资对接、产品展示等一站式服务。

4. 将婚恋交友纳入常规活动,但受人、财、力制约

婚恋交友活动在许多区的"青年之家"都发展态势良好,已成为许多区的"青年之家"的常规活动,定期开展,开展频率较高,如广州"青年之家"总部的"社区相亲阁活动",白云区"青年之家"直接发动企业和单位青年开展婚恋活动。广东国际大厦"青年之家"组织的"越秀青年生活创意交流联谊会""潮流音乐分享交流会""姐妹淘茶话会——三八妇女节活动"更是将兴趣与联谊结合,创新了传统的婚恋交友形式。婚恋交友满足了青年的社会交往需求,进而带动社区网络的建设。

婚恋交友活动在青年中评价较高。在针对已参加过"青年之家"活动或接受过服务的人关于"在'青年之家'有哪些收获（多选）"的问卷调查中，接近七成的受调查者认为收获是"结交更多朋友"。但是婚恋交友活动在个别区也存在青年参与度不高的问题，不过，小规模的青年数量在一定程度上也保证了活动的质量。也就是说，在经费有限和工作人员紧张的前提下，"青年之家"难以兼顾活动的规模和质量。

5. 公益志愿凝聚社会力量，成为服务内容提质增效的有力抓手

在公益志愿方面，"青年之家"以志愿服务的形式邀请志愿者为辖区内的青少年及其家属提供服务，动员社会力量参与到"青年之家"的建设当中，同时为青少年提供了反哺社会的平台和获取帮助的渠道。各区"青年之家"陆续开展了一些公益志愿服务，如广州"青年之家"总部开展的广州"助残展翅"志愿服务项目美术作品展览、"牵手红丝带"广州青少年预防艾滋病志愿者行动总结表彰大会，越秀区青年地带东山街站开展的"430义教活动"，"青年之家"（裕兴花园站）对接华南师范大学志愿者团队开展的心理咨询项目和"法宣"活动等。而且部分"青年之家"因时制宜，打造了一批具有特色的志愿服务活动，如盐运西社会组织培育基地（创益工场）开展的广州马拉松志愿服务、"春运"志愿服务、越秀区西湖花市志愿服务，"青年之家"莲麻店开展的元旦美食节志愿服务、"五一"豆腐节志愿服务。少部分"青年之家"还开展了常规性的爱心助学活动，成为爱心人士和亟须受到帮扶的贫困学生间的桥梁，为爱心人士助力，为贫困学子雪中送炭，如"青年之家"（裕兴花园站）的"穗爱学子"活动、天河区"青年之家"棠下站和天河中学站的"暖阳行动"——困难学生志愿助学活动，将爱心人士捐赠的财物提供给需要帮扶的对象。

6. 积极探索青少年喜闻乐见的文体活动形式

在文体活动方面，各区"青年之家"开展了形式丰富多样的文体活动，激发青少年到"青年之家"的兴趣和热情。如广州"青年之家"总部举办各类展览；广东国际大厦"青年之家"组织"慢时光"午间休闲电影会和咖啡品鉴交流分享会、"头脑王者"知乎争霸赛、潮流音乐分享交流会等；

"青年之家"(裕兴花园站)开办钢琴、绘本、书法、国画等兴趣班,兴趣班的老师主要有两个来源,一是志愿者,二是其他"青年之家"(如青宫总部)的老师。部分"青年之家"还在活动中注入中国优秀的传统文化元素,增强青少年对本民族或本土文化的认同感,如"青年之家"创益工厂有汉服汉礼体验讲座、端午包粽子活动、武术体验课等。

7. 体现服务主导逻辑,对离散青少年的吸纳力不足

在学习成长方面,各区积极开设青少年成长课程。天河区"青年之家"天河中学站设置了"青苗教室"青少年成长课程。"青年之家"莲麻店组织青少年学习党团知识、上党团课。而越秀区青年地带东山街站的表现较为突出,其开展的驻校服务切实关注和帮助在校青少年成长:社工在逐步与学生建立关系的过程中获得学生的信任,充当学生的陪伴者,聆听学生的需求,解决他们的烦恼,舒缓他们内心的忧愁,解答学生在青春期的交友困惑,拓宽学生课外参与志愿服务的渠道。从以上例子不难看出,成长课程主要针对学生群体。

综上,在基础服务清单的大框架下,因服务范围内青少年的特点、区域资源优势等存在差异,各个"青年之家"服务的侧重点亦有差异,进而形成了具有区域特色的创新性活动与服务项目。如南沙区"青年之家"〔粤港澳(国际)青年创新工场站〕主要面向粤港澳大学生和青年创新创业主体,致力于在南沙建设一个具有国际特色的粤港澳大学生和青年创新创业综合示范平台,以及国际化的"产学研"一体化创新实践基地;海珠区滨江街文化大礼堂"青年之家"立足于当地白话渔歌(俗称"咸水歌")的传统文艺,开展咸水歌传承活动,向青少年介绍该街的历史与文化;位于开发区核心地带的黄埔区纳金科技"青年之家"整合各类资源,为青年创业团队提供工商注册、创业辅导、政策咨询、项目申报、项目沙龙、项目路演、投融资对接、产品展示等一站式科技服务。

各"青年之家"普遍将"先把青少年吸引进来"作为自身建设的初期任务,通过多种形式吸引青少年加入,如海珠区"青年之家"素社站突出北欧清新风格。但是仍有部分"青年之家"对下一步的工作方向尚未明晰,

处于"摸着石头过河""走一步算一步"的探索阶段，缺乏更宏观和长远的建设思路。在深度访谈中，相关负责人阐述了对"青年之家"功能的理解，这也许可以为"青年之家"长期的建设思路提供一些灵感：浅层次上，正面宣传和展示共青团的服务形象和服务内容；中层次上，为青少年提供服务，青少年的一些迫切需求能从"青年之家"得到满足，从而对共青团产生信任；深层次上，通过活动潜移默化地对青少年实现行动引领，鼓励青少年依法依规地健康生活、热爱党团和国家。

（五）运行模式的成功与不足

1. 运行经费来源与数量不均衡，广东省粤港澳"青年之家"拓展新思路

在运行经费方面，广州市"青年之家"主要有四个来源——地市级团委下拨支持经费、地方党政支持配套经费、整合社会或市场资金、其他，占比分别为4.8%、15.8%、78.8%、0.6%。各"青年之家"的运行经费来源及数量差异显著，如广东省粤港澳"青年之家"的经费主要来源于社会、市场资金的整合，约有2000多万元，花都区"青年之家"的经费则全部来自地方党政支持，荔湾区"青年之家"则无经费来源（见图9）。广东省粤港澳"青年之家"在这方面做得比较好，主动争取团组织、政府资金的支持，整合了国资委下属的物业，以略低于市场的价格租赁场地，同时整合了市场资源，使得具体费用由民营企业承担，实现了"组织共建"。

2. 人员经费是财政支出的主要部分

"青年之家"的支出主要包括初期建设投入、租金、水电费、场地费等支出，以及购买服务、人员经费等运营性支出，其中人员经费占的比重较大。如"青年之家"花都总部人员经费比重为75%，广州"青年之家"总部人员经费比重高达85.7%。在整体上，人员是平台中最重要的构成因素，而高素质的服务队伍需要匹配更高的人员费用支出。

3. 专兼职结合的工作队伍初步形成，但各区工作队伍水平参差不齐

广州市"青年之家"初步形成了专兼职结合的工作队伍，各区"青年之家"工作队伍发展差异显著，具体体现在平台管理员构成及数量两方面。

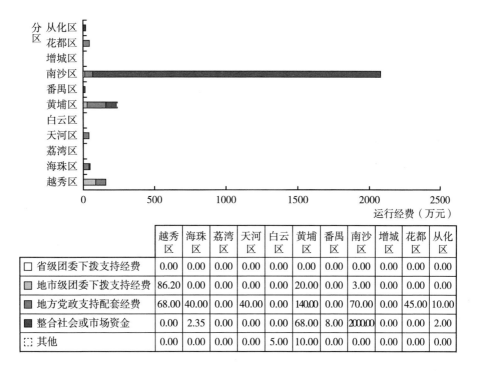

	越秀区	海珠区	荔湾区	天河区	白云区	黄埔区	番禺区	南沙区	增城区	花都区	从化区
□ 省级团委下拨支持经费	0.00	0.00	0.00	0.00	0.00	0.00	0.00	0.00	0.00	0.00	0.00
▨ 地市级团委下拨支持经费	86.20	0.00	0.00	0.00	0.00	20.00	0.00	3.00	0.00	0.00	0.00
■ 地方党政支持配套经费	68.00	40.00	0.00	40.00	0.00	140.00	0.00	70.00	0.00	45.00	10.00
▦ 整合社会或市场资金	0.00	2.35	0.00	0.00	0.00	68.00	8.00	2000.00	0.00	0.00	2.00
⬚ 其他	0.00	0.00	0.00	0.00	5.00	10.00	0.00	0.00	0.00	0.00	0.00

图9 2017年广州市各区"青年之家"运行经费来源

资料来源：各区"青年之家"实体平台建设情况统计，2018年1月31日。

"青年之家"平台管理员的构成包括团干部、社工、志愿者。全广州市"青年之家"中团干部、社工、志愿者分别有84人、91人、1193人，占比分别为6.1%、6.7%和87.2%。在平台管理员数量方面，越秀区、海珠区、白云区较多，分别有529人、414人、254人，而花都区、荔湾区、增城区最少，分别为0人、1人、4人（见表2）。"青年之家"的建设离不开工作人员，可以说工作人员是平台建设的核心。但从以上数据可知，有些区的人力严重匮乏，阻碍了"青年之家"服务项目和活动的铺展。

用发展的眼光来看，虽然目前社工整体的专业水平不高，但其专业能力在专业培训、督导和服务青少年的过程中不断提升。志愿者的加入不仅有效缓解了"青年之家"的财政压力和人手压力，也在一定程度上弥补了社工在某些方面专业性的不足，同时使活动更加多元。如"青年之家"（裕兴花园站）对接华南师范大学的心理团队开设了一个心理咨询室，对接华南师范大学法学院的一个志愿者团队开展了"法宣"这个品牌活动。

表2　各区"青年之家"平台管理员的构成及数量

单位：人

所在区＼管理员	平台管理员的构成			
	团干部	社工	志愿者	合计
越秀区	3	16	510	529
海珠区	48	16	350	414
荔湾区	1	0	0	1
天河区	3	21	15	39
白云区	24	10	220	254
黄埔区	0	10	8	18
番禺区	0	2	10	12
南沙区	3	12	60	75
增城区	0	4	0	4
花都区	0	0	0	0
从化区	2	0	20	22
合　计	84	91	1193	1368
占比	6.1%	6.7%	87.2%	100.0%

资料来源：《共青团广州市委办公室关于印发〈广州"青年之家"建设工作方案〉的通知》（团穗办〔2017〕11号）。

三　广州市"青年之家"建设的成绩与经验

近年来，共青团广州市委员会全面贯彻落实党的十九大精神，积极抓住发展机遇，广泛借力，"青年之家"综合服务平台建设取得了可观的成绩。

（一）在四个级别上实现从无到有的跨越，逐步深化打造平台品牌

2014年6月共青团中央下发了《共青团中央办公厅关于支持各地加强青少年综合服务平台建设的通知》（中青办发〔2014〕36号），支持在全国范围建设一批青少年综合服务平台。为深入推进"青年之家"建设，

共青团开展了全国示范性"青年之家"综合服务平台创建活动。广东共青团表现突出，申请建设五个首批全国示范性"青年之家"综合服务平台2016年，中青办下发《关于命名首批全国示范性"青年之家"综合服务平台暨下拨2016年"青年之家"综合服务平台支持经费的通知》（中青办发〔2016〕10号），其中广州市青年文化宫名（简称"广州青宫"）列其中，并成为广州"青年之家"总部门店。10月28日，广州青宫被团中央评为首批全国示范性"青年之家"综合服务平台，并于2017年5月4日正式对外试营业，对广州市其他区域、其他等级的"青年之家"建设起到引导作用。

同期，广东省选取广州市、深圳市、佛山市和珠海市作为率先启动城市镇街区域化团建工作的试点城市〔《广东省关于在城市镇街区域化团建工作实施方案》（团粤办发〔2014〕30号）〕，建成了一批推进区域化团建工作的镇街级团属阵地。为贯彻落实中共中央办公厅印发的《共青团中央改革方案》有关要求，共青团中央制定了相关工作方案，明确了各级团组织需建立的青少年综合服务平台数量，这也推动了广州市"青年之家"在各行政级别建设上的全覆盖和规模化。改革在不断继续和发展，2017年7月到12月，团省委进一步推进"青年之家"融入政府行政中心的一系列试点探索〔《关于深入推进青年之家建设工作的通知》（团粤办发〔2017〕36号）〕。

目前，广州市100多个国家级、市级、区级、镇街级"青年之家"陆续投入建设或完成建设，基本上实现了"青年之家"在市内的全覆盖。广州市在"青年之家"建设中已经摸索出一定的经验，未来将打造出更优质的"青年之家"综合服务平台。广州市实现了本地"青年之家"从"无"到"有"的数量跨越，并且正逐步打造平台品牌，在已有基础上扩大其影响力，进一步推动基层团建。

（二）两种联动机制合力保障"青年之家"建设的综合化、专业化

1. 省、市、区、镇街团组织"四级联动"，共同建设

广州市"青年之家"的发展大体采用逐步推进的策略，通过选点试点、

成功推进并不断改进的模式进行建设。而其最大的优势则在于成功经验的推广，先建设、先成功的区域是后建设区域的指导者，用先者的成功经验直接指导后者，节省了后建设阵地的时间、资源等。

广州市最先发展的青年文化宫站"青年之家"，为广东省第一批国家级"青年之家"综合服务平台示范点，稍后一批选点建设的市级"青年之家"综合服务平台示范点，如今也已经初步取得成绩。在进一步的发展中，"青年之家"正在向区级、镇街层面全面铺开。但从目前的发展来看，区、镇街级服务阵地资源相对紧张，专业性相对较弱，这就要求通过联动机制推进经验、资源的共享。"青年之家"也不是一个单一的服务平台，而是面向青少年的综合性服务平台，其综合性需要多方面的支持，通过联动机制保障其供给。

在广州市，省、市、区、镇街四级团组织工作队伍实现联动，市团委多次组织座谈会听取各区建设经验及遇到的问题，全面了解实际建设情况。团组织的领导也多次到市、区、镇街建设基地进行深度调研，不同区域的负责人到本区之外的阵地取经考察；不同级别的工作团队对其下属发展阵地进行指导、争取资源，为整体建设提供了发展条件。广州市内的"青年之家"是一个互相牵连的网络，而不是一个个孤立的点，"四级联动"是密切联系这个网络的重要机制，实现了在服务区域内各个平台间的优势互补，对于全市范围内"青年之家"的发展有重要意义。

2. 服务队伍、服务咨询及服务阵地"三级联动"，稳定内部运行

在团中央的指导下，广州市"青年之家"建设将内部建设力量进行整合，实现服务队伍、服务咨询和服务阵地的"三级联动"，促成不同部门队伍之间的交流协作以及阵地之间的服务合作，提高了不同服务主体间的联系程度，以及阵地资源的利用效率。

专业队伍通过联动模式对后发展的服务队伍给予技术指导等一系列帮助，如在部分门店，团广东省委、团广州市委选派"青年之声"、广东志愿者（i 志愿）等机构的专业技术人员及团干部入驻，实现常态团干部队伍入

店服务①，使各类专业队伍彼此合作，形成"服务队伍联动"，这提高了服务质量，使得区域发展的综合力量得到提高。在服务咨询上，各级阵地之间联动尤为重要，一是保证咨询传递能在第一时间通过多种渠道、多种方式传递给青少年，二是让青少年在咨询上有明确的方向，便利青少年，使青少年对"青年之家"有归属感，提升其满意度。服务咨询的联动对紧密联系各级机构，促进各级机构间的了解与合作有重要作用，对实现部分工作的分流和转移、开展系列活动、推进服务对象深入参与活动等都有重要的意义。"青年之家"在七大板块的基础上提供了多种多样的服务项目，而项目之间又存在多种联系。为便利青少年参与和享受服务，各区团委建立了服务咨询联动机制，主要通过门店内宣传栏和电子显示屏、"青年之声"以及各区的微信公众号等平台，通过多种途径进行服务简介和办理方式等说明，并利用平台宣传活动、实时发布活动信息、提供反馈渠道，对线下门店工作人员的工作进行适量分流，实现线下线上服务咨询联动。同时，目前广州市的"青年之家"综合服务平台中，有很大一部分为整合型综合服务平台。因为青少年的需求是多样的，不同阵地的聚集能够为青少年提供多种选择，同时也满足了"青年之家"综合性的发展定位。举例而言，海珠区"青年之家"、黄埔创新大厦"青年之家"在作为社会组织孵化基地的同时，也进行着创业团队的孵化，并提供其他多种服务。对于"青年之家"来说，对不同的服务阵地进行整合，扩大平台的服务范围，能够提高服务水平，完善服务机制。

积极推动"三级联动"的建设模式，在促进服务队伍之间交流协作、便利青少年了解"青年之家"并参与其活动、推动平台综合建设上都具有重要意义。在阵地上实现联动，有助于推动横向、纵向上不同的社会组织之间的联结，使阵地服务更加综合和专业。广州市"青年之家"的建设经验表明，"三级联动"是"青年之家"综合服务平台建设的重要助推力。

---

① 共青团广东省委：《省市区团组织"三级联动"依托广州市青年文化宫共同建设青年之家工作总结》。

（三）结合区域发展，打造特色品牌"旗舰店"

广州共青团通过争取政府支持、整合社会资源等，紧紧围绕团中央的要求进行本地"青年之家"综合服务平台建设。在这个过程中，广州市青年文化宫首先成为国家级示范平台和广州市的"旗舰店"，为广州市内其他门店的发展提供了样板。2017年12月，南沙区粤港澳"青年之家"升级为国家级示范平台，它的成功在于，集合优势地理、顺应国家大政方针，积极进行建设。

南沙区在2017年度总结中强调：要升华工作，建设"南沙模式"。南沙粤港澳"青年之家"的发展具有自身优势。党的十九大强调"要支持香港、澳门融入国家发展大局，以粤港澳大湾区建设、粤港澳合作、泛珠三角区域合作等为重点"，南沙作为粤港澳大湾区地理几何中心，在服务粤港澳大湾区建设中起着不可或缺的作用。更重要的是，南沙区团委积极抓住发展机遇，进行"青年之家"平台建设。粤港澳"青年之家"按照"政府主导，市场运营"的思路建设："政府主导"，指确保方向正确；"市场运营"，是为了务实高效①。多方力量联合推动粤港澳"青年之家"快速发展。

南沙区粤港澳"青年之家"由共青团广州市南沙区委员会与广州卓才集团有限公司共建，由广州市南沙团青汇青少年发展促进会、广州市南沙青年创新创业创优服务中心联合运营管理，并依托"创汇谷"粤港澳青年文创社区建设而成。该平台可容纳上百个创业团队入驻，配套了青年创业交流培训和创业孵化等多个功能区以及完善的生活设施，为创新创业青年提供企业孵化、法律服务、行销服务、人才服务等配套服务。在运营模式上，南沙区采用"1+4+7+20"的运营模式，实现专职机关干部、专业社工、专职人员以及青年志愿者的工作团队配备，有力地保障了"青年之家"持续有

---

① 共青团广州市南沙区委员会：《全国示范性"青年之家"综合服务平台创建申报材料》，2017年10月19日。

效地运营①。

粤港澳"青年之家"是广州市青少年综合服务平台建设的一个成功实践，是全国首个以服务港澳籍青年为主的"青年之家"。它的建成不仅是广州市"青年之家"发展的成果，更是全市"青年之家"发展的动力，为各区提供了宝贵的发展经验，鼓励各区紧跟党中央、团中央，抓住发展机遇，发掘自身的资源优势，打造出"青年之家""旗舰店"，为青年提供更好的服务。

（四）做好七大板块"传统菜"，打造各个区域的"招牌菜"

根据《共青团中央关于全面推进青少年综合服务平台建设的通知》（中青发〔2014〕24 号）及广东省对于"青年之家"城市街道区域化团建方案等提出的要求，广州市结合自身发展实际，并经团广州市委多次商议，最终确定了基础服务清单。广州市"青年之家"以青少年发展和需求为导向，围绕基础团务、权益维护、实习就业创业、婚恋交友、公益志愿、文体活动、学习成长等七类业务建立基础服务清单。七个板块基本涵盖了青少年的普遍性需求，是基于青少年需求本身并切实服务于青少年的，关乎青少年的思想教育、未来发展和社会交际等多个方面。

要经营好"门店"，不仅需要丰富的"菜单"，更要找准"切入口"，因地制宜打造特色"招牌菜"②。广州市和各区的"青年之家"发展较为成熟，各区均能基于七大板块全面而有所侧重地开展相关活动、服务青少年。同时，各区还要结合自身的区域发展特点，积极进行潜力发掘，打造出本区的特色"招牌菜"。

从本次调研来看，"基础团务"板块的服务内容是"青年之家"综合服务平台的最基础服务，在各区各级"青年之家"基本实现了全覆盖；"权益

---

① 共青团广州市南沙区委员会：《全国示范性"青年之家"综合服务平台创建申报材料》，2017 年 10 月 19 日。

② 共青团广州市南沙区委员会：《南沙区"青年之家"市级示范点建设工作情况阶段性总结及计划》，2017 年 11 月 3 日。

维护"通常体现在各区组织的"法律沙龙"等活动中，例如南沙区裕兴花园"青年之家"开办的"权益维护讲座"；"实习就业创业"的相关讲座和培训提高了青年的创业就业能力，比如天河区石牌家综"青年之家"提供的岗位体验等；"婚恋交友"活动许多区都呈现出较为乐观的态势，开展的频率较高，比如白云区联系相关单位组织的青年联谊活动；"公益志愿"活动在阵地与公益组织结合的"青年之家"中表现得更为突出，例如海珠区"青年之家"的相关活动较为成熟；"文体活动"与"学习成长"在服务群体主要为青少年的平台中表现更突出。各区的发展并不囿于这些"传统菜"，都进行了一定的探索尝试，不断优化、推出本区的"招牌菜"。例如，海珠区"青年之家"的阵地原为"Hi 公益部落"的阵地，该"青年之家"在基础的七大板块活动的基础上主要侧重于公益志愿的活动，包括进行志愿者培训、安排志愿者进行交流、孵化公益性质的创业团队，是全面且有侧重的发展，具有地区特性。在这样的氛围下，各区"青年之家"开展的活动总基调一致且各有亮点，有利于培养出更加专业的服务团队，创建出自己的活动品牌。

（五）服务半径逐步扩大，更多青年走进"青年之家"

"青年之家"综合服务平台基于区域特性建成，是服务青少年群体的。建设出能够吸引青少年的、青少年爱来的"青年之家"是各级团委的重要任务。

广州市目前在"四级联动"机制下大体形成了首先建成市区级示范平台，再建成镇街级服务阵地的"中心区向外辐射"的模式。目前，在市区级示范平台普遍建成的状态下，区域中心点逐渐形成。依托区域本部"旗舰店"的逐步稳定发展，周边较低层级的"青年之家"建设有了更多的建设资源及直接指导，发展条件趋于成熟，镇街级"青年之家"站点数量不断增加，即服务半径不断扩大。而镇街一级服务平台深入青年生活区域，对吸纳青少年进入"青年之家"并参与其活动，解决青少年办理基础团务中的不便发挥了极大的作用，直接带动平台服务人数的增加。

如今,在广州市诸多"青年之家"的建设中,各级团委的实践探索初获成效。各区基于区位特性,主动找寻所在地的青少年群体并进行联系,多个区域都有稳定参加活动的青少年群体。活动的组织人员也能够较好地利用新媒体等网络社交平台进行宣传,从而通过向多个方向"滚雪球"的方式,吸引更多青少年参与到活动中来。而通过这种方式走进"青年之家"的青少年能够产生更高的认同感和积极性,并形成良性循环。在深调研中从多个一线工作人员的反馈中我们了解到,"青年之家"服务的群体和人数逐步增加。并且,"青年之家"工作人员并不囿于所在阵地,而是走进校园做宣讲、走进校区办活动、走进单位办宣传,利用线上和传媒等手段,让更多人了解"青年之家",进而走进"青年之家"。另外,通过联动机制也推动实现了个案转介等产生的服务群体,实现了服务人数的扩大。

(六)积极探索建立特色鲜明的站点,打造面对不同群体的多元门店

在团中央的方针指引下,一方面,广州市各区因地制宜建设团属阵地,形成了多种多样、具有各区特色的"青年之家"综合服务平台。另一方面,基于本区特色建成的"青年之家"能够给予本区青少年更多的亲切感,从而带动青少年进入并使其产生归属感。

"青年之家"的构建应该是多模式的。诸如青年文化宫总部、南沙粤港澳"青年之家"这类优势较为突出的可建成"旗舰店",作为对外展示的品牌窗口。同时,积极争取线下阵地等资源,推动各区建立本区的"直营店",打造出市区级规范性的品牌门店。还要寻求阵地合作,将团的元素融入阵地之中,建成"青年之家"线下"合营店",保证"青年之家"活动的开展。另外,团委要主动到青少年聚集的地方,寻求"青年之家"加盟,挂上牌,提供部分服务,建成"加盟店",让青少年更加容易找寻到身边的"青年之家"。

在深调研的过程中我们发现,在市、区级别上,多元化发展得到了很好

的落实，各个"青年之家"立足于所在区域青少年活动的空间特性，建成了园区型、楼宇型、社区型、校园型等"青年之家"线下阵地，开展活动、服务青少年。例如番禺区位于中山大学内的谷河南岸青年空间，其主要面向的群体为高校学生，举办的活动与高校社团活动较为相似。这样的方式青少年不会感觉到压抑，他们会更多地以自然的状态参与到活动中来，走进"青年之家"。粤港澳"青年之家"位于"创汇谷"创业园区内，基于大湾区的地理优势，积极贯彻落实党的十九大要求的"深化内地和港澳地区交流合作"的大政方针，将创业作为自身的主打牌。该地不仅为粤籍青年，也为港澳青少年提供了优越的创业条件，创业孵化基地周边的一系列配给为粤港澳青少年营造了便利的生活氛围。同时，其举办的相关创业比赛等，更是进一步促进了粤港澳青少年之间的交流，加强了港澳地区青少年对内地的归属感。

各区除积极开展与本区发展特色相关的主题活动外，也在对本区特色元素进行宣传上投入了大量心思。如白云区设计了有区域特色的宣传品来推动宣传，宣传品上都印有"大白""小云"的卡通形象，在其中也结合了团旗、团徽等团的元素以及青年志愿者协会的公益元素，将本区特色清晰、生动地展现出来，使青少年群体明了白云区建设的主要方向。南沙区裕兴花园"青年之家"也设计出了大量带有本区 Logo 的纸巾盒、便携茶具等物件，相比于传单等，更具有实用性。青少年通过参与活动获得这类奖品，一方面提高了青少年参加活动的积极性，另一方面精心的设计更是让宣传收到持续长久的效果。

青少年一代作为文化传承和发扬的重要主体，在国家发展中具有责无旁贷的责任，如何让青少年担当起这样的重任是共青团面临的重大考验。各区进行具有本区特色的活动宣传，能够培养青少年对本区的热爱和对祖国的依恋。

这些实践目前取得了初步的成效，建设有区域特色的"青年之家"使得更多的青少年被吸收进来。可以预见，在这样的发展模式指导下进行建设，成果必然是多元而丰富的，是具有区域特色的，是具有广州特色的，更是具有中国特色的。

（七）线上线下工作融合，依托"一网、一号、一站"助力平台建设

在党的十九大报告中，习近平主席强调："善于结合实际创造性推动工作，善于运用互联网技术和信息化手段开展工作。"互联网的使用，对诸多事物的发展都有极强的助推力。对于"青年之家"综合服务平台来说，在一个主要的线上平台进行宣传，能够利用线上平台的粉丝效应。不仅如此，在全球化的当下，互联网的使用实际上实现了工作的融合发展——线上平台不仅起到宣传作用，更是工作本身的一部分。将工作进行线上线下分工调整，改变工作内容分布，简化、减少线下办公的流程及手续，减轻线下办公人员的工作压力，也能够实现机构的精简。同时，上级团组织也可以实现对全部"青年之家"建设、管理和活动情况的及时掌握和评估，促进信息在不同层级以及部门间流动。

如今，"青年之家"综合服务平台正依托"一网、一号、一站"的服务体系进行工作上的协调发展。"一网"指"网上共青团"，通过线上服务平台实现线下"青年之家"线上化、全景化、互动化。团员青年只需要关注微信公众号就可以在网上找到"青年之家"，实现平台搜索、地址导航、服务选择、活动参与、活动评价、互动交流等。"一号"为"青年之家"综合服务平台的固定热线12355，它为青年群体与"青年之家"提供了一个稳定的、实时的联系桥梁。"一站"则指设立有形化、日常化的线下服务站点，即"青年之家"服务门店。通过这样的"三位一体"建设，促进了线上线下工作的融合，符合时代特性，不仅极大地便利了工作人员的工作开展，更扩大了"青年之家"可服务人数的规模及可服务的范围，对实现"青年之家"的进一步发展有着重要意义。

广州市在2016年共青团中央基层组织建设部下发的《关于第一批"青年之家"进驻云平台工作的通知》（团组字〔2016〕25号）指导下，已推动一批"青年之家"入驻云平台。团广州市委在"一网"的建设上高度重视并加大了投入力度。在积极入驻"青年之声"并借助该平台进行宣传和发展工作的基础之上，广州市内多个区已建成"青年之家"网上站点，进

行网上管理运行、活动发布等具体建设活动。线下的机构也开展了相关活动，例如南沙区裕兴花园"青年之家"、白云区"青年之家"都设计了带有线上平台二维码的纸巾盒、杯子等礼物，推动线下粉丝成为线上平台的粉丝，实时获取平台动态。从联动机制来看，各区线上平台可以说是"青年之声"的子部分，能够进行比较具体和比较频繁的活动。但是相对而言缺乏"青年之声"线下平台的强大粉丝力量支持，具有区域性、局限性。所以，二者的建设应相辅相成。更重要的是，线上与线下的融合使得工作更加便捷，青年能够更加轻松地了解"青年之家"并参与到"青年之家"的活动中来。

四 广州"青年之家"存在的问题

（一）资源共享机制不够完善，横纵向部门间互动有待加强

在调研中我们了解到，现有的"青年之家"上下级工作虽有联动，但资源共享程度相对而言比较低，且横向上部门间的合作偏少。资源没有得到充分利用，项目、人手、资金的流动比较有限，这在一定程度上限制了"青年之家"的发展。

出现这种现象的原因也在于缺乏顶层设计，没有良好的人、财、物流动机制去引导资源进行合理分配。"青年之家"出现的时间并不长，尚处于摸索阶段，因此各个门店需要有指导性的政策、机制发挥作用，使资源在横向、纵向两个维度充分流动、实现共享。

（二）资金达到保障水平，但专项资金仍不足

所谓专项资金，是国家或有关部门下拨的具有专门指定用途或特殊用途的资金。对专项资金会要求进行单独核算、专款专用，不能挪作他用。专项资金有利于专项活动开展，为其提供经济方面的保障。在调研中我们发现，目前财政部门及相关单位和部门对"青年之家"的资金投入力度小，"青年

之家"在一定程度上缺乏专项资金的保障。成立初期,"青年之家"获得了一定的拨款,后续的资金支持政策尚不清晰。对于部分具有项目优势的"青年之家"来说,与社会和企业合作能够在资金上获得一定程度的供给;而对于具有场地、地缘优势的平台来说,能够获得一定的场地租赁费等收入补贴。但在实际运营中,大多数"青年之家"处于资金匮乏状态,缺乏一套完整的保障措施。

(三)活动品类多样,但内容吸引力不足

目前,各个"青年之家"门店的活动主要围绕七大板块展开。在深调研过程中我们发现,其中有些活动的参与度相对较低,主要是因为活动内容缺乏吸引力,导致青年没有参与意愿。甚至有青少年表示,一些活动听到名字就没有吸引力。同时,调研结果也反映出"青年之家"的活动缺乏品牌项目,各门店的活动、项目多数是针对具体情况而开展的,相对而言规模较小、零散,缺乏专业化、系统化的活动规划,在创新性上也呈现出一定的不足。

此外,一些"青年之家"门店的布置比较单一。宣传墙等流于形式,展示的方式相对简单,没有在内容上进行精心设计,对共青团缺乏生动形象的介绍,缺乏互动和体验,因此难以深入人心,不易吸引青少年参与进来。

(四)活动场所限制活动效果

"青年之家"目前所开展的活动绝大多数是线下活动,需要有一定的场地基础。活动场所是影响活动开展效果的重要因素,活动场所的位置、大小、布局等关系到是否适合开展某类活动。本次调研发现,有些"青年之家"地理位置好,有些"青年之家"场地面积非常大,而有些"青年之家"装修得时尚新颖。以上三类"青年之家"的活动场地相对而言更具备优势,更容易吸引到周边的青年人。而条件不足的"青年之家"便往往陷入对青年吸引力不足的困境,没能发挥其应有的作用,反而造成了资源的浪费。

（五）不同"青年之家"的设施配备参差不齐，多数平台设施单一

广州市内大多数"青年之家"有自己的实体门店，在建设过程中也不断丰富内部设施，力求为青少年提供更好的服务。但本次实地考察我们发现，许多阵地也呈现出硬件方面不足的硬伤，有些"青年之家"配备的设施相对单一，除基本办公设施外，缺少其他吸引青少年的硬件设备。

而在问卷调查中，部分青少年表现出对于更加高端、便捷的设备，诸如共享按摩椅、咖啡机等的青睐，此类硬件配备能够更好地吸引青少年进入"青年之家"。但目前的硬件配备情况难以满足服务对象的需求，造成了一定的发展困境。

（六）线上建设较为完善，但反馈渠道仍然较窄

目前，广州市"青年之家"的建设仍处于探索阶段，需要更多地收集参与活动的青年群体的反馈信息来查缺补漏，在接受合理建议的基础上进行完善。青少年若能及时与"青年之家"工作人员进行沟通，提供反馈信息，就能够有效地提升"青年之家"的工作效率。深调研中我们发现，目前的反馈渠道多为服务对象向工作人员口头反馈。缺乏健全、多元的反馈渠道，在一定程度上限制了青少年反馈的积极性，使"青年之家"的工作人员不能充分了解青少年的需求和建议，不能更全面地基于青少年的需求开展青少年喜闻乐见的活动，也不能更好地了解已举办的活动的亮点以及不足之处。

（七）工作人员构成丰富，但专业化程度有待提升

"青年之家"的运行离不开专门为青少年提供服务的社工、志愿者，他们只有拥有专业的知识和技能，才能更好地服务于青少年群体，了解他们的日常需求，进行深入的思想交流。满足青少年多种需求的关键之处，是每个"青年之家"应拥有一支专业化的队伍，为服务对象提供高质量的服务。

在深调研中发现，"青年之家"现有的部分工作人员缺乏针对青少年群体服务的训练，其专业化程度有待提高。且在目前的建设中，相对缺乏对外

交流、培训的机会，服务人员的技能难以提升，其工作水平不能满足要求。深调研中还发现，"青年之家"的工作人员数量相对少，专职人员的数目则更小，人手不足进一步制约着"青年之家"的铺开和发展。

五　国内外青年综合服务平台建设的经验

（一）统合导向的新加坡青少年政策

新加坡的青少年工作是依靠人民行动党青年团、人民协会、全国青年理事会等不同团体进行的，同时依托社区俱乐部、外展训练中心等阵地为青少年提供服务和活动支持。新加坡青少年工作的目标，既包括执政党新加坡人民行动党对青少年的吸引和统合，也包括不同族群青少年的社会融合。新加坡的青少年工作经验，对于如何在服务青少年的过程中增进青少年对党团的认同，帮助外来青少年融入广州，都具有较高的参考价值以及启发。

新加坡青少年政策的统合首先体现在族群层面，社区俱乐部通过提供志愿服务等项目为青少年参与社区管理创造机会，帮助青少年形成对社区的归属感。人民协会每年的"妆艺大游行"等活动，通过团队合作的盛大庆典、实践活动帮助青少年了解国家与社会，增进对国家的认同，促进与青少年间的沟通与理解。

新加坡青少年政策的统合还体现在群众层面，主要通过人民行动党的青年团进行。一方面，通过新建足球队、志愿服务队等组织，青年团丰富了活动的组织形式；通过举办慈善晚会、露营和出游等较新颖的活动，青年团增强了对青少年的吸引力。另一方面，青年团则通过更深层次的开放增进青少年对执政党的认同和了解。例如，在线上，青年团组织网络社区对时政进行讨论，开通官方邮箱，时刻与青少年保持沟通；在线下，建立有关国家预算等主题的公共政策论坛，为青少年和社会知名人士交流讨论创造条件。

新加坡的青少年政策表明，志愿服务的开展、沟通渠道的畅通，在服务青少年的同时，既可以使青少年在活动参与的过程中不知不觉地增强自身的社会责任感，还能加深青少年对党团的认同、与国家和社会的联系。如何在服务青少年的过程中引导青少年、团结青少年，新加坡的案例为我们提供了如上经验。

（二）全域覆盖的北京"社区青年汇"

北京市主要通过依托社区的"社区青年汇"为青少年提供服务，其最大的特点就是"青年汇"向社区普及，实现对全市青少年的全域覆盖。截至 2014 年 6 月，北京市已在全市青少年集聚的区域建成了 500 家"社区青年汇"，举办各类活动超过 18000 次，参与的青少年约有 45 万人次，吸收青少年会员达 10 余万名①。目前，广州市正在积极推进"青年之家"向镇街铺开，因此北京市普及"社区青年汇"的经验具有很大的参考价值。

为实现青少年工作全域覆盖，北京市首先做到了管理主体的全域参与。与"社区青年汇"建设和运营相关的各个管理主体被赋予了明确的职责。团市委统筹全市"社区青年汇"工作，制定发展规划、完善考核体系等；团区委管理本区"社区青年汇"，承担购买服务、社区和"青年汇"工作对接等职责；社区为"青年汇"场地、设备、人员等提供支持和保障；社会工作事务所则帮助进行人员培训和考核等工作。管理主体的共同参与和明确的职责划分为"社区青年汇"的高效运转和长期发展奠定了基础。

其次是服务对象的全域联系。除了深入社区开展宣传活动，开通微信公众号、微博发布消息，各"社区青年汇"还建立了自己的专属微信群、QQ群，实施青年会员注册制度。线上线下的深度融合不仅有利于青年了解"社区青年汇"，更有助于"社区青年汇"掌握青年情况，为青年提供精细化、个性化的综合服务。

最后是精品项目的全域流动。对于效果良好的活动项目，如"城市体验营""新青年学堂"等，团市委、团区委会向全市、全区"社区青年汇"推广，并在"社区青年汇"管理信息系统上发布相关资料。这既为不同社

---

① 靠谱青年：《北京市社区青年汇宣传片》，https：//v.qq.com/x/page/a0501l4rkqg.html。

区的青年提供了更加丰富的服务内容,也推动了全市"社区青年汇"服务水平的整体提高。

(三)集多种优势于一身的上海"青少年活动中心"

上海"青少年活动中心"作为团市委下属的唯一青少年校外教育阵地和公益性服务机构,体现出集中力量办大事、重点打造的服务思路。"青少年活动中心"的建设具有整合资源、提高服务质量等多方面的优势,可以为广州市区一级"青年之家"的建设和发展提供一定的参考。

重点打造有利于资源整合。在财政上,重点打造的思路使上海市政府将有限的资金集中投入到"青少年活动中心"的建设上,承担了一些需要较大规模资金支持的服务项目,如校外教育、职业培训、创业支持等。在人力资源上,以通过重点打造形成的品牌和资金力量为基础,活动中心可以吸引更多的社会专业力量与之合作,提高服务能力。如2012年,中国美术家协会和"青少年活动中心"合作成立学术研究中心,为"青少年活动中心"的美术教育提供支持;"青少年活动中心"主办的"职场新干线"项目,邀请在各行业有一定知名度的领军人物,如企业家、社会名人、专家学者为青年开设职业指导讲座。

重点打造带来效益提升。集中力量的重点打造可以提升服务的专业化程度,改善服务质量,提升服务能力。最明显的例子体现在创业服务方面,集中的资源投入可以为"青少年活动中心"下属的创业基地提供更高水平的创业培训和指导、更充足的场地以及更完善的配套设施。重点打造和资源的集中更方便团市委对服务平台进行管理和考核,提高服务平台的运营效率。"青少年活动中心"数量减少,取而代之的是"青少年活动中心"服务范围的扩大,从而将通过重点打造带来的高资源利用率的优势放大。以禁毒教育和科普教育为例,"青少年活动中心"除了利用本部场地开展各类活动,接待来自全市各个机构的青年群体外,同时也派出队伍深入全市各个社区进行宣传教育,辐射范围较广。

在重点打造思路的指导下,上海市"青少年活动中心"相对于分散建设的北京"社区青年汇"，在个案援助、创业培训、校外教育等专业化水平较高的服务上更具优势。广州市区一级"青年之家"同样可以借鉴上海经验，明确自身定位和发展规划，重点打造，提供更专业化的服务，扩大服务范围，为广州"青年之家"树立品牌，为基层"青年之家"提供支持与指导。

六　针对广州"青年之家"发展的建议

（一）明确各级"青年之家"的功能定位，打造新时代的青少年综合服务平台

"青年之家"作为共青团联系和服务青年的"门店"，是向所有青少年免费开放的、由共青团运行管理的公益性服务场所。因此，在"青年之家"的功能定位方面，应重点强调共青团的服务本位意识。针对青少年的群体特性，在"青年之家"的功能定位上应适当弱化行政色彩，让青少年在耳濡目染中得到熏陶，防止意识强输带来的反面效应，总体上应坚持以青少年为本、以青少年为中心的行动准则。此外，立足于构建服务型政府和服务型社会的定位，团市委在为青少年提供综合服务的过程之中，要发动各级团委工作人员、社工以及志愿者，把"以青少年为中心"的工作理念与实践相结合，在活动设计中体现服务宗旨，而不仅仅是单向输出党团的理念。要通过活动吸引青少年：结合已有实践，将已举行的受到青少年喜爱的活动铺开；利用社工的专业知识和技能，开发出有趣和有意义的、能切实帮助青少年的活动；与他地进行交流沟通，了解其成功建设经验并加以借鉴；设计反馈渠道，发动青少年群体建言献策，推荐他们所热爱、所希望开展的活动……通过这些活动，让青少年朋友意识到党团的优越性，主动凝聚在党团的身边。

广州市不同层级的"青年之家"应明确不同的定位。目前广州市"青年之家"分为市、区、镇街三级，不同层级的"青年之家"面对的群体具有一定的差异性，所以不同层级应确定不同的功能定位，保证服务的全面性

和细化。"青年之家"总部要发挥总体的引领、示范作用，将团市委的方针政策落实，具体体现在活动项目上，要对外展示共青团的形象。市级"青年之家"总部应成立工作督导、活动策划、信息反馈小组，发挥中心带动作用，向下级"青年之家"提供业务指导以及质量把关。市级"青年之家"拥有充裕的活动场地、便利的地理位置和多项资金支持，人手相对充足，因而可以开展全面的、大型的活动。在打造好地区"青年之家"金字招牌的同时，要帮助下级"青年之家"队伍更快发展壮大，实现资源下沉，把面向青少年的服务内容以及可利用资源下沉到其他"青年之家"门店，带动下级门店的发展。

区级"青年之家"应担任好"中间角色"，在总部的统筹下组织区域内大中型综合活动，结合本区的发展特性探索出适合本地区的发展模式和主要侧重的活动，树立区级"青年之家"的好口碑，打造一批主题鲜明的"青年之家"分部，实现资源整合，进一步扩展服务半径，建成特色区级"青年之家"。

而镇街一级"青年之家"，由于资源受限等在开展活动上会受到一定限制。但是镇街作为目前"青年之家"铺开的最小单元，更贴近周边青少年群体，所以镇街应更侧重开展贴近青少年的日常性活动，有选择地提供服务项目，成为青少年身边的"青年之家"。同时，向上寻找适合资源共享的群团组织和场所，提升"青年之家"对青少年群体的有效覆盖率。

不同层级"青年之家"可以参考以下三个原则。

1. 考虑不同层级"青年之家"的性质

不同层级的"青年之家"在位置、资源、等级等方面存在不同。如市、区级的"青年之家"数量较少，集中大量资源进行建设的负担较小，因此可获得的资金和人员较多、场地较大；而镇街一级"青年之家"因为数量较多，分摊到的资源比较少，不同镇街"青年之家"之间也存在较大差异。

市、区级"青年之家"层级较高，容易整合政府、共青团、社会等各方资源，因此更容易获得质量较高的资源，也更容易了解辖区内的整体情况。因此，对市、区级"青年之家"在统筹规划，体现专业性、示范性方面要求较高。镇街一级的"青年之家"与社区距离更近、负责范围更小，方便联系青少年，有精力了解本地青少年具体、详细的需求和发展状况，在调查社区情况、反映青少年需求，开展一些青少年有频繁需求的活动如志愿登记等方面更占优势，也更加有利于了解青少年的特殊需求，使有特殊需求的青少年与能提供更高质量服务的机构或高层级的"青年之家"进行对接。

2. 考虑不同服务资源要求的特点

不同服务资源有不同的特点。如个案处理、心理咨询、创业指导、职业技能培训等，需要比较专业的社工、心理咨询师、教师等人员才能进行，创业支持、职业技能培训等还需要有较充足的场地。这些服务对人员的专业性要求较高，提供此类服务所需的成本也较高。因此，此类服务可以集中于市级、区级等层级较高的"青年之家"。此外，像大型婚恋交友活动，需要大量人员参与，也可以由层级较高的"青年之家"举办。

而像志愿者登记以及举办志愿活动、文体活动，对人员的专业性和场地要求不高、成本较低、运营标准化程度较高的活动，则可在团市委提供的标准化运营模板的基础上由各个镇街"青年之家"自行运作。

3. 考虑不同青年的需求差异

对于不同类型的服务，青少年需求的普遍性和频率也是不同的。比如心理咨询、个案转介、创业指导、科普教育等，并不是所有青少年对这些服务都有需求，或需求的频率并不高，因此可以将这些服务所需的资源集中于市、区级"青年之家"，并定期派工作小组机动式进入下一级"青年之家"提供服务。而青少年对于志愿服务、社交活动、日常学习、图书角、英语角等的需求更加频繁和普遍，因此这些活动可以放在镇街级"青年之家"，更加方便青少年获取服务。

（二）激发青少年的参与热情，使"青年之家"成为共建共治共享的抓手

习近平总书记在党的十九大报告中指出："加快建设创新型国家。……培养造就一大批具有国际水平的战略科技人才、科技领军人才、青年科技人

才和高水平创新团队。……打造共建共治共享的社会治理格局。""青年之家"要在党的要求下成为一个强有力的共建共治共享的抓手，有效扩充党团的工作阵地，切实提升服务党政、服务青年的能力。"青年之家"为青年共同参与社会建设提供帮助和路径，使一批有创业想法却没有创业资金和合作伙伴的青年在"青年之家"获得财政上的支持，找到合作伙伴，从而推动创业就业，为青年搭建共享资源的良好平台，使青年们联合起来，服务社会、共享成果，提升青年的获得感和幸福感。这既促进了"青年之家"的健康发展，也激发了社会力量参与社会建设的能力与活力。同时，使青年共同参与建设和维护"青年之家"，并为其发展贡献自己的建议和想法，使"青年之家"的发展步入稳定轨道。

青少年走进"青年之家"的方式主要是参与"青年之家"的活动，所以活动项目的内容决定了青少年是否愿意来，以及来了之后是否愿意留在"青年之家"。在内容供给方面，"青年之家"可以使基础活动、特色活动相结合，既可以提供"青年之家"共有的品牌项目，又可以根据各门店的特色提供灵活的活动项目，门店之间要形成一种"和而不同""求同存异"的局面。

各门店要基于不同的发展基础、不同的服务群体、差异较大的活动场地、所在区域的差别等情况，在开展工作、举办活动时做出灵活的调整。例如，根据不同的节日和服务对象，自主组织主题活动。若某些活动是上级部门指定某些"青年之家"进行的站点承接，那么上级部门在进行任务分派时，应尽可能为下级部门争取资金、设备、周边产品等方面的支持，帮助其形成相应的活动方案，配备所需的人力资源，在一定程度上实现资源的下沉。而下级在此基础上，在完成任务的同时更要积极进行经验总结，为上级决策提供实际的经验保障。且上级部门要留够充分的时间，做好事前沟通，使"青年之家"能够有足够时间准备并承接该活动。

针对不同的服务对象，"青年之家"应提供有针对性的服务项目。例如，在外来务工人员聚集较多的区域，可建立"430课堂"，为外来务工人员的子女提供作业辅导；增加图书角等服务项目，并针对外来务工人员开展维权、咨询、援助等服务；在农村青年聚集的地方，可多提供创业支持；建立在小区、楼宇中的"青年之家"，依托服务对象职业多样性的优势，可以开展丰富的讲座和交流活动；等等。

（三）拓宽资源共享渠道，促进工作联动，发挥好桥梁纽带作用

青年是国家经济社会发展的生力军和中坚力量。"青年之家"的建设发展为青年的创业发展提供了良好的社会孵化器，它能整合各类资源，链接企业和青年个体，帮助青年了解国内信息、熟悉创业环境，使青年在轻松、自由、舒适的环境下交流创业经验，增进不同青年群体间的交流融合，使之更加主动自信地适应社会、融入社会，在促进自身发展的同时，推动社会进步发展，推动科技进步创新。"青年之家"发挥了共青团组织的优势，能够主动联系新的社会阶层中的青年群体，吸纳他们中的优秀分子进入组织，并创造条件推动不同阶层、不同领域青年群体进行经常性对话和交流，增进彼此间的理解、认同和包容，舒缓社会压力，融洽社会关系。

"青年之家"应不断强化与群团组织的合作。与群团组织合作是镇街一级"青年之家"解决服务资源有限问题的有效途径。进行资源整合时可采用"一家牵头，多家进入"的方式配置人员，各组织提供相应的资源，在同一场地内为有不同需求的对象提供服务。在合作过程中要强化"四共"意识，即平台共建、力量共用、服务共处、成果共享，促进横向部门之间的联动，凸显资源整合的益处。这种资源整合的方式有利于充分利用已有的阵地资源实现需求对接，拓展服务功能，还有利于凝聚各条战线上的群众，强化党团领导，促进共建共治共享局面的形成。

在实际运行的过程中，各"青年之家"可以主动在横向上参与部门合作，加强与工会、妇联、科协等单位的互动，导入项目和资源，并申请相关项目经费，为"青年之家""开源"。并且，与不同单位合作的过程也是一个学习和筛选的过程："青年之家"可以在合作中发现该类组织的成功经验，结合自身建设实际进行吸收；而面对一些发展得相当成熟的服务项目，"青年之家"可以进行取舍权衡，做精、做好适合自己的项目，服务好特定

群体。

此外，应注重资源下沉，使镇街一级"青年之家"有人办事、有钱办事、有能力办事，防止出现"倒金字塔"式的问题。可以有选择性地与青少年聚集较多的咖啡馆、书吧、文体中心进行合作，满足青少年的需求，吸引青少年主动上门，在"青年之家"获得归属感。为了带动广大青少年参与活动，应该以青少年的需求为导向，打造品牌项目，并发动青少年参与项目的全过程，让他们成为真正受益的人。

"青年之家"各门店之间可加强交流，促进资源整合。团委和高层级的"青年之家"应发挥引领作用，推动本区域"青年之家"之间的信息沟通、资源整合和工作联动。定期组织"青年之家"负责人交流会、论坛，分享经验和教训，提出资源和工作方面的需求和困难，并相应地匹配资源、提供经验和建议。建立上下级"青年之家"、团委之间的信息沟通渠道，上级单位汇总下级"青年之家"人员、场地、设备的资源分布情况，并定期了解下级"青年之家"的需求，从而精准匹配相应的资源。

此外，要建设资源共享的线上信息平台，在信息平台上发布各"青年之家"的资源需求、已掌握的资源、联系方式等信息，便于各方沟通和合作。定期召开区域内有群团组织、社会组织参与的联席会议，方便各方沟通和资源匹配。

例如，黄埔区探索出一些上下级联动、资源共享的实践经验。黄埔区青年社会组织联合会（简称"黄埔青社联"）在"青年之家"创办了青年俱乐部，旨在通过公益培训班、会员日活动、成果展示等形式，提供针对兴趣爱好、技能提升、商务管理、志愿服务等的服务内容。以"理事会＋班长＋会员"的管理模式，引导青年"自我管理、自我服务、自我教育"，培育一批异地务工青年领袖，搭建青年才华展示的舞台，营造健康向上的青年文化氛围。如今，会员队伍已扩展至2万人，建立的青年组织超300个。同时，建立青年俱乐部分部，采取送课上门的形式，由总部负责对公益导师的招募、培训和管理，各"青年之家"提供场地，配合做好青年俱乐部的宣传、招募和日常管理工作。可见，黄埔区的模式有利于整体发展，是值得被推广的。

又如海珠区"青年之家"，能够经常性地帮助青少年群体外出交流，去全国各地甚至到港澳台与当地青少年交流，进行头脑碰撞，进一步扩大交流规模、提升交流质量。还开展青少年实习实践、体验营、训练营等形式多样的交流考察活动，支持内地与港澳地区举办青年论坛，组织青少年开展常态化的结对交流和项目合作，促进相互了解。同时，广州"青年之家"凭借其地理优势——毗邻港澳台地区，努力提升港澳台青少年的国家认同、民族认同和文化认同。推动港澳台青少年与内地青少年进行深入交流，不断探索和创新工作方式，改善交流效果，实现在多元文化背景下的包容差异、消除隔阂、增进认同。如南沙区"创谷汇青年之家"积极创造条件，搭建港澳台地区青年来内地创新创业平台，举办青年创业创新大赛，支持港澳台地区青年在国家发展及经贸合作中寻找发展机会，为港澳台青年就业创业提供便利服务，加强港澳台青年与内地青年的联系，为港澳台青年了解大陆提供了便捷的途径。

（四）打造高素质服务队伍，实现科学分工

1. 增加专业社工数量，进一步提升服务水平

目前，"青年之家"的人员构成主要分三个部分：团委的工作人员、社工以及志愿者。但是调研结果显示，"青年之家"的工作人员配备数量不足，专业性强的工作人员的数量亟待增加。通过向工作人员发放问卷，我们了解到每个"青年之家"的专职人员不足 10 人，且社工普遍少于 5 人，绝大多数"青年之家"采用购买服务的方式运营，这难以发挥社工团队化服务的优势。因此，增加社工数量有助于发挥社工团队的作用。

2. 设置专人专岗，培育运营专项活动的队伍

各点可以设置专人收集反馈，针对参与度低的活动进行分析，同时对反响热烈的活动加以记录，尤其是开展红色主题活动的成功案例，应定期报告给上级部门进行汇总。上级部门也可成立专门的收集反馈信息的工作小组，总结广受好评的活动的经验，对各门店进行统一指导，打造"青年之家"

的品牌活动，最终产生品牌效应。在一定程度上，"模板化"的方式简化了开展同一活动的前期准备，节省了时间，提高了工作效率，便于新接手该项目的人员跟进活动。

要培育一批队伍，专门运营某些活动。固定的工作人员熟悉某一活动的流程后，可以流动到其他"青年之家"开展同一活动，或者通过组织专项队伍依次在不同区域开展相同活动。如此，能够保证成熟的实践经验的利用率最大化，保证活动开展的质量。

3. 明确各部分组成人员的分工，提供有针对性的服务

"青年之家"的运营同时容纳了团委工作人员、社工和志愿者共三部分人员。在调研过程中我们发现，这样的人员构成模式在很大程度上会造成分工模糊等现实困境，直接导致服务效率以及服务质量的低下，在一定程度上造成资源浪费。所以，在分工上应该进一步明确，例如，团委工作人员要定期参与一线工作，轮流驻点，发挥指导作用；还要对社工、志愿者的信息进行整合，建立动态信息数据库，根据服务对象的需求、服务内容等具体情况合理组建社工与志愿者队伍，为服务对象提供有针对性的帮助。只有合理划分工作任务和范围，才能高效、有序地形成配合，保障"青年之家"的工作有条不紊地进行，实现共建共治共享。

4. 上级部门成立指导小组，搭建学习、交流平台

目前"青年之家"尚处于成长阶段，尤其是区、镇街级平台仍缺乏充分完备的建设经验。对此，上级部门应建立指导小组，定期提供专业、规范、统一的工作引导，实现资源下沉。而当前广州市内的"青年之家"的发展也呈现出较不均衡的情况，发展较为落后的平台仍处在建设的摸索阶段，而有的地区已经有了相对成熟的建设经验。因此，需要团市委的相关部门为下属机构提供一支专业的队伍进行定期指导，并为他们建立培训平台。除此之外，上级部门还可定期举办交流会，为一线工作人员相互交流心得搭建平台，通过"建设好的带动建设中的"资源共享方式，使相关工作人员共享经验，为处理相似案例找到合理的解决方式，共建广州市高质量青年综合服务平台。

5. 借助现代网络信息技术，建立电子信息库

电子信息库的建立，一方面使活动的流程、方案电子化，便于整合、保存与二次使用；另一方面在下一次开展相同或者相似的活动时，可在原来的基础上进行资料的修改和更新，从而减轻工作负担，提高效率。此外，数据保存在统一的信息库中，可以实现不同"青年之家"以及相关部门的信息共享，从而优化整合服务内容、提高工作效率。

（五）政府提供资金保障，做"青年之家"运营的坚强后盾

充足的资金是活动顺利开展的必要保障，在这个基础上"青年之家"才能扩大宣传面，为青少年提供更好的软硬件设施，提高工作人员的积极性。在调研采访中，工作人员表示，目前经费并不充足，希望相关部门加大经费支持力度。因此，在市财政拨款的同时，区财政也提供一笔配套的经费用于支持"青年之家"开展工作。

为了带动各"青年之家"建设的积极性，上级部门可定期进行评比，对不同级别的示范点给予一定的物质奖励，鼓励其发挥带头作用，切实保障更多上级资源实现下沉，为下级平台活动的开展提供保障以及激励机制。

（六）加强宣传力度，丰富推广方式，延伸服务手臂

到目前为止，由于"青年之家"的宣传渠道有限，因此在调查问卷中体现出明显的"到达率低"这一特征：很多青少年朋友不知道"青年之家"是什么，更谈不上主动参与"青年之家"的活动、凝聚在团的身边。

调研中我们发现，现在"青年之家"采用了线上宣传和线下宣传相结合的宣传方式，但"青年之声"平台的宣传仍然相对有限，没有收到网络平台应有的传播效果。因此我们建议，在此基础上拓宽宣传渠道，增加宣传次数。

1. 发放"有趣有用"的宣传纪念品

"青年之家"可以主动与周边学校、社区沟通，经常发放宣传纪念品，在经费允许的前提下制作印有"青年之家"图标、字样和"青年之声"二

维码的实用型纪念品，以提高青少年的到达率，增加青少年在网络平台上对"青年之家"活动的关注度，并进一步参与到"青年之家"线下活动中去。目前，部分区域在这个方面做得较好，通过发放实用的、青少年朋友喜爱的宣传纪念品，收到持续的宣传效果，扩大潜在服务群体的规模。

2. 搭建"有人有热度"的活动宣传平台

此外，活动的宣传可以在官方网站的基础上结合目前发展态势最好的微信公众号来进行，使青少年成为"青年之家"的粉丝。也可以举办一些能够推动青少年群体进行转发的活动，提高知名度，并且在活动结束后由专人收集联络方式，给自愿参加后续"青年之家"活动的人员搭建一个信息共享和沟通的平台。这样不仅有利于青少年和家长反馈活动心得、提出改进建议，还可以简化活动的宣传手段，实现"点对点"的即时性传播，突破传统宣传方式，提高工作效率。

3. 实现在公共场所"常驻性"宣传

目前，"青年之家"的宣传仍有很大的进步空间。为了更好地宣传"青年之家"，团市委可投入一定的经费用于增加广告的投放量，尤其是在政府管理的公共场所，例如地铁上的宣传框等。由于目前"青年之家"的服务承载力有限，同时也面临着被服务群体人数不足的情况，所以更应该增加在公共场所的常驻性广告的宣传投入，让青年知道有"青年之家"在。"青年之家"是一个常驻在青少年身边的公益性机构，应推动一部分青少年群体直接走进"青年之家"，并带动一部分潜在需求者，在他们意识到自己需要这样的帮助时，能够想到平台，并走进平台寻求帮助。此外，可以邀请向上、向善的好青年或者广受青年喜爱的明星担任形象大使，进一步扩大"青年之家"的知名度。只有不断完善"青年之家"的建设，才能借助这一青少年综合服务平台，更好、更有效地服务青少年群体。

（七）充分利用社交媒体，建立双向反馈渠道

"青年之家"综合服务平台是共青团落实改革要求，推动组织创新和工作创新，直接联系、服务青少年的重要载体。"青年之家"的建设有助于扎

实推进基层服务型团组织建设，促进团组织与党建基地的融合共建，促进服务内容、工作资源的融合共享，强有力地推动团的组织网络、工作力量、服务项目在青少年身边实现有形化、日常化。此外，"青年之家"还作为区域化团建中的一个重要组成部分，起到突出的区域枢纽联系作用，因此应坚持党建带团建、团建服务青少年，实现联动发展；同时，带动社工和志愿者为社会服务，加强团对社会青少年组织的联系、服务、引导作用，使之成为团组织延伸的手臂、增强活力的重要依托。因此要建立双向反馈渠道，充分利用社交媒体，为基础团务工作提供帮助，加强团组织与社会上游离在党团服务半径之外的青少年的沟通联系，弥补党团在这些离散青少年身上服务的缺失，使这些离散青少年靠近党团组织。

单向的信息反馈，例如写问卷、发邮件等，不足以有效促进青少年和工作人员的沟通。而双向沟通，可以使问题得到更好的解决。当青少年向工作人员反馈建议并获得回复时，不仅解答了青少年的疑问，还可以提升青少年对"青年之家"的好感。当青少年的意见被采纳时，其参与感随之增强。当青少年认可了"青年之家"的服务，会乐意把"青年之家"向朋友们宣传。如果"青年之家"拥有了良好的口碑，则会形成良性循环。而一旦"青年之家"做得不够好，反馈机制匮乏，长期难以匹配青少年的需求，很大程度上会导致部分服务对象对它有负面评价，这将使"青年之家"流失更多服务对象。

开辟多种反馈渠道、充分利用社交媒体，可以收集更多青少年的建议。工作人员在与服务对象交流、收集反馈信息时，应注意以下两点：主动询问，保持积极活跃的互动状态；快速回应，及时为青少年解答疑惑。

广州志愿服务国际化发展调研报告

谭建光*

摘 要： 广州志愿服务国际化是一个持续发展、不断拓展的过程。本文从广州建设"全球活力城市"和"国际商贸中心"的需要出发，总结广州市"援外志愿服务""亚运会志愿服务""广交会志愿服务""公益组织志愿服务国际化"等方面的成功经验，提出建立国际志愿服务智库、建立国际合作观察和国际合作基地等建议，从而为城市国际化发展做出贡献。

关键词： 志愿服务 志愿组织 国际合作 城市国际化

中国改革开放40多年来，在社会经济发展和人民生活水平改善的同时，积极面向世界进行交流合作，承担大国责任。习近平总书记在党的十九大报告中指出，"中国积极发展全球伙伴关系，扩大同各国的利益交汇点，推进大国协调和合作"。[①] 广州市是我国改革开放的"排头兵、先行地、试验区"，在中国特色社会主义新时代要积极承担为构建"人类命运共同体"做贡献的责任。2016年2月5日，国务院原则上同意了《广州市城市总体规划（2011—2020年）》，在批复文件中指出，广州是广东省省会、国家历史文化名城、我国重要的中心城市、国际商贸中心和综合交通枢纽。2018年2

---

* 谭建光，教授，中国志愿服务联合会研究中心副主任，广东省社工与志愿者合作促进会会长，主要研究志愿服务与青年发展。

[①] 习近平：《决胜全面小康社会 夺取新时代中国特色社会主义伟大胜利》，载《党的十九大报告学习辅导百问》，党建读物出版社、学习出版社，2017，第47页。

月 25 日，《广州市城市总体规划（2017—2035 年）》（草案）公示正式出炉，在新的时代背景下，广州有了新的定位——"美丽宜居花城、活力全球城市"①。为此，广州市的志愿服务要在新的历史条件下提出新愿景、新目标。因此，志愿服务如何为"全球活力城市""国际商贸中心"建设做出贡献，怎样在新时代再建功业、再创辉煌，就值得深入思考和研究。共青团广州市委、广州青年志愿者协会委托广东省社工与志愿者合作促进会承接课题，邀请专家学者、专业社工、志愿者骨干组成"广州志愿服务国际化专题研究"课题组，经过调查分析，形成了专题研究报告。

一　研究说明

广州志愿服务国际化是一个已引起长期关注、近期尤其获得重视的课题。如何建设国际化、如何融入国际化、如何将国情特色与国际规则相协调，是改革开放 40 多年来广州志愿服务工作不断探索和解决的问题。在新的历史条件下，要理清思路、判明方向，推进志愿服务国际化的顺利发展。

（一）"志愿服务国际化"的含义

志愿服务国际化是一个国家或地区国际化的组成部分，能够发挥积极作用、做出特殊贡献。从相关专家的观点看，我国的志愿服务国际化是伴随着参与全球化的发展而逐渐形成的，也是国家现代化发展的一个结果。"国际志愿服务"是指在联合国国际志愿服务协调委员会等机构的协调和指导下，组织志愿者前往海外开展跨地区、跨国界的长期或短期任务或项目工作。②志愿服务国际化指，志愿组织和志愿者参与国际事务、国际展会、国际交流的服务，以及在其他国家开展服务，并且达成组织和国家特定的公益目标，实现各方利益，形成国际社会影响力。1951 年，澳大利亚成立的国际志愿

---

① 杜娟：《魅力宜居花城　全球活力城市》，《广州日报》2018 年 2 月 26 日。
② 联合国志愿人员组织：《2011 年发布世界志愿服务状况报告》，联合国志愿人员组织印制，2011，第 24 页。

者人员组织是全球首个正式的国际志愿者组织。1953年,美国成立国际志愿服务机构;1958年,英国成立海外志愿服务社(VSO);1961年,美国的肯尼迪政府成立了"和平队"(Peace Corp),更为广泛地参与国际志愿服务行动。1970年,联合国成立志愿人员组织(UNV),在联合国开发计划署指导下协调与推动全球志愿服务事务。

志愿服务国际化包涵三个过程和要素:①在国家战略下志愿服务制度体系与生态大环境营造;②行业管理对接与学习国际标准,按照国际惯例引进来并进行国际化专业准备;③志愿者与志愿服务"走出去",开展海外志愿服务,参与全球发展①。

(二)志愿服务国际化的相关研究

改革开放以来,尤其是20世纪90年代后已陆续出现城市国际化的理论研究成果。进入21世纪,关于志愿服务国际化的研究逐渐引起关注,并产生一些成果。这些对于我们探讨广州志愿服务国际化具有参考价值。

1. 国外的志愿服务国际化研究

志愿服务国际化研究,源于法国学者托克维尔所著的《论美国的民主》。20世纪中后期,美国学者萨拉蒙等指出:"世界正在兴起'全球结社革命',在全球各个角落,有组织的私人志愿活动风起云涌。……公民社会部门是全世界所有国家重要的社会经济力量。人们曾经认为它们只是在少数国家存在,而实际上,这些组织的存在对每一个国家和地区来讲都是重要的。"② 这些全球性的社会组织的发展以及志愿服务的繁荣,对不同制度、体制的国家都有极大影响。应该说,国外学者从社会学、政治学、公共管理学等多种学科角度对志愿服务及其国际化进行研究,值得我们关注和借鉴。

2. 中国的志愿服务国际化研究

中国志愿服务的国际化研究源于国际合作、境外合作。早期,香港义务

---

① 翟雁:《志愿服务国际化中外比较》,未刊稿,2018。

② 〔美〕萨拉蒙等:《全球公民社会——非营利部门国际指数》,陈一梅等译,北京大学出版社,2007,第5、62页。

工作发展局对深圳义工联合会进行问卷调查，发布了调查报告，提出了值得借鉴的观点。最为突出的是丁元竹教授，他于 1999 年受联合国开发计划署、联合国志愿人员组织委托编写了《志愿精神在中国》一书。书中介绍说："目前在中国活跃着一批国际组织、一些外国志愿者组织派出的志愿人员，他们活跃在各个领域、不同的地区，活动的内容包括教育、卫生、科学技术、环境保护、扶贫等等。中国与国际非政府组织的合作是一项新兴的事业，是国际发展援助事业的一个重要组成部分。"[1] 这项研究既分析了中国志愿服务的发展状况，也介绍了联合国及国际组织在中国的志愿服务合作项目，以及国际志愿服务相关组织及其发展情况，这些对于中国志愿服务管理部门和志愿服务组织都具有很好的参考价值。江汛清、廖恳主编的《与世界同行——全球化下的志愿服务》2005 年由浙江人民出版社出版，是比较系统地介绍和分析国际志愿服务的书籍。丁元竹、魏娜、谭建光主编的《北京奥运会志愿服务研究》一书提出，2008 年北京奥运会上，共同的人性、以人为本的理念缩短了各个国家、各个地区、各个群体的距离，大家在共同的人性面前互相理解，展现了责任、爱心、关怀、真诚、勇敢、正义、和平、友谊、团结、公平。[2] 陆士桢主编的《中国志愿服务发展报告（2017）》提出："中国志愿服务更有效地'走出去'，需要与各方建立融洽的关系。在与政府的关系定位中，更多地扮演扶助作用，推动民间外交扶助；在与海外中资企业的关系定位中，应积极发挥协同作用，实现合作共赢；在与国家社会关系定位中，作为参与全球治理的主体之一，应积极做好国际关系的参与者、建设者和贡献者。"[3] 在北京、上海、广州、深圳等地志愿服务组织的倡导下，越来越多的学者开展志愿服务国际化的相关研究，涌现出不少富有价值的成果。

3. 广东省及广州市的志愿服务国际化研究

广东省及广州市作为率先进行改革开放、率先探索志愿服务的地区，在

---

[1] 丁元竹等编写《志愿精神在中国》，联合国开发计划署 - 联合国志愿人员组织（中国办事处）编印，1999，第 56 页。

[2] 丁元竹、魏娜、谭建光主编《北京奥运会志愿服务研究》，北京出版社，2009，第 7 页。

[3] 陆士桢主编《中国志愿服务发展报告（2017）》，社会科学文献出版社，2017，第 230 页，

志愿服务的国际交流合作和研究方面也做出了积极的探索。20 世纪 90 年代初期，深圳义工联合会与香港义务工作发展局合作，邀请香港志愿服务的专家、社工、义工骨干来到深圳开展合作研究。谭建光等在 1995 年就对深圳从创办经济特区开始主动了解和吸收其他国家和港澳地区的志愿服务经验、发展特区义务工作的历程进行梳理。谭建光等在《中国深圳义务工作发展报告》中提出，"深圳市义务工作的兴起，是人们在改革开放中吸收了国外、中国港澳地区人道主义精神的因素，力求社会经济发展更富有人性、更加和谐"。① 同时，广州志愿者学院、广州穗港澳青少年研究所也开展了一系列志愿服务国际化的调查研究。谭丽华在《广州志愿服务对外双向交流情况》一文中指出，广州通过与境外志愿服务机构和志愿者沟通交流、互通有无、相互借鉴，并因地制宜地在工作中运用现代志愿服务基本手法，初步驾驭了现代志愿服务这一"舶来品"。② 但是从研究成果的层次上看，北京、上海等地的志愿服务国际化成果，既有理论创新，也有实践分析；广东省及广州市的志愿服务国际化成果，较多停留在实践分析、案例研究层面，理论创新不够多。

（三）本课题的研究目的

本课题在整理和借鉴前人研究成果的基础上，从广州建设"全球活力城市"和"国际商贸中心"的需要出发，力求达到三方面的研究目的。①对广州志愿服务国际化的探索和实践进行总结。回顾改革开放以来广州志愿服务"请进来"和"走出去"的历程，总结成功经验和案例，发现并解释存在的不足与问题。②为广州志愿服务国际化提供国际借鉴。世界各国社会经济发展面临新状况、志愿服务发展有新动态，通过把握趋势、分析特点、总结经验，为广州市志愿服务国际化提供借鉴视角。③为广州志愿服务国际化提供对策建议。以理论分析和资料比较为基础，通过专家组的思考和

---

① 谭建光、凌冲主编《中国深圳义务工作发展报告》，广东人民出版社，2005，第 9 页。
② 谭丽华：《广州志愿服务对外双向交流情况》，载《广州志愿服务发展报告（2014）》，社会科学文献出版社，2014，第 217 页。

判断，提出广州志愿服务国际化的战略思路和对策建议，为广州党政部门、群团组织提供决策参考。

二　广州志愿服务国际化的发展

广州长期以来是中国开展国际交流合作的主要地区，比如明清时即为重要的对外通商港口。新中国成立后，在广州设立了"广交会"，开展对外贸易交往。改革开放以来，广州成为中国对外开放的"南风窗"，以及与港澳地区交往交流的重要城市。广州市 1987 年在全国率先开通了"手拉手"志愿服务热线，是受到香港义工服务的启发。在广州亚运会期间，通过与联合国开发计划署、联合国志愿人员组织等合作，组织了"广州亚运会志愿服务国际论坛""广州亚运会志愿者国际交流营""广州亚运会志愿服务国际观察团"等，提升了亚运会志愿服务的水平和品质，获得国内外宾客的好评。

（一）广州志愿服务国际化的历程

广州是中国改革开放的先行区，在"对外开放、对内搞活"中率先探索、率先尝试。同时，广州也率先诞生了志愿服务组织并组织了志愿服务活动，国际化探索不断深入，取得了不少经验和成果。

1. 初期探索的国际化（1978～1994年）

改革开放初期，广州作为中国的"南风窗"，既是中外经济文化交流的前沿，也是中外青年交往的前沿。朱小丹同志 1983 年在《历史赋予我们的重大责任》一文中指出，"由于广州的特殊地理环境，广州青年往往显示出区别于外地青年的特殊性，加上中央对广东实行特殊政策、灵活措施，广东省和广州市对外更加开放、对内更加放宽，广州青年的情况又往往显示出对一般青年问题的预示性，这就要求我们在调查研究方面走在别人前面，而不应落在别人后面"。[①] 这一时期，广州市民对志愿服务及其国际化还没有明

---

① 朱小丹：《历史赋予我们的重大责任》，原载于《青年探索》1983 年第 1 期。转载于邱服兵、涂敏霞主编《〈青年探索〉30 年选萃》，广州市青年探索杂志社，2013，第 4 页。

确的观念意识，但是逐渐有了接触和认知。一是广州市民中不少人有亲戚在美国、加拿大等，借改革开放和华侨探亲的时机开始接触和了解志愿者及义务助人的志愿服务，并受到启发。二是通过香港电视、报刊的宣传，对社工、义工有了更多了解。三是20世纪80年代初，广州基督教青年会等恢复合法活动，开展的义工服务吸引了市民的关注和参与。在借鉴国外和港澳地区经验、结合内地"学雷锋、做好事"传统的大背景下，1987年广州市开通了全国第一条志愿者服务热线（"手拉手"志愿服务热线）。同时，也催生出许多在社区活跃的义工小组，他们在华侨、港澳同胞的引导下开展志愿服务的探索，荔湾区逢源街道的"街坊义工队"等就是这个时期的典型代表。广州、深圳等地的志愿服务及其国际交流引起了团中央等部门的关注，同时也为中国青年志愿者行动的诞生、中国社区志愿服务的发展提供了经验。

2. 组织推进的国际化（1995～2007年）

广州市适应志愿服务发展的需求，在1995年正式成立"广州青年志愿者协会"，大力推进志愿者行动及其国际化进程。一方面，青年志愿者协会及其下属团体经常借助外事交流、华侨交流，对外考察和洽谈合作的机会，关注和了解志愿服务动态，学习和吸收国际志愿服务的先进经验。另一方面，通过市民志愿者的海外关系，邀请侨胞和港澳同胞等回来探亲游览，同时进行志愿服务的交流合作。这时，在青年志愿者协会联系和支持的各种团体之中出现了"义工团""义工队"的形式。这是具有国际元素的服务力量。还有，在当时的社会背景下，国外及港澳地区的公益机构、志愿组织进入广州开展服务活动，也要主动联系青年志愿者协会及其下属团体，获得合法进入社区服务的机会。比如"无国界医生""童子军""救世军""路德基金会""游艇会"等公益志愿服务组织，与广州青年志愿者协会启智志愿服务总队等合作，在广州参与志愿服务的同时传播国际化的理念和知识。

3. 公众参与的国际化（2008～2017年）

北京奥运会的成功举办，广州亚运会的积极筹备，为广州志愿服务国际化提供了新的机遇，激发了志愿组织和志愿者的国际合作服务热情。配合北京奥运会的举办，广州开展"传说奥运"志愿服务活动，将国际志愿服务的经验、奥运会志愿服务的知识传播到社区、传递给民众，使志愿服务国际化的观念广泛普及。"广州亚组委志愿者部、共青团广州市委主动联系国际志愿机构、志愿组织，为志愿服务的国际合作与能力提升创造条件。……寻求联合国开发计划署、联合国志愿人员组织的支持，开展'志愿中国、和谐亚洲——奥运亚运推动志愿服务发展国际论坛'等活动，在联合国及其他国际网站、媒体宣传亚运会志愿服务。"[1] 广州亚运会的志愿服务，一方面受到联合国志愿人员组织的指导和支持，招募国外及港澳地区的志愿者参与，在服务理念、服务行为方面提升国际化水平；另一方面，通过"亚运使者""传说亚运"等志愿服务，支持和激励广州志愿者前往海外宣传广州亚运会及志愿服务，产生了良好的国际影响力。在亚运会之后，广州市率先举办了"广州志愿服务交流会"，并且通过积极的探索实践，在 2014 年升格为"中国志愿服务交流会暨项目大赛"。同时，邀请联合国开发计划署、联合国志愿人员组织、英国海外志愿者社、国际狮子会、国际扶轮社等合作举办"志愿中国 - 友好世界"国际高峰对话会。此外，中山大学中国公益慈善研究院、广东志愿服务发展国际研究院、广州志愿者学院国际及粤港澳合作项目等，为志愿服务国际化提供了新元素、新活力。

4. 统筹发展的国际化（2018年以来）

广州建设"全球活力城市"和"国际商贸中心"的目标，以及粤港澳大湾区建设的机遇，使志愿服务国际化获得新契机、新动力。为此，广州团市委、广州市青年联合会举办"粤港澳大湾区青年合作发展论坛"，南沙区团委、青年志愿者协会举办"粤港澳志愿服务合作论坛"，启动专题研究，探索国际化的可行路径等。在市委、市政府的统筹领导下，团市委联合相关部门制定了促进志愿服务国际化、粤港澳大湾区志愿服务合作发展的政策措施，为推动各类社会力量、各级志愿组织参与国际化服务、大湾区服务提供

---

[1] 王焕清、谭建光主编《广州亚运会志愿服务文化遗产导论》，广州出版社，2011，第 18 ~ 19 页。

支持。同时，通过营造社会舆论、加强社会引导，越来越多的志愿者对国际化表示支持并积极参与。

从调查数据看，广州 90% 以上的志愿者支持志愿服务国际化，希望获得参与国际交流合作的机会，并且在国际化过程中提高志愿组织的发展水平，提升城市形象（见表 1）。这样，就为大力推进广州志愿服务国际化提供了良好的社会基础，有利于各种类型的志愿组织和志愿者积极参与、探索创新。

表 1　您是否支持志愿服务国际化？

选项	人数	比例
非常支持	2502	66.8%
比较支持	961	25.7%
一般	270	7.2%
不支持	4	0.1%
非常不支持	7	0.2%
有效填写人数	3744	

资料来源：广东省社工与志愿者合作促进会、广州市志愿者行动指导中心整理，2018 年 4 月。

（二）广州志愿服务国际化的特色品牌

调查发现，广州市打造的几个特色志愿服务国际化品牌，在国内外产生了较大的影响。

1. "中国·广州青年志愿者海外服务计划"塞舌尔项目

共青团广州市委开展援塞志愿服务是广州志愿服务"走出去"的重要项目，为广州志愿者提供了一个走出国门、展现专业素养和友爱精神的国际舞台。从 2007 年起，广州作为全国首个独立承担中国青年志愿者海外服务计划的副省级城市开始向塞舌尔外派志愿者。十年中，广州先后派出六批共 81 名志愿者赴塞舌尔开展医疗卫生、外语教育、艺术培训、文化交流、电力工程、网络工程等方面的志愿服务，充分彰显了新时期广州青年的良好风貌，为提升广州的国际知名度、促进中塞友谊发挥了重要作用。同时，通过援塞志愿服务，广州积累了海外志愿服务项目的管理经验，并使项目实现常态化运行，培养了一批国际人才，为促进"志愿花城"国际合作提供支持。广州的援塞志愿服务不仅得到赛舌尔国家领导人和当地人民的高度评价，也受到我国国家领导人的高度认可。时任中共中央总书记、国家主席胡锦涛同志，中央政治局常委、全国人大常委会委员长吴邦国同志等党和国家领导人都曾亲切接见广州的援塞志愿者，并对他们的表现给予高度赞扬。广州志愿者在塞舌尔提供志愿服务期间充当文化使者，促进中国与塞舌尔的民间交流。志愿者通过援塞项目对志愿服务有了更深刻和全面的认识，并将继续在推进广州志愿服务国际化，探索建立"人类命运共同体"、参与"一带一路"倡议等的国际志愿服务交流合作中发挥重要作用。

2. 广州亚运会及《财富》全球论坛志愿服务项目

首先，广州亚运会的志愿服务积极寻求国际交流合作，使国际化程度达到新的水平。第一，亚运会组委会志愿者部成立"广州亚运会志愿服务研究中心"，主动联系联合国开发计划署、联合国志愿人员组织，为广州亚运会志愿服务提供国际化支持。广州亚组委与联合国志愿人员组织合作在北京举办"奥运亚运、和谐亚洲"国际论坛，共邀请来自各国及国内各地的专家学者200多人，探讨如何将奥运会志愿服务经验运用到广州亚运会，如何通过亚运会志愿服务提升亚洲各国的志愿服务水平。联合国志愿人员组织派遣专家来广州举办"亚运会志愿者领袖国际训练营"，传授奥运会、亚运会、国际组织、各国机构开展志愿服务的经验和技巧，提高广州志愿者参与国际服务的能力。联合国与北京志愿者联合会等组成"联合国广州亚运会志愿服务观摩团"，参与亚运会志愿服务，进行观摩、记录，并撰写《联合国广州亚运会志愿服务观察报告》提交给联合国开发计划署、联合国志愿人员组织。在联合国指导下，组织编写《广州亚运会志愿服务成果转化丛书》，目的是积累服务成果、提供研究成果，形成面向国际交流的文化产品。第二，开展"亚运国际使者"志愿服务。亚组委志愿者部招募广州市民在出境旅游时参与广州亚运会的宣传，做文化传播志愿者，与各国人民建立友谊，吸引各国朋友了解广州亚运会、观摩广州亚运会。第三，鼓励和支持亚运志愿者特别是青年志愿者、中学生志愿者参与国际交流，如联合国"青年圆桌会议"等，在讨论与交流的过程中宣传广州亚运会志愿服务，使世界各国志愿组织和志愿者广泛关注和参与广州亚运会。第四，亚组委志愿者部迎合国际时尚与需求设计的"亚运志愿彩""亚运志愿礼""亚运志愿歌"，融合了亚洲和国际元素，面向世界广泛传播广州志愿文化，受到世界各国运动员和嘉宾的欢迎。

其次，广州志愿者为 2017 年《财富》全球论坛提供了高标准、高质量、高水平的志愿服务，探索志愿服务国际化与专业化、精准化相结合的模式。特别是组建了交通、应急、外事等 7 支专业志愿服务队伍，凝聚专业志愿者 11000 多人，做到严格准入、好中选优，通过梳理各项任务及流程，科学设定各团队的志愿服务岗位。志愿者围绕国际嘉宾出入的香格里拉大酒店主会场、中山纪念堂开幕晚宴、广州塔欢迎酒会及珠江夜游项目、商务考察项目、嘉宾配偶项目、机场口岸及迎送等六大项目，开展机场迎宾、行李搬运、安检协助、用餐、会务物资分发、行车指引、车辆调度等常态化服务，并做好"爵士之夜"活动、无人机表演、应急志愿者调配、补给等相关服务工作。志愿者累计上岗达 3350 人（次），展现了广州志愿者良好的精神面貌、工作作风、服务品质。这次《财富》全球论坛志愿者服务，人数少、专业精、要求高、影响大，表明广州志愿者的国际化服务进入新的阶段。

3. "广交会"等国际展会志愿服务项目

广州建设"全球活力城市"和"国际商贸中心"，其中最具有特色和竞争力的就是国际展会。中国进出口商品交易会（The China Import and Export Fair）即广州交易会（简称"广交会"，Canton fair），创办于 1957 年，每年春秋两季在广州举办，是中国目前历史最久、层次最高、规模最大、商品种类最全、到会采购商最多且分布国别和地区最广、成交效果最好的综合性国际贸易盛会。改革开放以后，由广交会延伸出国际家具展、国际旅游展、国际包装展、国际食品展、国际园林展等，吸引了越来越多的世界各国人士。从 2006 年开始，有组织地开展广交会志愿服务，大批大学生志愿者和社会专业志愿者参与其中，提供热情友好、专业有效的服务。

志愿者服务从广交会拓展到各种国际展会，为广州树立了友好热情的国际形象。特别是近年来广交会志愿服务对招募、培训、督导、激励、评估等环节进行规范，鼓励志愿者在国际展会服务中体现专业水平、发挥技能特长，更好地满足展会需求、客商需求（见表2）。这样，志愿者在参与广交会志愿服务的时候态度更加热情友好，技能更加扎实熟练，专业更加突出有效，受到了主办方的肯定和海外客商的赞扬，为广州树立了良好的国际形象。

表2　您认为广州建设"国际商贸中心"、举办多种类型的国际展会，

志愿者应该做好哪些方面的服务？（多选）

选项	人数	比例
①积极参加国际展会的现场服务	2633	70.3%
②做好对国际参展人士的接待、引导服务	2551	68.1%
③做好展示广州生活魅力的服务	2332	62.3%
④做好展示广州文化特色的服务	2556	68.3%
⑤做好改善广州社会文明环境的服务	2463	65.8%
⑥做好帮助国际、国内参展人士网络沟通的服务	1898	50.7%
⑦开展国际展会创意设计服务	1293	34.5%
⑧做好与国际参展人士长期联系的服务	1490	39.8%
⑨其他（请注明）	21	0.6%
有效填写人数	3744	

资料来源：广东省社工与志愿者合作促进会、广州市志愿者行动指导中心整理，2018年4月。

4. 广州特色志愿服务团队的国际化探索

广州市志愿服务国际化具有较好的社会基础，一方面本地民间志愿组织与港澳台地区及国外公益组织交流频繁，另一方面在穗的外资企业中的志愿者和外国志愿者等群体开展不同类型的志愿项目，同时加强与本地志愿者（义工）的交流融合。上述不同主体间的不断深化合作，持续助力广州志愿服务的国际化发展。

（1）达能（中国）广州公司志愿服务队

达能（中国）广州公司志愿服务队中的 5000 多名志愿者持续开展社会关爱主题活动，并与集团各地区的志愿组织一起，从 2015 年开始，通过企业内部自上而下与自下而上相结合、线下活动与线上技术相结合、志愿行动与企业文化和可持续发展战略紧密结合的"三结合"运行模式，践行社会责任和公司宣言，并联合公司供应商、经销商、客户和员工家属等社会力量，分别在中国 20 个城市开展志愿服务。这是广州乃至中国志愿服务国际化进程中值得关注的亮点。

（2）广东国际义工服务团

1995 年成立的广东国际义工服务团（简称 GIVES），长期统筹和组织在广东省尤其是广州市工作和生活的外籍志愿者，开展教育、医疗、康复、福利院、养老院等志愿服务项目。从 2008 年开始，它专注于唤起大众对自闭症的关注，选择音乐疗法作为协助自闭症儿童康复的一种治疗方法，通过各种形式的音乐活动，包括听、唱、演奏和节奏来刺激和放松自闭症儿童的身体，使其打开封闭的心房，改善其心理健康状况，给自闭症儿童及其家人带来支持和希望。同时，该组织还开展面向残疾儿童、孤儿、艾滋病患者等弱势群体的志愿服务。

（3）地铁外籍志愿者服务队

广州地铁 2017 年在第 121 届广交会期间招募中外志愿者组建"国际志愿者服务队"以服务客商，分别在琶洲站和新港东站实行全程中英文双语引导，累计招募学生志愿者 500 多人，平均每天上岗约 100 人次。其中包括来自加拿大、孟加拉国、哈萨克斯坦等 10 个国家的 11 名外籍志愿者，他们为客商提供中文、英文及 7 种小语种服务。

（4）广汉会等志愿服务

长期致力于推广汉服文化和风俗礼仪文化的广汉会志愿者，不仅在广府庙会、荔湾花会等传统节日开展宣传服务，而且积极利用驻穗外资企业、领事馆等机构举办的活动弘扬汉服及其背后的中华文明；位于广州越秀公园内的越秀区好人志愿服务中心，面向外国游客和附近的外国居民提供义务讲解、旅游咨询、手工制作等服务，成为公园里的"外交小窗口"①。

这些志愿服务组织和团体的探索，为广州市志愿服务国际化积累了有益的经验，值得总结和推广。

5. 广州志愿服务国际化存在的问题

广州志愿服务国际化取得了一定的成绩，但是与国际对标城市和国内对标城市相比，仍存在不少困难。①政府统筹力度不足。从政府层面看，还没有将志愿服务国际化作为"全球活力城市""国际商贸中心"建设的重要内容。无论美国纽约、英国伦敦还是日本东京、新加坡，都将公益慈善、志愿服务作为城市国际化的重要组成部分，作为国际软实力的重要体现。广州需要在政府决策和工作决策中加大对志愿服务国际化的支持。②社会传播不够。从广州社会文化宣传推广的角度看，对城市开发和国际交往的宣传推广较多，但是没有将志愿服务国际化纳入宣传推广的重点。广大市民没有意识到积极参与志愿服务国际化，既是对广州建设国际性城市做出贡献，也可以使自身素质和生活方式更国际化。③志愿组织的能力不足。在广州主动参与和推动志愿服务国际化的组织不多，而且参与能力不够强，特别是与北京相比，差距较大。北京市志愿者服务指导中心专门设立了"国际合作部"，负责国际化工作，为组长培育和项目实施建立了长效机制。广州市志愿者行动指导中心缺乏相应部门，缺乏对志愿组织国际化能力的长期培养和提升。因此，与国际公益机构、志愿组织相比，广州志愿组织在国际化方面的观念还需要进一步改善。④资金和资源支持不足。广州缺乏推进志愿服务国际化的专项资金，无论是政府投入还是社会资助都显得不足，导致志愿组织"有心无力"。⑤专业培训和督导不足。广州地区的多所高校、科研机构拥有国际化研究与教育的专业力量，但是涉及志愿服务国际化的较少，对志愿组织的支持也不多。这样，广州志愿组织和志愿者在国际化探索中缺乏专业培训和督导，也缺乏风险评估和理论指导，制约了国际化思维和国际化实践。

同时，广州还存在"三多三少"与三个"自我封闭"问题。

---

① 邵振刚：《"一带一路"倡议与广州志愿服务国际化策略》，未刊稿，2018。

　　"三多三少"问题表现在：①市民国际交往多，社团国际合作少。从改革开放伊始，广州市民的国际交往以及与港澳地区的交往就非常多，在全国名列前茅，同时也引入了"义工"理念，催生志愿服务。但是，一直以来有规划、有计划的志愿服务国际合作比较缺乏，大多停留在浅层次、低水平。市民在出国探亲、访友、旅游、办事、访学等过程中获得的公益志愿服务信息，为志愿者带来新鲜感和吸引力，但是缺乏进一步开展国际合作的体验机会，往往不能创造新的志愿服务国际化机制和要素。②项目国际交流多，人员国际合作少。广州志愿者创造了很多富有特色的志愿服务项目，包括亚运会期间的"大拇指"志愿服务、"亚运使者"志愿服务、"西关小屋"志愿阵地等，也引起了国外及港澳地区公益志愿组织的关注。联合国开发计划署、联合国志愿人员组织的官员考察时，对广州志愿服务项目给予了赞誉和特别关注。经过几届"志愿服务广州交流会"，涌现出许多富有特色和活力的项目，网络、媒体的推介也提高了国外及港澳地区公益志愿组织对广州志愿服务的关注度。但是相比之下，广州志愿组织及成员的国际合作交流较少，不仅缺乏长期国际合作的机会，也缺乏短期国际合作的机会。这样，大多数志愿组织和志愿者不知道志愿服务国际化的途径和方式，也缺乏相关指引，在这些方面难以进行探索和创新。③短期国际服务多，长期国际合作少。广州市志愿服务组织参与"中国青年志愿者援外服务"项目、承接"广交会"以及其他国际展会的志愿服务，获得了较多的短期性和临时性国际志愿服务机会。很多志愿者在参与国际志愿服务时，产生了推广国际志愿服务的志向，希望进一步参与。但往往是在短期国际服务项目结束之后不能创造进一步的参与国际志愿服务的机会，这些拥有经验的志愿者也流失了。特别是对比北京志愿者服务指导中心设立"国际合作部"，专门联系国际组织并提供参与去各国服务的机会，广州就缺少类似的长期推进国际志愿服务的机构及部门，使得这项工作"做做停停""时有时无"，志愿组织和志愿者无法制定国际合作规划，无法维持国际合作机制。如今，广州在建设"全球活力城市"和"国际商贸中心"的进程中，对志愿服务国际化的需求日趋强烈，因此要进一步拓展志愿服务的国际交流合作，发挥其积极作用。

三个"自我封闭"问题体现在：①开放环境中的"自我封闭"。虽有开放的社会大环境，但缺乏促进志愿服务国际化的政策制度，导致"请进来"和"走出去"都受到制约。一方面，广州的生活、文化比较开放，能够较自由地接触国外及港澳地区的生活时尚等；但是另一方面，在志愿服务组织对外开展服务和交流以及合作发展方面，受政策制度限制较多。②活跃氛围中的"自我封闭"。志愿服务组织和成员都比较活跃，但是多停留在时尚项目、轻巧项目的"小打小闹""自我满足"，缺乏国际大视野和大思维。广州志愿者和志愿组织在一些生活化、普通的服务项目上创新较多，但是在积极吸收国际新理念、新技术，对专业服务项目、特殊服务项目的开发上还做得不够。所以，一方面看起来广州志愿服务的项目多、很活跃；但另一方面仍然存在"水平不高、影响不大、效益不突出"等问题。③创新趋势中的"自我封闭"。志愿服务组织和志愿者在特殊领域、特殊环节的创新探索比较多，但是具有"天花板效应"，即"过去与现在比有创新""广州与内地比有创新"，但是没有从国家及国际角度进行大胆创新、勇敢探索。广州志愿者和志愿组织往往自我感觉良好，却没有发现北京、上海、杭州、深圳、成都、南京等地的志愿者创新力越来越强，在国际交往和网络交流，吸收新思想、新理念，组织创新、项目创新等方面都在赶超广州。因此，缺乏与国内外公益志愿组织的深度交流和合作，导致广州志愿服务国际化创新仍然存在欠缺。

通过以上分析可以看到，广州较早开展志愿服务国际化探索，取得了较多的经验，创造了一系列国际合作品牌。但是，与中国新时代国际合作的需求和广州的国际城市建设定位相比，仍然存在较多的不足，需要借鉴国内外的经验，继续探索创新，实现新的跨越。

三　国际借鉴

根据广州志愿服务国际化的需要，课题组收集和整理了国际志愿服务专业化发展、跨国公司志愿服务国际化发展、对标城市志愿服务国际化发展的相关资料，以期提供参考和借鉴。

（一）国际志愿服务专业化发展借鉴

从国际社会看，志愿服务是通过人与人的联系促进社会发展，目前主要有三种模式：一是以奉献爱心为主的基础型志愿服务；二是"授人以渔"式的专业型志愿服务；三是通过跨界创新改善社会治理和生态环境的创变型志愿服务。

而从实现的方式看，可分为以下三种类型。①体力型志愿服务（Hand-on Volunteering）：以物资援助和奉献爱心为主要内容，是以个人参与为主的非正式志愿服务。聚焦施予联结（Connection）和情感交流，增强人与人之间的联系与信任，建立网络（Network）。②技术型志愿服务（Skilled Volunteering）：以某项专业技能为主实施专业救助和服务，是以组织化方式进行的志愿服务。聚焦赋能（Empowerment）和授人以渔，目的是提升人们的自主权利和发展能力，广泛动员公众参与，不让一个人落下，促进人的自主发展。③智能型志愿服务（Pro Bono Volunteering）：聚焦社会问题，以跨界联合行动、研究和倡导来促进社会变革，是以网络化和多边合作为主的创新型志愿服务。这种类型的志愿服务是运用社会影响力（Impact）促进社会治理的多元参与、公信力的提升和制度环境的改善，以跨界创新性解决方案促进社会变革与可持续发展（见图1）。这三种类型的志愿服务以不同的模式和策略去影响和改变世界。

《2015世界志愿服务状况报告》从国家和全球治理角度指出，在全球可持续发展进程中，有一个关键因素阻碍发展：缺失有效且可靠的治理，从而削弱了社会公众参与社区发展所做的努力。而志愿者可以通过以下三个方面来改变。一是增强民众特别是弱势群体间的联系和话语权，从而动员更多民众和社会团体参与社会治理；二是志愿者与政府、民间组织共同努力，确保对利益集团和有权势者实施问责（Accountability），并对政策和法律施加影响，敦促制度响应（Institutional Response）广大民众的需求；三是建立跨界

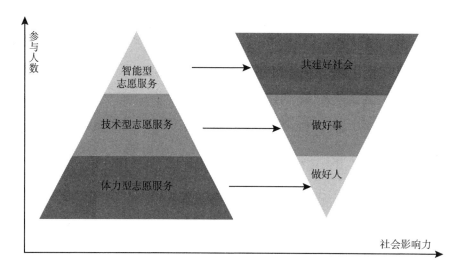

图1　志愿服务的类型与功能

协作网络（Coordina-ting Network），联结更广泛的社会民众，发现新的机会和资源，为解决发展问题提供专业技术以及积极的社会行动，使发展更加具有包容性和有效性。从世界各国特别是发达国家的发展趋势看，技术型和智能型志愿服务发展较快，吸引各类专业人士参与，提供多样化、精准化服务，取得了更加明显的实效，值得广州志愿服务工作参考和借鉴。

（二）跨国公司志愿服务国际化发展借鉴

在国际志愿服务发展中，跨国公司是越来越重要、影响越来越大的力量。跨国公司开展志愿服务是伴随经济全球化以及企业社会责任运动在全球兴起而出现的，是跨国公司融入东道国、履行社会责任、实现可持续发展的有效途径。企业社会责任运动兴起于20世纪中期。1953年，霍华德·R.伯恩（Howard R. Bowen）出版了《商人的社会责任》一书，提出现代企业社会责任运动，此后企业社会责任的内涵和外延不断扩展。2015年9月25日，"联合国可持续发展峰会"通过了《改变我们的世界——2030年可持续发展议程》。该议程共包括17项可持续发展目标和169项具体目标，旨在推动世界在之后 15 年内实现三个可持续发展目标（SDGs）——经济增长、社会公平和生态可持续发展，这是全球对可持续发展的最新共识，确立了全球可持续发展的优先领域。在 2016 年参加联合国全球契约组织的和埃森哲采访的全球上千位 CEO 中，有 70% 的人认为 SDGs 将重塑企业的可持续行为，87% 的人认为 SDGs 为企业带来重新思考可持续的价值创造方法的重要机遇，90% 的人承诺将带领公司积极推动可持续发展议程。

在联合国发布新的 SDGs 后，全球一些领导创新的企业成立了名为 IMPATC 2030 的组织，通过企业志愿服务的方式推动联合国新发展目标的实现。跨国公司开展员工志愿服务，在促进社会创新的同时，有利于推动业务创新。跨国公司通过志愿服务促进业务创新主要有两种形式。一是通过志愿服务激发员工的创新活力。跨国公司通过鼓励员工"走出公司，走进社区"，可以有效提升员工的工作技能，形成公司志愿文化，进而激发公司整体的创新活力。二是通过开展志愿服务发现引领企业创新的有力触点。跨国公司员工通过志愿服务走进社区，可以了解当前全球面临的可持续发展问题，这些问题激发员工结合本职工作和公司业务进行社会创新和业务创新。针对不同的社会问题，跨国公司员工可以发挥自身在人才、技术、资金以及企业管理方面的优势，协同政府、公益组织、研究机构等多方力量进行跨界合作，共同寻找解决社会问题的方法。在这一过程中，跨国公司也可以发现潜在的业务创新机会。从广州的情况看，世界 500 强企业较多落户到本地；同时，广州市民在生活、消费的交往中也可以接触较多的跨国企业及其人员、产品。因此，跨国公司的志愿服务及其国际化经验对于广州的探索创新具有借鉴价值。

（三）对标城市志愿服务国际化发展借鉴

广州志愿服务国际化发展，需要通过分析国际、国内相关城市的情况，获得参照和学习的要素。本课题组经过分析和取舍，确定了国际上纽约、伦敦、东京、新加坡等四个对标城市，以及国内北京、上海、深圳、杭州、香港等五个对标城市。

先看四个国际对标城市的情况。

（1）纽约——不同种族通过志愿服务获得沟通与融合

纽约是多族裔聚居的城市，拥有来自 97 个国家和地区的移民，使用的语言达 800 多种。"强烈的个人主义文化特质……无论是在政治方面，还是在经济方面……使得美国人民不太愿意让政府来处理社会问题和经济问题，从而给社团活动很多解决问题的机会。"① 纽约的志愿服务体现在"城市志愿服务国际化"和"参与国际志愿服务"两方面。因此，纽约的志愿服务可以用"万花筒"来形容。城市志愿服务的多样化色彩与参与多样化国际志愿服务交织，具有"国际大熔炉"的特色。

（2）伦敦——多元文化彰显志愿服务国际化的活力

伦敦是欧美著名的多元化大都市，具有全球化的浓厚氛围。伦敦当选2016 年"欧洲志愿之都"时，在欧洲志愿者中心发布的一项声明中，评审团总结认为"伦敦在融资和为志愿组织与基础建设机构提供资源方面的做法富于创意，不仅寻求各种类型不同规模的直接资金支持，还帮助志愿组织对接并激活其他可替代的资金。"② 伦敦志愿服务国际化，一方面体现在大量志愿者前往亚洲、非洲、拉丁美洲国家开展服务，提倡在帮助各国有需要的人群的过程中传播人道主义精神，促进国际进步；另一方面体现在积极探索公益创业的经验，吸引各国公益机构、志愿组织前来学习、交流，所以伦敦也有"全球公益创业孵化基地"的美称。

（3）东京——吸收欧美经验和面向亚洲辐射

东京是日本首都，也是亚洲国际化程度最高的城市之一。日本及东京的志愿者活动是以 NPO 等非营利性社会团体为实施主体。近年来，日本积极参与联合国的"国际青年志愿者计划"，是亚洲派遣青年志愿者最多的国家。东京志愿服务国际化体现在将"世界时尚"与"亚洲民俗"结合。一

---

① 〔美〕萨拉蒙等：《全球公民社会——非营利部门视界》，贾西津等译，社会科学文献出版社，2002，第 292 页。

② 《伦敦当选 2016 年"欧洲志愿之都"》，https：//www.britishcouncil.cn/programmes/society/news/london－volunteering。

方面，积极吸收和借鉴欧美国家志愿组织发展、志愿服务创新的经验；另一方面，结合日本政府统辖多、企业支持多的特点，社会志愿服务较多依靠政府和财团的推动。所以，东京志愿服务国际化的领域比较集中，形式比较单一。

（4）新加坡——促进种族和谐

新加坡是一个拥有多元文化的移民国家，促进种族和谐是政府治国的核心政策。新加坡以有稳定的政局和廉洁高效的政府而著称，是全球最国际化的国家之一。新加坡的志愿服务"实现了调和种族关系、增强社会凝聚力、保持社会稳定并促进经济发展的目标"。[①] 新加坡的公益机构和志愿组织发挥"小国大公益"的作用，积极参与世界各国的志愿服务，并配合联合国等国际组织开展志愿服务。这样，新加坡的公益慈善和志愿服务在世界上享有较高的地位，受到国际社会的关注和赞赏。

再看国内的情况。改革开放以来，志愿服务的国际交流合作逐渐加强。其中，北京、上海、深圳、杭州、香港等地的志愿服务国际化探索较多、成绩较突出（见表3），值得广州市学习和借鉴。

表3　国内相关城市的志愿服务国际化及其特色

城市	发展机遇	发展状况	合作部门、组织和企业等
北京[②]	1. 1981年联合国志愿人员组织派员驻京； 2. 1995年非政府组织妇女论坛举行； 3. 2008年北京奥运会召开	1. 联合国机构、各国机构志愿服务与北京合作； 2. 政府支持志愿组织国际合作与民间合作并行	1. 北京市志愿服务指导中心设立国际合作部； 2. 与联合国先后实施了三期（9年）合作计划
上海[③]	1. 20世纪90年代浦东新区社会发展局启动国际公益； 2. 世博会前后与联合国启动合作项目	1. 国际公益合作的影响大，带动志愿服务合作； 2. 跨国企业志愿服务对上海志愿服务具有积极影响	上海市文明办、志愿者协会、慈善基金会、青年志愿者协会等有各自不同的国际合作机制

---

① 北京志愿者协会编著《走进志愿服务》，中国国际广播出版社，2006，第25页。
② 陆士桢主编《中国志愿服务大辞典》，中国大百科全书出版社，2014，482页。
③ 陆士桢主编《中国志愿服务发展报告（2017）》，社会科学文献出版社，2017，第144页。

续表

城市	发展机遇	发展状况	合作部门、组织和企业等
深圳①	1. 20 世纪 90 年代义工联合会初期与香港义务工作发展局等合作较多； 2. 2011 年以来，多次举办国际义工论坛及交流	1. 2015 年，深圳国际公益研究院等众多国际合作机构成立，对义工国际化有促进； 2. 部分义工国际交流多	团市委、义工联合会接待港澳地区及国外交流团体多，其中"赛会义工大组"承担国际展会服务多
杭州②	1. 民间化、灵活化的志愿服务吸引国外及港澳地区的参与和支持； 2. 在 2016 年举办 G20 世界首脑峰会期间志愿服务影响大； 3. 浙江企业公益国际化为志愿服务带来机会	1. 在"西博会""G20 峰会"等召开过程中，志愿服务锻炼了一批组织和团队； 2. 通过"品质公益峰会"与"志愿汇"聚集专业力量，推进国际化服务	1. 杭州市志愿者行动指导中心联系一批有国际化背景的志愿服务团队； 2. 阿里巴巴等互联网企业为志愿服务国际化提供支持
香港③	1. 20 世纪 60 年代志愿服务发展与国际贸易发展交织； 2. 国际志愿者与志愿组织通过香港进入中国； 3.2009 年东亚运动会、2010 年世界社工大会、亚洲志愿大会等召开	1. 义工参与国际志愿组织的服务较多； 2. 志愿组织接受外国志愿者及团体前来服务的较多； 3. 多个国际公益志愿组织在香港有分支机构，如"童子军""救世军""基督教青年会"	1. 社会福利署义务工作统筹课接纳国际合作事务； 2. 义务工作发展局推广较多国际合作项目； 3. 香港社会组织联会、香港青年协会等推进较多国际合作项目

资料来源：陆士桢主编《中国志愿服务发展报告（2017）》社会科学文献出版社，2017；陆士桢主编《中国志愿服务大辞典》，中国大百科全书出版社，2014。

（1）北京——志愿服务资源聚集

北京的志愿服务国际化，具有国际、国内资源聚集的优势。改革开放后，联合国 1981 年就在北京设立了联合国开发计划署北京办事处，同时建立联合国志愿人员组织北京项目组。特别是 2008 年北京奥运会的召开，使

---

① 陆士桢主编《中国志愿服务发展报告（2017）》，社会科学文献出版社，2017，第 257 页。
② 陆士桢主编《中国志愿服务发展报告（2017）》，社会科学文献出版社，2017，第 311 页。
③ 陆士桢主编《中国志愿服务大辞典》，中国大百科全书出版社，2014，第 240 页。

志愿服务的国际合作得到深化。如今，北京志愿服务联合会除了参与团中央的援外志愿服务项目外，还参与联合国青年志愿者"世界服务项目"，使青年在参与联合国项目过程中得到锻炼成长，提高了素质。

（2）上海——专业引领的志愿服务国际化

上海的志愿服务国际化是在 20 世纪 90 年代，由浦东新区的"罗山会馆""恩派中心""绿映机构"率先开始的。上海青年志愿者的援外服务有国际影响力。近年来，上海结合建设"国际卓越城市"的目标，吸引了大批国际创意人才、文化人才、网络人才关注公益慈善、志愿服务，特别是推动跨国公司志愿服务发展，形成了非常浓厚的国际志愿服务氛围。

（3）深圳——创新驱动志愿服务的国际化

深圳作为中国的经济特区，志愿服务的发展也引起了广泛关注。深圳市主动与国际青年公益组织合作，参与"世界青年服务日"活动，并成为承办方。在每年的"国际志愿者日"以及举办"国际义工论坛"等活动期间，邀请联合国及英国、意大利、日本等国的专家学者、志愿组织代表前来交流，讨论志愿服务创新发展的方向。国际社会和国际公益领域倡导"四个理念"，即公平、融合、增能、可持续。这些理念影响了深圳志愿服务发展的规划和方向。

（4）杭州——社会培育的志愿服务国际化

杭州市非常强调"禾公益"，即强调草根性、平凡性、朴实性，像禾苗一样普遍生长和茂盛。改革开放以来，伴随浙江省民营经济的发展，逐渐建立了国际经济合作的通道，也带动了公益慈善、志愿服务的国际合作发展。杭州市将"公益慈善"与"志愿服务"交替进行宣传，树立国际、国内知名品牌，吸引跨国公司的公益部门、国际上的民间公益机构、国内知名公益机构落地杭州，酝酿公益志愿服务国际化的新态势。

（5）香港——积累志愿服务国际化经验

香港的志愿服务国际化，一方面鼓励志愿组织和志愿者前往世界各国，特别是为亚洲、非洲面临灾难、陷入困难的国家提供服务，比如积极参与"无国界医生""无国界社工""国际扶轮社""国际狮子会""童子军""救世军"等组织的国际服务。另一方面提供机会，让世界各国的志愿者来香港参与社团活动与志愿服务。香港"义工运动"委员会、义务工作发展局以及东华三院、路德基金会等，每年提供许多名额给欧美和亚太地区国家，邀请其志愿者，特别是大学生、中学生志愿者前来参与服务。

从国内城市的情况看，在志愿服务国际化程度方面，仍然是北京市、上海市为前两名。北京不仅有联合国及世界各国的机构、组织设立的办事处，而且北京志愿者联合会会主动建立联系和开展合作，建立起长期的、多元化的国际合作机制。上海市利用跨国企业多、国际民间组织多的优势，建立了多样的国际合作机制，并且通过上海恩派社会组织发展中心、绿映公益事业发展中心等搭建志愿服务国际合作的桥梁。广州、深圳、杭州则各有特色、各有长短，在志愿服务国际化方面都做出了积极有益的探索，但是也都存在机制不稳定、不健全等问题，出现"时冷时热"的状况。

国际、国内对标城市的志愿服务国际化特色，对于广州来说具有借鉴价值，但是应根据自身的城市特色和市民特点有所取舍，而不是照搬照套，要力争探索有"广州特色"的独特国际化模式。

四　广州志愿服务国际化的策略

在建设"全球活力城市"和"国际商贸中心"的背景下，广州的志愿服务国际化要具有新思维、新策略。课题组认为，广州志愿服务国际化要做到"四个坚持"。

（一）坚持党建引领志愿服务国际化

夺取新时代中国特色社会主义伟大胜利，是在党的领导下广大人民群众要共同努力实现的目标。但是，在涉及国际化的领域，如何坚持党的领导、如何发挥党建的引领作用，是一直在探索的课题。习近平同志在党的十九大报告中指出，"坚持党对一切工作的领导。党政军民学、东西南北中，党是领导一切的"。① 这也包括党对志愿服务发展的领导,对志愿服务国际化的引领。我们应从党和国家发展大局来谋划志愿服务,以人民为中心来推进志愿服务,自觉在思想上、政治上、行动上同以习近平同志为核心的党中央保持高度一致,"使人民的获得感、幸福感、安全感更加充实、更有保障、更可持续,在新的历史起点上推动中国特色志愿服务"。②

广州志愿服务国际化的探索和实践坚持党的领导和党建引领,一方面是在进行国际交流合作、对外援助服务时,要坚持党的为人民服务的宗旨、以人民为中心的理念,树立党的形象、扩大党的影响。另一方面是加强广州志愿组织的党建工作,在援外志愿服务、国际展会服务、国际交流交往中,充分发挥党组织的坚强堡垒作用、核心引领作用,引导志愿者坚持正确的方向。

(二)坚持社会力量推进志愿服务国际化

广州志愿服务国际化,还要进一步发挥社会力量的积极作用。美国学者萨拉蒙分析称:"对世界人民来说,活跃的非营利部门的存在越来越成为必需品而不是奢侈品。非营利机构可以表达公民所关注的事情,保证政府履行责任,倡导社区发展,提出未满足的需求,以便普遍提高生活质量。"③ 从国际经验看,在党政部门的国际合作之外,社会组织的国际合作能够发挥"民间外交"的积极作用,可以通过社会化的志愿服务让更多的国家和人群多视角、多层次地了解广州的志愿服务和广州形象。从广州的实践看,社会化的公益机构、志愿组织积极开展国际合作服务,能够激发民间的活力,更加具有创造性和新颖性,能够为广州志愿服务的发展繁荣带来新元素,使广州国际性城市建设有新魅力。

---

① 习近平:《决胜全面建设小康社会 夺取新时代中国特色社会主义伟大胜利》,《党的十九大报告辅导读本》,人民出版社,2017,第20页。
② 中国志愿服务联合会编著《中国志愿服务发展报告(2017)》,社会科学文献出版社,2017,第1~2页。
③ 〔美〕萨拉蒙等:《全球公民社会——非营利部门视界》,贾西津等译,社会科学文献出版社,2002,第43页。

（三）坚持多元探索志愿服务国际化

广州志愿服务国际化的推进，不应该仅仅依靠官方渠道，而是要探索多种渠道、多种路径。一是要改变原来简单依赖行政化的惯性，不能满足于"上级有要求就做，上级没有要求就不做或少做"；而是要按照中国参与构建"人类命运共同体"以及实施"一带一路"倡议、粤港澳大湾区建设的目标，积极拓展新的国际合作方式，在政府的支持和推动下，使志愿服务成为广州参与国际合作的"先行者、探索者、贡献者"。二是通过与联合国志愿人员组织、国际志愿者协会、"童子军"、"救世军"、"国际狮子会"、"国际扶轮社"、"无国界医生"及"无国界社工"等组织和团体的合作，参与国际化服务项目，充分展示广州的形象。三是通过与国外及港澳台地区志工、义工的合作，开展面向各国特别是发展中国家和地区的志愿服务，体现广州市民的爱心和热情。

（四）坚持全民共享志愿服务国际化

在新时代共建共享社会主义发展成果的过程中，广州也要通过志愿服务国际化，使广州市民共享国际交流合作的成果。"打造共建共治共享的社会治理格局是一个系统工程，需要从多个方面、多个角度采取措施、综合施策、形成合力，方能取得事半功倍的效果。"① 一方面，在制定广州志愿服务国际化规划时，要面向广大市民做宣传，充分征询各界人士的意见，使人民群众的意愿在规划中得到体现。另一方面，志愿服务国际化进程中的各种进展、各项成果要及时让广大群众知晓和了解，并及时转化为创造人民美好生活、丰富人民精神文化的元素。广州应充分发挥开放前沿、"先行先试"的特点，打造全民参与、全民共享志愿服务国际化的格局。根据广州志愿服务国际化发展的战略，课题组提出以下对策建议。

---

① 潘绳洲：《打造共建共治共享的社会治理格局》，《党的十九大报告辅导读本》，人民出版社，2017，第366页。

1. 制定"1＋N"文件，指导全市志愿服务国际交流合作

根据广州市建设"全球活力城市"与"国际商贸中心"的目标，在《关于广州市加快"志愿花城"建设的意见》的总体框架之下，研究和制定一系列政策和制度，如《关于推进广州志愿服务国际化建设》。在推进"人类命运共同体"建设的目标下，积极利用国家关于"社会组织'走出去'""志愿服务参与'一带一路'倡议"等政策，提出广州市促进志愿服务国际化的具体政策措施。

2. 推动成立"粤港澳大湾区社工与青年志愿者合作委员会"，建立志愿服务国际合作的"四级网络"

充分发挥广州市各级党政部门、群团组织在志愿服务国际化探索中的积极性，建立市级志愿服务国际合作的指导机制、区级志愿服务国际合作的协调机制、街道志愿服务国际合作的组织机制、社区志愿服务国际合作的实施机制，通过"四级网络、各级联动"的方式，探索灵活的志愿服务国际化体系。同时，在广州市志愿者行动指导中心推动成立"粤港澳大湾区社工与青年志愿者合作促进委员会"，通过成员社团轮流举办交流合作活动的方式推进大湾区合作项目落地。

3. 建立"南沙双基地"，"先行先试"探索国际化经验

鉴于南沙区在广州市科技创新、产业更新、国际合作以及大湾区发展中的重要地位，应建设 IAB（新一代信息技术、人工智能、生物医药）、NEW（新能源、新材料）等新兴产业园区，鼓励南沙区团委、南沙区志愿组织率先创新志愿服务的国际合作方式。借助"团青汇"等社会化枢纽组织，推进志愿"智闪团"等创新团体，建立志愿服务国际合作基地，链接国外及港澳地区的志愿组织资源，联动广州市各区、各街道的志愿组织力量，开展国际合作，为其他地区提供经验。

4. 努力获得更多参与国际志愿服务相关事务的机会

广州要继续做好青年志愿者援外服务，并且总结经验和模式，为其他地区提供借鉴。同时，鼓励建立多样化的志愿组织，通过与联合国系统合作、与国际组织合作等方式，拓展多种类型的"走出去"国际志愿服务，体现

广州志愿者的国际贡献，传递广州对世界的友好和热情。积极联系联合国志愿人员组织、国际志愿服务协会等成员组织，欧美国家、亚太地区的志愿服务组织，世界 500 强企业和跨国企业的公益志愿服务团队，合作开展志愿服务国际化探索。鼓励广州青年志愿者协会申请联合国经社理事会咨商地位，积极参与国际志愿服务相关事务，拓展世界视野、形成国际影响。

5. 全力打造"亮丽品牌"，形成国际展会志愿服务的创新机制和完善系统

在"一带一路"倡议实施、粤港澳大湾区建设的新形势下，广州应进一步总结"广交会"志愿服务的经验，提炼具有普遍性的规范和做法，为其他国际展会志愿服务提供参考、借鉴。探索组建多种形式的国际展会志愿者团队，包括大学生国际展会志愿者团队、社会人士国际展会志愿者团队、专业人士国际展会志愿者团队等，储备专业资源，做出亮点、做出品牌。要借助国际展会志愿服务，积累专业化国际志愿服务的成功经验。

6. 建立"花城智库"，为"志愿花城"建设贡献智慧

广州可以建立"花城智库"，汇聚国内外志愿服务的专家学者、专业人士，一方面为志愿组织开展国际服务提供知识和技能的指导，另一方面研究和总结广州志愿服务国际化的经验，面向国际、国内传播推广。目前，广东省已建立"广东志愿服务国家发展研究院"，广州市建立了"志愿者学院"，高校也陆续设立志愿服务研究中心（研究所）等。设立"花城智库"，可以统筹协调志愿服务的研究与开发，根据国际发展趋势探讨广州志愿服务国际化及创新发展的措施。

广州市少先队员志愿服务意识的培养

王晓莉*

摘　要： 在政策与实践的双重推动下，培养少先队员志愿服务意识成为少先队工作的重要议题。本文通过问卷调查、访谈、内容分析等定性与定量相结合的研究方法，研究广州市少先队所开展的少先队志愿服务活动的现状，揭示并据此探索和完善少先队志愿服务的组织体系和管理机制，从少先队大队、领导部门以及少先队员自身三个层面为培养少先队员志愿服务意识提供可供参考的路径。

关键词： 少先队　志愿服务　服务意识

志愿服务是现代化社会文明进步的重要标志，是培育和践行社会主义核心价值观的重要内容。党中央高度关注志愿服务工作，习近平总书记在十九大报告中强调，"推进诚信建设和志愿服务制度化，强化社会责任意识、规则意识、奉献意识"[①]。志愿服务意识是一种以不计报酬为前提，自愿且主动地参与志愿服务活动的利他精神，是个体对于自身作为社会人所承担的义务和所肩负的责任的理解和自觉。培养少先队员的志愿服务意识，有利于培育和践行社会主义核心价值观，有利于促进其全面发展，是培养利他精神和社会责任感的重要途径。

---

* 王晓莉，华南师范大学教育科学学院副教授。

① 《十九大报告全文》，新华网，http://sh.people.com.cn/n2/2018/0313/c134768 - 31338145. html，2018。

一　研究设计

（一）研究目的

本课题主要了解广州市少先队员志愿服务意识的培养现状，剖析其存在的问题及原因，探索家长、学校、社会等方面培养少先队员志愿服务意识的路径。

（二）研究方法

1. 问卷调查法

我们采取分层随机抽样的方式，目标总体为广州市 1256 所中小学（含民办），其中中学 363 所、小学 893 所。以这 1256 所中小学的所有少先队员、辅导员和家长为抽样调查的目标总体。抽样一级分层为市直属中小学（含民办）、11 个区（越秀区、白云区、海珠区、天河区、番禺区、黄埔区、荔湾区、南沙区、增城区、花都区、从化区）的中小学（含民办）。二级分层为广东省红领巾示范校、广州市红领巾示范校和非示范校。按学段分层，分为小学低年级（一至三年级）、小学高年级（四至六年级）以及初中一、二年级。选取市直属中小学，以及 11 个区的 31 所中小学的小学二年级、五年级和初中一年级的少先队员及家长、大队辅导员、中队辅导员作为样本（见表1）。

表 1　少先队员志愿服务意识调查对象一览

调查对象	项目	类别	人数	百分比
少先队员	学校	11 个区及市直属中小学	3445	100%
	年级	二年级	1297	37.6%
		五年级	1337	38.8%
		初一	811	23.5%
	性别	男	1764	51.2%
		女	1681	48.8%

续表

调查对象	项目	类别	人数	百分比
家长	地区	11 个区及市直属中小学	3619	100%
	孩子所在年级	二年级	1492	41.2%
		五年级	1272	35.1%
		初一	855	23.6%
	与孩子的关系	父亲	915	25.3%
		母亲	2664	73.6%
		祖父母	14	0.4%
		其他	26	0.7%
辅导员	地区	11 个区及市直属中小学	127	100%
	孩子所在年级	二年级	43	33.9%
		五年级	54	42.5%
		初一	30	23.6%
	职位	大队辅导员	33	26.0%
		中队辅导员	94	74.0%

此次调查采用问卷星，共回收少先队员问卷 3589 份，去除 144 份无效问卷，有效问卷为 3445 份，有效率达 96.0%；辅导员问卷共 127 份，其中有效问卷 127 份，有效率达 100%；家长问卷共 3886 份，删除 267 份无效问卷，有效问卷为 3619 份，有效率达 93.1%。最后，运用 SPSS 对调查结果进行相关分析。

2. 访谈法

我们对广州市团委学少部、广州市团校和广州志愿者学院培训部的相关领导及中小学大队辅导员进行访谈，了解如何开展少先队志愿服务活动、开展活动中遇到的问题及未来展望。具体如表 2 所示。

二 调查结果

（一）广州市少先队志愿服务活动的组织情况

1. 各种类型活动开展得不均衡

目前，在广州市开展的少先队志愿服务活动中，"环境保护"类占据榜首，"社区援助"类、"社区服务"类分别居第二、第三位，"应急服务"类居末位（见图1）。尽管各类志愿服务活动都有所涉及，但是存在不均衡问题。

表2 访谈实施记录

访谈对象			访谈时间	访谈方式
单位	职务	代码		
广州市团委	学少部副部长（挂职）	ZL	2019年10月31日	半结构化访谈 个别访谈
广州市团校	培训部领导	H	2019年10月31日	
广州志愿者学院	培训部领导	ZB	2019年10月31日	
广州市九十七中学	少先队大队辅导员	GWY	2019年11月21日	
广州市文德路小学	少先队大队辅导员	LNS	2019年10月22日	
广州市基立道小学	少先队大队辅导员	TYM	2019年11月22日	

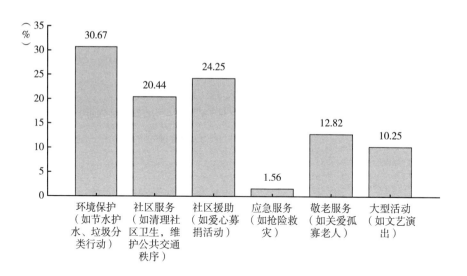

图1 少先队志愿服务活动类型

2.各学校组织活动的频次存在较大差距

数据显示，最近一学年广州市少先队辅导员带队1~2次的占49.5%，3~4次的占20.5%，0次、5次及以上的均占15%（见表3）。总体来看，不同学校的辅导员组织志愿服务活动的频次也存在差别。

表3　最近一学年少先队辅导员组织志愿服务活动的情况

次数	有效的百分比	累计百分比
0	15.0%	15.0%
1~2次	49.5%	64.5%
3~4次	20.5%	85.0%
5次及以上	15.0%	100.0%
总计	100.0%	

3. 培训活动开展得不充分

在关于培训活动组织情况的调查中，只有48%的辅导员能保证每次活动开展前都会组织培训。如图2所示，主要由辅导员对少先队员进行活动开展前教育的，占34.01%；其次是由专业的指导人员进行培训，占28.20%。可见，辅导员及专业的指导人员是志愿服务培训的主要力量。其中，安全教育是培训活动最关注的内容（见图3）。

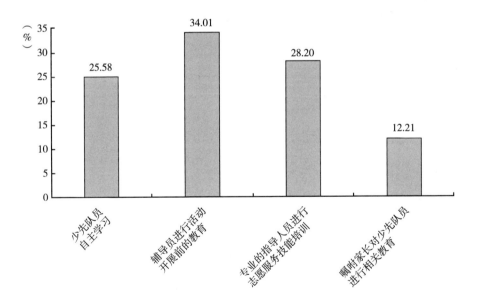

图2　少先队志愿服务活动开展前的培训方式

4. 缺乏组织活动的主动性

38.6%的辅导员表示，之所以组织志愿活动，完全是出于学校或上级

245

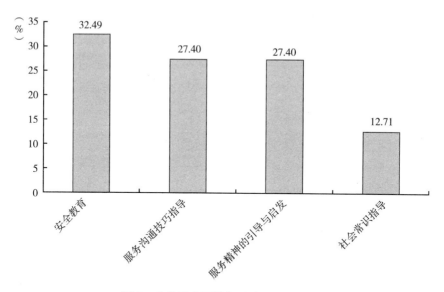

图3 少先队志愿服务活动的培训内容

部门的要求。一方面，这说明志愿服务活动受到相关部门重视，但另一方面也说明，辅导员自身对志愿活动的组织缺乏主动性。

（二）少先队员志愿服务意识的发展现状

1. 参与度有待提高

问卷调查显示，51.5%的少先队员最近一年参加过1~2次志愿服务活动；而29.8%少先队员则没参加过（见表4）。部分学校近一学年没有组织志愿服务活动，志愿服务活动的普及范围有限。

表4 最近一年少先队员参与志愿服务活动的情况

次数	有效百分比	累计百分比
0	29.8%	29.8%
1~2次	51.5%	81.3%
3~4次	13.0%	94.3%
5次及以上	5.7%	100.0%
总计	100.0%	

2. 志愿精神亟待加强

少先队员的志愿精神水平一般。大部分少先队员表示，参加志愿服务活动是因为学校的硬性要求。这说明少先队员参与志愿服务活动的意愿不强烈。

3. 同理心潜藏于识

调查显示，广州市少先队员普遍具有良好的同理心，其中59.3%的少先队员表示非常愿意关心和帮助有困难的人，但队委与其他队员之间同理心存在差异。

4. 合作意识水平较高

少先队员已经具备很好的合作意识。在少先队员问卷"在参加志愿服务活动的过程中，我会积极主动地与他人合作"一题中，59%的受访者选择"完全符合"，29.1%的受访者选择"比较符合"，选择不符合的少先队员仅占2.3%（见表5）。但队委与其他队员之间也同样存在差异。

5. 奉献精神初步具备

关于参与志愿服务活动的作用，35.51%的少先队员认为可以锻炼各方面的能力，33.64%的少先队员认为能增长见识，29.68%的少先队员认为能实现自我价值。此外，68.6%的少先队员比较期望获得精神方面的奖励。这说明少先队员参加活动主要不是为了得到相关的物质奖励，更多是为了获得精神满足和能力提升。

表5　少先队员在志愿服务活动中有合作意识的情况

选项	人数	有效百分比	累计百分比
完全符合	2032	59.0%	59.0%
比较符合	1001	29.1%	88.1%
一般	331	9.6%	97.7%
不太符合	38	1.1%	98.8%
完全不符合	43	1.2%	100.0%
总计	3445	100.0%	

6. 对社会角色的认知较明晰

针对"作为一名社会成员参与志愿服务"的说法，选择符合的少先队员共占98.1%，可见少先队员有较高的社会认知水平。但不同职务的少先队员之间社会角色认知水平也存在显著差异。同时，不同性别的少先队员的社会角色认知也存在差异（见表6），男生对社会角色的认知高于女生。

7. 社会责任认同渐入人心

对于"维护学校、社区的文明秩序及环境卫生是我们的责任"的说法，选择完全符合的队员占比达到70.7%，选择不符合的队员仅占1.6%（见表7），可见队员已有了一定的社会责任认知。

表6　不同性别少先队员的社会角色认知差异

性别	人数	平均数	标准偏差	显著性（双尾）
男	1764	1.5119	0.80228	0.024
女	1681	1.4521	0.74658	0.024

表7　少先队员认同"维护学校、社区的文明秩序及环境卫生是我们的责任"的情况

选项	人数	有效百分比	累计百分比
完全符合	2436	70.7%	70.7%
比较符合	720	20.9%	91.6%
一般	234	6.8%	98.4%
不太符合	23	0.7%	99.1%
完全不符合	32	0.9%	100.0%
总计	3445	100.0%	

8. 社会参与的自觉程度较理想

调查显示，97.8%的少先队员希望学校多开展志愿服务活动。但少先队员的社会参与自觉程度存在年级差异，二年级少先队员的自觉程度最高，初一年级的自觉程度最低。

三　少先队员志愿服务意识存在问题的原因分析

（一）个人层面

1. 外力因素影响少先队员参与志愿服务活动的积极性

总体上看，少先队员已经意识到作为社会的一分子，参与志愿服务活动有助于提升自我的社会能力、增长见识，实现自我的社会价值。同时，我们也发现，存在很多影响少先队员参与积极性的外部因素。首先是学业负担重，除了正常的上课，还有各种兴趣班和补习班，占用大量时间。这些与参加志愿服务的时间产生冲突。其次是没有获得足够的支持，包括家长、辅导员以及学校的精神和行动支持，以及开展部分志愿服务活动必需的资金支持。最后是受到天气等不可抗力影响。在室外举行志愿服务活动，尤其需要考虑天气因素。若突然的恶劣天气导致既定的志愿服务活动无法如期举行，会影响少先队员对活动的期待。

2. 个人性格及能力影响少先队员参与的效能感

少先队员参与社会志愿服务活动，对个人综合能力具有一定要求。若不具备良好的执行力、合作能力、解决问题的能力、强大的心理素质、积极乐观的心态等，会直接影响少先队员参与志愿服务活动的体验感，进而影响效能感。当遭遇困难时，10.6% 的少先队员会选择忍气吞声；2.2% 的少先队员选择中途退出，并从心理层面对志愿服务活动产生抵触；38.5% 的少先队员会主动寻求解决问题的办法或者向他人求助，习得更多随机应变的能力与技能。参加活动也需要消耗体力，身体素质不好的少先队员会感觉劳累，从身体层面抵触。在活动中获得愉快的积极体验的少先队员，会产生强烈的成就感，期待参与更多类似的志愿服务活动。而获得消极体验的少先队员，一般难以接受活动产生的挫败感，参与活动的动力就会减少。

（二）家庭层面

家长对少先队员的安全有顾虑。少先队员还处在中学或小学阶段，虽然有了一定的自我意识和主见，但处事还不成熟，很多重要的决策还要依靠父母的分析和支持。我们通过访谈发现，许多家长认可志愿服务活动的意义和价值，但对安全有顾虑，特别是对处于小学阶段的少先队员参与校外志愿服务活动是否安全感到担忧。

（三）学校层面

各地区的学校资源不平衡。学校在志愿服务中占据着主导地位，大队部是志愿服务活动的发起者，也是志愿服务活动的推进者。从整体上看，广州市中小学志愿服务活动的组织情况良好，各学校在开展志愿服务时也注意挖掘文化内涵，借助政府部门的力量因地制宜、因势利导、就近就便，这就使得某些经济较为落后或文化资源相对贫瘠的地区，志愿服务活动的资源较为贫乏。

（四）领导部门层面

1. 缺乏专门的领导机构

当前开展的志愿服务活动，多是学校领导接到上级教育部门的指令，然后下达给大中队辅导员，由辅导员自行组织和筹划。不同区域、不同学校的辅导员在志愿服务活动组织方面的专业化水平有差异，不可避免地会出现为完成工作任务而流于形式的现象。除此之外，因没有专门的监管体系、评价体系、规范化标准等，少先队员志愿服务活动的效果无法得到及时准确的评估和反馈。

2. 缺乏专业的培训机制

首先，学校和领导部门极少安排专门的培训课程，辅导员大都通过自学了解志愿服务的相关知识，缺乏系统学习的机会和条件。其次，少先队员在从事志愿服务活动之前缺乏系统全面的培训，对活动的意义、动机、流程，活动中突发事件的处理、安全注意事项、活动后反思等了解不足。这些直接影响少先队员参与活动的效果和效能感，活动的舆论宣传效果也会大打折扣。

四 少先队员志愿服务意识培养的路径与方法

志愿服务活动之于少先队员的教育价值不言而喻，是否拥有志愿服务意识是考察少先队员品德的重要方面。但当前少先队员志愿服务意识的培养机制尚不成熟，有必要凝聚教育部门、少先队大队、家长以及少先队员自身等群体的力量，以促使少先队员真正树立志愿服务意识。

（一）少先队大队层面

1. 设计志愿服务活动

（1）确定主题。志愿服务活动的主题可从以下渠道获得：①上级部门的工作安排，即政策文件；②时事和社会热点；③少先队代表大会中的提案。

（2）寻找资源。资源的获取可从以下方面入手：①社工；②街道办；③社会志愿服务组织；④家长委员会。

（3）确定形式。志愿服务活动可分为校内活动和校外活动。调查显示，少先队员对志愿服务活动充满期待，希望学校能够开展更多符合自身兴趣的志愿服务活动。因此，活动的类型与形式应充分征询少先队员的意见，开展符合少先队员兴趣的活动，扩大其参与范围。

2. 实施志愿服务活动

（1）活动前动员、培训。首先，宣传动员可通过红领巾广播站、红领巾电视台、公众号等方式进行，吸引少先队员们自愿参与志愿服务活动。其次，活动开展前可通过讲解、主题培训、情景模拟等方式向少先队员传授志愿服务方面的知识、技能、社交方法等内容。此外，除了辅导员，还可邀请校外专业人士或家长进行培训，也可以发挥队委的作用。

（2）活动中由少先队员自主组织。活动过程中要充分发挥少先队员的自主性，以兴趣爱好为前提，由其自愿选择要参加的活动。如在参与垃圾分类志愿活动时，少先队员应参与活动的全过程，担当宣传者、观察者及践行者，对垃圾分类应如何进行宣传、监督并分配任务，都由队员自己讨论决定。

（3）活动后总结回顾。活动后的总结与回顾经常会被组织者忽视和省略，实际上，通过志愿服务活动对少先队员进行思想引领和政治启蒙，总结与回顾的环节至关重要。可举办分享会，由少先队大队辅导员就队员的分享进行引导，提升活动的价值高度。少先队员还可以撰写活动总结，将参与活动的所思所感通过官网、公众号或红领巾广播站发布，为以后的志愿活动组织打下良好基础。

3. 对志愿服务活动的评价

目前，无论是对少先队志愿服务活动本身，还是对参与活动的少先队员都没有成体系的评价标准。虽然参与志愿服务的少先队员们在"i志愿"这一平台上注册为志愿者后便可通过记录参与志愿活动时长来评优评先，但对志愿服务的质性评价仍是待拓的荒地。

（1）队员自评。队员自评是反映少先队员参与志愿服务的动机和自我体验的重要渠道，同时反映了队员在参与志愿服务过程中的成长。队员自评主要通过口头陈述和书面形式开展。

（2）队员互评。互评是加强集体凝聚力的一种方式。在参与志愿服务的过程中，学会正确评价、接纳和肯定他人，也是提升少先队员社会适应能力的必修课。

（3）辅导员与家长的他评。少先队员对辅导员和家长有较大的依赖性，辅导员和家长对少先队员有直接的引导作用。辅导员和家长可通过记录少先队员参加活动时的风采来表达对少先队员的赞许与支持。

（二）领导部门层面

1. 完善工作机制，抓好统筹协调

一是设置专门机构，加大宣传力度，提供必要保障。缺乏少先队志愿服务的专门机构是志愿服务活动规范化亟待解决的关键一环。设置专门机构，

意味着少先队志愿服务接受统一领导，可以将更多专业人士吸纳到整个志愿服务体系中，这能促进志愿服务活动的前期宣传、中期开展、后期评估体系的完善。此外，要吸收更多社会资源，加强资源共享，为开展少先队志愿服务活动拓展渠道和平台。

二是领导部门要重视少先队志愿服务活动，为其提供良好的支持。一般来说，领导部门主要是在统筹、管理和指导等层面开展工作。因此，可以建立相应的工作小组，完善工作机制，组织、协调相关资源，为少先队员开展志愿服务活动提供必要的保障和帮助。

2. 构建培训体系，进行专业精准指导

少先队的志愿服务应当纳入市团校、志愿者学院的培训项目体系中，接受市团校、志愿者学院的培训和指导，从而提升少先队员在志愿服务中各方面的能力，提高其参与志愿服务的水平。

3. 创新评价方式，发挥激励作用

领导部门可以充分发挥评估和激励作用，对少先队员参与志愿服务的评价方式进行创新，精准评价、全面评价，并给予相应的表彰和激励，从而使少先队员愿意参加志愿服务、热爱志愿服务。

4. 打造品牌项目，营造社会氛围

有些少先队员参与志愿服务活动的积极性不高，很大一部分原因来自家长。有一些家长尽管知道参加志愿服务活动是不错的事，但就是没有意愿和动力让自己的孩子去参加活动。可见，加强对少先队志愿服务的宣传、营造良好的社会氛围非常重要。应推动建立由文明办牵头，民政、工会、共青团、妇联、科协、残联、红十字会和老龄办、青协等职能部门共同参加的志愿服务活动协调小组，整合资源、凝聚力量，形成党政各部门、社会各方面分工负责、齐抓共管的领导体制和工作机制。

（三）少先队员自身层面

1. 正确定位志愿服务，使理想信念升华

首先，少先队员应正确定位志愿服务，客观看待志愿服务中自我与他人之间的关系。志愿服务具有公益性和无偿性，通常情况下会被理解为完全的利他活动。其次，少先队员们在志愿服务过程中还丰富了自身的阅历和经验，提升了自身的综合素质，得到精神上的满足，因此，志愿服务在本质上具有"互助性"。少先队员们应正确看待志愿服务，体会助人也是自助、乐人亦是乐己，在服务社会的过程中实现自身价值、升华自身的理想信念，促进自身全面发展。

2. 树立现代志愿服务理念，增强利他精神和社会责任感

应培养少先队员树立现代志愿服务理念，即"志愿服务不完全是慈善性的活动，应更多地体现公民的社会责任，强调社会义务的履行和公民权利的行使"①。参与志愿服务有利于培养少年儿童的利他精神、社会责任感与公民意识，有利于增强少年儿童的观点采择能力、合作意识和奉献精神，使少年儿童认识到自己处于社会大环境之中，明确自身的角色定位。少先队员的志愿服务理念应从"服务他人——我应该做"转变为"社会责任——我要做"②，在参与志愿服务的过程中不断增强对社会责任的认同，最终形成参与的自觉。

3. 以社会主义核心价值观为引领，提升志愿服务的积极性

2013年，中共中央办公厅印发的《关于培育和践行社会主义核心价值观的意见》要求："深化学雷锋志愿服务活动，大力弘扬雷锋精神，广泛开展形式多样的学雷锋实践活动，采取措施推动学雷锋活动常态化。以城乡社区为重点，以相互关爱、服务社会为主题，围绕扶贫济困、应急救援、大型活动、环境保护等方面，组织开展各类形式的志愿服务活动，形成我为人人、人人为我的社会风气。"③ 2016年，中宣部、中央文明办召开全国学雷锋志愿服务工作推进会，强调"要深入学习贯彻习近平系列重要讲话精神，以培育和践行社会主义核心价值观为根本，学习

---

① 周东立：《我国志愿服务的发展及其价值研究》，首都师范大学硕士学位论文，2008。
② 周燕：《大学生社区志愿服务的问题及对策研究》，南京工业大学硕士学位论文，2014。
③ 中共中央办公厅印发《关于培育和践行社会主义核心价值观的意见》，人民网，http：// politics. people. cn/n/2013/1224/c1001_ 23925470. html，2013。

传承雷锋精神，弘扬志愿精神，倡导有困难找志愿者，有时间做志愿者"①。少先队员应坚持以社会主义核心价值观为引领，明确社会主义核心价值观对引领社会主流思潮的导向功能。少先队员通过志愿服务活动服务他人、奉献社会体现了爱国主义的深刻精神内涵，友善在志愿服务活动中体现为尊重他人、与人为善、乐善好施，敬业体现了干一行爱一行，对自己负责、对他人负责的意识，"诚信是志愿服务过程中进行人际交往和合作的关键所在，所以一个合格的志愿者也必定是一个爱国者、敬业者、诚信者、友善者"②。

4. 加强主动服务和主动学习能力，积极投身于实践

《少先队改革方案》也提出，"充分尊重少先队员的自主性，锻炼培养少先队员的自主能力"③。少先队员首先应该通过主动学习提升自身的知识面和素养，运用理论指导实践，这样才能积极应对志愿服务过程中不断出现的问题和挑战。少先队员作为志愿者，是志愿服务的主人，应积极投身实践，从简单基础的服务做起，通过阅历的丰富和经验的增长，继而参与到创新型的志愿服务中。"今天，他们是志愿服务的'预备队'，日后就会成为志愿服务的'生力军'。"④ 少先队员要在改造客观世界的过程中不断改造主观世界，不断提升自身的精神境界。

① 《全国学雷锋志愿服务工作推进会强调：深入开展学雷锋志愿服务推动国民素质和社会文明程度显著提高》，中国政府网，http://www.gov.cn/xinwen/2016 - 02/26/content_ 5046772.htm，2016。

② 刘梦迪：《大学生志愿服务的德育功能研究》，西安理工大学硕士学位论文，2019。

③ 《少先队改革方案》，新华网，http://www.17jiaoyu.com/bangzhu/anli/201705/20170508112411_ 305030.html，2017。

④ 付涛：《培养小学高年级学生志愿服务意识的行动研究》，上海师范大学硕士学位论文，2012。

广州市少先队辅导员队伍
专业化建设调研报告

练庆伟　韩　彪*

摘　要： 少先队辅导员是少先队工作中的重要力量。为推进广州市少先队辅导员工作的改革创新，不断提高少年儿童和少先队工作的专业化、科学化、规范化建设，我们特开展"广州少先队辅导员专业化建设"课题调查研究。调查发现，广州市少先队辅导员工作基础扎实，少先队活动质量不断提升，少先队辅导员队伍建设稳步推进，但少先队辅导员的专业化水平仍然有较大的提升空间。广州市少先队辅导员的专业化建设已经有了较好的条件和基础，为了让广州市的少先队工作始终走在全国的前列，需要围绕提升辅导员的专业化水平这条主线，进一步加强专业化环境建设，提升主体的专业化水平，落实专业化保障，不断推进少先队辅导员专业化建设向纵深发展。

关键词： 少先队辅导员　专业化建设　双线晋升

"青年兴则国家兴，青年强则国家强。"为了深入贯彻落实党中央的重要指示和精神，贯彻共青团中央、教育部、全国少工委联合刊发的《少先

＊ 练庆伟，博士，华南农业大学马克思主义学院副教授、教研室主任；韩彪，中山大学马克思主义学院博士后、特聘副研究员。

队改革方案》的精神，落实《广东少先队改革实施方案》的工作要求，以及习近平总书记对广东提出的"四个走在全国前列"的重要指示，我们开展了"广州少先队辅导员专业化建设"的调研。

少先队辅导员的专业化、职业化一直是教育实践中的焦点问题，也受到学术界的广泛关注。教育学、社会学、政治学等学科都对少先队辅导员的专业化、职业化问题进行了深入研究，研究方向主要指向少年队辅导员在专业化、职业化实践中的问题，而未对顶层设计进行研究。本研究旨在坚持少先队作为中国特色社会主义事业战略预备队的基本定位和促进少年儿童全面发展的工作主线，围绕"立德树人"的根本任务，推进少先队辅导员工作的改革创新，使少先队辅导员更有获得感、更加专业化，进一步提高广州市少年儿童和少先队工作的科学化水平。

一 基本情况

（一）研究对象

本次课题的调查研究对象为广州市范围内中小学的少先队员与辅导员。

（二）研究方法

1. 问卷调查

根据课题组往年自制的《广州少先队工作调查问卷》，制作少先队员版和辅导员版两份问卷。

2. 座谈会

课题组先后赴荔湾区西关培正小学（凯粤湾校区）、广州一中（初中部）、海珠区的昌岗中路小学、越秀区少年宫和东山培正小学进行调研，调研涵盖了不同层级的学校，覆盖了城乡的不同区域。我们还对海珠区、越秀区和天河区少先队的总辅导员等做了深度访谈。

3. 观察法

根据研究需要和可行性原则，研究者对居住地学校以及调研学校的少先队工作、少先队员和少先队辅导员进行观察。对学校的观察，主要包括有无与少先队有关的元素、队室、相关课程等。对少先队员的观察，主要包括佩戴红领巾、参加少先队活动的情况等。对少先队辅导员的观察，主要针对中队辅导员、大队辅导员的工作等。

4. 文献分析

课题组还收集了与少先队辅导员相关的文献资料及与少先队工作相关的政策，并结合问卷调查与个案访谈进行对照分析。

（三）问卷调查情况

本次问卷调查采取非随机抽样方法，覆盖广州市各个区的各级各类学校。共回收问卷47527份，有效问卷达到99.08%。其中包括少先队员问卷39660份，约占全市少先队员总数的4%；辅导员问卷7867份，约占全市辅导员总数的30%（见图1~2）。

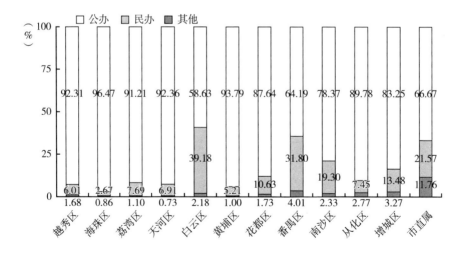

图1　各区参与问卷调查的少先队员构成情况

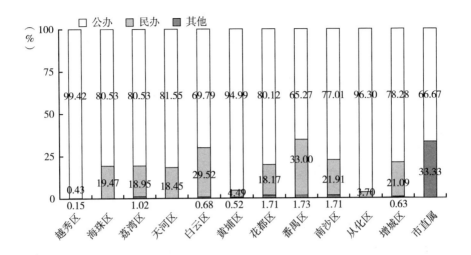

图2 各区参与问卷调查的辅导员构成情况

在填写问卷的少先队员构成中，有小学生38908人，占98.1%，初中生752人，占1.9%；在填写问卷的少先队辅导员构成中，小学辅导员有7461人，占94.84%，初中辅导员有406人，占5.16%（见表1~2）。

表1 少先队员样本分布情况

选项	人数	比例
小学	38908	98.1%
初中	752	1.9%
有效填写人数	39660	

表2 少先队辅导员样本分布情况

选项	人数	比例
小学	7461	94.84%
初中	406	5.16%
有效填写人数	7867	

二　调研发现

（一）广州市少先队工作的基本现状

1. 少先队员有比较强的组织认同感

认同感指少先队员对自己的成员身份的知悉和接受，具体表现为少先队员在组织中和受组织活动影响后形成了一种现实而具体的积极感受。少先队员的组织认同感影响到少先队员对少先队组织的亲近、参与、尊重和维护，影响到少先队员对少先队组织的满意度、归宿感、信赖感、自豪感和光荣感，进而影响到少先队员的世界观、人生观和价值观。调查表明，少先队员对少先队的光荣感、归宿感、自豪感呈现出非常积极的态势。

第一，从认知维度看，少先队员知道少先队组织，认识到自己是少先队组织的一员，明确自己在少先队组织中的位置。有88.96%的少先队员每天上学之前自己准备红领巾，有88.66%的少先队员认为玩捉迷藏时用红领巾当作蒙眼睛的道具是不正确的，有98.18%的少先队员认为队礼、呼号、宣誓等仪式是庄严神圣的。

第二，从情感和行动维度看，少年儿童乐于成为少先队的一员，在众多的角色中少先队员的身份具有凸显性，他们对组织有归宿感、责任感和光荣感。有86.97%的少先队员认同"我是少先队的小主人"的判断，有88.6%的少先队员认同"我在组织活动中发挥了自己的作用"的判断。这表明，少先队员对少先队组织有非常积极的情感，而且这种情感的倾向性也通过行动表现出来。当被问及"当学校开展少先队活动时，你会积极参加吗？"，有91.99%的少先队员回答"会积极参加"，而不会积极参加的少先队员只有1.53%（见图3）。这说明少先队员对少先队组织及其活动很有亲切感，参加的积极性和主动性都很强。同时，少先队员对同学参与活动的积极性也给予了非常积极的评价。74.74%的少先队员认为"绝大多数同学积极参与"（见图4）。这个结果和少先队员的自我评价基本一致，同时与辅导员对少先队员参与活动的积极性的评价也相吻合。当被问及"您所在学校的少先队员是否积极参加少先队活动?"时,有78.95%的辅导员认为少先队员参加活动是积极的。

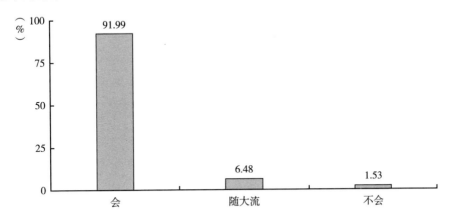

图3 少先队员参加少先队活动积极性的自我评价

2. 少先队活动质量明显提升

保证少先队活动时间是经常化、系统化、科学化落实少先队组织根本任务的重要保证,是中国特色社会主义教育体系的重要内容。调查显示,广州少先队活动质量高、效果好,有利于少年儿童养成良好的道德行为习惯,有利于其增强国家意识、科学意识、劳动意识、审美意识,有利于培养良好的心理素质。

第一,少先队活动阵地多样化、立体化。少先队活动阵地包括校园建设、环境卫生、娱乐条件等方面的硬件设施,也包括制度规范、组织结构、体制机制等方面的软件设施。本次调查发现,目前开展少先队活动的主要阵地是队室、广播站、橱窗、黑板报等。这些是非常有效的、成熟的阵地,也是经过实践长期检验的阵地。与此同时,体验活动、公益活动等参与性强的阵地也不断拓展。有42.06%的辅导员认为少先队员适合参加的活动是"体验活动";有超过50%的少先队员喜欢公益活动、纪念活动、竞赛活动、亲子活动。我们在访谈和观察中也发现,少先队阵地建设呈现出党委、政府、社会组织、社区、家庭、公众等立体多维、多元互补的格局,形成人人参与

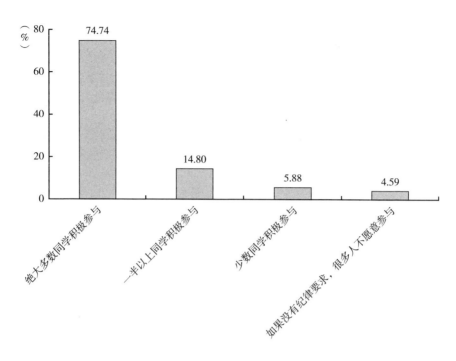

图4 少先队员对同学参加少先队活动积极性的评价

的局面。比如，坚持突破难点、带动全局的原则，把基层党建和基层团建结合起来，努力实现基层党建和基层少先队工作相结合，发挥基层党组织的战斗堡垒作用。又如，"主渠道"和"微循环"同频共振，形成学校—少年宫—社区—家庭的立体格局，突破了"少先队员走进社区"的局限，利用社区资源开展少先队活动，使少先队活动嵌入少先队员的日常生活。再如，建立家队合作平台，尤其是利用信息技术搭建网络家队互动支持平台，推动数字化、智能化和网络化建设。少先队工作的各个主体相互协同，共同做好少先队工作，形成人人尽责的局面。

第二，少先队活动的满意度需要提升。调查表明，少先队活动的开展比较稳定，只有19.52%的少先队员认为自己所在的中队"几乎没有活动"，11.33%的少先队员称所在的中队"两个月开展一次活动"。同时，活动的参与意愿、实际参与率以及参与的主动性、积极性和创造性等不断提升。调查显示，少先队员最喜欢参加的活动包括大队组织的活动、中队组织的活动、小队组织的活动、红领巾社团组织的活动等（见图5）。更值得欣喜的是，少先队员们参与活动不仅感到满意，而且得到收获。91.89%的少先队员"对上学期的少先队活动感到满意"。当被问及"学校开展的少先队活动，你有收获吗？"，只有2.35%的少先队员回答"没有收获"。从图6可以看到，少先队员参加纪念活动、参观访问、公益活动、主题活动、红领巾活动等收获都很大，这说明不同形式的活动都会收到很好的效果。

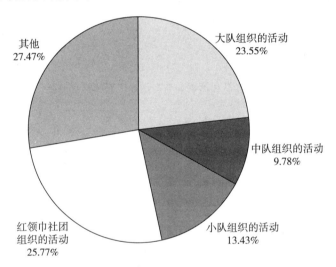

图5　少先队员最喜欢参加的活动

3. 少先队辅导员队伍建设态势良好

广州市少先队辅导员工作有非常扎实的基础，早在2013年就制定了《关于进一步加强我市少先队辅导员队伍建设的若干意见》（团穗字〔2013〕25号）。通过对《少先队改革方案》（中青联发〔2017〕3号）、《广东少先队改革实施方案》（团粤联发〔2017〕46号）和《关于进一步加强我市少先队辅导员队伍建设的若干意见》的比较（见表3）可以看到，广州少先队辅导员的政策文件具有很强的前瞻性，基本上涵盖了少先队辅导员改革的主要内容；而且具有可操作性，明确提出少先队辅导员工作的具体要求。

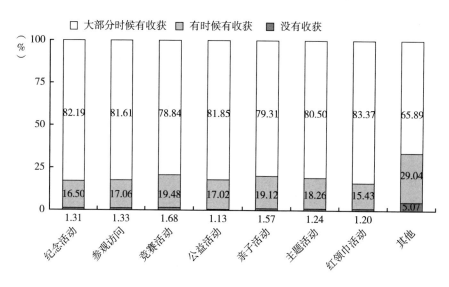

图 6　少先队员活动参与与活动收获的交叉分析

表 3　少先队辅导员政策比较简况

	《少先队改革方案》	《广东少先队改革实施方案》	《关于进一步加强我市少先队辅导员队伍建设的若干意见》
工作队伍	1. 构建"专业辅导员＋志愿辅导员"的基本工作队伍； 2. 建立各级总辅导员和中小学辅导员队伍； 3. 探索建立志愿辅导员注册管理、聘任培训和激励机制	1. 积极构建"专业辅导员＋志愿辅导员"的基本工作队伍； 2. 2017 年底前小学中学要全部设置大队辅导员岗位； 3. 探索建立志愿辅导员注册管理、聘任培训和激励机制	1. 小学和初中要设置大队辅导员； 2. 建立完善各级少先队总辅导员制度； 3. 建立各级少先队辅导员人才信息库，建立层级报批机制； 4. 建立和完善校外志愿辅导员制度
管理标准	1. 落实和完善总辅导员管理办法； 2. 制定少先队辅导员专业标准及考核标准	严格按照全国少工委制定的辅导员专业标准	1.《关于进一步加强我市少先队辅导员队伍建设的若干意见》 2.《广州市少先队辅导员培训计划》 3. "广州市少先队'名辅导员'培养计划"

续表

	《少先队改革方案》	《广东少先队改革实施方案》	《关于进一步加强我市少先队辅导员队伍建设的若干意见》
发展通道	1. 加强与高校等合作,不断完善专业发展,推进学科建设,办学术刊物; 2. 推进职称"双线晋升",建立健全少先队辅导员以"少先队活动"等参评职称	1. 加强与高校等合作,推进少先队相关学科建设,办学术刊物; 2. 推进职称"双线晋升",建立健全少先队辅导员以"少先队活动"等参评职称	1. 做好各级少先队辅导员职称职务评聘工作; 2. 探索学历提升; 3. 探索建立辅导员参加中小学教师评聘的专业科目
培训体系	1. 建立、命名各级培训基地; 2. 建立健全远程培训平台; 3. 全面实施全员培训; 4. 纳入团干部和教师培训体系	1. 全面实施辅导员全员培训,评选省级"优秀辅导员"必须参加地市以上培训并获得证书; 2. 推行辅导员"分级分层培训"模式,分为初、中、高三级	1. 加强对各级少先队辅导员的培训和培养; 2. 纳入师资培训体系和继续教育体系
荣誉激励	1. 建设各级少先队名师工作室,纳入优秀教师培养序列; 2. 落实中层管理人员职级待遇,并纳入后备干部培养; 3. 少先队工作纳入教师绩效考核和评比、表彰、奖励	1. 全面整合"十佳辅导员""优秀辅导员"等相关表彰奖项; 2. 落实中层管理人员职级待遇,并纳入后备干部培养; 3. 少先队工作纳入教师绩效考核和评比、表彰、奖励	1. 各级少先队辅导员工作计入工作量; 2. 少先队辅导员在少先队工作中获得的各种奖励和研究成果,与中小学教师在教学方面获得的奖励和研究成果同等对待
保障支持	1. 推动建立落实协调督导机制; 2. 保证少工委必要的工作经费; 3. 中小学校长要切实重视、支持少先队工作; 4. 建立和活跃辅导员之家; 5. 加强各级学会建设	1. 建立"网上辅导员之家",同步推广辅导员培训"网络公开课"; 2. 保证少工委必要的工作经费; 3. 大力推进各级少工委数据库建设; 4. 省级学会每年完成省级以上课题不少于2个	在政治、工作、学习、生活上更新、爱护和培养少先队辅导员

注:以上是课题组在学习文件基础上的简要梳理,仅供研究参考。

广州市少先队辅导员队伍建设的顶层设计推动了实践的健康发展。辅导员规模不断壮大、结构日趋优化,辅导员职业能力评价标准更加明确,辅导员队伍培训和研修力度不断加强，职业认同感进一步提升。截至 2017 年 12 月 31 日，广州市基本落实了大队辅导员的岗位设置，海珠区、白云区、增城区 100% 落实了大队辅导员的中层待遇，越秀区、天河区、番禺区的落实率也超过 50%，局属学校的落实率达到 100%（见表 4）。从本次调查看，少先队辅导员的队伍建设领导有力、制度规范，90.26% 的学校会听取少先队开展活动的汇报并对相关工作进行研究部署；辅导员队伍学历层次比较高，67.87% 的辅导员有大学本科以上学历；辅导员队伍相对稳定，从事三年以上辅导员工作的比例达到 69.7%；辅导员队伍可以接受多层面、多形式的培训，培训占比达到 87.61%。少先队辅导员队伍的健康发展也得到少先队员的积极回应，91.55% 的学生对"上学期的少先队辅导员工作感到满意"。

表 4　2017 年广州市少先队辅导员改革落实情况

单位：%

	越秀	海珠	荔湾	天河	白云	黄埔	花都	番禺	南沙	从化	增城	局属
大队辅导员设置占比	100	100	100	100	100	69.2	100	100	100	100	100	100
大队辅导员中层待遇占比	83.3	100	7	75	100	31.3	0.03	80.8	44.4	0	100	100

（二）存在的问题

1. 少先队辅导员队伍的结构合理性需要不断改善

辅导员的日常工作量大，开展少先队活动面对的问题多。但是，学校里的辅导员绝大多数都是兼职的，中队辅导员都是由班主任兼任，大队辅导员通常要兼任学校的其他重要职务，比如兼任班主任、校长/副校长、团组织干部、教导处主任/副主任，或者其他（负责后勤工作、总务工作等）（见表 5）。同时，大多数学校的大队辅导员是 30 岁左右的年轻教师，而中队辅导员中有相当的比例是 50 岁上下、有着丰富课堂经验的教师。

由 30 岁左右、充满活力的大队辅导员给老成的、50 岁上下的中队辅导员开会讲最新的少先队课程内容和最新会议精神，难免在传达效果会上大打折扣。

表5　少先队辅导员的兼职情况

选项	人数	比例
班主任	5968	75.86%
校长/副校长	33	0.42%
团组织干部	197	2.5%
教导处主任/副主任	140	1.78%
其他	867	11.02%
无	662	8.41%
有效填写人数	7867	

2. 少先队辅导员的专业素质有待提升

少先队辅导员主业繁重、辅业繁多，而且学科背景不同，大体分为语数外、思想政治、教育学、心理学、管理学、社会学、音体美及其他专业背景（见图7）。少先队辅导员应具备思想引领能力、组组管理能力、创新研究能力、文艺技能等，需要有较强的专业能力。但是，只有11.4%的少先队辅导员认为自己对辅导员需要掌握的技能"非常了解"，79.19%的人认为自己组织少先队活动时最欠缺的是"相关知识储备和少先队专业技能"，71.18%的人认为进修培训是提高少先队辅导员专业化水平的重要保障。当被问及"对上学期的少先队辅导员工作是否感到满意"时，少先队员回答"非常同意"的达52%。少先队辅导员专业素质的不断提升有利于提升少先队活动的吸引力，有利于提升少先队员对少先队组织的认同感，有利于提升少先队工作的实效性。

3. 少先队辅导员的获得感有待进一步提升

获得感突出体现在少先队辅导员对个人工作的喜爱，对与职业目标相关的理想环境的期待。当被问及"您对少先队辅导员职业的喜欢程度"

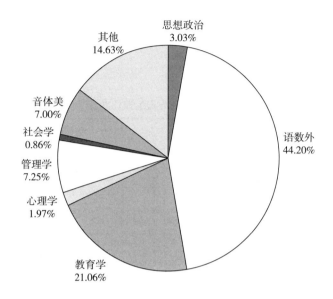

图7 少先队辅导员的专业背景

时，只有53.96%的人回答"喜欢"（见图8）。当被问及"您认为少先队辅导员职业在当今社会是否受到尊重"时，只有21.81%的人回答"很受尊重"。主要表现在：第一，工作待遇方面。辅导员的工作量比较大，有很多工作和活动是课后进行的。当被问及"您所在的学校是否将少先队工作纳入年底考评"时，有34.14%的辅导员回答是"完全义务"。从表4也可以看出，大队辅导员中层待遇的落实情况参差不齐，截至2017年底仍有6个区不超过50%，其中一个区占比为0。第二，荣誉奖励方面。55.1%的人认为荣誉是辅导员专业化的重要保障。我们在访谈中发现，对少先队辅导员获得的荣誉存在不同部门有不同的认可标准的问题，比如有些荣誉在教育系统不被认可，有些荣誉在职称评审时不被认可等。第三，职称评聘方面。职称的高低是对教师能力的最权威的评判，也是最大的认可。针对辅导员到目前为止还没有一条非常清晰的路径去解决其职称问题。职称评聘是本次调研中少先队辅导员们反映最强烈的问题之一。

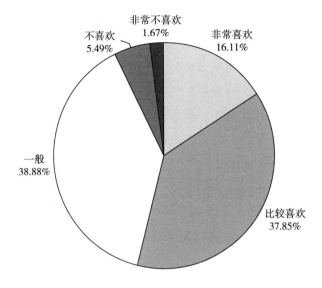

图8　少先队辅导员对工作的喜欢程度

三　原因分析

（一）少先队辅导员自身的原因

少先队辅导员专业化中存在的问题，首先和少先队辅导员自身的定位相关。少先队辅导员走上专业化道路，实现自我价值和人格完善，其主观能动性不容忽视。当前，少先队辅导员的自我发展意识、对工作机会的把握以及职业兴趣都需要得到更好的提升。

第一，自我发展意识需要提升。在访谈中我们发现，辅导员对其工作的抱怨比较多，总体上自主发展意识不强，缺乏促进自身专业水平提高的强大精神动力。突出表现为专业发展动力不足、目标模糊，甚至认为专业化是一种额外的负担。因此，少先队辅导员自我发展的积极性、主动性和创造性需要进一步提升。

第二，对工作机会把握的能力需要提升。很多少年队辅导员缺乏专业发展反思能力。大部分辅导员都是由专任教师兼职的，这样就容易淡化辅导员的职责和任务。有部分人甚至认为教师的责任是教书，承担辅导员的工作那是"不务正业"。事实上，育人的形式是多样的，课堂教学是育人，活动设计是育人，组织管理也是育。多数少先队辅导员只满足于完成少先队活动的日常事务性工作，缺乏专业研究能力，并没有花更多的心思在专业化研究能力的提升上。

第三，职业兴趣需要提升。部分辅导员错误地认为辅导员工作没有回报，从而工作兴趣不高。其实，工作的回报是多样的，少先队辅导员工作可以有物质的回报，也会有来自各级主管部门和社会的鼓励，最重要的是可以体会到与青少年共同成长的满足与幸福。

（二）外部原因

少先队辅导员在专业化发展中存在问题也有外部原因。

第一，各级各类学校受"成绩导向"影响。教育的目的是立德树人，但是实践中有些学校受成绩导向影响，不太重视少先队组织的活动。校领导的重视程度在很大程度上决定了少先队辅导员的重视程度，少先队辅导员的重视程度也决定着少先队活动开展的效果。

第二，政策层面缺乏对少先队辅导员成长的总体设计。比如，辅导员准入标准的规范化、职称评聘的科学化、培训进修的全程化、荣誉待遇的合理化等，都需要更加科学、规范、系统。又如，少先队辅导员工作涉及不同的主管部门，不同部门对政策的理解可能有差异，最终导致有些部署不能很好地得到落实。

第三，社会环境日趋复杂。当前，国外形势深刻变化，世界多极化、经济全球化、文化多样化、社会信息化，不同思想文化交流、交融、交锋，社会思潮多元、多样、多变，互联网、新传播迅速发展。一定程度上，少先队辅导员的专业化也受到现代复杂环境的影响。

四　对策建议

教育社会学学者 E. 霍伊尔（E. Hoyle）提出，专业化是一个职业群体经过一段时间后成功地满足某一专业职业标准的过程。它涉及两个一般是同时进行并可独立变化的过程，就是作为地位改善的专业化和作为专业发展、专业知识提高以及专业实践中技术改进的专业化。[①] 广州少先队辅导员专业化建设已经有很好的条件和基础，为了使这项工作始终走在全国前列，需要进一步加强专业化环境建设、提升主体的专业化水平和落实专业化支持保障措施，不断推进少先队辅导员专业化建设向纵深发展。

（一）加强专业化环境建设

1. 加强共青团与教育部门的协作

要做好少先队工作，必须坚持党的领导，在此基础上实现共青团和教育行政部门共建共治的体制机制。既要避免多头管理，也要避免无人管理。要建立常态化议事机制，团委和教育行政部门要以少工委为依托，定期研究少先队工作，重点解决少先队辅导员专业化的有关问题。每学期至少召开一次团组织、教育管理部门和校方代表参与的专题会议，研究少先队辅导员专业化的重点和难点工作。同时，要建立不定期的工作联系机制，加强少先队辅导员专业化重大决策和部署的沟通和协同。基层团组织要发挥直接联系青年、掌握信息的优势，就工作推进、项目实施中遇到的实际问题主动与教育行政部门沟通协调，并向上级团组织反映情况。

2. 完善学校少代会、少工委等的基础性工作

严格落实学校每学年召开一次少先队代表大会，保证少先队辅导员、自愿辅导员等一线代表占成人代表的60%以上，成人代表要广泛走访了解少先队队员、辅导员和家长等各方意见。加强少工委工作，市、区少工委来自基层单位的委员要占50%以上，每年至少召开一次主任会议。推动所有中小学成立由党政领导、大中队辅导员和志愿辅导员、家长代表等参加的学校少工委。通过努力，使少代会切实发挥身份认同、主体参与、工作规划等作用，少工委切实发挥重大决策、协调整合、工作推进等作用。

---

① 邓金主编《培格曼最新国际教师百科全书》，学苑出版社，1989，第542页。

3. 将少先队工作纳入学校年度考核指标体系

少先队工作是少年儿童教育引导的重要载体，是基础教育的重要组成部分，因此要大力推动少先队工作更好地纳入基础教育综合改革范畴。同时，在学校层面也要将少先队工作纳入基层党建、团建工作大格局，并纳入学校年度考核指标体系。建立校领导、大队辅导员、中队辅导员责任清单，促进学校各部门协同，从而更好地推动少先队工作健康发展，更好地推动少先队辅导员专业化进程。

4. 落实辅导员的岗位设置、待遇要求

按照中央、省、市有关文件精神，全面落实各层级辅导员的岗位设置及待遇要求，保障大队辅导员的学校中层管理人员职级待遇，并纳入后备干部培养。大队辅导员、中队辅导员从事少先队工作，要纳入教师绩效考核和评比表彰奖励。推动实现辅导员定编制、定岗位、定权责、定能力、定薪酬、定考核的目标。

5. 制定阶梯式辅导员专业技能标准

辅导员专业化程度不高，与辅导员的教育背景、岗位培训、实践历练紧密相关。这其中的关键问题是有关辅导员的专业技能标准不明晰。必须建立与辅导员实际工作相吻合的专业技能标准。按照目前总辅导员、大队辅导员、中队辅导员的格局，探索建立阶梯式专业技能标准，可以分为初级、中级和高级三个阶梯。初级技能标准对应中队辅导员的素质和能力要求；中级技能标准对应大队辅导员的素质和能力要求；高级技能标准则对应总辅导员的素质和能力要求。专业技能标准既是少先队辅导员的入职门槛，也是少先队辅导员素质提升的目标；既包括对少先队专业辅导员的相关规范，也包括对志愿辅导员的相关要求。

（二）提升主体的专业化水平

1. 建立辅导员岗位培训体系

要加强针对少先队辅导员的岗位适应性培训和岗位提升性培训，这是少先队工作规范化的必然要求，也是一线辅导员的迫切需求。

第一，建立并完善辅导员的分级分类培训。要建立校级、区级、市级培训体系。校级培训要加强全体教师对少先队工作的认识，区级培训要发挥小范围攻坚克难的"小快灵"团队优势，市级培训力争把长期困扰少先队辅导员工作的技术难点问题攻下来。还要建立和完善因材施教的培训格局。针对不同层次的辅导员，进行分层次培训；针对工作特点，采取专题化、系列化、长期化等不同培训形式。

第二，建立并完善辅导员培训教材、师资队伍和阵地。积极争取社会和教育资源，充分利用团、校的平台加强少先队辅导员教材编写，积极利用高校资源加强师资队伍建设，搭建不同层级的少先队辅导员培养平台。

2. 实行辅导员培训上岗制度

不论教育背景，不论工作经历，对初上岗或岗位得到晋级的辅导员，均应严格实行培训上岗制度。可先培训后上岗，也可规定上岗后一定期限内必须参加相应类别的培训。通过岗位培训使辅导员明确岗位的责、权、利，尽快适应岗位，增强对工作的认同感和归属感。岗前培训内容要遵循少先队辅导员的成长规律，通过专题授课、案例教学、情景模拟、主题讨论、视听教学、团队训练、工作沙龙等方式开展。

3. 落实辅导员职称"双线晋升"制度

"双线晋升"是指，从事少先队辅导员工作的教师，可选择按照少先队辅导员专业技术方向或教学学科专业技术方向参加职称评审。

第一，与相关部门协调，努力将"少先队活动"纳入中小学教师职称评审系列。

第二，中小学专职少先队辅导员，或以少先队活动为主要工作并兼任其他学科教学的教师，可按"少先队活动"科目申报，其兼任的其他学科教学工作及业绩一并纳入"少先队活动"科目评审范围。

第三，以学科教学为主、兼做少先队工作的教师，按主要任教学科申报，其所兼做的少先队活动工作及业绩一并纳入主要任教学科的评审范围。

4. 推动辅导员岗位相应学科建设

我国在2013年省级高等院校教育学一级学科之下设置了少年儿童组织与

思想意识教育。但由于中小学在招聘中没有设置少先队辅导员岗位和部分高校毕业生从事辅导员工作的意愿不高，相当多的硕士生并没有进入中小学。

第一，可以在二本院校以下学校设置定向就业的少年儿童组织与思想意识教育专业。

第二，可以为在职的少先队辅导员提供进修的平台。应努力与教育系统建立更加紧密的联系，积极探索在"马克思主义理论""社会学""教育学"等一级学科下设立"少先队辅导员专项计划"。通过专项计划鼓励少先队辅导员攻读本科、硕士、博士学位，提升学历，促进职业可持续发展。

（三）落实专业化支持保障措施

1. 加强少先队课题研究

协调相关部门，设立各级各类少先队辅导员专项课题，积极探索在团属的各级各类期刊中设立"少先队辅导员专栏"。少先队辅导员通过主持、参加相关课题研究，既可以解决专业技术职称提升的瓶颈问题，也能不断提升自己的专业素养。

2. 创新工作载体

积极推动"红领巾示范校"创建活动，带动全市少先队工作全面发展；建立完善"少先队名师工作室"动态评选机制，协调教育部门将"少先队名师工作室"纳入"德育名师工作室"；协同教育部门举办市级少先队辅导员活动课和技能大赛；建立完善市、区级"少先队辅导员导师团"，建立完善各级"少先队辅导员之家"。

3. 加强日常检查督导

督导是保证少先队辅导员工作专业化的有效手段，既可以给予学校和个人及时的工作指导，也可以增强学校和辅导员的工作动力。要积极推动教育局将少先队工作督查纳入中小学教育目标督导考核范畴，并定期开展联合督查，督查少先队工作的整体绩效、少先队辅导员的待遇落实情况、少先队辅导员的专业化培训落实情况等。

4. 理顺荣誉激励措施

协同教育行政部门，推动市级"少先队活动课学科带头人""优秀少先队辅导员"评选工作，推动少先队辅导员获得的各级团委（少工委）组织颁发的少先队工作荣誉证书、论文获奖证书与同级教育行政部门的奖项同等对待。

广州市海珠区"青年地带"驻校社会工作调查报告

海珠区青年地带驻校社工团队

摘　要： 为总结驻校社会工作十年来的工作经验，发现存在的问题，完善驻校社会工作，为推动共青团改革提出对策建议，2017年2月~10月，共青团广东省委权益部、共青团广州市海珠区委员会、广东省青少年事业研究与发展中心组成课题组，采用文献研究、问卷调查和实地访谈相结合的方式，对海珠区"青年地带"驻校社会工作开展专题调研。调研结果显示，驻校社会工作者完善和增强了青少年成长的社会支持系统，是共青团助力创新会治理的重要抓手；驻校社会工作改进和提升了学校德育教育的水平，扩大了共青团在青少年中的组织和工作覆盖。同时，海珠区的"驻校社工"服务在专业化、职业化、工作磨合、考核评估及资源链接等方面也存在问题。此次调研验证了驻校社会工作"1+1+1"运作模式的有效性，主张继续沿用"1+1+1"运作模式的基本框架，并根据中央最新文件精神加以完善。

关键词： 驻校社会工作　德育教育　共青团改革

一　调研基本情况

建设青少年事务社会工作专业人才队伍，关注青少年的成长需求，提供专业化服务,是当前共青团改革的重点之一。2016 年 8 月中共中央办公厅发布的《共青团中央改革方案》提出,建立"团干部 + 社工 + 青年志愿者"队伍,充实基层工作力量,努力实现"到 2020 年初步建立 20 万人的青少年事务社会工作专业人才队伍",到 2025 年建成 30 万人的青少年事务社会工作专业人才队伍的目标,全面参与基层社区社会工作,重点在青少年成长发展、权益维护、犯罪预防等领域发挥作用。《中长期青年发展规划(2016—2025 年)》将青少年事务社会工作专业人才队伍建设工程列为促进青年发展的十大重点项目之一。《广东共青团改革方案》提出,2020 年之前全省建设规模约 2 万人的青少年事务社会工作者队伍。可见,加快推进青少年事务社会工作,是共青团改革的必然要求,推行这项工作不仅可以解决基层团组织缺人的问题,也可以提高共青团工作的专业化水平,还符合党和政府的社会治理改革方向,是打通联系、服务青年"最后一公里"的有效路径。

"驻校社工"作为青少年事务社会工作的一种形式,指长期驻扎在学校的社会工作者,以在校学生为主要服务对象,以学生需求为起点,通过专业的社会工作方法,帮助学生解决各种成长问题和困惑,在青少年成长发展、权益维护、犯罪预防等领域发挥作用。2007 年,广州区海珠区将专业社会工作引入学校,是国内最早开展驻校社会工作的地区之一。为总结驻校社会工作十年来的工作经验,发现存在的问题,完善驻校社会工作,为推动共青团改革提出对策建议,2017 年 2 ~ 10 月,共青团广东省委权益与社会工作部、共青团海珠区委员会、广东省青少年事业研究与发展中心组成课题组,就海珠区"青年地带"驻校社会工作开展专题调研。

本次调研采用文献研究(含公开发表的历史文献和驻校社工站、社工机构的工作档案文献)、问卷调查和实地访谈相结合的方式。问卷调查分三部分——小学、初中、高中独立设计抽样方案。考虑到目前海珠区驻校社会工作主要在初中开展,因此将其作为问卷调查的主体部分,以海珠区12 所开展驻校社会工作的中学为抽样总体,采用整群抽样的方法随机抽取了 8 所中学的 24 个班级,发出问卷 1000 份,回收有效问卷 842 份,有效回收率为 84.2%。针对小学和高中,同样采用整群抽样的方法随机抽取了

4所小学的8个班级（其中每所小学五年级和六年级分别抽取1个班级）、3所高中的9个班级（每所高中高一至高三年级各抽1个班级）。其中，针对小学的调查发出问卷330份，回收有效问卷326份，有效回收率为98.8%；针对高中的调查发出问卷350份，回收有效问卷313份，有效回收率为89.4%。需要特别说明的是，考虑到小学开展驻校社会工作的巨大潜力和不断增长的现实需求，以及小学、初中和高中阶段青少年群体成长的阶段性特征和外部成长环境方面的巨大差异，用一篇报告将这三部分青少年群体融合在一起分析并不太合理。因此，本报告的分析主要以小学和初中的定性定量数据资料为基础，基本没有使用高中部分的数据资料。我们实地调研走访海珠区开展驻校社会工作的14所学校（2所小学和12所中学）和2家社工机构，共召开14场学校教师管理人员座谈会（参加人员有学校的主要领导、德育主任、团队工作负责人和驻校社会工作者等）和2场社会工作者集体座谈会，参与座谈和接受访谈的约有100人次。[1] 在上述调研资料的基础上，形成本调研报告。

二 海珠区"青年地带"驻校社会工作的基本状况

（一）海珠区中小学生成长中的突出需求

1. 缓解学习压力的需求

日趋激烈的人才竞争使压力逐渐传递到低龄人群，再加上家庭和学校"重成绩"的教育方式，不少学生承受了较大的学习压力。调研结果显示，52.7%的中小学生认为学习负担重并受到影响，7.3%的学生认为受到极重影响，其中小学生占1.2%，中学生占6.1%。总的来说，中学生承受的学习压力要比小学生更大，但无论初中还是小学，学习压力过大造成的影响都

---

[1] 访谈资料编号中，js代表教师，sg代表社工，gg代表团干部，jz代表家长，学校名称用拼音代码表示。

不容忽视。

调研结果显示,这种压力无论在重点学校还是一般学校都是普遍存在的,无论成绩好的还是差的学生都认为学习压力重并受到一定影响,其中排在第 11~20 名(即处于中上游)的学生承受的学习压力最大(见图 1)。

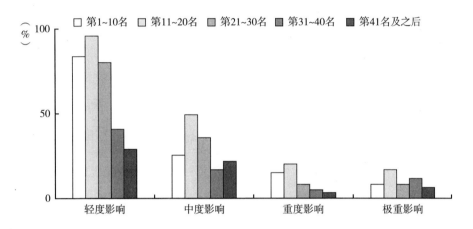

图1　学生受到成绩排名与学校压力的影响

正如在调研中教师所说:"学习成绩差的学生有学习压力,想取得好成绩;成绩好的学生同样也有学习压力,想要考重点高中和大学,想考得更好。"(ltzx – js01)中小学生的学习压力一方面来自对自己的要求,另一方面也来源于老师和家长的高期望。有 57.8% 的学生认为家庭给自己施加了学习压力,其中 8.8% 的学生认为这些压力对自己的学习和生活产生了严重影响。调研中也有驻校社会工作者指出:"主要原因在于父母对孩子有过高期望,希望孩子排班级前几名,虽然这些学生也很努力,可还是难以达到家长的期望,因此产生焦虑和紧张。"(xxb – sg01)

中小学生学习压力过大,主要表现为厌学、考试焦虑、自卑等。其中,厌学包括有厌学情绪、态度和行为,经常逃课、旷课的学生普遍都厌学,这类学生往往容易成为"问题青少年"。

厌学是学生有不良行为的开端,因为厌学就不会好好上课,经常搞

点儿事，把精力放到其他地方，或结交社会上的不良青少年，最终走向歧途。（klzx – js01）

2. 摆脱校园欺凌的需求

近年来，校园欺凌事件频发引发了社会的广泛关注，这也成为一个不能回避和忽视的社会问题。2016 年 4 月，国务院教育督导委员会办公室向各地印发了《关于开展校园欺凌专项治理的通知》，要求"各中小学校针对发生在学生之间，蓄意或恶意通过肢体、语言及网络等手段，实施欺负、侮辱造成伤害的校园欺凌进行专项治理"。专项治理的范围和力度之大可谓罕见。可见，校园欺凌极大地危害了青少年的身心健康，以及家庭、学校和社会的和谐稳定，必须进行有效防治。

从调研的情况看，34.7% 的学生承认其认识的人里有遭受过校园欺凌或校园暴力的，其中 4.2% 的学生认为情况严重。27.1% 的学生承认自身曾遭受过校园欺凌。其中，言语欺凌占 23.6%，肢体欺凌占 5.8%，网络欺凌占 4.5%，社交欺凌占 2.5%，敲诈勒索占 1.3%，性欺凌占 1.0%。

可见，言语欺凌最常见。据学生反映，主要表现为嘲笑辱骂、背地里说坏话、取外号等，这给学生心理带来不良影响（7% 的学生认为受人歧视、冷遇给自己造成了严重影响）。其他欺凌形式虽然占比不高，但是侵犯性更强、破坏性更大、影响更为严重，必须坚决予以制止。

从问卷结果来看，针对"若你遭受欺凌，首选的解决措施是什么？"的问题，占前三位的选择分别是"告知父母或家人"（31.8%）、"告知老师或学校领导"（9%）和"告知朋友或其他同学"（8.4%）。另外，值得注意的是，7.4% 的学生选择默默忍受，这无疑会使欺凌加剧并严重影响学生的身心健康。虽然选择"告知父母或家人"的比例最高，但选择默默忍受的也不在少数，这就需要老师家长们有一双"慧眼"，洞察一切、及时发现，避免欺凌的发生（见图 2）。

3. 解决青春期困惑的需求

我们一般把十一二岁至十四五岁这一阶段称为"青春期"，小学高年级

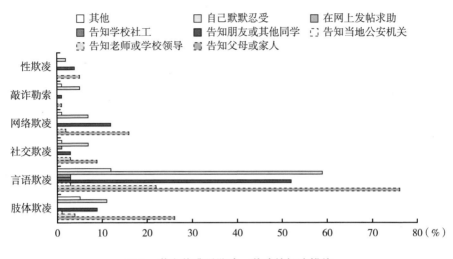

图2　学生若遭受欺凌，首选的解决措施

学生和初中生正处在这个时期，不少人亦称其为"叛逆期"，有学者将这一时期称为"处在人生的十字路口"。这一时期是青少年成长的过渡期，生理上的逐渐发育成熟、独立意识的增强使他们产生"成人感"，希望得到他人认同并彰显自身价值，但其认知水平、思维方式等都还处于半成熟状态，因此容易导致自我认知与客观现实之间的矛盾，这是青春期最为突出的特征。其中包括独立性与依赖性的矛盾、成人感与幼稚感的矛盾、开放性与封闭性的矛盾、自制性与冲动性的矛盾等，这些成长不平衡中产生的矛盾容易导致心理冲突。另外，处于青春期的学生心理较敏感，很容易受到他人及环境影响，情绪波动较大，而且两极化特征明显，容易走极端，因此也有学者把青春期称为青少年成长的"危机期"。调研中有教师指出，"青春期困惑"是学生成长中的突出问题：

　　我认为学生成长中突出的问题还是成长过程中产生的一些困惑。他们到了初中会有自己的想法，对这个世界也有不同的认识。在小学时，还是感觉这个社会很美好，但是上了初中以后，接触的范围更广，也会看到社会上不好的现象。这也就会导致学生在心理上产生矛盾和冲突。

（lczx－js01）

这个年龄段的孩子，在大脑形成方面还不是很成熟，但也有一些孩子早熟一点儿，想问题会多一些，思维上比较敏感和复杂，可能学生自己没有意识到，包括家长也没有意识到。如果这些学生思想上的困惑没有得到有效疏导，就很容易出现一些问题。（98zx－js01）

"青春期困惑"很可能影响学生的情绪，有一部分人会出现认识方面的偏差，还可能导致行动方面的偏差，严重的会引发青少年问题。

青春期的学生除了在情绪方面更具敏感性和冲动性外，还有一个重要特征，那就是性意识的萌动。此时学生开始关注自身形象，关注自己留给异性的印象，对性问题感兴趣，对异性产生好感，也容易导致男女学生之间交往过密。在现实中，家庭性教育的缺位、学校性教育的匮乏，使青春期学生很容易受到网络不良信息的诱导，身心健康受到影响和伤害。因此，家长和老师需要更多地了解青春期孩子的心理特点和成长历程，学会尊重和理解孩子，做孩子迷茫时的引领者和陪伴者。

4. 表现自我和获得认可的需求

处于青春期的中学生，个人意识凸显，渴望通过他人的认可来彰显自身的价值。受社会环境等因素影响，部分家庭环境优越的青少年以"炫富"的方式来营造自我优越感，这对学生的价值观产生不良影响。另外，在调研中我们了解到，部分中学生因缺乏"炫耀"资本（家庭条件、学习成绩等）、不受老师同学重视而感到自卑，学校又没有合适的多样化活动给予他们表现自我的平台，使他们无法获得自我认同感。这种无力感和郁闷情绪使他们把精力转而投向其他地方。少部分青少年为表现自我，把偏离主流价值观的行为甚至不良行为作为炫耀的资本，有学者把这定义为"炫坏"①，即故意以另类的方式来寻求关注、获得满足感。在访谈中时，也有老师和社会

---

① 涂桂梅、张锐：《青少年学生的"炫坏"行为及教育引导》，《教学与管理》2015年第28期。

工作者反映了这一问题：

> 让老师比较头疼的就是学生的抽烟情况。为什么抽烟？有一部分学生在学业、体育上都不拔尖，他可能通过这种很另类的方法、我们禁止的方式去表现他自己。他不是真的想抽那支烟，而是要告诉旁边的人，我敢在学校里抽烟，我能够抽一支烟。他们一般在学校附近抽，这样老师、同学才能看到，就是要告诉大家我多么有型。这种情况男生、女生都有。（41zx－js01）

> 我们工作中接触到一个实例：一位学生有自残的情况，严重到手臂都是血淋淋的割痕。我们深入挖掘了解到，这个学生平时与家长沟通少，总觉得父母不爱自己，其他人也不关心自己，很伤心，没有办法排解自己的情绪，就从网络上、社会上学到这样的"经验"，用自残来排解情绪，想通过伤害自己来让家长和老师关注。更糟糕的是，他们班里有三四个学生也效仿她，以此来引起老师的注意。（klzx－sg01）

现实中，学生的这种寻求关注的另类行为都有一定的消极性、破坏性影响，对学生的健康成长非常不利，有些甚至具有较强的攻击性和破坏性，可能表现为欺凌、自残和自杀等恶性事件。这就需要对学生采取正确的价值引导，为学生提供发挥自身价值的平台，满足其获得认可的正常需求。

5. 改善家庭教育的需求

海珠区"青年地带"项目实施学校有一部分是农民工子女学校，这类学校的学生相对来说家庭基础较为薄弱，学生的成长需求也更为强烈。从调研结果来看，存在父母素质不高、单亲家庭多、流动青少年多、家庭教育缺位等问题。从统计结果看，这类学校一半以上的学生的家长是初中或高中（含中专）学历，接近80%的学生的家长是本科以下学历。而且，家庭内部父母双方几乎都在同一学历水平上，这就导致学生的家庭教育条件相对薄弱。同时，学生父母的学历水平一定程度上也限制了其职业选择，大部分学生的父母（29.7%的父亲和23.9%的母亲）都是个体工商户，有6.7%的父亲和17.2%的母亲处于失业状态（见图3）。总的来看，客观条件的限制导致家庭教育的不足。

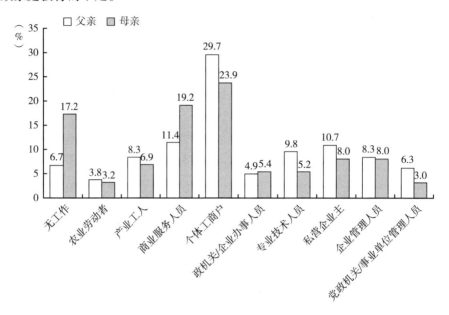

图3 农民工子女学校学生父母的职业情况

不容忽视的是，中小学生父母离异问题也比较突出。从问卷结果来看，父母离异的学生占4.9%，父母分居的有2%。但在实地调研中，父母离异的学生比例远远高于此，有些班级甚至达到1/4，这无疑会对孩子的学习、生活等多方面都造成消极影响。一方面是家庭结构的变化，仅仅一方抚养或多或少都会导致部分关爱和教育缺失；另一方面是单亲家庭往往涉及经济、情感等纠纷，这容易对孩子的心理健康状况造成不良影响。

我们学校初二有个学生，初一成绩都是班上前十名，到了初二成绩大跌。我们了解原因发现，是他父母离婚了，他跟着爸爸生活，妈妈一星期见一次。糟糕的是见面后，爸爸说妈妈的不是，妈妈说爸爸的不是，这个家庭的价值观就扭曲了，这导致孩子在学业和与别人相处上都出现了很大的问题。（41zx－js02）

现在学生中单亲家庭特别多。我们初一年级有个班，他们班十来个学生是离异家庭：一个班54人，将近1/4是离异家庭。就是一个班级，这个数字我也很害怕。这会导致父母对小孩的关爱严重缺失的问题。从老家过来的那些孩子也缺少父爱、母爱，这在班里也占很大一部分。我认为，我们学校的学生很大一部分心理问题都来自家庭。（klzx－js02）

普通家庭中父母教育的缺位也是导致部分中小学生身心不健康发展的重要因素。尤其是在外来务工人员组成的家庭中，这种缺位现象普遍存在。调查显示，大部分学生（60.8%）跟母亲相处的时间较多，16%的学生与父亲相处的时间较多，22.2%的学生与祖辈相处密切。

在当前城乡发展变革时期，城市环境的复杂性、生活条件、父母的工作压力等都给学生教育带来许多不利影响。尤其是在民办中学中，留守儿童和隔代教育等问题更为突出。在调研组的实地访谈中，几乎所有学校老师都提出家庭教育"缺位"的问题。

家庭教育是孩子健康成长成才中的重要一环，其作用是学校教育和社会教育不能替代的。父母的言传身教对孩子的影响往往是潜移默化而又根深蒂固的，父母如果忽视了对孩子的家庭教育，会造成其人格塑造、习惯养成、学习态度等方面的偏差，从而不能健康地成长和发展。

6. 改善与同伴交往的需求

青春期是学生个体社会化的重要时期，这一时期同辈影响更为突出。原因在于：首先，身心的快速发展使青少年心理上产生不安和焦躁，他们需要与同样处于青春期的同伴交流和倾诉，通过同伴间的共鸣来缓解不安或得到认同；其次，青少年独立性增强，对父母和教师的依赖性减弱，群体意识也越发凸显，同伴交往成为青少年人际交往的主体，良好的同伴关系成为青少年身心健康发展中的重要一环。

中小学生在学习、生活、心理健康等各个方面都离不开人际交往。人际交往可以说是中小学生成长中的重要内容。不少中小学生人际关系处理能力较差，考虑问题过多从自己的角度出发，以自我为中心。原因一方面在于，现在的中小学生大部分都是独生子女，在家就是"小皇帝""小公主"，受到长辈们的溺爱；另一方面在于，家庭、学校对学生人际关系的培养和教育也不够重视，甚至对正常的异性同伴交往存在误解，这容易让学生表现出偏执、固执、任性和脆弱的一面。可以说，人际交往问题与在中小学生中普遍存在的情绪控制、校园适应、行为偏差等问题紧密相关。因此在学校开展团康活动，让学生在团体活动中学会尊重他人，提高学生的人际交往能力，对帮助其健康成长、成才具有重要意义。

> 学生平时暴露出来的问题主要是人际交往，这个问题跟社工站沟通过，所以才出现团康合作，星期六、星期天开展活动。出现人际交往问题，一个是学生可能自我为中心比较强一点儿，第二个就是有一点儿偏激，偏激也是在以自我为中心的前提下的偏激，就是情绪化比较强，我想干嘛就一定要干，如果不行就比较暴躁。所以我们社工站针对人际交往开展了一些活动。（xyzx－sg01）

问卷结果显示，45.8%的中小学生在有心事时最愿意向同学和朋友倾诉，远高于向父母（15.7%）和老师（1.4%）倾诉的比例（见图4）。可见，中小学生与同伴交往的需求比较强烈，同伴对其心理健康成长的影响也较为突出。

中小学生的同伴交往既包括同性交往，也包括异性交往。处于青春期的学生，生理差异显现，性别意识增强，会对异性产生好奇或好感。从问卷结果来看，与同伴发生纠纷会对学生的心理产生一定影响（见图5）。目前，学生的异性交往存在两种不良的偏差：一是惧怕与异性交往，把与异性交往视为病态；二是与异性有过于亲密的交往，过早陷入早恋泥潭。这两种现象对中小学生的正常同伴交往的影响都是消极的。虽然从调研的情况来看，中小学生中出现异性排斥或早恋的情况较少，但是我们对其正常的异性交往仍然需要予以积极正面的引导。

总的来说，绝大部分中小学生对自己与同伴间的人际关系比较满意，只

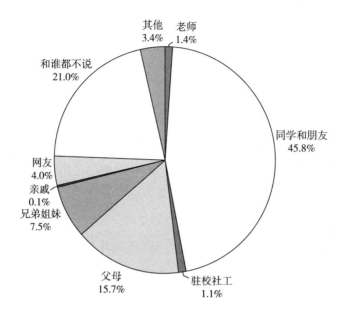

图4　学生若有心事,最愿意向谁倾诉

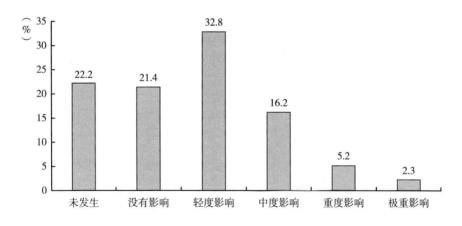

图5　与同伴发生纠纷对学生的影响程度

有4.5%的学生表示不满意或很不满意。此外,不少学生(24.7%)认为与同伴的关系处于"不好说"的模糊阶段,这也值得我们去关注和引导。

同伴交往对中小学生个体社会化需要的满足、自我意识的发展和心理压力的疏导等都起着重要作用。但必须注意的是,中小学生的同伴交往多是自发形成的，部分学生缺乏甄别和判断能力，可能会结交学校或社会上的不良青少年，从而影响其自身的健康成长和发展。这就需要家长和老师等对学生的同伴交往予以足够重视，引导孩子树立正确的交友观和价值观，避免误入歧途。

7. 丰富课外生活的需求

学生的课外生活也被看作教育内容的重要组成部分。健康向上的课外生活，不仅能帮助学生舒缓压力、增长见识，培养学生的综合素质和能力，而且对学生行为习惯的养成、人格的塑造、精神的磨砺等也具有不可低估的积极作用，是青少年健康成长成才中的重要一环。在调研中我们发现，分别有39.3%的学生和32.6%的学生在课余时间复习、做作业和参加课外补习班，这也折射出学生面临较大的学习压力；40.5%的学生选择玩游戏或看电视；31.5%的学生选择和同学手机聊天；34%的学生发展兴趣爱好；26%的学生进行体育运动（见图6）。可见，中小学生的课余生活比较单调，室内休闲占很大一部分，社会实践方面相对薄弱。

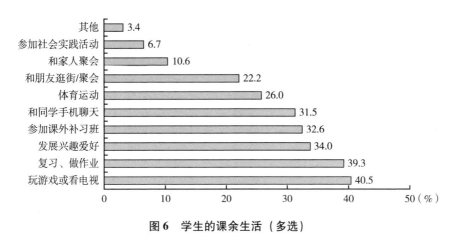

图6　学生的课余生活（多选）

从学生的满意度来看，63.2%的学生对课余生活感到满意或非常满意，12.6%的学生表示不满意，在各类课余活动中学生的满意度大体相同。但值得注意的是，大部分学生的课余生活具有盲目性和自发性，封闭性的休闲娱乐占很大一部分，旨在发掘潜力、提高自身能力的团体和实践活动较少。可见，对学生的课余生活仍需要给予正确而有意义的引导，发挥其应有的价值和作用。

8. 防范沉迷游戏的需求

随着智能手机的普及，尽管学校明令禁止携带手机，但还是无法避免中小学生在校接触和使用智能手机。近年来，中小学生沉迷于手机游戏的报道屡见报端，对学生的身心发展产生了严重不良影响，成为社会热点问题，受到社会各界广泛关注。此次调研中受访的绝大部分中小学生（85.7%）都有手机。71%的学生玩手机游戏，其中22.2%的学生手机里有三款以上手机游戏。从问卷结果来看，15.5%的中小学生平时花在手机游戏上的时间超过1小时，其中5.2%的学生平均每天玩手机游戏超过2小时。（见图7）可见，学生沉迷手机游戏的现象比较严重，需要予以及时有效的规范和引导。

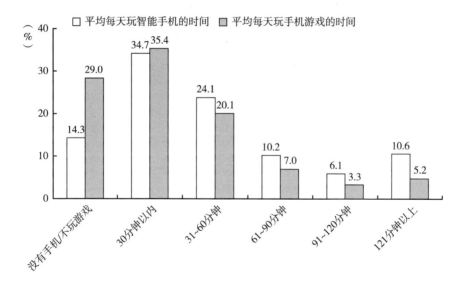

图7 学生每天玩智能手机和手机游戏的情况

同时，4.2%的学生每年用于手机游戏的支出超过600元，这也折射出一些学生家长对学生玩手机游戏的纵容，缺乏对学生消费的管制，这无疑会对其消费观和金钱观产生不利影响。

9. 社会融入的需求

伴随着我国城市化进程的快速推进，越来越多的人口流向大城市，流动形式也由个人移动向举家迁移转变。越来越多的孩子随父母来到陌生的大城市生活和就读，但因为政策等原因，他们的户籍仍在老家，因而成为所谓的"流动青少年"。广州是人口和经济大省，也是流动人口聚集最多的城市之一，外来务工、经商人员众多，因此随迁子女占很大的比例。海珠区作为广州市的传统工业区，改革开放后工业大规模发展，吸引了众多外来人口。海珠区经济转型后第三产业占绝大部分比重，原本的外来务工人员转而从事服务业，因此在这些城市边缘地区形成了所谓的城乡接合部，外来务工人员子女在这些地区随父母生活。在此次课题的调查对象中，47.3%的中小学生是非广州户籍，有些民办学校的外来务工人员子女甚至占到99%，可见在海珠区中小学中流动青少年数量不少。流动青少年的社会融入是其身心健康发展的根本，是促进社会安定的前提，也是构建和谐社会的重要内容，因此必须予以重视和解决。

> 流动青少年中来自粤东、粤西、湖南、湖北地区的多一点儿。他们的家长综合素质一般不高，生存压力大。他们没有时间，甚至也根本不懂得教育孩子。我们这里一大部分学生都有一个特点：因为父母在广州打工，这批孩子小的时候在家里跟老人家一起生活，隔代教育；到了小学高年级和初中后，孩子大了，家里老人管不了了，父母就带到身边来，给他们找学校。我们这里很大一部分孩子是这样，从小缺乏父母的教育，基本上是爷爷、奶奶惯出来的。所以我们就特别且有必要获得社工站的帮助。（klzx - js03）

流动青少年包括两种类型。一种是从小在大城市长大，一直在城市随父母生活和就读，这类学生相对来说能更好地适应和融入城市的生活和学习。另一种是小时候留在老家和祖辈一起生活，直到长大后才被父母接到城市就读，这部分青少年经历了从"留守儿童"到"流动青少年"的转变，面对陌生的环境很容易出现适应不良，也容易产生很多问题。不少青少年在留守阶段积累了很多成长问题，包括厌学、情绪化、有行为偏差或心理障碍问题等。这些问题等到流动阶段再矫治特别困难,更何况到了流动阶段又面临新的自我身份认同、归属感、学校适应、学业对接等问题,这无疑使流动青少年的身心健康迎来巨大挑战。一旦没有协调和解决好,这部分青少年身上很可能出现各种问题甚至会走向犯罪,因此家庭、学校、社区等各界都要给予他们特别的关心,为他们营造健康良好的社会环境,帮助"流动青少年"积极融入城市社会。

(二)海珠区"青年地带"驻校社会工作的重点服务群体

海珠区是广州市传统"老三区"(越秀、荔湾、海珠)之一,并且是其中面积最大、人口最多的一个区,中小学生数量仅次于教育强区越秀区。在广州城市发展史上,海珠区一直是传统"老三区"中发展相对比较慢的,带有边缘工业区和城乡接合部的特点。历史上曾有"宁要河北一张床,不要河南一套房"之说,"河南"指的就是珠江之南的海珠区。改革开放以后,海珠区迎来重大的发展机遇,旧城改造、城市化和大量外来人口的涌入使海珠区的社会结构发生了巨大的变化,青少年人口的构成更加复杂,需求多元化。调查发现,在海珠区中小学生中,以下五类青少年群体[①]面临的成长需求最为突出,应该成为海珠区驻校社会工作服务的重点群体,在工作中给予特别的关注。

1. 流动青少年

中小学"流动青少年"是指户籍不在广州市的中小学借读生,他们是"流动青少年"的主体。"流动青少年"是城乡富余劳动力外出务工、经商发展到一定历史阶段的产物。在1992年之前,城乡富余劳动力外出务工、经商多被视为一种季节性或临时性的职业变动。因为不是永久性的职业规划,所以一般不会携带家属,尤其是未成年子女。所以那个时候只有"留守儿童",很少有流动青少年。1992年邓小平南方谈话是个转折点。对一些人来说,外出务工、经商不再是季节性或临时性的职业变动了,而是永久性

---

① 这个分类不是严谨的学术分类,是在实际工作中总结提炼出来的,为了方便理解。

的，所以就要考虑带家属包括子女，这时就开始大量出现所谓的"流动青少年"。到现在，第一代流动青少年已经走向社会了，驻校社会工作者中就有不少人曾经有过"留守儿童"和"流动青少年"的双重经历。目前，广州市"流动青少年"数量非常庞大。根据 2016 年广州市教育局的统计数据，广州市中小学（不含职高）的在校生有 147.2 万人，其中，"本地级市外学生数"① （即中小学"流动青少年"）有 62.7 万人（不含职高学生），占 42.6%；海珠区中小学（不含职高）在校生有 12.9 万人，其中"本地级市外学生数"（即中小学"流动青少年"）有 4.9 万人（不含职高学生），占 38.0%。② 因此可以说，"流动青少年"已经接近广州中小学生总数的一半，是广州共青团和青少年工作的重要对象群体。"流动青少年"在各年级的分布特征是：年级越低，占比越高。在广州市，"流动青少年"在小学、初中和高中的占比分别是 48.2%、39.1% 和 17.3%；而在海珠区，占比分别是 42.1%、33.9% 和 20.2%。海珠区"流动青少年"的总数和占比虽然比不上花都、番禺、白云、天河等区，但"流动青少年"成长需求中的突出特征是一样的。

2. 单亲家庭青少年

广州是高离婚率城市。国家民政部的统计显示，中国离婚率最高的十大城市中，广州排名第四。2016 年广州离婚率达到 35%，次于北京、上海、深圳。③ 据广州市民政局统计，由于离婚、丧偶、未婚先孕等原因，广州每年新增单亲家庭超过 1 万户。广州市南沙区东涌镇非常典型，该镇由原东涌镇、鱼窝头镇、灵山镇西樵村合并而成，总人口有 19 万多人。该镇户籍登记在册的单亲特困（低保）母亲家庭有 130 多户，其中有 18 岁以下未成年子女的单亲特困（低保）母亲家庭有 60 多户；加上低收入单亲母亲家庭、未申报为困难家庭的单亲母亲家庭和单亲父亲家庭以及工友（"新广州人"）

---

① "本地级市外学生数"是指户籍不在学校所在的地级市的学生数。
② 《2016 广州市教育统计手册》，http：//www. gzedu. gov. cn/gov/GZ04/201705/t20170522 _ 36504. html。
③ http：//dy. 163. com/v2/article/detail/CIQSF2BL05259NBC. html。

单亲家庭，在东涌镇居住的单亲家庭将近 1000 户。[1] 本次问卷调查数据显示，海珠区中小学生中单亲家庭占比为 8.3%（如果一个班按 40 人计算，则平均每个班有 3.3 名学生来自单亲家庭）。数据进一步显示，单亲家庭在小学生中占比为 5.2%，在初中生中占比为 9.4%，在高中生中占比为 8.7%，总体上显示出年级越高单亲家庭越多的特点。单亲家庭对子女的成长带来不良影响。有关调查显示，单亲家庭中 90% 以上是母亲与子女同住。随着时光流逝，母子关系愈加恶化。[2] 广州多个家庭综合服务中心的求助个案显示，八成单亲家庭正面临亲子危机。广州星空社会工作发展中心调研显示，接近四成的单亲妈妈家庭年收入不足 2 万元，处于低保边缘，抚养和赡养压力较大。在人际支持方面，单亲妈妈比单亲爸爸面临更大的压力。单亲妈妈的社会支持网络正日渐萎缩，因丧偶或离异与夫家缺少联系，社会支持主要来自娘家，也多居住在娘家。如果是外来媳妇而丧偶，背后的支持网络就更小。[3]

3. "后进生"

"后进生"是指智力正常，没有生活和学习技能方面的缺陷，因后天因素测验成绩长期低于平均水平或最低标准，或者经常违反学校行为规范的学生。"后进生"分为三类，即"纪律型后进生"、"学习型后进生"和"双后进生"。[4] "纪律型后进生"性格活泼开朗，精力充沛，号召力强，喜欢郊游、体育、游戏等一些耗费体力的活动，对坐在教室里安静读书、用脑的活动却很排斥，甚至为了表现自己喜欢干一些冒险的事，常常不能自觉遵守学校纪律或课堂纪律。"学习型后进生"虽然有着令人羡慕的才华，在学校设置的主体课程上也十分努力，却收效甚微，学习成绩不理想。"双后进生"则表现得极其默然，封闭在自我的世界当中，外界活动似乎与其无关，不参加任何活动，每天就是进教室坐下上课，然后下课放学，没有额外的其他活动。

---

[1] http://news.163.com/13/0613/07/917UNLFE00014AED.html。
[2] http://news.sina.com.cn/s/2004-05-21/22112593769s.shtml。
[3] http://news.163.com/13/0613/07/917UNLFE00014AED.html。
[4] 崔文焕：《学校教育中"后进生"的形成原因探究》，陕西师范大学硕士学位论文，2015。

几乎每所中小学、每个班级都有一定数量的"后进生"。对"后进生"的教育和转化，常常成为教师非常繁重的一项工作。一些研究认为，转化"后进生"必须改变传统的以唯一标准来划分等级的教育观念，教育评价要从单一的评价标准转变为多元的评价标准。除了运用一些量化的手段外，还应加入质性的评价，要对学生进行观察、与其交谈，广泛收集学生各方面的信息，进行解析论证，建立一种定量和定性相结合的综合评价方式。平等地对待每一位学生，用发展、全面的眼光看待学生。社会工作的工作方法和"后进生"教育转化的要求是很契合的，可见，社会工作者在教育、转化"后进生"工作领域具有一定的专业优势。

4. 贫困家庭青少年

在我国城镇中，社会结构转型、经济体制转轨、产业结构调整、国有企业改革等社会性因素引发了"新贫困人口"的出现。海珠区是广州国有企业聚集的传统老工业区，多年来，一些企业经过一轮轮的搬迁、重组、拍卖或破产，留下大量退休、下岗、失业人员。海珠区又是传统的商贸集散地和城乡接合部，外来务工、经商人口集中，星罗棋布的"城中村"成为外来人员的密集聚集区，这些特点决定了海珠区城市贫困家庭的比例比较高。

城市贫困家庭主要可以分为以下几类：一是流动人口家庭，由外来务工人员组成，绝大多数为临时工；二是下岗失业工人家庭，处于非就业状态，因国企重组、轻重工业转出、工厂裁员等，他们丢失了自己的工作；三是由于残疾、重病、单亲等原因致贫的家庭，就业状况最差，绝大部分没有工作。贫困家庭中的青少年在成长过程中也面临诸多困难。一是吃穿方面，据调查，他们的食物以蔬菜为主，荤菜一个星期两三次，有的连一次也保证不了。大多数青少年添置新衣服的间隔在一年以上。二是医疗、心理健康方面，部分青少年因为家庭贫困未参加医疗保险。在他们生病时，也有相当一部分家庭因为经济贫困而拖延给孩子看病。在心理健康方面，贫困导致他们的自豪感和外显自尊心低于城市普通家庭的孩子，往往会陷入社会交往的困境。三是教育方面，青少年的教育支出对贫困家庭来说是沉重的家庭负担，虽然他们接受义务教育的机会和其他青少年是一样的，但是在教育质量上还是有差距的。他们往往没有能力支付额外的游学、补习班以及家教的费用，家庭居住条件较差，甚至没有基本的学习场所。

5. 残疾青少年

残疾分为视力残疾、听力残疾、言语残疾、肢体残疾、智力残疾、精神残疾和多重残疾几大类。2006 年，第二次残疾人口抽样调查数据显示，残疾青少年占全国总残疾人口的比例高达 6.75%。[①] 在残疾青少年中，肢体残疾以三级（33.8%）、四级（44.4%）轻度残疾为主，多重、听力、言语残疾中则一级残疾占比最高（分别为 30.2%、16.2% 和 7.9%），智力残疾以二级（25.4%）、三级（25.0%）残疾为主，精神残疾以二级残疾为主（22.4%），视力残疾以一级（14.4%）、四级（20.8%）残疾为主。[②] 2016 年的统计数据显示，海珠区小学、初中特殊教育在校生（残疾青少年）有 333 人，其中在普通小学、初中随班就读的残疾青少年有 155 人。[③] 随班就读的残疾青少年一般多为视力、听力、智力三类残疾。残疾青少年在认识环境以及独立生活、行动、学习等方面体会到普通青少年所没有的特殊苦难。一般说来，根据国家的政策安排，三类残疾青少年在普通中小学随班就读，在集体正常环境下更有利于康复和融入社会。然而，普通中小学一般没有配备相应的特教资源，这也给学校、家庭带来很大的教育和陪伴压力。残疾青少年虽然人数不多，但是学校和老师的工作量非常大，工作要求非常高，非常具有挑战性。对于这种学生，需要社会工作者的辅导和介入，以减轻学校和家庭的压力。

（三）海珠区"青年地带"驻校社会工作的服务成效

海珠区驻校社会工作在嵌入学校工作的历程中，服务党政中心工作，帮

---

① 王紫玥：《社会工作介入残疾青少年生命教育的优势体现和实现困境研究》，《科研》2016 年第 8 期。
② 汪永涛：《残疾青少年发展状况研究——残疾青少年的康复发展状况研究》，《中国青年研究》2015 年第 4 期。
③ 《2016 广州市教育统计手册》，http：//www. gzedu. gov. cn/gov/GZ04/201705/t20170522_36504. html。

助共青团团结和凝聚青少年，满足青少年成长的多样化需求。这些服务工作又具有一定的专业性、独特性和不可替代性，是现有教育体制下学校教育、家庭教育和社会教育难以做到的，得到学校、家长、青少年学生和社会各界较高的认可和肯定。在实施驻校社会工作的学校，初步形成了重视青少年事务社会工作和培养社会工作专业人才的氛围。问卷调查显示，63.3%的学生认为学校有必要设立驻校社工站，69.3%的学生对驻校社会工作者举办的活动表示满意。海珠区驻校社会工作的服务成效表现在以下几个方面。

1. 完善了青少年成长的社会支持系统

20世纪70年代，拉施克提出社会支持理论，认为个体所拥有的社会支持对其环境适应行为具有重要的影响，社会支持网络越强大，就越能够更好地应对来自环境的各种挑战。社会学家李强（1998）认为，社会支持是一个人通过社会联系所获得的减轻心理应激、缓解紧张状态、提高社会适应能力的影响。其中，社会联系指来自家庭成员、亲友、同事、团体、组织和社区等的精神上和物质上的支持和帮助。社会支持对社会成员尤其是对青少年的成长与发展有着重要影响，大多数青少年学生在遇到心理困扰或心理问题时是希望获得外部帮助的。一个人拥有的社会支持网络越强大，就越能更好地应对来自环境的各种挑战。长期以来，青少年的传统社会支持通常来自四个方面——家庭、社区、学校和友伴。来自家庭和友伴的社会支持是青少年主要的社会支持，而有着专业能力的辅导教师和有着专业教育背景的教师则并未发挥出应有的作用。驻校社会工作者在一定程度上弥补了这一缺位，使得青少年成长的社会支持系统进一步完善。驻校社工站与街道的家庭综合服务中心、"青年地带"社区站在时间上和空间上相互错开，实现了社会工作者对青少年较全面的覆盖。青少年需要身份地位平等、值得信任但又具备专业辅导能力的倾诉和对话机制，既有的社会支持系统主要由家长、教师和友伴三股力量组成，他们有各自的优势，也有各自的局限性。在某些工作领域，例如心理辅导方面，学生更容易向驻校社会工作者敞开心扉，社会工作者的支持效果可能比家长、教师更好。

有些学生，家长沟通不了，教师走不进他们心里，他们的抗拒意识、抵触情绪和戒备心很强。学生与教师、家长身份、地位不平等，年龄差距大。

> 我们学校教师的平均年龄为45岁，班主任多是40~45岁，容易产生代沟，不易获得青少年的信任。但是，社工一般20岁出头，年龄与学生更接近，身份、地位更平等，又掌握一定的沟通技巧，容易获得信任。学生把他们看作哥哥、姐姐，有时候会跟他们敞开心扉说心里话，社工的心理辅导往往可以收到教师、家长达不到的效果。有时，教师要了解学生的情况都要找社工。(nszx－js01)

驻校社工作者为青少年成长社会支持系统中的重要支撑力量，在服务青少年的同时，也竭力帮助链接和引入大量校外帮教资源，在拓展教育外延，促进教育的全社会化，形成学校、家庭、社区、社会四位一体的教育网络中发挥了积极作用。

> 我们学校有位来自湖南的借读生，父母都在广州打工。父亲40多岁，突发中风入院治疗，家庭因此承受了巨大的经济压力。驻校社工通过"轻松筹"，发动同事、老师、家长和社会爱心人士筹款，共募集了5000元，帮助该学生的家庭缓解燃眉之急。此外，社工还链接社会上的党员、志愿者和爱心人士，帮助困难家庭特别是流动青少年困难家庭，引进学习空间改造计划、香港彩虹基金会等，为困难学生提供校外学习学费资助。(hpzx－js02)

2.改进和提升了学校德育教育的水平

学校德育是指教育者按照一定的要求，有目的、有计划、有系统地对受教育者施加思想、政治和道德等方面的影响，并通过受教育者积极的认识、体验与践行，使其形成社会所需要的品德。中小学的学生服务机制产生于20世纪50年代，是以思想政治教育为核心的"大德育"学生服务机制，由思想政治教育、法制教育、心理教育、班主任班级管理、少先队或共青团组织和后勤保障服务六大系统构成。但实际上，这套工作机制在实践中不但没有达到预期的效果，反而衍生出许多问题。最突出的问题是学校过于突出应试教育，六大系统实际上"不约而同"地为应试教育让路，使学生学业负担加重，其全面成长中的多元化需求和个性化服务被忽视了，德育教育被严重弱化。驻校社工作者为独立于学校与学生的第三方，正好弥补了应试教育的不足。社会工作者对学校德育的帮助主要表现在以下两方面。

一是充实了德育师资队伍。学校德育教育越来越重要，但在现行的教育体制下，德育教育普遍面临任务繁重、人手短缺、课时紧张、活动较少和形式单调等问题。在有驻校社会工作者的学校，几乎所有德育活动都有驻校社会工作者参与。组织跳蚤市场、青春期教育、生涯规划、小升初适应、人际交往，甚至学校的对口帮扶，这些都是必要的德育教育。一般情况下，驻校社会工作者协助学校开展团队工作。比如，新发展的团员一般要注册为志愿者，每一期针对新发展的团员的志愿服务培训，联系、安排校外志愿服务项目，一般都由驻校社会工作者统筹安排。社会工作者的参与增强了德育教师的力量，更重要的是把德育从课堂引向课余、从校内扩展到校外。

二是完善了德育教育手法。社会工作开展德育教育时，看问题的视角、呈现问题的方式和解决问题的办法都跟传统的学校德育教育不一样，令师生耳目一新，极大地提高了德育教育的成效。有位老师说：

> 传统的德育教育经过社会工作者专业技巧和手法改造后，不再是简单枯燥的说教，变得更有趣，学生更爱听、更爱看、更爱参与。比如说青春期性教育，要在幽默轻松的环境下才好讲，太严肃就不好讲。但偏偏教师平时的角色框定了他们一般都要在学生面前保持比较严肃的状态，而一严肃，性教育课堂就变味了，容易出现尴尬场面。我们老师们在这方面不敢去尝试，但社工讲青春期性教育幽默轻松，课件生动活泼，效果就比较好。我们要搞活动的话，我经常会请社工帮忙设计。（hpzx－js02）

3. 扩大了共青团在青少年中的组织规模和工作覆盖

开展驻校社会工作对共青团组织具有重要的意义。首先，团组织是党的助手，驻校社会工作在推进社会建设和社会治理、改进社会服务中发挥了积极作用；其次，共青团服务的对象是青少年，实施驻校社会工作切实服务了青少年的成长需求；最后，团组织也有联系青年的功能，推动驻校社会工作可以扩大团组织在青年中的覆盖面。

驻校社会工作符合当前共青团改革的要求。首先，驻校社会工作是共青团在基层扩大工作覆盖面的有效手段。目前，青少年事务社会工作可以分为两大块：一块的工作对象为普通青少年，包括社区社会工作和驻校社会工作；一块的工作对象为特殊青少年，包括社区矫治社会工作和禁毒社会工作。在这两大块社会工作中，面向普通青少年的社会工作覆盖面最大，而其中又以驻校社会工作的覆盖面为最。可见，驻校社会工作作为直接联系和服务在校青少年的重要工作形式，是共青团打通联系、服务青年工作"最后一公里"的有效路径。其次，驻校社会工作补充了基层团队工作的力量。因编制紧张，学校团队工作长期面临人手不足问题，青少年事务社会工作本身就是团的工作力量，可以通过发挥青少年事务社会工作者在组建团队、规范服务等方面的专业优势，形成社会工作者带动志愿者、志愿者协助社会工作者共同开展服务的工作机制。构建"团干部＋社工＋青年志愿者"的工作队伍，是充实基层团的工作力量的有效途径。最后，驻校社会工作提升了共青团工作的专业化、社会化水平，转变提升了共青团的工作方式。青少年事务社会工作的工作理念、工作方式带有鲜明的社会化运行的特点，是市场经济条件下激发社会活力、实现社会自我调节的重要力量。充分调动包括青少年事务社会工作在内的社会力量，可以使团的工作在社会化运作中焕发勃勃生机。青少年事务社会工作主要集中在基层社区，直接面对青少年并为其提供服务，把他们整合进团的工作体系，延伸团的工作手臂，是共青团在基层扩大工作覆盖面的有效手段，是共青团联系、服务青少年的有效路径。应分级培养一批与团组织紧密联系、政治可靠、素质优良、专业专注的青少年事务社会工作者。

在学校管理体制中，教学处、德育处、总务处和办公室（通称"三处一室"）是最常见的管理架构。由于编制有限，团委书记、少先队辅导员往往不是专岗专职，而是相对边缘化的职务，隶属关系不明晰，很难定位。他们除了按照计划要做团队工作外，还经常被书记、校长、德育校长、德育主任、教学主任安排做临时性的工作，"服务"范围特别广。还要兼课，事务繁杂，工作量大。驻校社工一般和团委书记、少先队辅导员工作联系紧密，社会工作与团队工作是紧密配合的。从这个意义上说，驻校社会工作对中小学团队工作确实起了很大的帮助和推动作用。（lczx－gg01）

4. 驻校社会工作是共青团助力创新社会治理的重要抓手

2016 年 12 月，中共广州市第十一次党代会提出，广州要推动国家重要中心城市建设全面上水平。其中一项重点工作是加强和创新社会治理。推进社会治理联动融合、开放共治；深化社区网格化服务管理，实施幸福社区提升行动，推动社区服务综合体试点建设，健全新型社区治理体系，促进社群关系和谐；实施社会组织品牌战略，广泛开展社会工作和志愿服务。驻校社会工作在改进社会治理方式，创新社会治理体制，以网格化管理、社会化服务为方向，健全基层综合服务管理平台方面可以发挥重要作用。

驻校社会工作是共青团参与创新社会治理的重要抓手。驻校社会工作按照"党政主导推动、共青团组织管理、社团自主运作、社会多方参与"的工作思路，采用政府购买服务的形式，由社团组织专业化、职业化的社工队伍具体运作，整合社会资源，形成多元化、各司其职、协同管理的青少年事务社会工作新格局。"党政主导推动"是指，制定有利于青少年事务社会工作发展的政策法规，保证社会工作规范运行；加大对社会工作的投入，建立健全政府购买社会工作服务的机制，建立以区级政府为责任主体，区（县、市）一级财政为本辖区内青少年购买公共服务的"区级购买"模式；加强监督，促进购买服务机制的良性运行、协调发展。"共青团组织管理"是指，承接党政委托的试点项目，统一规划、协调、组织、考核专业团体提供的服务，负责青少年事务社会工作者的资格评定、注册管理、考核嘉奖、职业规划，推动政府制定有关青少年事务社会工作的政策、立法，整合、规范、培育提供青少年社会服务的公益性社团等。"社团自主运作"是指，社团组织青少年事务社会工作按照购买协议提供规范的服务，提供社会工作服务的社团与政府及所属部门没有人、财、物的关系，以防止它变相成为政府的一个单位；政府向社团购买社会工作服务，不直接与社会工作者个人发生联系，避免社会工作者成为政府雇员；政府购买社会工作服务时面向多家社团，公平、公开，体现竞争，双向选择。"社会多方参与"是指，整合社会资源，充分发挥党政职能部门、街道、社区、学校、企业、机构参与试点的积极性，引导社会资金向社会工作投入，形成社会多方支持社会工作的局面。

将过去被动应对青少年问题的管理模式转变为主动发现问题和解决问题。主动发现，及时处理，加强政府对城市的管理能力，提升处理问题的速度，将潜在青少年问题解决在萌芽状态。这一做法符合现代城市社区网格化管理的创新要求。

这所学校后进生多，问题学生多。社工进驻后，对学生的思想教育、心理辅导起了很好的辅助作用。社工在个案辅导方面，主动性非常强。在个案辅导方面，社工站每周或者每月向学校汇报一次，对个案数量以及工作时间都有要求。社工干预的个案一般有三种来源：一是学校转介的，二是社工发现的，三是学生主动求助的。在三类个案中，干预效果最佳的往往是主动求助的个案，这是因为主动求助动机本身就说明或已经隐含了配合社工摆脱困扰的强烈愿望。而前两类个案，案主带有明显的被动特点，干预一般比较棘手，过程较长且容易反复。刚开始，担心学生抗拒，我们一般会从活动入手，邀请学生来参加我们社工站的活动，等熟悉了再去了解他的具体问题，制订有针对性的计划，做一对一辅导。（ltzx - gg02）

三 海珠区驻校社会工作存在的问题

驻校社会工作在学校青少年社会工作方面做了大量探索，积累了一定的工作基础，获得了社会各界良好的评价。但也要清醒地看到，驻校社会工作项目发展到一定周期，伴随着内外工作环境的变化，面临的工作瓶颈、困难和挑战也相继暴露出来，概括起来表现为以下几方面。

（一）专业化方面：社会工作者的专业技能和个案干预质量有待提升

过硬的专业技能和良好的干预效果，是驻校社会工作者提高社会认可度并赖以持续发展的根本保证。从总体上看，目前海珠区驻校社会工作者的专业素质各项指标基本上可以达到要求，也基本符合国家和共青团中央对青少年事务社会工作者的要求。[①] 在广州这样的一线城市，学校对社会工作者的要求可能更高。一是广州毗邻港澳地区，公众对社会工作的认知度和接受度普遍较高，有些学校的教师本身就在内地或香港接受过驻校社会工作培训，这提高了公众对社会工作者的期望值。二是驻校社会工作开展了十年，加上媒体广泛的宣传报道，使社会对社会工作者的要求越来越高。三是广州青少年总量多，各种青少年问题早发、易发、频发，加上海珠区是老工业区和城乡接合部，国有企业下岗、退休人员多，农村新城市化家庭多，外来务工、经商家庭多，这使青少年面临的成长问题复杂，对驻校社会工作者的专业技能提出了较高的要求。调查发现，越是城市边缘地区的学校，越是生源质量

[①] 《关于加强青少年事务社会工作专业人才队伍建设的意见》（中青联发〔2014〕1号）指出，青少年事务社会工作专业人才是指具备一定社会工作专业素质，在青少年事务领域从事专门性社会服务的人员（不含专职团干部）。"一定社会工作专业素质"要求具备以下条件之一即可：（1）取得全国社会工作者职业水平证书；（2）取得地方民政部门认可的社会工作者职业水平证书；（3）取得社会工作及相关专业大专以上学历，相关专业主要是社会学、社会政策、民政管理、社区管理等；（4）2011年以来接受过累计不少于120小时的社会工作专业教育或培训。

参差不齐的学校，越是"流动青少年"集中的学校，对驻校社会工作服务的需求越强烈，对社会工作者专业素质的要求越高。在四大服务（个案服务、集体活动、潜能开发、志愿服务）中，个案服务的难度最大、要求最高，最具有挑战性。从整体上看，全国社会工作教育实务能力训练本来就非常不足，在广州更显得捉襟见肘。调查发现，在对贫困家庭、问题家庭青少年进行辅导干预时，社会工作者能够提供的实质性帮助手段确实不多。海珠驻校社会工作推行了十年，第一批社会工作者一部分成长为社工机构的中层管理人员，一部分流失，常年坚持在一线服务的资深社会工作者几乎没有。以目前工作在初中一线的 24 名驻校社会工作者为例，大约70%的人为大学毕业一两年的新手，工作四年的凤毛麟角。同时，人才青黄不接，资深社会工作者、优秀社会工作者太少，一线管理人员太缺。

> 社工刚进驻的时候，大家期望值很高。之前也接触过香港那边的社工，在香港电视台看到有社工，工作专业，机构完善，哪个孩子在外流浪不回家，他们马上会把他带到收容所。相比之下，他们比我们的社工更专业，专业知识方面更强，机构更完善。我们一开始跟班主任说，哪个孩子有什么问题就转介给社工。大家的期望值很高，我一转介给他，他应该很专业，马上帮我搞定这个人，或者使这个人有很大的转变。我们的社工社会阅历不是很多，专业水平也不是很高。我们2014年时把社工引进来，大家心理预期很高。香港那边做得这么好，到这边感觉不是这么回事，有一点儿落差。明显能感觉到社工整体素质下滑，后备力量不足，有时候社工站只有一个人，有时候请一些实习生来帮忙。（xjzx－js02）

（二）职业化方面：驻校社会工作者的职业发展之路遭遇瓶颈

当前，驻校社会工作者的职业发展之路遭遇瓶颈，主要表现在队伍不稳定和性别不均衡。

首先是队伍不稳定。专业工作的一项基本要求是职业的稳定性，稳定和持之以恒的历练是提高专业水平和能力的重要保证。学校普遍反映驻校社会工作者流动过于频繁，一般驻校一年至一年半社会工作者就要流动，坚持工作两年以上的凤毛麟角。我们全程调研只发现极个别社会工作者在一所学校连续工作四年。从学校的角度讲，学校希望驻校社会工作者至少稳定三年，即跟完一个初中学习周期。社会工作者更换太频繁，不利于学生的适应以及社会工作者了解和掌握学生的情况。调研发现，人员流动频繁不是某个社工机构的问题，而是整个社会工作行业发展正面临人才的瓶颈。从离职社会工作者的流动方向看，一是机构内部升职或岗位调动。大部分驻校社会工作者在大学毕业后的第一份工作即是驻校社会工作，学校抱怨社会工作者刚成长起来、刚熟悉学校情况就调离了，好像学校变成社工机构人才的培训基地而不是服务对象。二是跳槽离职。在这一类岗位变动中，继续从事社会工作行业的少，改行的较多，有的到校外教育机构，有的做教师，有的报考公务员或者事业单位，一些回老家了，有一些经商做生意。总的看来，十年驻校社会工作的实践历程没有培养出一批丰富经验、对学校及其周边社区社情民情了如指掌的一线资深社会工作者，这说明社会工作人才的成长培养机制出了问题。相比之下，香港许多驻校社会工作者能够坚持一辈子专职做，其中重要原因是社会工作得到政府的大力支持，拥有良好的职业声望和可与公务员媲美的工资待遇。

其次是性别不均衡。青少年教育师资队伍性别均衡，对青少年性格的养成具有重要的影响。教育界越来越重视中小学教师队伍的性别均衡，把性别均衡作为教育均衡的重要内容。目前，海珠区驻校社会工作者性别不均衡问题比较突出，主要表现为以女性为主，只有极个别学校的社工站配有男社会工作者，不少学校竟然从来没有过男社工作者。据了解，驻校社会工作者性别不均衡问题已经存在很长时间了。不少学校多次向社工机构提出引入男社会工作者的要求，但往往难以得到满足，社工机构爱莫能助，因为男社会工作者数量少、招聘难。

驻校社会工作者的职业发展之路遭遇瓶颈，是整个社会工作行业发展面临的深层次矛盾没有很好解决的外在表现。社会工作专业人才培养、评价、使用、激励的相关政策配套体系不完善,薪酬待遇低问题尤为突出。有关调查显示,当前我国公益组织从业人员的薪酬存在的普遍问题是:①薪酬机制不够健全;②薪酬结构较为单一;③薪酬待遇普遍偏低;④社会与福利保障不到位;⑤公益组织薪酬体系建设比较滞后。① 目前,广州社会工作者的薪酬水平主要依据 2010 年出台的《广州市社会工作专业岗位设置及社会工作专业人员薪酬待遇实施办法(试行)》。按照这一《办法》,社会工作从业人员的月薪酬标准是:试用期(见习期)为 2300 ~ 3320 元,员级薪酬是 3000 ~ 3690 元,助理级是 3500 ~ 4000 元,中级为 5000 ~ 6500 元,均包含个人缴交的社会保险、住房公积金和个人所得税。2016 年,广州市的平均薪酬为 6952 元/月,广东本科学历的平均薪酬为 7732 元/月(均为税前)。② 两相比较,社会工作者薪酬明显偏低,相比于社会其他部门较低。广州的社会工作者工资甚至明显低于深圳、东莞。由于薪酬待遇低,新毕业的大学生尤其是男性大学生多不愿意进入这个行业,进入的则加速流失。由于行业薪酬标准低,导致整个社会工作行业队伍发展不良,社会工作专业毕业生就业率不高,有些学校超过九成毕业生改行。薪酬待遇低,既有社工机构资源不足、过度依赖政府购买服务的原因,也有项目资金分配不合理等原因。

驻校社会工作刚开始的时候,两个社工比较稳定,素质也较高。但是,慢慢地,就感觉流动越来越快,旧的还没熟悉又换新的了,几乎一年换一个。学生到初三就不认识这个社工了,社工也不认识学生,衔接性比较差。社工流失的主要原因在于自我价值得不到充分体现——薪酬太低了,到手才两三千元,工作又累,面对的都是负能量的学生、负能量的家长。很多社工机构勉强维持,薪酬自然上不去。提高薪酬待遇是

---

① 李长文、张耿瑞:《中国公益组织从业人员薪酬调查报告》,http://www.chinadevelopmentbrief.org.cn/news - 19550.html。

② http://www.southmoney.com/caijing/caijingyaowen/201611/872392.html。

最实在的，提高了待遇，才能留得住人；留得住人，才好挑选人才。（byzx－js03）

（三）工作磨合方面：应试教育与社会工作磨合的长期化

海珠区驻校社会工作虽然实施了十年，但是社会工作者与学校之间的磨合仍是调研中经常被提及的一个话题。驻校社会工作不是学校体制本身应有的结构，作为嵌入学校结构的"构件"，与学校形成了理论上的"平等合作"关系。虽然两者的工作对象和目标一致，但由于工作理念、工作手法和管理制度存在明显的差别，这就必然存在工作磨合问题。

双方从"磨"到"合"不会"一劳永逸"。学校和社工机构人员处在流动中，学校领导层也是流动的，要定期轮岗交流，社会工作者接触最多的是学校的团委书记、少先队辅导员、德育主任，其次是班主任，这些都是流动性较大的工作岗位，同时社会工作者也具有较高的流动性。学校领导、教师对社会工作者的定位和认知往往决定了磨合的大方向。一旦出现流动，就意味着磨合要重新开始。有时双方的工作理念存在冲突，会陷入左右为难的困境。最常见的是，校方抱怨社会工作者不能有效地完成校方交办的工作任务，而社会工作者则抱怨这类校园管理等事务性、行政性工作超出了社会工作者的专业范畴。社会工作者觉得学校的支持力度不够，学校觉得社会工作者专业性不够，双方有很多不同的声音。社会工作者坚持与学校是"平等合作"关系，更希望强调社工工作的专业性和独立性；学校则更愿意把社会工作者当作额外增加的"雇员"，希望社会工作者完成校方交办的所有工作任务。社会工作者开展活动要占用学生的时间，但是学生在学校的时间十分紧张，不少社会工作项目因学校出于时间、安全等因素的考虑而取消。学校是一个严谨的系统，驻校社会工作者需要在系统中寻找到适合自己的位置。学校有属于自己的规章制度和行政守则，驻校社会工作者在开展服务时需要尊重学校的这些制度和守则，这为服务带来较多的限制。社会工作者的一些价值理念会与学校的制度产生冲突，例如社会工作者鼓励青少年展现自我，但是在学校的规章制度约束下，青少年展现的空间会相对缩小。又如社会工作者鼓励青少年全面发展自己的潜能，但是在学校以学业为重，其他方面排在相对靠后的位置。社会工作者对待学生的过错以宽容、理解为原则，而学校则以管教和惩戒为原则，双方对问题的处理会有不同的角度。因此，在学校里开展服务需要寻求一个平衡点，如何在不影响学校的正常运作下顺利开展服务便是一个关键。社会工作者认为辅导个案资料必须保密，即使对学校和教师，而学校则希望个案资料共享。

只有运用专业的工作手法，配合用人单位的工作，才能取得事半功倍的效果。在驻校社会工作者刚进入学校的时候，同学和老师都不了解驻校社会工作的服务内容以及服务范围，需要驻校社会工作者不断宣传以及解释。双方慢慢磨合，相互适应彼此的工作模式。但学校经常处于和新的社会工作者磨合的过程中，就会影响工作的顺利开展。

不是每个班主任都认同社会工作者，有的班主任对社会工作者的期望值和信任度就不太高，觉得其专业能力远远不如香港的社会工作者，机构也不够完善。有些班主任说：

> 我们转介一些学生给社工，反而变得更糟。此外，社工搞活动占用了学习时间，例如学生中午没得休息，下午学习状态肯定会差。如果成绩退步，班主任就不希望学生再去参加社工活动。团队开展活动，强调组织性、思想引领，社工那边比较自由，思想比较开放，强调发展他们的个性和创造性。一般我们也不轻易把学生的信息透露给社工，因为你换得这么频繁。毕竟，家长工作还是属于班主任工作范围内的，家长更信任班主任。（ssszx – js01）

（四）考核评估方面：重定量评估、轻定性评估，工作成效难凸显

考核评估的内容和方式对社会工作的重心和方向有重要的导向作用，因

此必须科学设计考核评估办法。每个驻校社工站都面临一套精细化的有关服务数量的评估指标，而服务的质量则较难明确衡量。考核评估要科学合理地平衡好量与质的关系：考核"量"可以扩大驻校社会工作在青少年中的覆盖面；考核"质"可以突出对典型、重点个案的干预过程，扩大社会影响力，提升驻校社会工作的社会效益，增加党政和社会各界对驻校社会工作者的认同感。因此，在对驻校社会工作者的考核中，"质"和"量"必须统筹兼顾。目前的考核办法过于偏重量化指标，考核指标过多、过细、过复杂，呈现出过于具体化和客观化的特征。驻校社工站与街道"家庭综合服务中心"面临同样的问题，几乎所有工作都被要求留下"文字记录"，有些服务指标除了增加社会工作者的工作量外并没有多大的实际意义，驻校社会工作者的大量时间和精力被消耗在整理这些文字记录上，为了应付和完成这些考核评估指标。其结果有可能导致不能更好地集中精力服务，[①] 一些具有显著社会效益，工作细、过程长的典型个案凸显不出来。也有学校反映个别社工站的学生个案结案过快，何时结案、结案的标准是什么并没有与学校充分沟通。有的资料还保密，有的是为完成工作指标量而开展服务。

（五）资源链接方面：社会工作者的社会资源整合能力有所欠缺

社工机构整合志愿服务等本土社会资源的能力不足。中国的社会工作与志愿服务的发展路径有区别。它们分别在高校专业培养和青年志愿者不同的管理体制下探索起步，两个群体的自我认知、社会认知也有区别。[②] 如果说社会工作者强调专业和服务效果，志愿者则更突出爱心和群众基础；前者的服务资源来自专业技术界，后者的服务资源则来自基层。虽然两者的服务领域和服务目的相同，但是存在既竞争又合作的关系，社工机构主动整合志愿服务等社会资源的能力还有所欠缺，在整合本土社会资源方面的工作力度还需要进一步加强。而很多本土的社工机构本身就是在志愿服务工作的基础上

---

① 胡杰成：《社会组织承接政府购买社会服务的实践探索——广州市"家庭综合服务中心"调查报告》，《社会建设》2016年第2期。

② 谭建光：《中国城市社工与志愿者合作模式探析》，《城市观察》2011年第5期。

成长起来的。

社会对社会工作者的认同以及资源支持还是相当不够的。社会工作者资源的有限直接影响到服务的效果。社工机构对社会资源、志愿服务资源的整合能力还非常不够。在资源和发展上,社会工作的政府支持体系还未建立,影响了社会工作的威信和力度。社工工作的社会化主要指,社工组织有效动员、社会多方参与,形成整合大量社会资源的工作格局。社会化意味着构建一个社会化网络来汇聚资源、分解资源,而不是单纯依靠政府来推动这项工作。必须从单一的工作方式向多样化方式转变,从行政化方法向社会化方法转变,从党政要求向主动探索改变,同时也指运行机制的社会化。

四　对策建议

党的十九大报告提出打造共建共治共享的社会治理格局,完善党委领导、政府负责、社会协调、公众参与、法治保障的社会治理体制。2018 年的《政府工作报告》强调,发挥好工会、共青团、妇联等群团组织作用,促进社会组织、专业社会工作、志愿服务健康发展。党中央、国务院对打造共建共治共享的社会治理格局提出的新要求,使驻校社会工作迎来了新的机遇。

通过对海珠区"青年地带"驻校社工项目的评估,调研认为其工作成效总体上达到了购买主体和承接主体所签订的合同的要求,同时也验证了驻校社会工作"1 + 1 + 1"运作模式的有效性。目前,全国驻校社会工作的运作模式多种多样,还处在探索阶段。海珠区"1 + 1 + 1"运作模式具有独创性和鲜明的共青团特色。共青团组织作为监管方,在推动青少年事务社会工作职业化、专业化、社会化过程中发挥了主导作用,符合当前推动共青团改革的要求,对未来全国推进青少年事务社会工作专业人才队伍建设、服务青少年成长需求具有重要的示范意义和标本意义。调研主张继续沿用"1 + 1 + 1"运作模式的基本框架,并根据中央最新文件精神加以完善。同时,针对工作中出现的问题提出以下几点建议。

（一）重视培养和留住人才，提升驻校社会工作者的专业服务能力

重视培养和留住社会工作人才，提升其专业服务能力，这是当前驻校社会工作面临的一个重大发展课题。但是提升社会工作的专业服务技能，不单是社工机构一家的事，需要高校、政府和社会通力合作。应鼓励社工机构尽快建立与行业规范相衔接的岗前实训和继续教育管理机制，鼓励大中专院校与行业组织、社会工作服务机构在海珠区合作建立驻校社会工作者实训基地，支持行业组织和培训机构开发专业特色突出的驻校社会工作能力提升课程，研发网络教育课程。海珠区行业主管部门、共青团组织可据实际需要，举办重点领域培训班，培养高素质的专业型骨干人才。支持社会工作服务机构自主组织教育培训和对外交流活动，更加精准地服务于中小学生的成长需求。

（二）完善职业成长机制，确保社工队伍稳定和性别均衡

完善社会工作者职业成长机制，首先要形成社会工作者职业水平评价体系，拓展社会工作专业人才的职业空间，将取得国家社会工作者职业水平证书的人员纳入专业技术人员管理范围，加快建立事业单位社会工作专业技术岗位设置标准和职级体系。其次要调整和提高社会工作者的薪酬待遇。待遇是打通职业发展道路的关键，建议有关部门就社会工作专业岗位设置及社会工作专业人员薪酬待遇问题开展专门调研。根据广州的经济社会发展水平，适时对薪酬指导价位进行调整，修订2010年出台的《广州市社会工作专业岗位设置及社会工作专业人员薪酬待遇实施办法（试行）》，调高社会工作者的薪酬待遇水平，使其与相关行业基本一致。完善有关青少年事务社会工作的专业人才培养、评价、使用、激励的政策配套体系。目前，薪酬保障、激励机制、考核评价等配套政策还不完善，行业薪酬体系的标准要提高。应鼓建和完善社会工作者职业成长的长效激励机制。

（三）扩大年级覆盖范围，服务重点群体和重点领域

在继续做好做实 12 所中学驻校社会工作的基础上，建议海珠区推动驻校社会工作向更多的小学覆盖，让更多成长中的青少年受益。青少年在中学阶段普遍进入青春期，最容易遭遇成长困扰，一些成长困扰与长期养成的不良行为习惯有密切的关系。而在小学阶段对不良行为习惯比较容易纠正和矫治，因此建议将小学作为推动驻校社会工作的重点之一。但小学生显然不属于青年的范畴，这与"青年地带"品牌发生一定的冲突，需要做调整。有几类青少年群体的成长需求尤为突出，需要给予特别的关注，他们是"流动青少年"、"后进生"、单亲家庭青少年、贫困家庭青少年和残疾青少年。社工机构要在缓解学习压力、摆脱校园欺凌、解决青春期困惑、改善进家庭教育、改善学生与同伴交往、丰富课外生活、防范游戏沉迷等方面推出更多本土化产品。

（四）发挥共青团的组织优势，加强社会工作与社会资源的整合

根据中央文件精神，共青团组织是包括各级行政机关、群团组织在内的青少年社会工作服务的众多购买主体之一。这与以往共青团组织被定位为政府职能转移和购买服务的承接方是不同的，表明共青团组织在政府职能转移和购买服务中的地位和作用大大加强。这就要求共青团要发挥组织的优势，将"购买服务"做出"共青团特色"。为此，团中央提出建设"团干部 + 社工 + 青年志愿者"队伍。共青团组织可以利用组织优势，主动帮助驻校社工机构整合和链接社会资源。建议海珠区团委直接作为项目的购买主体，加强社会工作与志愿服务、义工等社会资源的合作，把更多资源引入学校服务。志愿服务队伍中蕴藏着巨大的资源优势，而社会工作者处在服务青少年的第一线，对青少年的需求非常了解，两者结合在一起，能产生巨大的社会效益，可极大提高资源流向和配置的有效性和针对性。在区团委工作层面，可以考虑采用"社会工作者 + 青年志愿者"的形式统筹管理，将更多志愿服务资源沟通驻校社工的接口导向有需求的青少年。

（五）简化定量考核，增加或突出质性考核

应简化《海珠区"青年地带"项目学校站服务量化指标》，一、二、三级定量指标都可以进一步简化，适当调低定量考核指标的标准。要增加或突出定性考核要求，发挥专业能力，突出活动和个案典型、重点个案的干预过程，扩大社会影响力，提升驻校社会工作的社会效益，增加党政和社会各界对驻校社会工作的认同感。定性考核如何对服务质量、效果进行有效评估，需要咨询专业机构，在评估方法、技术上不断完善和创新。在完善考核的同时，各方都应该调整好心态。驻校社会工作是一种新生事物，对其要有客观理性的评价。要避免两个极端的认知，即"驻校社会工作无能论"和"驻校社会工作万能论"。一方面，青少年的教育成长是一个潜移默化的漫长过程，往往很难立竿见影；另一方面，现行教育体制留给社会工作的施展空间其实相当有限，不能认为有了驻校社会工作所有青少年问题就迎刃而解了。

（六）服务创新社会治理的要求，加大政府购买驻校社会工作的力度

建议参照《广东省政府购买青少年社会工作服务清单》，将"青年地带"青少年社会工作服务项目纳入广州市和海珠区政府购买服务指导目录。购买所需资金应当在预算中统筹安排，保障政府购买服务项目的连续性和稳定性。根据2017年团中央、民政部、财政部《关于做好政府购买青少年社会工作服务的意见》，纳入行政编制管理且经费由财政承担的群团组织是政府购买青少年社会工作服务的购买主体，建议采用"谁使用谁购买"（即项目购买）的办法，由海珠区团委作为"青年地带"项目的购买主体，进一步简化管理层级，建立和完善由共青团统筹，民政、财政、人社、综合治理等部门支持配合的工作机制。驻校社会工作有助于扩大基层团工作在青少年中的有效覆盖，符合共青团改革的要求。为保持团组织在驻校社会工作中的影响力，建议继续采用项目购买的方式推进驻校社会工作。

以广州市青少年莲麻革命传统教育基地
为抓手助力乡村振兴战略

郑树歆　张金荣　李浩明　冯军尧*

摘　要： 本文通过调研广州市青少年莲麻革命传统教育基地的建设，并根据其运行情况，阐述共青团该如何以此为抓手，以红色基因为载体，通过培训教育活动，拉动乡村旅游消费，助推乡村产业兴旺，进而助推乡村振兴战略的实施。本文主要从市场需求、存在的问题及原因等方面进行分析，提出对策建议，旨在提供一些有益的参考。

关键词： 共青团　乡村振兴战略　传统教育基地　培训　莲麻小镇

一　课题基本情况

（一）课题研究的背景及意义

2017 年 10 月 18 日，习近平同志在党的十九大报告中提出七大战略，其中包括乡村振兴战略。报告指出，农业农村农民问题是关系国计民生的根本性问题，必须始终把解决好"三农"问题作为全党工作的重中之重，实施乡村振兴战略。2018 年 2 月 4 日，中央"一号文件"公布，即《中共中央国务院关于实施乡村振兴战略的意见》。2018 年 3 月 5 日，国务院总理李

---

* 郑树歆、张金荣、李浩明、冯军尧，共青团广州市从化区委员会。

克强在作《政府工作报告》时指出，要大力实施乡村振兴战略。

深刻领会、全面准确把握习近平总书记关于"三农"工作的新理念、新思想、新战略，深入贯彻落实好乡村振兴战略的重大决策部署，切实把实施乡村振兴战略转化为贯彻落实习近平总书记"三农"思想和党的十九大精神、全国两会精神的实际行动，进一步增强时代责任感、紧迫感，引导广大青年助力乡村振兴战略实施，做有理想、有担当、有作为的新时代青年，有重大实践意义。

20世纪90年代，广州市北部的吕田被民政部评为革命老区，那里既有数量众多的红色革命遗址，也是粤北抗战的大后方。其中，吕田镇三村村为抗日游击区，塘基村、莲麻村黄沙坑为抗日根据地。三村村、塘基村革命旧址被认定为广州市中共党史教育基地，莲麻村黄沙坑社东江纵队革命旧址也被认定为广州市委党校教育实践基地。2017年12月，为传承红色基因，锤炼优良作风，培养新时代合格接班人，团从化区委联合团广州市委、吕田镇在广州特色小镇、全国文明村莲麻村的黄沙坑革命旧址纪念馆揭牌成立了广州市从化区青少年莲麻革命传统教育基地，并于2018年建成广州市青少年莲麻革命传统教育基地（下文简称"莲麻革命传统教育基地"）。该基地地处革命老区，有丰厚的红色革命资源，尤其是在乡村振兴战略实施的大背景下，基地所在的特色小镇建设成果辐射、影响到广州周边市县甚至全省、全国各地，影响力不断增强。

2018年3月，为深刻领会党的十九大精神，坚持以习近平新时代中国特色社会主义思想为指引，学深、悟透习近平总书记的相关重要论述，掌握和运用其中的科学方法，通过深入调研形成贯彻中央、省委和市委部署的思路举措，确保中央、省委和市委精神不折不扣落实，团广州市委发动辖区内的团组织积极开展课题调研，团从化区委及时以莲麻革命传统教育基地为载体申报了课题，该课题被列为调研的重点课题。

2018年4月21日，在广东省委副书记、广州市委书记任学锋同志的陪同下，广东省委书记李希同志到莲麻小镇调研，参观革命旧址纪念馆时强调：要传承红色基因，从党的光辉历史中汲取奋进的力量，扛起乡村振兴沉甸甸的历史责任。4月6日，在全省乡村振兴工作会议上，李希书记强调，要深入学习贯彻习近平新时代中国特色社会主义思想，不断深化对省情、农情的认识和把握，切实增强实施乡村振兴战略的紧迫感、使命感、责任感，把思想和行动统一到习近平总书记重要讲话精神和党中央决策部署上来。全省各地各部门要树立鲜明的目标导向，拿出"走在全国前列"的气魄和行动，全力以赴落实乡村振兴各项任务，确保三年取得重大进展、五年见到显著成效、十年实现根本改变。并指出，珠三角和粤东、西、北都要把乡村振兴摆在重中之重的位置。珠三角基础条件较好，要以更高标准更大力度地推进乡村振兴。广州作为省会城市，要努力在全省乡村振兴中当好示范和表率，要把从化区作为全省乡村振兴的示范区来建设。5月22日，从化区委印发《从化区贯彻落实李希同志调研指示精神的工作方案》，提出要推动文化振兴走在全省、全国前列，实施红色基因传承工程，深入挖掘吕田莲麻等地的本土红色文化资源，建成一批教育基地，讲好红色经典故事。在全国青少年研学旅行教育逐步兴起的大形势下，结合乡村振兴战略的实施，利用优良的红色革命资源建设青少年革命传统教育基地迫在眉睫。

党的十九大报告提出"实施乡村振兴战略"，这是以习近平同志为核心的党中央对"三农"工作做出的一个新的战略部署，意义非常重大。农民既是乡村振兴的主体，又是乡村振兴的受益者。实施乡村振兴战略，着力点在调动起亿万农民的积极性、主动性和创造性，而培养农村青年创业致富带头人就是贯彻落实中央要求的重要举措，是团结和带领广大农村青年推进农业农村现代化、全面建成小康社会的重要抓手。在有优良的红色革命基因的革命传统教育基地分享乡村振兴的战略成果，进一步助推乡村振兴战略的实施，同样具有十分重要的意义。

（二）课题研究的基本情况

1. 调研团队

根据课题研究需要，本课题成立了调研团队，成员包括团从化区委书记郑树歆，从化区志愿者行动指导中心主任张金荣，团从化区委兼职副书记、吕田中学团委书记李浩明，从化区吕田镇团委副书记冯军尧等。课题组成员都是共青团系统负责青年工作的一线干部，有着丰富的工作实践经验，也有扎实的理论基础。其中有参与区委决策的区委委员，也有驻扎农村基层的干部，完全能胜任课题的研究。

2. 研究方法

本课题调研主要采用定性研究方法，通过座谈、实地调查等方式获取研究资料。

3. 研究对象

本课题的研究对象主要包括大中学生、村民、革命老战士、基层团干部和培训师。

4. 相关概念

（1）乡村振兴战略

十九大报告高度重视"三农"工作，提出坚持农业农村优先发展，实施乡村振兴战略。大力推进乡村振兴，并将其提升到战略高度、写入党章，这是党中央着眼于全面建成小康社会、全面建设社会主义现代化国家做出的重大战略决策，是加快农业农村现代化、提升亿万农民的获得感和幸福感、巩固党在农村的执政基础和实现中华民族伟大复兴的必然要求，为新时代农业农村改革发展指明了方向、明确了重点。

2017年底，中央针对2018年"三农"工作连续做出重要部署。2017年12月28～29日，中央农村工作会议在北京举行。会议全面分析了"三农"工作面临的形势和任务，研究实施乡村振兴战略的重要政策，部署了2018年及之后一个时期的农业农村工作。12月29～30日，全国农业工作会议在北京召开。会议总结了2017年及过去五年的工作，研究实施乡村振兴战略的措施，并部署2018年的重点工作。专家表示，2018年我国将出台多个相关配套规划，包括土地承包期再延长30年的政策等，在乡村振兴战略实施的大背景下，农业农村发展迎来了重大战略机遇。

2018年5月31日，中共中央政治局召开会议，在审议《乡村振兴战略规划（2018—2022年）》时强调，党的十九大提出实施乡村振兴战略，是以习近平同志为核心的党中央着眼于党和国家事业全局、顺应亿万农民对美好生活的向往，对"三农"工作做出的重大决策部署，是决胜全面建成小康社会、全面建设社会主义现代化国家的重大历史任务，是新时代做好"三农"工作的总抓手。

（2）教育基地

教育基地，指在一定地域范围内集中形成的比较发达和比较完整的教育体系，在文化、经济、生产、技术上对国家或一个大地区起主导或基地作用，是按功能划分出来的一种地域组合形式。其建设需依靠全国或相关地区财力、物力、人力的大力支援，建成后可充分发挥高度集中的科研能力和教学、技术优势，为其他地区提供科研成果、技术、干部和经验，促进新开发地区和落后地区的经济和文化发展[1]。

（3）革命传统教育

传统教育泛指在一定历史时期内形成并流行的、具有影响的教育思想、制度和方法。中国封建社会有儒家崇尚道德修养、尊师重道、因材施教、循序渐进的传统；五四运动以来有讲求民主、科学、进步，振兴中华的传统。而西方古希腊有主知和注重和谐教育的传统；文艺复兴后有尊重儿童、遵循儿童身心发展规律，培养学生的能力与学习主动性，重视课堂教学与系统知识传授的传统。上述均为在一定历史时期形成的传统教育（亦可称为这一时期的教育传统），是对以往传统教育的扬弃、继承和发展[2]。革命传统教育在我国泛指使受教育者继承和发扬无产阶级在革命斗争中形成的革命精神、优良作风和高尚品德的教育。对广大干部、群众特别是青少年进行教育，主要包括养成密切联系群众和为人民服务的思想作风，培养实事求是、理论联系实际、谦虚谨慎等良好品质，养成艰苦奋斗、勤劳勇敢、不怕困难的品德，继承和发扬爱国主义精神和为共产主义事业而英勇牺牲的献身精神[3]。

---

① https：//rc. mbd. baidu. com/g0o8zo。

② https：//rc. mbd. baidu. com/i8eegzu。

③ https：//baike. so. com/doc/1273279 – 1346419. html。

本文所说的革命传统教育指的是，利用红色革命资源开展爱国主义教育，增强受教育对象的革命荣誉感和历史责任感。

二 莲麻革命传统教育基地与乡村振兴战略

（一）莲麻革命传统教育基地的基本情况

莲麻革命传统教育基地依托莲麻小镇黄沙坑革命旧址纪念馆建设，室内场馆总面积约为 500 平方米，分为"星星之火""红旗飘飘""粤北会战""武装斗争""缅怀先烈""铭记历史"六个展室，陈列、展示了众多珍贵的历史图片和实物，回顾了东江纵队在从化和粤北的战斗历程。馆内既有实物陈列，也有图片和文字说明，一件件铁证诉说着当年侵华日军的罪行，一个个故事铭记着黄沙坑的光荣历史。莲麻革命传统教育基地整合了莲麻小镇的绿道、民宿、山林绿植、农耕田园、会议中心等资源，以及从化区文广新局、电视台、林业局、档案局和团广州市委等单位的优质资源，开设"六个一"课程，即参观一次纪念馆、走一次东江路、唱一首红歌、讲一次党团课、吃一餐忆苦思甜饭、看一部红色电影。通过"六个一"课程，既传承了红色基因，又加强了对青年团员、少先队员的爱国教育和对青年团干部的培训，锤炼优良作风，培养新时代的合格接班人。同时，通过特色小镇建设分享新时代乡村振兴战略实施的成果，进而宣传并带动特色小镇的兴旺发达，进一步助推乡村振兴战略实施。目前，已开展入团入党宣誓等活动 29 批次，有近 3000 人次参与；并根据现有条件开展了各类宣传和宣讲活动，中小学生、青年团干和党员累计有 5000 多人次通过这种方式接受教育。

（二）莲麻小镇建设的基本情况

在开展特色小镇建设前，莲麻小镇是一个偏僻的边远小镇，离从化区中心城区有 73 公里，每天只有一班村镇公交车通过，村民出行极其不方便。该村人均收入不高，是广州市荔湾区对口帮扶贫困村。后来经过各方共同努力，莲麻小镇创建工作取得明显的成效。2016 年 3 月，莲麻村成功通过验收入选广州市第三批市级美丽乡村；2016 年 12 月，被评为"广州市名村"；2017 年 1 月，荣获国家住房和城乡建设部公布的第四批"国家美丽宜居村庄示范"称号；2017 年 7 月，莲麻村被评为"全国环境整治示范村"；2017 年 12 月，该村被评为广东省文明村和第五届全国文明村镇。

1. 基础建设情况

一是拓宽了村内社道，交通便捷。经过两三年的规划建设，该村目前已全部实现村道硬底化，并建成广州市乡村第一条柏油路，干净整洁。从莲麻村口至黄沙坑社全长 3100 米的社道由 4 米拓宽至 7 米，铺设沥青路，并架设了路灯，种植了观赏性绿化树，使景观越来越美。新建成了 5 座桥梁，包括莲麻丙石桥、莲麻一桥、莲麻二桥、莲麻三桥、莲麻四桥，畅通了村内的各个通道，形成回路，以方便村民和游客出行、游览。在村内设置了三个公交站，每天有四班公交车来往于吕田镇。

二是硬件配套齐全，独具特色。村内主干道旁的民居基本按黛瓦白墙的风格完成外立面整饰，富有岭南民居特色。村内设有旅游问询中心，位于村口显眼位置，以方便游客咨询。该问询中心总面积为 162 平方米，分为游客服务中心（48 平方米）、村民讲堂（56 平方米）、图书室（58 平方米）三个功能板块。村内有 9 个停车场，约 500 个停车位；建成了 5 所旅游公厕并投入使用，并在核心区（中一社）和丙石社新建公厕 2 所。长 10.5 公里的"十里画廊"绿道分为两条线路，一条是从中一社民宿区通往石鼓堂田园风光区，一条是从音乐谷通往莲麻花海及黄沙坑社围屋"光裕第"（黄沙坑革命旧址纪念馆）。修建了千年古官道，并建为廉洁教育基地。村内有农业观光点——百草园，由企业租赁 3680 亩水田和山地，种植桃、李等果树，百日草、硫华菊、波斯菊等花卉，以及美香尖彩色水稻，使这里成为一个富有观赏性的景点。

三是软件服务不断增强，后勤有保障。该村依托中一社百年客家围屋建成了独具特色的民宿——华夏莲舍，建筑总面积为 956 平方米，共有客房 25 间，可满足 50 人左右住宿。同时设有酒吧（可用作会议室）和用餐包间，可满足 70~100 人用餐。村委旁建设了汉源论坛会务中心。大会议室可容纳 150 人与会，小会议室可容纳 30 人与会，并可同时接待 300 人就餐，极大地扩充了莲麻小镇的接待容量。村入口处修建了广场，并设有"莲麻大舞台"，用于表演、集会，可容纳近千人。

2. 红色基因资源情况

黄沙坑是抗日战争根据地，也是粤北会战的主要战场，曾涌现出一批革命烈士。村内尚有数位高龄抗日老战士健在，传承着红色基因。村内的黄沙坑革命旧址纪念馆，是利用村民客家围屋按照"修旧如旧"的原则修复建设的。馆内还根据作战情景摆设了众多革命英烈的雕塑，内容丰富，是重要的爱国主义教育基地和革命传统教育基地，吸引了省内外的游客参观学习。纪念馆是从化区的党建教育基地和革命教育基地，各级领导高度重视，可辐射、影响到韶关、惠州等地区。目前，对纪念馆已进一步修缮并升级改造，丰富了音像素材，努力将其打造成一个传承红色基因的重要爱国主义教育基地。

（三）乡村振兴战略的实施与共青团工作的融合

习近平总书记在党的十九大报告中指出，要坚持农业农村优先发展，按照产业兴旺、生态宜居、乡风文明、治理有效、生活富裕的总要求，建立健全城乡融合发展的体制机制和政策体系，加快推进农业农村现代化①。"中央一号"文件也特别强调，要把创新、协调、绿色、开放、共享的新发展理念贯穿始终，坚持农业农村优先发展，按照乡村振兴五个方面的总要求，统筹谋划农村经济建设、政治建设、文化建设、社会建设、生态文明建设和党的建设，加快推进农业农村现代化，实现农业全面升级、农村全面进步、农民全面发展。针对乡村振兴战略应该如何科学有效实施，2018 年 9 月中共中央、国务院印发《乡村振兴战略规划（2018—2022 年）》，对建立农村

---

① 习近平：《决胜全面建成小康社会夺取新时代中国特色社会主义伟大胜利——在中国共产党第十九次全国代表大会上的报告》，https://www.xinhuanet.com/politics/19cpcnc/2017 – 10/27/c_ 1121867529. htm。

产业融合发展体系做出了具体安排。各方都在努力探索、积极作为，共青团也不能袖手旁观，要根据总体要求有所作为。

共青团"四维"工作格局中首要的任务是"服务大局"。团中央召开了常委扩大会议，在学习党的十九大精神和习近平新时代中国特色社会主义思想时强调，共青团要团结、带领广大团员青年投身"五位一体"总体布局和"四个全面"战略布局，贯彻创新、协调、绿色、开放、共享的发展理念，在决胜全面建成小康社会、夺取新时代中国特色社会主义伟大胜利的进程中切实发挥生力军和突击队的作用。要紧紧围绕建设现代化经济体系的工作部署，进一步激发团员青年的建设热情和创造活力，引导他们为加快建设创新型国家、落实乡村振兴战略、推动区域协调发展等任务奉献才智。"三农"问题是关系国计民生的根本性问题。没有农业农村的现代化，就没有国家的现代化。在中国特色社会主义进入新时代的背景下，乡村是可以大有作为的广阔天地，也迎来了难得的发展机遇。

十九大报告中首次提到实施乡村振兴战略，2018 年两会再次提出"让青年人成为乡村振兴的中坚力量"。这是对于青年人的号召，也是党对共青团"服务大局"提出的工作要求。当前，莲麻村作为广州市乡村振兴战略实施示范村，迎来了难得的发展机遇，同时也面临很多挑战。以广州市青少年莲麻革命传统教育基地为抓手，拓宽青年助力乡村振兴建设的舞台，延伸共青团"服务大局"的工作触手，是一次很有意义的实践与探索。不管是在产业兴旺、生态宜居方面，还是在乡风文明、治理有效方面，共青团都可以有所作为，通过服务提升、产业带动促进农民生活富裕也不是天方夜谭。莲麻村有资源，共青团有市场，广大青年、少先队员有需要，助力乡村振兴建设必将大有可为。

（四）莲麻革命传统教育基地助推乡村振兴战略实施的情况

1. 莲麻革命传统教育基地的工作开展情况

一是开展一系列教育活动，营造了浓厚氛围。自广州市从化区青少年莲麻革命传统教育基地挂牌以来，团从化区委发动辖区内的团员青年和少先队员开展了一系列教育活动，包括"重走东纵路"，重温入党、入团誓词，观看红色电影，宣讲特色小镇建设成果等内容。具体情况见表1。

表1　截至2017年底莲麻革命传统教育基地已开展的教育活动情况

序号	教育活动	场次	受众人次	受众对象
1	重走东纵路	4	1200	团员、少先队员
2	入团、入党宣誓活动	29	3000	大中学生、青年团干部
3	观看红色电影	5	500	团员、村民
4	特色小镇建设成果宣讲活动	10	5000	大学生

资料来源：莲麻村委整理。

二是设立广州市青少年莲麻革命传统教育基地工作小组，努力整合特色小镇及从化区各相关职能局、部门的资源。目前，已整合从化区文广新局、林业局、教育局、电视台、吕田镇政府、中山大学南方学院、华南农业大学珠江学院等部门和单位的资源，进一步提升莲麻革命传统教育基地的教育培训能力。

三是大力促进各方资源合作。基地已邀请了省市相关领域的领导和专家来莲麻小镇调研，他们都对莲麻小镇黄沙坑红色教育基地建设表示充分肯定，也表示给予大力支持。2018年4月，团从化区委还专门组团到井冈山革命传统教育基地学习，通过学习、调研、体验，进一步明确了革命传统教育基地的建设、运营方向。根据工作需要，团从化区委及时在莲麻小镇建立了农村团支部，调动莲麻小镇的民宿业主参与教育基地建设，并初步达成合作共识，以解决教育培训后期的住宿、饮食等问题。其中，含15间房以上的民宿有三家，可以合作改造成培训宿舍形式，并提供餐饮服务；可供拉练的开阔场地有多个，每个500～2000平方米不等；3公里以上的步径有三条，依山傍水，适合登山徒步；小镇内森林覆盖率达89%，有众多珍贵的植物和野生动物，可用于开展科普活动。

2. 下一步的工作设想

一是整合辖区内各相关职能部门的资源，进一步完善莲麻革命传统教育基地的软件建设，丰富影像资源，完善讲解录音，提升现场的语音讲解水平，有序推进"六个一"课程内容落地。

二是进一步依托莲麻小镇作为全国文明村镇、广州市乡村振兴战略示范村的资源优势，加大力度宣传推广特色小镇的建设成果，扩大莲麻革命传统教育基地的影响力，争取到省市相关领域的资源并实现落地。

三是开展助推乡村振兴志愿服务项目遴选活动，征集优秀项目，以项目推动乡村振兴战略实施。

四是进一步争取企业和省市部门的支持，推动莲麻革命传统教育基地扩容增量，打造在全省有影响力的青少年爱国教育基地和青年团干部培训基地。

三　莲麻革命传统教育基地目前存在的问题及需求

（一）硬件配套设施建设方面还未形成规模

我们通过调研了解到，广州市青少年莲麻革命传统教育基地依托莲麻黄沙坑革命旧址纪念馆建成，而纪念馆建成并投入使用的时间还很短，各类展品还不够齐全。陈列室内的档案资料还不够规范，与实现现场培训教育的要求还有一定距离。纪念馆设在居民区，与居民住房混在一起，用于开展现场教学的场地还不够大。目前而言，室内可用于现场教学的场地只能容下50人，没有配备上课用的桌椅，上课时只能借用居民的桌椅。馆外有空旷场地，但还没进行相关建设。在莲麻小镇范围内可用于开辟成大课室、大训练场的建筑、空地有多个，但还没有洽谈建设。另外，我们走访居民得知，居民建设民宿的意愿强烈，已建成并开业的民宿有20多家，但普遍缺乏经营管理经验，尚未形成规模化经营，其接待能力还有待整合提升。小镇内开设的酒馆（农家乐）也有20多家，餐位有近1500个，但集中供餐的机制还没形成，普遍是独立经营，独家供餐能力最强的酒馆（农家乐）最多只能提供500个餐位，接待能力同样有限。

（二）软件实力还不够雄厚

调研中我们发现，对于莲麻小镇的基础设施建设可以说人人点赞，但在娱乐设施方面大家普遍反映还很欠缺。用于培训、教学的训练场没有建设，可以留住客人多住多游的项目不多。莲麻小镇虽然风景美、动植物种类多，但文化团体进驻的数量非常有限，人文艺术氛围还没有营造出来，开展动植物科普活动的意识还没有树立。宣传还是过于单一，未能吸引并留下更多的游客。相关的培训氛围、文化积甸还没有被充分挖掘和体现出来，合作机构观望的多，想进驻的还很少。

莲麻小镇中流传着很多红色故事，村内尚存数位 90 岁以上高龄的抗日老战士，保留有杨梅潭战争旧址。与莲麻村相邻的塘基村和三村村也有丰富的红色资源，分别有从化第一届党支部成立地旧址、从化县委成立旧址等，但还没有整合串联起来，资源未能被综合利用。

（三）助推乡村振兴战略的作为还需要加强

莲麻小镇的建设给村民带来极大希望，人均收入也逐年攀升。

表 2　莲麻小镇村民的人均年收入及村集体的年收入情况

单位：万元

年份	村民的人均年收入	村集体的年收入
2014	1.18	16
2015	1.8	28.5
2016	2.06	51
2017	2.86	70

资料来源：莲麻村村委整理。

由表 2 可知，莲麻小镇建设以来，村民致富增收非常明显，村集体收入也增长很多。但通过座谈我们也发现，这些收入主要来自经营民宿、酒馆、酒铺和销售土特产等，而文化产业消费还没有形成，青少年培训的市场也还没有被充分开拓，红色遗产成为村民增收致富的幸福源泉还没有体现。依托红色基因开展的教育仍局限于从化共青团的发动，在这方面还未实现创收，还存在巨大的潜力。据统计，2017 年，到莲麻小镇黄沙坑革命旧址纪念馆参观学习的省内外机关团体有 70 多个，人数近 5000 人，但由于小镇接待能力及培训能力有限，在小镇留下来居住、就餐的人数不到 50%，错失了重大的增收机遇。经与企业、高校、中小学及政府机关洽谈了解，并预判培训意向及需求，广州市青少年莲麻革命传统教育基地预计未来每年可以接待大中小学生以及青年党员、团员参观学习 10 万人次，培训教育党员、团干部近万人次，可直接带动特色小镇村民增收过百万元，间接带动特色小镇文旅增收 500 万元以上，完全可以实现乡村振兴战略中"产业兴旺"的目标。但要大有作为，还需要创设更好的项目，落地更好的服务，提供更多的机遇，实现这一目标任重而道远。

四　问题存在的原因

首先，当前莲麻小镇已从紧锣密鼓的建设阶段进入了服务提升阶段，但教育基地周边配套设施跟不上。一是因为政府前期投入的资金已足够多，输血阶段基本结束，今后要更多依靠村民自发造血。后期的配套设施要依靠产业发展、社会资金的参与来建设和完善。而社会资金的引入还在途中，非政府建设方面还存在不少空白。二是因为莲麻小镇建成后面向社会开放的时间很短，大的市场还没有正式形成，人气还不够旺，村民参与各类创收项目如民宿、酒馆等的建设还存在顾虑，不敢大刀阔斧地扩大规模建设。而且村民手上的资金有限，有时也有心无力。三是目前还缺乏针对传统教育基地的项目资金的投入，对社会资金参与运营的方式还在探讨。而教育基地的培训场地、相关专项培训设施的投建等都需要一定资金及后期维护。

其次，广州市青少年莲麻革命传统教育基地有得天独厚的红色基因资源，但目前影响力还不够，主要是因为软件实力还不够雄厚。一是莲麻小镇还很年轻，文化挖掘、氛围营造方面都还做得不够，传统教育基地建成时间更短，影响力还没有形成。二是本地人才缺乏，改革创新意识不足，创业胆量不足，管理水平不高。行业协会未能统领全局，未能带动小镇产业更好地发展。从村里创业村民的经营现状来看，"抱团取暖"的意识还没有出现，基本处于单打独斗的状态，做大做强的意向不够强烈，缺乏冲劲。三是社会企业的参与度还很有限，标杆企业还没有树立起来，品牌效应也未形成。目前进驻小镇的外来企业不多，而且经济体量不大，还未能形成强大的影响力和号召力。

最后，在乡村振兴方面的助力作用还未充分发挥。一是广州市青少年莲麻革命传统教育基地升级改造的资金还存在严重短缺。据了解，基地建设基本依靠政府特色小镇建设资金的投入，而且该项投入在 2017 年后逐步减少。目前还缺乏针对传统教育基地的项目资金投入，社会资金参与运营的方式还在探讨。而教育基地的培训场地、相关培训设施的建设等都需要一定资金的投入及后期维护，在缺少资金投入的情况下，巧妇难为无米之炊。观光游览的客人多，但留下来消费、为乡村振兴做出贡献的不多。"周末经济"现象严重，固定客源未能形成，开办民宿、酒馆的村民加大投入、扩大经营的信心不足，未能形成大的规模，给培训教育基地的扩大带来一定的困难。二是各部门横向合作不够充分，未能形成更大的合力。目前，在传统教育基地的建设过程中，更多的是共青团组织在发力，但教育基地的建设和后期运作以及更大经济效益的产生，仅仅依靠共青团是不够的，还需要各相关部门共同作为，包括项目的引进，政策、资金的倾斜等。三是纵向系统部门的资源未能及时落地，存在滞后情况。省市系统资源丰富，但如何切实落地到广州市青少年莲麻革命传统教育基地，还需要拓宽思路、加强执行、提高效率。目前，一些项目已有意向及思路，但具体的方案和规划还没有出来，相关工作仍停滞。

五 关于提升教育基地建设、助推乡村振兴的一些建议

（一）立足实际，建用并进，唤醒持续发展动力

目前，莲麻小镇的建设初具规模，影响力也正在提升，尤其是在人居环境改善、产业建设、基层治理等方面都发挥了一定的示范作用。随着乡村振

兴战略的持续推进，莲麻小镇的人气定会越来越旺，其得天独厚的生态环境、便利的交通环境以及红色革命资源，都将推动广州市青少年莲麻革命传统教育基地的发展。在现有条件下，传统教育基地的承载能力有限，但同样可以开展一些相关工作。比如，团从化区委提出的"六个一"课程活动，充分利用现有条件引导广大青少年走进乡村，感受新时代乡村建设的成果，也带领他们重温革命年代的光辉岁月，潜移默化地培养新一代有农村情怀、有时代责任感的新人。在暂时还未能形成更大教育培训规模的情况下，要用好现有的民宿、场地、酒馆等资源，带旺小镇人气，并形成长效合作机制，提升村民的发展信心，促进其自主提升和扩建，从而影响、带动周边更多村民参与产业建设，唤醒持续发展的动力。与此同时，传统教育基地在应用的过程中要逐步完善，逐渐产生效用，从而引起更多部门关注，吸引相关资金投入，一步步加强建设，经过一段时间市场培育和文化沉淀，发展前景会越来越好。故建议，与村委、开办民宿和酒馆的居民加强联系，形成协同工作机制，将零星服务力量汇聚成规模化的服务力量，将分散的可用场地整合并为集体所用，将个体服务提升为产业供应服务，一并促进传统教育基地的发展。

（二）加强联动，整合资源，形成共建共享共治的合力

当前，广州市青少年莲麻革命传统教育基地建设虽然希望能凝聚更多部门的力量，但在客观上，主要的力量还是团从化区委。要建设更有影响力并附带产生经济效益的教育基地，仅仅依靠单一部门奋战是不太现实的，也是不太健康的。建议进一步加强与文广新局、档案局、教育局、林业局、电视台等部门和单位的联动，整合更多的资源，形成共建共享共治合力。比如，联合文广新局，定期组织"红色之旅"亲子游活动，并形成独具特色的旅游专线；联合林业部门，对莲麻小镇的植物资源进行标识，开展科普教育活动；联合教育局和从化区内的高校开展校外实践活动，并形成定点培训单位，促进莲麻小镇村民增收致富；联合农业局、村委培养当地青年人才，使其服务家乡，在家乡创业就业，打造乡村振兴战略实施的农村骨干力量培训平台；

等等。通过不断的交流，整合资源，提升教育水平，拓宽教育渠道，逐步丰富、拓容教育资源，从而形成良性循环。

（三）升级改造，辐射周边，打造"一个半小时车程"教育圈

在作为广州市唯一的革命老区的吕田镇，以莲麻小镇黄沙坑为中心的红色资源是独一无二的。地处吕田北部的莲麻小镇是"全国文明村"，是广东省特色小镇建设的示范村，在新时代乡村振兴战略实施的过程中，具有良好的示范作用。另外，莲麻小镇地处广州市、惠州市、韶关市交界处，邻近大广高速地派出口仅5公里，交通便捷，距离广州市区仅一个半小时车程，具备良好的共建条件。建议将广州市青少年莲麻革命传统教育基地升级为市一级甚至省一级教育地，引进广州市团校或广东省团校培训项目，共同打造教育培训基地，配套建设相关的培训场所，促进当地居民的创业就业，借乡村振兴战略实施的东风带旺小镇的产业。与此同时，可以结合研学旅行教育基地建设一并推进，通过升级改造、辐射影响联动周边韶关、惠州等地的资源，打造"一个半小时车程"教育圈，繁荣广州北部及周边县市的乡村经济，为广东省乡村振兴战略实施做出重大贡献。

（四）加强保障，常态开放，主动提升品牌影响力

一个基地从建立到成熟并走向市场，必然有一个过程，不可能一蹴而就，需要持续投入，并在常态性向社会开放的过程中积累市场信誉，提升品牌效应。建议成立以团市委主要领导为组长的工作领导小组，定期研究并协调解决推进过程中的问题，并将广州市青少年莲麻革命教育基地列入年度经费预算项目，从运行资金上保证基地的可持续健康运作，着力于教育基地实力的提升。另外，在年度专家交流及团队培训学习安排上，要适度向莲麻革命传统教育基地倾斜，从官方和民间渠道主动提升基地的热度，扩大品牌效应，力争用一到两年时间将其打造成广州市乃至全省有影响力的革命传统教育基地。

（五）深化内涵，市场运作，助推乡村振兴战略的实施

从长远来说，教育基地除了要有强大的生命力，还得有丰富的内涵，从而吸引更多的人。特色小镇的文化内涵需要时间来孕育，而政府的政策性扶持也有期限，因此要持续投入，提升内涵，培育更广阔的市场，还是需要引入市场化运作。建议政府搭台、企业唱戏、村民参与，通过全方位的包装宣传，以项目化建设形式加强规划、科学发展、打造品牌，融教育培训、观光旅游、养生休闲于一体，全力打造助推乡村振兴建设的示范综合体。比如，引入企业建设培训基地后勤服务中心，合资建设和拓展训练场、培训宿舍等。

企业共青团运用助学助教方式助力
精准扶贫研究

广州越秀集团有限公司团委

摘　要： 本课题以习近平新时代中国特色社会主义思想为指导，立足于中国国情与广东省的区域特点，从企业共青团运用助学助教方式助力精准扶贫的研究视角出发，旨在通过调研了解广州市属机关、企事业单位的团组织运用助学助教方式助力精准扶贫的现状及效果，包括：了解目前机关、企事业单位的团组织运用助学助教方式助力精准扶贫的常用做法；了解当地学校中的老师、学生对助学助教的需求；了解已开展活动的学校中的老师对助学助教效果的反馈；了解参与活动的志愿者对助学助教的看法。同时，针对企业共青团参与精准扶贫提供相关对策建议。

关键词： 企业共青团　精准扶贫　助学助教

由越秀集团团委牵头负责的"企业共青团组织运用助学助教方式助力精准扶贫研究"项目自启动以来，得到了广州市各级团组织，四川、云南、广东英德三地师生，以及越秀集团志愿服务队的大力支持。本次调研有针对性地开展了各项研究，现将调研结果报告如下。

一　调研基本情况

（一）研究背景与研究价值

1. 研究背景

（1）精准扶贫

扶贫一直是党和国家关注的重大议题。改革开放以来，我国扶贫工作取得了举世瞩目的成就，在全党全社会的共同努力下，成功解决了几亿农村贫困人口的温饱问题，走出了一条中国特色扶贫开发道路。

2013 年 11 月，习近平总书记在湘西考察时提出"精准扶贫"概念："扶贫要实事求是，因地制宜。要精准扶贫，切忌喊口号，也不要定好高骛远的目标。"2014 年，中共中央办公厅、国务院办公厅印发《关于创新机制扎实推进农村扶贫开发工作的意见》，指出必须深入贯彻党的十八大和十八届二中、三中全会精神，全面落实习近平总书记等中央领导同志关于扶贫开发工作的一系列重要指示，进一步增强责任感和紧迫感，切实将扶贫开发工作摆到更加重要、更为突出的位置。2015 年 12 月，中共中央、国务院发布《关于打赢脱贫攻坚战的决定》，指出确保到 2020 年我国现行标准下农村贫困人口实现脱贫，是全面建成小康社会最艰巨的任务。2016 年 12 月，国务院印发《"十三五"脱贫攻坚规划》，主要阐明"十三五"时期国家脱贫攻坚的总体思路、基本目标、主要任务和重大举措，进一步明确精准扶贫的路线图和时间表。2017 年，党的十九大报告提出，坚决打赢脱贫攻坚战，要动员全党全国全社会力量，坚持精准扶贫、精准脱贫。

中国当前扶贫工作在坚持以政府力量为主导的同时，更多注重培育扶贫的多元主体，引导和呼吁企业参与国家精准扶贫攻坚战。2016 年 1 月中办和国办印发的《关于创新机制扎实推进农村扶贫开发工作的意见》指出，"扶贫开发工作要进一步解放思想，开拓思路，深化改革，创新机制，使市场在资源配置中起决定性作用和更好发挥政府作用，更加广泛、更为有效地动员社会力量，构建政府、市场、社会协同推进的大扶贫开发格局"。《"十三五"脱贫攻坚规划》中提到，要坚持精准扶贫、精准脱贫基本方略，坚持精准帮扶与区域整体开发有机结合，以社会主义政治制度为根本保障，充分发挥政府、市场和社会协同作用。2016 年，中国证监会发布《关于发挥资本市场作用服务国家脱贫攻坚战略的意见》，对上市公司履行社会责任、服务国家脱贫攻坚战略给予支持和鼓励。可见，使企业在打赢脱贫攻坚战中发挥更大潜力和更积极的作用，对于构建以政府、非营利组织、市场等为主体的全方位扶贫格局，推动精准扶贫方略实施具有重要意义。

越秀集团一直以来响应党和国家的号召，积极投身于对相对贫困地区的扶贫攻坚。从 2016 年起，越秀集团迎来新一轮的精准扶贫、精准脱贫攻坚战，对口帮扶英德市西牛镇的赤米村、鲜水村和高道村。

（2）教育脱贫

推动精准扶贫方略实施，教育脱贫始终是重要举措。联合国教科文组织的研究表明，不同层次受教育者提高劳动生产率的水平不同：本科毕业生为 300%、初高中毕业生为 108%、小学毕业生为 43%，人均受教育年限与人均 GDP 的相关系数为 0.562。教育在促进扶贫、防止返贫方面具有根本性、可持续性作用。《关于打赢脱贫攻坚战的决定》提出应着力加强教育脱贫，加大对乡村教师队伍建设的支持力度，实施教育扶贫结对帮扶行动计划。2017 年 4 月出台的《中共广东省委　广东省人民政府关于新时期精准扶贫精准脱贫三年攻坚的实施意见》亦提出，应实施教育文化扶贫工程。《"十三五"脱贫攻坚规划》要求，应按照"缺什么、补什么"的原则改善义务教育薄弱学校的基本办学条件，力争到 2019 年底，使贫困地区所有义务教育学校均达到"20 条底线要求"。2017 年，习近平总书记到河北省张家口市考察工作时指出，要把发展教育扶贫作为治本之计，确保贫困人口子女都能接受良好的基础教育，具备就业创业能力，切断贫困的代际传递。党的十九大报告也强调了应注重扶贫同扶志、扶智相结合。

教育扶贫也成为新时期企业精准扶贫的主要方式之一。《中国企业扶贫研究报告（2017)》研究指出，上市公司的精准扶贫方式多样，大致覆盖九个领域，包括产业发展扶贫、转移就业扶贫、易地搬迁脱贫、教育脱贫、健康扶贫、生态保护扶贫、兜底保障、社会扶贫和其他项目，其中在教育领域最为集中。

越秀集团除了依靠产业帮扶构建长效机制推动扶贫外，还积极参与教育扶贫。在了解了越秀集团援建的四川雅安大坪乡中心小学、云南鲁甸龙头山镇新民小学的教育资源状况后，为帮助当地乡村学校学生体验相对专业的体育、音乐、美术课程，提升综合素质教育，减少教育失衡，越秀集团志愿服务队在 2016 年及 2017 年共组织两批共 50 多名志愿者走进四川雅安大坪乡中心小学，2017 年组织一批共 13 名志愿者走进云南鲁甸新民小学，2018 年组织志愿者走进广东英德西牛镇的鲜水村小学、高道村小学。

2. 研究价值

在企业开展精准扶贫工作的过程中，在教育扶贫领域，作为青年的先进集体，机关、企事业单位中的共青团组织应积极发动团员青年以助学助教的方式参与脱贫攻坚的伟大实践。企业要运用自身优势与相对贫困地区的学校建立联系，通过助学助教的方式启发青年学生成长进步，使贫困家庭子女接受公平、有质量的教育，提升他们的综合素质，助力长期扶贫建设。

（1）理论价值

当前，国内外对企业扶贫研究的重点主要在企业社会责任、企业慈善捐赠、物质帮扶等方面，有关企业中的团组织运用助学助教方式助力精准扶贫的研究成果并不多。本课题在一定程度上可以丰富企业扶贫的相关理论研究，拓宽企业扶贫研究的深度与广度，对未来该领域内相关研究的开展具有一定的参考意义。

（2）现实价值

针对广州市属机关、企事业单位的团组织运用助学助教方式助力精准扶贫的现状，本次调研通过分析调查数据做出相对客观的评价，对运用助学助教方式助力精准扶贫的外在需求及原因进行探究，并尝试提出具有针对性、可行性和操作性的对策建议。在实践意义上，可以为在更广阔范围内企业团组织运用助学助教方式助力精准扶贫提供借鉴与参考，为政府针对企业扶贫的顶层设计和政策制定提供建议。

（二）调研的基本情况

1. 调研团队

本次调研主要由越秀集团团委牵头进行，成员包括：

组长：胡　柳（团委书记）

组员：钟　浩、刘兆琪、薛颖强、杨喆子

2. 调研方法

本次调研主要采用问卷调查与访谈相结合的方法。

（1）问卷调查

我们针对企业团组织运用助学助教方式助力精准扶贫的实际情况自主设计了四类调查问卷，电子问卷主要发给共青团组织及助学助教志愿者，而纸质问卷主要发给相对贫困地区小学中的老师及学生。针对共青团组织的调研样本选取，主要采取的是定向邀请的方式；实现对当地小学老师的调查全覆盖；调查学生的样本主要是具有一定理解能力的小学高年级学生；助学助教志愿者的调研样本覆盖了参与多期活动且具有一定认知和想法的志愿者群体。问卷内容涉及：广州市属机关、企事业单位的团组织助学助教的通常做法；当地学校老师、学生对助学助教的需求；当地学校老师对助学助教效果的反馈；参与的志愿者对助学助教效果的看法等。

问卷制定完毕后，向广州市属机关、企事业单位的团组织计划发放调研问卷 20 份，最终回收有效问卷 10 份，有效回收率为 50%；向当地老师、学生计划发放问卷 105 份，最终回收有效问卷 104 份，有效回收率为 99%；向参与活动的志愿者计划发放问卷 40 份，最终回收有效问卷 29 份，有效回收率为 72.5%。

（2）访谈

访谈主要针对当地学校校长及主要志愿者的看法。

2018 年 4 月 28 日，越秀集团志愿服务队总队长钟浩、副总队长刘兆琪到英德市西牛镇的高道村小学、鲜水村小学调研，对学校校长进行访谈，了解校长对助学助教相关安排的看法。在对四川雅安以及云南鲁甸等地的支教活动结束后，志愿服务队皆有组织地与志愿者进行交流，重点对长期坚持支教的三位志愿者进行访谈。

3. 调研对象

本课题的调研对象包括广州市属机关、企事业单位的团组织；相对贫困地区学校中的老师和学生，范围覆盖四川雅安大坪乡小学、云南鲁甸新民小学及广东英德市西牛镇的赤米村、鲜水村、高道村小学；参与助学助教活动的志愿者，包括参与支教的志愿者及日常到扶贫村慰问的志愿者。

4. 概念的界定

（1）企业共青团组织

企业共青团组织作为基层团组织，包括团支部和团委，其中最基本的组织是团支部。企业共青团组织是企业中专门服务于青年成长发展的服务型组织，充分发挥了作为党联系青年的桥梁和纽带的作用，积极协助企业党组织管理青年事务，维护企业发展和青年的具体利益，按照企业对青年的要求和青年自身发展的需要，做好服务青年成长成才的工作。

（2）助学助教

助学助教为支援教育的一系列活动。在我国，支教是指支援落后地区乡镇中小学校的教育和教学管理工作，活动主要可分为三类。第一类是由政府在国家层面制定并推广的支教行为，如大学生志愿服务西部计划，"三支一扶"计划；第二类是非国家政策性的但由准政府部门发起的支教行为；第三类是非政府组织倡导的支教行为。本文所研究的企业团组织的助学助教活动属于第三类。根据持续时间的长短，还可将支教区分为长期支教活动和短期支教活动。本文所研究的企业团组织的助学助教活动属于短期支教活动。

综上，本文所涉及的企业共青团助学助教概念具体指，在企业共青团组织的统一领导下，对落后地区的乡镇中小学校的教育和教学管理工作进行短期支援的教育活动。

二 调研中的发现

（一）机关、企事业单位的团组织助力精准扶贫的情况

通过调查我们发现，广州市机关、企事业单位的团组织大多运用助学助教方式助力精准扶贫，但每年开展的频次不一样，一般不会超过2次（见表1）。

表1 每年开展助学助教的频次

频次	占比
5次及以上	11.11%
3~4次	11.11%
1~2次	44.44%
偶尔	33.33%

调查发现，广州市机关、企事业单位的团组织采取的助学助教方式绝大多数为捐赠书籍、体育用具等给当地学校，其次为组织短期支教活动、参与教学，以及捐赠衣物等生活用品，组织做游戏、体育运动等课外活动（见表2）。

表2 采取哪些助学助教方式（多选）

所采用的助学助教方式	占比
组织短期支教活动、参与教学	55.56%
捐赠书籍、体育用具等	88.89%
捐赠衣物等生活用品	44.44%
一对一帮扶家庭困难学生	22.22%
组织做游戏、体育运动等课外活动	44.44%
其他	22.22%

大多数团组织认可以短期支教方式参与教学，特别是针对当地学校较为缺乏的音乐、美术、体育等综合素质课程的助学助教活动（见表3）。

表3 是否提倡采取短期支教方式参与教学

是否提倡短期支教	占比
值得提倡,能提升当地学生的综合素质	77.78%
不值得提倡,难以达到效果	22.22%
不好说	0

(二)当地教师、学生对于开展助学助教的需求

从2016年开始,越秀集团对广东英德市西牛镇高道村、鲜水村、赤米村实施精准帮扶。我们实地调研发现,当地学校仅设一至三年级(另外,高道村有幼儿园;鲜水村、赤米村没有幼儿园,而是与一年级混班),在2018年下学期设四年级。学生人数不多;教师资源有限,且年龄普遍偏大,以长期坚持在乡村教学一线、户籍在当地的教师为主,缺乏"新血液"的补充。上述学校只能基本保障语文、数学教学的开展,英语教学基本处于停滞,音乐、美术等艺术教育课基本不开展教学,体育课按照要求会正常进行,但教学内容几乎仅为基本的跑步等。

越秀集团在云南鲁甸新民小学援建了1栋教学楼。我们实地走访发现,当地学校开设了学前班和小学六个年级,全校有师生365人,其中在岗教师有11名(有3名代课老师)。课程教学以语文和数学科目为主,学校没有英语老师,导致英语教学基本停滞。学生数量多、教师资源不足、主课任务重,造成教师无暇顾及音乐、美术等艺术类课程教学,体育课有固定老师上课,但教学内容基础且单一。

越秀集团援建的四川雅安大坪乡中心小学,是几个学校中条件较好的。我们实地走访发现,当地学校开设了学前班和小学六个年级,学生人数达到300人。课程教学以语文与数学科目为主,学校配有专门的音乐、美术教室及相关设备,但是使用较为有限。体育课有固定老师上课,具有一定的教学基础。

我们对上述学校的学生、教师对助学助教的需求进行调研,共收到88个学生、16名教师的反馈,调查结果如表4所示。

高达74.04%的师生期待的助学助教方式是志愿者能与学生共同开展趣

味运动会等活动，60.58%的师生期待开展支教等教学活动，54.81%的师生期待能有提升当地教师素质的培训。

如果由经验丰富的支教老师、志愿者给同学们上课，当地师生希望开设的课程如表5所示。几乎所有课程都有人选择，可见师生对提升当地教育质量、丰富教学内容的迫切需求。

表4　师生期待的助学助教方式（多选）

期待的助学助教方式	人数	占比
开展支教等教学活动	63	60.58%
提升当地教师素质的培训	57	54.81%
与学生共同开展趣味运动会等活动	77	74.04%
其他	3	2.88%

表5　当地师生希望支教过程中开设哪些课程（多选）

希望开设的课程	人数	占比
语文	60	57.69%
数学	58	55.77%
英语	56	53.85%
音乐	58	55.77%
美术	60	57.69%
体育	63	60.58%
阅读	25	24.04%
演讲	8	7.69%

表6显示，近85%的师生非常欢迎和比较欢迎志愿者从音乐、美术、体育等素质教育课程入手开展短期助学助教活动，以此丰富学生的学习课程，通过艺术教育提高学生的综合素质。

在开展音乐、美术、体育等素质教育课程的具体知识内容设计方面，师生们更关注开阔视野的基本知识，同时兼顾大纲要求的系统知识及给学生们带来快乐的趣味知识（见表7）。

表 6   是否欢迎志愿者从音乐、美术、体育等素质教育课程入手开展短期助学助教活动

选项	人数	占比
非常欢迎	55	52.88%
比较欢迎	33	31.73%
不好说	10	9.62%
不太欢迎	5	4.81%
一点儿都不欢迎	1	0.96%

表 7   在素质教育课程的具体知识内容设计中师生们的需求（多选）

知识需求	人数	占比
大纲要求的系统知识	59	56.73%
开阔视野的基本知识	64	61.54%
带给学生们快乐的趣味知识	54	51.92%
只要能讲课即可，知识不强求	15	14.42%

（三）当地教师对开展助学助教效果的反馈

在越秀集团志愿服务队支教过的四川雅安大坪乡中心小学与云南鲁甸新民小学，本课题组随机调研了 18 名老师，了解他们对志愿者开展助学助教效果的评价。

其中，赞成志愿者团队组织短期支教老师到学校开展教学的达到 2/3，不赞成的比例较低（见表 8）。

表 8   是否赞成志愿者团队组织短期支教

选项	人数	占比
完全赞成	4	22.22%
比较赞成	8	44.44%
不好说	4	22.22%
不太赞成	2	11.11%
一点儿也不赞成	0	0

在支教老师、志愿者能够带给学生的影响方面，绝大多数当地教师认为，具备一定教学能力的志愿者和支教老师能够开阔学生的视野，其次为使学生增长知识，同时还能打开学生的心灵，提升他们的自信等（见表9）。

在评价短期支教活动对提高学生的学习兴趣、改善教育的效果方面，77.78%的教师认为不好说，得从长期才能看出来（见表10）。

表9　认为支教老师、志愿者能给学生带来哪些影响（多选）

支教有哪些影响		占比
使学生增长知识	12	66.67%
开阔学生的视野	16	88.89%
打开学生的心灵,提升其自信	10	55.56%
增加其对学习的兴趣	4	22.22%
其他	0	0

表10　短期支教活动是否有效

短期支教是否有效		占比
有效,努力学习的孩子更多了	4	22.22%
不好说,得长期才能看出来	14	77.78%
无效,该怎么样还是怎么样	0	0

总之，教育扶贫能够拓宽相对贫困地区学生的视野，达到增进学生的学习兴趣、提升其学习能力的目的。在知识及技能层面的提升能够改变当地居民的认知，促进他们更好地实现美好生活。对此，大多数老师都认同知识的力量。

（四）助教志愿者对助学助教效果的反馈

本课题以参加两周以上支教活动的志愿者为重点调研对象，了解他们参加活动后对助学助教效果的反馈。

关于支教老师、志愿者能为学生带来哪些影响，86.21%的志愿者认为短期支教活动能开阔学生的视野，与当地老师的反馈基本一致；79.31%的志愿者认为短期支教活动能打开学生的心灵，提升他们的自信；72.41%的志愿者认为能够增长学生的知识（见表11）。

表11　支教老师、志愿者能为学生带来哪些影响（多选）

支教活动能为学生带来哪些影响	人数	占比
增长学生的知识	21	72.41%
开阔学生的视野	25	86.21%
打开学生心灵，提升其自信	23	79.31%
增加学生对学习的兴趣	19	65.52%
其他	6	20.69%

高达89.66%的志愿者认为随着知识及技能的提升，知识的力量能够改变当地居民的认知，以促进他们实现更美好的生活（见表12）。

表12　知识能否改变认知，帮助居民实现美好生活

选项	人数	占比
能够	26	89.66%
不好说	3	10.34%
没什么相关性	0	0
不能	0	0

关于如何更有效地开展助学助教活动、尽可能达到目标，受访志愿者认为助学助教活动应重点关注三个方面：学生学习及生活各方面的需求、组织教学活动、学校及教师的需求（见表13）。

表13　应如何更有效地开展助学助教活动（多选）

应重点关注	人数	占比
组织教学活动	22	75.86%
学校及教师的需求	20	68.97%
学生学习及生活各方面的需求	23	79.31%
当地老百姓的生活状况	12	41.38%

关于助学助教活动周期以多久为宜，超过60%的志愿者认为一个月时间较为合适（见表14）。

表14　助学助教活动以多久为宜

时长	人数	占比
半个月	5	17.24%
一个月	18	62.07%
一个学期	6	20.69%
更长	0	0

三　学校方面对企业共青团助学助教形式的需求

通过调研企业共青团组织助学助教活动的开展方式，当地师生对助学助教的需求与效果反馈，以及助学助教志愿者对于开展短期支教的效果反馈，可以发现当地学校对企业共青团以助学助教方式助力精准扶贫存在如下需求。

（一）开展趣味运动会等慰问活动

调研发现，当地师生较为认可的助学助教方式是企业共青团与学生们一起开展趣味运动会等慰问活动，而不只是进行简单的捐赠书籍、生活用品等物质帮扶。原因在于，当地教师大多身兼多门主课，工作压力较大，没有时间和精力组织学生们喜爱的趣味运动会等文化活动。而且教师人手不足，无法保障活动得到完善组织及顺利落实。

在助学助教效果方面，开展趣味运动会，特别是设计较为精良的团队游戏，或者简单策划一场游园会与文艺演出，都能提升当地学生的集体凝聚力与团队协作能力，增强学生的自信心，在活动过程中实现学生与助教老师充分互动。

越秀集团志愿服务队在每次短期支教后都会将收集上来的学生美术作品

进行公开展览，把在音乐课上教给同学们的歌曲、舞蹈编排成节目进行汇报演出等。这些活动形式受到当地学生的热烈欢迎。

（二）组织专业老师到当地学校开展支教活动

通过调研我们发现，当地师生非常认可志愿者和支教老师到学校开展短期支教活动，当地教师与支教志愿者和支教老师共同拥有通过知识改善当地居民生活的愿望。

主要原因在于：第一，当地师资力量有限。调研团队走访发现，越秀集团志愿服务队支教的几所小学均没有英语老师，即使有英语老师，短期内也会调走或者离职，这导致英语教学基本无法开展。音乐课、美术课没有专业授课老师。第二，教师来源结构失衡。当地小学教师团队基本由当地或附近居民担任，稳定的外来师资少。不少教师身兼几门主要课程教学，没有精力投入到其他文体类课程教学中去。第三，学校师生对外界教育资源帮扶有迫切需求。这几所小学尽管均获得过基金会、爱心人士捐赠的书籍、学习用品等物质资助，但在精神帮扶如助学助教等教育脱贫方面仍有迫切需求。

四　对策建议

我们结合访谈和调研实际以及开展支教活动取得的经验，提出如下对策建议。

（一）鼓励机关、企事业单位的团组织到当地开展教育帮扶活动

一线城市机关、企事业单位团组织中的青年群体活跃，在校期间拥有相对丰富的文艺活动组织经验，文化水平层次较高。他们在组织趣味运动会、游园会、文艺会演等教育帮扶活动时设计较为新颖，切合当地学生群体的心理需求，能够在活动中发掘当地小学生的学习兴趣，提升他们的自信，这有利于学生综合素质的提升与身心健康发展。

相比于简单的捐赠等物质帮扶活动，开展趣味运动会、游园会、文艺汇

演等教育帮扶活动，能够使当地师生与志愿者充分地实现双向交流，使前者接受新教学观念的冲击，并拓宽视野。

（二）鼓励大学生、机关企事业单位的高素质人才到村小学支教

扶贫必须扶智。开展短期支教活动虽然收到了开阔当地学生的视野、提升其自信等效果，但是，要想从根本上提高当地的教育水平、改善当地居民的认知并提升其综合技能和素养，仍然需要做长期努力。贫困地区小学受到师资力量、发展条件等因素限制，外来高素质老师无法长期留下，当地老师自身综合能力提升有限，素质课程的缺乏也造成村小学与市级小学学生综合素质上的差异，因此鼓励专业老师进驻当地授课尤为必要。

为此，可以鼓励刚毕业的本科大学生到村小学长期支教（1~2年），教授英语、语文等主课。高素质大学生参与授课，有利于提升当地村小学的教育水平。在激励机制设置方面，可以参考"美丽中国"项目以及大学生西部支教项目，一是给予毕业生额外的补贴，二是在学业上给予其优秀学校的研究生入学资格，三是对授课效果好的大学生进行工作推荐。

对于音乐、美术、体育等文体类素质教育课程的教学，机关、企事业单位的团组织可以鼓励本单位青年以接力授课的方式参与，从而提升村级小学素质课程的教学水平，增强教育脱贫的落实效果，从而助力精准扶贫。

"校＋社"联动创新模式研究

——以广州市流花中学社区教育为例

共青团广州市荔湾区委员会

广州粤穗社会工作事务所

摘　要： 随着社会发展，青少年学生的成长环境以及发展需求都发生了巨大变化，因此有关他们成长教育的形式也要有所创新。学校社区教育恰是传统教育的补充，而"校＋社"联动创新模式则是一种良好的探索。"校＋社"联动创新模式，是学校同社工机构合作，将社会工作元素引入学校教育，运用社会工作专业手法，以个案、小组、活动的形式创新传统教育内容和形式，以更好地服务青少年学生。

关键词： 社区教育　"校＋社"联动　教育创新

习近平同志在党的十九大报告中提出了"培养担当民族复兴大任的时代新人"的重大战略命题，这就要求重视人才、重视对青少年的培养。中国共产主义青年团作为一个青少年的组织，承担着贯彻落实党的十九大相关精神的重任。当代青少年学生因成长环境的变化而呈现出新的群体特征，新时代的学校教育也面临新的挑战，不能再局限于简单的知识传授，而要与时俱进，创新教育内容和模式，为国家、社会培养全面发展型人才。

一　调研基本情况

（一）时代背景

一是独生子女时代。现在的青少年学生成长在独生子女时代，他们大多数缺乏亲密的成长伙伴，同时接受着焦点式的家庭爱护，因此普遍具有人际沟通能力不足、社交适应能力差、自我为中心等独生子女的典型特征。

二是网络时代。现在科技发达，互联网发展迅速，网络游戏更是层出不穷，这对青少年学生是极大的诱惑，因此教育工作者需要积极预防青少年学生网络成瘾现象出现。

三是新时代。新时代新变化，新服务新需求。时代的变化对教育内容、教育方法、教育模式都提出了新的要求，青少年学生的教育需求不断提升，给以往的传统教育带来挑战。

（二）相关概念

"社区教育"是一个较为宽泛的概念。本文所说的社区教育指的是，除了学习以外，开展促进青少年学生能力发展，提升青少年学生道德素质、社区参与意识、社会责任感的一系列服务，促进青少年学生全面健康发展。

"校＋社"联动创新模式是学校同社工机构合作，在学校教育中引入社会工作元素，以需求为导向，运用个案、小组、社区等社会工作专业手法，创新传统教育的内容和形式，服务青少年学生的工作模式。

（三）研究对象

本次调研的研究对象是广州市流花中学七至九年级青少年学生。

流花中学创建于 1989 年，是广州市一级学校。目前学校设有七年级、八年级和九年级共三个年级 11 个班，有 252 名在校学生。其中，七年级设有 6 个班，共 140 名学生；八年级有 3 个班，共 63 名学生；九年级有 2 个班，共 49 名学生。学校位于站前街，附近有服装批发市场 1 个，小饰品批发市场 4 个，鞋业批发市场 12 个，其中包括华南最大的鞋业批发市场。学校附近经济较为繁荣，外来人口多，人口的流动性较大，这在很大程度上也影响了学校的生源。从学生的组成来看，来穗人员子女比例约占 42%，有 105 人；本地户籍学生约占 58%，有 147 人。

样本选取的依据为：首先，流花中学的生源具有多样性，以其作为样本能够很好地支撑调查的客观性；其次，流花中学的"校 + 社"创新服务模式已启动并顺利运行了近半年，取得了明显的服务成效，具有可行性和可推广性；再次，模式运行过程中产生的大量服务经验能够为本次研究提供合适且充分的数据支持；最后，流花中学与粤穗社会工作事务所已经合作了几年，与之有较好的互动基础，加上 2017 年 11 月粤穗社会工作事务所正式定点、定人、定时进驻流花中学，双方通过更加频繁和深入的沟通合作已建立起稳固且有默契的合作关系，流花中学愿意并能够为本次调查提供各种数据、信息以及人手支持。综合以上优势，调查组人员因此选取流花中学作为调研对象。

（四）研究方法

本次调研分别采用了问卷法、访谈法、文献法、比较分析法。

（1）问卷法：2018 年 4 月，由粤穗社会工作事务所设计调查问卷，采取抽样方法，在流花中学三个年级中随机抽样并派发 220 份问卷。共回收问卷 198 份，其中有效问卷 198 份。

（2）访谈法：访谈与社工机构合作过的流花中学老师。

（3）文献法：查阅往期社工机构与学校合作的服务资料，查看服务记录与反馈，并参考其他相关文章。

（4）比较分析法：根据社工进驻学校前后社区教育服务的变化情况，分析新模式的服务成效以及待完善之处。

（五）国内外社区教育现状

1. 国内社区教育现状

我国现代意义上的社区教育始于 20 世纪 80 年代的上海、天津等地的青少年校外教育，主要表现为青少年德育教育①。有人研究后，认为学校与社区的合作是双向的，对于双方都是有利的②。从学校角度看，学校能够从社区中获得自身发展所需的帮助与支持；从社区角度看，二者的互动即是学校对社区的服务，例如鼓励学生深入社区、服务社区，学校向社区开放，发展各种各样学校与社区互动合作的组织。

2000 年 4 月，教育部职成教司下发《关于在部分地区开展社区教育实验工作的通知》，开展全国范围内的社区教育实验，我国社区教育工作初具雏形③。经过多年的发展，社区教育从最初的以提高青少年素质为主逐步拓展为现如今的以提高社区全体成员的素质和生活质量为主要内容，其影响力和推进速度令人鼓舞④。习近平在十九大报告中提出，要坚定文化自信，坚持中国特色社会主义文化发展道路，激发全民族文化创新创造活力，建设社会主义文化强国。而社区教育作为文化发展的重要载体，其重要性越发凸显。

在社区教育备受关注、迅猛发展的同时，也显现出地区性差异比较大、内部结构不均衡、整体资金投入有限、缺乏必要的实体等问题。

2. 国外社区教育现状

美国非常重视社区教育，认为"没有健康的社区就没有健康的学校，没有健康的学校就没有健康的社区"。⑤ 美国社区教育有学校主导和社区主导两种模式。学校主导是向社区居民开放教育资源，在提升居民素质的同时，增强他们对学校的重视度。社区主导要求参与活动以社区为基地，社区居民均要参与。因而美国的学校教育同社区教育总是紧密联系的，学校重视同社区的合作，共同举办活动，提升学生的社区参与意识和社会责任感，促

---

① 李渭：《社会工作介入社区教育发展模式初探》，《内蒙古电大学刊》2017 年第 2 期。
② 刘淑兰：《学校与社区的互动》，四川教育出版社，2003。
③ 李平：《国内社区教育研究综述》，《辽宁教育研究》2004 年第 11 期。
④ 李静珠：《国内社区教育管理的研究综述》，《高等函授学报》（哲学社会科学版）2011 年第 5 期。
⑤ 苏泽超：《对美国社区参与公立中小学学校管理的初步研究》，《课程教育研究》2016 年第 26 期。

进学生全面成长。

在加拿大，学校不是孤立的系统，而是社会的一个组成部分。社会要求学校培养出其所需的未来公民，未来公民要拥有学习能力、自主能力、社会生活能力等，因而学校需要与社区互动，整合资源，构建负有教育责任的社会领域。社区教育是对学校教育尤为重要的补充。特别是暑假期间，学生在参与社区教育时会被鼓励成为社区内负责的领袖，帮助同学对抗不公平，提升他们的社会责任意识和能力①。

通过对国内外社区教育现状进行梳理，我们可以看到，在社区教育中，社区的参与是至关重要的。而如何将社区融入其中，补充学校教育的缺失，以及能否有一套完善的运行模式，这也是本文想要探讨的主要问题。

二 广州流花中学社区教育情况

在本次调研中，为了更好地了解学校社区教育现状，我们通过调查问卷和访谈，对社工机构介入流花中学社区教育前后做了一些对比分析。

（一）社工介入前学校的社区教育概况

1. 青少年学生认识不足

调查问卷显示，有56.6%的学生认为在社工介入前学校举办过社区教育，这说明学校还是给予了社区教育一定的重视。但也有8.6%的青少年学生选择"没有"，更有34.8%的青少年学生选择"不清楚"，这显示出青少年学生对社区教育认识不足，学校的社区教育宣传不到位，或者说学校社区教育的内容不甚清晰、内容有限（见表1）。

---

① 杨军红：《学校不是一座孤岛——看加拿大如何探索以社区为依托的融合教育模式》，《当代教育家》2017年第7期。

表1　社工进驻前，学校举办社区教育服务的情况

社工进驻前学校是否举办过社区教育活动			
选项	频率	有效百分比	累计百分比
有	112	56.6%	56.6%
没有	17	8.6%	65.2%
不清楚	69	34.8%	100.0%
合计	198	100.0%	

2. 社区教育吸引力不足

在"社工进驻前对学校的社区教育是否喜欢"这一问题上，调查结果显示，学生选喜欢和非常喜欢的占57.1%，这说明学校的社区教育还是有一定的基础的。但依然存在较大的不足，学生对学校社区教育服务感受一般、不喜欢和非常不喜欢的约占42.9%，这反映了学校的社区教育缺乏足够的吸引力（见表2）。因而，在社区教育的内容和形式设计上，要根据青少年的实际情况和需求有所创新。

表2　社工进驻前，学生对学校的社区教育是否喜欢

社工进驻前对学校的社区教育是否喜欢			
选项	频率	有效百分比	累计百分比
非常不喜欢	1	0.5%	0.5%
不喜欢	8	4.0%	4.5%
一般	76	38.4%	42.9%
喜欢	80	40.4%	83.3%
非常喜欢	33	16.7%	100.0%
合计	198	100.0%	

3. 青少年学生积极性欠缺

学校社区教育的主体是青少年学生，他们的参与度十分重要。好的社区教育服务一定能激发青少年学生的积极性，促进青少年学生主动参与。本次调查数据显示，在参与学校社区教育的投入程度上，有0.5%的学生选择了非常不投入，2.5%的学生选择了不投入，46%的青少年学生选择了一般,即49%的青少年学生对社区教育服务缺乏热情,积极性有待提高(见表3)。学生投入度低,与传统社区教育服务内容单调、缺乏足够的吸引力有关。传统社区教育以思想教育、价值观教育为主,采用的多是课堂、会议、讲座等形式,除了一些节日活动外,深入社区的机会较少,学生的积极性也就有限。

表3 社工进驻前,学生参与学校社区教育的投入程度

社工进驻前参与学校社区教育的投入程度			
	频率	有效百分比	累计百分比
非常不投入	1	0.5%	0.5%
不投入	5	2.5%	3.0%
一般	91	46.0%	49.0%
投入	77	38.9%	87.9%
非常投入	24	12.1%	100.0%
合计	198	100.0%	

(二)社工的主要介入点

1. 注意掌握青少年学生的动态

为了提高青少年学生对社区教育的兴趣,社工就要掌握青少年学生的特点,对青少年学生的生活习性、兴趣爱好、行为动态有较为清晰的了解,避免盲目开展工作,以便能够设计出真正为青少年学生所接受的服务,及时提供其所需的服务,以吸引青少年学生的注意。

2. 服务策划系统化

社工在进驻广州流花中学后,对学校社区教育的情况逐步有了整体了解。为提高社区教育成效,对学校社区教育进行系统策划,使学生在社区教育中逐步提升意识、锻炼能力。社工将服务内容划分为几类,并有计划地丰富、推进,使学生逐步接受、喜欢、积极参与。

3. 加强成效监测

学校社区教育的开展要重视成效监测,不能活动办完即结束。社工在介入后，建立反馈机制，了解学生、老师对服务的感想和建议，对社区教育服务的成效进行定期监测，并写出报告、总结，及时做出调整，以便学校的社区教育水平不断得到提升。

（三）社工介入后社区教育发生改变

我们通过对比分析调查数据发现，社工的介入对学校的社区教育有很大的促进作用，社区教育问题得到较大改善，提高了青少年学生的参与度和积极性，青少年学生对社区教育各方面的满意度明显上升。

1. 对服务频率的满意度提高

社工介入学校社区教育后，有计划地根据青少年学生的需求开展了不同主题的服务，相较于以往服务频率有了一定提升。数据显示，青少年学生的满意度上升明显，选择"非常满意"的青少年学生比例由 17.2% 升至 50.5%（见表4）。

表4　青少年学生对社区教育服务开展频率的满意度前后对比

对社区教育服务开展频率的满意度对比		
	社工介入前	社工介入后
a. 非常满意	17.2%	50.5%
b. 满意	44.9%	43.9%
c. 一般	34.8%	5.1%
d. 不满意	2.0%	0.5%
e. 非常不满意	0.5%	0
NA	0.5%	0
赋值（a=4,b=3,c=2,d=1,e=0），均值	2.751/4	3.444/4
（配对 T）显著性（双侧）	0.000	

2. 对服务形式的满意度提高

社工介入学校社区教育后，根据需求导向，结合青少年学生的特点，创新服务形式，打破老师授课、学生听讲的传统，以开展个案、小组、大型活动的形式，契合青少学生的兴趣爱好，让学生在服务中收获成长。数据显示，青少年学生对社区教育服务的开展形式"非常满意"的，比例从18.7%上升至49.5%，而选择"一般"的则从31.3%降到5.6%（见表5）。数字变化幅度很大，说明青少年学生对目前的服务形式普遍感到满意。

表5　青少年学生对社区教育服务开展形式满意度的前后对比

对社区教育服务开展形式的满意度对比		
	社工介入前	社工介入后
a. 非常满意	18.7%	49.5%
b. 满意	46.5%	44.4%
c. 一般	31.3%	5.6%
d. 不满意	3.0%	0
e. 非常不满意	0.5%	0.5%
赋值（a=4,b=3,c=2,d=1,e=0）均分	2.769/4	3.424/4
（配对T）显著性（双侧）	0.000	

3. 学生的投入度提高

服务的设计最终需要青少年学生的积极参与才有意义，因而本次问卷调查十分重视青少年学生参与时的投入度。数据显示，社工介入后学生投入度有了很大改变，大部分青少年学生已经不再抱着无所谓的态度，对社区教育服务开始上心，进而逐步积极投入（见表6）。

表6　青少年学生在社区教育服务中的投入度前后对比

学生在社区教育服务中的投入度对比		
	社工介入前	社工介入后
a. 非常投入	12.1%	43.4%
b. 投入	38.9%	46.0%
c. 一般	46.0%	9.6%
d. 不投入	2.5%	0
e. 非常不投入	0.5%	1.0%
赋值（a=4,b=3,c=2,d=1,e=0）均分	2.596/4	3.308/4
显著性系数	0.000	

由以上对比分析可知，社工的介入对学校的社区教育有很好的促进作用，需求导向原则保证了服务内容为青少年学生所接受，契合学生思维模式的服务形式使服务更具吸引力，进而促使青少年学生的积极性不断提升。这种改变对于青少年学生的全面发展十分重要，青少年学生对社区、社会有了更多的接触和了解，这也保障其身心健康发展并提升责任意识。

社工的介入是对学校的社区教育的有力补充。社工的正式进驻促进了学校社区教育的系统化，使服务内容更加丰富、富有层次，提升了社区教育的影响力。而反馈机制的设置，促进了社工与老师、学生的沟通交流，社工能够及时了解服务成效、掌握学生动态，有利于服务的进一步开展。

三　建构学校社区教育新模式

从调查数据可以看出，社工的介入推动了学校社区教育的发展，因而探索一条由学校和社工机构合作，共同为社区教育、学校教育发展而努力的工作新模式十分有必要。

（一）"校＋社"联动创新模式的概念

"校＋社"联动创新模式由广州市流花中学、广州粤穗社会工作事务所联合提出，是将社会工作元素引入学校教育，以需求为导向，运用个案、小组、社区等社会工作专业手法，创新传统教育的内容和形式，服务青少年学生的工作模式。

（二）"校＋社"联动创新模式的服务目标

校方和社工机构希望通过合作整合资源，提高青少年学生的素质及抗逆力，培养其自我管理能力，提升其社区参与意识，并为青少年学生构建社区支持网络，促进青少年学生健康、全面发展。

（三）"校 + 社"联动创新模式的服务机制

1. "校 + 社"联动创新模式的服务保障机制

（1）主体："校 – 社"工作团队

"校"，包括学校正副校长、德育主任、团委书记、心理辅导员。

"社"，包括粤穗社会工作事务所的社工主任、一线社工。

（2）服务分工机制

硬件、资金方面：由学校提供支持。

策划方面：团委书记、德育主任与社工通过商讨拟订方案，并报联席会议审议通过。

执行方面：社工负责具体执行，德育主任、团委书记、心理辅导员及其他老师协助。

（3）沟通机制

采取"行政会议 + 联席会议 + 线下互动 + 线上反馈"的沟通机制。

（4）成效监督机制

团委书记和社工在服务之后及时向"校 – 社"工作团队汇报工作情况，校长和社工主任对学校社区教育工作的成效（联动机制的运行）进行评估和监控。

2. "校 + 社"联动创新模式的服务开展机制

（1）服务开展原则

①　需求导向原则：以青少年学生的需求为导向，提供贴合青少年学生生活、学习的服务。

②　"三定"原则：一是"定点"，以流花中学的社区教育室作为社区教育工作的固定阵地；二是"定人"，派驻固定的社工作为工作人员；三是"定时"，每周二下午定期向学生开放服务。

（2）服务开展程序

①　社工同校方举行行政会议和联席会议，以了解学校和学生的近况，社工与校方协商制订学期服务计划、月度服务主题（对特殊学生个案进行交流、预估）。

② 社工与团委书记通过联席会议、线下非正式沟通等方式，制订每周的服务主题和具体的服务计划（协商拟订针对学生个案的服务计划）。

③ 学校根据学生的实际情况，针对服务计划提出修改意见。

④ 社工最终确定服务方案，并在老师的协助下实施方案。

⑤ 社工和团委书记对服务进行记录，并及时向工作团队进行反馈，接受监督。

具体程序如图 1 所示。

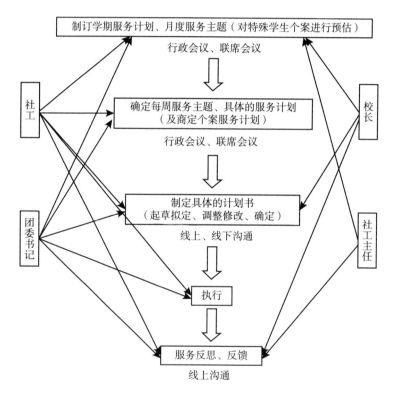

图 1 "校-社"联动创新模式的工作程序示意

（四）"校+社"联动创新模式的服务内容

1. 成长发展类服务

成长发展类服务主要集中在青少年学生的认知能力提升方面，引导青少年学生正确地了解、认同、接纳并发展自己；使他们有积极的学习、生活态度，塑造健康的价值观，明白是非对错；使他们正确认识家庭教育，学会理解父母；让青少年学生对青春期有个正确的认识，普及常识，为他们解答相关困惑，如性教育、早恋等。

2. 能力提升类服务

能力提升类服务，主要提升的是青少年学生的抗逆力、自我管理能力、应急能力，促进青少年学生身心健康发展。青少年的心理发展处于不稳定期，很多青少年学生心理较为脆弱，教会他们如何开导自己、正确认识挫折十分重要，有利于逐步提高其抗逆力。青少年的自控力较弱，要让他们了解自我管理的方法。同时，应急能力培训是必不可少的一项，可以教会青少年学生如何从紧急情况中脱险。

3. 人际沟通类服务

人际沟通类服务为青少年学生提供与朋辈、亲友及老师之间进行互动沟通的机会。社工举办各类比赛活动，增进学生彼此间的沟通交流；举办历奇活动，促进团结合作；开设小组，培养青少年学生的沟通、理解能力。

4. 综合素质类服务

综合素质类服务包括道德提升、法律知识提升、文明素养提升等。学校社区教育尤为注重对青少年学生的道德意识培养，注重德育教育，开展普法宣传，使青少年学生远离暴力、毒品。提升青少年学生的文明素养，使其成为遵纪守法、团结友爱的青少年。

5. 社区参与类服务

社区参与类服务旨在使青少年学生对所生活的环境有一定的认识，具备一定的社区、社会意识，引导他们参与社区活动，培养其社区、社会责任，为未来走入社会做好准备。服务形式包括成立志愿者队伍，为社区提供志愿服务，探访社区长者、残障人士，安排青少年学生做社区安全宣传大使，协助社工开展多种社区活动等，从而使其走进社区。

四 "校+社"联动创新模式的服务成效及待完善之处

流花中学"校+社"联动创新模式自启动以来，收到了明显的成效。

（一）"校+社"联动创新模式的服务成效

1. 学生参与度提高，促进了社区教育的创新和发展

从表4、表5、表6可看出，在社工介入后，学生对社区教育的满意度和投入度得到提高，对参与社区教育变得积极。同时，学生们也积极且清晰地表述了自己的意见和需求，如认同社区教育具有"内容丰富""形式多样""氛围活跃""组织者更有亲和力"等特点，以及自己所期待的社区教育开展的时间段、开展形式以及偏好的内容等，为社区教育服务的创新和发展提供了方向性建议。

2. 聚焦学生实际需求，提高了服务的有效性

与过去的中规中矩不同，在新模式下开展的社区教育服务坚持关注学校的实际情况，一方面以学生的需求为出发点努力提高服务的实效，另一方面通过聚焦核心需求来提高服务效率。同时我们发现，这样的服务方式能够使服务目的和学生发展有效融合，学生在活动中能够明确自己的收获，凸显了服务的有效性（见表7）。

表7 社工进驻后学生在社区教育方面的收获（多选）

	A. 思想教育	B. 兴趣发展	C. 能力提升	D. 价值观树立	E. 促进心理健康	F. 社区参与	G. 其他
频数	110	132	100	76	93	78	2
百分比	55.6%	66.7%	50.5%	38.4%	47.0%	39.4%	1.0%

3. 沟通机制完善，保障了服务的高效性

"校+社"联动创新模式为学校社区教育提供了新的服务思路和路径，

通过其中的沟通机制和监督机制推动了学校和社工之间的沟通交流、互助协助以及反馈指导。各方在新模式中扮演的角色虽不相同，但通过分工发挥了各自所长，通过协作实现互补互促，产生了"1 + 1 > 2"的服务优势，保证了社区教育服务的高效性。

4. 整合社区资源，凸显了联动优势

社工介入学校社区教育系统后的一个突出变化就是服务模式社工化，大量社工元素被投入社区教育服务当中，使社区教育充满社工色彩。其中，资源整合给社区教育带来了明显的影响，比如社区医院的医生走进课堂手把手地教学生急救知识和技能，学生走进孤寡长者的家门进行探访，专业的心理咨询师为学生开展应试技巧培训等。社工通过撬动社区的专业力量来回应学生的需求，促进了学校资源系统的完善，同时也促进了学校社区教育服务从"输血式"向"造血式"转变，凸显了"校 – 社"联动的优势。

（二）"校 + 社"联动创新模式待完善之处

新模式在运行过程中受到各种客观因素限制，如运行时间短、资源联动弱、经验有限等，在以下四方面存在可完善之处。

第一，服务的主题和形式有待丰富。目前，模式的服务主题集中在价值观教育（预防型）和能力培训（发展型）上，补救型服务基本未能开展。形式则以班会和培训工作坊为主，较少采用户外和实践的形式。

第二，专业人力（社工）短缺。目前，参与新模式一线服务的社工仅有3名（还须兼顾校外青少年的服务），随着学生的问题不断涌现和需求不断提高，对专业社工服务的要求也在不断增加，人力短缺问题逐渐凸显。

第三，新模式中各方的角色磨合问题。在新模式中，各方都以促进学生全面健康发展为工作目标，但校方和社工方毕竟代表着不同的职业立场。校方关注的是"育人立德"，社工着眼的是"全人①增能"，双方在合作过程

---

① 根据人本主义教学理论，全人教育的理念基础是：真正的学习经验能够使学习者发现自己的独特品质，发现自己作为一个人的特征。从这个意义上说，学习即"成为"，成为一个完善的人是唯一真正的学习。

中（尤其是初期）会产生理念上的冲突，如在服务主题的制定上出现分歧，班主任干预社工主持的班会等。如何通过磨合以形成和谐的合作关系成为模式顺畅运行需解决的问题之一。

第四，缺乏家庭力量的参与。众所周知，家庭的支持程度对社区教育服务起着重要作用，但是在目前模式的运作中，家庭方的参与度极低，因此也限制了服务的拓展和延伸，导致服务有时会出现浅尝即止的情况，不利于社区教育的进一步推进和深化。

五 "校＋社"联动创新模式的经验总结及发展建议

（一）"校＋社"联动创新模式的经验总结

1. 打造服务阵地，密切双方合作

流花中学同粤穗社会工作事务所合作，于2017年11月在学校内成立了"社区教育工作室"，打造校、社合作阵地，促进学校社区教育发展。工作室定期向青少年学生开放，由社工为青少年学生提供心理咨询、情绪辅导等服务，帮助青少年学生不断增能，掌握自我调节的技巧；有针对性地开设小组服务，提升青少年学生的能力；策划校内外活动，提升青少年学生的沟通、参与意识。工作室也为老师同社工的沟通提供了平台，老师遇到青少年学生较困难的沟通个案会向社工咨询或转介，社工则会提供个案咨询和服务。

2. 依据导向需求，提高学生的兴趣

社工在调研基础上设计服务，使服务无论在内容还是形式上都契合青少年学生的实际需求，吸引青少年学生积极参与、投入，让学校社区教育能够落到实处。因而，在开展服务之前要认真了解情况，对服务对象有较清晰的认识，清楚他们目前需要学习的内容，了解他们的心理，想青少年学生所想，用他们喜欢的形式来设计流程，使青少年学生在服务中有娱乐、有放松又有所收获，从而调动青少年学生的积极性。

3. 加入社工元素，创新服务路径

随着社会发展，青少年学生的成长环境也发生了巨大变化，学校的传统教育模式面临挑战，简单的知识传授已经不能满足青少年学生的需求。除了基本的学习，青少年学生还需接触多样的社区教育，显然，单纯依靠学校系统是不足以支撑的，而社工恰好能够作为辅助力量。社工的介入能够在原有基础上为学校社区教育系统注入新鲜活力，充实内容、丰富形式、创新运作。社工所特有的专业理念、技巧和工作方法，能够促进青少年学生积极参与，实现自我提升、自我管理，培养其良好认知，培育社会支持网络。

（二）"校 + 社"联动创新模式的发展建议

1. 均衡服务设计，全面提升能力

社工根据青少年学生的需求设计了多类服务，在服务过程中要注意保持服务的均衡，不能过分侧注于某一方面，要为学生提供全面锻炼、发展、提升的机会，为新时代的社会培养全面发展型人才。社工可以设置服务监测表，对服务种类、数量进行全面、准确掌控。

2. 加强沟通联系，整合社区资源

社工参与社区教育的一个重要使命就是为学生提供参加社区服务的机会，提升他们的社区参与度和责任意识。因而，社工要能够使用专业方法，将学校和学生链接到尽可能好的社区、社会体验资源，让学生有机会深入社区、参加社区服务，促使他们对所处的社区环境有较为清晰的了解和认识，同时能够积极参与其中，加入志愿组织，为社区提供志愿服务。

3. 完善构建"三位一体"服务模式

"校 + 社"联动创新模式旨在促进学校社区教育的发展，及时了解青少年学生的需求，想学生所想，为学生全面发展提供机会和平台。而培养全面发展型人才、让学生健康成长离不开家庭的支持，家庭在学生的教育中发挥着无可取代的作用。为了让"校 + 社"联动创新模式能够发挥最大效能，社工及学校应考虑构建"三位一体"模式，建立三级联动制度，加强沟通交流。有了家长的加入，社区教育会更加有意义。